普通高等教育"十一五"国家级规划教材

 中国轻工业"十四五"规划立项教材

高等学校食品科学与工程类专业教材

园艺产品贮藏加工学

（第三版）

孙爱东　主编
赵丽芹　主审

中国轻工业出版社

图书在版编目（CIP）数据

园艺产品贮藏加工学 / 孙爱东主编 . -- 3 版 . --
北京：中国轻工业出版社，2024. 7. -- ISBN 978-7
-5184-5037-4

Ⅰ. S609

中国国家版本馆 CIP 数据核字第 2024M42L75 号

责任编辑：武艺雪
策划编辑：马　妍　　　责任终审：高惠京　　　封面设计：锋尚设计
版式设计：砚祥志远　　　责任校对：晋　洁　　　责任监印：张　可

出版发行：中国轻工业出版社（北京鲁谷东街 5 号，邮编：100040）
印　　刷：三河市万龙印装有限公司
经　　销：各地新华书店
版　　次：2024 年 7 月第 3 版第 1 次印刷
开　　本：787×1092　1/16　印张：26.5
字　　数：610 千字
书　　号：ISBN 978-7-5184-5037-4　定价：58.00 元
邮购电话：010-85119873
发行电话：010-85119832　010-85119912
网　　址：http://www.chlip.com.cn
Email：club@chlip.com.cn
版权所有　侵权必究
如发现图书残缺请与我社邮购联系调换
231029J1X301ZBW

第三版编写人员

主　　编　孙爱东（北京林业大学）

副 主 编　贾国梁（北京林业大学）
　　　　　　杨　杨（内蒙古农业大学）
　　　　　　赵　婧（中国农业大学）
　　　　　　甘芝霖（北京林业大学）
　　　　　　王国泽（内蒙古科技大学）

参编人员　孙建霞（广东工业大学）
　　　　　　白卫滨（暨南大学）
　　　　　　孙玉静（浙江工业大学）
　　　　　　李宁阳（中国海洋大学）
　　　　　　张璐璐（北京林业大学）
　　　　　　寇晓虹（天津大学）
　　　　　　秦　文（四川农业大学）
　　　　　　刘英丽（北京工商大学）
　　　　　　苏　琳（内蒙古农业大学）
　　　　　　梁丽雅（天津农学院）

主　　审　赵丽芹（内蒙古农业大学）

PREFACE | 前言（第三版）

高等学校食品科学与工程类专业同时肩负着"新工科"和"新农科"建设的重任，加强教材建设，改变专业教材之间内容脱节，教材与学科和产业发展之间脱节，不同学科间知识融合度不够的问题，急需适应性强、应用面更广的教材以满足新形态下的教学需要。近年来，我国果蔬加工产业发展迅速，已成为食品加工领域的支柱产业。随着果蔬加工新技术、新工艺和新知识的迭代更新，人才培养方案与教育教学体系的改革与完善，教学内容、教学体系及培养方向也在做相应的调整。

基于此，《园艺产品贮藏加工学（第三版）》在新的形势下，以新工科专业建设为背景，着重阐述园艺产品贮藏的基本理论和该领域国内外的新研究进展，通过大量的案例，在内容和形式上有所创新。贮藏方面，密切结合当前动态，注重突出微型冷库、简易气调贮藏、保鲜剂贮藏等几种贮藏方式相结合的当前实际生产中采用的技术；注重突出果蔬贮藏过程中主要问题的控制。加工方面，注重以全面的素质教育为基础，以能力培养为本位，以果蔬实际生产过程为主线，体现对学生职业综合能力、专业技术能力的培养。注重对果蔬贮藏加工中出现的问题的原因分析，注重突出教材内容的新知识、新内容，如补充了目前发展较快的果蔬脆片加工、超高压技术等内容。另外，增加了思考题，强化学生掌握熟练度。本教材注重思政元素的融入"如盐在水"，充分发挥其引领、浸润、深化的育人功能。让思政育人元素实现"知、情、意、行"的内生发展，让课程、教材、教学形成有机的内在统一。教材内容充分利用了现代信息学的技术手段，通过二维码技术将专业知识的拓展材料和视频进行链接，扫描书中二维码即可观看阅读，表述更加直观，方便理解。

本教材由北京林业大学孙爱东担任主编并撰写绪论，本书贮藏保鲜部分由北京林业大学贾国梁（第一章和第二章）、内蒙古农业大学杨杨（第三章和第四章）、内蒙古科技大学王国泽（第五章）、暨南大学白卫滨（第八章）、天津大学寇晓虹（第七章）、天津农学院梁丽雅（第六章）编写修订。加工保藏部分由北京林业大学孙爱东（第十八章）、中国农业大学赵婧（第十一章和第十二章）、北京林业大学甘芝霖（第十三章）、内蒙古农业大学苏琳（第十六章）、广东工业大学孙建霞（第十四章）、浙江工业大学孙玉静（第十五章）、中国海洋大学李宁阳（第九章）、北京林业大学张璐璐（第十章和第十七章）、四川农业大学秦文（第二十章）、北京工商大学刘英丽（第十九章和第二十章）编写修订。全书由贾国梁、杨杨、赵婧统稿。

本教材既有丰富的理论知识，又有最新的加工技术，可作为高等院校食品科学与工程类专业以及园艺、经济林专业的本科生教材，也可供科研院所研究人员和企业实际生产人员参考。

教材参阅了部分专家的文献、著作等资料，内蒙古农业大学赵丽芹教授对本书编写和修订内容进行了指导和审阅，在此一并表示感谢。教材编写中得到各位编写人员及参编单位的大力支持和配合，感谢各位参与者的鼎力支持。

由于编者水平所限，时间仓促，书中错误在所难免，敬请读者批评指正。

编者

2023 年 12 月

PREFACE | 前言（第二版）

《园艺产品贮藏加工学》自2001年第一版出版以来，不仅给全国农业院校果树蔬菜专业合并后的园艺专业及时提供了合适的教材，同时也满足了国内各高校食品专业开设"果蔬贮运学"和"果蔬加工学"课程的教材需要。该教材出版七年来，受到了国内同行的关注和肯定，2006年6月又被列入了教育部国家级"十一五"规划教材。随后国内各高校同行积极要求加入修订者行列，于是2007年8月我们组织了第二版的编委会，在大庆市黑龙江八一农垦大学举行了教材修订会议，会上热烈讨论了教材修订精神和内容，认真听取了各方面的意见，并进行了具体内容的分工。本次修订基本坚持了第一版的内容体系和写作风格，修正了不足之处，删减了过时内容，增补了新的内容，力求紧跟学科发展前沿，实现其高的学术价值和使用效果。

本次教材修订分工：第二版前言和绪论由赵丽芹和张子德负责编写，第一章由马俊莲和梁丽雅编写，第二章由张子德和吴彩娥编写，第三章由韩涛、李丽萍、王国泽和韩育梅编写，第四章由张子德和闫师杰编写，第五章由王如福和李喜宏编写，第六章由韩育梅和寇晓红编写，第七章由赵九洲和白瑞琴编写，第八章由马俊莲和赵良忠编写，第九章由赵丽芹和赵电波编写，第十章由李远志和郝丽萍编写，第十一章由王如福和徐建国编写，第十二章由翟爱华和农绍庄编写，第十三章由马永昆和黄雪松编写，第十四章由马永昆和魏新林编写，第十五章由刘恩岐和金昌海编写，第十六章由谭兴和和翟爱华编写，第十七章由陈发河和秦文编写，第十八章由谭兴和和孙爱东编写，第十九章由高海生和董文明编写，第二十章由张淼编写。

本次修订参编院校较多，以下按拼音字母顺序排列，依次为：北京农学院，北京工商大学，北京林业大学，大连工业大学，华南农业大学，河北农业大学，河北科技师范学院，湖南农业大学，黑龙江八一农垦大学，湖南邵阳学院，集美大学，内蒙古农业大学，内蒙古科技大学，江苏大学，江西财经大学，山西农业大学，山西师范大学，上海师范大学，四川农业大学，天津大学，天津农学院，徐州工程学院，扬州大学，云南农业大学，郑州轻工业学院，共25所高校。

在修订过程中，中国农业大学蔡同一教授对本书内容进行了认真审阅，同时承蒙黑龙江八一农垦大学食品学院的大力协助，为我们承办了一次非常成功的教材修订会议，在此均给予深深的谢意！此外，在本书再版和申报教育部国家级"十一五"规划教材过程中还得到了中国轻工业出版社和内蒙古农业大学的大力支持，沈阳农业大学马岩松教授、云南农业大学张培正教授、青岛农业大学姜连芳教授及内蒙古农业大学范贵生教授在教材修订过程中也给予了积极支持和指导，在此也表示深深的感谢！

本教材内容系统翔实，理论联系实际，既可作为高校相关专业教材，也可作为从事园艺产品贮藏保鲜及加工领域工作的相关人员的参考书。

由于园艺产品贮藏加工领域涉及知识面较广，科技发展日新月异，教材的编写和修订过程中难免存在疏漏和不妥，衷心希望广大同行和读者批评指正，以便以后继续完善。

赵丽芹　张子德

PREFACE | 前言(第一版)

进入21世纪，各农业院校为拓宽学生专业面，陆续将原来的果树和蔬菜专业合并为园艺专业，但目前没有适合于该专业的教材。改革开放以来，尤其是近几年来，国内外在果蔬贮藏加工方面的新技术和新成果层出不穷，花卉的保鲜异军突起，发展飞速，因此迫切需要更新教材内容，出版一本内容新颖、系统，集水果、蔬菜和花卉于一体的适合于园艺专业的《园艺产品贮藏加工学》教材。该教材不仅可满足园艺专业的学生需要，也可供食品专业和农产品贮藏加工等相关专业的学生以及从事这方面的科技工作者参考使用。

在编写本教材之前，参编人员于1999年7月在呼和浩特市进行了教材讨论，确定了《园艺产品贮藏加工学》的编写大纲。该教材紧跟学科发展前沿，在系统阐述基础理论、基本知识和基本技能的基础上，对有关的新理论和新技术做了大量补充，以满足新形势发展的需要。

本书绪论、第九章、第十二章由内蒙古农业大学赵丽芹编写，第一、十八章由河北农业大学马俊莲编写，第二、四章由河北农业大学张子德编写，第三章由北京农学院韩涛和李丽萍编写，第五章由山西农业大学寇晓虹和中国农业大学薛文通编写，第六章由内蒙古农业大学刘正坪编写，第七章由内蒙古农业大学韩育梅编写，第八章由莱阳农学院赵九洲编写，第十章由山西农业大学郝利平编写，第十一、十四章由山西农业大学王如福编写，第十三、十五章由山东农业大学黄雪松和内蒙古农业大学赵丽芹编写，第十六章由沈阳农业大学马岩松编写，第十七章由山东农业大学黄雪松编写。

在本书编写过程中，得到了内蒙古农业大学校领导的大力支持，中国农业大学周山涛教授、孙自然教授对本书编写内容进行了指导和审阅，山东农业大学张培正教授为本教材的编写及策划做了大量工作，在此一并表示感谢！

由于编者水平所限，时间仓促，书中错误在所难免，欢迎读者批评指正。

2000年11月

CONTENTS | 目录

| 绪论 | 1 |

上篇　园艺产品贮藏保鲜

第一章　园艺产品品质 ········· 9
　第一节　风味物质 ········· 10
　第二节　营养物质 ········· 15
　第三节　色素类物质 ········· 18
　第四节　质地 ········· 20
　第五节　酶 ········· 22

第二章　采前因素对园艺产品贮藏性能的影响 ········· 25
　第一节　生物因素 ········· 25
　第二节　生态因素 ········· 28
　第三节　农业技术因素 ········· 31

第三章　采后生理与保鲜 ········· 35
　第一节　呼吸作用与保鲜 ········· 36
　第二节　采后失水与保鲜 ········· 42
　第三节　休眠的利用及生长的抑制 ········· 45
　第四节　成熟和衰老的调控 ········· 48
　第五节　逆境伤害的避免 ········· 58

第四章　商品化处理和运输 ········· 67
　第一节　采收 ········· 67
　第二节　分级与包装 ········· 71

第三节　预冷 75
　　第四节　果蔬的其他采后处理 77
　　第五节　果蔬的运输 86
　　第六节　果蔬原料的品质评定与检验 88

第五章　贮藏方式 93
　　第一节　土窑洞贮藏 94
　　第二节　通风库贮藏 96
　　第三节　机械冷藏库贮藏 101
　　第四节　气调贮藏 106
　　第五节　减压贮藏 113
　　第六节　其他贮藏技术 114

第六章　贮藏各论 117
　　第一节　果品的贮藏 117
　　第二节　蔬菜的贮藏 134

第七章　花卉贮藏保鲜 149
　　第一节　花卉保鲜剂处理技术 149
　　第二节　花卉种球、种苗采后处理技术 159
　　第三节　切花采收、分级和包装 168

第八章　果蔬采后生物技术基本原理及应用 177
　　第一节　基因工程技术原理 177
　　第二节　果蔬采后生物技术的研究与应用 182

下篇　园艺产品加工保藏

第九章　加工保藏对原料的要求及预处理 193

第一节　加工保藏对原料的要求 …… 193
第二节　加工用水的要求与处理 …… 196
第三节　原料的预处理 …… 199
第四节　半成品的保存 …… 211

第十章　干制保藏 …… 213
第一节　干制保藏理论 …… 213
第二节　干制方法与设备 …… 223
第三节　干制工艺技术 …… 235
第四节　干制品的处理与贮藏 …… 236
第五节　果蔬脆片加工技术 …… 238
第六节　花卉的干制技术 …… 241

第十一章　糖制保藏 …… 245
第一节　糖制品的分类 …… 245
第二节　糖制保藏理论 …… 246
第三节　糖制工艺技术 …… 253
第四节　糖制品常见质量问题及控制 …… 258

第十二章　罐头保藏 …… 261
第一节　罐头食品的分类 …… 262
第二节　罐藏容器 …… 263
第三节　罐头保藏理论 …… 265
第四节　罐藏工艺技术 …… 273
第五节　罐头食品常见质量问题及控制 …… 284

第十三章　制汁保藏 …… 287
第一节　果蔬汁的分类 …… 288
第二节　制汁工艺技术 …… 288

第三节　果蔬汁常见质量问题与控制 …… 294

第十四章　果酒酿造 …… 297
第一节　果酒（葡萄酒）的分类 …… 298
第二节　果酒酿造理论 …… 299
第三节　酿造微生物及影响酒精发酵的主要因素 …… 303
第四节　葡萄酒酿造工艺技术 …… 305
第五节　葡萄酒常见病害及控制 …… 313

第十五章　果醋酿造 …… 317
第一节　果醋酿造理论 …… 317
第二节　果醋发酵微生物 …… 318
第三节　果醋加工技术 …… 319
第四节　果醋常见质量问题与控制 …… 321

第十六章　腌制保藏 …… 323
第一节　蔬菜腌制品的分类 …… 324
第二节　腌制保藏理论 …… 324
第三节　盐渍菜类加工工艺技术 …… 332
第四节　酱菜类加工工艺技术 …… 335
第五节　泡菜、酸菜类加工工艺技术 …… 338
第六节　糖醋菜加工工艺技术 …… 340
第七节　菜酱类加工工艺技术 …… 343
第八节　蔬菜腌制品常见的败坏及控制 …… 344

第十七章　冷冻保藏 …… 347
第一节　冷冻保藏理论 …… 347
第二节　果蔬冻结方法及设备 …… 356
第三节　果蔬速冻加工技术 …… 364

第四节　解冻 ·· 365

第十八章 轻度加工果蔬 ·· 367
　　第一节　轻度加工果蔬的变化 ·· 368
　　第二节　轻度加工果蔬工艺技术 ··· 369

第十九章 其他制品加工保藏 ·· 373
　　第一节　多糖类物质制取 ··· 374
　　第二节　蛋白质与酶类提取 ·· 377
　　第三节　风味物质提取 ·· 378
　　第四节　天然色素提取 ·· 382

第二十章 园艺产品贮藏加工安全控制 ·· 385
　　第一节　园艺产品安全体系 ·· 386
　　第二节　园艺产品贮藏加工安全控制 ··· 387

主要参考文献 ··· 407

本书数字资源索引

资源名称	二维码	章节	页码	资源名称	二维码	章节	页码
漫话果蔬品质		第一章	9	罐头食品的古往今来		第十二章	261
冷链物流基本设施		第四章	88	超高压技术		第十三章	293
常见蔬菜分类		第六章	134	科学认识亚硝酸盐		第十六章	332

绪　论

> **本章学习目标**
> 1. 了解我国园艺产品贮藏加工发展的简史与发展趋势；
> 2. 了解园艺产品贮藏加工的学习方向。

　　园艺产品包括水果、蔬菜及花卉。水果、蔬菜是居民膳食结构不可缺少的一部分，是仅次于粮食的世界第二重要的农产品，同时也是食品工业重要的加工原料。2021年，中国水果产量达29970.2万t，同比增长4.45%，2023年，中国水果产量达32885.9万t。中国的水果产量稳居世界第一。2020年，中国人均蔬菜年消费量是384.25kg，是世界平均水平的2.7倍，美国、欧洲的3倍。2021年，我国花卉栽培面积159万hm^2，已成为世界最大的花卉生产国、重要的花卉贸易国和花卉消费国。我国的设施园艺总面积已跃居世界首位，在保障"菜篮子"与"果盘子"的供应、增收增产、脱贫攻坚、乡村振兴等方面发挥着重要作用。而"一带一路"建设为我国优质园艺产品进入国际市场提供了机遇与可靠保障。

　　园艺产品生产具有一定的季节性和区域性，但通过贮运保鲜及加工手段就可以减小这种季节性和区域性的差别，满足各地消费者对各种园艺商品的消费需求，从而达到调节市场、实现周年供应的目的。截至2020年，我国果品总产量达到28692.40万t，但我国果品冷链保鲜能力只有总产量的5.92%，在果蔬、肉类、水产品上的冷链流通率分别只有22%、34%和41%，而欧美在95%以上。另外，2020年农业农村部研究揭示，每年我国生产流通环节食物损耗3亿t，其中果蔬和薯类产品损失率高达15%~25%。由于果蔬生产贮藏加工能力不足等原因造成的腐烂损失减少了农民收益。如果通过种植业来补偿这种损失，需投入很大的人力、物力、财力和土地，但如果通过妥善的贮藏加工，就可以避免或减少这一损失。对于种植者，如将某些园艺产品作为原料出售势必价格低廉，而将其加工成制品后，其经济效益就会大增，尤其是那些残次落果等不适宜鲜销的果蔬和野生资源，通过加工就可以变废为宝，当然优质的加工还必须提供优质的专门加工品种。所以，园艺产品采后商品化处理、贮藏和加工，可促进栽培业的发展，真正实现丰产丰收，特别是对于我国居民消费水平日益提高的今天，更具有特殊的意义。此外，还可以为我国出口贸易提供更好的园艺产品及加工制品。因此，园艺产品的贮运加工在国民经济中具有重要的作用。

　　果蔬及花卉属鲜活商品，因此，它们的贮藏保鲜就是要采取一切可能的手段和措施，抑制其生命活动，降低新陈代谢水平，减少病害损失，延长贮藏时间，并保持良好的商品质量。这个贮藏保鲜的过程主要是指园艺产品从田间采收开始一直到加工或消费之前的整个经营管理过程。值得一提的是，科学的贮藏保鲜措施和手段，虽能延长园艺产品的贮藏期，但不能一味地追求长期贮藏，因为绝大多数的园艺产品经过贮藏后，其质量都不如刚采收上市的产品，加之长期贮藏投入更多的人力，消耗更多的能源，增加更多的管理费用，反而影响了经济效益。因此，在园艺产品贮藏中，应根据市场形势及产品的质量状况，确定适宜的贮藏期限，做到保质保量，及时上市销售，尤其要做好园艺产品异地调运中的保鲜工作，才更具现实意义。

园艺产品加工是以新鲜的果蔬花卉为原料，依据不同的理化特性，采用不同的加工方法和机械，改变其形状和性质，制成各种制品的过程。主要制品有果汁、脱水菜、果蔬罐头、果蔬速冻制品、腌制品和糖制品等。园艺产品加工品有别于新鲜原料在于它通过各种手段抑制和钝化了外界微生物和内在的酶，采用了适当的保藏措施，使制品得以长期保藏。这种能长贮的加工制品是无生命活性的一类农产品。

我国园艺产品的贮藏加工业在长期的生产实践中，取得了许多宝贵的生产经验，创造了一系列成熟完善的贮藏加工技术。在贮藏保鲜方面，改革开放以前，我国广大的农村产地主要以沟藏、埋藏、窖藏、土窑洞贮藏等简易方式进行贮藏保鲜；而销地则主要以商业、供销部门修建的通风贮藏库和少数的机械冷藏库贮藏为主，这些都在当时的城镇居民淡季鲜果菜的供应上起了很大的作用。但改革开放以后，随着国民经济的大力发展，生产技术的不断日新月异，过去的贮藏保鲜设施及保鲜效果等已远远不能满足现代人的需要。因此，在我国科技人员的不懈研究努力下，形成了低温贮藏保鲜技术、气调贮藏保鲜技术、低压贮藏保鲜技术、辐射贮藏保鲜技术、高压电场贮藏保鲜技术、涂膜贮藏保鲜技术、天然保鲜剂贮藏保鲜技术等多技术综合辅助保鲜体系。其中，最为突出的是建立了一系列适合于中国国情的产地贮藏设施和相应的技术体系，如原山西省果树科学研究所研究的土窑洞加机械制冷、土窑洞简易气调贮藏技术，山东省果树研究所设计研制的"10℃冷凉库""简易冷藏库"等及相配套的简易气调技术和通风降温管理系统，原四川柑橘研究所建的"柑橘控温通风库"等都在产地大量推广。原天津农产品保鲜研究中心研究设计的"微型节能冷库"在葡萄产区推广应用后，给当地农民带来了可观的经济效益，并为中国农村机械制冷设施的普及开辟了新的途径。通风贮藏库由于投资少、节省能源，目前在我国北方自然冷源比较丰富的地区仍不失为一种有效的贮藏方式；大中型机械冷藏库在我国仍呈良好的发展态势，机械冷藏量在我国占贮藏果蔬总量的1/3左右。我国的气调贮藏虽然起步较晚，但从1978年第一座试验性气调库在北京诞生以来，现在商业性的大型气调库已在山东、陕西、河北、新疆、河南、广州、沈阳等许多地区建成，并获得了显著的经济效益和良好的贮藏效果。尤其值得骄傲的是我国内蒙古包头市于1997年建成的世界上第一座千吨级减压保鲜贮藏库，标志着我国贮藏保鲜技术已达国际领先水平。然而我国整体上冷链体系建立时间短，目前只有22%的果蔬采用冷链流通，而美国则高达95%。2020年，由于我国因采后技术使用意识不足导致的蔬菜腐烂高达8000万t，损失依然较大。因此，大力推广采后商品化处理和贮藏技术，培养果农菜农的产品采后处理意识，是我国果蔬产业未来发展的重要任务。此外，近20年来，我国在采后生物学理论研究方面已经处于国际先进行列，对于果蔬采后生理变化机制的研究已经深入到启动调控、基因编辑等分子水平，为生物技术等新兴前沿技术运用于果蔬保鲜贮藏打下了良好的基础。

在园艺产品加工保藏方面，我国的发展也是令人瞩目的，尤其是改革开放以来，园艺产品在加工成为食品加工行业中发展速度最快、成绩最大的行业。园艺产品加工方法很多，除了过去常规的一些加工方法（如干制、腌制、糖制、罐藏、制汁、酿酒）外，还发展出果蔬脆片、果蔬的膨化制品、冻干制品、益生菌发酵果汁等加工制品。在这些加工方法中，园艺产品的罐藏依然占有优势，速冻加工发展迅速，现在我国的速冻菜几乎全部出口，出口数量和出口地区逐年增多，目前我国的速冻蔬菜生产地主要集中在山东、浙江、江苏、广东及福建等东南沿海地区。随着经济的不断发展，我国的速冻蔬菜制品在国际市场所占的份额越来越大，2019年，我国速冻蔬菜出口量将近83万t；与此同时，国内对其需要也将迅速增长。我国的蔬菜腌制品在世界上享有盛誉，世界著名的三大腌菜即榨菜、酱菜和泡酸菜起源于我国，尤其榨菜仍是世界上的独特产品。腌制法虽是传统加工方法，但近些年随着市场需求的不断增加，腌制品产量稳步增长，尤其在传统的加工方法中引入了现代科学技术，改进了工艺，使得产品实现了低盐化、营养化、功能化、多样化、天然化。脱水菜的加工可以说是改革开放以后发展最火的一个项目之一，现在我国已是世界脱水菜生产和出口的主要国家之一，出口总量约占世界总量的2/3，真空冷冻干燥技术在出口产品的生产中被广泛应用。在软饮料方面，尽管相较于碳酸饮料，我国的果蔬汁饮料产业起步较晚，但产量、销售额和出口贸易额增长迅速，近几年果汁和蔬菜汁产量稳定在1500万t左右。我国浓缩果汁年产量占全球总产量1/3以上，主要出口美国。随着果汁加工技术的革新，除了传统果汁品类以外，非浓缩还原汁（NFC果汁）成为果汁产业的热门产品。虽然我国的蔬菜汁产品品类较少，但混合果蔬汁已成为果蔬汁市场的主流产品之一。葡萄酒在我国拥有悠久的酿造历史，但规模化的葡萄酒产业发展发生在1949年以后。经过改革开放40余年的发展，我国的葡萄酒品种增加到10余种，发展出多个知名品牌。2015年以后，我国食品工业从高速发展期进入高质量发展期，果蔬加工产业也正在完成加工原料品种优化、原料基地规模化、加工工艺自动化的历程。不仅在产品的品类和质量方面得到了长足的进步，在产品质量控制、加工设备研发制造、产品包装等方面也呈现出良好的发展态势，我国的果蔬加工产业正在步入国际先进行列。

未来随着科技的不断进步和社会对绿色循环经济理念的日益重视，园艺产品的发展也将迎来新的技术趋势。包括以下几个方面：①智能农业技术精准农业，通过利用信息技术和传感器技术，实现对农田环境的精确监测和管理。精准农业可以通过数据分析，精确控制水、肥、药的使用量，提高资源利用效率。通过安装土壤湿度传感器和气象站，农户可以实时了解田间环境变化，科学制定灌溉和施肥计划，减少资源浪费，提升产量和质量。另外采用无人机技术在园艺中的应用主要包括农田监测、喷洒农药和施肥等。无人机技术可通过高空拍摄，实时获取农田图像，分析作物生长状况。利用无人机进行高效的喷洒农药和施肥，可减少农药和化肥的用量，降低环境污染，同时提高劳动效率。采用物联网技术通过将传感器、通信设备和控制系统连接在一起，实现对农田环境、作物生长和设备运行的实时监控和管理。通过物联网系统，农户可以实时监控温室内的温度、湿度和光照强度，远程控制加热和通风设备，优化作物生长环境。②生物技术基因编辑技术，通过基因编辑技术通过精确修改植物的基因组，培育出具有优良性状的新品种。这项技术可以提高作物的抗病虫害能力、耐旱性和营养价值。可以减少农药的使用，降低环境污染，提高农产品的安全性。另外利用组织培养技术，可以快速繁殖出优质的兰花和草莓植株，提高园艺产品的供应能力和市场竞争力。③通过绿色循环经济废弃物资源化利用，实现资源的循环利用，减少环境污染。将果蔬残渣经过发酵处理，制成有机肥料或饲料，不仅可以减少废弃物排放，还可以提高土壤肥力和饲料营养价值。利用大数据分析，可以预测农作物的病虫害发生趋势，制定科学的防控策略，减少农药使用量，提高农作物的产量和质量。另外，智慧农业平台通过整合物联网、云计算和人工智能等技术，为农户提供精准的农业生产管理服务，帮助实现农业生产的智能化和现代化。④绿色供应链管理冷链物流，通过冷链物流技术通过在生产、运输、贮存和销售过程中保持低温环境，保证农产品的新鲜度和质量，减少损失和浪费，确保消费者能够享受到高品质的农产品。借助区块链技术通过分布式账本和智能合约，实现农产品从生产到消费全过程的可追溯，保证产品的质量安全和信息透明。消费者可以通过扫描二维码，了解农产品的生产过程、物流信息和质量检测报告，增强对产品的信任感。

"园艺产品贮藏加工学"是一门应用科学，知识面涉及很广，它是以植物学、采后生理学、微生物学、化学、物理、食品化学、食品工程原理、食品工厂设计、制冷学、建筑工程学及食品机械设备等学科为基础。要做好园艺产品的贮藏加工，并使之不断提高与发展，就必须具备这些学科的基本知识，关注它们的发展动态，重视最新研究成果的应用。尤其近些年，随着科学技术的不断进步，各学科的相互渗透，新技术、新方法不断出现和应用，园艺产品贮藏加工学的深度和广度也在不断发展。因此，在这门学科里不仅要学习园艺产品的贮藏加工的基本保鲜和保藏理论、基本的保鲜和加工技术，还应掌握各相关学科的发展，以及这门学科的新技术、新产品等知识，并学会能与生产实践相联系，应用所学知识解决生产中的实际问题，为实现我国从园艺贮藏加工大国变为贮藏加工强国，从中国制造到中国创造打下坚实基础。

1. **课程论述**

本教材系统介绍园艺产品贮藏加工基本原理、方法和技术，通过学习，全面掌握相关知识，提升实际操作能力。

①知识目标：掌握园艺产品贮藏加工的基本原理和方法，了解最新的贮藏加工技术和设备，熟悉相关的法律法规和标准。

②技能目标：培养实际操作能力，能够根据不同园艺产品的特性，设计合理的贮藏加工方案，并能解决实际生产中的问题。

③态度目标：培养创新意识和环保理念，增强社会责任感，致力于在实际工作中践行绿色循环经济的理念。

2. **课程内容**

①园艺产品的采后生理与病理：研究园艺产品在采后贮藏过程中发生的生理和病理变化，如呼吸作用、蒸腾作用和病害等，重点探讨控制这些变化的方法。

②贮藏加工技术：重点掌握各类贮藏方法，如低温贮藏、气调贮藏、控制气氛贮藏等，分析各方法的原理、优缺点及适用范围。保鲜剂的种类及其应用，探讨保鲜技术在延长园艺产品保鲜期、保持产品新鲜度和营养价值方面的作用。学习园艺产品的加工方法，包括清洗、杀菌、切割、干燥、冷冻、罐藏等，探讨各加工工艺对产品品质和营养成分的影响。探讨绿色贮藏加工技术的应用，如生物保鲜技术、可降解包装材料等，强调绿色循环经济的理念。

③质量控制与安全管理：了解园艺产品贮藏加工中的质量控制方法和安全管理措施，强调食品安全和卫生的重要性。探讨质量控制体系的建立，研究园艺产品贮藏加工过程中的安全管理措施，如卫生标准、风险评估等，强调食品安全的重要性。

3. **课程任务**

通过理论教学与实践操作相结合的方式，全面掌握园艺产品贮藏加工的基本知识和技能，培养分析和解决实际问题的能力。掌握园艺产品贮藏加工的基本原理，在采后处理、贮藏实验、加工工艺设计等方面提高动手能力和创新意识，积累科研经验。为未来的职业发展奠定基础，推动园艺产品贮藏加工技术的创新和应用，最终推动园艺产业发展和升级，促进绿色循环经济的发展，服务社会，为实现可持续发展作出积极贡献。

思考题

园艺果蔬保鲜领域的新技术，如超声波杀菌、活性氧保鲜、电场杀菌等，推测这些技术的作用原理、优缺点及其应用范围。

1 上篇
园艺产品贮藏保鲜

第一章　园艺产品品质

第二章　采前因素对园艺产品贮藏性能的影响

第三章　采后生理与保鲜

第四章　商品化处理和运输

第五章　贮藏方式

第六章　贮藏各论

第七章　花卉贮藏保鲜

第八章　果蔬采后生物技术基本原理及应用

第一章

园艺产品品质

本章目标与重点

学习目标：

1. 了解园艺产品品质的主要组成方面，能够建立系统的品质评价体系；
2. 理解园艺产品各方面品质特性与化学成分之间的关系，能够分析园艺产品品质特点形成的主要原因；
3. 掌握园艺产品采后化学成分变化的规律及其对品质的影响，能够对园艺产品品质变化的趋势加以分析和判断。

学习重点：

1. 构成园艺产品风味和质构品质的化学成分，及其在贮藏期间的变化趋势；
2. 酶在园艺产品采后品质变化过程中的作用。

果品、蔬菜和花卉等园艺产品品质的好坏是影响产品贮藏寿命、加工品质好坏以及市场竞争力的主要因素，人们通常以色泽、风味、营养、质地与安全状况来评价其品质的优劣。

园艺产品的化学组成是构成品质的最基本的成分，同时它们又是生理代谢的积极参加者，它们在贮运加工过程中的变化直接影响着产品质量、贮运性能与加工品的品质。园艺产品的化学组分通常可分为五类，见表1-1。

漫话果蔬品质

表1-1　　　　　　　　　　园艺产品的化学组分

分类	化学组分	在形成品质中的作用
色素物质	叶绿素	绿色
	类胡萝卜素	橙色、黄色
	花青素	红色、紫色、蓝色
	黄酮类	白色、黄色
风味物质	挥发性物质	各种芳香气味
	糖	甜味
	酸	酸味
	单宁	涩味
	糖苷	苦味
	氨基酸、核苷酸、肽	鲜味、酸味等
	辣味物质	辣味

续表

分类	化学组分	在形成品质中的作用
营养物质	水分	一般
	糖类	一般
	脂肪	次要
	蛋白质	次要
	维生素	重要
	矿物质	重要
质构物质	果胶类物质	硬度、致密度
	纤维素	粗糙、细嫩
	水分	脆度
酶类物质	氧化还原酶	衰老、褐变
	果胶酶	硬度、软化
	纤维素酶	软化
	淀粉酶和磷酸化酶	甜味

第一节 风味物质

果蔬的风味（flavor）是构成果蔬品质的主要因素之一，果蔬因其独特的风味而备受人们的青睐。不同果蔬所含风味物质的种类和数量各不相同，风味各异，但构成果蔬的基本风味只有香、甜、酸、苦、辣、涩、鲜等几种。

一、香味物质

醇、酯、醛、酮和萜类等化合物是构成果蔬香味的主要物质，它们大多是挥发性的，且多具有芳香气味，故又称为挥发性物质或芳香物质（fragrant substance），也称精油（essential oil）。挥发性物质在果蔬中含量并不多，如香蕉为 65~338mg/kg，树莓类为 1~22mg/kg，草莓 5~10mg/kg，黄瓜 17mg/kg，番茄 2~5mg/kg，大蒜 50~90mg/kg，萝卜 300~500mg/kg，洋葱 320~580mg/kg，柠檬和柑橘中含量较高，分别为 1.5%~2.0% 和 2.0%~3.0%。正是这些物质的存在赋予果蔬特定的香气与味感，它们的分子中都含有一定的基团如羟基、羧基、醛基、羰基、醚、酯、苯基、酰胺基等，这些基团称为"发香团"，它们的存在与香气的形成有关，但是与香气种类无关。

由于果蔬中挥发性物质的种类和数量不同，从而形成了各种果蔬特定的风味。香味物质多种多样，据分析苹果含有 100 多种芳香物质，香蕉含有 200 多种，草莓中已分离出 150 多种，葡萄中现已检测到 78 种。水果的香味物质以酯类、醛类、萜类、醇类、酮类和挥发性酸类物质为主；而蔬菜香味不如水果香气浓郁，在种类上也有很大差别，主要是一些含硫化合物（葱、蒜、韭菜等辛辣气味的来源）和高级醇、醛、萜等（见表 1-2）。

表1-2　　　　　　　　　　　　　　几种果蔬的主要香味物质

名称	香味主体成分	名称	香味主体成分
苹果	乙酸异戊酯	萝卜	甲硫醇、异硫氰酸烯丙酯
梨	甲酸异戊酯	叶菜类	丙基硫醚烯-3-醇（叶醇）
香蕉	乙酸戊酯、异戊酸异戊酯	花椒	天竺葵醇、香茅醇
桃	乙酸乙酯、γ-癸酸内酯	蘑菇	辛烯-1-醇
柑橘	甲酸、乙醛、乙醇、丙酮、苯乙醇及甲酯和乙酯	大蒜	二烯丙基二硫化物、甲基烯丙基二硫化物、烯丙基
杏	丁酸戊酯	黄瓜	壬二烯-2,6-醇、壬烯-2-醛、2-己烯醛

果蔬的香味物质多在成熟时开始合成，进入完熟阶段时大量形成，产品风味也达到了最佳状态。但这些香气物质大多数不稳定，容易氧化变质，在贮运加工过程中，遇到较高的温度环境很容易挥发与分解。

二、甜味物质

糖分是果蔬中可溶性固形物的主要成分，直接影响果蔬的风味、口感和营养水平。糖及其衍生物糖醇类物质是构成果蔬甜味的主要物质，一些氨基酸、胺等非糖物质也具有甜味。蔗糖、果糖、葡萄糖是果蔬中主要的糖类物质，此外还含有甘露糖、半乳糖、木糖、核糖以及山梨醇、甘露醇和木糖醇等。

果蔬的含糖量差异很大，其中水果含糖量较高，而蔬菜中除西瓜、甜瓜、番茄、胡萝卜等含糖量稍高外，大多都很低。大多水果的含糖量在7%~18%，但海枣含糖量可高达鲜重的64%，而蔬菜的含糖量大多在5%以下。常见果蔬含糖的种类及含量见表1-3。

表1-3　　　　　　　　　　常见果蔬含糖的种类及含量　　　　　　　单位：g/100g（鲜重）

名称	蔗糖	转化糖	总糖
苹果	1.29~2.99	7.35~11.61	8.62~14.61
梨	1.85~2.00	6.52~8.00	8.37~10.00
香蕉	7.00	10.00	17.00
草莓	1.48~1.76	5.56~7.11	7.41~8.59
桃	8.61~8.74	1.77~3.67	10.38~12.41
杏	5.45~8.45	3.00~3.45	8.45~11.90
胡萝卜	—	—	3.30~12.00
番茄	—	—	1.50~4.20
南瓜	—	—	2.50~9.00
甘蓝	—	—	1.50~4.50
西瓜	—	—	5.50~11.00

果蔬的甜味不仅与糖的含量有关，还与所含糖的种类相关，各种糖的相对甜味差异很大

（表1-4），若以蔗糖的甜度为100，则果糖为173，葡萄糖为74。不同果蔬所含糖的种类及各种糖之间的比例各不相同，甜度与味感也不尽一样，仁果类果实果糖含量占优势，核果类、柑橘类果实蔗糖含量较多，而成熟浆果类如葡萄、柿果以葡萄糖为主。

表1-4　　　　　　　　　　　　　　几种糖的相对甜度

名称	相对甜度	名称	相对甜度
果糖	173	木糖	40
蔗糖	100	半乳糖	32
葡萄糖	74	麦芽糖	32

果蔬甜味的强弱除了与含糖种类与含量有关外，还受含糖量与含酸量之比（糖/酸比）的影响，糖酸比越高，甜味越浓，反之酸味增强，糖酸比值适宜，则甜酸适口（表1-5）。如红星、红玉苹果的含糖量基本相同，红玉苹果含酸量约为0.9%，而红星苹果的酸含量在0.3%左右，故红玉苹果有较强的酸味。

表1-5　　　　　　　　　　　　　果蔬糖酸比值与风味的关系

风味	糖含量/（g/100g 鲜重）	酸含量/（g/100g 鲜重）	糖酸比值
甜	10	0.01~0.25	100.0~40.0
甜酸	10	0.25~0.35	40.0~28.6
微酸	10	0.35~0.45	28.6~22.2
酸	10	0.45~0.60	22.2~16.7
强酸	10	0.60~0.85	16.7~11.8

气候、土壤及栽培管理措施是影响果蔬含糖量的重要因素，通常光照好、营养充足、栽培措施合理条件下生长的果蔬，含糖量较高、品质好、贮运加工性能也好。故用作长期贮运或加工的果蔬应选择生长条件好、含糖量高的。

在成熟和衰老过程中，水果和一些果菜类的含糖量和含糖种类在不断发生变化，仁果类的苹果和梨以果糖占优势，到正常采收期蔗糖含量增高；核果类的桃、李、杏主要含有蔗糖，在成熟时蔗糖含量明显增加，特别是李，未熟时没有蔗糖，到黄熟时迅速增加；柑橘类果实，糖分的积累主要是蔗糖；以淀粉为贮藏性物质的果蔬，在其成熟或完熟过程中，含糖量会因淀粉类物质的水解而大量增加。不同生长、发育阶段的果蔬，其含糖量也各不相同。一般的果实都是充分成熟时含糖量达到最高值，生产上常常以此作为确定果蔬采收期的重要指标。在贮运过程中，果蔬中的糖含量会因呼吸消耗而不断降低，进而导致果蔬品质与贮运加工性能下降，如果能较好控制贮藏条件，糖分减少越慢，果蔬品质会越好。

三、酸味物质

酸味是因舌黏膜受氢离子刺激而引起的，因此凡在溶液中能解离出氢离子的化合物都有酸味。果蔬的酸味主要来自一些有机酸，其中柠檬酸、苹果酸、酒石酸在水果中含量较高，故又称为果酸，另外还有少量酒石酸、琥珀酸、α-酮戊二酸、延胡索酸、草酸、水杨酸和醋酸等。蔬菜的含酸量相对较少，除番茄等少数蔬菜外，大多都感觉不到酸味的存在，但有些蔬菜如菠菜、茭白、苋菜、竹笋含有较多量的草酸，由于草酸会刺激腐蚀人体消化道内的黏膜蛋白，还可与人体内的钙盐结合形成不溶性的草酸钙沉淀，降低人体对钙的吸收利用，故多食有害。

不同种类和品种的果蔬，有机酸种类和含量不同。如苹果含总酸量为0.2%~1.6%，梨为0.1%~0.5%，葡萄为0.3%~2.1%。常见果蔬中的主要有机酸种类见表1-6。

表1-6　　　　　　　　　　常见果蔬中的主要有机酸种类

名称	有机酸种类	名称	有机酸种类
苹果	苹果酸、少量柠檬酸	菠菜	草酸、苹果酸、柠檬酸
桃	苹果酸、柠檬酸、奎宁酸	甘蓝	柠檬酸、苹果酸、琥珀酸、草酸
梨	苹果酸，果心含柠檬酸	石刁柏	柠檬酸、苹果酸
葡萄	酒石酸、苹果酸	莴苣	苹果酸、柠檬酸、草酸
樱桃	苹果酸	甜菜叶	草酸、柠檬酸、苹果酸
柠檬	柠檬酸、苹果酸	番茄	柠檬酸、苹果酸
杏	苹果酸、柠檬酸	甜瓜	柠檬酸
菠萝	柠檬酸、苹果酸、酒石酸	甘薯	草酸

果蔬酸味的强弱不仅与含酸量有关，还与酸根的种类、解离度、缓冲物质的有无、糖的含量有关。酒石酸表现出酸味的最低浓度为75mg/kg，苹果酸为107mg/kg，柠檬酸为115mg/kg。可见酒石酸呈现酸味所需的浓度最低，苹果酸次之，柠檬酸最高，故酒石酸酸度最高。此外，果蔬的酸味并不取决于酸的绝对含量，而是由它的pH决定的，pH越低酸味越浓，缓冲物质的存在可以降低由酸引起的pH降低和酸味的增强。

通常幼嫩的果蔬含酸量较高，随着发育与成熟，酸的含量会降低，在采后贮运过程中，这些有机酸可直接用作呼吸底物而被消耗，使果蔬的含酸量下降，如番茄贮藏后由酸变甜就是这个原因。由于酸的含量降低，使糖酸比提高，果蔬风味变甜、变淡，食用品质与贮运性能也下降，故糖酸比是衡量果蔬品质的重要指标之一。另外，糖酸比也是判断某些果蔬成熟度、采收期的重要参考指标。

果蔬中的有机酸，是合成能量ATP的主要来源，同时也是细胞内很多生化过程所需中间代谢物的提供者。某些蔬菜中还含有一些酚酸类物质如绿原酸、咖啡酸、阿魏酸、水杨酸等，在果蔬受到伤害时，这些物质会在伤口部位急速增加，其增加的程度与果蔬抗病能力的强弱有关，因为酚酸类物质可以抑制甚至杀死微生物。

四、涩味物质

果蔬的涩味（astringency）主要来自单宁类物质，当单宁含量（如涩柿）达0.25%左右时就可感到明显的涩味，当含量达到1%~2%时就会产生强烈的涩味。未熟果蔬的单宁含量较高，食之酸涩，难以下咽，但一般成熟果中可食部分的单宁含量通常在0.03%~0.1%，食之具有清凉口感。除了单宁类物质外，儿茶素、无色花青素以及一些羟基酚酸等也具涩味。

单宁为高分子聚合物，组成它的单体主要有：邻苯二酚、邻苯三酚与间苯三酚。根据单体间的连接方式与其化学性质的不同，可将单宁物质分为两大类，即水解型单宁与缩合型单宁。

水解型单宁，也称为焦性没食子酸类单宁，组成单体间通过酯键连接。它们在稀酸、酶、煮沸等温和条件下水解为单体。缩合型单宁，又称为儿茶酚类单宁，它们是通过单体芳香环上 C—C 键连接而形成的高分子聚合物，当与稀酸共热时，进一步缩合成高分子无定型物质。它们在自然界中的分布很广，果蔬中的单宁就属此类。

涩味是由于可溶性的单宁使口腔黏膜蛋白质凝固，使之发生收敛性作用而产生的一种味感。随着果蔬的成熟，可溶性单宁的含量降低，或人为采取措施使可溶性单宁转变为不溶性单宁时，涩味减弱，甚至完全消失。无氧呼吸产物乙醛可与单宁发生聚合反应，使可溶性单宁转变为不溶性酚醛树酯类物质，涩味消失，所以生产上往往通过温水浸泡、乙醇或高浓度二氧化碳等，诱导柿果产生无氧呼吸而达到脱涩的目的。

单宁物质在空气中易被氧化成黑褐色醌类聚合物，碱能催化这一反应，一些果蔬如苹果、马铃薯、藕等在去皮或切片后，在空气中变黑，这是由于酶活力增强导致的酶促褐变。另一方面单宁的氧化反应相当于在伤口处形成了一层保护膜，可适当阻止微生物的进一步侵染，利于伤口形成干疤而愈合。

五、苦味物质

苦味是四种基本味觉（酸、甜、苦、咸）中味感阈值最小的一种，是最敏感的一种味觉。单纯的苦味令人难以接受，当苦味物质与甜、酸或其他味感恰当组合时，就会赋予果蔬特定的风味。果蔬中的苦味主要来自一些糖苷类物质，由糖基与苷配基通过糖苷键连接而成。由于苷元（也叫苷配基）类型不同，组成的糖苷性质也差别很大。果蔬中的苦味物质组成不同，性质各异，有的有毒，有的具有特殊疗效，有的不具苦味。下面简单介绍几种常见的糖苷类物质。

1. 苦杏仁苷

苦杏仁苷（amygdaloside）是苦杏仁素（氰苯甲醇）与龙胆二糖形成的苷，具有强烈苦味，在医学上具有镇咳作用，普遍存在于桃、李、杏、樱桃、苦扁桃和苹果等果实的果核及种仁中。苦杏仁苷本身无毒，但生食桃仁、杏仁过多，会引起中毒，这是因为同时摄入的苦杏仁酶使苦杏仁苷水解为 2 分子葡萄糖、1 分子苯甲醛和 1 分子剧毒的氢氰酸。

$$C_{20}H_{27}NO_{11}+2H_2O \longrightarrow 2C_6H_{12}O_6+C_6H_5CHO+HCN$$

苦杏仁苷　　　　　葡萄糖　苯甲醛　氢氰酸

2. 黑芥子苷

黑芥子苷（sinigrin）本身呈苦味，普遍存在于十字花科蔬菜中。在芥子酶作用下水解生成具有特殊辣味和香气的芥子油、葡萄糖及其他化合物，使苦味消失。这种变化在蔬菜的腌制中很重要，如萝卜在食用时呈现出辛辣味，调味品中芥末的刺鼻辛辣味是黑芥子苷水解为芥子油所致。

$$C_{10}H_{16}NS_2KO_9+H_2O \longrightarrow CSNC_3H_5+C_6H_{12}O_6+KHSO_4$$

黑芥子苷　　　　　芥子油　葡萄糖

3. 茄碱苷

茄碱苷又称龙葵苷，主要存在于茄科植物中，以马铃薯块茎中含量较多。超过 0.01% 时就会感觉到明显的苦味，超过 0.02% 时即可使人食后中毒。因为茄碱苷分解后产生的茄碱是一种有毒物质，对红细胞有强烈的溶解作用。马铃薯所含的茄碱苷集中在薯皮和萌发的芽眼部位，当马铃薯块茎受日光照射表皮呈淡绿色时，茄碱含量显著增加，据分析可由0.006%增加到0.024%，所以，发绿和发芽的马铃薯应将皮部和芽眼削去食用。番茄和茄子果实中也含有茄碱苷，未熟绿色果实中含量较高，成熟时逐渐降低。

$$C_{45}H_{73}O_{15}N + 3H_2O \longrightarrow C_{27}H_{43}ON + C_6H_{12}O_6 + C_6H_{12}O_6 + C_6H_{12}O_6$$
$$\text{茄碱苷} \qquad\qquad \text{茄碱} \quad \text{葡萄糖} \quad \text{半乳糖} \quad \text{鼠李糖}$$

4. 柚皮苷和新橙皮苷

柚皮苷（naringin）和新橙皮苷（neohesperidin）存在于柑橘类果实中，尤以白皮层、种子、囊衣和轴心部分为多，具有强烈的苦味。在柚皮苷酶作用下，可水解成糖基和苷配基，使苦味消失，这就是果实在成熟过程中苦味逐渐变淡的原因。据此，在柑橘加工业中常利用酶制剂来使柚皮苷和新橙皮苷水解，以降低橙汁的苦味。

六、辣味物质

辣味（pungent）为刺激舌和口腔的触觉以及鼻腔的嗅觉而产生的综合性刺激感，适度的辣味具有增进食欲、促进消化液分泌的功效。辣椒、生姜及葱蒜等蔬菜含有大量的辣味物质，它们的存在与这些蔬菜的食用品质密切相关。

生姜中辣味的主要成分是姜酮、姜酚和姜醇，是由C、H、O所组成的芳香物质，其辣味有快感。辣椒中的辣椒素是由C、H、O、N所组成，属于无臭性的辣味物质。

葱蒜类蔬菜中辣味物质的分子中含有S，有强烈的刺鼻辣味和催泪作用，其辛辣成分是硫化物和异硫氰酸酯类，它们在完整的蔬菜器官中以母体的形式存在，气味不明显，只有当组织受到挤压或破碎时，母体才在酶的作用下转化成具有强烈刺激性气味的物质，如大蒜中的蒜氨酸，它本身并无辣味，只有蒜组织受到挤压或破坏后，蒜氨酸才在蒜酶的作用下分解生成具有强烈辛辣气味的蒜素。

芥菜中的刺激性辣味成分是芥子油，为异硫氰酸酯类物质。它们在完整组织中是以芥子苷的形式存在，本身不具辣味，只有当组织破碎后，才在酶的作用下分解为葡萄糖和芥子油，芥子油具有强烈的刺激性辣味。

七、鲜味物质

果蔬的鲜味（palatable taste）物质主要来自一些具有鲜味的氨基酸、酰胺和肽，其中以L-谷氨酸、L-天冬氨酸、L-谷氨酰胺和L-天冬酰胺最为重要，它们广泛存在于果蔬中，在梨、桃、葡萄、柿子、番茄中含量较为丰富。此外，竹笋中含有的天冬氨酸钠也具有天冬氨酸的鲜味。另一种鲜味物质谷氨酸钠是味精的化学成分，其水溶液有浓烈的鲜味。谷氨酸钠或谷氨酸的水溶液加热到120℃以上或长时间加热时，则发生分子内失水，缩合成有毒、无鲜味的焦性谷氨酸。

第二节 营养物质

果蔬是人体所需维生素、矿物质与膳食纤维的重要来源，此外有些果蔬还含有大量淀粉、糖、蛋白质等维持人体正常生命活动必需的营养物质。随着人们健康意识的不断增强，果蔬在人们膳食营养中的作用也日趋重要。

一、维生素

维生素是维持人体正常生命活动不可缺少的营养物质，它们大多是以辅酶或辅因子的形式参与生理代谢。维生素缺乏会引起人体代谢的失调，诱发生理病变。大多数维生素必须在植物体内合成，所以果蔬等园艺产品是人体获得维生素的主要来源。维生素的种类很多，其中近20种与人体健康和发育有关。通常按照溶解性把维生素分为水溶性与脂溶性两大类。前者包括维生素C、维生素B_1、维生素B_2，后者包括维生素A、维生素E、维生素D。

（一）水溶性维生素（hydrosoluble vitamin）

1. 维生素C

维生素C在体内主要参与氧化还原反应，在物质代谢中起电子传递的作用，可促进造血作用和抗体形成。维生素C还具有促进胶原蛋白合成的作用，可以防止毛细血管通透性、脆性的增加和坏血病的发生，故又称为抗坏血酸。维生素C是与人体关系最为密切的主要维生素之一，据报道人体所需维生素C的98%左右来自果蔬。

维生素C有还原型与氧化型两种形态，但氧化型维生素C的生理活性仅为还原型的1/2，两者之间可以相互转化。还原型的维生素C在抗坏血酸氧化酶的作用下，氧化成为氧化型的维生素C；而氧化型的维生素C在低pH条件下和还原剂存在时，能可逆地转变为还原型维生素C。维生素C在pH小于5的溶液中比较稳定，当pH增大时，氧化型的维生素C可继续氧化，生成无生理活性的2,3-二酮古洛糖酸，此反应为不可逆反应。

维生素C为水溶性维生素，在人体内无累积作用，因此人们需要每天从膳食中摄取大量维生素C，而果蔬是人体所需维生素C主要来源。不同果蔬维生素C含量差异较大，含量较高的果品有鲜枣、山楂、猕猴桃、草莓及柑橘类。在蔬菜中辣椒、绿叶蔬菜、花椰菜、嫩茎花椰菜等含有较多量的维生素C。柑橘中的维生素C大部分是还原型的，而在苹果、柿中氧化型占优势，所以在衡量比较不同果蔬维生素C营养时，仅仅以含量为标准是不准确的。

维生素C容易氧化，低温、低氧可有效防止果蔬贮藏中维生素C的损耗。在加工过程中，切分、漂烫、蒸煮是造成维生素C损耗的重要原因，应采取适当措施尽可能减少维生素C的损耗。此外在果蔬加工中，维生素C还常常用作抗氧化剂，防止加工产品的褐变。

2. 维生素B_1（硫胺素）

维生素B_1在酸性条件中较稳定，在中性或碱性环境中遇热易被氧化或还原。维生素B_1是维持人体神经系统正常活动的重要成分，也是糖代谢的辅酶之一。当人体缺乏时常引起脚气病，发生周围神经炎、消化不良和心血管失调等。豆类中维生素B_1含量最多。

3. 维生素B_2（核黄素）

维生素B_2耐热，在园艺产品加工中不易被破坏，在碱性条件下遇热不稳定，是一种感光物质，能维持眼睛健康，在氧化过程中起辅酶作用。核黄素在甘蓝、番茄中含量较多。

（二）脂溶性维生素（lipovitamin）

1. 维生素A

新鲜果蔬中含有大量的胡萝卜素，它本身不具维生素A生理活性，但胡萝卜素在人和动物的肠壁以及肝脏中能转变为具有生物活性的维生素 A，因此胡萝卜素又被称为维生素 A 原。维生素 A 原也是与人体关系最为密切的主要维生素之一，据报道人体所需维生素 A 的 57% 左右来自果蔬。维生素 A 是一类含己烯环的异戊二烯聚合物，含有两个维生素 A 的结构部分，理论上可生成 2 分子的维生素 A，但胡萝卜素在体内的吸收率、转化率和利用率都很低，实际上 6μg β-胡萝卜素只相当于 1μg 维生素 A 的生物活性。除 β-胡萝卜素外，α-胡萝卜素、γ-胡萝卜素和羟基 β-胡萝卜素体内也能转化为维生素 A，但它们分子中只含有一个维生素 A 的结构，功效也只有 β-胡萝卜素的一半。

维生素 A 和胡萝卜素（维生素 A 原）比较稳定，但由于其分子的高度不饱和性，在果蔬加工中容易被氧化，加入抗氧化剂可以得到保护。在果蔬贮运时，冷藏、避免日光照射有利于减少胡萝卜素的损失。绿叶蔬菜、胡萝卜、南瓜、杏、柑橘、黄桃、芒果等黄色、绿色的果蔬含有较多量的胡萝卜素。

2. 维生素 E 和维生素 K

维生素 E 和维生素 K 性质稳定，这两种维生素存在于植物的绿色部分，莴苣中富含维生素 E，菠菜、甘蓝、花椰菜、青番茄中富含维生素 K。

二、矿物质

矿物质是人体结构的重要组分。矿物质在果蔬中分布极广，占果蔬干重的 1%~5%，而一些叶菜的矿物质含量可达干重的 10%~15%，是人体摄取矿物质的重要来源。

果蔬中矿物质的 80% 是 K、Na、Ca 等金属成分，其中 K 元素可占其总量的 50% 以上，它们进入人体后，与呼吸释放的 HCO_3^- 结合，可中和血液 pH，使血浆的 pH 升高，因此果蔬又称为成碱性食品。相反，谷物、肉类和鱼、蛋等食品中，P、S、Cl 等非金属成分含量很高，它们的存在会增加体内的酸性；同时这些食品富含淀粉、蛋白质与脂肪，它们经消化吸收后，最终氧化产物为 CO_2，CO_2 进入血液会使血液 pH 降低，故又称之为成酸性食品。过多食用酸性食品，会使人体液、血液的酸性增强，易造成体内酸碱平衡的失调，甚至引起酸性中毒，因此为了保持人体血液、体液的酸碱平衡，在鱼、肉等动物食品消费量不断增加的同时，更需要增加果蔬的食用量。

在食品矿物质中，Ca、P、Fe 与人体健康关系最为密切，通常以这三种元素的含量来衡量食品矿物质的营养价值。果蔬含有较多量的 Ca、P、Fe，尤其是某些蔬菜的含量很高，是人体所需 Ca、P、Fe 的重要来源之一。

Ca 不仅是人体必需的营养物质，而且对果蔬自身的品质和耐贮性的影响也非常大。许多生理病害如苹果水心病、苦痘病、红玉斑点病、大白菜干烧心等都与缺钙有关，采前喷钙和采后浸钙处理都有助于提高果蔬的品质与耐贮性。

三、淀粉

虽然果蔬不是人体所需淀粉（starch）的主要来源，但某些未熟的果实如香蕉、苹果以及地下根茎菜类含有大量的淀粉。未熟的香蕉中淀粉占 20%~25%，成熟后淀粉几乎全部转化为糖，下降到 1%，在非洲和某些亚洲国家与地区，香蕉常常作为主食来消费，是人们获取膳食能量的重要渠道。土豆在欧洲某些国家或地区是不可缺少的食品，是当地居民膳食淀粉的重要来源之一。

淀粉不仅是人类膳食的重要营养物质，淀粉含量及其采后变化还直接关系到果蔬自身的品质与贮运性能的强弱。富含淀粉的果蔬，淀粉含量越高，耐贮性越强；对于地下根茎菜，如藕、菱、芋头、山药、马铃薯等，淀粉含量与老熟程度成正比增加，含量越高，品质与加工性能也越好。对于青豌豆、菜豆、甜玉米，这些以幼嫩的豆荚或籽粒供鲜食的蔬菜，淀粉含量的增加意味着品质的下降。

一些富含淀粉的果实如香蕉、苹果，在后熟期间淀粉会不断地水解为低聚糖和单糖，食用品质上升。但是采后的果蔬光合作用停止，淀粉等大分子贮藏性物质不断地消耗，最终会导致果蔬品质与贮藏、加工性能的下降。贮藏温度对淀粉的转化影响很大，例如，青豌豆在采后高温下，经 2d 后糖分能合成淀粉，淀粉含量可由 5%~6%增加到 10%~11%。马铃薯在低温下变甜，再转入高温下，甜味消失，这主要是在磷酸化酶或磷酸酯酶的作用下，淀粉水解为葡萄糖的原因，而此反应是可逆的，研究表明，马铃薯贮藏在 0℃下，块茎还原糖含量可达 6% 以上，而贮于 5℃以上，往往不足 2.5%，这是因为葡萄糖在高温下又转变为淀粉。如果淀粉在淀粉酶和麦芽糖酶活动的情况下，其转化为葡萄糖则是不可逆的。

淀粉的含量与果蔬的品质及耐贮性密切相关，因此，淀粉含量又常常用作衡量某些果蔬品质与采收成熟度的参考指标。

第三节　色素类物质

色泽是人们评价果蔬质量的一个重要因素，在一定程度上反映了果蔬的新鲜程度、成熟度和品质的变化，因此，果蔬的色泽及其变化是评价果蔬品质和判断成熟度的重要外观指标。色素物质的含量及其采后的变化对于园艺产品品质有重要影响。如番茄、苹果和柑橘，其色泽越艳，外观和内在品质就越佳；菊花随着成熟开放时类胡萝卜素和花青苷增加而显色，衰老时则下降，从而色泽变淡。

构成园艺产品的色素种类很多，有时单独存在，有时几种色素同时存在，或显现或被遮盖，随着生长发育阶段、环境条件及贮藏加工方式不同，园艺产品的颜色也会发生变化。为了保持或提高园艺产品的贮藏和加工品的感官品质，就需要对构成园艺产品的基本色素及其变化做进一步的了解。

园艺产品的色素物质主要包括叶绿素类、类胡萝卜素、花色素和黄酮类色素等物质。花色是切花最重要的观赏指标之一。切花色泽由多种色素物质组成，主要有黄酮类色素和胡萝卜素类色素。前者包括水溶性的花青苷、黄酮、黄酮醇、苯基苯乙烯酮和噢呯等。花青素与糖结合成花青苷，显现红、蓝、紫和红紫色。其他黄酮可呈现出由浅黄至深黄的颜色，故统称花黄色素。胡萝卜素类难溶于水，多以结晶或沉淀的形式存在于细胞质的质粒中，故又称为质粒色素类。存在于花瓣中的 β-胡萝卜素和堇菜黄质常与噢呯一起成色，是郁金香、月季、百合、紫罗兰和水仙等的黄色来源。有些切花的颜色由复合色素组成。另外，一些切花花瓣衰老时变褐、变黑是由于黄酮类色素与酚类的氧化作用以及单宁的积聚，月季、香豌豆、飞燕草、天竺葵等红色花瓣随切花组织细胞内液泡 pH 升高而泛蓝衰老。下面分别对主要色素物质进行介绍。

1. 叶绿素

园艺产品呈现绿色主要是由于叶绿素（chlorophyll）的存在。叶绿素主要由叶绿素 a（$C_{55}H_{72}O_5N_4Mg$）和叶绿素 b（$C_{55}H_{70}O_6N_4Mg$）两种结构相似的色素物质组成，叶绿素 a 呈蓝绿色，叶绿素 b 为黄绿色，通常它们在植物体内以 3∶1 的比例存在。

叶绿素不溶于水，易溶于乙醇、丙酮、乙醚、氯仿、苯等有机溶剂。叶绿素不稳定，在酸性介质中形成脱镁叶绿素，绿色消失，呈现褐色；在碱性介质中叶绿素分解生成叶绿酸、甲醇和叶醇。叶绿酸呈鲜绿色，较稳定，与碱结合可生成绿色的叶绿酸钠（或钾）盐。在绿色蔬菜加工时，为了保持加工品的绿色，人们常用一些盐类，如 $CuSO_4$、$ZnSO_4$ 等，进行护绿。

在正常生长发育的果蔬中，叶绿素的合成作用大于分解作用，而果蔬进入成熟期和采收以后，叶绿素的合成停止，原有的叶绿素逐渐减少或消失，绿色消退，表现出果蔬的特有色泽。例如，香蕉和苹果在呼吸高峰期间叶绿素酶活力最高，而完熟的番茄叶绿素减少时测不出叶绿素酶活力。而对绿色果蔬来讲，尤其是绿叶蔬菜，绿色的消退，意味着品质的下降，低温、气调贮藏可有效抑制叶绿素的降解。

2. 类胡萝卜素

类胡萝卜素（carotenoid）广泛地存在于园艺产品中，其颜色表现为黄、橙、红。园艺产品中类胡萝卜素有 300 多种，但主要的有胡萝卜素、番茄红素、番茄黄素、辣椒红素、辣椒黄素和叶黄素等。

类胡萝卜素分子中都含有一条由异戊二烯组成的共轭多烯链，β-胡萝卜素在多烯链的两端分别连有一个 α-紫罗酮环和 β-紫罗酮环，理论上讲，在人或动物肝脏和肠壁中可转化为 2 分子的维生素 A，而 α-胡萝卜素、γ-胡萝卜素的分子结构中只有一个紫罗酮环，故只能转化为 1 分子的维生素 A，但实际上胡萝卜素在体内利用率很低。除胡萝卜素外，其他色素分子结构中由于没有紫罗酮环，故不具维生素 A 活性。

胡萝卜素常与叶黄素、叶绿素同时存在，在胡萝卜、南瓜、番茄、辣椒、绿叶蔬菜、杏、黄桃中含量较高。果蔬中胡萝卜素的 85% 为 β-胡萝卜素，是人体膳食维生素 A 的主要来源。由于胡萝卜素分子的高度不饱和性，有报道说胡萝卜素具有抗癌、防癌等营养保健功能。

番茄红素、番茄黄素存在于番茄、西瓜、柑橘、葡萄柚等果蔬中。番茄中番茄红素的最适合成温度为 16~24℃，29.4℃ 以上的高温会抑制番茄红素的合成，这是炎夏季节番茄着色不好的原因，但高温对其他果蔬番茄红素的合成没有抑制作用。

各种果蔬中均含有叶黄素，它与胡萝卜素、叶绿素共同存在于果蔬的绿色部分，只有叶绿素分解后，才能表现出黄色。椒黄素、椒红素存在于辣椒中，黄皮洋葱中也有，椒黄素表现为黄色或白色。

类胡萝卜素，耐热性强，即使与锌、铜、铁等金属共存时，也不易破坏，但在有氧条件下，易被脂肪氧化酶、过氧化物酶等氧化脱色，但完整的果蔬细胞中的类胡萝卜素比较稳定。

3. 花青素

花青素（anthocyanidin）是一类水溶性色素，以糖苷形式存在于植物细胞液中，呈现红、蓝、紫色。花青素的基本结构是一个 2-苯基苯并吡喃环，随着苯环上取代基的种类与数目的变化，颜色也随之发生变化。当苯环上羟基数目增加时，颜色向蓝紫方向移动；而当甲氧基的数目增加时，颜色向红色方向移动。

花青素的颜色还随着 pH 的增减而变化，呈现出酸红、中紫、碱蓝的趋势。因为在不同 pH 条件下，花青素的结构也会发生变化。因此，同一种色素在不同果蔬中，可以表现出不同的颜色；而不同的色素在不同的果蔬中，也可以表现出相同的色彩。

花青素是一种感光色素，充足的光照有利于花青素的形成，因此山地、高原地带果品的着色往往好于平原地带。此外，花青素的形成和累积还受植物体内营养状况的影响，营养状况越好，着色越好，着色好的果品，风味品质也越佳。所以，着色状况也是判断果蔬品质和营养状况的重要参考指标。

花青素很不稳定，加热对它有破坏作用，遇金属铁、铜、锡则变色，所以果蔬在加工时应避免使用这些金属器具。但花青苷可与钙、镁、锰、铁、铝等金属结合生成蓝色或紫色的络合物，色泽变得稳定而不受 pH 的影响。

4. 黄酮类

黄酮类（flavonoid）色素也称花黄素，也是一类水溶性的色素，呈无色或黄色，以游离或糖苷的形式存在于园艺产品的茎、叶、花、果组织中。它的基本结构为 2-苯基苯并吡喃酮，与花青素一样，也属于"酚类色素"，但比花青素稳定。

比较重要的黄酮类色素有圣草苷、芸香苷、橙皮苷，它们存在于柑橘、芦笋、杏、番茄等果实中，是芦丁的重要组分，又称维生素 P，具有调节毛细血管透性的功能。柚皮苷存在于柑橘类果实中，是柑橘皮苦味的主要来源。

第四节　质地

园艺产品是典型的鲜活易腐品，它们的共同特性是含水量很高，细胞膨压大，对于这类商品，人们希望它们新鲜饱满、脆嫩可口。而对于叶菜、花菜等，除脆嫩饱满外，组织致密、紧实也是重要的质量指标。因此，果蔬的质地主要体现为脆、绵、硬、软、细嫩、粗糙、致密、疏松等，它们与品质密切相关，是评价园艺产品品质的重要指标。在生长发育不同阶段，园艺产品的质地会有很大变化，因此质地又是判断园艺产品成熟度、确定采收期的重要参考依据。

园艺产品质地的好坏取决于组织的结构，而组织结构又与其化学组成密切有关，化学成分是影响园艺产品质地的最基本因素，下面具体介绍一些与园艺产品质地有关的化学成分。

1. 水分

水分（moisture）是影响园艺产品新鲜度、脆度和口感的重要成分，与园艺产品的风味品质有密切关系。新鲜果品、蔬菜的含水量大多在 75%～95%，少数蔬菜如黄瓜、番茄、西瓜含水量高达 96%，甚至 98%，含水量较低的也在 60% 左右。

水分是园艺产品生长或生命活动的必要条件。含水量高的园艺产品，细胞膨压大，组织饱满脆嫩，食用品质和商品价值高。但采后由于水分的蒸散，园艺产品会大量失水，失水后会变得疲软、萎蔫，品质下降；采后水势降低，持水能力下降，缺水引起代谢过程的不可逆变化，从而导致衰老；另外，很多园艺产品采后一旦失水，就难以再恢复新鲜状态。因此，为了保持采后园艺产品的新鲜品质，应采用如塑料薄膜包装、高湿贮藏等措施，尽可能减少采后失水。

正因为含水量高，园艺产品的生理代谢非常旺盛，物质消耗很快，极易衰老败坏；同时含水量高也给微生物的活动创造了条件，使得果蔬产品容易腐烂变质。因此，要做好园艺产品贮运工作，维持其新鲜品质，既要采用高湿、薄膜包装等措施防止果蔬失水，又需要配合低温、气调、防腐、保鲜等措施降低自身的衰老，抑制病原微生物的侵害。

切花离开母体后，体内水分传导率降低，原因是自身代谢产物和空气导致的生理性堵塞以及微生物组织造成的病理性堵塞。此外，切花导管被气泡堵塞时也会形成所谓"气栓"而使吸水受阻。另外，花茎切口处常有大量的微生物，其迅速繁殖的菌丝体会侵入导管，或者产生代谢产物引起木质部导管堵塞。当切花的蒸腾作用超过吸水作用时，也会出现水分亏缺和萎蔫现象。切花保鲜，特别对蕾期采收的切花，其细胞和组织必须保持较高水分含量，才能保持高度的膨胀状态，否则，花瓣会凋萎。故采收后的切花必须保持一定的含水量。为了不让切花失水，必须保持90%~95%的相对湿度。

2. 果胶物质

果胶物质（pectic substance）存在于植物的细胞壁与中胶层，果蔬组织细胞间的结合力与果胶物质的形态、数量密切相关。果胶物质有三种形态即原果胶、可溶性果胶与果胶酸，在不同生长发育阶段，果胶物质的形态会发生变化。

$$原果胶 \xrightarrow{原果胶酶} \begin{cases}纤维素 \\ 可溶性果胶\end{cases} \xrightarrow{果胶酶} \begin{cases}甲醇 \\ 果胶酸\end{cases} \xrightarrow{果胶酸酶} \begin{cases}还原糖 \\ 半乳糖醛酸\end{cases}$$

原果胶存在于未熟的果蔬中，是可溶性果胶与纤维素缩合而成的高分子物质，不溶于水，具有黏结性，它们在胞间层与蛋白质及钙、镁等形成蛋白质-果胶-阳离子黏合剂，使相邻的细胞紧密地黏结在一起，赋予未熟果蔬较大的硬度。

随着果实成熟，原果胶在原果胶酶的作用下，分解为可溶性果胶与纤维素。可溶性果胶是由多聚半乳糖醛酸甲酯与少量多聚半乳糖醛酸连接而成的长链分子，存在于细胞汁液中，相邻细胞间彼此分离，组织软化。但可溶性果胶仍具有一定的黏结性，故成熟的果蔬组织还能保持较好的弹性。

当果实进入过熟阶段时，果胶在果胶酶的作用下，分解为果胶酸与甲醇。果胶酸无黏结性，相邻细胞间没有了黏结性，组织变得松软无力，弹性消失。

果胶物质形态的变化是导致果蔬硬度下降的主要原因，在生产中硬度是影响果蔬贮运性能的重要因素。人们常常借助硬度来判断某些果蔬，如苹果、梨、桃、杏、柿果、番茄等的成熟度，确定它们的采收期，同时也是评价它们贮藏效果的重要参考指标。

不同果蔬的果胶含量及果胶中甲氧基的含量差异很大。山楂中果胶的含量较高，并富含甲氧基，甲氧基具有很强的凝胶能力，人们常常利用山楂的这一特性来制作山楂糕。虽然有些蔬菜果胶含量很高，但由于甲氧基含量低，凝胶能力很弱，不能形成胶冻，当与山楂混合后，可利用山楂中果胶中甲氧基的凝胶能力，制成混合山楂糕如胡萝卜山楂糕。

3. 纤维素和半纤维素

纤维素（cellulose）、半纤维素（hemicellulose）是植物细胞壁中的主要成分，是构成细胞壁的骨架物质，它们的含量与存在状态，决定着细胞壁的弹性、伸缩强度和可塑性。幼嫩的果蔬中的纤维素，多为水合纤维素，组织质地柔韧、脆嫩，老熟时纤维素会与半纤维素、木质素、角质、栓质等形成复合纤维素，组织变得粗糙坚硬，食用品质下降。

纤维素是由葡萄糖分子通过β-1,4-糖苷键连接而成的长链分子，主要存在于细胞壁中，具有保持细胞形状、维持组织形态的作用，具有支持功能。它们在植物体内一旦形成，就很少再参与代谢，但是对于某些果实如番茄、鳄梨、荔枝、香蕉、菠萝等在其成熟过程中，需要有纤维素酶与果胶酶及多聚半乳糖醛酸酶等共同作用才能软化。

半纤维素是由木糖、阿拉伯糖、甘露糖、葡萄糖等多种五碳糖和六碳糖组成的大分子物质，它们不很稳定，在果蔬体内可分解为组成单体。刚采收的香蕉，半纤维素含量8%~10%，但成熟的香蕉果肉中，半纤维素含量仅为1%左右，所以半纤维素既具有纤维素的支持功能，又具有淀粉的贮藏功能。

纤维素、半纤维素是影响果蔬质地与食用品质的重要物质，同时它们也是维持人体健康不可缺少的辅助成分。纤维素、半纤维素、木质素等统称为粗纤维又称膳食纤维，虽然它们不具营养功能，但能刺激肠胃蠕动，促进消化液的分泌，提高蛋白质等营养物质的消化吸收率，同时还可以预防或缓解如肥胖、便秘等，是维持人体健康必不可少的物质，故有人将膳食纤维、水、碳水化合物、蛋白质、脂肪、维生素、矿物质统称为维持生命健康的"七大营养素"。人体所需的膳食纤维主要来自果蔬，随着生活水平的不断提高，肉、蛋等动物产品的食用量增加，果蔬在人们日常膳食中的作用也日趋重要。

第五节 酶

酶（enzyme）是园艺产品细胞内所产生的一类具有催化功能的蛋白质，体内的一切生化反应几乎都是在酶的参与下进行的。果蔬细胞中含有各种各样的酶，结构十分复杂，溶解在细胞汁液中。酶具有蛋白质的共同理化性质，它不能通过半透性膜，具有胶体性质。酶活力易受温度、酸、碱、紫外线等影响。一切影响蛋白质变性的因素同样可以使酶变性失活。酶的种类约2000种，以下介绍几种与园艺产品生理代谢过程有关的酶。

（一）氧化还原酶（oxidation-reduction enzyme）

1. 抗坏血酸氧化酶

抗坏血酸氧化酶，又称抗坏血酸酶，其存在时，可使 L-抗坏血酸氧化变为 D-抗坏血酸。在香蕉、胡萝卜和莴苣中广泛分布着这种酶，它与维生素 C 的消长有很大关系。

2. 过氧化氢酶和过氧化物酶

过氧化氢酶（CAT）和过氧化物酶（POD）两种酶广泛地存在于果蔬组织中。过氧化氢酶存在于水果、蔬菜中的铁蛋白内，可催化如下反应：

$$2H_2O_2 \longrightarrow 2H_2O+O_2$$

由于呼吸中的过氧化氢酶的作用，可防止组织中的过氧化氢积累到有毒的程度。成熟时期随着果蔬氧化活性的增强，这两种酶的活力都有显著地增高。芒果呼吸作用的增强直接和这两种酶的活力有关。过氧化氢酶和相应的氧化酶可能与乙烯（ethylene，C_2H_4）生成有关，过氧化物酶与乙烯的自身催化合成、激素代谢平衡、细胞膜结构完整性、呼吸作用、脂质过氧化等作用有密切关系。

POD 的活力是果实成熟衰老的主要指标，研究结果显示，气调贮藏的金冠苹果的 POD 活力有 2 个高峰。在跃变型果实中，随着果实的成熟，POD 同工酶的活力增强，许多果实和蔬菜在衰老期间，POD 活力的升高是导致叶菜类和果实黄化的一个原因。新鲜果品及其加工制品的 POD 活力高时，往往会引起变色和变味，人们常常用热处理的方法抑制这种酶的活力，以减少其不利影响。

3. 多酚氧化酶

多酚氧化酶（PPO）广泛存在于绝大多数果实中，它所催化的反应常常引起果肉、果心褐变，产生异味或使营养成分损失。这些情况都是生产者和消费者不希望看到的，因此，PPO 是关系到果实品质的重要酶类化合物。众所周知，园艺产品一旦受到伤害，即发生褐变，这种现象多是多酚氧化酶进行催化的结果。PPO 在有氧存在条件下进行氧化生成醌，再氧化聚合，形成有色物质。

PPO 活力的降低标志着果实达到成熟阶段，并且适口性增强，种子开始成熟。研究认为，绿熟杏在 26℃存放期间，酚含量和 PPO 活力呈上升趋势；鸭梨在冷藏期间，主要底物绿原酸总体呈下降趋势，PPO 活力随着果心褐变而上升而后下降；荔枝在 4~5℃贮藏时，外果皮褐变加重，PPO 活力增强；柿子在 1℃下贮藏，开始 6 周 PPO 活力快速上升，随后略呈下降趋势。

采收过程或采后处理过程的机械伤会明显加重果实的褐变，所以要严格防止机械损伤。生产上可以通过降低温度、冷藏、采前采后处理的方式来降低 PPO 活力。在园艺产品加工生产上，要根据需要想办法抑制 PPO 活力，例如，用二氧化硫、亚硫酸盐、抗坏血酸、柠檬酸等来降低 PPO 活力，抑制果蔬产品的褐变。

（二）果胶酶

果实在成熟过程中，质地变化最为明显，其中果胶酶（pectinase）类起着重要作用。果实成熟时硬度降低，与半乳糖醛酸酶和果胶酯酶的活力增加成正相关。梨在成熟过程中，果胶酯酶活力开始增加时，即已达到初熟阶段。苹果中果胶酯酶活力因品种不同而有很大差异，也可能与耐贮性有关。香蕉在催熟过程中，果胶酯酶活力显著增加，特别是果皮由绿转黄时更为明显。番茄果肉成熟时变软，是受果胶酶类作用的结果。

（三）纤维素酶

目前的研究结果表明，成熟衰老时期纤维素酶促使纤维素水解引起细胞壁降解是部分果蔬软化的原因之一。番茄在成熟过程中，可以观察到纤维素酶活力增加。而梨和桃在成熟时，纤维素分子团没有变化，苹果在成熟过程中，纤维素含量也不降低。研究发现，在未成熟的果实中，纤维素酶的活力很高，随着果实增大，其活力逐渐降低；而当果实从绿色转变到红色的成熟阶段时，纤维素酶活力几乎增加两倍。相反，多聚半乳糖醛酸酶活力则随着果实成熟到过熟都在继续增加，纤维素酶活力则维持不变。

（四）淀粉酶和磷酸化酶

许多果实在成熟时淀粉逐渐减少或消失。未催熟的绿熟期香蕉淀粉含量可达 20%，成熟后下降到 1%以下。苹果和梨在采收前，淀粉含量达到高峰，开始成熟时，大部分品种下降到 1%左右。这些变化都是淀粉酶（amylase）和磷酸化酶（phosphorylase）所引起的。研究发现，巴梨果实在-0.5℃贮藏的 3 个月中，淀粉酶活力逐渐增加，但从贮藏库取出后的催熟过程中却不再增加。有人观察到，经过长期贮藏之后不能正常成熟的巴梨，果实中蛋白质的合成能力丧失，可能是由于某些酶的合成受低温抑制，从而造成"低温伤害"的现象。当芒果成熟时，可观察到淀粉酶的活力增加，淀粉被水解为葡萄糖。

果蔬成熟中的合成代谢还有其他酶类参加，诸如叶绿素酶、酯酶、脂氧合酶、磷酸酶、核糖核酸酶等。一些果实在成熟过程中酶活力变化见表 1-7。但尚无这些酶再合成的证据。合理地控制和利用这些酶的活力是果蔬贮藏保鲜中进行各种处理的基础。

表1-7　　　　　　　　　　　　　一些果实成熟过程中酶活力的变化

酶	果实种类	酶活力增加倍数	酶	果实种类	酶活力增加倍数
叶绿素酶	香蕉皮	1.6	果胶甲酯酶	香蕉	增加
	苹果皮	2.8~3.0		番茄	1.4
酯酶	苹果皮	1.6		油梨	不多
脂氧合酶	苹果皮	4.0	淀粉酶	番茄	增加
	番茄	2.5~6.0		芒果	2.0
过氧化物酶	香蕉	2.7	6-磷酸葡萄糖脱氢酶	葡萄	不变
	番茄	3.0		樱桃	不变
	芒果	3.0		洋梨	减少
	洋梨	增加3个同工酶		芒果	增加
吲哚乙酸氧化酶	洋梨	增加2个同工酶	苹果酸酶	洋梨	2.1
	番茄	增加1个同工酶		苹果皮	4.0
	越橘	增加1个同工酶		葡萄	减少

思考题

1. 以苹果（果实）和胡萝卜（根菜）为例，分析建立园艺产品的品质评价体系应从哪些方面入手，包含哪些评价要素？
2. 形成果蔬甜味、酸味、涩味和苦味的主要化学成分分别是什么？如何从香气和味道的角度解释葡萄和柑橘风味差异的产生？
3. 举例列出几种在园艺产品品质构成方面具有多种作用的化学物质。
4. 试从化学成分变化的角度分析柑橘采后贮藏过程中风味变淡、硬度下降的原因，在这一过程中哪些酶类发挥了重要的作用？

第二章

采前因素对园艺产品贮藏性能的影响

本章目标与重点

学习目标：
  1. 了解影响园艺产品贮藏性能的主要生物因素、生态因素和农业技术因素，能够从采前因素的角度对产品的耐藏性进行分析；
  2. 理解生物因素、生态因素和农业技术因素与园艺产品耐藏性之间的关系，能够依据主要采前因素对产品的耐藏性进行基本判断。

学习重点：
  影响园艺产品耐藏性的主要生物因素及其与耐藏性的关系。

影响果蔬耐贮性的采前因素很多，如生物因素（种类和品种等）、生态因素（生长环境条件）和农业技术因素等都会影响产品的品质。选择生长发育良好、健康、品质优良的产品作为贮藏原料，是搞好果蔬贮藏工作的重要方面之一，因此，切不可忽视采前因素对采后寿命的影响。

第一节 生物因素

（一）种类和品种

1. 种类

果蔬种类不同，耐贮性差异很大。特别是蔬菜种类繁多，其可食部分可以来自植物的根、茎、叶、花、果实和种子，由于它们的组织结构和新陈代谢方式不同，因此，耐贮性也有很大的差异。

叶菜类耐贮性最差。因为叶片是植物的同化器官，组织幼嫩，保护结构差，采后失水、呼吸和水解作用旺盛，极易萎蔫、黄化和败坏，最难贮藏；叶球为营养贮藏器官，一般在营养生长停止后收获，新陈代谢已有所降低，所以比较耐贮藏。

花菜类是植物的繁殖器官，新陈代谢比较旺盛，在生长成熟及衰老过程中还会形成乙烯，所以花菜类是很难贮藏的。如新鲜的黄花菜，花蕾采后1d就会开放，并很快腐烂，因此必须干制。然而花椰菜是成熟的变态花序，蒜薹是花茎梗，它们都较耐寒，可以在低温下作较长期的贮藏。

果菜类包括瓜、果、豆类，它们大多原产于热带和亚热带地区，不耐寒，贮藏温度低于8℃会发生冷害。其食用部分为幼嫩果实，新陈代谢旺盛，表层保护组织发育尚不完善，容易失水和遭受微生物侵染。采后由于生长和养分的转移，果实容易变形和发生组织纤维化，如黄瓜变成大头瓜、豆荚变老，因此很难贮藏。但有些瓜类蔬菜是在充分成熟时采收的，如南瓜、冬瓜，其代谢强度已经下降，表层保护组织已充分发育，表皮上形成了厚厚的角质层、蜡粉或茸毛等，所以比较耐贮藏。

块茎、鳞茎、球茎、根茎类都属于植物的营养贮藏器官，有些还具有明显的休眠期或可以通过改变环境条件，令其控制在强迫休眠状态，使新陈代谢降低到最低水平，所以比较耐贮藏。

水果中以温带生长的苹果和梨最耐贮；桃、李、杏等由于都在夏季成熟，此时温度高，果品呼吸作用强，因此耐贮性较差；热带和亚热带生长的香蕉、菠萝、荔枝、芒果等采后寿命短，不能作长期贮藏。

只有了解不同种类果蔬的特性，才能对不同的产品做出合理的贮藏安排，从而获得最佳的贮藏效果。

2. 品种

果蔬的品种不同，其耐贮性也有差异。一般来说，不同品种的果蔬以晚熟品种最耐贮，中熟品种次之，早熟品种不耐贮藏。晚熟品种耐贮藏的原因是：晚熟品种生长期长，成熟期间气温逐渐降低，组织致密、坚挺，外部保护组织发育完好，防止微生物侵染和抵抗机械伤能力强；晚熟品种营养物质积累丰富，抗衰老能力强；晚熟品种一般有较强的氧化系统，对低温适应性好，在贮藏时能保持正常的生理代谢作用，特别是当果蔬处于逆境时，呼吸很快加强，有利于产生积极的保卫反应。

大白菜中，直筒形比圆球形的耐贮藏，青帮系统的比白帮系统的耐贮藏，晚熟的比早熟的耐贮藏，如小青口、青麻叶、抱头青、核桃纹等的生长期都较长，结球坚实，抗病耐寒。芹菜中以天津的白庙芹菜、陕西的实秆绿芹、北京的棒儿芹等耐贮藏；而空秆类型的芹菜贮藏后容易变糠，纤维增多，品质变劣。菠菜中以尖叶菠菜耐寒适宜冻藏，圆叶菠菜虽叶厚高产，但耐寒性差，不耐贮藏。马铃薯中以休眠期长的品种如克新一号等最为耐贮。

苹果中的早熟品种耐贮性差，如黄魁、丹顶、祝光不宜作长期贮藏；金冠、红星、红元帅、秦冠等中晚熟品种在自然降温的贮藏场所中不能作长期贮藏，然而用冷藏或气调贮藏方法可以贮藏到次年5月；青香蕉、印度、红富士和小国光等晚熟品种是最耐藏品种，如小国光在普通窖中可以贮藏到次年的5~6月。

梨果实中以红宵梨和安梨最耐贮藏，但其肉质较粗，含酸量高；鸭梨、雪花梨、茌梨等品质好，耐贮藏；而西洋梨系统的巴梨和秋子梨系统的京白梨和广梨，一般不作长期贮藏，但如果贮藏条件适当，也可以贮藏到次年春季。

柑橘中的宽皮橘品种，耐贮性较差。广东的蕉柑是耐藏品种。甜橙的耐贮性较好，在适合的贮藏条件下，可以贮藏5~6个月。

桃一般不能作长期贮藏，橘早生、五月鲜和深州蜜桃等，采后只能存放几天，冈山白、大久保品种耐贮性稍强，一些晚熟品种如冬桃、绿化九号比较耐贮藏。一般说来，非溶质性的桃比溶质性的桃耐贮藏。

（二）砧木

砧木（stock）类型不同，果树根系对养分和水分的吸收能力不同，从而对果树的生长发育进程、对环境的适应性以及对果实产量、品质、化学成分和耐贮性直接造成影响。

试验表明，红星苹果嫁接在保德海棠上，果实色泽鲜红，最耐贮藏；嫁接在武乡海棠、沁源山定子和林檎砧木上的果实，耐贮性也较好。还有研究表明，苹果发生苦痘病与砧木的性质有关，例如，在烟台海滩地上嫁接于不同砧木上的国光苹果，发病轻的苹果砧木是烟台沙果、福山小海棠，发病最重的是山荆子、黄三叶海棠，晚林檎和蒙山甜茶居中。还有人发现，矮生砧木上生长的苹果较中等树势的砧木上生长的苹果发生的苦痘病要轻。

四川省农业科学院园艺试验站育种研究室在不同砧木的比较试验中指出，嫁接在枳壳、红橘和香柑等砧木上的甜橙，耐贮性是最好和较好的；嫁接在酸橘、香橙和沟头橙砧木上的甜橙果实，耐贮性也较强，到贮藏后期其品质也比较好。

美国加州的华盛顿脐橙和伏令夏橙，其大小和品质也明显地受到了不同砧木的影响。嫁接在酸橙砧木上的脐橙比嫁接在甜橙上的果实要大得多；对果实中柠檬酸、可溶性固形物、蔗糖和总糖含量的调查结果表明：用酸橙作砧木的果实要比用甜橙作砧木的果实含量要高。

了解砧木对果实的品质和耐贮性的影响，有利于今后果园的规划，特别是在选择苗木时，应实行穗砧配套，只有这样，才能从根本上提高果实的品质，以有利于采后的贮藏。

（三）树龄和树势

树龄和树势（tree-force）不同的果树，不仅果实的产量和品质不同，而且耐藏性也有差异。一般来讲，幼龄树和老龄树不如中龄树（结果处于盛果期的树）结的果实耐贮。这是因为幼龄树营养生长旺盛，结果少，果实大小不一，组织疏松，含钙少，氮和蔗糖含量高，贮藏期间呼吸旺盛，失水较多，品质变化快，易感染微生物病害和发生生理病害；而老龄树营养生长缓慢，衰老退化严重，根部吸收营养物质能力减弱，地上部分光合同化能力降低，所结果实偏小，干物质含量少，着色差，其耐贮性和抗病性均减弱。有研究观察到：11 年生的瑞光（Rome Beauty）苹果树所结的果实比 35 年生的着色好，在贮藏过程中发生虎皮病要少 50%～80%。据报道，从幼树上采收的国光苹果，贮藏中有 60%～70% 的果实发生苦痘病，不适合进行长期贮藏。苹果苦痘病的发病规律有如下特点：幼树的果实苦痘病比老树重，树势旺的果实比树势弱的重，结果少的发病较重，大果比小果发病重。

据广东省汕头对蕉柑树的调查，2～3 年生的树所结的果实，果汁中可溶性固形物含量低，酸味浓、风味差，在贮藏中容易受冷害，易发生水肿病；而 5～6 年生的蕉柑树，果实品质风味较好，耐贮性也较强。

（四）果实大小

同一种类和品种的果蔬，果实大小与其耐贮性密切相关。一般来说，以中等大小和中等偏大的果实最耐贮。大个的果实由于具有幼树果实性状类似的原因，所以耐贮性较差。研究发现，苹果采后生理病害的发生与果实直径大小呈正相关。例如，大个苹果在贮藏期间发生虎皮病、苦痘病和低温伤害病比中等个果实严重，硬度下降也快。这种现象也同样表现在梨果实上，大个的鸭梨和雪花梨采后容易出现果肉褐变与黑心。大个的蕉柑往往皮厚、汁少，在贮藏中容易发生水肿和枯水病。大个的萝卜和胡萝卜易糠心；大个的黄瓜采后易脱水变糠，瓜条易变形呈棒槌状等。

（五）结果部位（result part）

同一植株上不同部位着生的果实，其大小、颜色和化学成分不同，耐贮性也有很大的差异。一般来说，向阳面或树冠外围的苹果果实着色好，干物质、总酸、还原糖和总糖含量高，风味佳，肉质硬，贮藏中不易萎蔫皱缩。但有试验表明，向阳面的果实中钾和干物质含量较高，而氮和钙的含量较低，发生苦痘病和红玉斑点病的概率较内膛果实为高。对柑橘的观察结果显示，阳光下外围枝条上结的果实，抗坏血酸比内膛果实要高。还有研究发现，同一株树上顶部外围的伏令夏橙果实，可溶性固形物含量最高，内膛果实的可溶性固形物含量最低。果实的含酸量与结果部位没有明显的相关性，但与接受阳光的方向有关，在东北面的果实可滴定酸含量偏低。广东蕉柑树上的顶柑，含酸量较少，味道较甜，果实皮厚，果汁少，在贮藏中容易出现枯水，而含酸量高的柑橘一般耐贮性较强。

蔬菜（一般指果菜类）的着生部位与品质及耐贮性的关系和果实相比略有不同，一般以生长在植株中部的果实品质最好，耐贮性最强。例如，生长在植株下部和上部的番茄、茄子、辣椒等果实的品质和耐贮性不如中部的果实强；生长在瓜蔓基部和顶部的瓜类果实不如生长在中部的个大，风味好，耐贮藏。由此可见，果实的生长部位对其品质和耐贮性的影响很大，在实际工作中，如果条件允许，贮藏用果最好按果实生长部位分别采摘，分别贮藏。

第二节 生态因素

1. 温度

与其他的生态因素相比，温度对果蔬品质和耐贮性的影响更为重要。因为每种果蔬在生长发育期间都有其适宜的温度范围和适温要求，在适宜温度范围内，温度越高，果蔬的生长发育期越短。

果蔬在生长发育过程中，温度过高或过低都会对其生长发育、产量、品质和耐贮性产生影响。温度过高，作物生长快，产品组织幼嫩，营养物质含量低，表皮保护组织发育不好，有时还会产生高温伤害。温度过低，特别是在开花期连续出现数日低温，就会使苹果、梨、桃、番茄等授粉受精不良，落花落果严重，使产量降低，形成的苹果果实易患苦痘病和蜜果病，而番茄果实则易出现畸形果，降低品质和耐贮性。

有关夏季温度对苹果品质的影响早有报道。夏季温度是决定果实化学成分和耐贮性的主要因素。不同品种的苹果都有其适宜的夏季平均温度，但大多数品种 3~9 月的平均适温为 12~15.5℃。低于这个适温，就会引起果实化学成分的差异，从而降低果实的品质，缩短贮藏寿命。但也有人观察到，有的苹果品种需要在比较高的夏季温度下才能生长发育得最好，例如，红玉苹果在平均温度为 19℃ 的地区生长得比较好。当然，夏季温度过高的地区，果实成熟早，色泽和品质差，也不耐贮藏。

桃是耐夏季高温的果树，夏季温度高，果实含酸量高，较耐贮藏。但夏季温度超过 32℃ 时，会影响果实的色泽和大小，如果夏季低温高湿，桃的颜色和成熟度差，也不耐贮运。番茄红素形成的适宜温度为 20~25℃，如果长时间持续在 30℃ 以上的气候条件下生长，则果实着色不良，品质下降，贮藏效果不佳。

柑橘的生长温度对其品质和耐贮性有较大的影响，冬季温度太高，果实颜色淡黄而不鲜艳，冬季有连续而适宜的低温，有利于柑橘的生长、增产和提高果实品质。但是温度低于 -2℃，果实就会受冻而不耐贮运。

大量的生产实践和研究证明，采前温度和采收季节也会对果蔬的品质和耐贮性产生深刻影响。例如，苹果采前 6~8 周昼夜温差大，果实着色好，含糖量高，组织致密，品质好，也耐贮藏。采前温度与苹果发生虎皮病的敏感性有关，在 9~10 月，如果温度低于 10℃ 的总时数为 150~160h，某些苹果品种果实很少发生虎皮病；而总时数如果为 190~240h，就可以排除发生虎皮病的可能性。如果夜间最低温度超过 10℃，低温时数的有效作用将等于零。这也可能是过早采收的苹果，在贮藏中总是加重虎皮病发生的原因之一。梨在采前 4~5 周生长在相对凉爽的气候条件下，可以减少贮藏期间的果肉褐变与黑心。同一种类或品种的蔬菜，秋季收获的比夏季收获的耐贮藏，如番茄、甜椒等。不同年份生长的同一蔬菜品种，耐贮性也不同，因为不同年份气温条件不同，会影响产品的组织结构和化学成分的变化。例如，马铃薯块茎中淀粉的合成和水解与生长期中的气温有关，而淀粉含量高的耐贮性强。北方栽培的大葱可露地冻藏，缓慢解冻后可以恢复新鲜状态，而南方生长的大葱，却不能在北方做露地冻藏。甘蓝耐贮性在很大程度上取决于生长期间的温度和降雨量，低温下（10℃）生长的甘蓝，戊聚糖和灰分较多，蛋白质较少，叶片的汁液冰点较低，耐贮藏。

2. 光照

光照（illumination）是果蔬生长发育获得良好品质的重要条件之一，绝大多数的果蔬都属于喜光植物，特别是它们的果实、叶球、块根、块茎和鳞茎的形成，都必须有一定的光照强度和充足的光照时间。光照直接影响果蔬的干物质积累、风味、颜色、质地及形态结构，从而影响果蔬的品质和耐贮性。

光照不足会使果蔬含糖量降低，产量下降，抗性减弱，贮藏中容易衰老。例如，苹果在生长季节的连续阴天会影响果实中糖和酸的形成，果实容易发生生理病害，缩短贮藏寿命。树冠内膛的苹果因光照不足易发生虎皮病，贮藏中衰老快，果肉易粉质化。有些研究发现，暴露在阳光下的柑橘果实与背阴处的果实比较，一般具有发育良好、皮薄、果汁可溶性固形物含量高等特点，酸和果汁量则较低，品质也差。蔬菜生长期间如光照不足，往往叶片生长得大而薄，贮藏中容易失水萎蔫和衰老。西瓜、甜瓜光照不足，含糖量会下降。大白菜和洋葱在不同的光照强度下，含糖量和鳞茎大小明显不同，如果生长期间阴天多，光照时间少，光照强度弱，蔬菜的产量下降，干物质含量低，贮藏期短。大萝卜在生长期间如果有 50% 的遮光，则生长发育不良，糖分积累少，贮藏中易糠心。但是，光照过强也有危害，如番茄、茄子和青椒在炎热的夏天受强烈日照后，会产生日灼病，不能进行贮藏。秦冠、鸡冠、红玉等品种的苹果受强日照后易患蜜果病等。特别是在干旱季节或年份，光照过强对果蔬造成的危害将更为严重。此外，光照长短也影响贮藏器官的形成，如洋葱、大蒜等要求有较长的光照，才能形成鳞茎。

光照与花青色素的形成密切相关，红色品种的苹果在阳光照射下，果实颜色鲜红，特别是在昼夜温差大、光照充足的条件下，着色更佳；而树膛内的果实，接触阳光少，果实成熟时不呈现红色或色调不浓。研究发现，光照对果实着色发生影响是有条件的。苹果颜色的发展首先受果实化学成分的影响，只有在果实有足够的含糖量时，天气因素才会对颜色的形成发生作用。因此，果实的成熟度也是着色的重要条件，在达到一定成熟度之前，即使外界环境条件适宜，也不能迅速形成花青素，果实着色仍然缓慢。

光质（红光、紫外光、蓝光和白光）对果蔬生长发育和品质都有一定的影响。许多水溶性色素的形成都要求有强红光，特别是紫外光（360~450nm）与果实红色的发育有密切的关系。紫外光的光波极短，光通量值大，易被空气中的尘埃和小水滴吸收。据研究，苹果果实成熟前6周，阳光的直射量与红色发育呈高度的正相关，特别是在雨后，空气中尘埃少，在阳光直射下的果实着色最快。随着栽培技术的发展，很多水果产区，为了提高果实的品质，增加红色品种果实的着色度，在果树行间铺设反光塑料薄膜以改善果实的光照条件，或采用果实套袋的方法改善光质都取得了良好的效果。此外，紫外光还有利于果蔬抗坏血酸的合成，提高产品品质。例如，树冠外侧暴露在阳光下的苹果不仅颜色红，抗坏血酸含量也较高；温室中栽培的黄瓜和番茄果实因缺少紫外光，抗坏血酸的含量往往没有露地栽培的高；光质制约着甘蓝花青素苷的合成速度，紫外光最为有利。

3. 降雨

降雨会增加土壤湿度、空气湿度和减少光照时间，与果蔬的产量、品质和耐贮性密切相关，干旱或者多雨常常制约着果蔬的生长。在潮湿多雨的地区或年份，土壤的pH一般<7，为酸性土壤，土壤中的可溶性盐类如钙盐几乎被冲洗掉，果蔬就会缺钙，加上阴天减少了光照，使果蔬品质和耐贮性降低，贮藏中易发生生理病害和侵染性病害。例如，生长在潮湿地区或多雨年份的苹果，果实内可溶性固形物和抗坏血酸含量较低，贮藏中易发生虎皮病、苦痘病、轮纹病和炭疽病等病害。此外，果实也容易裂果，裂果常发生在下雨之后，此时蒸腾作用很低，苹果除了从根部吸收水分外，也可以从果皮吸收较多水分，促使果肉细胞膨压增大，造成果皮开裂。柑橘生长期雨水过多，果实成熟后着色不好，表皮细胞中精油含量减少，果汁中糖和酸含量降低，此外，高湿有利于真菌的生长，容易引起果实腐烂。马铃薯采前遇雨，采后腐烂增加。生育期冷凉多雨的黄瓜，品质和耐贮性降低，因为空气湿度高时，蒸腾作用受阻，从土壤中吸收的矿物质减少，使得有机物的生物合成、运输及其在果实中的累积受到阻碍。

在干旱少雨的地区或年份，空气的相对湿度较低，土壤水分缺乏，影响果蔬对营养物质的吸收，使果蔬的正常生长发育受阻，表现为个体小、产量低、着色不良、成熟期提前，容易产生生理病害。生长在干旱年份的苹果，容易发生苦痘病；大白菜容易发生干烧心病；萝卜容易出现糠心等。降雨不均衡或久旱骤雨，会造成果实大量裂果，如苹果、大枣、番茄等。甜橙在贮藏过程中的枯水与生长期的降雨量有关，干旱后遇多雨天气，果实在短期内生长旺盛，果皮组织疏松，枯水现象加重。

4. 地理条件（geographical condition）

果蔬栽培地区的纬度和海拔高度不同，生长期间的温度、光照、降雨量和空气的相对湿度不同，从而影响果蔬的生长发育、品质和耐贮性。纬度和海拔高度不同，果蔬的种类和品种不同；即使同一种类的果蔬，生长在不同纬度和海拔高度，其品质和耐贮性也不同。例如，苹果属于温带水果，在我国长江以北广泛栽培，多数中、晚熟品种较耐贮藏，但因生长的纬度不同，果实的耐贮性也有差别。生长在河南、山东一带的苹果，不如生长在辽宁、山西、甘肃、陕北的苹果耐贮性强。同一品种的苹果，在高纬度地区生长的比在低纬度地区生长的耐贮性要好，辽宁、甘肃、陕北生长的元帅苹果较山东、河北生长的元帅苹果耐贮藏。我国西北地区生长的苹果，可溶性固形物高于河北、辽宁的苹果，西北虽然纬度低，但海拔较高，凉爽的气候适合于苹果的生长发育。海拔高度对果实品质和耐贮性的影响十分明显，海拔高的地区，日照强，昼夜温差大，有利于糖分的累积和花青素的形成，抗坏血酸的含量也高，所以苹果的色泽、风味和耐贮性都好。

生长在山地或高原地区的蔬菜，体内碳水化合物、色素、抗坏血酸、蛋白质等营养物质的含量都比平原地区生长的要高，表面保护组织也比较发达，品质好，耐贮藏。例如，生长在高海拔地区的番茄比生长在低海拔地区的品质明显要好，耐贮性也强。由此可见，充分发挥地理优势，发展果蔬生产，是改善果蔬品质、提高贮藏效果的一项有力措施。

5. 土壤

土壤是果蔬生长发育的基础，土壤的理化性状、营养状况、地下水位高低等直接影响到果蔬的化学组成、组织结构，进而影响到果蔬的品质和耐贮性。不同种类的果蔬对土壤的要求不同，但大多数果蔬适合于生长在土质疏松、酸碱适中、养分充足、湿度适宜的土壤中。

土质会影响果蔬栽培的种类、产品的化学组成和结构。我国北方气候寒冷、少雨、土壤风化较弱，土壤中砂粒、粉粒含量较多，黏粒较少。砂土在北方分布广泛，这种土壤颗粒较粗，保肥保水力差，通气通水性好，蔬菜生长后期，易脱肥水，不抗旱，适于栽培早熟薯类、根菜、春季绿叶菜类。在砂土中生长的蔬菜，早期生长快，外观美丽，但根部老化快，植株易早衰，抗病、耐寒、耐热性都较弱，产品品质差，味淡，不耐贮。我国黄土高原、华北平原、长江下游平原、珠江三角洲平原均为砂壤土，质地均匀，粉粒含量高，物理性能好，抗逆能力强，通气透水，保水保肥和抗旱力强，适合于栽种任何蔬菜，其产品品质和耐贮性都好。在平原洼地、山间盆地、湖积平原地区为黏土，以黏粒占优势，质地黏重，结构致密，保水保肥力大，通气透水力差，适于种植晚熟品种蔬菜，植株生根慢，生长迟缓，形小不美观，但根部不易老化，成熟迟，耐病、耐寒、耐热性强，产品品质好，味浓，耐贮藏。

研究表明，黏重土壤上种植的香蕉，风味品质比砂质土壤上种植的好，而且耐贮藏。生长在黏重土壤上的柑橘，风味品质要比生长在轻松砂壤土上的好。轻松土壤上种植的脐橙比黏重土壤上种植的果实坚硬，但在贮藏中失重较快。苹果适合在质地疏松、通气良好、富含有机质的中性到酸性土壤上生长。在砂土上生长的苹果容易发生苦痘病，可能是因为水分的供给不正常，影响了钾、镁和钙离子的吸收与平衡。在轻砂壤土上生长的西瓜，果皮坚韧，耐贮运能力强。在排水与通气良好的土壤上栽培的萝卜，贮藏中失水较慢；而莴苣在砂质土壤上栽培的失水快，在黏质土壤上栽培的失水则较慢。

第三节　农业技术因素

（一）施肥

施肥（fertilization）对果蔬的品质及耐贮性有很大的影响。在果蔬的生长发育过程中，除了适量施用氮肥外，还应该注意增施有机肥和复合肥，特别应适当增施磷、钾、钙肥和硼、锰、锌肥等，这一点对于长期贮藏的果蔬显得尤为重要。只有合理施肥，才能提高果蔬的品质，增加其耐贮性和抗病性。如果过量施用氮肥，果蔬容易发生采后生理失调，产品的耐贮性和抗病性会明显降低,因为产品的氮素含量高,会促进产品呼吸,增加代谢强度,使其容易衰老和败坏,而钙含量高时可以抵消高氮的不良影响。例如,氮肥过多,会降低番茄果实的品质,减少干物质和抗坏血酸的含量。施用氮肥过多的果园,果实的颜色差,质地松软,贮藏中容易发生生理病害,如苹果的虎皮病、苦痘病等。适量施用钾肥,不仅能使果实增产,还能使果实产生鲜红的色泽和芳香的气味。缺钾会延缓番茄的完熟过程,因为钾浓度低时会使番茄红素的合成受到抑制。苹果缺钾时,果实着色差,贮藏中果皮易皱缩,品质下降;而施用过量钾肥,又易产生生理病害。土壤中缺磷,果实的颜色不鲜艳,果肉带绿色,含糖量降低,贮藏中容易发生果肉褐变和烂心。苹果缺硼,果实不耐贮藏,易发生果肉褐变或发生虎皮病及水心病。缺钙对果蔬质量影响很大,苹果缺钙时,易发生苦痘病、低温溃败病等病害;芒果缺钙时,花端腐烂;大白菜缺钙,易发生干烧心病等。果蔬在生长过程中,适量施用钙肥,不仅可提高品质,还能有效防止上述生理病害的发生。

(二)灌溉(irrigation)

水分是保持果蔬正常生命活动所必需的,土壤水分的供给对果蔬的生长、发育、品质及耐贮性有重要的影响,含水量太高的产品不耐贮藏。大白菜、洋葱采前1周不要浇水,否则耐贮性下降。洋葱在生长中期如果过分灌水会加重贮藏中的颈腐、黑腐、基腐和细菌性腐烂。番茄在多雨年份或久旱骤雨,会使果肉细胞迅速膨大,从而引起果实开裂。在干旱缺雨的年份或轻质土壤上栽培的萝卜,贮藏中容易糠心,而在黏质土上栽培的,以及在水分充足年份或地区生长的萝卜,糠心较少,出现糠心的时间也较晚。大白菜蹲苗期,土壤干旱缺水,会引起土壤溶液浓度增高,阻碍钙的吸收,易发生干烧心病。

桃在采收前几周缺水,果实就难以增大,果肉坚硬,产量下降,品质不佳;但如果灌水太多,又会延长果实的生长期,果实着色差、不耐贮藏。葡萄采前不停止灌水,虽然产量增加了,但因含糖量降低会不利于贮藏。水分供应不足会削弱苹果的耐贮性,苹果的一些生理病害如软木斑、苦痘病和红玉斑点病,都与土壤中水分状况有一定的联系。水分过多,果实过大,果汁的干物质含量低,而不耐长期贮藏,容易发生生理病害。柑橘果实的蒂缘褐斑(干疤),在水分供应充足的条件下生长的果实发病较多,而在较干旱的条件下生长的果实褐斑病较少。可见,只有掌握适时合理的灌溉,才能既保证果蔬的产量和质量,又有利于提高其贮藏性能。

(三)修剪、疏花和疏果

适当的果树修剪(trimming)可以调节果树营养生长和生殖生长的平衡,减轻或克服果树生产中的大小年现象,增加树冠透光面积和结果部位,使果实在生长期间获得足够的营养,从而影响果实的化学成分,因此,修剪也会间接地影响果实的耐贮性。研究表明,树冠内主要结实部位集中在自然光强的30%~90%范围内。就果实品质而言,在40%以下的光强条件下生长的果实,品质较差;40%~60%的光强可产生中等品质的果实;在60%以上的光强条件下生长的果实,品质最好。如果修剪过重,来年果树营养生长旺盛,叶果比增大,树冠透光性能差,果实着色不好,苹果内含钙少而蔗糖含量高,在贮藏中易发生苦痘病和虎皮病。重剪还会增加红玉苹果的烂心和蜜病的发生。柑橘树若修剪过重,粗皮大果比例增加,贮藏中易枯水。但是,修剪过轻,果树生殖生长旺盛,叶果比减小,果实生长发育不良,果实小,品质差,也不利于贮藏。因此,只有根据树龄、树势、结果量、肥水条件等因素进行合理的修剪,才能确保果树生产达到高产、稳产，生产出的果实才能达到优质、耐贮的目的。

在番茄、西瓜等蔬菜生产中，也要定期进行去蔓、打杈，及时摘除多余的侧芽，其目的也是协调营养生长和生殖生长的平衡，以期获得优质耐贮的蔬菜产品。

适当的疏花（flower thinning）、疏果（fruit thinning）也是为了保证果蔬正常的叶、果比例，使果实具有一定的大小和优良的品质。生产上，疏花工作应尽量提前进行，这样可以减少植株体内营养物质的消耗。疏果工作一般应在果实细胞分裂高峰期到来之前进行，这样可以增加果实中的细胞数；疏果较晚，只能使果实细胞膨大有所增加，疏果过晚，对果实大小影响不大。因为疏花、疏果影响到果实细胞的数量和大小，也就影响到果实的大小和化学组成，在一定程度上影响了果蔬的耐贮性。研究表明，对苹果进行适当的疏花、疏果，可以使果实含糖量增高，不仅有利于花青素的形成，同时也会减少虎皮病的发生，使耐贮性增强。

（四）田间病虫防治

病虫害（plant diseases and insect pests）不仅会造成果蔬产量降低，而且对果蔬品质和耐贮性也有不良影响，因此，田间病虫防治是保证果蔬优质高产的重要措施之一。贮藏前，那些有明显症状的产品容易被挑选出来，但症状不明显或者发生内部病变的产品却往往被人们忽视，它们在贮藏中发病、扩散，从而造成损失。

目前，杀菌剂和杀虫剂种类很多，常见的有苯并咪唑类、有机磷类、有机硫类、有机氯类等，都是生产上使用较多的高效低毒农药，对防治多种果蔬病虫有良好的效果。相关内容参考"园艺产品贮藏病害"一章。

（五）生长调节剂处理

生长调节剂（growth regulator）对果蔬的品质影响很大。采前喷洒生长调节剂，是增强果蔬产品耐贮性和防止病害的有效措施之一。果蔬生产上使用的生长调节剂种类很多，根据其使用效果，可概括为以下四种类型：

1. 促进生长促进成熟

如生长素类的吲哚乙酸、萘乙酸和2,4-二氯苯氧乙酸（2,4-D）等。这类物质可促进果蔬的生长，防止落花、落果，同时也促进果蔬的成熟。例如，用 $10\sim40mg/kg$ 的萘乙酸在采前喷洒苹果，能有效地控制采前落果，但也增强了果实的呼吸，加速了成熟，所以对于长期贮藏的产品来说会有些不利。用 $10\sim25mg/kg$ 的2,4-D在采前喷洒番茄，不仅可防止早期落花落果，还可促进果实膨大，使果实提前成熟。菜花采前喷洒 $100\sim500mg/kg$ 的2,4-D，可以减少贮藏中保护叶的脱落。

2. 促进生长抑制成熟衰老

细胞分裂素、赤霉素等属于促进生长抑制成熟衰老的调节剂。细胞分裂素可促进细胞的分裂，诱导细胞的膨大，赤霉素可以促进细胞的伸长，二者都具有促进果蔬生长和抑制成熟衰老的作用。结球莴苣采前喷洒 $10mg/kg$ 的苄基腺嘌呤（BA），采后在常温下贮藏，可明显延缓叶子变黄。喷过赤霉素的柑橘、苹果，果实着色晚，成熟减慢。无核葡萄坐果期喷 $40mg/kg$ 的赤霉素，可显著增大果粒。喷过赤霉素的柑橘，果皮的退绿和衰老变得缓慢，某些生理病害也得到减轻。对于柑橘果实，2,4-D 也有延缓成熟的作用，用 $50\sim100mg/kg$ 的2,4-D在采前喷洒柑橘，使果蒂保持鲜绿而不脱落，蒂腐也得到了防治，若与赤霉素同时使用，可推迟果实的成熟，延长贮藏寿命。赤霉素可以推迟香蕉呼吸高峰的出现，延缓成熟和延长贮藏寿命。菠萝在开花一半到完全开花之前用 70~150mg/kg 的赤霉素喷布，果实充实饱满，可食部分增加，柠檬酸含量下降，成熟期推迟 8~15d，有明显的增产效果。用 20~40mg/kg 的赤霉素浸蒜薹基部，可以防止薹苞的膨大，延缓衰老。

3. 抑制生长促进成熟

乙烯利等属于抑制生长促进成熟的调节剂。乙烯利是一种人工合成的乙烯发生剂，具有促进果实成熟的作用，一般生产的乙烯利为 400g/L 水溶液。苹果在采前 1~4 周喷洒 200~250mg/kg 的乙烯利，可以使果实的呼吸高峰提前出现，促进成熟和着色。梨在采前喷洒 50~250mg/kg 的乙烯利，也可以使果实提早成熟，降低总酸含量，提高可溶性固形物含量，使早熟品种提前上市，能改善其外观品质，但是用乙烯利处理过的果实不能作长期贮藏。B_9 对于苹果具有延缓成熟的作用，但是对于桃、李、樱桃等则可以促进果实内源乙烯的生成，加速果实的成熟，使果实提前 2~10d 上市，并可增进黄桃果肉的颜色。

4. 抑制生长延缓成熟

矮壮素（CCC）、青鲜素（MH）、多效唑等属于抑制生长延缓成熟的调节剂。巴梨采前 3 周用 5~10g/L 的矮壮素喷洒，可以增加果实的硬度，防止果实变软，有利于贮藏。西瓜喷洒矮壮素后所结果实的可溶性固形物含量高，瓜变甜，贮藏寿命延长。采前用多效唑喷洒梨和苹果，果实着色好，硬度大，减轻了贮藏过程中某些生理病害（如虎皮病和苦痘病等）的发生。苹果生长期间，适时喷洒 1~2g/L 青鲜素，可控制树冠生长，促进花芽分化，使果实着色好，硬度大，苦痘病的发生率降低。洋葱、大蒜在采前 2 周喷洒 2.5g/L 的青鲜素，可明显延长采后的休眠期，质量浓度过低，则效果不明显。

思考题

1. 从生物因素的角度分析生菜的耐藏性低于马铃薯的原因。
2. 分析园艺产品贮藏性能时应当考虑哪些要素？

第三章

采后生理与保鲜

本章目标与重点

学习目标：

1. 了解呼吸作用、蒸腾作用、成熟衰老、休眠等基本采后生理现象和冷害、冻害、气体伤害等采后贮藏的主要生理病害；能够辨析基本采后生理现象和生理失调与采后品质变化的关系；

2. 理解呼吸作用、蒸腾作用、成熟衰老、休眠、冷害、冻害、气体伤害的基本原理，能够分析园艺产品采后品质变化的主要成因；

3. 掌握影响呼吸作用、蒸腾作用、成熟衰老、休眠、冷害、冻害、气体伤害的主要因素；能够正确判断园艺产品的贮藏条件，提出控制园艺产品采后品质下降的基本策略。

学习重点：

1. 呼吸作用的相关概念和影响呼吸作用的因素；
2. 影响蒸腾作用发生的主要因素和控制方法；
3. 园艺产品在成熟衰老过程中发生的变化和影响成熟衰老的主要因素；
4. 乙烯的生物合成途径、与成熟衰老的关系及采后调控方法；
5. 休眠的利用和调节；
6. 低温失调和气体伤害的控制途径。

水果、蔬菜、花卉等园艺产品在田间生长发育到一定阶段，达到人们鲜食、贮藏、加工或观赏的要求后，就需要进行采摘和收获。采收后，产品器官失去了来自土壤或母体的水分和养分供应，成为一个利用自身已有贮藏物质进行生命活动的独立个体。园艺产品采收后的生命活动既是采前田间生长发育过程的继续，与采前的新陈代谢有着必然的联系；又由于采后的生存环境条件发生了根本改变，而发生一系列不同于采前生命活动的变化，进行了重新组织和调整，以便在贮藏条件下保存生命活力和延长寿命。

果蔬和花卉采后的败坏有两方面的原因，一是微生物引起的腐烂变质，二是由于周围环境中的理化因素（温度、湿度、气体等）和产品自身的生命活动引起的物理、化学和生理生化变化造成的品质下降。能够消除或控制以上两个基本因素，就能起到保护产品、防止其败坏变质的作用。贮藏和加工就是从不同方面采取的相应措施。各种加工方法的一个共同的特点是使果蔬食品或花卉产品都失去了生命，不会由于自身代谢造成品质变化，然后通过各种手段控制一种或几种环境条件来控制微生物的侵染或生长繁殖，达到防止败坏变质的目的。

贮藏与加工的根本区别是贮藏方法使园艺产品保持鲜活,利用自身的生命活动控制败坏。贮藏技术是通过控制环境条件,对产品采后的生命活动进行调节,尽可能延长产品的寿命,一方面使其保持生命活力以抵抗微生物侵染和繁殖,达到防止腐烂败坏的目的;另一方面使产品自身品质的劣变也得以推迟,达到保鲜的目的。

第一节 呼吸作用与保鲜

呼吸作用是基本的生命现象,也是植物具有生命活动的标志。水果、蔬菜和花卉等园艺产品采后同化作用基本停止,呼吸作用成为新陈代谢的主导,它直接联系着其他各种生理生化过程,也影响和制约着产品的寿命、品质变化和抗病能力。因此,控制和利用呼吸作用这个生理过程来延长贮藏期是至关重要的。在植物生理学中,已经介绍了有关呼吸作用的一些理论知识,现在对产品采后的呼吸特点及其与保鲜的关系进行论述。

一、呼吸作用(respiration)

(一)有氧呼吸(aerobic respiration)和无氧呼吸(anaerobic respiration)

呼吸作用是在许多复杂的酶系统参与下,经由许多中间反应环节进行的生物氧化还原过程,能把复杂的有机物逐步分解成简单的物质,同时释放能量。呼吸途径有多种,主要有糖酵解(glycolysis)、三羧酸循环和磷酸戊糖支路等。

有氧呼吸通常是呼吸的主要方式,是在有氧气参加的情况下,将本身复杂的有机物(如糖、淀粉、有机酸及其他物质)逐步分解为简单物质(水和 CO_2),并释放能量的过程。葡萄糖直接作为底物时,可释放能量 2817.7kJ,见式(3-1),其中的 46% 以生物形式(38 个 ATP)贮藏起来,为其他的代谢活动提供能量,剩余的 1544.kJ 以热能形式释放到体外。

无氧呼吸是指在无氧气参与的情况下将复杂有机物分解的过程。这时,糖酵解产生的丙酮酸不再进入三羧酸循环,而是脱羧成乙醛,然后还原成乙醇,见式(3-2)。

$$C_6H_{12}O_6 + 6O_2 + 38ADP + 38H_3PO_4 \longrightarrow 6CO_2 + 38ATP + 6H_2O + 2817.7kJ \qquad (3-1)$$

$$C_6H_{12}O_6 \longrightarrow 2C_2H_5OH + 2CO_2 + 87.9kJ \qquad (3-2)$$

园艺产品采后的呼吸作用与采前基本相同,在某些情况下又有一些差异。采前产品在田间生长时,氧气供应充足,一般进行有氧呼吸;而在采后的贮藏条件下,即有时当产品放在容器和封闭的包装中、埋藏在沟中的产品积水时、通风不良或在其他氧气供应不足时,都容易产生无氧呼吸。无氧呼吸对于产品贮藏是不利的,一方面无氧呼吸提供的能量少,以葡萄糖为底物,无氧呼吸产生的能量约为有氧呼吸的 1/32,在需要一定能量的生理过程中,无氧呼吸消耗的呼吸底物更多,使产品更快失去生命力。另一方面,无氧呼吸生成有害物乙醛、乙醇和其他有毒物质会在细胞内积累,造成细胞死亡或腐烂。因此,在贮藏期应防止产生无氧呼吸。但当产品体积较大时,内层组织气体交换差,部分无氧呼吸也是对环境的适应,即使在外界氧气充分的情况下,果实中进行一定程度的无氧呼吸也是正常的。

(二) 与呼吸有关的几个概念

1. 呼吸强度 (respiratory intensity)

呼吸强度又称呼吸速率 (respiration rate), 是表示呼吸作用进行快慢的指标。指一定温度下, 一定量的产品进行呼吸时所吸入的氧气或释放二氧化碳的量, 单位可以用 O_2 或 CO_2 的 mg (mL) / (h·kg) (鲜重) 来表示。由于无氧呼吸不吸入 O_2, 一般用 CO_2 生成的量来表示更确切。呼吸强度高, 说明呼吸旺盛, 消耗的呼吸底物 (糖类、蛋白质、脂肪、有机酸) 多而快, 贮藏寿命不会太长。

2. 呼吸商 [呼吸系数 (respiration quotient), RQ]

呼吸商是指产品呼吸过程释放 CO_2 和吸入 O_2 的体积比。$RQ = V_{CO_2}/V_{O_2}$, RQ 的大小与呼吸底物和呼吸状态 (有氧呼吸、无氧呼吸) 有关。

以葡萄糖为底物的有氧呼吸, $RQ = 6molCO_2/6molO_2 = 1$。

以含氧高的有机酸为底物的有氧呼吸, RQ>1

如: 苹果酸 $C_4H_6O_5 + 5O_2 \longrightarrow 8CO_2 + 6H_2O$

$RQ = 8molCO_2/5molO_2 = 1.33 > 1$

以含碳多的脂肪酸为底物的有氧呼吸, RQ<1

如: 硬脂酸甘油酯 $C_{18}H_{36}O_2 + 26O_2 \longrightarrow 18CO_2 + 18H_2O$

$RQ = 18molCO_2/26molO_2 = 0.69 < 1$

RQ 也与呼吸状态即呼吸类型有关。当无氧呼吸发生时, 吸入的氧气少, RQ>1, RQ 值越大, 无氧呼吸所占的比例也越大; 当有氧呼吸和无氧呼吸各占一半时, 式 (3-1) 和式 (3-2) 相加, 可以看出, $RQ = 8/6 = 1.33$; RQ>1.33 时, 说明无氧呼吸占主导。

RQ 还与贮藏温度有关。例如, 茯苓夏橙或华盛顿脐橙在 0~25℃ 范围内, RQ 接近 1 或等于 1; 在 38℃ 时, 茯苓夏橙 RQ 接近 1.5, 华盛顿脐橙 RQ 接近 2.0。这表明, 高温下可能存在有机酸的氧化或有无氧呼吸, 也可能二者兼而有之。在冷害温度下, 果实发生代谢异常, RQ 杂乱无规律, 如黄瓜在 13℃ 时, RQ = 1, 在 0℃ 时, RQ 有时小于 1, 有时大于 1。

3. 呼吸热 (respiratory heat)

呼吸热是呼吸过程中产生的、除了维持生命活动以外而散发到环境中的那部分热量。以葡萄糖为底物进行正常有氧呼吸时, 每释放 1mg CO_2 相应释放近似 10.68J 的热量。由于测定呼吸热的方法极其复杂, 园艺产品贮藏运输时, 常采用测定呼吸速率的方法间接计算它们的呼吸热。

当大量产品采后堆积在一起或长途运输缺少通风散热装置时, 由于呼吸热无法散出, 产品自身温度升高, 进而又刺激了呼吸, 放出更多的呼吸热, 加速产品腐败变质。因此, 贮藏中通常要尽快排除呼吸热, 降低产品温度; 但在北方寒冷季节, 环境温度低于产品要求的温度时, 产品利用自身释放的呼吸热进行保温, 防止冷害和冻害的发生。

4. 呼吸温度系数

在生理温度范围内, 温度升高 10℃ 时呼吸速率与原来温度下呼吸速率的比值即温度系数 (temperature coefficient), 用 Q_{10} 来表示。它能反映呼吸速率随温度而变化的程度, 该值越高, 说明产品呼吸受温度影响越大, 贮藏中越要严格控制温度。研究表明, 园艺产品的 Q_{10} 在低温下较大。因此, 维持适宜而稳定的低温, 是搞好贮藏的前提。

5. 呼吸高峰（respiration peak）

在果实的发育过程中，呼吸强度随发育阶段而不同。根据果实呼吸曲线的变化模式（图3-1），可将果实分成两类。其中一类果实，在其幼嫩阶段呼吸旺盛，随果实细胞的膨大，呼吸强度逐渐下降，开始成熟时，呼吸上升，达到高峰（称呼吸高峰）后，呼吸下降，果实衰老死亡；伴随呼吸高峰的出现，体内的代谢发生很大的变化，这一现象被称为呼吸跃变（climacteric），这一类果实被称为跃变型或呼吸高峰型果实（climacteric fruits）。另一类果实在发育过程中没有呼吸高峰，呼吸强度在采后一直下降，被称为非呼吸跃变型果实（non-climacteric fruits）。由表3-1可见，呼吸类型与植物分类或果实组织结构无明显关系。

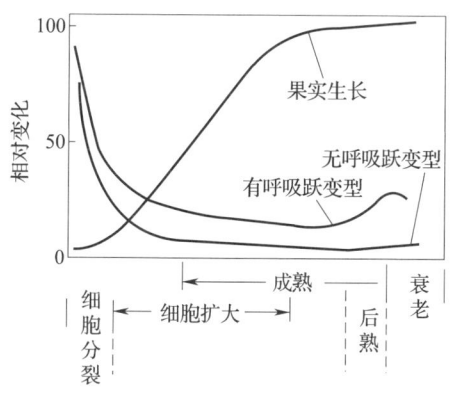

图3-1 跃变型、非跃变型果实的呼吸曲线

表3-1 果实采后的呼吸类型

跃变型果实	非跃变型果实
苹果、杏、鳄梨、香蕉、面包果、柿、李、榴莲、无花果、猕猴桃、番木瓜、甜瓜、红毛丹、桃、梨、芒果、油桃、西番莲、番石榴、南美番荔枝、番茄、蓝莓、番荔枝	黑莓、杨桃、樱桃、茄子、葡萄、柠檬、枇杷、荔枝、秋葵、豌豆、辣椒、菠萝、红莓、草莓、葫芦、枣、龙眼、柑橘类、黄瓜、莱姆、橄榄、石榴、西瓜、刺梨

二、呼吸与耐藏性和抗病性的关系

由于果实、蔬菜、花卉等园艺产品在采后仍是生命活体，具有抵抗不良环境和致病微生物的特性，才使其损耗减少、品质得以保持，贮藏期延长。产品的这些特性被称为耐藏性和抗病性。耐藏性是指在一定贮藏期内，产品能保持其原有的品质而不发生明显不良变化的特性；抗病性是指产品抵抗致病微生物侵害的特性。生命消失，新陈代谢停止，耐藏性和抗病性也就不复存在。新采收的黄瓜、大白菜等产品在通常环境下可以存放一段时间，而炒熟的菜则一天就变坏，不能食用，说明产品的耐藏性和抗病性依赖于生命。

呼吸作用是采后新陈代谢的主导，正常的呼吸作用能为一切生理活动提供必需的能量，还能通过许多呼吸的中间产物使糖代谢与脂肪、蛋白质及其他许多物质的代谢联系在一起，使各个反应环节及能量转移之间协调平衡，维持产品其他生命活动能有序进行，保持耐藏性和抗病性。通过呼吸作用还可防止对组织有害中间产物的积累，将其氧化或水解为最终产物，进行自身平衡保护，防止代谢失调造成的生理障碍，这在逆境条件下表现得更为明显。呼吸与耐藏性和抗病性的关系还表现在，当植物受到微生物侵袭、机械伤害或遇到不适环境时，能通过激活氧化系统，加强呼吸而起到自卫作用。主要有以下几个方面：采后病原菌在产品有伤口时很容易侵入，呼吸作用为产品恢复和修补伤口提供合成新细胞所需要的能量和底物，加速愈伤，不利于感染病原菌。在抵抗寄生病原菌侵入和扩展的过程中，植物组织细胞壁的加厚、过敏反应中植保素类物质的生成都需要加强呼吸，以提供新物质合成的能量和底物，使物质代谢根据需要协调进行。腐生微生物侵害组织时，要分泌毒素，破坏寄主细胞的细胞壁，并透入组织内部，作用于原生质，使细胞死亡后加以利用，其分泌的毒素主要是水解酶；植物的呼吸作用有利于分解、破坏、削弱微生物分泌的毒素，从而抑制或终止侵染过程。

呼吸作用虽然有上述的这些重要作用，但同时也是造成品质下降的主要原因。呼吸旺盛造成营养物质消耗加快，是贮藏中发生失重和变味的重要原因，表现在使组织老化，风味下降，失水萎蔫，导致品质劣变，甚至失去食用价值。新陈代谢的加快将缩短产品寿命，造成耐藏性和抗病性下降，同时释放的大量呼吸热使产品温度较高，容易造成腐烂，对产品的保鲜不利。

因此，延长果蔬贮藏期首先应该保持产品有正常的生命活动，不发生生理障碍，使其能够正常发挥耐藏性、抗病性的作用；在此基础上，维持缓慢的代谢，延长产品寿命，从而延缓耐藏性和抗病性的衰变，才能延长贮藏期。

三、影响呼吸强度的因素

（一）内在的因素

1. 种类与品种

园艺产品种类繁多，被利用部分各不相同，包括根、茎、叶、花和变态器官，这些器官在组织结构和生理方面有很大差异，采后的呼吸作用有很大不同。各种器官中，生殖器官新陈代谢异常活跃，呼吸强度一般大于营养器官，所以通常以花的呼吸作用最强，叶次之，这是由于营养器官的新陈代谢比贮藏器官旺盛，且叶片有薄而扁平的结构并分布大量气孔，气体交换迅速。散叶型蔬菜的呼吸要高于结球型的，因为叶球变态成为积累养分的器官。贮藏器官，直根、块根、块茎、鳞茎的呼吸强度相对最小，除了受器官特征的影响外，还与其在系统发育中形成的适应了土壤或盐水环境中缺氧的特性有关，有些产品采后进入休眠期，呼吸更弱。果实类蔬菜介于叶菜和地下贮藏器官之间，其中浆果呼吸强度最大，其次是桃、李、杏等核果，然后是苹果、梨等仁果类和葡萄（表3-2）。

表3-2　　　　　　　　　　　一些园艺产品的呼吸强度

类型	呼吸强度 (5℃)/[mgCO$_2$/(kg·h)]	园艺产品
非常低	<5	坚果、干果
低	5~10	苹果、柑橘、猕猴桃、柿子、菠萝、甜菜、芹菜、白兰瓜、西瓜、番木瓜、酸果蔓、洋葱、马铃薯、甘薯

续表

类型	呼吸强度 (5℃)/[mgCO$_2$/(kg·h)]	园艺产品
中等	10~20	杏、香蕉、蓝莓、白菜、罗马甜瓜、樱桃、块根芹菜、黄瓜、无花果、醋栗、芒果、油桃、桃、梨、李、西葫芦、芦笋头、番茄、橄榄、胡萝卜、萝卜
高	20~40	鳄梨、黑莓、菜花、莴笋叶、利马豆、韭菜、红莓
非常高	40~60	朝鲜蓟、豆芽、花茎甘蓝、抱子甘蓝、切花、菜豆、青葱、食荚菜豆、甘蓝
极高	>60	芦笋、蘑菇、菠菜、甜玉米、豌豆、欧芹

同一类产品,品种之间呼吸也有差异。一般来说,由于晚熟品种生长期较长,积累的营养物质较多,呼吸强度高于早熟品种;夏季成熟品种的呼吸比秋冬成熟品种大;南方生长的比北方的要大。

2. 成熟度(maturity)

在产品的个体发育和器官发育过程中,幼嫩组织处于细胞分裂和生长阶段代谢旺盛阶段,且保护组织尚未发育完善,便于气体交换而使组织内部供氧充足,呼吸强度较高;随着生长发育,呼吸速率逐渐下降;成熟产品表皮保护组织如蜡质、角质加厚,新陈代谢缓慢,呼吸就较弱。在果实发育成熟过程中,幼果期呼吸旺盛,随果实长大而减弱;跃变果实在成熟时呼吸速率升高,达到呼吸高峰后又下降,非跃变果实成熟衰老时则呼吸作用一直缓慢减弱,直到死亡。块茎、鳞茎类蔬菜田间生长期间呼吸强度一直下降,采后进入休眠期呼吸降到最低,休眠期后重新上升。

(二)外部因素

1. 温度

呼吸作用是一系列酶促生物化学反应过程,在一定温度范围内,随温度的升高而增强。例如,从图3-2清楚地看到,洋梨呼吸强度随温度的提高而加强,温度越高呼吸强度越大,呼吸高峰出现的时期越早,持续的时间越短。呼吸高峰后,果实便进入衰老阶段了。一般以35~40℃为高限温度,在此温度以上,呼吸作用反而缓慢;在此温度以下至冰点温度以上的范围内,呼吸强度随温度的降低而降低。因此,在贮藏过程中,应在果蔬不发生低温冷害的前提下,要尽量保持低温。

在贮藏过程中,温度的波动会引起果蔬呼吸强度的变化。在一定范围内,当环境温度提高10℃时,果蔬呼吸强度增加的倍数称呼吸的温度系数。一般水果的呼吸温度系数为2~2.5。但不同的果蔬或同一果蔬在不同温度范围内呼吸的温度系数不同。果蔬在低温下呼吸温度系数大于高温下。这就是说,果蔬在低温下贮藏温度的波动对呼吸强度的影响比在高温下大,即在低温下每升高1℃或降低1℃都会引起呼吸强度的剧烈变化,因此在低温贮藏、运输时,应该比高温下更应该注意保持低而稳定的温度。

为了抑制产品采后的呼吸作用,常需要采取低温,但也并非贮藏温度越低越好。一些原产于热带、亚热带的产品对冷敏感,在一定低温下会发生代谢失调,失去耐藏性和抗病性,反而

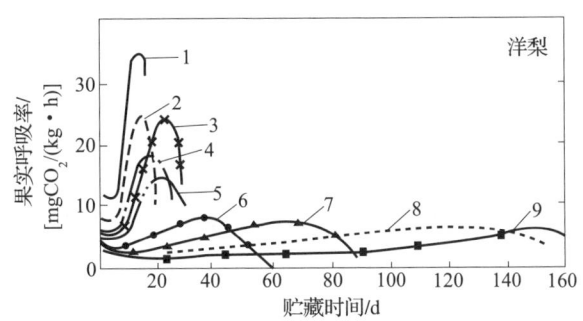

图 3-2 温度对洋梨呼吸强度的影响
1—21℃ 2—15.5℃ 3—12℃ 4—12℃ 5—10℃ 6—4.5℃ 7—2.8℃ 8—1.1℃ 9——0.25℃

不利于贮藏。所以,应根据产品对低温的忍耐性,在不破坏正常生命活动的条件下,尽可能维持较低的贮藏温度,使呼吸降到最低的限度。

2. 气体成分

贮藏环境中影响果蔬、花卉等产品的气体主要是 O_2、CO_2 和乙烯。一般空气中氧气是过量的,在 O_2 含量>16%而低于大气中的含量时,对呼吸无抑制作用;在 O_2 含量<10%时,呼吸强度受到显著的抑制;O_2 含量<5%受到较大幅度的抑制;但在 O_2 含量<2%时,常会出现无氧呼吸。因此,贮藏中 O_2 含量常维持在 2%~5%,一些热带、亚热带产品需要在 5%~9%。提高环境 CO_2 含量对呼吸也有抑制作用,对于多数果蔬来说,适宜的含量为 1%~5%,过高会造成生理伤害,但产品不同,差异也很大。例如,鸭梨在 CO_2 含量>1%时就受到伤害,而蒜薹能耐受 8%以上,草莓耐受 15%~20%而不发生明显伤害。

O_2 和 CO_2 有拮抗作用,CO_2 毒害可因提高 O_2 浓度而有所减轻,而在低 O_2 中,CO_2 毒害会更为严重。另一方面,当较高浓度的 O_2 伴随着较高浓度的 CO_2 时,对呼吸作用仍能起明显的抑制作用。低 O_2 和高 CO_2 不但可以降低呼吸强度,还能推迟果实的呼吸高峰,甚至使其不发生呼吸跃变(图 3-3)。

乙烯气体可刺激园艺产品采后的呼吸作用,加速衰老,该点将在后面详细讨论。

3. 湿度

湿度与呼吸代谢的关系比较复杂。一般来讲,在相对湿度(RH)>80%的条件下,产品呼吸基本不受湿度变化的影响,而过低的湿度则会影响产品的呼吸代谢规律,例如,香蕉在 RH<80%时不发生呼吸跃变,无法正常后熟。但大白菜、菠菜、温州蜜柑等耐旱果蔬,可以利用轻微失水抑制呼吸。

4. 机械伤和微生物侵染

在采收、分级、包装、运输和贮藏过程中,产品常会受到挤压、振动、碰撞、摩擦等损伤,都会引起呼吸加快以促进伤口愈合,损伤程度越高,呼吸越旺。例如,茯苓夏橙从 61cm 和 122cm 高处跌落到地面,呼吸增加 10.9%~13.3%。受伤后造成开放性的伤口,可利用的氧增加,同时生成创伤乙烯,也加速呼吸。产品感染微生物后,因抗病的需要,呼吸也很快升高,不利于贮藏。因此,在采后的各环节中都要避免机械伤,在贮藏前要进行严格选果。

5. 其他

对于果蔬采取涂膜、包装、避光等措施,均可不同程度地抑制产品的呼吸作用。

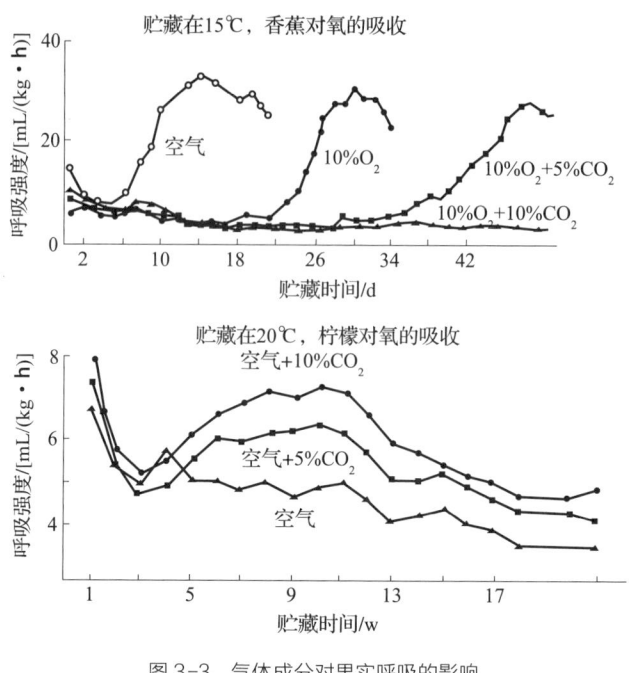

图 3-3 气体成分对果实呼吸的影响

第二节 采后失水与保鲜

水分是生命活动必不可少的，是影响园艺产品新鲜度的重要物质。果蔬、花卉在田间生长时不断从地面以上部分，特别是叶子向大气中蒸腾水分，带动根部不断吸收水分和养分，便于体内营养物质的运输和防止体温异常升高。对于生长中的植物，蒸腾是不可缺少的、具有重要意义的生理过程。采收后产品断绝了水分的供应，这时水分从产品表面的丧失并不能形成蒸腾流，也失去了原来的积极作用，将使产品失水，造成失鲜，对贮藏不利。采后贮运中园艺产品失水的过程和作用与采前的蒸腾生理截然不同，又不单纯是像蒸发一样的物理过程，它与产品本身的组织细胞结构密切相关，因而称之为水分蒸散。

一、水分蒸散对果实贮藏的影响

（一）失重（weight loss）和失鲜（freshness loss）

果蔬、花卉的含水量很高，大多在 65%~96%，某些瓜果类如黄瓜可高达 98%，这使得这些鲜活园艺产品的表面有光泽并有弹性，组织呈现坚挺脆嫩的状态，外观新鲜。水分散失主要造成失重（即"自然损耗"，包括水分和干物质的损失）和失鲜。水分蒸散（transpire）是失重的重要原因，例如，苹果在 2.7℃ 冷藏时，每周由水分蒸散造成的质量损失约为果品重的 0.5%，而呼吸作用仅使苹果失重 0.05%。柑橘贮藏期失重的 75% 是失水引起，25% 是呼吸消耗干物质所致。失鲜是产品质量的损失，许多果实失水高于 5% 就引起失鲜，表面光泽消失，形态萎蔫，失去外观饱满、新鲜和脆嫩的质地，甚至失去商品价值。不同产品失鲜的具体表现有所不同，如叶菜和鲜花失水很容易萎蔫、变色、失去光泽；萝卜失水易造成糠心，外表则不易察觉；苹果失鲜不十分严重时，外观也不明显，表现为果肉变沙；而黄瓜、柿子椒等幼嫩果实失水造成外观鲜度下降很明显。

（二）对代谢和贮藏的影响

多数产品失水都对贮藏产生不利影响，失水严重还会造成代谢失调。萎蔫时，原生质脱水，会促使水解酶活力增加，加速水解。例如，风干的甘薯变甜，就是水解酶活力强，引起淀粉水解为糖的结果；甜菜根脱水程度越严重，组织中蔗糖酶的合成活力越低，水解活力越高。水解加强一方面使呼吸基质增多，促进了呼吸作用，加速营养物质的消耗，会削弱组织的耐藏性和抗病性；另一方面营养物质的增加为微生物活动提供方便，会加速腐烂，如萎蔫的甜菜腐烂率大大增加，萎蔫程度越高，腐烂率越大。失水严重还会破坏原生质胶体结构，干扰正常代谢，产生一些有毒物质；同时，细胞液浓缩，某些物质和离子（如 NH_4^+、H^+）浓度增高，也能使细胞中毒；过度缺水还使脱落酸（ABA）含量急剧上升，有时增加几十倍，加速脱落和衰老。大白菜晾晒过度，脱水严重时，NH_4^+、H^+等离子浓度增高到有害的程度，引起细胞中毒，ABA 积累，加重脱帮。花卉失水后易脱落，失去观赏价值。

由于失水萎蔫破坏了正常的代谢，通常导致耐藏性和抗病性下降，缩短贮藏期。但某些园艺产品采后适度失水可抑制代谢，并延长贮藏期。如有些果蔬产品（大白菜、菠菜以及一些果菜类），收获后轻微晾晒或风干后，组织轻度变软，利于码垛、减少机械伤，还有利于降低呼吸强度（在温度较高时这种抑制作用表现得更为明显）。洋葱、大蒜等采收后进行晾晒，使其外皮干燥，也可抑制呼吸。有时，采后轻度失水还能减轻柑橘果实的生理病害，使"浮皮"减少，保持好的风味和品质。

二、水分蒸散的影响因素

蒸散失水与园艺产品自身特性和贮藏环境的外部因素有关。

（一）内部因素

水分蒸散过程是先从细胞内部到细胞间隙，再到表皮组织，最后从表面蒸发到周围大气中的。因此，产品的组织结构是影响水分蒸散直接的内部因素，包括以下几个方面：①表面积比：即单位重量或体积的果蔬所有的表面积（cm^2/g）。因为水分是从产品表面蒸发的，表面积比越大，蒸散就越强。②表面保护结构：水分在产品表面的蒸散有两个途径，一是通过气孔、皮孔等自然孔道，二是通过表皮层。气孔的蒸散速度远大于表皮层。表皮层的蒸散因表面保护层结构和成分的不同差别很大。角质层不发达，保护组织差，极易失水；角质层加厚，结构完整，有蜡质、果粉则利于保持水分。③细胞持水力：原生质亲水胶体和固形物含量高的细胞有高渗透压，可阻止水分向细胞壁和细胞间隙渗透，利于细胞保持水分。此外，细胞间隙大，水分移动的阻力小，也会加速失水。

除了组织结构外，新陈代谢也影响产品的蒸散速度，呼吸强度高、代谢旺盛的组织失水也较快。不同种类和品种的产品、同一产品不同的成熟度，在组织结构和生理生化特性方面都不同，蒸散的速度差别很大。叶菜的表面积比其他器官大许多倍，主要是气孔蒸散（如成长的叶片 90% 以上的蒸发量是通过气孔蒸发的），其组织结构疏松，表皮保护组织差，细胞含水量高而可溶性固形物少，且呼吸速率高，代谢旺盛，所以叶菜类在贮运中最易脱水萎蔫。果实类的表面积比相对要小，且主要是表皮层和皮孔蒸发，一些果实表面有角质层和蜡质层，同时多数产品比叶菜代谢相对弱，失水就慢。同一种果实，个体小的表面积比大，失水较多。成熟度与蒸散有关是由于幼嫩器官是正在生长的组织，代谢旺盛，且表皮层未充分发育，透水性强，因而极易失水；随着成熟，保护组织完善，蒸散量即下降。

（二）贮藏环境因素

1. 空气湿度

空气湿度是影响产品表面水分蒸散的直接因素。表示空气湿度的常见指标包括：绝对湿度、饱和湿度、饱和差和相对湿度。绝对湿度是单位体积空气中所含水蒸气的量（g/m^3）。饱和湿度是在一定温度下，单位体积空气中能最多容纳的水蒸气量。若空气中水蒸气超过此量，就会凝结成水珠；温度越高，容纳的水蒸气越多，饱和湿度越大。饱和差是空气达到饱和尚需要的水蒸气量，即绝对湿度和饱和湿度的差值，直接影响产品水分的蒸发。贮藏中通常用空气的相对湿度（RH）来表示环境的湿度，是绝对湿度与饱和湿度之比，反映此空气中水分达到饱和的程度。一定的温度下，一般空气中水蒸气的量小于其所能容纳的量，存在饱和差，也就是其蒸汽压小于饱和蒸汽压；鲜活的园艺产品组织中充满水，其蒸汽压一般是接近饱和的，高于周围空气的蒸汽压，水分就蒸散，其快慢程度就与饱和差成正比。因此，一定温度下，绝对湿度和相对湿度大时，达到饱和的程度高、饱和差小，蒸散就慢。

2. 温度

不同产品蒸散的快慢随温度的变化是有很大差异的（表3-3）。同时温度的变化造成了空气湿度发生改变而影响到表面蒸散的速度。环境温度升高时饱和湿度增高，若绝对湿度不变，饱和差上升而相对湿度下降，产品水分蒸散加快；温度降低时，由于饱和湿度低，同一绝对湿度下，水分蒸散下降甚至结露。例如，在15℃下，若贮藏库空气含水蒸气$7g/m^3$，可以查出此温度下的饱和湿度为$13g/m^3$，饱和差就是$6g/m^3$，RH = 7/13 = 54%，蒸发较快；当库温降到5℃时，查出饱和湿度为$7g/m^3$，饱和差为0，RH = 100%，达到饱和，蒸散相对停止；温度继续下降则出现结露现象。因此，库温的波动会在温度上升时加快产品蒸散，而降低温度时减慢产品蒸散，温度波动大就很容易出现结露现象，不利于贮藏。

表3-3　　　　　　　　　　　　　　不同种类果蔬随温度变化的蒸散特性

类型	蒸散特性	水果	蔬菜
A型	随温度的降低蒸散量急剧降低	柿子、橘子、西瓜、苹果、梨	马铃薯、甘薯、洋葱、南瓜、胡萝卜、甘蓝
B型	随温度的降低蒸散量也降低	无花果、葡萄、甜瓜、板栗、桃、枇杷	萝卜、花椰菜、番茄、豌豆
C型	与温度关系不大蒸散强烈	草莓、樱桃	芹菜、石刁柏、茄子、黄瓜、菠菜、蘑菇

同一RH的情况下，饱和差＝饱和湿度－绝对湿度＝饱和湿度－饱和湿度×RH＝饱和湿度（1-RH）。温度高时，饱和湿度高，饱和差就大，水分蒸散快。因此，在保持了同样相对湿度

的两个贮藏库中，产品的蒸散速度也是不同的，库温高的蒸散更快。

此外，温度升高，分子运动加快，产品的新陈代谢旺盛，蒸散也加快。产品见光可使气孔张开，提高局部温度，也促进蒸散。

3. 空气流动

在靠近园艺产品的空气中，由于蒸散而水气含量较多，饱和差比环境中的小，蒸散减慢；空气流速较快的情况下，这些水分被带走，饱和差又升高，就不断蒸散。因此，应根据产品不同的贮藏阶段，适当通风。

4. 气压

气压也是影响蒸散的一个重要因素。在一般的贮藏条件下，气压是正常的一个大气压，对产品影响不大。采用真空冷却、真空干燥、减压预冷等减压技术时，水分沸点降低，很快蒸散。此时，要加湿而防止失水萎蔫。

三、抑制蒸散的方法

通过改变产品组织结构来抑制产品蒸散失水是不可能的，但了解各种产品失水的难易程度，能为保鲜提供参考。对于容易蒸散的产品，更要用各种贮藏手段防止水分散失。生产中常从以下几个方面采取措施：

（1）直接增加库内空气湿度　贮藏中可以采用地面洒水、库内挂湿帘的简单措施，或用自动加湿器向库内喷雾和水蒸气的方法，以增加环境空气中的含水量，达到抑制蒸散的目的。

（2）增加产品外部小环境的湿度　最简单有效的方法是用塑料薄膜或其他防水材料包装产品，在小环境中产品可依靠自身蒸散出的水分来提高绝对湿度，起到减轻蒸散的作用。用塑料薄膜或塑料袋包装后的产品需要在低温贮藏时，在包装前，一定要先预冷，使产品的温度接近库温，然后在低温下包装。否则，一方面高温下包装时带有的空气在降温后，易达到过饱和；另一方面，产品温度高，呼吸旺盛，蒸散出大量的水分在塑料袋中，都将会造成结露，加速产品腐烂。用包果纸和瓦楞纸箱包装也比不包装堆放失水少得多，一般不会造成结露。

（3）采用低温贮藏　这也是防止失水的重要措施。一方面，低温抑制代谢，对减轻失水起到一定作用；另一方面，低温下饱和湿度小，产品自身蒸散的水分能明显增加环境相对湿度，失水缓慢。但低温贮藏时，应避免温度较大幅度的波动，因为温度上升，蒸散加快，环境绝对湿度增加，在此低温下（特别是包装于塑料袋内的产品），本来空气中相对湿度就高，蒸散的水分很容易使其达到饱和；当温度下降，达到过饱和时，就会造成产品表面结露，引起腐烂。

（4）给果蔬打蜡或涂膜　这种方法在一定程度上阻隔水分从表皮向大气中蒸散，在国外也是常用的采后处理方法，在国内受到处理设备的限制，还未普遍使用。

第三节　休眠的利用及生长的抑制

一、休眠的利用

（一）休眠（dormancy）

休眠是植物长期进化过程中，为了适应周围的自然环境而产生的一个生理过程，即在生长、发育过程中的一定阶段，有的器官会暂时停止生长，以度过高温、干燥、严寒等不良环境条件，达到保持其生命力和繁殖力的目的。休眠器官包括种子、花芽、腋芽和一些块茎、鳞茎、球茎、根茎类蔬菜，这些器官形成后或结束田间生长时，体内积累了大量的营养物质，原生质内部发生深刻的变化，新陈代谢逐渐降低，生长停止并进入相对静止的状态。休眠期间，蔬菜等园艺产品的新陈代谢、物质消耗和水分蒸发降到最低限度。因此，休眠使产品更具有耐藏性，一旦脱离休眠，耐藏性迅速下降。贮藏中需要利用产品的休眠延长贮藏期。

休眠期的长短与品种、种类有关，如马铃薯 2~4 个月，洋葱 1.5~2 个月，大蒜 60~80d，姜、板栗约 1 个月。蔬菜的根茎、块茎借助休眠度过高温、干旱环境，而板栗是借助休眠度过低温条件的。

（二）休眠的生理生化特性

果蔬产品，根据其生理生化的特点可将休眠期分为三个阶段：

(1) **休眠前期（准备期）** 从生长到休眠的过渡阶段。此时产品器官已经形成，但刚收获新陈代谢还比较旺盛，伤口逐渐愈合，表皮角质层加厚，属于鳞茎类产品的外部鳞片变成膜质，水分蒸散下降，生理上做休眠的准备。此时，产品受到某些处理，可以阻止下阶段的休眠而萌发生长，或缩短第二阶段。例如，提早收获马铃薯进行湿砂层积处理，可使其不进入休眠而很快发芽。

(2) **生理休眠期（真休眠、深休眠）** 产品的新陈代谢显著下降，外层保护组织完全形成，此时即使给适宜的条件，也难以萌芽，是贮藏的安全期。这段时间的长短与产品的种类和品种、环境因素有关。例如，洋葱管叶倒伏后仍留在田间不收，有可能因为鳞茎吸水而缩短生理休眠期；在华北地区贮藏到 9 月下旬，日平均温度 20℃ 以下时，其生理休眠结束；低温（0~5℃）处理也可解除洋葱休眠。

(3) **休眠苏醒期（强迫休眠期）** 度过生理休眠期后，产品开始萌芽，新陈代谢又恢复到生长期间的状态，呼吸作用加强，酶系统也发生变化。此时，生长条件不适宜，就生长缓慢；给予适宜的条件则迅速生长。实际贮藏中采取强制的办法，给予不利于生长的条件，如温湿度控制和气调等手段，延长这一阶段的时间。因此，又称强迫休眠期。

在休眠期间的不同阶段，组织细胞和化学物质都发生了一系列的变化。生理休眠期间组织的原生质和细胞壁分离，脱离休眠后原生质重新紧贴于细胞壁上。用高渗透压蔗糖溶液使细胞产生的质壁分离，可以判断产品组织所处的休眠阶段。正处于生理休眠状态的细胞呈凸形，已经脱离休眠的呈凹形，正在进入或脱离休眠的为混合形。胞间连丝起着细胞之间信息传递和物质运输的作用，休眠期胞间连丝中断，细胞处于孤立状态，物质交换和信息交换大大减少；脱离休眠后胞间连丝又重新出现。生理休眠期原生质也发生变化，进入休眠前，原生质脱水，疏水胶体增加，这些物质，特别是一些类脂物质排列聚集在原生质和液泡界面，阻止胞内水和细胞液透过原生质，也很难使电解质通过，同时由于外界的水分和气体也不容易渗透到原生质内部，原生质几乎不能吸水膨胀；脱离休眠后，原生质中疏水性胶体减少，亲水性胶体增加，使细胞内外的物质交换变得方便，对水和氧的通透性加强。

植物体内各种激素对植物的休眠现象起重要的调节作用，现有的研究表明，休眠一方面是由于器官缺乏促进生长的物质，另一方面是器官积累了抑制生长的物质。如体内有高浓度 ABA 和低浓度外源赤霉素（gibberellin，GA）时，可诱导休眠；低浓度的 ABA 和高浓度 GA 可以解除休眠。GA、吲哚乙酸、细胞分裂素是促进生长的激素，能解除许多器官的休眠。深休眠的马铃薯块茎中，ABA 的含量最高，休眠快结束时，ABA 在块茎生长点和皮中的含量减少 4/5～5/6。马铃薯解除休眠状态时，吲哚乙酸、细胞分裂素和赤霉素的含量也增长；使用外源激动素和玉米素能解除块茎休眠。

（三）延长休眠期的贮藏措施

植物器官休眠期过后就会发芽，使得体内的贮藏物质分解并向生长点运输，导致产品质量减轻、品质下降。因此，贮藏中需要根据休眠不同阶段的特点，创造有利于休眠的环境条件，尽可能延长休眠期，推迟发芽和生长以减少这类产品的采后损失。

1. 温度、湿度的控制

块茎、鳞茎、球茎类的休眠是由于要度过高温、干燥的环境，创造此条件利于休眠，而潮湿、冷凉条件会使休眠期缩短。如 0～5℃使洋葱解除休眠，马铃薯采后 2～4℃能使休眠期缩短，5℃打破大蒜的休眠期。因此，采后给予自然的温度或略高于自然温度，并进行晾晒，使产品愈伤，尽快进入生理休眠。度过生理休眠期后，利用低温可强迫这些蔬菜休眠而不萌芽生长。板栗的休眠是由于要度过低温环境，采收后就要创造低温条件使其延长休眠期，延迟发芽。

2. 气体成分

近年来的研究表明，降低 O_2 含量、提高 CO_2 含量有利于抑制马铃薯和洋葱的发芽，5% O_2 结合 2% CO_2 的气体条件可显著抑制（10±1）℃条件下"大西洋"马铃薯发芽，2%～4% O_2 结合 10%～15% CO_2 能够抑制洋葱的发芽。但不同品种和贮藏不同时期的条件下气体成分对休眠的影响是不同的，还需要进一步积累数据。

3. 药物处理

青鲜素（MH）对块茎、鳞茎类以及大白菜、萝卜、甜菜块根有一定的抑芽作用，但对洋葱、大蒜效果最好。采前 2 周将 0.25%MH 喷施到洋葱和大蒜的叶子上，药液吸收并渗入组织中，转移到生长点，起到抑芽作用；0.1%MH 对板栗的发芽也有效。萘乙酸甲酯和乙酯防止马铃薯发芽有效，由于该产品具有挥发性，使用时，可将其与细土掺和进行埋藏或撒到薯块上，或将药品喷到碎纸上，填充在马铃薯中，也可以将药液直接喷到马铃薯上，起到抑芽的作用。

4. 射线处理

辐射处理对抑制马铃薯、洋葱、大蒜和鲜姜都有效，许多国家已经在生产上大量使用。一般用 60～150Gy γ 射线照射，可防止发芽，应用最多的是马铃薯。

二、延缓生长

1. 生长现象及其对品质的影响

为了适合于食用、贮藏或观赏，园艺产品的采收期在植物不同的生长和发育阶段，收获后由于中断了根系或母体水分和无机物的供给，一般看不到生长；但生长旺盛的分生组织能利用其他部分组织中的营养物质，进行旺盛的细胞分裂和延长生长。

蔬菜采后的生长现象表现在许多方面，一般造成品质下降，并缩短贮藏期，不利于贮藏。例如，石刁柏（芦笋）是在生长初期采收的幼茎，由于顶端有生长旺盛的生长点，贮藏中会继续伸长并木质化；嫩茎花椰菜（绿菜花）这类处于开花前花蕾阶段的产品，贮藏中将不可避免地要开花；蒜薹为幼嫩花茎，采后顶端薹苞膨大和气生鳞茎的形成需要利用薹基部的营养物质，造成食用薹部发干、纤维化，甚至形成空洞；胡萝卜、萝卜、牛蒡等根菜类，收获后在利于生长的环境条件下抽薹时，由于利用了薄壁组织中的营养物质和水分，致使组织变糠，最后无法食用。蘑菇等食用菌采后开伞和轴伸长也是继续生长的一种，将造成品质下降。

2. 延缓生长的方法

产品采后生长与自身的物质运输有关，非生长部分组织中贮藏的有机物通过呼吸水解为简单物质，然后与水分一起运输到生长点，为生长合成新物质提供底物；同时呼吸作用释放的能量也为生长提供能量来源。因此，低温、气调等能延缓代谢和物质运输的措施可以抑制产品采后生长带来的品质下降。此外，将生长点去除也能抑制物质运输而保持品质，如蒜薹去掉薹苞后薹梗发空的现象减轻。胡萝卜去掉芽眼，由于物质运输造成的糠心减少；但形成的刀伤容易造成腐烂，实际应用时应根据具体情况采取措施。

个别情况下，也利用生长时的物质运输延长贮藏期。例如，菜花采收时保留2~3个叶片，贮藏期间外叶中积累养分并向花球转移而使其继续长大、充实或补充花球的物质消耗，保持品质。假植贮藏也是利用植物的生长缓慢吸收养分和水分，维持生命活力，不同的是这些物质来源于土壤，而不是植物自身。

第四节 成熟和衰老的调控

园艺产品采后仍然在继续生长、发育，最后衰老，直到死亡。果实在开花受精后的发育过程中，完成了细胞、组织、器官分化发育的最后阶段，充分长成时，达到生理成熟（maturation，有的称为"绿熟"或"初熟"）。果实停止生长后还要进行一系列生物化学变化，逐渐形成本产品固有的色、香、味和质地特征，然后达到最佳的食用阶段，称完熟（ripening）。通常将果实生理成熟到完熟达到最佳食用品质的过程都叫成熟（包括maturation和ripening）。有些果实，如巴梨、京白梨、猕猴桃等，虽然已完成发育达到生理成熟，但果实很硬、风味不佳，并没有达到最佳食用阶段，完熟时果肉变软、色香味达到最佳实用品质，才能食用。达到食用标准的完熟过程既可以发生在植株上，也可以发生在采摘后，采后的完熟过程称为后熟（仍为ripening）。生理成熟的果实在采后可以自然后熟，达到可食用品质，而幼嫩果实则不能后熟。如绿熟期番茄采后可达到完熟以供食用；若采收过早，果实未达到生理成熟，则不能后熟着色而达到可食用状态。

衰老（senescence）是植物的器官或整体生命的最后阶段，开始发生一系列不可逆的变化，最终导致细胞崩溃及整个器官死亡的过程。从图3-4中可以看出，生理成熟（maturation）、完熟（ripening）、衰老，三者是不容易划分出严格界限的。果实中最佳食用阶段以后的品质劣变或组织崩溃阶段称为衰老。成熟是衰老的开始，两个过程是连续的，二者不易分割。

植物的根、茎、叶、花及变态器官从生理上不存在成熟，只有衰老问题。园艺学上，一般将产品器官细胞膨大定型、充分长成，由营养生长开始转向生殖生长或生理休眠时，或根据人们的食用习惯达到最佳食用品质时，称产品已经成熟。

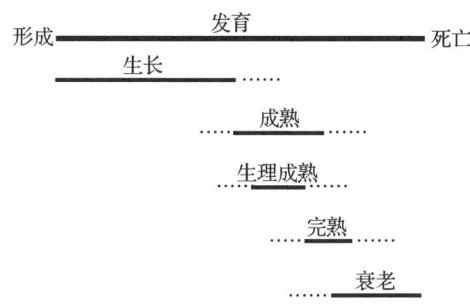

图 3-4 果蔬生命的不同阶段

一、成熟（mature）和衰老期间果蔬的变化

1. 外观品质（appearance quality）

产品外观最明显的变化是色泽，常作为成熟的指标。果实未成熟时叶绿素含量高，外观呈现绿色；成熟期间叶绿素含量下降，果实底色显现，同时色素（如花青素和胡萝卜素）积累，呈现本产品固有的特色。成熟期间果实产生一些挥发性的芳香物质，使产品出现特有的香味。茎、叶菜衰老时与果实一样，叶绿素分解，色泽变黄并萎蔫；花则出现花瓣脱落和萎蔫现象。

2. 质地（texture）

果肉硬度下降是许多果实成熟时的明显特征。此时，一些能水解果胶物质和纤维素的酶类活力增加，水解作用使中胶层溶解，纤维分解，细胞壁发生明显变化，结构松散失去黏结性，造成果肉软化。有关的酶主要是果胶甲酯酶（pectin methylesterase，PME、PE）、多聚半乳糖醛酸酶（polygalacturonase，PG）和纤维素酶。PE 能从酯化的半乳糖醛酸多聚物中除去甲基，PG 水解果胶酸中非酯化的 $1,4-\alpha-D-$半乳糖苷键，生成低聚的半乳糖醛酸。根据 PG 酶作用于底物的部位不同，可分为内切酶（endo-PG）和外切酶（exo-PG）。内切酶可随机分解果胶酸分子内部的糖苷键；外切酶只能从非还原性末端水解聚半乳糖醛酸。由于 PG 作用于非甲基化的果胶酸，故 PE、PG 共同作用下便将中胶层的果胶水解。纤维素酶即 $\beta-1,4-D-$葡聚糖酶，能水解纤维素、一些木葡聚糖和交错连接的葡聚糖中的 $\beta-1,4-D-$葡萄糖苷键。近来还发现其他一些有关的水解酶，但不同果实之间的软化机制存在较大差异，仍需进一步研究。

甘蓝叶球、花椰菜花球发育良好、充分成熟就坚硬，品质好。茎、叶菜衰老时，主要表现为组织纤维化，甜玉米、豌豆、蚕豆等采后硬化，都导致品质下降。

3. 口感风味（mouthfeel and flavor）

采收时不含淀粉或含淀粉较少的果蔬，如番茄和甜瓜等，随贮藏时间的延长，含糖量逐渐减少。采收时淀粉含量较高（1%~2%）的果蔬（如苹果），采后淀粉水解，含糖量暂时增加，果实变甜；达到最佳食用阶段后，含糖量因呼吸消耗而下降。通常果实发育完成后，含酸量最高，随着成熟或贮藏期的延长逐渐下降，因为果蔬贮藏时更多利用有机酸为呼吸底物，有机酸的消耗比可溶性糖更快，贮藏后的果蔬糖酸比增加，风味变淡。未成熟的柿、梨、苹果等果实细胞内含有单宁物质，使果实有涩味，成熟过程中被氧化或凝结成不溶性物质，涩味消失。

4. 呼吸跃变（climacteric）

一般来说，受精后的果实在生长初期呼吸急剧上升，呼吸强度最大，是细胞分裂的旺盛期；然后随果实的生长而急剧下降，逐渐趋于缓慢；生理成熟时呼吸平稳，然后根据果实的类型而不同。有呼吸高峰的果实当达到完熟时呼吸急剧上升，出现跃变现象，果实就进入完全成熟阶段，品质达到最佳可食状态。香蕉、洋梨最为典型，收获时，充分长成，但果实硬、糖分少，食用品质不佳；在贮藏期间后熟达呼吸高峰时风味最好。跃变期是果实发育进程中的一个关键时期，对果实贮藏寿命有重要影响，既是成熟的后期，同时也是衰老的开始，此后产品就不能继续贮藏。生产中要采取各种手段来推迟跃变果实的呼吸高峰以延长贮藏期。

不同种类跃变果实呼吸高峰出现的时间和峰值不完全相同（图3-5）。一般原产于热带亚热带的果实如油梨和香蕉，跃变顶峰的呼吸强度分别为跃变前的3~5倍和10倍，且跃变时间维持很短，很快完熟而衰老。原产于温带的果实如苹果、梨等跃变顶峰的呼吸强度只比跃变前增加1倍左右，跃变时间维持也长，成熟比前一类型慢，因而更耐藏。有些果实如苹果留在树上也可以出现呼吸跃变，但比采摘果实出现得晚，峰值高。另外一些果实如油梨，只有采后才能成熟而出现呼吸跃变；若留在植株上可以维持不断生长而不能成熟，当然也不出现呼吸跃变。

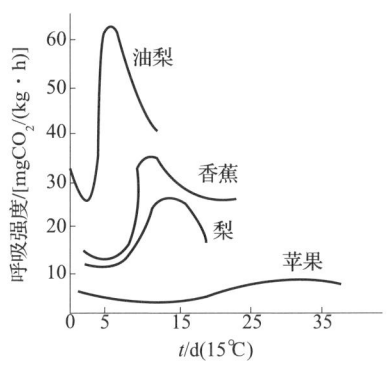

图3-5 几种跃变果实的呼吸曲线

某些未成年的幼果（如苹果、桃、李）采摘或脱落后，也可发生短期的呼吸高峰。甚至某些非跃变型果实如甜橙的幼果采后也出现呼吸上升的现象，而长成的果实反而没有。此类果实的呼吸上升并不伴有成熟过程，因此称为跃变现象。

在某些蔬菜和花卉的衰老中，发现有类似果实呼吸跃变的现象。嫩茎花椰菜采后的呼吸漂移呈现高峰型变化；某些叶菜的幼嫩叶片呼吸快，长成后呼吸降低，衰老变黄阶段重新上升，然后又降低；麝香石竹采切后呼吸急剧下降，花瓣枯萎时，再度上升，有典型跃变现象；但玫瑰切花衰老期间呼吸则逐渐下降。

5. 乙烯合成（ethylene synthesis）

乙烯属植物激素，是一种化学结构十分简单的气体。几乎所有高等植物的器官、组织和细胞都具有产生乙烯的能力，一般生成量很少，不超过0.1mg/kg。在某些发育阶段（如果实成熟期）急剧增加，对植物的生长发育起着重要的调节作用。乙烯对园艺产品保鲜的影响极大，主要是它能促进成熟和衰老，使产品寿命缩短，造成损失，将在后面详细论述。

6. 细胞膜（cellular membrane）

果蔬采后劣变的重要原因是组织衰老或遭受环境胁迫时，细胞的膜结构和特性将发生改变。膜的变化会引起代谢失调，最终导致产品死亡。细胞衰老时普遍的特点是正常膜的双层结构转向不稳定的双层和非双层结构，膜的液晶相趋向于凝胶相，膜透性和微黏度增加，流动性下降，膜的选择性和功能受损，最终导致死亡。这些变化主要是由于膜的化学组成发生了变化造成的，多表现在总磷脂含量下降，固醇/磷脂、游离脂肪酸/酯化脂肪酸、饱和脂肪酸/不饱和脂肪酸等几种物质比上升，过氧化脂质积累和蛋白质含量下降几方面。衰老中膜损伤的重要原因之一就是磷脂的降解。细胞衰老中，约50%以上膜磷脂被降解，积累各种中间产物（图3-6）。

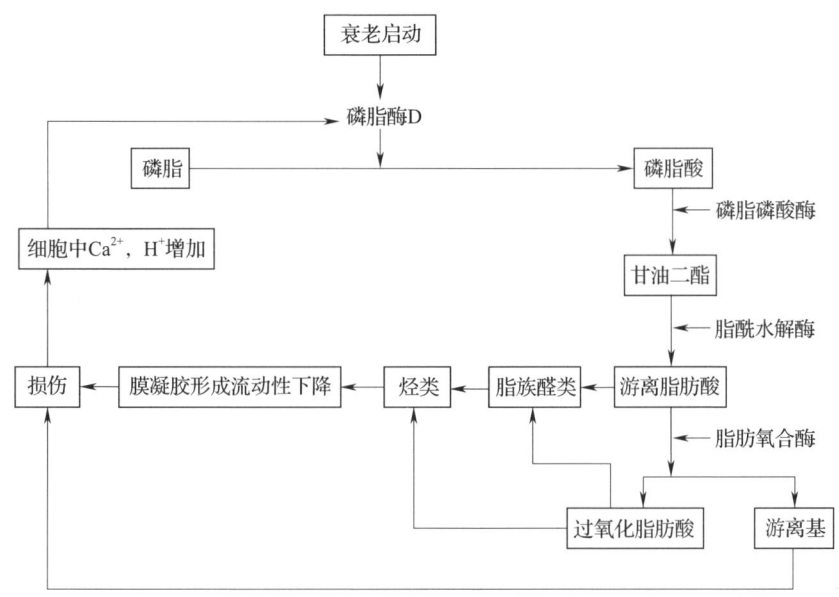

图3-6 衰老中磷脂降解的自动催化循环

磷脂降解的第一步是在磷脂酶D作用下转化成磷脂酸，此产物不积累，在磷脂磷酸酶作用下水解生成甘油二酯，然后在脂酰水解酶作用下脱酰基释放游离脂肪酸。其中含有顺、顺-1,4-戊二烯结构的脂肪酸在脂肪氧合酶作用下，形成脂肪酸氢过氧化物，该物质不稳定，生成中经历各种变化，包括生成游离基。脂肪酸氢过氧化物在氢过氧化物水解酶和氢过氧化物脱氢酶作用下转变成短链酮酸、乙烷等，脂肪酸也可氧化降解，产生CO_2和醛等。

二、乙烯对成熟和衰老的影响

早在1924年，就有研究发现乙烯能促进柠檬变黄及呼吸作用加强；1934年，研究发现乙烯是苹果果实成熟时的一种天然产物，并提出乙烯是成熟激素的概念。1959年人们将气相色谱用于乙烯的测定，由于可测出微量乙烯，证实其不是果实成熟时的产物，而是在果实发育中慢慢积累，当增加到一定浓度时，启动果实成熟，从而证实乙烯的确是促进果实成熟的一种生长激素。

（一）乙烯对成熟和衰老的促进作用

1. 乙烯与成熟

许多园艺产品采后都能产生乙烯（表3-4）。

表3-4　　　　　　　　　　　　园艺产品的乙烯生产量　　　　单位：μLC$_2$H$_2$/（kg·h）（20℃）

类型	乙烯生成量	产品名称
非常低	<0.1	朝鲜蓟、芦笋、菜花、樱桃、柑橘类、枣、葡萄、草莓、石榴、甘蓝、结球甘蓝、菠菜、芹菜、葱、洋葱、大蒜、胡萝卜、萝卜、甘薯、多数切花、石刁柏、豌豆、菜豆、甜玉米
低	0.1~1.0	黑莓、蓝莓、红莓、酸果蔓、橄榄、柿、菠萝、黄瓜、绿菜花、茄子、秋葵、柿子椒、南瓜、西瓜、马铃薯、加沙巴甜瓜
中等	1.0~10.0	香蕉、无花果、番石榴、白兰瓜、荔枝、番茄、大蕉、甜瓜（蜜王和蜜露等品种）
高	10.0~100.0	苹果、杏、鳄梨、公爵甜瓜、罗马甜瓜、猕猴桃、榴莲、油桃、桃、番木瓜、梨
非常高	>100.0	南美番荔枝、曼密苹果、西番莲、番荔枝

跃变型果实成熟期间自身能产生乙烯，只要有微量的乙烯（表3-5），就足以启动果实成熟，随后内源乙烯迅速增加，达释放高峰，此期间乙烯累积在组织中的浓度可高达10~100mg/kg。虽然乙烯高峰和呼吸高峰出现的时间有所不同，但就多数跃变型果实来说，乙烯高峰常出现在呼吸高峰之前，或与之同步，只有在内源乙烯达到启动成熟的浓度之前采用相应的措施，抑制内源乙烯的大量产生和呼吸跃变，才能延缓果实的后熟，延长产品贮藏期。非跃变型果实成熟期间自身不产生乙烯或产量极低，因此后熟过程不明显。麝香石竹花衰老时乙烯合成也明显增加，类似于成熟的果实。紫露草属植物切花衰老时乙烯自动催化能力提高，然后随衰老的进程下降。

表3-5　　　　　　　　　　　几种果实成熟的乙烯阈值　　　　　　　　　单位：μg/g

果实	乙烯阈值	果实	乙烯阈值
香蕉	0.1~0.2	梨	0.46
油梨	0.1	甜瓜	0.1~1.0
柠檬	0.1	甜橙	0.1
芒果	0.04~0.4	番茄	0.5

外源乙烯处理能诱导和加速果实成熟，使跃变型果实呼吸上升和内源乙烯大量生成，乙烯浓度的大小对呼吸高峰的峰值无影响，浓度大时，呼吸高峰出现得更早。乙烯对跃变型果实呼吸的影响只有一次，且只有跃变前处理起作用。对非跃变型果实，外源乙烯在整个成熟期间都能促进呼吸上升，在很大的浓度范围内，乙烯浓度与呼吸强度成正比，乙烯除去后，呼吸下降恢复原有水平，不会促进乙烯增加（图3-7）。

2. 其他生理作用

伴随对园艺产品呼吸的影响，乙烯促进了成熟过程的一系列变化。其中，最为明显的包括使果肉很快变软，产品失绿黄化和器官脱落。例如，仅0.02mg/kg乙烯就能使猕猴桃冷藏期间的硬度大幅度降低，0.2mg/kg乙烯就使黄瓜变黄，1mg/kg乙烯使白菜和甘蓝脱帮，加速腐烂。植物器官的脱落，使装饰植物加快落叶、落花瓣、落果，如0.15mg/kg乙烯使石竹花瓣脱落，0.3mg/kg乙烯使康乃馨3d败落，缩短花卉的保鲜期。此外，乙烯还加速马铃薯发芽；使萝卜

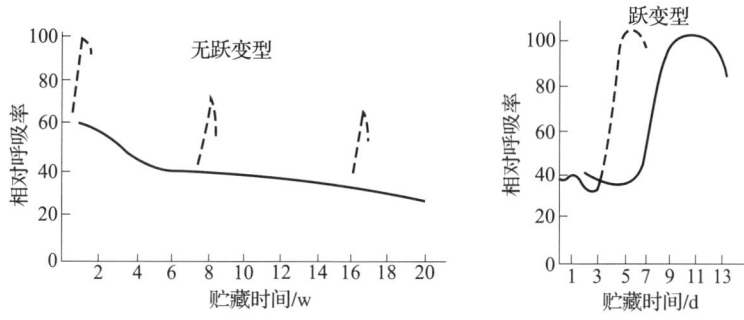

图 3-7 乙烯对跃变型和非跃变型果实呼吸的影响

积累异香豆素，造成苦味；刺激石刁柏老化，合成木质素而变硬。乙烯也造成产品的伤害，使花芽不能很好地发育。

（二）乙烯的生物合成途径（biosynthetic pathway of ethylene）

乙烯生物合成途径是：蛋氨酸（Met）→ S-腺苷蛋氨酸（SAM）→ 1-氨基环丙烷-1-羧酸（ACC）→乙烯。乙烯来源于蛋氨酸分子中的 C_2 和 C_3，Met 与 ATP 通过腺苷基转移酶催化形成 SAM，这并非限速步骤，体内 SAM 一直维持着一定水平。SAM → ACC 是乙烯合成的关键步骤，催化这个反应的酶是 ACC 合成酶，专一以 SAM 为底物，需磷酸吡哆醛为辅基，强烈受到磷酸吡哆醛酶类抑制剂氨基乙氧基乙烯基甘氨酸（AVG）和氨基氧乙酸（AOA）的抑制。该酶在组织中的浓度非常低，为总蛋白量的 0.0001%，存在于细胞质中。果实成熟、受到伤害、吲哚乙酸和乙烯本身都能刺激 ACC 合成酶活力。最后一步是 ACC 在乙烯形成酶（EFE）的作用下，在有 O_2 的参与下形成乙烯，一般不成为限速步骤。EFE 是膜依赖的，其活力不仅需要膜的完整性，且需组织的完整性，组织细胞结构破坏（匀浆时）时合成停止。因此，跃变后的过熟果实细胞内虽然 ACC 大量积累，但由于组织结构瓦解，乙烯的生成降低了。多胺、低氧、解偶联剂（如氧化磷酸化解偶联剂二硝基苯酚 DNP）、自由基清除剂和某些金属离子（特别是 Co^{2+}）都能抑制 ACC 转化成乙烯。

ACC 除了氧化生成乙烯外，另一个代谢途径是在丙二酰基转移酶的作用下与丙二酰基结合，生成无活性的末端产物丙二酰基-ACC（MACC）。此反应是在细胞质中进行的，MACC 生成后，转移并贮藏在液泡中。果实遭受胁迫时，因 ACC 增高而形成的 MACC 在胁迫消失后仍然积累在细胞中，成为一个反映胁迫程度和进程的指标。果实成熟过程中也有类似的 MACC 积累，成为成熟的指标。

（三）影响乙烯合成和作用的因素

乙烯是果实成熟和植物衰老的关键调节因子。贮藏中控制产品内源乙烯的合成和及时清除环境中的乙烯气体都很重要。乙烯的合成能力及其作用受自身种类和品种特性、发育阶段、外界贮藏环境条件的影响（图 3-8），了解了这些因素，才能从多途径对其进行控制。

1. 果实的成熟度

跃变型果实中乙烯的生成有两个调节系统：系统Ⅰ负责跃变前果实中低速率合成的基础乙烯，系统Ⅱ负责成熟过程中跃变时乙烯自我催化大量生成，有些品种在短时间内系统Ⅱ合成的

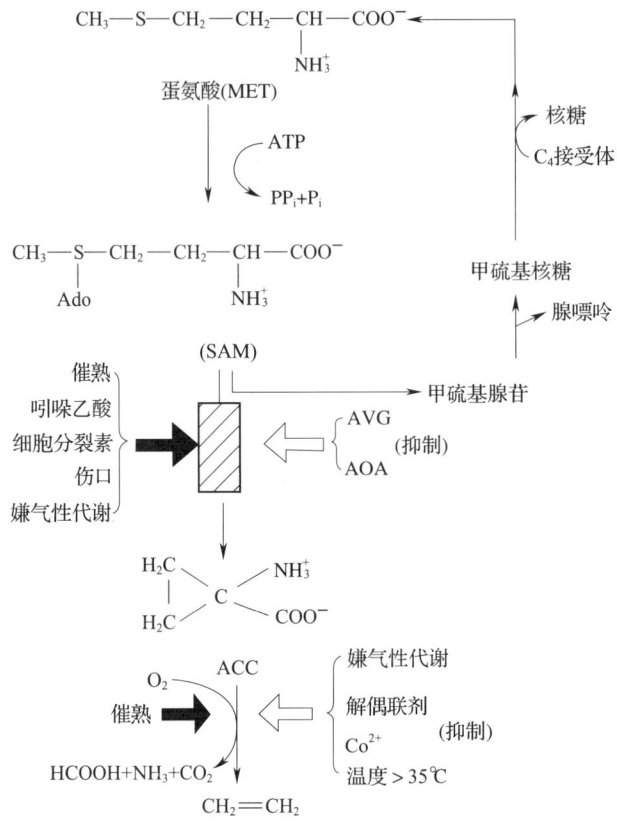

图 3-8 乙烯生物合成的控制

乙烯可比系统 I 增加几个数量级。两个系统的合成都遵循蛋氨酸途径。不同成熟阶段的组织对乙烯作用的敏感性不同。跃变前的果实对乙烯作用不敏感，系统 I 生成的低水平乙烯不足以诱导成熟；随果实发育，在基础乙烯不断作用下，组织对乙烯的敏感性不断上升，当组织对乙烯敏感性增加到能对内源乙烯（低水平的系统 I）作用起反应时，便启动了成熟和乙烯的自我催化（系统 II），乙烯便大量生成，长期贮藏的产品一定要在此之前采收。采后的果实对外源乙烯的敏感程度也是如此，随成熟度的提高，对乙烯越来越敏感。非跃变果实乙烯生成速率相对较低，变化平稳，整个成熟过程只有系统 I 活动，缺乏系统 II；这类果实只能在树上成熟，采后呼吸一直下降，直到衰老死亡，所以应在充分成熟后采收。

2. 伤害

贮藏前要严格去除有机械伤、病虫害的果实，这类产品不但呼吸旺盛，传染病害，还由于其产生伤乙烯，会刺激成熟度低且完好果实很快成熟衰老，缩短贮藏期。干旱、淹水、温度等胁迫以及运输中的振动都会使产品形成伤乙烯。

3. 贮藏温度

乙烯的合成是一个复杂的酶促反应，一定范围内的低温贮藏会大大降低乙烯合成。一般在 0℃ 左右乙烯生成很弱，后熟受到抑制，随温度上升，乙烯合成加速。例如，苹果在 10~25℃ 之间乙烯增加的 Q_{10} 为 2.8，荔枝在 5℃ 下，乙烯合成只有常温下的 1/10 左右；许多果实乙烯合成在 20~25℃ 最快。因此，采用低温贮藏是控制乙烯的有效方式。一般低温贮藏的产品 EFE

活力下降，乙烯产生少，ACC 积累；回到室温下，乙烯合成能力恢复，果实能正常后熟。但冷敏感果实于临界温度下贮藏时间较长时，如果受到不可逆伤害，细胞膜结构遭到破坏，EFE 活力就不能恢复，乙烯产量少，果实则不能正常成熟，使口感、风味或色泽受到影响，甚至失去实用价值。

此外，多数果实在 35℃ 以上时，高温抑制了 ACC 向乙烯的转化，乙烯合成受阻，有些果实如番茄则不出现乙烯峰。研究发现，用 35~38℃ 热处理能抑制苹果、番茄、杏等果实的乙烯生成和后熟衰老。

4. 贮藏气体条件

（1）O_2　乙烯合成的最后一步是需氧的，低 O_2 可抑制乙烯产生。一般低于 8%，果实乙烯的生成和对乙烯的敏感性下降，一些果蔬在 3% O_2 中乙烯合成能降到空气中的 5% 左右。如果 O_2 浓度太低或在低 O_2 中放置太久，果实就不能合成乙烯，或丧失合成能力。例如，香蕉在 O_2 含量 10%~13% 时乙烯生成量开始降低，空气中 O_2 含量<7.5% 时，便不能合成；从 5% O_2 中移至空气中后，乙烯合成恢复正常，能后熟；若 1% O_2 中放置 11d，移至空气中乙烯合成能力不能恢复，丧失原有风味。跃变上升期的国光苹果经低 O_2（O_2 含量 1%~3%，CO_2 含量 0%）处理 10 或 15d，ACC 明显积累；回到空气中 30~35d，乙烯的产量不及对照的 1/100，ACC 含量始终高于对照；若处理时间短（4d），回到空气中乙烯生成将逐渐恢复接近对照。

（2）CO_2　提高 CO_2 能抑制 ACC 向乙烯的转化和 ACC 的合成，CO_2 还被认为是乙烯作用的竞争性抑制剂，因此，适宜的高 CO_2 从抑制乙烯合成及乙烯的作用两方面都可推迟果实后熟。但这种效应在很大程度上取决于果实种类和 CO_2 含量。3%~6% CO_2 抑制苹果乙烯的效果最好，在 6%~12% 效果反而下降。在油梨、番茄、辣椒上也有此现象。高 CO_2 含量做短期处理，也能大大抑制果实乙烯合成，例如，苹果上用高 CO_2（O_2 含量 15%~21%，CO_2 含量 10%~20%）处理 4d，回到空气中乙烯的合成能恢复；处理 10 或 15d，转到空气中回升变慢。

在贮藏中，需创造适宜的温度、气体条件，既要抑制乙烯的生成和作用，也要使果实产生乙烯的能力得以保存，才能使贮后的果实能正常后熟，保持特有的品质和风味。

（3）乙烯　产品一旦产生少量乙烯，会诱导 ACC 合成酶活性，造成乙烯迅速合成，因此，贮藏中要及时排除已经生成的乙烯。采用高锰酸钾等作乙烯吸收剂，方法简单、价格低廉。一般采用活性炭、珍珠岩、砖块和沸石等小碎块为载体以增加反应面积，将它们放入饱和的高锰酸钾溶液中浸泡 15~20min，自然晾干。制成的高锰酸钾载体暴露于空气中会氧化失效，晾干后应及时装入塑料袋中密封，使用时放到透气袋中。乙烯吸收剂用时现配更好，一般生产上采用碎砖块更为经济，用量约为果蔬的 5%。适当通风，特别是贮藏后期要加大通风量，也可减弱乙烯的影响。使用气调库时，焦炭分子筛气调机进行空气循环可脱除乙烯，效果更好。

对于自身产生乙烯少的非跃变果实或其他蔬菜、花卉等产品，绝对不能与跃变型果实一起存放，以避免受到这些果实产生的乙烯的影响。同一种产品，特别对于跃变型果实，贮藏时要选择成熟度一致，以防止成熟度高的产品释放的乙烯刺激成熟度低的产品，加速后熟和衰老。

5. 化学物质

一些药物处理可抑制内源乙烯的生成。ACC 合成酶是一种以磷酸吡哆醛为辅基的酶，强烈受到磷酸吡哆醛酶类抑制剂氨基乙氧基乙烯基甘氨酸（AVG）和氨基氧乙酸（AOA）的抑制。Ag^+ 能阻止乙烯与酶结合，抑制乙烯的作用，在花卉保鲜上常用银盐处理。Co^{2+} 和二硝基苯酚（DNP）能抑制 ACC 向乙烯的转化。还有某些解偶联剂、铜螯合剂、自由基清除剂、紫外线也破坏乙烯并消除其作用，多胺也具有抑制乙烯合成的作用。

有研究表明，一些环丙烯类化合物可以通过与乙烯受体的结合而表现出对乙烯效应的强烈抑制，这些化合物包括1-甲基环丙烯（1-MCP）、环丙烯（CP）、3,3-二甲基环丙烯（3,3-DMCP），其中以 1-MCP 对乙烯的抑制效果最佳，是这类环丙烯类乙烯受体抑制剂的优秀代表，现在已经被商业合成。1-MCP 易于合成，无明显难闻气味，所需浓度极低，在延缓果实采后衰老、提高果实贮藏品质方面展现了美好前景。

三、其他植物激素对果实成熟的影响

果实生长发育和成熟并非某种激素单一作用的结果，还受到其他激素的调节（图3-9）。跃变型果实有明显呼吸高峰，由乙烯调节成熟；非跃变型果实中很少生成乙烯，而由 ABA 调节成熟进程。

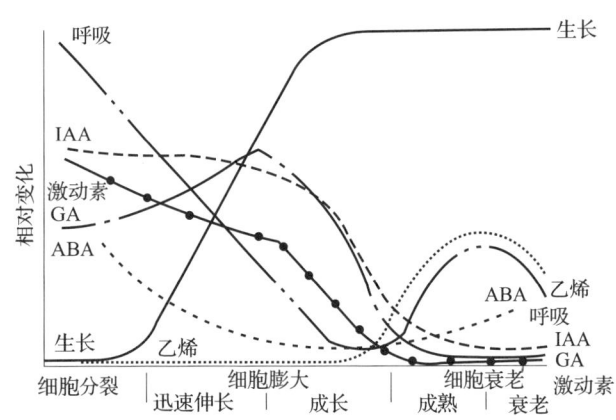

图3-9　跃变型果实生长、发育成熟过程中的生长、呼吸和激素水平的理论动力曲线

1. 脱落酸

许多非跃变果实（如草莓、葡萄、伏令夏橙、枣等）在后熟中 ABA 含量剧增；且外源 ABA 促进其成熟，而乙烯则无效。也有研究对跃变型果实中 ABA 的作用给予重视。苹果、杏等跃变果实中，ABA 积累发生在乙烯生物合成之前，ABA 首先刺激乙烯的生成，然后再间接对后熟起调节作用。果实的耐藏性与果肉中 ABA 含量有关。猕猴桃 ABA 积累后出现乙烯峰，外源 ABA 促进乙烯生成加速软化，用 $CaCl_2$ 浸果显著抑制了 ABA 合成的增加，延缓果实软化。还有研究表明，减压贮藏能抑制 ABA 积累。无论怎样，贮藏中减少 ABA 的生成能更进一步延长贮藏期。ABA 是响应各类非生物胁迫的重要激素，因此控制采后逆境能够抑制 ABA 的积累。

2. 生长素（auxin）

生长素可抑制果实成熟。吲哚乙酸（IAA）必须先经氧化而浓度降低后，果实才能成熟。它可能影响着组织对乙烯的敏感性。幼果中 IAA 含量高，对外源乙烯无反应；自然条件下，随幼果发育、生长，IAA 含量下降，乙烯增加，最后达到敏感点，才能启动后熟。同时，乙烯抑制生长素合成及其极性运输，促进吲哚乙酸氧化酶活性，使用外源乙烯（10～36mg/kg）就引起内源 IAA 减少。因此，成熟时外源乙烯也使果实对乙烯的敏感性更大。

外源生长素既有促进乙烯生成和后熟的作用，又有调节组织对乙烯的响应及抑制后熟的效应。在不同的浓度下表现的作用不同：1~10μmol/L IAA 能抑制呼吸上升和乙烯生成，延迟成熟；100~1000μmol/L 刺激呼吸和乙烯产生，促进成熟，IAA 浓度越高，乙烯诱导就越快。外源生长素能促进苹果、梨、杏、桃等成熟，但却延缓葡萄成熟。可能是由于它对非跃变型果实（如葡萄）并不能引起乙烯生成，或者虽能增加生成乙烯，但生成量太少，不足以抵消生长素延缓衰老的作用；但对跃变型果实来说则能刺激乙烯生成，促进成熟。

3. 赤霉素（GA）

幼小的果实中赤霉素含量高，种子是其合成的主要场所，果实成熟期间水平下降。在很多生理过程中，赤霉素和生长素一样，与乙烯和 ABA 有拮抗作用，在果实衰老中也是如此。初花期、着色期喷施或采后浸入外源赤霉素明显抑制一些果实（鳄梨、香蕉、柿子、草莓）呼吸强度和乙烯的释放，GA 处理减少乙烯生成是由于其能促进 MACC 积累，抑制 ACC 的合成。赤霉素还抑制柿果内 ABA 的积累。

外源赤霉素对有些果实的保绿、保硬有明显效果。GA 处理树上的橙和柿能延迟叶绿素消失和类胡萝卜素增加，还能使已变黄的脐橙重新转绿，使有色体重新转变为叶绿体；在番茄、香蕉、杏等跃变型果实中也有效，但保存叶绿素的效果不如对橙的明显。

4. 细胞分裂素（cytokinin，CTK）

细胞分裂素是一种衰老延缓剂，明显推迟离体叶片衰老，但外源细胞分裂素对果实延缓衰老的作用不如对叶片那么明显，且与产品有关。例如，它可抑制跃变前或跃变中苹果和鳄梨乙烯的生成，使杏呼吸下降，但均不影响呼吸跃变出现的时间；抑制柿采后乙烯释放和呼吸强度，减慢软化（但作用均小于 GA）；但却加速香蕉果实软化，使其呼吸和乙烯都增加；对绿色油橄榄的呼吸、乙烯生成和软化均无影响。卞基腺嘌呤（BA）和激动素（KT）还可阻碍香石竹离体花瓣将外源 ACC 转变成乙烯。

细胞分裂素处理的保绿效果明显。卞基腺嘌呤或激动素处理香蕉果皮、番茄、绿色的橙，均能延缓叶绿素消失和类胡萝卜素的变化。甚至在高浓度乙烯中，细胞分裂素也延缓果实变色，如用激动素渗入香蕉切片，然后放在足以启动成熟的乙烯浓度下，虽然明显出现呼吸跃变、淀粉水解、果肉软化等成熟现象，但果皮叶绿素消失显著被延迟，形成了绿色成熟果。目前的研究结果显示，细胞分裂素的这一作用是由于其能够负调控叶绿素分解酶相关基因的表达，同时诱导叶绿素分解酶的降解。

总之，许多研究结果表明果实成熟是几种激素平衡的结果。果实采后，GA、CTK、IAA 含量都高，组织抗性大，虽有 ABA 和乙烯，却不能诱发后熟，随着 GA、CTK、IAA 逐渐降低，ABA 和乙烯逐渐积累，组织抗性逐渐减小，ABA 或乙烯达到后熟的阈值，果实后熟启动。例如，苹果、梨、香蕉等果实在树上的成熟进程比采下后缓慢，用 50mg/kg 乙烯利处理挂树鳄梨，48h 不发生作用，但同样浓度处理采后果实，很快促熟。

四、基因工程对果实成熟的调控

在果实成熟复杂的生理变化中，最显著的是果肉的软化。由于多聚半乳糖醛酸酶（PG）是果实成熟软化过程中变化最明显的酶，因此，采用基因工程（gene engineering）调节控制 PG 的基因表达来抑制果实硬度的下降，曾引起众多植物分子生物学家的兴趣。该酶曾被认为是对番茄软化起重要作用的酶,而在对转基因番茄植株的研究中,虽然 PG 活力受到抑制而降至正常的 1%,但这些低 PG 果实的软化仍以正常方式进行。对果胶甲酯酶的研究也得到类似的结果。这说明果实软化是一个非常复杂的过程,仅单独控制 PG 或 PE 的基因表达不能起到推迟成熟、保持果肉硬度的作用。

用基因工程调节乙烯的合成来调控果实成熟在番茄上已经取得了成功。1990 年,英国人最早利用反义 RNA 技术获得反义 ACC 氧化酶(即 EFE)的 RNA 转化植株,乙烯合成被抑制;后来科学家又将 ACC 合成酶或两者的反义基因同时导入,得到转基因植株。中国科学院、北大、华中农大和中国农大也开展了有关的研究。中国农大获得的转基因番茄在绿熟期采收,25℃下不变色,30d 后果实淡黄,只能通过乙烯催熟才能转色;而正常番茄在 25℃放置 4~6d,全部转红。转基因番茄在常温能贮藏 2~3 个月,在我国已经被获准上市。

从果实生理来看,其他跃变型果实也应该能像番茄一样用反义 RNA 技术抑制乙烯合成而调节果实衰老和软化。ABA 在非跃变型果实衰老中起到了关键作用,通过基因工程调节 ABA 的生成已在烟草等植物上取得成功,未来也有望运用于果实。这些问题有待深入探讨。总之,基因工程的应用无论是对于研究果实成熟机制,还是对于解决贮藏中的实际问题,都有重要的理论价值和美好的应用前景。

第五节　逆境伤害的避免

一切会引起生物体生理功能失常的环境条件都属于逆境(stress)。园艺产品采后贮藏期间遭受逆境时,会引起生理失调、组织损伤和崩溃,产生一系列非病原菌引起的伤害,导致食用品质和耐藏性下降或丧失。采后贮藏期间的逆境伤害主要是低温(包括冷害和冻害)和气体伤害,以下将分别加以介绍。

一、冷害的调节

(一)冷害及其症状

低温是抑制果实代谢、延长贮藏期最为有效的措施之一。但有些产品,特别是一些热带、亚热带(包括某些温带)果实或地下根茎、叶菜等,由于系统发育处于高温、多湿的环境中,形成对低温的敏感性,即使是在冰点以上的低温(0~15℃)中贮藏也会发生代谢失调而造成伤害,此现象被称为冷害(chilling injury),冷害将导致果蔬耐藏性和抗病性下降,造成食用品质劣变甚至腐烂。

易产生冷害的产品称为冷敏感(chilling sensitive)产品,它们采后在冰点以上的一定低温下放置一段时间后,首先出现代谢障碍,然后从外部表现出受害症状。表面的凹陷斑点几乎是所有产品冷害的早期症状,这是皮下细胞坏死、失水干缩塌陷的结果,在冷害发展的过程中会连成大块凹坑。另一个典型的症状为表皮或组织内部褐变,呈现棕色、褐色或黑色斑点或条纹;有些褐变在低温下表现,有些则是在转入室温下才出现。冷害还使许多皮薄或柔软的水果出现水渍状斑块,使叶菜失绿。受冷害的果实由于代谢紊乱,不能正常后熟,一些产品(如番茄、桃、香蕉)不能变软,不能正常着色,不能产生特有的香味,甚至有异味。冷害严重时的腐烂是因组织抗病性下降或细胞死亡，促进了病原菌活动的结果。表 3-6 中列出常见果蔬的冷害症状。

表 3-6　　　　　　　　　　　　　　常见果蔬的冷害症状

产品	温度/℃	冷害症状产品
香蕉	12~13	表皮有黑色条纹，不能正常后熟，中央胎座硬化
鳄梨	5~12	凹陷斑，果肉和维管束变黑
柠檬	10~12	表面凹陷，有红褐色斑
芒果	5~12	表面无光泽，有褐斑甚至变黑，不能正常成熟
菠萝	6~10	果皮褐变，果肉水渍状，异味
莱姆	5~7	表皮凹陷，褐斑
葡萄柚	10	表面凹陷，烫伤状，褐变
西瓜	4.5	表皮凹陷，有异味
黄瓜	13	果皮有水渍状斑点，凹陷
红熟番茄	7~12	凹陷斑，水渍状，软化
绿熟番茄	10~12	褐斑，不能正常成熟，果色不佳
茄子	7~9	表皮呈烫伤状，种子变黑
食荚菜豆	7	表皮凹陷，有赤褐色斑点
柿子椒	7	果皮凹陷，种子变黑，萼上有斑
番木瓜	7	果皮凹陷，果肉水渍状
甘薯	13	表面凹陷，异味，煮熟发硬

（二）冷胁迫（cold stress）下的生理生化变化

与采后正常温度下贮藏的产品相比，冷胁迫下果蔬代谢发生一系列相应的变化，主要有呼吸速率和呼吸商的改变。伤害开始时，产品呼吸速率异常增加，随着冷害加重，产品趋于死亡，呼吸速率又开始下降。受轻微冷害的果实从低温回到室温时，呼吸急剧上升，但代谢能够恢复正常而不表现冷害症状；受害严重时则不能恢复，冷害症状很快发展。如柠檬在 0.5℃ 贮藏 4 周，回到 20℃ 时呼吸虽然在一开始很快上升，但 24h 就恢复正常；若存放 12 周，则代谢不能恢复正常。某些果实（如香蕉）受冷害后回到室温下，呼吸模式发生改变，不出现呼吸跃变，结果产品不能正常后熟。呼吸速率的变化可作为检验冷害程度的指标。果实受到冷害后，组织的有氧呼吸大大受到抑制，即使有足够的氧气也无法利用；无氧呼吸增加，表现为呼吸商增加，组织中乙醇、乙醛积累。

低温胁迫下，产品细胞膜受到伤害，透性增加，离子相对渗出率上升，贮藏温度越低，电解质渗出率越高，冷害越严重。这种变化的发生明显早于外部形态结构的变化，膜透性可作为预测冷害的指标。组织受伤程度较轻，回到室温细胞膜可自行修复，恢复正常；受伤严重，膜发生不可逆变化，透性大幅度上升，冷害症状则很快发展。

当冷敏感产品贮藏于临界温度以下时，乙烯合成发生改变。低温下乙烯形成酶系统（EFEs）活力很低，使得ACC积累而乙烯产量很低；果实从低温转入室温时，ACC合成酶活力和ACC含量都很快上升，EFEs活力和乙烯合成则取决于产品受冷害的程度。由于EFEs系统存在于细胞膜上，其活力依赖于膜结构，冷害不十分严重时，转入室温EFEs活力也大幅度上升，乙烯产量增加，果实正常成熟；冷害严重，细胞膜受到永久伤害时，EFEs活力不能恢复，乙烯产量很低，无法后熟达到所要求的食用品质。

冷害温度下，一些化学物质也发生变化。由于三羧酸循环发生混乱，导致丙酮酸和三羧酸循环的中间产物 α-酮酸（草酰乙酸和酮戊二酸）积累，丙酮酸的积累使丙氨酸含量迅速增加，这些现象在黄瓜、茄子、香蕉、甜椒中都被发现。冷胁迫时，脯氨酸的积累既反映了细胞结构和功能受损伤的程度，同时，也有其适应性的意义，采取一定措施提高其含量，又能起到保护作用。多胺也是对植物抗逆性有调节作用的一类物质，已发现果实产生冷害时，它们的含量增加。

（三）冷害机制（chilling injury mechanism）

对于冷害机制，有许多解释和假说，但膜相变理论有许多直接和间接的证据，并普遍被接受。冷害低温首先冲击细胞膜，引起相变，即膜从相对流动的液晶态变成流动性下降的凝胶态。结果是：①膜透性增加，受害组织细胞中溶质渗漏造成离子平衡的破坏。②脂质凝固，黏度增大，引起原生质流动减慢或停止，使细胞器能量短缺；同时线粒体膜的相变，使组织的氧化磷酸化能力下降，也造成ATP能量供应减少，能量平衡受到破坏。③由于与膜结合的酶，其活力依赖于膜的结构，膜相变引起此类酶活化能增加，其活力下降，使酶促反应受到抑制；但不与膜结合的酶系的活化能变化不大，从而造成两种酶系统之间的平衡受到破坏。离子平衡、能量平衡、酶系平衡的破坏导致了生理代谢的失调，积累有毒的代谢产物，使组织发生伤害。若受害很轻，回到常温细胞膜能自行修复，就恢复正常；若长时间处于冷害温度下，组织受到不可逆伤害，则出现冷害症状，导致品质下降或腐烂（图3-10）。

（四）影响冷害的因素

1. 产品的内在因素

园艺产品采后低温贮藏时，是否会发生冷害及冷害的严重程度是由产品本身对冷的敏感性决定的。不同种类和品种的产品冷敏感性差异很大，如黄瓜在1℃下4d就发生冷害，而桃则2周后才发生；广东的椪柑4~6℃下存放2个月，冷害严重，而蕉柑在此温度存放3个月，冷害很轻。原产地及生长期温度高的产品，对冷害更敏感，原产于温带的一些产品最适合的温度一般在0~4℃，亚热带生长的番茄、茄子等一般高于7~10℃，产于热带的香蕉、芒果、柠檬等在10~13℃。同一产区的同种产品，夏季生长的更敏感，如：7月采收的茄子比10月的易受冷害。此外，成熟度越低，对冷害越敏感。

2. 贮藏的环境因素

产品冷害的发生首先与贮藏温度和时间密切相关。开始发生冷害的最高温度或不发生冷害的最低温度称为临界温度。一般来说，在临界温度以下，贮藏温度越低，冷害发生越快；温度越高，耐受低温而不发生冷害的时间越长。在某些情况下，0℃附近或稍低于临界温度时，冷

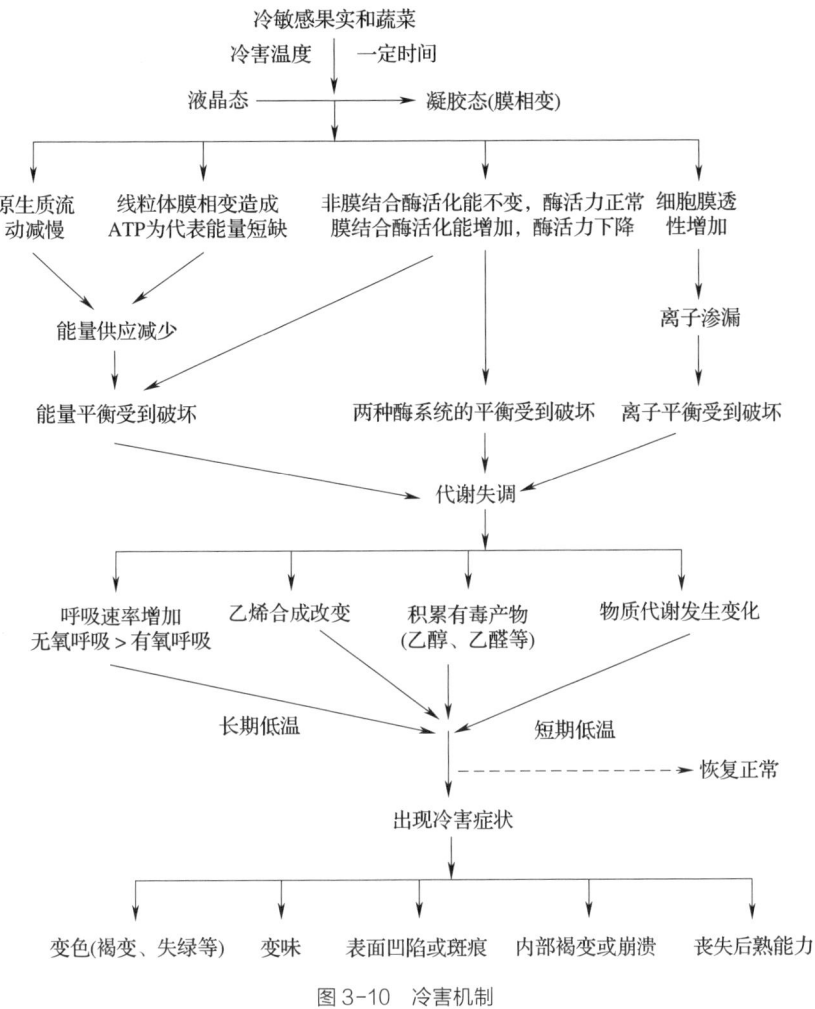

图 3-10 冷害机制

害要比中间温度下发生得晚。如广东甜橙 1~3℃ 和 10~12℃ 贮藏 5 个月后,冷害造成的褐斑很少,而 4~6℃ 和 7~9℃ 下的果实发病率高。可以认为冷害产生包括两个过程:一是诱导伤害,二是症状表现。近 0℃ 的低温虽然很快诱导了生理上的伤害,但其代谢失调在低温下缓慢,使造成的症状表现被推迟;中间温度下,冷害诱导虽然慢一些,但由于温度较高,代谢失调的变化加速,所以,症状的表现反而早。

贮于高湿环境中,特别是 RH 接近 100% 时,会显著抑制果实冷害时表皮和皮下细胞崩溃,使冷害症状减轻,而低湿加速症状的出现。对大多数产品来说,适当提高 CO_2 和降低 O_2 含量可在某种程度上抑制冷害;但也有些产品,如番木瓜对气体无反应;甚至在黄瓜、甜椒中还发现低 O_2 和高 CO_2 加重冷害的现象。

(五)冷害(chilling injury)的控制

1. 温度调节

温度调节有利于减轻或避免冷害,包括:

(1) **低温预贮调节** 采后在稍高于临界温度的条件下放置几天,增加抗寒性,可缓解冷害。

（2）逐渐降温法　低温贮藏前逐渐降低产品的温度，使其适应低温，有时比单用低温更好。这种方法只对呼吸高峰型果实有效，对非呼吸高峰型果实（如柠檬、葡萄柚）则无效。

（3）间歇升温　低温贮藏期间，在产品还未发生不可逆伤害之前，将产品升温到冷害临界温度以上，使其代谢恢复正常，从而避免出现冷害症状，但也要注意升温太频繁会加速代谢，反而不利于延长贮藏期。

（4）热处理　贮藏前在高温（一般在30℃左右或以上）下处理几小时至几天，有助于抑制冷害。

几种减轻冷害的温度调节措施见表3-7。

表3-7　几种减轻冷害的温度调节措施

处理方式	产品	处理的具体条件和贮藏温度
低温预贮调节	桃	24℃，处理2~5d，减轻0℃贮藏期果肉粉质化
	西葫芦	10或15℃，处理2d，减轻在2.5℃或5℃贮藏期冷害
	番木瓜	12.5℃，处理4d，减轻在2℃下贮藏冷害
	葡萄柚	17℃，处理6d，减轻在0℃下贮藏的冷害
	柠檬	15℃，处理7d，减轻在0℃下贮藏的冷害
逐渐降温	鳄梨	从10~14℃，每周降1℃到7~8℃，每3d降1℃到0℃贮藏
	番茄	12℃4d，8℃4d，降到5℃贮藏
	香蕉	每12h降低3℃，从21℃到5℃，5℃贮藏
	鸭梨	在30~40d内逐渐降温到0℃贮藏
间歇升温	桃	每2周从1℃取出，20℃升温1~2d，10d 25~28℃24h
	黄瓜	每3d从2.5℃取出，升温到12.5℃18h
	柿子椒	每3d从1℃取出，升温到20℃24h
温热处理	绿熟番茄	36~40℃处理3d，2℃贮藏时的冷害
	芒果	38℃处理24h和36h，减轻5℃贮藏期的冷害
	甜薯	29℃处理4~7d，减轻5℃贮藏期的冷害

2. 湿度调节

接近100%的RH可以减轻冷害症状，RH过低则会加重冷害的症状。例如，试验发现黄瓜、甜椒在0℃及RH为88%~90%的环境中贮藏12d，凹陷斑达到67%；而在同样的温度和时间下，RH为96%~98%的环境贮藏，凹陷斑为33%。又如，香蕉在10℃下短时间内就会发生冷害，而用塑料袋包装却没有发生冷害。高湿并不能减轻低温对细胞的伤害，只是降低了产品的水分蒸散而减轻了冷害的某些症状。

3. 气体调节

气调能否减轻冷害还没有一致的结论。气体成分对冷害的影响随产品种类和品种而异，葡萄柚、西葫芦、油梨、日本杏、桃、菠萝等在气调中冷害症状都得以减轻，但黄瓜、石刁柏和柿子椒则反而加重。

4. 化学物质处理

氯化钙处理可减轻苹果、梨、鳄梨、番茄、秋葵的冷害，不影响成熟。乙氧基喹和苯甲酸能减轻黄瓜、甜椒的冷害。一些杀菌剂如噻苯唑、苯诺明、抑迈唑可减轻柑橘腐烂及对冷害的敏感性。此外，ABA、乙烯和外源多胺处理也都能减轻冷害症状。

二、冻害（freezing injury）的预防

1. 冻害及其症状

冻害是园艺产品贮藏温度低于其冰点时，由于结冰而产生的伤害。受冻害后组织最初出现水渍状，然后变为透明或半透明水煮状，并由于代谢失调而有异味，有些蔬菜发生色素降解，呈灰白色或产生褐变。遭受冻害的程度与受冻温度、时间和产品自身对冻害的敏感性有关，如桃、香蕉、番茄、黄瓜等受冻后组织完全遭到破坏，菠菜、芹菜、大白菜等缓慢解冻后基本能恢复正常生理活动。

2. 冻害的产生

园艺产品的含水量很高，细胞的冰点稍低于0℃，一般在-1.5~-0.7℃，冰点的高低与产品种类、细胞内可溶性固形物含量有关。园艺产品在低于其冰点的环境中，组织温度直线下降，达到一个最低点（图3-11），此时温度虽在冰点以下，组织内并未结冰。物理学上称为"过度冷却"现象，$-\theta_1$为"过冷点"。然后，组织温度骤然回升，达到$-\theta_2$（冰点），组织开始结冰。组织的过冷程度与环境温度有关，环境温度越低，过冷点也越低。过冷产品保持平静，可在一段时间内不结冰，产品不致受害；如果时间延长或环境温度降低，特别是受到震动，就会形成冰核，产品很快结冰。

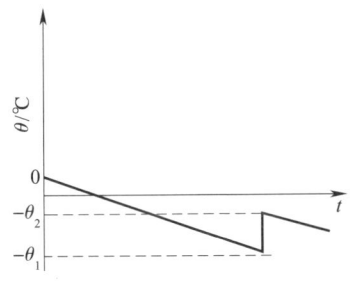

图3-11 组织冻结时温度随时间的变化

冻结时首先是组织细胞间隙中的水蒸气和浸润胞壁的水在细胞间隙形成冰晶，称为胞间冻结。在缓慢冻结的情况下，冰晶不断长大，水分不断从原生质和细胞液中脱出，使原生质脱水而代谢失调，同时冰晶的长大会对细胞产生一定压力，使细胞壁和细胞膜受到机械伤害。如果受冻的时间很短，细胞膜未受到损伤，缓慢升温后可以恢复正常；若细胞间的结冰造成的细胞脱水已使细胞膜受到损伤或导致原生质不可逆变性，则产品会很快变坏。进一步的冻结称胞内冻结，冰的生成进入细胞质和液泡，破坏细胞质和细胞器，造成细胞死亡。

3. 冻害的预防

贮藏中首先要掌握产品最适合的贮藏温度，严格控制环境温度，避免产品较长时间处于冰点温度以下。一旦受冻，产品容易遭受机械伤，解冻之前不可任意搬动和翻动，以防冰晶刺破细胞；同时要在适宜的温度下缓慢解冻，使细胞间隙的冰晶融化的水分能被细胞重新吸收，使原生质恢复正常。解冻过快，融化的水来不及为细胞再吸收而流失，则造成永

久伤害。一般认为在 4.5~5℃ 下解冻较为适宜，温度过低解冻过缓，相当于受冻时间延长，也不合适。

三、气体伤害

气体伤害类型较多，生产实践中，主要有高 CO_2 伤害、低 O_2 伤害、乙烯伤害以及二氧化硫、氨气造成的伤害等。

1. 气体伤害的类型和症状

为了抑制产品的新陈代谢，延缓衰老，贮藏中经常适当降低 O_2 和升高 CO_2 的含量，但由于产品在不断进行呼吸而吸入 O_2 和释放 CO_2，这两种气体是在不断变化的，如果控制不好，就会使 O_2 过高或 CO_2 过低，形成逆境气体条件，导致产品代谢异常，出现伤害。

贮藏环境 O_2 含量低于 1% 时，许多产品产生了无氧呼吸，造成代谢失调，发生低氧伤害，低氧伤害的症状主要表现为表皮局部组织下陷和产生褐色斑点，有的果实不能正常成熟，并有酒味或异味。如低氧条件下马铃薯的"黑心病"；苹果"乙醇积累中毒症"；番茄表皮凹陷、褐变；蒜苗褪色转黄或呈灰白色，薹梗由绿变暗发软；柑橘果实的苦味、浮肿、橙色变黄、出现水渍状等，都是典型的低氧伤害。O_2 的临界含量随产品而有所差异，例如，菠菜为 1%、石刁柏为 2.5%、豌豆和胡萝卜则为 4%，若贮藏温度高时，发生伤害的 O_2 的临界值也高。低氧伤害往往与高二氧化碳伤害相伴而生，二者症状不易区分。

高浓度的 CO_2 抑制线粒体活性和琥珀酸脱氢酶的活力，引起琥珀酸积累，到一定程度则导致组织伤害；琥珀酸积累同时也抑制了三羧酸循环的正常进行，使环境中的 O_2 不能被利用而造成无氧呼吸，发生生理障碍。其症状与低氧伤害相似，主要是表皮或内部组织或两者都发生褐变，出现褐斑、凹斑或组织脱水萎软甚至出现空腔。产品对高浓度 CO_2 的忍耐力随种类、品种和成熟度而不同。各种产品对 CO_2 敏感性差异很大，如鸭梨特别敏感，$CO_2>1\%$ 就增加黑心病的发病率；结球莴苣在 1%~2% 的 CO_2 中就受到伤害；柑橘类果实也较为敏感，通风换气不良容易产生伤害，出现水肿；而绿菜花、洋葱、蒜薹能耐受 10% 的 CO_2。产品成熟度低、贮藏温度高或处在衰老阶段、贮藏时间较长、环境中低氧时更容易发生伤害。

果蔬自身在成熟过程中会产生乙烯，即内部乙烯。但乙烯又是常用的水果催熟剂，为外源乙烯。乙烯主要是促进果实呼吸，加速果实衰老。乙烯作为果实催熟剂，若使用不当会使产品过早衰变，会造成果皮变暗变褐，失去光泽，出现斑块、软化腐烂等病状，如香蕉等。

二氧化硫常用于库房消毒以及葡萄等水果的防腐保鲜。若使用剂量过大，会使果实漂白变色进而褐变，产生异味（硫味）。环境干燥时 SO_2 可通过产品的气孔进入细胞，干扰细胞质与叶绿素的生理作用。如环境潮湿，则形成亚硫酸，进一步氧化为硫酸，使果实灼伤，产生褐斑。葡萄果实伤口和果蒂部位首先表现出该症状，然后扩大到整个果粒，严重时整个果穗，包括穗梗和果柄均被漂白。其他水果是通过皮孔侵入，皮孔周围果皮及果肉漂白、坏死、失水干缩。二氧化硫一般只用于葡萄等的防腐保鲜和荔枝、龙眼等果皮护色处理。多数水果对其极为敏感，应谨慎使用。

在使用氨制冷系统的库房内若氨液发生泄漏，则会产生伤害。其症状主要为果皮变色和产生坏死斑。如葡萄发生氨害后，果皮变成蓝色或浅蓝色，之后果皮、梗柄褐变。

2. 气体伤害的预防

园艺产品在贮藏中一旦受到低 O_2、高 CO_2、乙烯、NH_3 或 SO_2 等气体伤害，就无法再恢复。因此，在大规模气调贮藏以前，一定要对不同种类、品种和不同收获季节、不同生产地的贮藏产品进行研究，弄清其适宜的贮藏气体条件（即 O_2 和 CO_2 的最佳比例），在贮藏期间一定要随时检测环境中气体成分及含量，及时给予调节。定期检测制冷系统的气密性将有助于防止以 NH_3 为制冷剂的贮藏库中产品受到 NH_3 的伤害。产品贮藏前，用硫磺熏蒸进行库体消毒后，要通风排除气体，可预防产品的 SO_2 伤害。

思考题

1. 呼吸强度和呼吸商在贮藏实践中能反应什么问题？
2. 如何理解呼吸代谢与园艺产品采后贮藏的关系？
3. 园艺产品保鲜贮藏的过程中控制呼吸代谢的原则是什么？如何实现？
4. 影响呼吸速率首要的环境因子是什么？贮藏过程中调节该环境因子时应注意什么问题？
5. 如何解释某些果蔬失水后腐烂加剧这一现象？
6. 调节呼吸跃变型果实的成熟进程应该从果实发育的哪个时期入手？应该调控的关键物质是什么？可以采取哪些方式？
7. 采后的逆境伤害是否会引发呼吸失调？如何避免或减轻这些逆境伤害？

第四章

商品化处理和运输

本章目标与重点

学习目标：
1. 了解采后商品化处理的主要措施和基本流程，能够针对产品确定采后商品化处理措施；
2. 理解采后商品化处理各环节的主要目的和作用，能够针对产品判别采后商品化处理关键环节；
3. 掌握采收、包装、预冷、打蜡等采后商品化处理各关键环节的主要技术手段和适用范围，能够针对产品提出恰当的商品化处理策略。

学习重点：
1. 采收成熟度的判定和采收的注意事项；
2. 园艺产品采后贮藏保鲜的包装类型和包装方式；
3. 预冷的重要作用及主要的预冷方法；
4. 打蜡、脱涩、催熟的主要手段；
5. 常用的原因产品感官评定、理化检验和无损检测方法。

第一节 采收

采收是果蔬生产中的最后一个环节，也是商品化处理和贮藏加工的最初一环。采收成熟度和采收方法，在很大程度上影响果蔬的产量、品质及其耐贮运性能。

果蔬采收的原则是"及时、无损、保质、保量、减少损耗"。采收过早，不仅果蔬的大小和重量达不到标准而影响产量，而且色、香、味欠佳，品质也不好，在贮藏中易失水皱缩，增加某些生理病害的发病率；采收过晚，果蔬已经成熟衰老，不耐贮藏和运输。在确定果蔬的采收成熟度、采收时间和方法时，应该考虑果蔬的采后用途、贮藏时间的长短、贮藏方法、运输距离的远近、销售期长短和产品的类型等。一般就地销售的产品，可以适当晚采收，而作为长期贮藏和远距离运输的产品，应该适当早采，一些有呼吸高峰的果实应该在生理成熟阶段而且在呼吸跃变到来之前采收。采收工作有很强的时间性和技术性，最好由经过培训的工人采收，尽量减少损失。采收以前，必须作好人力和物力上的安排和组织工作，选择恰当的采收期和采收方法。

一、采收成熟度（harvest maturity）

判断果蔬成熟度的方法主要有下列几种：

1. 表面色泽的显现和变化

许多果实在成熟时都显示出它们特有的果皮颜色，因此，果皮的颜色可作为判断果实成熟度的重要标志之一。未成熟果实的果皮中有大量的叶绿素，随着果实成熟度的提高，叶绿素逐渐分解，底色（如类胡萝卜素、花青素等）便呈现出来。例如，甜橙果实在成熟时呈现出类胡萝卜素，血橙呈现出花青素；苹果、桃等的红色为花青素；柿子为橙黄色素和番茄红素（lycopene），呈血红色。葡萄的果皮中因含有的单宁、戊酸酐、单儿茶酸及某些花青素等而呈现红色。

一些果菜类也常用色泽变化来判断成熟度。如作远途运输或贮藏的番茄，应该在绿熟阶段（此时果顶呈现奶油色）采收；而就地销售的番茄可在着色期（此时果顶呈现粉红色或红色）采收。红色的番茄可作为加工原料或就近鲜销。甜椒一般在绿熟时采收；茄子应该在表皮明亮而有光泽时采收；黄瓜应在瓜皮深绿色时采收；当西瓜接近地面的部分颜色由绿色变为酪黄，甜瓜的色泽从深绿变为斑绿和稍黄时表示瓜已成熟。豌豆从暗绿色变为亮绿色，菜豆由绿色转为发白表示成熟。甘蓝叶球的颜色变为淡绿色时成熟，花椰菜的花球洁白而不发黄为适当采收期。

2. 果梗脱离的难易度

有些种类的果实（如苹果和梨），在成熟时果柄与果枝间常产生离层，稍一振动就可脱落，此类果实离层也是成熟的标志之一。

3. 硬度和质地

果实的硬度（hardness）是指果肉抗压力的强弱，抗压力越强，果实的硬度就越大。一般未成熟的果实硬度较大，达到一定成熟度后果肉变软，硬度也随之下降。因此，根据果实的硬度，可以判断果实的成熟度。

辽宁的国光苹果采收时，一般硬度为 $84.52N/cm^2$；烟台的青香蕉苹果采收时，一般为 $169.03N/cm^2$ 左右；四川的金冠苹果采收时，一般为 $66.72N/cm^2$ 左右。此外，桃、李、杏的成熟度与硬度的关系也十分密切。

一般情况下，蔬菜不测其硬度，而是用坚实度来表示其发育状况。有一些蔬菜的坚实度大，表示发育良好、充分成熟和达到采收的质量标准，如甘蓝的叶球和花椰菜的花球都应该在充实坚硬、致密紧实时采收，品质好，耐贮性强。但是也有一些蔬菜坚实度高表示品质下降，如莴笋、芥菜应该在叶变得坚硬以前采收；黄瓜、茄子、凉薯、豌豆、菜豆、甜玉米等都应该在幼嫩时采收。

4. 主要化学物质含量

果蔬的主要化学物质有淀粉、糖、有机酸、总可溶性固形物含量等，它们含量的多少也可以作为衡量品质和成熟度的标志。可溶性固形物中主要是糖分，其含量高标志着含糖量高、成熟度高。最简单的粗略测定含糖量的方法，是用折光仪测定产品的可溶性固形物，当然这种方法不很准确，因为其他的可溶性物质如酸等会影响可溶性固形物的百分率。总含糖量与总酸含量的比值称"糖酸比"，可溶性固形物与总酸的比值称为"固酸比"，它们不仅可以衡量果实的风味，也可以用来判断成熟度。例如，四川甜橙采收时以固酸比为 10∶1，糖酸比为 8∶1 作为最低采收成熟度的标准；苹果和梨糖酸比为30：1采收，风味品质好；枣在糖分积累最高时采收为宜，而柠檬则需在含酸量最高时采收。

果实的总酸一般用滴定法测定。大多数的果蔬在成熟和完熟过程中总酸含量是下降的，用糖酸比或固酸比表示果蔬的品质和成熟度比用单一的糖或酸的含量来表示更为科学。

有的果实也可以用淀粉含量的变化来判断成熟度。如苹果在成熟前，淀粉的含量随果实的增大逐渐增加，在成熟过程中淀粉逐渐转化为糖，含量逐步下降，果实变得甜而可口。由于淀粉遇到碘溶液时会呈现蓝色，蓝色越深，表示淀粉含量越高，所以可以把苹果切开，将其横断面浸入配制好的碘溶液中，观察果肉变蓝的面积及程度。苹果成熟度越高，淀粉含量越少，果肉变蓝的面积也越小，颜色也越浅。不同品种的苹果成熟过程中淀粉含量的变化不同，可以制作不同品种苹果成熟过程中淀粉变蓝的图谱，作为判断成熟度的标准。

糖和淀粉含量也常常作为判断蔬菜成熟度的指标，如青豌豆、甜玉米、菜豆都是以食用其幼嫩组织为主的蔬菜，糖含量多，淀粉含量少时采收，风味品质好，糖转变为淀粉则组织老化，品质变劣。然而马铃薯、芋头的淀粉含量高时采收品质好、耐贮藏。

此外，跃变型果实在开始成熟时乙烯含量急剧上升，根据这个原理，也可通过测定果实中乙烯的含量来确定采收期。目前，已研究出了便携式的乙烯测定仪，使果实成熟度的确定更加科学可靠。

5. 果实形态

果实的形态也可作为判断成熟度的指标，因为不同种类、品种的果蔬都具有其固定的形状及大小。例如，香蕉未成熟时，果实的横切面呈多角形；充分成熟时，果实饱满，横切面为圆形。

6. 生长期和成熟特征

不同品种的果蔬由开花到成熟有一定的生长期和成熟特征，如山东元帅系列的苹果的生长期为145d左右，红星苹果为147d左右，青香蕉苹果为156d左右，国光苹果的生长期为160d左右。各地可以根据多年的经验得出适合当地采收的平均生长期。

此外，不同的果蔬在成熟过程中会表现出许多不同的特征，一些果实可以根据其种子的变色程度来判别成熟度。苹果、梨、葡萄等果实的种子从尖端开始由白色逐渐变褐表示果实已经成熟。豆类蔬菜在种子膨大硬化以前采收，具有良好的食用品质，但作为种用的豆类蔬菜则应在种子充分成熟时采收为宜。南瓜表皮出现白粉蜡质，表皮组织硬化时达到成熟。冬瓜表皮上茸毛消失，出现蜡质白粉时采收。还有一些产品生长在地下，可以从地上部分植株的生长情况判断其成熟度，鳞茎、块茎类蔬菜如洋葱、大蒜、马铃薯、芋头、姜的地上部分变黄、枯萎和倒伏时采收，最耐贮藏。

总之，蔬菜与水果不同，其食用部分是植物的不同器官，而且有些蔬菜的食用部分是幼嫩的叶片或叶柄，采收成熟度要求很难一致，应根据采后用途具体操作，不便作出统一的标准。

果蔬的种类、品种繁多，成熟特性各异，在判断成熟度时，应根据果蔬的特性，综合考虑各种因素，并抓住其主要方面，判断其最适采收期，从而达到长期贮运、保鲜的目的。

二、采收方法

果蔬的采收方法可分为人工采收和机械采收两大类。

1. 人工采收

作为鲜销和长期贮藏的果蔬，最好人工采收。人工采收可以做到轻拿轻放，减少机械损伤。另外，果蔬生长情况复杂，成熟度很难均匀一致，人工采收可以任意挑选，准确地掌握成熟度进行分次采收。这样既不影响果蔬产量，又保证了采收质量。目前世界上很多国家和地区仍然采用人工采收，即使使用机械，同样要有手工操作相配合。

具体的采收方法应根据果蔬的种类而定。例如，柑橘果实的果柄与枝条不易脱离，通常采用复剪法：第一剪距果蒂1cm处剪下，第二剪齐萼剪平；而在美国和日本，柑橘类果实都要求带有果柄，通常用圆头剪在萼片处剪断果梗。采收香蕉时，先用刀切断假茎，紧扶母株让其轻轻倒下，再按住蕉穗切断果轴，注意应避免机械伤害。葡萄、枇杷等成穗的果实，可用果剪齐穗剪下。苹果和梨成熟时，其果梗和短果枝间产生离层，采收时以手掌将果实向上一托，果实即可自然脱落。果实采后装入随身携带的特制帆布袋中，装满后打开袋子的底扣，将果实漏入大木箱内。桃、杏等果实成熟后，果肉特别柔软娇嫩，容易造成指痕，人工采收时，应先剪齐指甲，或戴上手套，并小心用手掌托住果实，左右摇动使其脱落。柿子的采收要保留果柄和萼片，但果柄要短，以免刺伤其他果实。

蔬菜由于种类的多样性，采收方法视具体情况而定。

2. 机械采收

机械采收目前分为批量采收和选择性采收2种。

（1）批量采收　批量采收的效率高，可以节省很多劳动力，适用于那些在成熟时果梗与果枝间形成离层的果实。一般使用强风压或强力振动机械，迫使果实由离层脱落，但必须在树下布满柔软的帆布篷和传送带，以承接果实，并自动将果实送到分级包装机内。美国使用机械采收樱桃、葡萄和苹果，与人工采收相比，采收的成本分别降低了66%、51%和43%。1970年美国用有80个钻头的气流吸果机，每株树吸果7~13min，可采收60%~85%的果实，但是果实经过14d贮藏后，腐烂率比人工采收的要高。根茎类的蔬菜如马铃薯、洋葱、胡萝卜等国外已开始用机械采收。为了提高采收效率，催熟剂、脱落剂的研究与应用得到了很大的发展。经过大量研究，柑橘果实的脱落剂已逐渐完善，如放线菌酮（cycloheximide）、抗坏血酸、萘乙酸等药剂，在机械采收前使用效果较好。

（2）选择性采收　选择性机械采收目前主要针对那些成熟期不一致、硬度较小的果蔬，通过采收机器人来实现。

采收机器人是基于智能制造发展起来的新型农业生产机械，典型的机器人系统至少包括三个部分。

①目标识别系统：由智能化视觉识别系统构成，用于对象扫描、目标识别、检测和定位，随着三维信息识别技术的进步和人工智能的发展，采收机器人的准确度已经能够满足采收要求。例如，茶叶采收机器人通过对茶树叶芽图像的学习，识别准确度已达到85%，番茄采收机器人除了能够判别番茄的成熟度，还能识别病果和畸形果。

②目标抓取系统：由一个带有抓取装置的运动手臂构成，根据目标的生长位置计算出机械手臂的运动轨迹靠近目标，抓取装置依据目标的形状、大小、表面特性等信息依据不同的原理使目标和植株分离，如切割式、夹持（取）式、真空吸持（取）式等。

③移动和目标收集系统：通常为一个搭载机器人机械手和收集装置的移动平台，负责接近目标果蔬，并在完成抓取后将目标收集在板条箱上。

随着智能制造业的发展，采收机器人的性能，如准确度、采收成功率和采收效率正在日益提高，苹果采收机器人系统已达到 6~15s/果，成功率大于 80%，草莓采收机器人为 6~10s/果，成功率大于 75%，黄瓜采收机器人为 45s/果，成功率为 80%，茄子采收机器人平均采收时间为 64.1s/果，采收成功率 62.5%，辣椒机器人的平均采收时间为 24s/果。多臂同时采收可加快采收机器人的速度。

与传统的机械采收相比，采收机器人的主要优点是提高了的精准度，减少了人工成本和劳动强度。此外，采收机器人还可以在恶劣的环境条件下工作，比如在高温或恶劣的天气条件下也能持续作业，有利于对劳动者的保护。在人工智能和农业自动化技术不断发展的未来，采收机器人还可以通过深度学习为生产者提供更高效、更可靠的采收解决方案。

第二节　分级与包装

一、分级

（一）分级的目的和意义

果蔬分级的主要目的是使之达到商品化。由于果蔬在生长发育过程中受到外界多种因素的影响，使得同一株树上的果实或同一块地里的蔬菜在外观、风味等品质方面的表现也不一样，从若干果园、菜园中收购上来的果蔬更是大小混杂，良莠不齐。只有通过分级才能按级定价，也便于贮藏、销售和包装。分级不仅可以使产品标准化，还能推动果树和蔬菜栽培管理技术的发展和提高产品的质量。通过挑选分级，剔出有病虫害和机械伤的产品，可以减少贮藏中的损失，减轻病虫害的传播，并可将剔出的残次品及时加工处理，以降低成本和减少浪费。

（二）分级标准

我国把果蔬标准分为五类：国家标准、行业标准、地方标准和团体标准、企业标准。国家标准是由国家标准化主管机构批准发布，在全国范围内统一使用的标准。行业标准即专业标准、部标准，是在没有国家标准的情况下由主管机构或专业标准化组织批准发布，并在某个行业范围内统一使用的标准。地方标准是在没有国家标准和行业标准的情况下，由地方制定、批准发布，并在本行政区域范围内统一使用的标准。团体标准是由学会等社会团体按照团体确立的标准制定程序自主制定发布，由本团体成员约定使用或按本团体的规定供社会自愿使用的标准。企业标准是由企业制定发布，并在本企业内统一使用的标准。

我国果蔬采后的产地和运销过程中的商品化处理与果蔬产业发达国家依然存在差距，选果机在生产自动化程度较高的大型企业中已经普遍使用，大大提高了工作效率，然而中小型果园依然以人工分拣为主，逐个挑选、包装、装箱，工作效率低，在林果经济不占主导地位的乡村，果农依然缺乏产品分级意识。

水果分级标准因类型品种而异。我国的分级方法一般是在果形、新鲜度、颜色、品质、病虫害和机械伤等方面已符合要求的基础上再按照大小进行分级，分级的依据主要是果实横径最孔。GB/T 10651—2008《鲜苹果》规定了鲜苹果的分级标准，适用于富士系、元帅系、金冠系、嘎啦系、藤牧1号、华夏、粉红女士、澳洲青苹、乔纳金、秦冠、国光、华冠、红将军、珊夏、王林等以鲜果供给消费者的苹果，用于加工的苹果除外，其他未列入的品种也可参照使用。此外，企业也会根据销售需求针对部分产品单独制定标准，如出口水果。

我国出口的红星苹果，直径在 65~90mm，每相差 5mm 为一个等级，共分为 5 等。河南省的分级标准为直径在 60~85mm 的苹果，每相差 5mm 为一个等级，共分 5 等。四川省对出口西方一些国家的柑橘分为大、中、小 3 个等级。广东省惠阳地区对出口香港、澳门的柑橘中，直径 51~85mm 的蕉柑，每差 5mm 为一个等级；直径为 61~95mm 的椪柑，每差 5mm 为一个等级，共分 7 等。直径为 51~75mm 的甜橙，每相差 5mm 为一个等级，共分为 5 等。葡萄分级主要以果穗为单位，同时也考虑果粒的大小，根据果穗紧实度、成熟度、有无病虫害和机械伤、能否表现出本品种固有颜色和风味等进行分级。一般可分为三级，一级果穗较典型，大小适中，穗形美观完整，果粒大小均匀，充分成熟，能呈现出该品种的固有色泽，全穗没有破损粒和小青粒，无病虫害；二级果穗大小形状要求不严格，但要充分成熟，无破损伤粒和病虫害；三级果穗即为一、二级淘汰下来的，一般用作加工或就地销售，不宜贮藏。如玫瑰香、龙眼葡萄的外销标准，果穗要求充分成熟，穗形完整，穗重 0.4~0.5kg，果粒大小均匀，没有病虫害和机械伤，没有小青粒。

蔬菜由于食用部分不同，成熟标准不一致，所以很难有一个固定统一的分级标准，只能按照对各种蔬菜品质的要求制定个别的标准。蔬菜分级通常根据坚实度、清洁度、大小、重量、颜色、形状、鲜嫩度以及病虫感染和机械伤等分级，一般分为三个等级，即特级、一级和二级。特级品质最好，具有本品种的典型形状和色泽，不存在影响组织和风味的内部缺点，大小一致，产品在包装内排列整齐，在数量或重量上允许有 5% 的误差。一级产品与特级产品有同样的品质，允许在色泽、形状上稍有缺点，外表稍有斑点，但不影响外观和品质，产品不需要整齐地排列在包装箱内，可允许 10% 的误差。二级产品可以呈现某些内部和外部缺点，价格低廉，采后适合于就地销售或短距离运输。

（三）分级方法

1. 人工分级

目前，人工分级还不能被完全取代。这种分级方法有两种，一是单凭人的视觉判断，按果蔬的颜色、大小将产品分为若干级。用这种方法分级的产品，级别标准容易受人心理因素的影响，往往偏差较大。二是用选果板分级，选果板上有一系列直径大小不同的孔，根据果实横径和着色面积的不同进行分级。用这种方法分级的产品，同一级别果实的大小基本一致，偏差较小。

人工分级能最大限度地减轻果蔬的机械伤害，适用于各种果蔬，但工作效率低，级别标准有时不严格。

2. 机械分级

机械分级的最大优点是工作效率高，适用于那些不易受伤的果蔬产品。有时为了使分级标准更加一致，机械分级常常与人工分级结合进行。目前我国已研制出了水果分级机，大大提高了分级效率。美国的机械分级起步较早，大多数采用电脑控制。

果蔬的机械分级设备有以下两种：

（1）果径大小分级机　是根据果实横径的大小进行分级的，有滚筒式、传动带式和链条传送带式三种。这种分级机的优点是结构简单、故障少、工作效率高。缺点是分级精度不够高。由于果实的横径和纵径大小不同，在运动过程中容易滚动，机械有时不是按横径而是按纵径进行分级，特别是果形不整齐时，更容易发生偏差。由于果实在分级机上受摩擦的时间较长，所以对容易受伤的果实不宜使用。

（2）果实重量分级机　是根据果实重量进行分级的，有摆杆秤式和弹簧秤式两种。这种分级机结构复杂、价格高，分级速度较慢。苹果、梨、番茄、萝卜等果蔬常使用这种机械分级。

图像识别技术的长足进步，使果蔬分级向着智能化的方向发展。中国农业大学研发出了果蔬自动化分级系统，属于农产品质量检测技术领域中的开发技术。该设备适用于球形、准球形果蔬在线快速检测分级。智能型果蔬分级机以先进的机器视觉技术为基础，融合了计算机图像处理、信号处理、自动控制等多学科知识。该设备采用高分辨率感光耦合组件（CCD）彩色摄像机对每个水果采集多幅图像，综合果蔬的大小、颜色和形状等特征参数进行检测，并实现自动分级。有效减轻工人劳动强度，提高生产率。分级参数齐全，精度高，提高农产品的产品质量及附加值，提高市场竞争力。目前可以对柑橘、苹果、土豆、青椒进行在线分级。

二、包装

1. 包装的作用

合理的包装是使果蔬产品标准化、商品化，保证安全运输和贮藏的重要措施。良好的包装可以减少产品间的摩擦、碰撞和挤压造成的机械伤，防止产品受到尘土和微生物等不利因素的污染，减少病虫害的蔓延和水分蒸发，缓冲外界温度剧烈变化引起的产品损失；包装可以使果蔬在流通中保持良好的稳定性，美化商品，提高商品率和商品价格及卫生质量，改变以前的"一等原料，二等包装，三等商品，四等价格"的不合理状况。

2. 包装容器的要求

包装容器应该美观、清洁、无异味、无有害化学物质，内壁光滑、卫生，重量轻、成本低、便于取材、易于回收及处理，并在包装外面注明商标、品名、等级、重量、产地、特定标志及包装日期等。果蔬包装除了应具备上述特点外，根据其本身的特性，还应具备以下特点：

①具有足够的机械强度以保护产品，避免在运输、装卸和堆码过程中造成机械伤。

②具有一定的通透性，以利于产品在贮运过程中散热和气体交换。

③具有一定的防潮性，以防止包装容器吸水变形而造成机械强度降低，导致产品受伤而腐烂。

3. 包装的种类及特点

果蔬的包装种类很多，主要有以下几种：

（1）纸箱　这是当前世界范围内果蔬贮藏和销售的主要包装容器。特别是瓦楞纸箱近年来发展较快，在果蔬贮藏、内销和外贸上广泛使用，具有质轻、牢固、美观、经济、实用、易于回收等特点。由于纸箱规格大小一致，包装果蔬后便于堆码，在装卸过程中便于机械化作业。

（2）塑料箱和钙塑箱　是果蔬贮运和周转使用的包装容器。塑料箱的主要材料是高密度聚乙烯或聚苯乙烯；钙塑箱的主要材料是聚乙烯和碳酸钙。这类包装的特点是，箱体规格标准、结实牢固、重量轻、抗挤压、碰撞能力强、防水、不易变形，便于果蔬包装后高度堆码，有效利用贮运空间，在装卸过程中便于机械化作业，外表光滑，易于清洗，可重复使用，是较理想的果蔬传统贮运包装的替代品之一。

目前北京、南京和上海生产的插叠式塑料周转箱，容积较大，重量轻，搬运装卸灵活方便；空箱可以套叠，占空间小，利于空箱的周转；箱口有插槽，运输和堆码时安全。

（3）木箱　是国外常用的果蔬贮藏包装容器，国内很少使用。其优点是规格统一，容量大，抗挤压能力强，便于堆码和机械化作业，可重复利用。缺点是重量大，价格高，不便人工搬运，贮藏过程中易吸水和发霉，国内生产上使用受到限制。

（4）筐类　这是我国目前内销果蔬使用的主要包装容器，包括荆条筐、竹筐等。这类包装可就地取材，价格低廉，但规格不一，表面粗糙，牢固性差，极易使果蔬在贮运中受到伤害，不宜长期使用。

（5）麻袋和网袋　多用于核桃、板栗、马铃薯、甘薯、胡萝卜、洋葱、大蒜等果蔬的包装。其特点是重量轻，价格低，可重复使用。但不适于作娇嫩果蔬的包装。

4. 包装容器的规格标准

随着商品经济的发展，包装标准化作为果蔬商品的重要内容之一，越来越受到人们的重视。国外在此方面发展较早，世界各国都有本国相应果蔬包装容器的标准。东欧国家采用的包装箱标准一般是 600mm×400mm 和 500mm×300mm，包装箱的高度根据给定的容量标准来确定。易伤果蔬每箱不超过14kg，仁果类不超过20kg。美国红星苹果的纸箱规格为 500mm×302mm×322mm。日本福岛装桃纸箱，装 10kg 的规格为 460mm×310mm×180mm，装 5kg 的规格为 350mm×460mm×95mm。我国出口的鸭梨，每箱净重18kg，纸箱规格有 60、72、80、96、120、140 等；出口的柑橘，每箱净重17kg，纸箱内容积为 470mm×277mm×270mm，按个数分为七级，规格为 60、76、96、124、150、180、192 等。

5. 包装材料

在包装过程中，经常要在果蔬表面包纸或在包装箱内加填一些衬垫物，以增强包装容器的保护功能，减少果蔬在装卸过程中的机械损伤。

（1）包纸　果蔬表面包纸有利于保持其原有质量，提高耐贮性。包纸的主要作用有：抑制果蔬采后失水，减轻失重和萎蔫；阻止果蔬体内外气体交换，抑制采后生理活动；隔离病原菌侵染，减少腐烂；避免果蔬在容器内相互摩擦和碰撞，减少机械伤；具有一定的隔热作用，有利于保持果蔬稳定的温度。

包果纸要求质地光滑柔软、卫生、无异味、有韧性，若在包果纸中加入适当的化学药剂，还有预防某些病害的作用。

值得一提的是，近年来塑料薄膜在果蔬包装上的应用越来越广泛，如柑橘的单果套袋，在采后保鲜和延长货架期方面起到了良好的效果。草莓、樱桃、蘑菇等果蔬分级后先装入小塑料袋或塑料盒中，然后再装入包装箱中进行运输和销售，效果也很好。

（2）衬垫物　使用筐类容器包果蔬时，应在容器内铺设柔软清洁的衬垫物，以防果蔬直接与容器接触造成损伤。另外，衬垫物还有防寒、保湿的作用。常用的衬垫物有蒲包、塑料薄膜、碎纸、牛皮纸、杂草等。

（3）抗压托盘　作为包装材料的一种，国外常用于苹果、梨、桃、芒果、葡萄柚等果实的包装上。抗压托盘上具有一定数量的凹坑，凹坑与凹坑之间有时还有美丽的图案。凹坑的大小和形状以及图案的类型根据包装的具体果实来设计，每个凹坑放置一个果实，果实的层与层之间由抗压托盘隔开，这样可有效地减少果实的损伤，同时也起到了美化商品的作用。

6. 包装方法与要求

果蔬经过挑选分级后，即可进行包装。包装方法可根据果蔬的特点来决定，一般来说，有定位包装、散装和捆扎后包装。果蔬在包装容器内要有一定的排列形式，既可防止它们在容器内滚动和相互碰撞，又能使产品通风换气，并充分利用容器的空间。如苹果、梨用纸箱包装时，果实的排列方式有直线式和对角线式两种；用筐包装时，常采用同心圆式排列；马铃薯、洋葱、大蒜等蔬菜常常采用散装的方式等。

包装应在冷凉的条件下进行，避免风吹、日晒和雨淋。包装时应轻拿轻放，装量要适度，防止过满或过少而造成损伤。不耐压的果蔬包装时，容器内应添加衬垫物，减少产品的摩擦和碰撞。易失水的产品应在包装容器内加衬塑料薄膜等。由于各种果蔬抗机械伤的能力不同，为了避免上面产品将下面的产品压伤，下列果蔬的最大装箱（筐）深度为：苹果 60cm，洋葱 100cm，甘蓝 100cm，梨 60cm，胡萝卜 75cm，马铃薯 100cm，柑橘 35cm，番茄 40cm。

果蔬销售小包装可在批发或零售环节中进行，包装时剔除腐烂及受伤的产品。销售小包装应根据产品特点，选择透明薄膜袋、带孔塑料袋包装，也可放在塑料托盘或泡沫托盘上，再用透明薄膜包裹。销售包装上应标明重量、品名、价格和日期。销售小包装应具有保鲜、美观、便于携带等特点。

第三节 预冷

（一）预冷的作用

预冷（pre-cooling）是将果蔬在运输或贮藏之前进行适当降温处理的一种措施。预冷可除去产品的田间热，迅速降低品温，以抑制果蔬采后的生理生化活动，减少微生物的侵染和营养物质的损失，从而提高贮运保鲜效果。预冷温度因果蔬的种类、品种而异，一般要求达到或者接近贮藏的适温水平。实践证明，预冷是搞好果蔬贮藏保鲜工作的第一步，也是至关重要的一步。预冷不及时或者预冷不彻底，都会增加产品的采后损失。例如，苹果采后晚入库预冷 1d，将会缩短贮藏期 10d。巴梨采后 2d 预冷，可贮藏 120d；采后 4d 预冷，只能贮藏 60d。

为了最大限度地保持果蔬的新鲜品质和延长货架寿命，预冷最好在产地进行，而且越快越好。特别是那些组织娇嫩、营养价值高、采后寿命短以及具有呼吸跃变特性的果蔬，如果不快速预冷，很容易腐烂变质。此外，未经预冷的果蔬直接进入冷库，也会加大制冷机的热负荷量，当果蔬的品温为 20℃时装车或入库，所需排除的热量为 0℃时的 40~50 倍。

（二）预冷的方法

果蔬采后预冷的方法有如下几种。

1. 自然降温冷却

自然降温冷却（natural cooling）是一种最简便易行的预冷方式，它是将采收的果蔬放在阴凉通风的地方，让其自然降温。虽然这种方法冷却的时间较长，难以达到产品所需要的预冷温度，但仍然可以散去部分田间热，有利于提高运输和贮藏的效果。这是自然低温冷却贮藏中经常采用的预冷方法。

2. 水冷却

水冷却（water cooling）是将果蔬浸在冷水中或者用冷水冲淋产品，使其降温的一种冷却方式。冷却水有低温水（一般在 0~3℃）和自来水两种。目前使用的水冷却方式有流水系统和传送带系统。水冷却降温速度快、成本低，但要防止冷却水对果蔬的污染。因为冷却水通常是循环使用的，这样会导致水中腐败微生物的积累，使产品受到污染，因此，生产上应该在冷却水中加入一些防腐药剂，以减少病原微生物的交叉感染。商业上适合于用水冷却的果蔬有胡萝卜、芹菜、柑橘、甜玉米、网纹甜瓜、菜豆、桃等。直径 7.6cm 的桃在 1.6℃ 水中放置 30min，可以将其温度从 32℃ 降到 4℃，直径为 5.1cm 的桃在 15min 内可以冷却到 4℃。

3. 真空冷却

真空冷却（vacuum cooling）是将果蔬放在耐压、气密的容器中，迅速抽出空气和水蒸气，使产品表面的水在真空负压下蒸发而冷却降温。压力减小时，水分的蒸发加快，如当压力减小到 533.29Pa 下，水在 0℃ 就可以沸腾，所以真空冷却速度极快。在真空冷却中，大约温度每降低 5.6℃，失水量为 1%，这样果蔬的失水为 1.5%~5%，由于被冷却产品的各部分是等量失水，所以产品不会出现萎蔫现象。

真空冷却的效果在很大程度上取决于果蔬的表面积与体积之比（表面积/体积）、产品组织失水的难易程度以及真空罐抽真空的速度，因此，不同种类的果蔬真空冷却的效果差异很大。生菜、菠菜、莴苣等叶菜最适合于用真空冷却，纸箱包装的生菜用真空预冷，在 25~30min 内可以从 21℃ 下降到 2℃，包心不紧的生菜只需 15min。还有一些蔬菜如石刁柏、花椰菜、甘蓝、芹菜、葱、蘑菇和甜玉米也可以使用真空冷却，但一些表面积/体积小的产品如水果、根菜类和番茄，最好使用其他的冷却方法。真空冷却对产品的包装有特殊要求，包装容器要求能够通风，便于水蒸气散发出来。

4. 强制冷风冷却

强制冷风冷却（forced wind cooling）是将果蔬放在预冷室内，利用制冷机制造冷气，再通过鼓风机使冷空气在果垛两侧造成空气压差，当压差不同的空气流经果垛时，将产品热量带走，从而达到降温的目的。强制冷风冷却所用的时间比一般冷库预冷要快 4~10 倍，但比水冷却和真空冷却所用的时间要长。大部分果蔬适合用强制冷风冷却，但在预冷期间，要保持预冷室内有较高的相对湿度。

5. 冷库冷却

冷库冷却（refrigeratory cooling）是一种简单的预冷方法，它是将果蔬放在冷库中降温的一种冷却方式，苹果、柑橘、梨和蒜薹等大多数果蔬都可以在短期或长期贮藏的冷库内进行预冷。预冷期间，库内要保证足够的湿度；果垛之间、包装容器之间都应该留有适当的空隙，保证气流通过，否则预冷效果不佳。冷库冷却和水冷却、真空冷却以及强制冷风冷却相比，降温速度较慢，但其操作简单、成本低廉，因此，这种预冷方式目前在我国应用较为广泛。

总之，在选择预冷方法时，必须考虑现有的设备、成本、包装类型、距销售市场的远近以及产品本身的要求。在预冷期间要定期测量产品的温度，以判断冷却的程度，防止温度过低产生冷害或冻害，造成产品在运输、贮藏或销售过程中腐烂损失。

第四节　果蔬的其他采后处理

一、愈伤

果蔬在采收过程中，常常会有一些机械损伤，特别是那些块根、块茎、鳞茎类蔬菜，如萝卜、芋头、山药、马铃薯、洋葱和大蒜等。果蔬即使有微小的伤口也会招致微生物侵入而引起腐烂。为此，须在贮藏之前对果蔬进行愈伤处理，修复伤口，阻止病菌侵染危害。

值得注意的是，并非所有果蔬都能愈伤，果蔬种类不同，其愈伤能力也不同。仁果类、瓜类、块根、块茎及鳞茎类蔬菜一般具有较强的愈伤能力；核果类、柑橘类、果菜类的愈伤能力较差；浆果类、叶菜类受伤后很难形成愈伤组织。此外，果蔬成熟度和愈伤处理时期对愈伤的快慢也有影响，进入完熟和衰老阶段的果蔬一旦受伤，伤口很难修复；果蔬采收后马上进行愈伤处理，愈伤能力则较强。无论果蔬愈伤能力怎样，在采收过程中都应尽量减少机械伤，因为机械伤的出现，会使果蔬呼吸上升、乙烯产生量增加，大部分的反应趋向于水解，所有这些都是对贮藏不利的。

大部分果蔬在愈伤过程中，都要求有较高的温度、湿度和良好的通气条件，其中以温度影响最大。过高过低的温度都不能加速伤口愈合，有时却对微生物的侵染有利。不同果蔬愈伤时，对温度、湿度要求不同。马铃薯愈伤的最适条件为温度 21~27℃，RH 90%~95%；甘薯为 32~35℃，RH 85%~90%；而山药在 38℃ 和 95%~100% 的 RH 下愈伤 24h，就可以完全抑制表面真菌的活动和减少内部组织的坏死。就大多数果蔬而言，愈伤的条件为温度 25~30℃、RH 85%~95%，而且通气良好，确保愈伤环境中有充足的 O_2。研究表明，愈伤可明显延长贮藏期，愈伤的马铃薯比未愈伤的贮藏期可延长 50%，而且腐烂减少。成熟的南瓜，愈伤后，果皮硬化，贮藏时间延长。

但是，有些果蔬愈伤时要求较低的湿度，如洋葱和大蒜收获后要进行晾晒，使外部鳞片干燥，以减少微生物侵染，促使鳞茎的颈部和盘部的伤口愈合，有利于贮藏和运输。

二、晾晒

果蔬含水量较高，对于大多数产品而言，在采后贮藏过程中应尽量减少其失水，以保持新鲜品质，提高耐贮性。但是对于某些果蔬在贮前进行适当晾晒（air-cure），反而可减少贮藏中病害的发生，延长贮藏期，如柑橘、哈密瓜、大白菜及葱蒜类蔬菜等。

柑橘在贮藏后期易出现枯水现象，特别是宽皮橘类表现得更加突出。如果将柑橘在贮前晾晒一段时间，使其失重 3%~5%，就可明显减轻枯水病的发生，果实腐烂率也相应减少。国内外很多的研究和生产实践证明，贮前适当晾晒是保持柑橘品质、提高耐贮性的重要措施之一。

大白菜是我国北方冬春两季的主要蔬菜，含水量很高，如果采后直接入贮，易出现机械伤，贮藏过程中呼吸强度高，脱帮、腐烂严重，损失较大。生产实践证明，大白菜采后进行适当晾晒，当其外叶弯而不折，失重为 5%~10% 时再行入贮，可减少机械伤和腐烂，提高贮藏品质，延长贮藏时间。但是，如果大白菜晾晒过度，不但失重增加，促进水解反应的发生，还会提高乙烯的产生量，从而促进离层产生，脱帮严重，降低耐贮性。

洋葱、大蒜采后适当晾晒，会加快外部鳞片干燥使之成为膜质保护层，对抑制产品组织内外气体通透，减少失水，加速休眠都有积极的作用，有利于贮藏。此外，对马铃薯、甘薯进行适当晾晒，对贮藏也有好处。

综上所述，晾晒对某些果蔬的贮藏具有积极作用，但是对于晾晒时间、晾晒方法及晾晒程度，应视果蔬的特性、当时的气候条件和贮藏方法而定。

三、催熟及脱涩

（一）催熟

果蔬在田间生长时成熟度往往不一致，特别是对于香蕉、芒果、柑橘、菠萝、柿子、猕猴桃、番茄等果蔬，为了使产品以最佳成熟度和风味品质提前上市，集中采收，以便获得最佳经济效益，有必要对其进行人工处理，促进其后熟，这就是催熟（accelerating maturity）。

1. 催熟的条件

首先，用来催熟的果蔬必须达到生理成熟；其次，催熟时一般要求较高的温度、湿度和充足的 O_2；第三，要有适宜的催熟剂。不同种类的产品的最佳催熟温度和湿度不同，一般以温度 21~25℃、RH 85%~90% 为宜。湿度过高过低对催熟均不利，湿度过低，果蔬会失水萎蔫，催熟效果不佳，湿度过高产品又易感病腐烂。由于催熟环境的温度和湿度都比较高，致病微生物容易生长，因此要注意催熟室的消毒。为了充分发挥催熟剂的作用，催熟环境应该有良好的气密性，催熟剂应有一定的浓度。此外，催熟室内的气体成分对催熟效果也有影响，二氧化碳的累积会抑制催熟效果，因此，催熟室要注意通风，以保证室内有足够的氧气。

国内外研究证明，乙烯、丙烯、丁烯、乙炔、乙醇等化合物对果蔬均有催熟作用，其中以乙烯应用最普遍。此外，很多物质燃烧释放的气体也有催熟作用，如燃烧石油、煤炭、柴草、熏香等产生的气体都能促使果蔬成熟，因为这些气体中含有一定量的乙烯。纯乙烯可以用 90% 乙醇加热到 400℃ 以上，用 Al_2O_3 作为催化剂来制备。人工合成的乙烯利水剂也可释放乙烯，在微碱条件下释放乙烯较快，因此，使用时最好加洗衣粉等物质作为助溶剂。

2. 各类果蔬的催熟方法

（1）香蕉的催熟 为了便于运输和贮藏，香蕉一般在绿熟期采收，绿熟阶段的香蕉硬度大、口感发涩、风味差，不能食用，上市前应进行催熟处理，使香蕉果皮转黄，果肉变软变甜，产生特有的香蕉风味。下面介绍几种香蕉常用的催熟方法。

①乙烯处理：将绿熟香蕉放入催熟室中，保持室内温度 20~22℃ 和 RH 80%~85%，通入 $1000mg/m^3$ 的乙烯，处理 24~48h，当果皮稍黄时取出即可。为了避免催熟室内累积过多的 CO_2（CO_2 含量超过 1% 时，乙烯的催熟作用将受到抑制），每隔 24h 要通风 1~2h，密闭后再通入乙烯。也可直接将绿熟香蕉放入密闭环境中，保持温度 22~25℃ 和 RH 90%，利用香蕉自身释放的乙烯催熟。

②乙烯利处理：目前市场上销售的乙烯利是含 40% 的水溶液。用乙烯利催熟香蕉，生产上应用普遍，效果很好。研究表明，温度不同，使用乙烯利的浓度不同，如在 17~19℃ 下，乙烯

利的使用浓度为 2000~4000mg/L；在 20~23℃下，乙烯利的浓度为 1500~2000mg/L；在 23~27℃下，乙烯利的浓度为 1000mg/L。催熟时，将适宜浓度的乙烯利溶液喷洒在香蕉上或使每个果指都蘸有药液，一般经过 3~4d 香蕉果皮变黄，即可上市。

③熏香处理：利用熏香产生的乙烯进行催熟。熏香多少及处理时间要根据气温和香蕉的成熟度而定，一般来说，气温高，果实成熟度高，熏香少，催熟时间短。如在 2500kg 的催熟室内，气温 30℃左右时，用棒香 10 支，处理 10h；气温 25℃左右时，用棒香 15 支，处理 20h；气温 20℃左右时，用棒香 20 支，处理 24h。熏香后将催熟室打开，2~3h 后将香蕉取出，放在温暖通风处 2~3d，香蕉的果皮由绿变黄，风味变甜。

（2）柑橘类果实的催熟　柑橘类果实，特别是柠檬，一般多在充分成熟以前采收，此时果实含酸量高、果汁多、风味好。但是果皮呈绿色，商品品质欠佳，上市前可以用人工处理使果皮退绿。处理时通入 20~300mg/m³ 的乙烯，保持 RH 85%~90%，2~3d 即可。蜜柑上市前，将果实放入催熟室或密闭的塑料薄膜大帐内，通入 500~1000mg/m³ 的乙烯，经过 15h 果皮即可退绿转黄。柑橘用 200~600mg/kg 的乙烯利浸果，在室温 20℃下，2 周即可退绿。

（3）番茄的催熟　将绿熟番茄放在 20~25℃和 85%~90%的 RH 下，用 100~150mg/m³ 的乙烯处理 24~98h，果实可由绿变红。也可直接将绿熟番茄放入密闭环境中，保持温度 22~25℃和 RH 90%，利用其自身释放的乙烯催熟，但是利用这种方法催熟的时间较长。

（4）芒果的催熟　为了便于运输和延长贮藏期，芒果一般在绿熟期采收，在常温下 5~8d 自然黄熟。为了使芒果成熟速度一致，并尽快达到最佳外观品质，有必要对其进行催熟处理。目前国内外多采用电石加水释放乙炔催熟，具体做法是，按每 1kg 果实需电石 2g 的量，用纸将电石包好，放在芒果箱内，码垛后用塑料帐密封，24h 后，将芒果取出，在自然温度下很快转黄。

（5）菠萝的催熟　将 400g/L 的乙烯利溶液稀释 500 倍，喷洒在绿熟菠萝上，保持温度 23~25℃和 85%~90%的 RH，可使果实提前 3~5d 成熟。

（二）脱涩

脱涩（deastringent）主要是针对柿果而言。柿果分为甜柿和涩柿两大品种群，我国以栽培涩柿品种居多，涩柿含有较多的单宁物质，成熟后仍有强烈的涩味，采后不能立即食用，必须经过脱涩处理才能上市。

1. 脱涩机制

柿果涩味的产生主要是由于含有大量的可溶性单宁物质（俗称柿子素），含有单宁物质的细胞称为单宁细胞。人们食用柿果时，部分单宁细胞破裂，可溶性单宁流出，与口舌上的黏膜蛋白质结合，从而产生收敛性涩味。

研究表明，柿果内含有乙醇脱氢酶，可将乙醇转变为乙醛，乙醛与可溶性单宁结合，使其变为不溶性的树脂物质，使涩味消失。简单地说，柿果的脱涩机制就是将体内可溶性的单宁物质，通过与乙醛缩合变为不溶性的单宁物质的过程。据此，可采用各种方法，使单宁物质变性而使果实脱涩。

2. 影响脱涩的因素

柿果的品种、成熟度、处理温度、脱涩剂的浓度等因素，都在一定程度上影响着果实脱涩的快慢。

品种不同，柿果所含单宁细胞的大小、多少不同，所含可溶性单宁的量也不同。此外，不同品种的果实，体内乙醇脱氢酶的活力也不同。因此，用同一脱涩方法处理不同品种的柿果，脱涩快慢差异很大。

成熟度对柿果脱涩的快慢也有影响。柿果在成熟过程中，单宁总量和可溶性单宁含量逐渐减少，不溶性单宁含量有所增加。所以，在其他条件相同的情况下，柿果的成熟度越高，脱涩时间越短。

温度是影响柿果脱涩的又一重要因素。温度高，果实呼吸作用强，产生乙醇、乙醛类物质多，脱涩快；反之，脱涩相对较慢。此外，温度也影响乙醇脱氢酶的活力，在45℃以下，该酶随着温度的升高活力加强，将乙醇转化为乙醛的能力增大，脱涩较快；在45℃以上，随着温度的升高，酶的活力逐渐下降，脱涩也不易进行。

脱涩剂浓度不同，柿果脱涩难易不同。在一定浓度范围内，果实脱涩随着脱涩剂浓度的升高而加快。超过了适宜浓度范围，过量的脱涩剂反而对果实风味造成不良影响。例如，用乙醇处理，乙醇过量，会造成果面发暗，严重时导致褐变并产生异味。

3. 脱涩方法

（1）温水脱涩　将涩柿浸泡在40℃左右的温水中，使果实产生无氧呼吸，经20h左右，柿子即可脱涩。温水脱涩的柿子质地脆硬、风味可口，是当前消费端普遍使用的一种脱涩方法。但是用此法脱涩的柿子货架期短，容易败坏。

（2）石灰水脱涩　将涩柿浸入70g/L石灰水中，经3~5d即可脱涩，果实脱涩后，质地脆硬，不易腐烂。但果面往往有石灰痕迹，影响商品外观，最好用清水冲洗后再上市。

（3）混果脱涩　将涩柿与产生乙烯的果实如苹果、梨或其他新鲜树叶如松、柏树叶等混装在密闭的容器内，利用它们产生的乙烯进行脱涩。在20℃室温下，经过4~6d即可脱涩。脱涩后，果实质地较软，色泽鲜艳，风味浓郁。

（4）酒精脱涩　将35%~75%酒精或白酒喷洒于涩柿表面，每千克柿果用35%酒精5~7mL，然后将果实密闭于容器中，在室温下4~7d，即可脱涩。此法可用于运输途中，将处理过的柿果用塑料袋密封后装箱运输，到达目的地后即可上市销售。

（5）高CO_2脱涩　将柿果装箱后，密闭于塑料大帐内，通入CO_2并保持其含量60%~80%，在室温下2~3d即可脱涩。如果温度升高，脱涩时间可相应缩短。用此法脱涩的柿子，质地脆硬，货架期较长，成本低，可进行大规模生产。但有时处理不当，脱涩后会产生CO_2伤害，使果心褐变或变黑。使用CO_2动态脱涩法可解决这一问题。

（6）干冰脱涩　将干冰包好放入装有柿果的容器内，然后密封，24h后将果实取出，在阴凉处放置2~3d即可脱涩。处理时不要让干冰接触果实，每千克干冰可处理50kg果实。用此法处理的果实质地脆硬，色泽如初。

（7）脱氧剂脱涩　把涩柿密封在不透气的容器内，加入脱氧剂后密封，造成果实无氧呼吸进行脱涩。脱氧剂的种类很多，可以用亚硫酸盐、连二亚硫酸盐、硫代硫酸盐、草酸盐、维生素C、活性炭、铁粉等各种还原性物质及其混合物。脱氧剂一般放在透气性包装材料制成的袋内，脱涩时间长短视脱氧剂的组成和柿果的成熟度而定。

（8）乙烯及乙烯利脱涩　将涩柿放入催熟室内，保持温度18~21℃和80%~85%的RH，通入1000mg/m³的乙烯，2~3d后可脱涩；或用250~500mg/kg的乙烯利喷果或蘸果，4~6d后也可脱涩。果实脱涩后，质地软，风味佳，色泽鲜艳，不宜长期贮藏和运输。

四、涂膜处理

涂膜（film coating）处理也称打蜡，国外在此方面研究较早，1924年已有相关报道。由于果实涂膜后，改善了外观品质，提高了商品价值，20世纪30~50年代该项研究得到了飞速发展，成为商业上一种重要的竞争手段，并在采后的柑橘、苹果、番茄、黄瓜、辣椒等果蔬上普遍应用，取得了良好的效果。目前美国、日本、意大利、澳大利亚以及南非生产的柑橘，除了用于加工者外，绝大部分在上市前进行涂膜处理。

我国在此方面的研究也取得了很多成果，如应用纳米技术开发纳米复合膜，从中药中提取抑菌物质添加入涂抹制剂，采用壳聚糖等天然抑菌物质开发可食性涂膜等，但由于涂膜增加了产品的成本，因此在涂膜保鲜还没有被普遍应用，开发安全、价格低、方便的涂抹剂仍然是涂膜保鲜研究的重要任务。

1. 涂膜的作用

果蔬涂膜后，在表面形成一层蜡质薄膜，可改善果蔬外观，提高商品价值；阻碍气体交换，降低果蔬的呼吸作用，减少养分消耗，延缓衰老；减少水分散失，防止果皮皱缩，提高了保鲜效果；抑制病原微生物的侵入，减轻腐烂。若在涂膜液中加入防腐剂，防腐效果更佳。

2. 涂膜剂的种类和应用效果

商业上使用的大多数涂膜剂是以石蜡和巴西棕榈蜡作为基础原料，因为石蜡可以很好地控制失水，而巴西棕榈蜡能使果实产生诱人的光泽。随着技术的进步，含有聚乙烯、合成树脂物质、防腐剂、保鲜剂、乳化剂和湿润剂的涂膜剂逐渐得到应用，取得了良好的效果。

目前涂膜剂种类很多，如金冠、红星等苹果在采后48h内，用0.5%~1.0%的高碳脂肪酸蔗糖酯型涂膜剂处理，干燥后入贮，在常温下可贮藏1~4个月；由漂白虫胶、丙二醇、油酸、氨水和水按一定比例并加入一定量的2,4-D和防腐剂配制而成的虫胶类涂膜剂，在柑橘上使用效果较好；吗啉脂肪酸盐果蜡（CFW果蜡）是一种水溶性的果蜡，可以作为食品添加剂使用，是一种很好的果蔬采后商品化处理的涂膜保鲜剂，特别适用于柑橘和苹果，还可以在芒果、菠萝、番茄等果蔬上应用；美国生产的可食用果蔬涂膜剂处理果蔬后，不仅可提高产品外观质量，还可防治由青绿霉菌引起的腐烂；日本用淀粉、蛋白质等高分子溶液，加上植物油制成混合涂膜剂，喷在苹果和柑橘上，干燥后可在产品表面形成一层具有许多微细小孔的薄膜，抑制果实的呼吸作用，延长贮藏时间3~5倍。此外，用油型涂膜剂处理水果也收到了较好的效果。例如，加拿大用红花油涂膜香蕉，在15.5℃的环境中放置4d后，置于50℃高温条件下6h，果皮也不变黑，而对照果实变黑严重。德国用蔗糖-甘油-棕榈酸酯混合液涂膜香蕉，可明显减少果实失水，延缓衰老。据报道，日本用10份蜜蜡、2份朊酪、1份蔗糖脂肪酸制成的涂膜剂，涂在番茄或茄子的果柄部，常温下干燥，可显著减少失水，延缓衰老。

一般情况下，只是对短期贮运的果蔬或者是在果蔬贮藏之后、上市之前进行涂膜处理。需要说明的是，涂膜处理在果蔬的贮藏保鲜中只起辅助作用，而果蔬的品种、成熟度以及贮藏环境中的温度、湿度和气体成分等因素，则是影响产品品质和贮藏寿命的决定性因素。

3. 涂膜的方法

(1) 浸涂法　将涂膜剂配成一定浓度的溶液，把果蔬浸入溶液中，一定时间后，取出晾干即可。此法耗费涂膜液较多，而且不易掌握涂膜的厚薄。

(2) 刷涂法　用细软毛刷蘸上涂膜液，在果实表面涂刷以至形成均匀的薄膜，毛刷还可以安装在涂膜机上使用。

(3) 喷涂法　用涂膜机在果实表面喷上一层厚薄均匀的薄膜。

涂膜处理分为人工涂膜和机械涂膜两种，国外由于劳动力缺乏及需要涂膜处理的果蔬数量大，一般使用机械涂膜。新型的涂膜机一般由洗果、干燥、喷涂、低温干燥、分级和包装等部分联合组成。我国目前已研制出果蔬打蜡机，正在逐步代替手工打蜡，在大型企业中广泛使用。

前已述及，涂膜对提高果蔬品质、改善产品外观具有明显的效果，但是，如果处理不当，却事与愿违。无论采用哪种涂膜方法，都必须注意涂膜的均匀与厚薄，如果涂膜过厚，会导致呼吸代谢失调，引起生理伤害，从而加速果蔬的衰老，严重时使果蔬品质劣变，产生异味，甚至腐烂。这一点在涂膜处理上尤为重要。

五、化学药剂处理

为了延缓果蔬的采后衰老，减少贮藏病害，防止品质劣变，提高保鲜效果，国内外对果蔬采后贮前用化学药剂处理进行了大量的研究与应用，取得了很大进展，效果显著，已成为果蔬采后处理的重要措施之一。纵观研究与应用结果，果蔬采后贮前化学药剂处理可分为两大类，即植物生长调节剂处理和化学药剂防腐处理，现分别简述如下。

（一）植物生长调节剂处理

(1) 生长素类　常用的有 2,4-二氯苯氧乙酸（2,4-D）、IAA 和萘乙酸（NAA）等。柑橘采后立即用 100~200mg/L 的 2,4-D 处理，可降低果实的呼吸，减少糖酸消耗，保持果蒂新鲜不脱落，抑制蒂腐、黑腐等病菌从果蒂侵入，减少腐烂损失，延长贮藏寿命。如果将 2,4-D 与杀菌剂混合使用，效果更佳。NAA 对香蕉、番茄等果蔬具有抑制成熟的作用，用 100mg/L 的 NAA 和 4% 的蜡乳浊液处理香蕉，对果实的完熟和衰老抑制作用显著。花椰菜和甘蓝用 50~100mg/L 的 NAA 处理，可减少失重和脱帮。IAA 也有与 NAA 相似的作用。

(2) 细胞分裂素类　常用的有苄基腺嘌呤（BA）和激动素（Ki），它们可以使叶菜类、辣椒、黄瓜等绿色蔬菜保持较高的蛋白质含量，从而延缓叶绿素降解和衰老，特别是在高温条件下贮藏时，效果更加明显。用 5~20mg/kg 的 BA 处理花椰菜、嫩茎花椰菜、石刁柏、菜豆、结球莴苣、抱子甘蓝、菠菜等蔬菜，可明显延长它们的货架期。樱桃刚采收后用 BA 处理，在常温下贮藏 7d，果柄鲜绿，失重减少。用 100mg/kg 的 BA 处理石刁柏，降低了石刁柏的呼吸强度和叶绿素降解，延缓了蔗糖的分解，保持了较好的外观质量。Ki 也有类似的作用，而且延缓莴苣衰老的效果比 BA 更好。细胞分裂素与其他生长调节剂混合使用，可以加强延缓衰老的效应。例如，BA 对延迟花椰菜黄化无效，但如果与 2,4-D 混合使用，则效果显著。

(3) 赤霉素　GA 能够抑制果蔬的呼吸强度，推迟呼吸高峰的到来，延缓叶绿素降解。如用 GA 处理的蕉柑和甜橙，果实的软化和果皮的退绿过程减慢，枯水率明显减少，抗病性增强。此外，GA 处理也可延缓采后的番石榴、香蕉、番茄等果蔬色泽的变化，延长保鲜期。

（4）青鲜素　青鲜素可以抑制板栗、洋葱、马铃薯、大白菜等果蔬在贮藏期的发芽，延长某些果蔬的休眠期，也可降低呼吸强度，延迟果实成熟，但一般都在采前应用。据报道，板栗、洋葱采后用 MH 溶液处理也有抑芽效果，如在板栗生理休眠结束之前，用 8g/L MH 溶液浸渍坚果，可使其休眠期延长，抑芽效果明显。用 1000~2000mg/kg 的 MH 处理采后的柑橘和芒果，可降低果实的呼吸强度，延迟成熟。

（二）化学药剂防腐处理

1. 仲丁胺

仲丁胺（2-氨基丁烷，2-AB）有强烈的挥发性，高效低毒，可控制多种果蔬的腐烂，对柑橘、苹果、葡萄、龙眼、番茄、蒜薹等果蔬的贮藏保鲜具有明显效果。河北农业大学在此方面进行了深入的研究，并研制出了仲丁胺系列保鲜剂。

（1）克霉灵　含 50% 仲丁胺的熏蒸剂，适用于不宜洗涤的果蔬。使用时将克霉灵蘸在松软多孔的载体如棉花球、卫生纸上，与产品一起密封，让克霉灵自然挥发。用药量应根据果蔬种类、品种、贮藏量或贮藏容积来计算。熏蒸时要避免药物直接与产品接触，否则容易产生药害。

（2）保果灵、橘腐净　适合用于能浸泡的果蔬如柑橘、国光苹果等。使用时将药液稀释 100 倍，将产品在其中浸渍片刻，晾干后入贮，可明显降低腐烂率。

2. 苯并咪唑类防腐剂

这类防腐剂主要包括：特克多（TBZ）、施保克、苯来特、多菌灵、托布津等。它们大多属于广谱、高效、低毒防腐剂，用于采后洗果，对防止香蕉、柑橘、桃、梨、苹果、荔枝等水果的发霉腐烂都有明显的效果。使用比例一般在 0.05%~0.2%，可以有效地防止大多数果蔬由于青霉菌和绿霉菌所引起的病害。其具体使用比例是：托布津为 0.05%~0.1%，苯来特、多菌灵为 0.025%~0.1%，特克多为 0.066%~0.1%（以 100% 纯度计）。这些防腐剂若与 2,4-D 混合使用，保鲜效果更佳。

3. 2,4-己二烯酸（山梨酸）

山梨酸为一种不饱和脂肪酸，可以与微生物酶系统中的巯基结合，从而破坏许多重要酶系统的作用，达到抑制酵母、霉菌和好氧性细菌生长的效果。它的毒性低，只有苯甲酸钠的 1/4，但其防腐效果却是苯甲酸钠的 5~10 倍。用于采后浸洗或喷洒，一般使用含量为 2% 左右。

4. 异菌脲（扑海因）

扑海因是一种高效、广谱、触杀型杀菌剂，成品为 250g/L 胶悬剂，可用于香蕉、柑橘等采后防腐处理。

5. 联苯

联苯是一种易挥发的抗真菌药剂，能强烈抑制青霉病菌、绿霉病菌、黑蒂腐病菌、灰霉病菌等多种病害，对柑橘类水果具有良好的防腐效果。生产上，一般是将联苯添加到包果纸或牛皮纸垫板中，一张大小为 25.4cm×25.4cm 的包果纸，内含联苯约 50mg；一块大小为 25.4cm× 40.6cm 的垫板，内含联苯约 240mg。但是，用联苯处理的果实，需在空气中暴露数日，待药物挥发后才能食用。

6. 戴挫霉

戴挫霉具有广谱、高效、残留量低、无腐蚀等特点，适用于柑橘、芒果、香蕉及瓜类等多种果蔬的防腐，特别是对于已经对特克多、多菌灵等苯并咪唑类杀菌剂产生抗药性的青、绿霉有特效。如柑橘采后用0.2g/L戴挫霉溶液浸果0.5min，防腐保鲜效果很好，若与施保克、果亮等混合使用，效果更好。

7. 二溴四氯乙烷

二溴四氯乙烷也称溴氯烷，是广谱性杀灭、抑制真菌剂，对青霉菌、轮纹病菌、炭疽病菌均有杀伤效果。如红星、金冠苹果，每50kg果实熏蒸20g溴氯烷，对青霉病菌的杀伤效果显著。果实抗病性越弱，防治效果越明显。此外，溴氯烷为低毒性、少残留、易挥发的药物，处理后的果实在空气中放置48h，已不能检测出其含量。

8. 氯气和漂白粉

氯气是一种剧毒、杀菌作用很强的气体，其杀菌原理是：氯气在潮湿的空气中易生成次氯酸，次氯酸不稳定，生成原子氧，原子氧具有强烈的氧化作用，因而能杀死果蔬表面的微生物。

由于氯气极易挥发或被水冲洗掉，因此用氯气处理过的果蔬残留量很少，对人体无毒副作用。如在帐内用0.1%~0.2%的氯气（体积比）熏蒸番茄、黄瓜等蔬菜，取得了较好的保鲜效果。但是，用氯气处理果蔬时，浓度不宜过高，超过0.4%就可能产生药害。此外还应保持帐内的空气循环，以防氯气下沉造成下部果蔬中毒。

漂白粉是一种不稳定的化合物，在潮湿的空气中也能分解出原子氧。一般用量为每600kg的果蔬帐，放入漂白粉0.4kg，每10d更换一次。贮藏期间也要注意帐内的空气循环，以防下部果蔬中毒。

9. SO_2

SO_2是一种强烈的杀菌剂，遇水易形成亚硫酸，亚硫酸分子进入微生物细胞内，可造成原生质与核酸分解，而杀死微生物。一般来说，SO_2含量达到0.01%时就可抑制多种细菌的发育，达到0.15%时可抑制霉菌类的繁殖，达到0.3%时可抑制酵母菌的活动。此外，SO_2具有漂白作用，特别是对花青素的影响较大，这一点在生产上要特别注意。

SO_2在葡萄贮藏过程中防霉效果显著，根据贮藏期不同，一般用量为0.1%~0.5%。此外，还可用在龙眼、枇杷、番茄、韭菜等果蔬上。

SO_2属于强酸性气体，对人的呼吸道和眼睛有强烈的刺激性，工作人员应注意安全。SO_2遇水易形成亚硫酸，亚硫酸对金属器具有很强的腐蚀性，因此，贮藏库内的金属物品，包括金属货架，最好刷一层防腐涂料加以保护。

六、其他处理

1. 复方卵磷脂保鲜剂处理

这是一种以卵磷脂为主，配以2,4-D、钙盐和高分子聚合物混合而制成的生物保鲜剂。卵磷脂广泛存在于动植物体中，是一种维持生物体正常生理功能必不可少的物质，它可作为治疗某些疾病的营养补助剂。将它用来处理柑橘，贮藏60d后，腐烂率在6%以下，果实的新鲜度、风味和品质都很好。

2. 壳聚糖处理

壳聚糖是一种新型的天然保鲜剂，可由甲壳素通过脱乙酰基制得，以虾、蟹、昆虫等外壳为原料，用稀碱处理除去蛋白质，再用稀酸处理除去碳酸钙后，得到白色片状甲壳素。甲壳素用浓碱（450g/L NaOH 溶液）于 110℃保温 6~8h 脱乙酰基后，制得白色片状壳聚糖。在常温下，用低浓度壳聚糖对苹果、柚、猕猴桃、草莓、黄瓜等果蔬进行采后浸涂处理，可明显减少腐烂，延缓衰老，保鲜效果很好。

3. 钙处理

钙在调节果蔬组织的呼吸作用、延缓衰老、防止生理病害等方面效果显著。研究表明，果蔬中钙含量高，呼吸强度低，生理病害少，贮藏时间长。由于缺钙所导致的果蔬生理病害很多，如苹果的苦痘病、蜜果病、红玉斑点病，大白菜的干烧心病，莴苣的尖枯病，番茄和甜椒的脐腐病等。此外，果蔬体内缺钙，还会增强冷敏果蔬对低温的敏感性，在贮藏过程中容易出现冷害。所以，果蔬采后进行钙处理，有助于提高其耐贮性和抗病性。

钙的生理作用表现为：维持细胞较高的合成蛋白质的能力，保持细胞膜的完整性；减少乙烯的生物合成，推迟跃变高峰的出现；抑制水解反应，防止果实的软化，延缓后熟衰老进程。

果蔬采后钙处理常用的化学药剂有氯化钙、硝酸钙、过氧化钙和硬脂酸钙等。一般使用 30~50g/L 钙盐溶液进行采后常压浸果或减压浸果，也可将钙盐制成片剂装入果箱，保鲜效果都很好。如红星苹果采后用 50g/L $CaCl_2$ 溶液减压浸果 3min，可延缓果肉软化和衰老。桃贮藏中的腐烂主要发生在果实缝线的凹陷处，果尖、果柄等部位，用 20g/L $CaCl_2$ 溶液进行采后浸果处理，能有效地防止桃缝线处凹陷以及由凹陷所引起的缝线处腐烂。

4. 抗氧化剂处理

虎皮病是苹果贮藏中的一种主要生理病害，它的发生与 α-法尼烯的氧化产物——共轭三烯的含量有关。大量研究认为，二苯胺（DPA）、乙氧基喹和丁基羟基茴香醚（BHA）等抗氧化剂具有较好的防病效果。用 1.3~2.5g/L DPA 或 BHA 浸果，或用含 DPA 的包果纸包果（每张包果纸含 DPA 1.5~2.0mg），对虎皮病的防治效果显著。乙氧基喹也有类似的作用，用 0.25%~0.35%的乙氧基喹溶液浸渍果实，或用含乙氧基喹的包果纸（2mg/张）包果，或者在装箱的纸隔板上浸有乙氧基喹（4g/箱），防治虎皮病效果也很好。此外，乙氧基喹还有降低果实呼吸强度、防止果皮皱缩和减轻红玉斑点病的作用。

5. 短期高 CO_2 处理

研究表明，果蔬贮前用高 CO_2 进行短期处理，可延缓叶绿素降解和果实软化，降低对乙烯的敏感性，抑制衰老。CO_2 处理浓度和处理时间随果蔬种类不同而异，如苹果用 10%~20%的 CO_2 处理 10~14d 为宜，嫩茎花椰菜用 20%~40%的 CO_2 处理 24~48h 为宜。番茄用 80%的 CO_2 处理 24h，在 20℃下贮藏，和对照相比延迟完熟 1d。采后进行短期高 CO_2 处理，也有利于果蔬的运输。

6. 热处理

国内外对果蔬采后热处理进行了大量研究，认为热处理有利于保持果蔬的质量，提高耐贮性和抗病性。香蕉采后用 45℃的热空气处理 12min，可推迟果实呼吸及乙烯释放高峰的出现，降低峰值，抑制果皮中叶绿素的降解，有利于保持果皮细胞膜的完整性。桃采后在 40℃的热水中浸果 5min，可杀死病菌孢子和阻止初期病菌的侵染与发展；用 55℃的水浴处理芒果 3min，于 15.2℃条件下贮藏 20d，果实保持了较高的硬度；用 42℃热水处理绿熟番茄 1h，可减少果实的腐烂。

第五节　果蔬的运输

我国幅员辽阔，南北方物产各有特色，只有通过运输才能调剂果蔬市场供应，互补余缺。因此，只有具备良好的运输设施和技术，才能保证应有的社会效益和经济效益。

运输可以看作是动态贮藏，运输过程中产品的振动程度、环境中的温度、湿度和空气成分都对运输效果产生重要影响。如前所述，新鲜果蔬水分含量多，采后生理活动旺盛，易破损、易腐烂。因此，为了达到理想的运输效果，确保运输安全，要求做到：快装快运，轻装轻卸，防热防冻。

一、运输的方式和工具

1. 公路运输

公路运输是我国最重要和最常用的短途运输方式。虽然存在成本高、运量小、耗能大等缺点，但其灵活性强、速度快、适应地区广。主要工具有各种大小车辆、汽车、拖拉机等。随着高速公路的建成，高速冷藏集装箱运输已成为公路运输的主流。

2. 水路运输

利用各种轮船进行水路运输具有运输量大、成本低、行驶平稳等优点，尤其是海运是最便宜的运输方式。在国外，海运价格只是铁路的1/8，公路的1/40。但其受自然条件限制较大，运输的连续性差、速度慢。因此，水路运输果蔬的种类受到限制，发展冷藏船运输果蔬，是我国水路运输的发展方向。

3. 铁路运输

铁路运输具有运输量大、速度快、运费较低（运费高于水运，低于公路运输）、连续性强等优点，适合于长途运输。目前我国铁路运输车有以下几种：

（1）普通棚车　车厢内没有温控设备，受自然气温影响大。温湿度靠通风和覆盖物进行调节，运输过程中果蔬损耗较大。

（2）无冷源保温车　这种保温车没有任何冷源，主要依靠车体良好的隔热性能，维持果蔬适宜的温度。果蔬经过预冷后装车运输，温度回升较慢，运输效果优于普通棚车。

（3）冷藏车　冷藏车具有良好的隔热性和气密性，车厢内有制冷设备，不论在高温季节还是在低温季节，都能维持车厢内果蔬适宜的运输温度，运输效果好。目前我国的冷藏车有加冰冷藏车（冰保车）、机械冷藏车（机保车）和冷冻板冷藏车（冷板车）。

（4）集装箱　集装箱是当今世界上发展非常迅速的一种运输工具，既省人力、时间，又保证产品质量。集装箱突出的特点是：抗压强度大，可以长期反复使用；便于机械化装卸，货物周转迅速；能创造良好的贮运条件，保护产品不受伤害。

集装箱规格很多，我国1000kg集装箱的规格为：外部尺寸900mm×1260mm×1144mm，内容积1.3m³，箱重186kg，载重814kg，总重1000kg。国际集装箱的规格有3种类别，13种型号，见表4-1。

表 4-1　　　　　　　　　　　　　　　国际集装箱的规格

类别	箱型	长/mm	宽/mm	高/mm	最大总重量/kg
I	1A	12191	2438	2438	30480
	1AA	12191	2438	2591	30480
	1B	9125	2438	2438	25400
	1C	6058	2438	2438	20320
	1D	2991	2438	2438	10160
	1E	1968	2438	2438	7110
	1F	1450	2438	2438	5080
II	2A	2920	2300	2100	7110
	2B	2400	2100	2100	7110
	2C	1450	2300	2100	7110
III	3A	2650	2100	2400	5080
	3B	1325	2100	2400	5080
	3C	1325	2100	2000	2540

集装箱的种类很多，按材料分：有铝合金集装箱、玻璃钢集装箱、钢制集装箱等。按结构分：有折叠式集装箱、薄壳式集装箱、内柱式与外柱式集装箱等。按功能分，有普通集装箱、冷藏集装箱、冷藏气调集装箱、冷藏减压集装箱等。

在普通集装箱的基础上增加箱体隔热层和制冷设备，即成为冷藏集装箱。冷藏集装箱是专为运输新鲜食品（如新鲜果蔬、鱼、肉等）而设计的，国际冷藏集装箱的规格为：外部尺寸 6058mm×2438mm×2438mm，内部尺寸 5477mm×2251mm×2099mm，门 2289mm×2135mm，内容积 25.9m^3，箱重 2520kg，载重 17800kg，总重 20320kg。

冷藏集装箱可利用大型拖车直接开到果蔬产地，产品收获后直接装入箱内降温，使果蔬在短期内即处于最佳贮运条件下，保持新鲜状态，直接运往目的地。这种优越性是其他运输工具不可比拟的。

我国已成功研制出冷藏减压集装箱，应用于猕猴桃、荔枝等新鲜果品上，效果很好。

二、运输的注意事项

目前我国果蔬运输的设备有汽车、轮船和火车，有条件的地方可使用保温或冷藏设备。为了搞好运输，应注意以下几点：

①运输的果蔬要合乎运输标准，没有败坏，成熟度和包装应合乎规定，并且新鲜、完整、清洁，没有损伤和萎蔫。

②果蔬承运部门应尽力组织快装快运、现卸现提，保证质量。

③装运时堆码要注意安全稳当，要有支撑与垫条，防止运输中移动或倾倒，堆码不能过高，堆间应留有适当的空间，以便通风。

④装运应避免撞击、挤压、跌落等现象，尽量做到运行快速平稳。

⑤装运应简便快速，尽量缩短采收与交运的时间。

⑥如用敞篷车船运输，果蔬堆上应覆盖防水布或芦席，以免日晒雨淋。冬季应盖棉被进行防寒。

⑦运输时要注意通风，如用棚、敞车通风运载，可将棚车门窗打开，或将敞车侧板调起捆牢，并用棚栏将货物挡住。保温车船要有通风设备。

⑧在装载果蔬之前，车船应认真清扫，彻底消毒，确保卫生。

⑨不同种类的果蔬最好不要混装，因为各种果蔬产生的挥发性物质相互干扰，影响运输安全。尤其是不能和产生乙烯的果蔬（如番茄）在一起装，由于微量的乙烯也可使其他果蔬提前成熟，影响果蔬质量。

⑩一般运输时间为 1d 的距离，可以不要冷却设备，长距离运输最好用保温车船。在夏季或南方运输时要降温，在冬季或北方要保温。用保温车船运输蔬菜，装载前应进行预冷。要保持蔬菜的新鲜度和适宜的相对湿度，以防止果蔬萎蔫。

冷链物流基本设施

值得一提的是，在经济技术发达的某些国家如日本、美国等，在果蔬采后贮运中已实现了冷链系统（cold chain system）。这种冷链系统使果蔬在采后的运输、流通、贮藏、销售过程中，均处于适宜的低温条件下，以最大限度地保持果蔬品质。"十三五"以来，我国大力发展冷链物流系统，2021 年国务院办公厅颁布了《"十四五"冷链物流发展规划》，自此农产品冷链物流工程连续 5 年受到中央 1 号文件重视，我国已经初步形成产地与销地衔接、运输与仓配一体、物流与产业融合的冷链物流服务体系。

第六节　果蔬原料的品质评定与检验

果蔬原料的品质评定与检验是指依据一定的标准、运用一定的方法，对果蔬贮藏加工原料的质量优劣进行鉴别或检测。对贮藏加工原料进行品质评定与检验在生产实践中具有重要意义，也是其技术人员所必须掌握的基本技能，因为果蔬原料质量的好坏不仅影响到贮藏保鲜的效果和果蔬加工制品的品质，甚至由于原料遭到的污染还会危及人体健康。所谓优质的果蔬原料必须是有营养、新鲜和安全卫生的。所以对果蔬原料的品质进行评定与检验的目的之一，就是要在贮藏与加工过程中能正确地选用合格的原料。

（一）感官评定

感官评定（sensory evaluation）或称感官检验主要是凭借人体自身的感觉器官，即凭借眼、耳、鼻、口和手等，对原料的品质好坏进行判断。

（1）视觉评定或检验　视觉评定或检验是利用人的视觉器官来鉴别原料的形态、色泽、清洁程度等判断原料质量的方法，例如，新鲜的蔬菜大都茎叶挺直、脆嫩、饱满、表皮光滑、形状整齐、不抽薹、不糠心，而不新鲜的蔬菜就会干缩萎蔫、脱水变老或抽薹发芽等。视觉检验应在白昼的散射光线下进行，以免灯光隐色发生错觉，检验时应注意整体外观、大小、形态、块形的完整程度、清洁度、表面有无光泽、颜色的色调深浅程度等。

(2) 嗅觉评定或检验　嗅觉评定或检验就是利用人的嗅觉器官来鉴别原料的气味，进一步评定其质量。果蔬原料都有正常的气味。当果蔬原料发生变质时就会产生不同的异味，如西瓜变质会带有馊味，核桃仁变质后产生哈喇味，梨变质会嗅到腐烂的异味等。原料中的气味是一些具有挥发性的物质所产生的，因此，在进行嗅觉检验时可适当加热，以增加挥发性物质的散发量和散发速度，最好在15~25℃的常温下进行，因为原料中的挥发物常随温度的高低而增减，从而影响到检验结果的准确性。嗅觉检验时应该注意顺序是先识别气味淡的，后检验气味浓的，以免影响嗅觉的灵敏度。此外，在检验前禁止吸烟，否则会影响检验结果的准确性。

(3) 味觉评定或检验　味觉评定或检验是利用人的味觉器官来评定或检验原料的滋味，从而判断原料品质的好坏。例如，新鲜的柑橘柔嫩多汁、滋味酸甜可口，若受冻变质的柑橘则绵软浮水、口味变苦；品质好的葡萄味甜而浓，而品质差的葡萄则味淡且显酸涩。味觉检验的准确性与温度有关，在进行味觉检验时，最好使原料处在24~25℃，以免因温度变化而影响检验结果的准确性。对几种不同味道的原料在进行感官评定时，应当按照刺激性由弱到强的顺序，最后检验味道最强烈的原料。

(4) 听觉评定或检验　听觉评定或检验是利用人的听觉器官鉴别原料的振动声音来检验其品质的。原料内部结构的改变，可以从其振动时所发出的声音中表现出来。如挑西瓜时，用手拍打或手指弹西瓜听其发出的声音，来检验西瓜的成熟度。

(5) 触觉评定或检验　触觉评定或检验是通过手的触感检验原料的重量，质感（弹性、硬度、膨松状况）等，从而判断原料的品质，这也是常用的感官检验法之一。如用手摸西瓜表皮，感到光滑、有点硬的是熟瓜，相反，发涩、发黏或发软的是生瓜。

（二）理化检验

理化检验是指利用设备和化学试剂对原料的品质好坏进行判断。理化检验包括理化方法和生物学方法两类。理化方法可分析原料的营养成分、风味成分和有害成分的含量等。生物学方法主要是测定原料中有无毒性和生物污染程度。

运用这类方法鉴别检验原料的品质比较精确，能具体而深刻地分析其成分和性质，作出对原料品质和新鲜度的科学结论，还能查出其变质的原因。理化检验比较准确可靠，但运用该法时必须具有相应的设备仪器和专业技术人员，且检验周期较长，需花费一定的时间后才能得出结论，故此法在果蔬加工行业中对所选原料的把关上使用较少。

（三）无损检测

国内外在生产上已经开始应用果蔬非破坏性的鉴评或检测方法，包括光学技术（紫外线检验、可见光检验、近红外线检验、红外线检验），电磁技术，力学技术及放射线技术（X光及CT检验）等。无损伤检测原理可分为两种，一种是在果蔬的外部发出一种能量，从果蔬对能量的输入与输出变化中得到果蔬相关的理化特性；另一种是通过对果蔬本身的化学发光或红外放射的能量等来测定果蔬的质量。

1. 近红外分析法

目前近红外分析法（near-infrared analysis）应用得最多最广，技术相对成熟。近红外分光分析法是基于果蔬内部所含各种成分的分子结构在近红外区域的吸收现象，利用了双回归分析等统计方法及计算机技术进行成分和理化特性分析。其原理是当近红外线照到果蔬时，一部分被反射，一部分被吸收，检测与成分相关的特定的吸收光带，就可算出成分的含量。

近红外分析法在果蔬的检测方面主要用于测量糖度和酸度。例如，柑橘糖酸度无损伤在线检测装置，主要由光源、光学传感器、数据处理三大部分组成。利用该装置，柑橘在不受任何破坏的情况下，即可获得糖酸比。另有携带式糖酸度检测装置，与固定式相比，除可测糖酸度外，还可在果蔬成长过程中，随时监测果实内部成分的变化，为栽培管理和适时采收提供科学依据。

此外，利用红外线还可快速测定蔬菜中残留农药的情况，主要是采用类似光传感器的方法，即傅里叶变换型全反射衰减红外分光法测出蔬菜表面附着的农药种类及浓度，以便鉴定出残留农药是否超标而不会损伤蔬菜表面。

2. 力学成熟度空洞分析法

力学成熟度空洞分析法（maturity empty mechanical analysis）类似于人挑选西瓜时一样，由机械装置向西瓜发出敲打动作，通过传感器检测振动频率或传播速度及计算机进行波形分析比较，最终判断出西瓜的成熟度。经分析得出，振动频率越低或传播速度越慢成熟度越高。目前已有在线西瓜成熟度空洞检测装置。该装置由升降敲打、传感器、托盘、计算机等部分组成。通过波形的频率及相关关系分析，分别判断成熟度和有无空洞现象。

另外，还有一种用振动传播速度来判断甜瓜成熟度的携带式检测装置。该装置由敲打装置、信号处理、模拟数字转换器（A/D转换器）及笔记本电脑组成。从检测结果可以得出传播速度与果肉的实际硬度间具有的相关关系，且与品尝实验结果一致。此外在甜瓜的栽培管理过程中，该装置通过敲打判别果肉软硬度，还可推测网纹形成的时期，从而进行温度和水的管理，以期达到形成最佳网纹。

3. 可见光成熟度分析法

可见光成熟度分析法（maturity analysis with visible light）是利用菠萝成熟程度与透光量之间的相关关系以及重病害果实不透光的特性，可对菠萝的成熟度和病害果进行判别。如携带式菠萝成熟度检测装置，以自然光为光源，由检测、信号输出、增幅放大、演算、结果显示等几部分组成。经实验，采摘前和采摘后检测透光亮分别为80%、90%，因此可作为采摘期预测和采摘后的成熟度检测技术普及推广。

4. 激光糖度分析法（sugar degree analysis with laser）

果实的糖度由果实中含有的蔗糖来决定。充分利用蔗糖只吸收特殊光线（激光具有较好的单色性）的性质，通过测量随蔗糖含量而变化的特殊光线量，即可最终确定果实的糖度。已有公司应用该技术开发出激光甜瓜糖度在线检测装置。该装置通过转换开关，还可测量成熟度和西瓜的糖度。

5. X射线分析法

X射线具有穿透能力，而物质的密度大小又影响X射线的穿透量的多少，通过对穿透量的分析，就可探明物质内部的情况。因农产品的密度与金属物质比要小得多，所以需X射线强度很弱，通常称其为软X射线。应用软X射线可以检测如马铃薯、西瓜内部的空洞，柑橘中的皱皮等内部缺损现象。检测装置由X射线发射、接受、遮挡罩板、计算机等组成。检测的结果与平时习惯了的图像形式不同，它是以波形出现的（这主要是为了减少成像时间、加快检测速度），正常果实的波形圆滑，而皱皮果由于局部密度的减小，使得波形中产生突变，根据波形中有无突变现象及其大小，即可判断出皱皮发生的情况。

6. 电子鼻、电子舌分析法

电子鼻也称人工嗅觉系统，是模仿生物鼻的一种电子系统，它是20世纪90年代发展起来的一种新颖的分析、识别和检测复杂风味及大多数挥发性成分的仪器。它与气相色谱仪等普通分析仪器不同，电子鼻得到的不是被测样品中某种或几种成分的定性和定量结果，而是样品中挥发成分的整体信息（指纹数据），它可以根据各种不同的气味测定不同的信号，还可以将这些信号与经训练后建立的数据库中的信号加以比较，进行判断识别，因而具有类似鼻子的功能。运用电子鼻这种人工智能技术进行气味分析，可以客观、准确、快捷、全面地评价气味，并且有不破坏样品和重复性好的特点，这是人和动物鼻子以及气相色谱等方法所不及的。

目前，电子鼻已在果蔬成熟度检测中得到了应用，它是将通过气味检测得到的数据信号与产品各成熟度指标建立关系，从而能够做到在线检测生长中的水果或蔬菜所散发的气味并进行成熟度判别。

此外，用电子鼻还可测出果蔬腐烂过程中释放出的如一氧化碳、乙烯、硫化氢等气体，将测得的各种气体浓度的相对比例数据输入计算机，与数据库中数据比较即可判断出果蔬是否快要腐烂。

电子舌是一种利用多传感阵列感测液体样品的特征响应信号，通过信号模式识别处理及专家系统学习识别，对样品进行定性或定量分析的一类新型分析测试技术设备。该种电子舌的技术关键是一个灵敏的电化学液体传感器和一整套数据分析系统，即当把电子舌放入液态或经过粉碎的固态食物中后，各个传感器将分别对食物的某一方面情况进行探测，敏感的传感器随后将有价值的信息汇总，传给分析程序，将各种信息与分析程序中存有的与食品质量、成分相关的各种标准进行一一对照，便可较准确地对食品进行辨别。据科研人员介绍，这种电子舌能准确识别出酸、甜、苦、辣、咸等各种味道，并可精确地测定其浓度；还可分析出果汁原料的成分；辨别出液体饮品的优劣，找出假货；同时还能分析污水成分以及工业废料排放是否超标等。

目前，电子鼻和电子舌在食品、医药、环境和化工等领域都有很好的应用。应市场需要，优化传感器和电子鼻硬件设计、开发手持式产品是电子鼻研究中的热点。

7. 表面增强拉曼光谱法

表面增强拉曼散射（surface-enhanced Raman scattering，SERS）技术是一种无损的分子检测技术，该技术通过调控金属纳米结构的形貌和结构，利用等离激元共振和局域电磁场增强效应，实现了对分子拉曼散射信号的增强，增强的拉曼散射信号反映了分子键振动能量和转动能量信息，是一种能够对分子进行特异性识别的"指纹"光谱。采用上述原理将纳米贵金属颗粒负载于纤维素、聚合物膜、织物、胶带和生物材料等各种类型的材料上制成，兼具简便、快速、无损、灵敏度高、特异、准确等优点，大大提高了检测的灵敏度和分辨率，被广泛用于定量分析、传感检测、催化、生物及能源等研究领域。目前，在果蔬的无损检测中主要用于农残检测，SERS已有效用于检测有机磷类、有机氯类、菊酯类、杀菌剂类和杂环类等农药残留。由于SERS技术比较复杂，目前还没有出现一种通用的SERS基底可以用来检测各种化学物质。因此，选择合适的基底是成功应用SERS技术需要解决的关键问题。

思考题

1. 结合本章内容,从采收开始,为脐橙设计一套采后商品化处理流程,包括哪些环节,使用哪些技术?
2. 产地预冷的意义和重要性有哪些?

第五章
贮藏方式

本章目标与重点

学习目标：

1. 掌握常温贮藏、低温贮藏、气调贮藏、减压贮藏等主要贮藏手段和辐照处理、电磁场处理等辅助手段的基本原理和主要特点，能够分析比较不同贮藏方式的差异和适用范围；

2. 了解各类贮藏方式的技术要点，能够针对贮藏目标和贮藏需求选择合理的贮藏技术。

学习重点：

1. 常温贮藏的基本实现形式和技术特点；
2. 机械冷库的工作原理、基本结构和管理要点；
3. 气调贮藏的常用条件，气调贮藏对气体和温度的管理技术，气调冷库的构造特点，自发式气调的主要应用方式；
4. 减压贮藏、辐射处理和电磁场处理的基本原理和应用条件。

果蔬贮藏是以果蔬的种类或品种为目标，通过调节保鲜环境的温度、湿度、气体和防腐条件四个因素，最大限度地抑制果蔬的采后呼吸等后熟衰老进程，并防止微生物侵染，但又不能产生各种生理与病理伤害。其中贮藏设施的温度调节是核心，贡献率为60%~70%，湿度、气体和防腐条件各占10%~15%。合理的贮藏方式可以延长果蔬的贮藏期，获得良好的经济效益和社会效益。

果蔬的贮藏方式虽多，但大致可分为自然降温和人工降温两大类。

自然降温包括各种简易贮藏（沟藏、堆藏、窖藏、土窑洞贮藏、假植贮藏和冻藏等）和通风贮藏等，是利用自然界低温来调节并维持贮藏场所内的适温，但受自然气温限制，贮藏效果受到一定影响。但经过我国果蔬贮藏科技工作者的努力，将现代化的保鲜手段与我国传统的贮藏方法相结合，创造出适合我国国情的"土洋结合"的贮藏方法，如将简易的气调手段用于土窑洞等，用这些土洋结合的贮藏方法所贮藏的果品和蔬菜的品质，达到了应用目前最先进手段所贮藏的果蔬的品质，因而在北方一些农村地区普遍应用。

人工降温方式主要包括机械冷藏和气调冷藏等，因不受自然气温和季节的限制，可以人工调控贮藏条件，贮藏效果优良，目前果蔬产区采用广泛。

"十三五"以来，我国大力推进冷链物流工程的发展，在《"十四五"冷链物流发展规划》

中明确提出,以满足人民日益增长的美好生活需要为根本目的的现代冷链物流体系到 2035 年将全面建成。随着我国在电力、通信、交通运输等基础设施建设领域的长足进步和环保意识的不断进步,机械冷库、气调贮藏的生产和管理运营成本也在逐渐降低,环保性能日益增强,除了技术装备上的明显的优势以外,也更加适应商品标准化、生产集约化、管理智慧化的发展趋势,是未来我国果蔬采后贮运保鲜工程的主流设施。

以下仅就目前我国常用的简易的和先进的贮藏方式及贮藏技术进行介绍。

第一节 土窑洞贮藏

土窑洞多建在丘陵山坡处,要求土质坚实,可作为永久性的贮藏场所。土窑洞具有结构简单、造价低、不占或少占耕地、贮藏效果好等优点。与其他简易贮藏方法相比,有较好的保温性能,其贮藏效果可相当或接近于先进的冷藏和气调贮藏法。土窑洞贮藏是我国北方某些地区水果的重要贮藏方式。

土窑洞在建造时,一般选择迎风背光的崖面。特别是秋冬季的风向,与窑门相对时利于通风降温。

窑顶土层厚度要求在 5m 以上,这样才能有效地减少地面温度变化对窑温的影响。顶土厚少于 5m 就会降低窑洞的保温效果。相邻窑洞的间距一般保持 5~7m,这样利于窑洞坚固性的维持。土质的好坏直接影响窑洞的坚固性。理想的土质是黏性土。

一、土窑洞结构

土窑洞（soil cave）有大平窑、子母窑和砖砌窑洞等类型。后两种类型是由大平窑发展而来的。大平窑主要由三部分构成（图 5-1）。

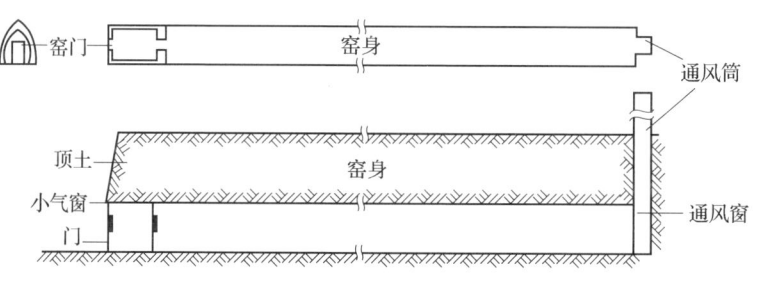

图 5-1 大平窑结构示意图

1. 窑门

窑门是窑洞前端较窄的部分。窑门高约 3m,与窑身高度保持一致,门宽 1.2~2m,门道长 4~6m。为了进出库方便,门道可适当加宽。门道前后分别设门。第一道门要做成实门,关闭时能阻止窑洞内外空气的对流,以防（窑洞内贮藏的果蔬）受热或遭冻。在门的内侧可设一栅栏门,供通风用,可做成铁纱门,在保证通风的情况下还可以起到防鼠作用。铁纱门用的纱孔大小以挡住老鼠为宜,过密则影响通风效果。第二道门前要设棉门帘,以加强隔热保温效果。必要时第一道也可加设门帘。在两道门的最高处分别留一个长约 50cm、宽约 40cm 的小气窗，以便在窑门关闭时热空气排出；有条件时，门道最好用砖璇，以提高窑门的坚固性。

2. 窑身

窑身是贮存果蔬的部分。窑身长为 30~60m，过短则窑温波动较大，贮果量少，窑洞造价相对提高；窑身过长则窑洞前后温差增大，管理不便。一般窑身宽为 2.6~3.2m。过宽则影响窑洞的坚固性，要依据土质情况确定适宜的窑宽。土质差时窑洞窄些为宜。窑身的高度要与窑门一致，一般为 3.0~3.2m；窑身的横断面要筑成尖拱形，两侧直立墙面高为 1.5m。这样的结构使得窑洞较为坚固，洞内的热空气便于上升集中于窑顶而排放。

3. 通风筒

窑洞的通风筒设于窑洞的最后部，从窑底向上垂直通向地面。筒的下部直径为 1.0~1.2m，上部直径为 0.8~1.0m，高度不低于 10.0m。通风筒地面出口处应筑起高约 2.0m 的砖筒。在通风筒下部与窑身连通的部位设一活动通风窗，用以控制通风量。为了加速通风换气，可在活动窗处安装排气扇。

通风筒的主要作用是促使窑洞内外热冷气流的对流，达到通风降温的目的。在窑温较高、外温较低的时候，打开窑门和通风筒，进行通风。窑内的热量会随着通风排出窑外。适当增加通风筒的高度和内径，会提高通风降温的效果。

二、土窑洞贮藏管理

大平窑贮藏技术是由原山西省果树科学研究所通过调查和研究而总结出来的。

（一）温度管理

1. 秋季管理

秋季管理在秋季贮藏产品入窑至窑温降至 0℃ 这段时间进行。此期环境的温度特点是白天高于窑温，夜间低于窑温。随着时间的推移，外界温度逐渐降低，白天高于窑温的时间逐渐缩短，夜间低于窑温的时间逐渐延长。这段时间要抓紧时机，利用一切可利用的外界低温进行通风降温。当外温开始降到低于窑温时，随即开启窑门和通风窗口进行通风。要尽量排除一切气流流动的障碍，使冷空气迅速导入窑内，同时窑内的热气经由通风筒顺利排出。

这一时期的窑温是一年中的高温期，入贮产品又带入很大的田间热，由于呼吸强度高，还产生大量的呼吸热。因此，要排除的热量是整个贮藏期最多且最为集中的。这一时期能否充分利用低温气流尽早地把窑温降下来，是关系整个贮藏能否成功的关键。该期的外界低温出现在夜晚和凌晨日出之前。当外界气温等于或高于窑温时，要及时封闭所有的孔道，减少高温对窑温的不利影响。这一时期会偶尔出现寒流和早霜，要抓住这些时机进行通风降温。

2. 冬季管理

窑温降至 0℃ 到翌年回升到 4℃ 的这一时期，是一年内外界气温最低的时期。在这一时期，要在不冻坏贮藏产品的前提下，尽可能地通风，在维持贮藏要求的适宜低温的同时不断地降低窑洞四周的土温，加厚冷土层，尽可能地将自然冷蓄存在窑洞四周土层中。这些自然冷对外界气温回升时窑洞适宜温度的维持起着十分重要的作用。每年此期的合理管理，会使窑温逐年降低，为产品的贮藏创造越来越好的温度条件。据测定，建窑的第一年，果实入库时窑洞内温度为 15~16℃，第二年为 12~13℃，第三年为 10~11℃。甚至有的窑温可以低到 8℃ 左右。

3. 春、夏季管理

这段时间是从开春气温回升，窖温上升至4℃，至贮藏产品全部出库的时间。开春后，外界气温逐渐上升，可以利用的自然低温逐渐减少，直到外温全日高于窖温，窖温和土温也开始回升，这一时期的温度管理主要是防止或减少窖内外气流的对流，或者说窖内外热量的交流，最大限度地抑制窖温的升高。管理措施是：在外温高于窖温的情况下，紧闭窖门、通气筒和小气窗，尽量避免或减少窖门的开启，减少窖内蓄冷流失。当有寒流或低温出现时，一定要抓住时机通风，一则可以降温，二则可以排除窖内的有害气体。

在可能的情况下，在窖内积雪积冰也是很好的蓄冷形式。

（二）湿度管理

果蔬的贮藏要求环境要有一定的湿度，以抑制产品本身水分的蒸发，造成生理和经济上的损失。再者，土窖洞本身四周的土层要求保持一定的含水量，才能防止窖壁土层干燥而引起裂缝继而塌方。窖洞经过连年的通风管理，土中的大量水分会随气流而流失。因此，土窖洞贮藏必须有可行的加湿措施。

(1) 冬季贮雪、贮冰　冰雪融化在吸热降温的同时可以增加窖洞的湿度。

(2) 窖洞地面洒水　地面洒水在增湿的同时，由于水分蒸发吸热，对于窖洞降温有积极作用。

(3) 产品出库后窖内灌水　窖洞十分干燥时，可先用喷雾器向窖顶及窖壁喷水，然后在地面灌水。这样，水分可被窖洞四周的土层缓慢地吸收，基本抵消通风造成的土层水分亏损，避免土壁裂缝及由此引起的塌方。土层水分的补充，还可以恢复湿土较大的热容量，为冬季蓄冷提供条件。

（三）其他管理

(1) 窖洞消毒　在贮藏窖洞内存在着大量有害微生物，尤其是引起果蔬腐烂的真菌孢子，是贮藏中发生侵染性病害的主要病源。因此，窖洞的消毒工作，对于减少贮藏中的腐烂损耗非常重要。首先，要做到不在窖内随便扔果皮果核，清除有害微生物生存的条件，在产品全部出库后或入库前，对窖洞和贮藏所用的工具和设施进行彻底的消毒处理。可在窖内燃烧硫磺，每100m^{3}容积用硫磺粉1.0~1.5kg，燃烧后密封窖洞2~3d，开门通风后即可入贮。也可以用2%的福尔马林（甲醛）或4%的漂白粉溶液进行喷雾消毒，喷雾后1~2d稍加通风后再入贮。

(2) 封窖　贮藏产品全部出库后，如果外界还有低温气流可以利用，就要在外温低于窖温时，打开通风的孔道，尽可能地通风降温。当无低温气流可利用时，要封闭所有的孔道。窖门最好用土坯或砖及麦秸泥等封严，尽可能地与外界隔离，减少蓄冷在高温季节流失。

第二节　通风库贮藏

通风贮藏库（storage with ventilation）是棚窖的发展形式，也是利用自然低温通过通风换气控制贮温的贮藏形式，是砖、木、水泥结构的固定式建筑。整个建筑结构设置了完善的通风系统和绝缘设施。因此，降温和保温效果比起一般的棚窖大为提高。用地下防空洞等设施来进行果蔬贮藏，其原理及管理方式与普通的通风库基本相同。

由于通风库贮藏仍然是依靠自然温度调节库温，库温的变化随着自然温度的变化而变化，在高温和低温季节，不附加其他辅助设施，很难维持理想的贮藏温度。但由于库体与设备投资可节省60%，节能90%，所以，在一些自然冷源比较丰富的北方地区，出于节省能源和经济效益的考虑，该贮藏形式现在依然存在。

一、建筑设计

通风贮藏库的设计包括库的类型、通风系统（ventilating system）和隔热设施三大部分。

（一）类型及库址选择

通风库分为地上式、地下式和半地下式三种类型。地上式通风贮藏库的库体全部建筑在地面上，受气温影响最大。地下式通风贮藏库的库体全部建筑在地面以下，仅库顶露出地面，受气温影响最小，而受土温的影响较大。半地下式通风贮藏库的库体一部分在地面以上，一部分在地面以下，库温既受气温影响，又受土温影响。在冬季严寒地区，多采用地下式，以利于防寒保温。在冬季温暖地区，多采用地上式，以利于通风降温。介于两者之间的地区，可采用半地下式。

通风贮藏库要求建筑在地势高燥、最高地下水位要低于库底1m以上、四周旷畅、通风良好、空气清新、交通便利、靠近产销地、便于安全保卫、水电畅通的地方。通风库要利用自然通风来调节库温，因此，库房的方位对能否很好地利用自然气流至关重要。在我国北方贮藏的方向以南北向为宜，这样可以减少冬季寒风的直接袭击面，避免库温过低。在南方则以东西向为宜，这样可以减少阳光的直射对库温的影响，也有利于冬季的北风进入库内而降温。在实际操作中，一定要结合地形地势灵活掌握。

（二）库房结构设计

通风贮藏库的平面多为长方形的，库房宽为9~12m，长大致为30~40m，库内高度一般在4m以上。我国各地贮藏大白菜的固定窖，一个库房贮菜10万~15万kg，贮量大的地方可按一定的排列方式，建成一个通风库群。建造大型的通风库群，要合理地进行平面布置。在北方较寒冷的地区，大都将全部库房分成两排，中间设中央走廊，库房的方向与走廊相垂直，库门开向走廊。中央走廊有顶及气窗，宽度为6~8m，可以对开汽车，两端设双重门如图5-2、图5-3所示。中央走廊主要起缓冲作用，防止冬季寒风直接吹入库房内使库温急剧下降。中央走廊还可以兼做分级、包装及临时存放贮藏产品的场所。库群中的各个库房也可单独向外界开门而不设共同走廊，这样在每个库门处必须设缓冲间。温暖地区的库群，每个库房以单设库门为好，可以更好地利用库门进行通风，以增大通风量，提高通风效果。

通风库除以上主体建筑外，还有工作室、休息室、化验室、器材贮藏室和食堂等辅助建筑需要统一考虑。

如图5-2、图5-3所示，库群中的每一个库房之间的排列有两种形式。一种是分列式，每个库房都自成独立的一个贮藏单位，互不相连，库房间有一定的距离。其优点是每个库房都可以在两侧的库墙上开窗作为通风口，以提高通风效果。但其缺点是每个库房都须有两道侧墙，建筑费用较大，也增加了占地面积。另一种称为联接式，这种形式的库群，相邻库房之间共用一道侧墙，一排库房侧墙的总数是分列式的1/2再多一道。这样的库房建筑可大大节约建筑费用，也可以缩小占地面积。然而，联接式的每一个库房不能在侧墙上开通风口，须采用其他通风形式来保证适宜的通风量。小型库群可安排成单列联接式，各库房的一头设一共用走廊，或把中间的一个库房兼做进出通道，在其侧墙上开门通入各库房。

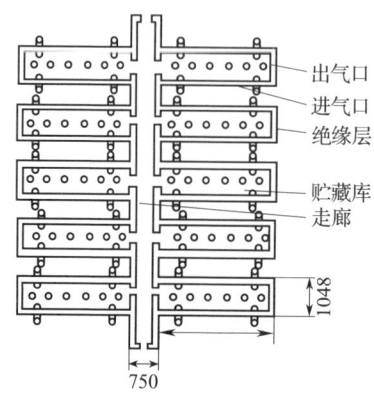

图 5-2 分列式通风库（单位：cm）

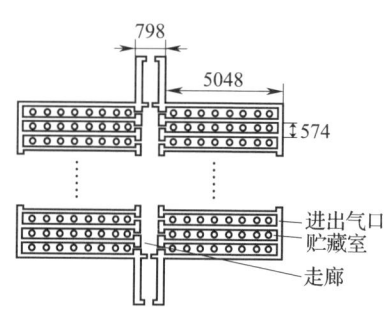

图 5-3 联接式通风库（单位：cm）

整个库群的大小要按常年的贮藏任务而定。库容量要根据单位面积贮藏的果品或蔬菜量和果品或蔬菜的体积质量及贮藏方式来计算。长20m、宽10m、高4m的库房可容苹果13万kg。架贮大白菜每1m²库底面积可贮250~350kg；码贮大白菜每1m²库底面积可贮350~500kg。一个300m²的库约贮大白菜100000kg。又如用三层式贮藏柜贮马铃薯，每层堆块茎厚0.5m，三层共1.5m；走道和通风隙道以占库房总面积的25%（实贮面积占75%）计，马铃薯体积质量以675kg/m³计，则每1m²面积平均贮量约750kg，300m²的库房可贮22.5万kg。部分果蔬的体积质量（kg/m³）见表5-1。

表5-1 部分果蔬的体积质量 单位：kg/m³

果蔬	马铃薯	洋葱	胡萝卜	芜菁	甘蓝	甜菜	苹果
体积质量	1300~1400	1080~1180	1140	660	650~850	1200	500

二、通风系统

通风贮藏库是以导入冷空气，使之吸收库内的热量再排到库外而降低库温的。库内贮藏的果蔬所释放出的大量CO_2、乙烯、醇类等，都要靠良好的通风设施来及时排除。因此，通风设施在通风贮藏库的结构上是十分重要的组成部分，它直接影响着通风库的贮藏效果。而单位时间内进出库的空气量则决定着库房通风换气和降温的效果，通风量首先决定于通风口（进气口和出气口）的截面积，还决定于空气的流动速度和通风的时间。空气的流速又决定于进出气口的构造和配置。

（一）通风量和通风面积

根据单位时间应从贮藏库排除的总热量以及单位体积空气所能携带的热量，就可以算出要求的总通风量，然后按空气流速计算出通风面积。

通风量和通风面积的确定，涉及因素很多，计算比较复杂。所涉及的因素大多是变化不定的，在具体设计工作中，除进行理论计算外，还应该参考实际经验作出最后决定。我国北方地区的蔬菜用通风库，贮藏容量在500000kg以下的贮藏库，通常是每50000kg产品应配有通风面积为0.5m^2以上，大白菜专用库须达到1~2m^2，因地区和通风系统的性能而异。风速大的地方比风速小的地方所需的通风面积小；出气筒高的库比出气筒低的库所需的通风面积小；装有排风扇的比未装排风扇的库通风面积小。

据测定，当外界风速为0.53m/s时，面积为0.1m^2的进气口风速为0.18m/s；当风速为1.52m/s时，进气口风速为0.35m/s；当风速为3.4m/s时，进气口风速为0.57m/s。当进气口风速为0.46m/s时，则每平方米进风量为0.45m^3/s。据此可计算出日通风量以及通风面积。

匹配风机强制通风是通风库快速有效降温的理想途径。研究表明：轴流式风机的降温效果优于涡轮式等其他机型，排风方式优于送风方式；风机每小时的排风量应该是库容积的15~20倍，风机安装的位置在进风口对面的2/3高度处。一般情况下，机械强制通风的连续通风最低温度为-7℃，间歇通风的最低温度为-15℃。

（二）进排气口的设置

通风库的通风降温效果与进、排气口的结构和配置是否合理密切相关。空气流经贮藏库借助自然对流作用，将库内热量带走，同时实现通风换气。空气在库内对流的速度除受外界风速的影响外，还受是否分别设置进出气口、进出气口的高差大小等因素的影响。分别设置进出气口，气流畅通，互不干扰，利于通风换气。要使空气自然形成一定的对流方向和路线，不致发生倒流混扰，就要设法建立进出口二者间的压力差，而压力差形成的一个主要方式是增加进出口之间的高度差。因此，贮藏库的进气口最好设在库墙的底部，排气口设于库顶，这样可以形成较大的高差。可以在排气烟囱的顶上安装风罩，当外风吹过风罩时，会对排气烟囱造成抽吸力，可以进一步增大气流速度。对于地下式和半地下式的分列式库群，可在每个库房的两侧墙外建造地面进气塔，由地下进气道引入库内，库顶设排气口。这样也组成了完整的通风系统，只是进出气口间的高差较小。联接式库群无法在墙外建立进气塔，只能将全部通风口都设在库顶，在秋季可利用库门和气窗进行通气。建在库顶的通风口，处在同一高度，没有高差，进出气流不能形成一定的方向和路线，容易造成库内气流混乱，降低对流速度。为解决这一问题，可以将大约一半数量的通风口建成烟囱式，高度在1m以上，另一半通风口与库顶齐平。如此，进出气口可形成一定的高差。还可以在通风口上设置风罩。根据外界风向，在风罩的不同方向开门，就可分别形成进出气口。将风罩做成活动的，加上风向器，可自动调节风罩的方向。

设置气口时，每个气口的面积不宜过大。当通风总面积确定之后，气口小而数量多的系统，比气口大而数量少的系统具有较好的通风效果。气口小而分散均匀时，全库气流均匀，温度也较均匀。一般通气口的适宜大小为25cm×25cm至40cm×40cm，气口的间隔距离为5~6m。通风口应衬绝缘层（保温材料），以防结霜阻碍空气流动。通气口要设活门，以调节通风面积。

三、绝缘结构

为了维持库内稳定的贮藏适温，不受或减少外界温度变动对贮藏温度的影响，通风库要有良好的绝缘结构（insulation structure）。通风库的绝缘结构一般在库顶、四壁以及库底敷衬绝缘性能良好的绝缘隔热材料,构成绝缘保温层。建筑用的砖、石、水泥等建筑材料,其绝缘性能很差,主要是起库房的骨架和支承作用,库房的保温作用须由敷设绝缘材料而实现。常用绝缘材料的绝缘性能见表5-2。

表5-2 部分材料的绝缘性能

材料	热导率/[kcal/(m·h·℃)]	热阻/K^{-1}	材料	热导率/[kcal/(m·h·℃)]	热阻/K^{-1}
静止空气	0.025	40.0	加气混凝土	0.08~0.12	8.3~12.5
聚氨酯泡沫塑料	0.02	50.0	泡沫混凝土	0.14~0.16	6.2~7.1
聚苯乙烯泡沫塑料	0.035	28.5	普通混凝土	1.25	0.8
聚氯乙烯泡沫塑料	0.037	27.0	普通砖	0.68	1.47
膨胀珍珠岩	0.03~0.04	25.0~33.3	玻璃	0.68	1.47
软木板	0.05	20.0	干土	0.25	4.0
油毛毡、玻璃棉	0.05	20.0	湿土	3.25	0.31
纤维板	0.054	18.5	干沙	0.75	1.33
锯屑、稻壳、秸秆	0.06	16.4	湿沙	7.50	0.13
刨花	0.08	12.3	雪	0.40	2.5
炉渣、木料	0.18	5.6	冰	2.0	0.5

注:1kcal=4.18J。

由表5-2中数字可以看出,各种材料的绝缘性能不同。在建设贮藏库时,要根据所用的材料确定相应的厚度。软木板、聚氨酯泡沫塑料等材料的隔热性能很好,但价格较高,传统的通风库都就地取材,以锯木屑、稻壳以及炉渣等材料作绝缘层,其造价较低,但其流动性强,不易固定,且易吸湿生霉。绝缘材料一经吸湿,其隔热能力会大大降低,因此,须有良好的防潮措施。

绝缘层的厚度应当使贮藏库的暴露面向外传导散失的热能约与该库的全部热源相等,这样才能使库温保持稳定。先求出库房在冬季每天可能有的热源总量,贮藏库的总暴露面积以及最低气温和要求库温的温差,再按式(5-1)计算:

绝缘层厚度(cm)=[材料的热导率×总暴露面积(m^2)×库内外最大温差(℃)×

24×100]/全库热源总数(kJ/d) (5-1)

可以看出,绝缘层厚度与库内外温差呈正比。在辽宁、吉林中部地区,冬季的最低气温约为-30℃,概略计算马铃薯库的地上部分应有相当于30cm软木板的热阻(热阻为7.0K^{-1})。当最低气温在-20℃时,需要有相当于25cm软木板的热阻(热阻为5.0K^{-1})。例如,要求热阻为7.0时,建筑双层砖墙中充填稻壳的厚度计算如下:已知砖墙的厚度为(37+25)cm,计算其热阻为(1.47×62)/100=0.91K^{-1}。那么,充填稻壳的热阻不能低于7.0-0.91=6.09K^{-1}。稻壳的热阻为16.4。则其厚度应达6.09×100/16.4=37.2cm。在北京地区,通风库的墙壁和天花板的隔热能力要求为7.6cm厚的软木板的热阻。

贮藏库墙壁为土墙时,土墙中夯入10%~15%的石灰,可提高墙壁的强度和耐水性,掺入草筋可以减少裂缝,掺入适量的砂子、石屑或矿渣,也可以提高强度和减少裂缝。以锯屑、稻壳做绝缘层时，要适量加入防腐剂，并且要分层设置，以免下沉，同时要敷设隔潮材料。门窗应用泡沫塑料填充隔热为好。通风库的使用和管理请参照土窑洞。

第三节　机械冷藏库贮藏

机械冷藏库（mechanical cold storage）是在有良好隔热性能的库房中装置机械制冷设备，根据果蔬贮藏的要求，通过机械的作用，控制库内的温度和湿度。它的出现标志着现代化果蔬贮藏的开始，由此大大减少了果蔬采后损失。我国果蔬的机械冷藏发展非常迅速，据不完全统计，目前我国果蔬贮藏量已有超 1/3 实现了机械冷藏。尤其是随着我国改革开放以后，农业生产体制改革和农村家庭经济与技术水平的提高，科技人员研究开发出的、适合我国国情的果蔬保鲜的一种操作简单、性能可靠、效果良好的微型节能机械冷库，得到了广大果产区农民的应用，并给农民带来了很好的经济效益，为产地果蔬贮藏保鲜作出了贡献。

一、机械制冷的原理

热总是从温暖的物体上移到冷凉的物体上，从而使热的物体降温。制冷就是创造一个冷面或能够吸收热的物体，利用传导、对流或辐射的方式，将热传给这个冷面或物体。在制冷系统中，这个接受热的冷面或物体正是系统中热的传递者——制冷剂，它是吸收冷库中热量的处所。液态的制冷剂在一定压力和温度下汽化（蒸发）而吸收周围环境中的热量，使之降温，即创造了前述所谓的冷面或吸热体。通过压缩机的作用，将气化的制冷剂加压，并降低其温度，使之液化后再进入下一个气化过程。如此周而复始，使库温降低，并维持适宜的贮藏温度。

冷冻机是一闭合的循环系统，分高压和低压两部分，制冷剂在机内循环，仅是其状态由液态到气态，再转化为液态，制冷剂的量并不改变。以制冷剂气化而吸热为工作原理的冷冻机，以压缩式为多（图5-4）。压缩式冷冻机主要由四部分组成：蒸发器、压缩机、冷凝液化器和调节阀（膨胀阀）。蒸发器是液态制冷剂蒸发（汽化）的地方。液态制冷剂由高压部分经调节阀进入处于低压部分的蒸发器时达到沸点而蒸发，吸收周围环境的热，达到降低环境温度的目的。压缩机通过活塞运动吸进来自蒸发器的气态制冷剂，并将之压缩，使之处于高压状态，进入到冷凝器里。冷凝器把来自压缩机的制冷剂蒸气，通过冷却水或空气，带走它的热量，使之重新液化。调节阀是用以调节进入蒸发器的液态制冷剂的流量。在液态制冷剂通过调节阀的狭缝时，会产生滞流现象。运行中的压缩机，一方面不断吸收蒸发器内生成的制冷剂蒸气，使蒸发器内处于低压状态，另一方面将所吸收的制冷剂蒸气压缩，使其处于高压状态。高压的液态制冷剂通过调节阀进入蒸发器中，压力骤减而蒸发。

在制冷系统中，制冷剂的任务是传递热量。制冷剂要具备沸点低、冷凝点低、对金属无腐蚀性、不易燃烧、不爆炸、无毒无味、易于检测和价廉易得等特点。

氨（NH_3）是利用较早的制冷剂，主要用于中等和较大能力的压缩冷冻机。作为制冷剂的氨，要质地纯净，其含水量不超过 0.2%。氨的潜热比其他制冷剂高，在 0℃ 时，它的蒸发热是 1260kJ/kg。而目前家用冰箱使用最多的异丁烷（R600a）的蒸发热是 135kJ。氨的密度比较小，标准状态下为 617g/L，R600a 的密度则为 2064g/L。因此，用氨的设备较大，占地较大。

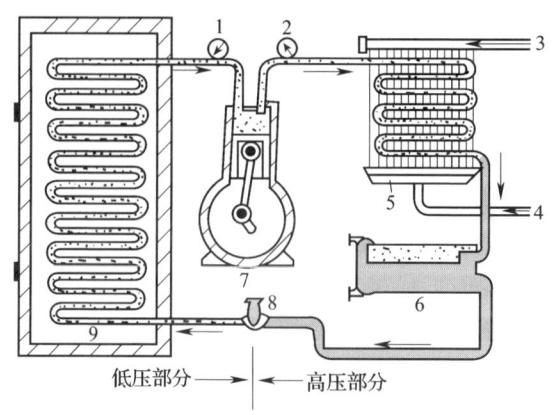

图 5-4 冷冻机工作原理示意

1—回路压力 2—开始压力 3—冷凝水入口 4—冷凝水出口 5—冷凝器
6—贮液器 7—压缩机 8—膨胀阀 9—蒸发器

氨的缺点是有毒，若空气中含有 0.5%（体积分数）时，人在其中停留半小时就会引起严重中毒，甚至有生命危险。若空气中含量超过 16% 时，会发生爆炸性燃烧。氨对钢及其合金有腐蚀作用。

卤化甲烷族，是指氟氯与甲烷的化合物，商品名通称为氟利昂，其中二氯二氟甲烷因制冷能力好，无潜在爆炸风险，无异味，比体积小，曾主要用于家用冰箱等小型冷冻机。但由于氟利昂对大气臭氧层的破坏，引发全球皮肤癌发病率上升，被《关于消耗臭氧层物质的蒙特利尔议定书》协议列为逐步禁止生产和使用清单。我国作为该协议签约国，已于 2007 年 7 月 1 日起全面禁止生产和使用氟氯烃，目前，R00a 和 1,1,1,2-四氟乙烷（R134a）是其在小型制冷设备中的主要替代物。

二、库内冷却系统

机械冷藏库的库内冷却系统（cooling system of storage），一般可分为直接冷却（蒸发）、盐水冷却和鼓风冷却三种。

1. 直接冷却系统

直接冷却系统（direct cooling system）也称直接膨胀系统或直接蒸发系统。把制冷剂通过的蒸发器直接装置于冷库中，通过制冷剂的蒸发将库内空气冷却。蒸发器一般用蛇形管制成，装成壁管组或天棚管组均可。直接冷却系统冷却迅速，降温较低。如以氨直接冷却，可将库温降低到 $-23℃$。该系统宜采用氨作为制冷剂。直接冷却系统的主要优点是降温速度快；缺点是蒸发器结霜严重，要经常冲霜，否则，会影响蒸发器的冷却效果。库内温度不均匀，接近蒸发器处温度较低，远处则温度较高。此外，如果制冷剂在蒸发器或阀门处泄漏，会直接伤害贮藏产品。

2. 盐水冷却系统

盐水冷却系统（salt-water cooling system）蒸发器不直接安装在冷库内，而是将其盘旋安置在盐水池内，将盐水冷却之后再输入安装在冷库内的冷却管组，盐水通过冷却管组循环往复吸收库内的热量使冷库逐步降温。

使用 200g/L NaCl 水溶液，可使库温降至 $-16.5℃$，若用 200g/L $CaCl_2$ 水溶液，则库温可

降至-23℃。NaCl 和 $CaCl_2$ 对金属都有腐蚀作用。此冷却系统优点是库内湿度较高，有利于果蔬的贮藏；避免有毒及有味制冷剂向库内泄漏，造成果蔬或人员伤害。其缺点是由于有中间介质——盐水的存在，有相当数量的冷被消耗，要求制冷剂在较低的温度下蒸发，从而加重压缩机的负荷。另外，盐水的循环必须有盐水泵提供动力，增加了电力的消耗。盐水冷却管组的安装一般采用靠壁管组。

3. 鼓风冷却系统

冷冻机的蒸发器直接安装在空气冷却器（室）内，借助鼓风机的作用将库内的空气吸入空气冷却器并使之降温，将已经冷却的空气通过送风管送入冷库内，如此循环不已，达到降低库温的目的。鼓风冷却系统（blast cooling system）在库内造成空气对流循环，冷却迅速，库内温度和湿度较为均匀一致。在空气冷却器内，可进行空气湿度的调节，如果不注意湿度的调节，该冷却系统会加快果蔬的水分散失。

北方在贮藏适宜温度为 10℃ 左右的果品和蔬菜（如香蕉、甜椒、黄瓜等）时，冬季需要加热，鼓风冷却系统的空气冷却室内安装电热设备即可实现加温。

在制冷系统中的蒸发器，必须有足够的表面积，使库内的空气与这一冷面充分接触，以使制冷剂与库内空气之温差不致太大。如果两者温差太大，产品在长期贮藏中就会严重失水，甚至萎蔫。

当库内的湿热空气流经用盘管做成的蒸发器时，空气中的水分会在蒸发器上结霜，在减少空气湿度的同时，会降低空气与盘管冷面的热交换。因此，需要有除霜设备。除霜可以用水，也可以使热的制冷剂在盘管内循环，还可以用电热除霜。

具有盐水喷淋装置和风机的蒸发器，没有除霜的问题，但盐水或抗冻液体会被稀释，需适时调整。这种蒸发器是以盐水或抗冻溶液构成冷却面进行冷却。先将盐水或抗冻液喷淋到有制冷剂通过的盘管上冷却，然后泵入中心盐水喷淋装置中，由管道将仓库内空气引入这一中心盐水喷淋装置，冷却后送回库内，循环往复。

三、冷藏库的设计与建筑

1. 库址的选择

冷库的贮量一般较大，产品的进出量大而频繁。因此，要注意交通方便，利于新鲜产品的运输。还要考虑到产区和市场的联系，减少蔬菜在常温下不必要的时间拖延。

冷库以建设在没有阳光照射和热风频繁的阴凉处为佳。在一些山谷或地形较低，冷凉空气流通的位置最为有利。

在全年内，空气温度比土壤温度低的时间较长，而且空气通过冷藏库的屋顶和墙壁的传热量也比土壤小。通常设计地下库用的绝缘材料厚度与地上库是一样的，因此，地下库的建设，经济上并不合算。地下库与外界的联系以及各种操作管理，均没有地上库方便。因此，冷库的建设，大多采取地上式。

冷库周围应有良好的排水条件，地下水位要低，保持干燥对冷库很重要。

2. 库房的容量

冷库的大小要根据经常要贮存产品的数量和产品在库内堆码形式而定。设计时，要先确定需要贮藏的容量。这个容量是根据需要贮藏的产品在库内堆码所必需占据的体积，加上行间过道，堆码墙壁之间的空间，堆与天花板之间的空间以及包装之间的空隙等计算出来的。确定容量之后，再确定冷库的长宽与高度。假设要建一座容量为 1080m³ 的冷库，若采用 4m 的高度，1080/4＝270m²，就是库房所需的地平面积。一般冷库的宽度为 12m，那么冷库的长即为 22.5m。如果在同一容量的基础上，增加 1m 的高度，库房就可以缩短 4.5m，这就增加了墙壁面积 24m²，但从减少地平面积和天花板以及梁架材料的投资来考虑，增加高度比延长长度更经济。但较大的高度必须有适宜高层堆垛的设备来配合，如铲车等。

冷库设计，还要考虑必要的附属建筑和设施，如工作间、包装整理间、工具库和装卸台等。

3. 绝缘材料及其敷设

冷藏库建筑的重要问题是设法减少热流入库。绝缘材料的敷设就是为冷库内外热量交流设置障碍。绝缘材料的绝缘性能与其材料内部截留的细微空隙有着密切的联系。坚实致密的固体其绝缘能力很差，像金属材料的导热能力都比较强，但如果将其制成充满封闭的气孔泡沫状的材料，则金属材料也会被赋予良好的绝缘性能。绝缘材料除具备良好的绝缘性能外，还应有廉价易得、质轻、防湿、防腐、防虫、耐冻、无味、无毒、不变形、不下沉、便于使用等特性。对某一绝缘材料来讲，其隔热能力可借增加绝缘材料的厚度而提高。但增加绝缘材料的厚度，直至其费用超过冷库的维持费用时，就达到增加厚度的限度了。一般以软木板为标准，通常墙壁适宜的厚度为 10cm 左右，地板为 5cm 左右。其他材料与 10cm 软木板的绝缘能力相当的厚度，可根据表 5-2 计算出来。

绝缘材料分几种类型，一种是加工成固定形状的板块，如软木、聚苯乙烯等。另一种是颗粒状松散的材料，如木屑、糠壳等。聚氨酯喷涂发泡，可以在已经建成的砖或混凝土仓库中进行。当在墙壁上同时喷涂异氰酸酯和聚醚之后即会发生化学反应发泡，随之定形后既防潮又隔热。

固定形状的绝缘材料在敷设后，能经常维持其原来的状态，持久性良好。松散的颗粒状材料，一般是填充于两层墙壁之间，填充的密度控制较难。因为颗粒之间无固定联系，重力的影响会使其逐渐下沉，使绝缘层的上部空虚，形成漏热的渠道，增加冷冻机的负荷。因此，要设法随时补充颗粒材料下沉所形成的空隙，以减少漏热。

敷设绝热材料时，板块材料要分层进行。第一层用胶黏剂加上必要的钉子，牢固地敷设在建筑物的墙壁、天花板和地面上，每块板应与相邻的绝热板紧密连接。第二层板材要紧密黏合在第一层绝缘板上，两层板的接头位置必须错开，以免形成热的通道。绝热材料的敷设应使绝热层成为一个完整连续的整体，不能让格栅、屋梁和支柱等参与到绝热层中，以防破坏隔热层的完整性。

在绝热材料内部水汽的凝结会降低隔热效能。水蒸气能够通过建材如砖、木材等，在蒸汽压内外有差异时，在毛细管的作用下，由表层渗入到墙壁中。越靠近内层墙温度越低，蒸汽逐渐达到饱和，并凝聚成水，积留于绝热层中，降低了绝缘材料的隔热性能，同时也使隔热材料受到侵蚀或腐败。因此，在绝缘材料的两面与墙壁之间要加一层阻障，阻止水分进入隔热材料。用于隔潮的材料有塑料薄膜、金属箔片、沥青等。无论何种防潮材料，敷用时要使完全封闭，不能留有任何微细的缝隙，尤其是在温度较高的一面。如果只在绝热层的一面敷设防潮层，就必须敷设在绝热层经常温度较高的一面。

果蔬冷藏库一般维持的温度在 −1.5～−1℃，而地温经常在 10～15℃。这就意味着一定的热量可能由地面不断地向库内渗透。因此，地板也必须敷设隔热层。通常地板的隔热能力要求相当于 5cm 的软木板。

地面要有一定的强度以承受堆积产品和搬运车辆的重量。采用软木板作隔热材料时，其上下须敷设 7~8cm 厚的水泥地面和地基。地基下层铺放煤渣或石子，以利于排水。图 5-5 是冷藏库的主要结构。

现代冷库的结构正向装配式发展，即预制成包括防潮层和隔热层的库体构件，再进行地面的现场组装，其优点是施工方便、快速。然而其造价较高。

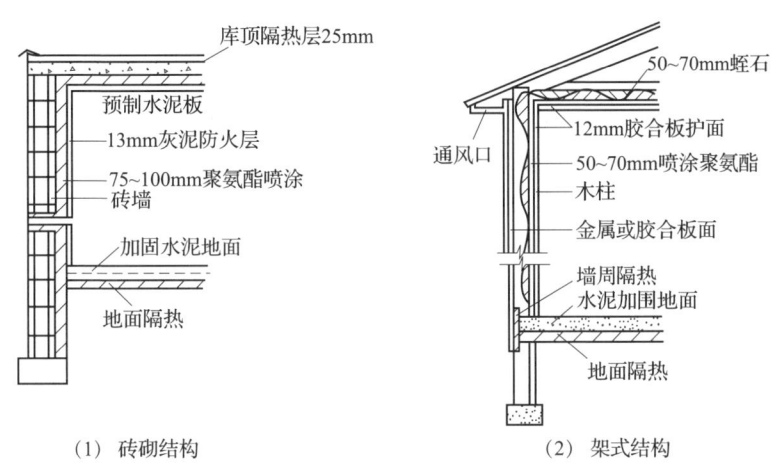

图 5-5 果蔬冷藏库结构

四、冷藏库的消毒

冷藏库被有害菌类污染常是引起果蔬腐烂的重要原因。因此，冷藏库在使用前需要进行全面的消毒（disinfection），以防止果蔬腐烂变质。常用的消毒方法有以下几种。

（1）乳酸消毒　将浓度为 80%~90% 的乳酸和水等量混合，按每立方米库容用 1mL 乳酸的比例，将混合液放于瓷盆内于电炉上加热，待溶液蒸发完后，关闭电炉。闭门熏蒸 6~24h，然后开库使用。

（2）过氧乙酸消毒　将 20% 的过氧乙酸按每立方米库容用 5~10mL 的比例，放于容器内于电炉上加热促使其挥发熏蒸；或按以上比例配成 1% 的水溶液全面喷雾。因过氧乙酸有腐蚀性，使用时应注意对器械、冷风机和人体的防护。

（3）漂白粉消毒　将含有效氯 25%~30% 的漂白粉配成 10% 的溶液，用上清液按库容每立方米 40mL 的用量喷雾。使用时注意防护，用后库房必须通风换气除味。

（4）福尔马林消毒　按每立方米库容用 15mL 福尔马林的比例，将福尔马林放入适量高锰酸钾或生石灰，稍加些水，待发生气体时，将库门密闭熏蒸 6~12h。开库通风换气后方可使用库房。

（5）硫磺熏蒸消毒　用量为每立方米库容用硫磺 5~10g，加入适量锯末，置于陶瓷器皿中点燃，密闭熏蒸 24~48h 后，彻底通风换气。

库内所有用具用 5g/L 漂白粉溶液或 20~50g/L 硫酸铜溶液浸泡、刷洗、晾干后备用。

五、冷藏库的管理

1. 温度

入库产品的品温与库温的差别越小越有利于快速将贮藏产品冷却到最适贮藏温度。延迟入库时间,或者冷库温度下降缓慢,不能及时达到贮藏适温,会明显地缩短贮藏产品的贮藏寿命。要做到温差小,就要从采摘时间、运输以及散热预冷等方面采取措施。

冷冻机在安装时,一方面可通过增加冷库单位容积的蒸发面积,另一方面可采用压力泵将数倍于蒸发器蒸发量的制冷剂强制循环。这样可以显著地提高蒸发器的制冷效率,加速降温。

冷库在设计上对每天的入库量是有一定限制的,通常设计每天的入库量占库容量的10%,超过这个限量,就会明显影响降温速度。入库时,最好把每天放进来的水果蔬菜尽可能地分散堆放,以便迅速降温。当入贮产品降到某一要求低温时可再将产品堆垛到要求高度。

在库内安装鼓风机械,或采用鼓风冷却系统的冷库会加强库内空气的流通,利于入贮产品的降温。

包装在各种容器中的贮藏产品,堆积过大过密时,会严重阻碍其降温速度,堆垛中心的产品会较长时间处于相对高温下,缩短产品的贮藏寿命。

2. 湿度

相对湿度是在某一温度下空气中水蒸气的饱和程度。空气的温度越高则其容纳水蒸气的能力就越强,贮藏产品在此条件下失重也就会加快。冷库的相对湿度一般维持在80%~90%时,才能使贮藏产品不致失水萎蔫。

要维持冷库的高湿环境,最简单的方法是使制冷系统的蒸发器温度尽可能接近于库内空气的温度。这就要求蒸发器必须有足够大的蒸发面积。结构严密、隔热良好的冷藏库,外界的湿热空气很少渗漏到库内,这就容易使蒸发器温度维持在接近库温的水平,也可以减少蒸发器的结霜,减少除霜次数。

冷库中增湿有多种方法。最简单的是在库中将水以雾状微粒喷到空气中去,直接喷于库房地面或产品上,也可以起到增湿的效果。这些方法的缺点是增加了蒸发器的结霜。

贮藏产品的包装如果干燥且易吸湿,易使库内的湿度降低。贮前入贮产品用一些药品溶液处理,入库时带入一定的水汽,会增加仓库的湿度。例如,用 $CaCl_2$、防腐剂及防褐烫病药物等处理后的苹果等。

3. 冷库的通风

果蔬产品在贮藏期间会释放出许多有害物质,如乙烯、CO_2 等,当这些物质积累到一定浓度后,就会使贮藏产品受到伤害。因此,冷库的通风换气是必要的。冷库的通风换气,一般选择在气温较低的早晨进行,雨天、雾天等外界湿度过大时不宜通风,以免库内温湿度的剧烈变化。

第四节 气调贮藏

气调贮藏(controlled atmosphere storage),即调节气体贮藏,是当前国际上果蔬保鲜广为应用的现代化贮藏手段。它是将果蔬贮藏在不同于普通空气的混合气体中,其中 O_2 含量较低

CO_2 含量较高，有利于抑制果蔬的呼吸代谢，从而保持新鲜品质，延长贮藏寿命。气调贮藏是在冷藏基础上进一步提高贮藏效果的措施，包含着冷藏和气调的双重作用。1916—1920 年研究者发现采用密封箱贮藏苹果有较好的效果。在密闭条件下，果实由于呼吸消耗 O_2，同时积累 CO_2，在 O_2 或 CO_2 过低或过高时适当通气调整以利果实贮藏称为气体贮藏（gas storage）。后来，气体贮藏更名为气调贮藏（controlled atmosphere storage），简写为 CA 贮藏。MA 贮藏（modified atmosphere storage）是指利用包装、覆盖、薄膜衬里等方法，使产品在改变了气体成分的条件下贮藏。其中的气体成分比例取决于薄膜的厚度和性质、产品呼吸和贮温等因素，故而也有人称之为自动改变气体成分贮藏（self-controlled atmosphere storage）。

一、气调贮藏的条件

气调贮藏法多用于果品和蔬菜的长期贮藏。因此，无论是外观或是内在品质都必须保证原料产品的高质量，才能获得高质量的贮藏产品，取得较高的经济效益。入贮的产品要在最适宜的时期采收，不能过早或过晚，这是获得良好贮藏效果的基本保证。

（一）O_2、CO_2 和温度的配合

气调贮藏是在一定温度条件下进行的。在控制空气中的 O_2 和 CO_2 含量的同时，还要控制贮藏的温度，并且使三者得到适当的配合。

1. 气调贮藏的温度要求

实践证明，采用气调贮藏法贮藏果品或蔬菜时，在比较高的温度下，也可能获得较好的贮藏效果。这是因为新鲜果品和蔬菜之所以能较长时间地保持其新鲜状态，是由于人们设法抑制了果蔬的新陈代谢，尤其是抑制了呼吸代谢过程。这些抑制新陈代谢的手段主要是降低温度、提高 CO_2 浓度和降低 O_2 浓度等，可见，这些条件均属于果蔬正常生命活动的逆境，而逆境的适度应用，正是保鲜成功的重要手段。任何一种果品或蔬菜，其抗逆性都有各自的限度。譬如，一些品种的苹果在常规冷藏的适宜温度是 0℃，如果进行气调贮藏，在 0℃下再加以高 CO_2 和低 O_2 的环境条件，则苹果会承受不住这三方面的抑制而出现 CO_2 伤害等病症。这些苹果在气调贮藏时，其贮藏温度可提高到 3℃左右，这样就可以避免 CO_2 伤害。绿色番茄在 20~28℃进行气调贮藏的效果，约与在 10~13℃下普通空气中贮藏的效果相仿。由此看出，气调贮藏法对热带亚热带果蔬来说有着非常重要的意义，因为它可以采用较高的贮藏温度从而避免产品发生冷害。当然这里的较高温度也是很有限的，气调贮藏必须有适宜的低温配合，才能获得良好的效果。

2. O_2、CO_2 和温度的互作效应

气调贮藏中的气体成分和温度等诸条件，不仅个别地对贮藏产品产生影响，而且诸因素之间也会发生相互联系和制约，这些因素对贮藏产品起着综合的影响，即互作效应。气调贮藏必须重视这种互作效应，贮藏效果的好与差正是这种互作效应是否被正确运用的反映。要取得良好贮藏效果，O_2、CO_2 和温度必须有最佳的配合。而当一个条件发生改变时，另外的条件也应随之作相应的调整，这样才可能仍然维持一个适宜的综合贮藏条件。不同的贮藏产品都有各自最佳的贮藏条件组合。但这种最佳组合不是一成不变的。当某一条件因素发生改变时，可以通过调整别的因素而弥补由这一因素的改变所造成的不良影响。因此，同一个贮藏产品在不同的条件下或不同的地区，会有不同的贮藏条件组合，都会有较为理想的贮藏效果。表 5-3 是部分果品和蔬菜的气调贮藏条件。

表 5-3　　　　　　　　　　　　部分果品、蔬菜的气调贮藏条件

种类	O_2 含量/%	CO_2 含量/%	温度/℃	备注
元帅苹果	2~3	1~2	-1~0	中国
	5.0	2.5	0	澳大利亚
金冠苹果	2~3	1~2	-1~0	美国
	2~3	3~5	3	法国
巴梨	4~5	7~8	0	日本
	0.5~1	5	0	美国
柿	2	8	0	日本
桃	3~5	7~9	0~2	日本
香蕉	5~10	5~10	12~14	日本
蜜柑	10	0~2	3	日本
草莓	10	5~10	0	日本
番茄（绿）	2~4	0~5	10~13	中国（北京）
	2~4	5~6	12~15	中国（新疆）
番茄（半红）	2~7	<3	6~8	中国（新疆）
甜椒	3~6	3~6	7~9	中国（沈阳）
	2~5	2~8	10~12	中国（新疆）
洋葱	3~6	10~15	常温	中国（沈阳）
	3~6	8	常温	中国（上海）
花椰菜	15~20	3~4	0	中国（北京）
蒜薹	2~3	0~3	0	中国（沈阳）
	2~5	2~5	0	中国（北京）
	1~5	0~5	0	美国

在气调贮藏中，低 O_2 有延缓叶绿素分解的作用，配合适量的 CO_2 则保绿效果更好，这就是 O_2 与 CO_2 二因素的正互作效应。当贮藏温度升高时，就会加速产品叶绿素的分解，也就是高温的不良影响抵消了低 O_2 及适量 CO_2 对保绿的作用。

3. 贮前高 CO_2 处理的效应

人们在实验和生产中发现，刚采摘的苹果大多对高 CO_2 和低 O_2 的忍耐性较强。在气调贮藏前给以高浓度 CO_2 处理，有助于加强气调贮藏的效果。美国华盛顿州贮藏的金冠苹果在 1977 年已经有 16% 经过高 CO_2 处理，其中 90% 用气调贮藏。另外，将采后的果实放在 12~20℃ 下，CO_2 浓度维持 90%，经 1~2d 可杀死所有的介壳虫，而对苹果没有损伤。经 CO_2 处理的金冠苹果贮藏到 2 月，比不处理的硬度高 9.81N 左右，风味也更好些。金冠苹果在气调贮藏之前，用 20% 的 CO_2 处理 10d，既可保持硬度，也可减少酸的损失。

4. 贮前低 O_2 处理

在贮藏之前，将斯密斯品种（Granny Smith）苹果放在 O_2 含量为 0.2%~0.5% 的条件下处

理 9d，然后继续贮藏在 CO_2 与 O_2 体积比为 1.0 : 1.5 的条件下。结果表明，对于保持斯密斯苹果的硬度和绿色以及防止褐烫病和红心病，都有良好的效果，与橘苹苹果的试验结果相同。由此看来，低 O_2 处理或贮藏，可能形成气调贮藏中加强果实耐藏力的有效措施。

5. 动态气调贮藏

在不同的贮藏时期控制不同的气调指标，以适应果实从健壮向衰老不断地变化，对气体成分的适应性也在不断变化的特点，从而有效地延缓代谢过程，保持更好的食用品质的效果，此法称之为动态气调贮藏（dynamic controlled atmosphere），简称 DCA。在金冠苹果试验中，第一个月维持 O_2 与 CO_2 体积比为 3：0；第二个月为 3：2，以后为 3：5，温度为 2℃，湿度为 98%，贮藏 6 个月比一直贮于 3：5 条件下的果实保持较高的硬度，含酸量也较高，呼吸强度较低，各种损耗也较少。

（二）气体组成及指标

（1）双指标、总和约为 21%　普通空气中含 O_2 约 21%，CO_2 仅为 0.03%。一般的植物器官在正常生活中主要以糖为底物进行有氧呼吸，呼吸商约为 1。所以贮藏产品在密封容器内，呼吸消耗掉的 O_2 与释放出的 CO_2 体积相等，即二者之和近于 21%。如果把气体组成定为两种气体之和为 21%，例如 10% 的 O_2、11% 的 CO_2，或 6% 的 O_2、15% CO_2，管理上就很方便。只要把蔬菜果品封闭后经一定时间，当 O_2 含量降至要求指标时 CO_2 也就上升达到了要求的指标。此后，定期地或连续从封闭贮藏环境中排出一定体积的气体，同时充入等量新鲜空气，这就可以较稳定地维持这个气体配比。这是气调贮藏发展初期常用的气体指标。它的缺点是，如果 O_2 较高（>10%），CO_2 就会偏低，不能充分发挥气调贮藏的优越性；如果 O_2 较低（<10%），又可能因 CO_2 过高而发生生理伤害。将 O_2 和 CO_2 控制于相接近的指标（二者各约 10%），简称高 O_2 高 CO_2 指标，可用于一些果蔬的贮藏，但其效果多数情况下不如低 O_2 低 CO_2 好。这种指标对设备要求比较简单。

（2）双指标、总和<21%　这种指标的 O_2 和 CO_2 的含量都比较低，二者之和小于 21%。这是国内外广泛应用的气调指标。在我国，习惯上把气体含量在 2%~5% 称为低指标，5%~8% 称为中指标。一般来讲，低 O_2 低 CO_2 指标的贮藏效果较好，但这种指标所要求的设备比较复杂，管理技术要求较高。

（3）O_2 单指标　前述两种指标，都是同时控制 O_2 和 CO_2 于适当含量。为了简化管理，或者有些贮藏产品对 CO_2 很敏感，则可采用 O_2 单指标，就是只控制 O_2 的含量，CO_2 用吸收剂全部吸收。O_2 单指标必然是一个低指标，因为当无 CO_2 存在时，O_2 影响植物呼吸的阈值大约为 7%，O_2 单指标必须<7%，才能有效地抑制呼吸强度。对于多数果蔬来说，单指标的效果不如前述第二种指标，但比第一种方式可能要优越些，操作也比较简便，容易推广。

（三）O_2 和 CO_2 的调节管理

气调贮藏容器内的气体成分，从刚封闭时的正常气体成分转变到要求的气体指标，是一个降 O_2 和升 CO_2 的过渡期，可称为降 O_2 期。降 O_2 之后，则是使 O_2 和 CO_2 稳定在规定指标的稳定期。降 O_2 期的长短以及稳定期的管理，关系到果蔬的贮藏效果好与坏。

1. 自然降 O_2 法（缓慢降 O_2 法）

封闭后依靠产品自身的呼吸作用使 O_2 的浓度逐步减少，同时积累 CO_2。

(1) 放风法　每隔一定时间，当 O_2 降至指标的低限或 CO_2 升高到指标的高限时，开启贮藏容器，部分或全部换入新鲜空气，而后再进行封闭。

(2) 调气法　双指标总和<21%和单指标的气体调节，是在降 O_2 期用吸收剂吸除超过指标的 CO_2，当 O_2 降至指标后，定期或连续输入适量的新鲜空气，同时继续吸除多余的 CO_2，使两种气体稳定在要求指标。

自然降 O_2 法中的放风法，是简便的气调贮藏法。此法在整个贮藏期间 O_2 和 CO_2 含量总在不断变动，实际不存在稳定期。在每一个放风周期之内，两种气体都有一次大幅度的变化。每次临放风前，O_2 降到最低点，CO_2 升至最高点，放风后，O_2 升至最高点，CO_2 降至最低点。即在一个放风周期内，中间一段时间 O_2 和 CO_2 的含量比较接近，在这之前是高 O_2 低 CO_2 期，之后是低 O_2 高 CO_2 期。这首尾两个时期对贮藏产品可能会带来很不利的影响。然而，整个周期内两种气体的平均含量还是比较接近，对于一些抗性较强的果蔬如蒜薹等，采用这种气调贮藏法，其效果远优于常规冷藏法。

(3) 充 CO_2 自然降 O_2 法　封闭后立即人工充入适量 CO_2（10%～20%），O_2 则自然下降。在降 O_2 期不断用吸收剂吸除部分 CO_2，使其含量大致与 O_2 接近。这样 O_2 和 CO_2 同时平行下降，直到两者都达到要求指标。稳定期管理同前述调气法。这种方法是借 O_2 和 CO_2 的拮抗作用，用高 CO_2 来克服高 O_2 的不良影响，又不使 CO_2 过高造成毒害。据试验，此法的贮藏效果接近人工降 O_2 法。

2. 人工降 O_2 法（快速降 O_2 法）

利用人为的方法使封闭后容器内的 O_2 迅速下降，CO_2 迅速上升。实际上该法免除了降 O_2 期，封闭后立即进入稳定期。

(1) 充氮法　封闭后抽出容器内的大部分空气，充入氮气，由氮气稀释剩余空气中的 O_2，使其浓度达到要求指标。有时充入适量 CO_2，使之立即达到要求浓度。尔后的管理同前述调气法。

(2) 气流法　把预先由人工按要求指标配制好的气体输入封闭容器内，以代替其中的全部空气。在以后的整个贮藏期间，始终连续不断地排出部分气体和充入人工配制的气体，控制气体的流速使内部气体稳定在要求指标。

人工降 O_2 法由于避免了降 O_2 过程的高 O_2 期，所以，能比自然降 O_2 法进一步提高贮藏效果。然而，此法要求的技术和设备较复杂，同时消耗较多的氮气和电力。

二、气调贮藏的方法

气调贮藏的操作管理主要是封闭和调气两部分。调气是创造并维持产品所要求的气体组成（如前所述）。封闭是杜绝外界空气对所要求的气体环境的干扰破坏。目前国内外的气调贮藏，按其封闭的设施来看可分为两类，一类是气调冷藏库，另一类是塑料薄膜封闭气调法。

（一）气调冷藏库

气调冷藏库首先要有机械冷库的性能，还必须有密封的性能，以防止漏气，确保库内气体组成的稳定。

用预制隔热嵌板建库。嵌板两面是表面呈凹凸状的金属薄板（镀锌钢板或铝合金板等），中间是隔热材料聚苯乙烯泡沫塑料，采用合成的热固性黏合剂将金属薄板牢固地黏结在聚苯乙烯泡沫塑料板上。嵌板用铝制呈工字形的构件从内外两面连接，在构件内表面涂满可塑性的丁基玛蹄脂，使接口完全、永久地密封。在墙角、墙脚以及墙和天花板等转角处，皆用直角形铝制构件拼连，并用特制的铆钉固定。这种预制隔热嵌板，既可以隔热防潮，又可以作为隔气层。地板是在加固的钢筋水泥底板上，用一层塑料薄膜（多聚苯乙烯等）作为隔气层（0.25mm），一层预制隔热嵌板（地坪专用），再加一层加固的10cm厚的钢筋混凝土为地面。为了防止地板由于承受荷载而使密封破裂，在地板和墙的交接处的地板上留一平缓的槽，在槽内也灌满不会硬化的可塑酯（黏合剂）。

比较成熟的做法是在建成的库房内进行现场喷涂泡沫聚氨酯（聚氨基甲酸酯），采用此法可以获得性能非常优异的气密结构并兼有良好的保温性能，5.0~7.6cm厚的泡沫聚氨酯可相当于10cm厚的聚苯乙烯的保温效果。喷涂泡沫聚氨酯之前，应先在墙面上涂一层沥青，然后分层喷涂，每层厚度约为1.2cm，直到喷涂达到所要求的总厚度。

气调贮藏库的库门要做到密封是比较困难的，通常有两种做法。第一，只设一道门，既是保温门又是密封门，门在门框顶上的铁轨上滑动，由滑轮联挂。门的每一边有两个，总共八个插锁把门拴在门框上。把门拴紧后，在四周门缝处涂上不会硬化的黏合剂密封。第二，设两道门，第一道是保温门，第二道是密封门。通常第二道门的结构很轻巧，用螺钉铆接在门框上，门缝处再涂上玛蹄脂加强密封。另外，各种管道穿过墙壁进入库内的部位都需加用密封材料，不能漏气。通常要在门上设观察窗和手洞，方便观察和检验取样。

气调库必须进行气密性试验，排除漏点后，方可投入使用。气调库在运行过程中，由于库内温度的波动或者气体的调节会引起压力的波动。当库内外压力差达到58.8Pa时，必须采取措施释放压力，否则会损坏库体结构。具体办法是安装水封装置，当库内正压超过58.8Pa时，库内空气通过水封溢出；当库内负压超过58.8Pa时，库外的空气通过水封进入库内，自动调节库内外压力差，不超过58.8Pa。

气调库的主要设备有：气体发生器，其基本装置是一个催化反应器。在反应器内，将O_2和燃料气体如丙烷或天然气进行化学反应而形成CO_2和水蒸气。用于反应的O_2来自库内的空气。由于库内空气不断地循环通过反应器，因而库内O_2不断地降低而达到所要求的浓度。

CO_2吸附器，其作用是除去贮藏过程中贮藏产品呼吸释放的以及气体发生器在工作时所放出的CO_2。当CO_2继续积累超过一定限度时，将库内空气引入CO_2吸附器中的喷淋水、碱液或石灰水中，或者引入堆放消石灰包的吸收室中，吸收部分CO_2，使库内CO_2维持适宜的浓度。活性炭CO_2脱除机内的活性炭吸附CO_2达到饱和时，用新鲜空气吹洗，使CO_2脱附。CO_2脱除机有两个吸附罐，当一个罐吸附CO_2时，另一个同时进行脱附。

气体发生器和CO_2吸附器配套使用，就可以随意调节和快速达到所要求的气体成分。

气调库内的制冷负荷要求比一般的冷库要大，因为装货集中，要求在很短时间内将库温降到适宜贮藏的温度。气调贮藏库还有湿度调节系统、气体循环系统以及气体、温度和湿度的分析测试记录系统等。这些都是气调贮藏库的常规设施。

（二）塑料薄膜封闭气调法

20世纪60年代以来，国内外对塑料薄膜封闭气调法开展了广泛的研究，并在生产中广泛应用，在果品和蔬菜保鲜上发挥着重要的作用。薄膜封闭容器可安装在普通冷库内或通风贮藏库内，以及窑洞、棚窖等简易贮藏场所内。它使用方便、成本较低，还可以在运输中使用。

塑料薄膜封闭贮藏技术能非常广泛地应用于果蔬的贮藏，是因为塑料薄膜除使用方便、成本低廉外，还具有一定透气性这一重要的特点。通过果蔬的呼吸作用，会使塑料袋（帐）内维持一定的 O_2 和 CO_2 比例，加上人为的调节措施，会形成有利于延长果蔬贮藏寿命的气体成分。

1963年以来，人们开展了对硅橡胶在果蔬贮藏上应用的研究，并取得成功，使塑料薄膜在果蔬贮藏上的应用变得更便捷、更广泛。

硅橡胶是一种有机硅高分子聚合物，它是由有取代基的硅氧烷单体聚合而成，以硅氧键相联形成柔软易曲的长链，长链之间以弱电性松散地交联在一起。这种结构使硅橡胶具有特殊的透气性。首先，硅橡胶薄膜对 CO_2 的透过率是同厚度聚乙烯膜的 200~300 倍，是聚氯乙烯膜的 20000 倍。第二，硅橡胶膜对气体具有选择性透性，其对 N_2、O_2 和 CO_2 的透性比为 1∶2∶12，同时对乙烯和一些芳香物质也有较大的透性。利用硅橡胶膜特有的性能，在用较厚的塑料薄膜（如0.23mm聚乙烯）做成的袋（帐）上嵌上一定面积的硅橡胶，就做成一个有气窗的包装袋（或硅窗气调帐），袋内的果品或蔬菜进行呼吸作用释放出的 CO_2 通过气窗透出袋外，而所消耗掉的 O_2 则由大气透过气窗进入袋内而得到补充。由于硅橡胶具有较大的 CO_2 与 O_2 的透性比，且袋内 CO_2 的进出量与袋内的浓度呈正相关，因此，贮藏一定时间之后，袋内的 CO_2 和 O_2 进出达到动态平衡，其含量就会自然调节到一定的范围。

有硅橡胶气窗的包装袋（帐）与普通塑料薄膜袋（帐）一样，是利用薄膜本身的透性自然调节袋中的气体成分。因此，袋内的气体成分必然是与气窗的特性、厚薄、大小，袋子容量、装载量，果实的种类、品种、成熟度，以及贮藏温度等因素有关。要通过试验研究，最后确定袋（帐）子的大小、装量和硅橡胶窗的大小。

1. 封闭方法和管理

（1）垛封法　贮藏产品用通气的容器盛装，码成垛。垛底先铺垫底薄膜，在其上摆放垫木，将盛装产品的容器垫空。码好的垛子用塑料帐罩住，帐子和垫底薄膜的四边互相重叠卷起并埋入垛四周的小沟中，或用其他重物压紧，使帐子密闭。也可以用活动贮藏架在装架后整架封闭。比较耐压的一些产品可以散堆到帐架内再行封帐。帐子选用的塑料薄膜一般厚度为 0.07~0.20mm 的聚乙烯或聚氯乙烯。在塑料帐的两端设置袖口（用塑料薄膜制成），供充气及垛内气体循环时插入管道之用。可从袖口取样检查，活动硅橡胶窗也是通过袖口与帐子相连接的。帐子还要设取气口，以便测定气体成分的变化，也可从此充入气体消毒剂，平时不用时把气口塞闭。为使器壁的凝结水不侵蚀贮藏产品，应设法使封闭帐悬空，不使之贴紧产品。帐顶部分的凝结水的排除，可加衬吸水层，还可将帐顶做成屋脊形，以免结水滴到产品上。

塑料薄膜帐的气体调节可使用气调库调气的各种方法。帐子上设硅橡胶窗可以实现自动调气。

（2）袋封法　将产品装在塑料薄膜袋内，扎口封闭后放置于库房内。调节气体的方法有：①定期调气或放风。用 0.06~0.08mm 厚的聚乙烯薄膜做成袋子，将产品装满后入库，当袋内的 O_2 减少到低限或 CO_2 增加到高限时，将全部袋子打开放风，换入新鲜空气后再进行封口贮藏。②自动调气，采用 0.03~0.05mm 的塑料薄膜做成小包装。因为塑料膜很薄，透气性很好，在较短的时间内，可以形成并维持适当的低 O_2 高 CO_2 的气体成分而不致造成高 CO_2 伤害。该方法适用于短期贮藏、远途运输或零售的包装。

在袋子上，依据产品的种类、品种和成熟度及用途等而确定黏贴一定面积的硅橡胶膜后，也可以实现自动调气。

2. 温度、湿度管理

塑料薄膜封闭贮藏时，袋（帐）子内部因有产品释放呼吸热，所以内部的温度总会比库温高一些，一般有 0.1~1℃ 的温差。另外，塑料袋（帐）内部的湿度较高，接近饱和。塑料膜正处于冷热交界处，在其内侧常有一些凝结水珠。如果库温波动，则帐（袋）内外的温差会变得更大、更频繁，薄膜上的凝结水珠也就更多。封闭帐（袋）内的水珠还溶有 CO_2，pH 约为 5。这种酸性溶液滴到果蔬上，既有利于病菌的活动，对果蔬也会不同程度地造成伤害。封闭容器内四周的温度因受库温的影响而较低，中部的温度则较高，这就会发生内部气体的对流。其结果是较暖的气体流至冷处，降温至露点以下便析出部分水汽形成凝结水；这种气体再流至暖处，温度升高，饱和差增大，因而又会加强产品的蒸腾作用。这种温湿度的交替变动，就像有一台无形的抽水机，不断地把产品中的水抽出来变成凝结水。也可能并不发生空气对流，而由于温度较高处的水汽分压较大，该处的水汽会向低温处扩散，同样导致高温处产品的脱水而低温处的产品凝水。所以薄膜封闭贮藏时，一方面是帐（袋）内部湿度很高，另一方面产品仍然有较明显的脱水现象。解决这一问题的关键在于力求库温保持稳定，尽量减小封闭帐（袋）内外的温差。

第五节 减压贮藏

减压贮藏（hypobaric storage）技术是果蔬等许多食品保藏的又一个技术创新，是气调冷藏技术的进一步发展。1966 年有研究发现在低于大气压条件下贮藏果实，有抑制成熟的作用，这一方法被称为减压贮藏或低气压贮藏。其具体做法是将果实放在能承受压力的箱中贮藏，用真空泵抽空，维持 0.02~0.05MPa，温度为 15~24℃，空气通过贮藏箱将产品贮藏中所释放的挥发物质带走。由于部分的真空作用，易引起果蔬的脱水；故此，在空气进入箱内以前，需先通过清水加湿。试验结果说明，在低压条件下香蕉的贮藏寿命成倍地延长，莱姆在 15℃ 和 0.02MPa 下试验，有 50% 的果实由绿转黄的时间由对照的 10d 增加到 56d。有研究对杏、桃、樱桃、梨和苹果等果实进行了试验，在 0.06MPa、0.04MPa 和 0.01MPa 的压力和 0℃ 的条件下，对照杏的贮藏期为 53d，在 0.01MPa 下贮藏的达到 90d；对照桃贮藏了 66d，在 0.01MPa 下贮藏的达到 93d；樱桃在 0.01MPa 下贮藏了 93d，对照果实只贮藏了 60d；梨在普通冷藏条件下贮藏 3~5 个月，在 0.06MPa 下贮藏了 5 个月，在 0.04MPa 下贮藏了 7 个月，在 0.01MPa 下贮藏了 8 个月；红星苹果在 0.04MPa 下比对照的贮藏期延长了 3.5 个月，金冠苹果延长了 2.5 个月。在低压条件下贮藏的果实，硬度的降低和叶绿素的降解较缓慢，糖和酸的损失延迟。当贮藏环境气压比正常大气压下降 0.01MPa 左右时，芹菜、莴苣等蔬菜的贮藏期可延长 20%~90%。

在 0.01MPa 的低压条件下，真菌形成孢子受到抑制，气压越低，抑制真菌的生长和孢子形成的作用越显著。

用低压贮藏易腐果品和蔬菜的主要优点是：①降低 O_2 的供应量从而降低了果蔬呼吸强度

和乙烯产生的速度。②产品释放的乙烯随时被排除,从而也排除了促进成熟和衰老的重要因素。③排除了果实释放的其他挥发性物质如 CO_2、乙醛、乙酸乙酯和 α-法呢烯等,有利于减少果实的生理病害。

当气压降到正常空气的 1/10 时,O_2 的含量从 21% 降到 2.1%,这是大多数苹果贮藏时适宜的 O_2 含量。已经成熟而未进入完熟的苹果,内部乙烯含量只有约 0.1mg/kg,不足以对果实催熟。在 0.01MPa 下,果实中乙烯含量降到 0.01mg/kg,完全没有催熟的作用。完熟的苹果内乙烯含量可达 100mg/kg 以上,在 0.01 个 MPa 下,果实内乙烯含量也可降到 10mg/kg 以下,但仍有催熟的作用。因此,采用减压贮藏苹果,也必须是处于乙烯开始大量产生以前。果实在高温中会加速乙烯产生,也不宜于减压贮藏。

第六节 其他贮藏技术

一、辐射处理

从 20 世纪 40 年代开始,许多国家对原子能在食品保藏上的应用进行了广泛的研究,取得了重大成果。马铃薯、洋葱、大蒜、蘑菇、石刁柏、板栗等蔬菜和果品,经辐射处理(radiotreatment)后,作为商品已大量上市。

辐射对贮藏产品有以下影响。

1. 干扰基础代谢过程,延缓成熟与衰老

各国在辐射保藏食品上主要是应用 ^{60}Co 或 ^{137}Cs 为放射源的 γ 射线来照射。γ 射线是一种穿透力极强的电离射线,当其穿过生活机体时,会使其中的水和其他物质发生电离作用,产生游离基或离子,从而影响到机体的新陈代谢过程,严重时则杀死细胞。由于照射剂量不同,所起的作用有差异。

①低剂量:1000Gy 以下,影响植物代谢,抑制块茎、鳞茎类发芽,杀死寄生虫。
②中剂量:1000~10000Gy,抑制代谢,延长果蔬贮藏期,阻止真菌活动,杀死沙门氏菌。
③高剂量:10000~50000Gy,彻底灭菌。

用 γ 射线辐照块茎、鳞茎类蔬菜可以抑制其发芽,剂量为 1.29~3.87C/kg。用 5.16C/kg 照射姜时抑芽效果很好,剂量再高则反而引起腐烂。

2. 辐射对产品品质的影响

用 600Gy γ 射线处理 Carabao 芒果,在 26.6℃下贮藏 13d 后,其 β-胡萝卜素的含量没有明显变化,其维生素 C 也无大的损失。同剂量处理的 Okrong 芒果在 17.7℃下贮藏,其维生素 C 变化同 Carabao。与对照相比,这些处理过的芒果可溶性固形物,特别是蔗糖都增加得较慢。同时,不溶于乙醇的固形物、可滴定酸和转化糖也减少得较慢。

对芒果辐射的剂量,从 1000Gy 提高到 2000Gy 时,会大大增强其多酚氧化酶的活力,这是较高剂量使芒果组织变黑的原因。

用 400Gy 以下的剂量处理香蕉,其感官特性优于对照。番石榴和人心果用 γ 射线处理后维生素 C 没有损失。500Gy γ 射线处理菠萝后,不改变其理化特性和感官品质。

3. 抑制和杀死病菌及害虫

许多病原微生物可被 γ 射线杀死，从而减少贮藏产品在贮藏期间的腐败变质。炭疽病对芒果的侵染是致使果实腐烂的一个严重问题。在用热水浸洗处理之后，接着用 1050Gy γ 射线处理芒果果实，会大大减少炭疽病的侵害。用热水处理番木瓜后，再用 750~1000Gy γ 射线处理，收到了良好的贮藏效果。如果单用此剂量辐射，则没有控制腐败的效果。较高的剂量则对番木瓜本身有害，会引起表皮褪色，成熟不正常。用 2000Gy 或更高一些的剂量处理草莓，可以减少腐烂。1500~2000Gy γ 射线处理法国的各种梨，能消灭果实上的大部分病原微生物。

用 1200Gy 的 γ 射线照射芒果，在 8.8℃ 下贮藏 3 周后，其种子的象鼻虫会全部死亡。河南和陕西等地用 504~672Gy γ 射线照射板栗，达到了杀死害虫的目的。

二、电磁处理（electromagnetic processing）

1. 磁场处理（magnetic field processing）

产品在一个电磁线圈内通过，控制磁场强度和产品移动速度，使产品受到一定剂量的磁力线切割作用。或者流程相反，产品静止不动，而磁场不断改变方向（S、N 极交替变换）。据介绍，水分较多的水果（如蜜柑、苹果之类）经磁场处理，可以提高生理活力，增强抵抗病变的能力。水果在磁力线中运动，在组织生理上总会产生变化，就同导体在磁场中运动要产生电流一样。这种磁化效应虽然很小，但应用电磁测量的办法，可以在果蔬组织内测量出电磁场反应的现象。

2. 高压电场处理（high voltage electric field processing）

一个电极悬空，一个电极接地（或做成金属板极放在地面），两者间便形成不均匀电场，产品置于电场内，接受间歇的或连续的或一次的电场处理。可以把悬空的电极做成针状负极，由许多长针用导线并联而成。针极的曲率半径极小，在升高的电压下针尖附近的电场特别强，达到足以引起周围空气剧烈游离的程度而进行自激放电。这种放电局限在电极附近的小范围内，形成流注的光辉，犹如月环的晕光，故称电晕。因为针极为负极，所以空气中的正离子被负电极所吸引，集中在电晕套内层针尖附近；负离子集中在电晕套外围，并有一定数量的负离子向对面的正极板移动。这个负离子气流正好流经产品而与之发生作用。改变电极的正负方向则可产生正离子空气。另一种装置，是在贮藏室内用悬空的电晕线代替上述的针极，作用相同。

可见，高压电场处理，不只是电场单独起作用，同时还有离子空气的作用。还不止此，在电晕放电中还同时产生 O_3，O_3 是极强的氧化剂，有灭菌消毒、破坏乙烯的作用。这几方面的作用是同时产生不可分割的。所以，高压电场处理起的是综合作用，在实际操作中；有可能通过设备调节电场强度、负离子和 O_3 的浓度。

3. 负离子（negative ion）和 O_3 处理

据实验，对植物的生理活动，正离子起促进作用，负离子起抑制作用。因此，在贮藏方面多用负离子空气处理。当只需要负离子的作用而不要电场作用时，可改变上述的处理方法，产品不在电场内，而是按电晕放电使空气电离的原理制成负离子空气发生器，借风扇将离子空气吹向产品，使产品在发生器的外面接受离子淋沐。

思考题

1. 自然降温贮藏法的温湿管理有哪些共性要点?
2. 低温贮藏技术的优势和局限性分别是什么?实施的技术要点有哪些?
3. 气调冷库与普通机械冷库在结构和库体性质方面存在哪些差异?
4. 提升自发式气调效果的技术要点有哪些?
5. 减压贮藏、辐照处理、电磁场处理等贮藏方式结合低温贮藏技术能否达到更好的贮藏效果?
6. 设计一种贮藏方式,使香蕉的贮藏期达到60d。

第六章

贮藏各论

本章目标与重点

学习目标：
1. 掌握苹果、梨、柑橘、葡萄、香蕉、桃、李、杏、柿子、荔枝的呼吸特性及耐低温能力；
2. 掌握板栗、核桃特色经济林产品的贮藏方式；
3. 了解不同品种的苹果、梨、柑橘、葡萄分类；
4. 了解大白菜、芹菜、番茄、甜椒、花椰菜、蒜薹、萝卜、胡萝卜、马铃薯、洋葱、姜、西瓜的贮藏特性；
5. 了解大白菜、芹菜、番茄、甜椒、花椰菜、蒜薹、萝卜、胡萝卜、马铃薯、洋葱、姜、西瓜的贮藏方式。

学习重点：
1. 重点掌握各个果品的贮藏方式；
2. 重点了解不同贮藏特性的蔬菜对应的采收、贮前处理及贮藏方法。

第一节 果品的贮藏

一、苹果贮藏

苹果是我国栽培的主要果树之一，主要分布在北方各省区。苹果产量占我国果品产量的第一位，2022年全国总产量为4757万t。苹果品种多，耐藏性好，是周年供应的主要果品。

（一）品种贮藏特性

苹果品种不同，耐藏性差异很大，早熟品种如黄魁、早生旭、早金冠、伏锦、丹顶、祝光等，采收期早，不耐长期贮藏，采后随即供应市场和作短期贮藏。中晚熟品种，如红玉、金冠、元帅、红冠、红星、倭锦、鸡冠等比较耐贮，常温下可存放2周左右，冷藏可贮藏2个月，气调贮藏效果更佳。但条件不当时，贮藏后果肉易发绵。晚熟品种如国光、青香蕉、印度、醇露、可口香、富士等品种耐藏性好，可贮藏到次年6~7月。我国选育的苹果新品种，如秦冠、向阳红、胜利、青冠、葵花、双秋、红国光、香国光、丹霞、宁冠、宁锦等都属于质优耐贮品种。

(二) 苹果的采收期

苹果属于呼吸跃变型果实。适时采收，关系到果实的质量和贮藏寿命。一般以果实已充分发育、表现出品种应有的商品性状时采收为宜，即在呼吸跃变高峰之前一段时间采收较耐贮藏。采收过晚，贮藏中腐烂率明显增加；采收过早，其外观色泽、风味都不够好，不耐贮藏。

贮藏时间越长，对采收成熟度的要求越严格。采收期可根据果实生长天数来确定。苹果早熟品种一般在盛花期后 100d 左右采收，中熟品种 100~140d，晚熟品种 140~175d。还可根据果肉硬度来确定采收期。例如，元帅采收适期的硬度一般为 78.45N/cm^2，国光为 93.16N/cm^2。在美国，对于红星等品种，利用碘-碘化钾溶液的染色反应来确定适宜的采收期。

为了保证果实品质，提高贮藏质量，苹果的采收应分批采摘。采摘最好选晴天，一般在上午 10 时前或下午 4 时以后采摘。采摘时要防止一切机械损伤，勿使果梗脱落和折断。

(三) 适宜的贮藏条件

(1) 温度　对于多数苹果品种，贮藏适温为 -1~0℃。气调贮藏的适温比一般冷藏高 0.5~1℃。苹果贮藏在 -1℃ 比 0℃ 的贮藏寿命约延长 25%，比在 4~5℃ 约延长 1 倍。低温贮藏还可抑制虎皮病、红玉斑点病、苦痘病、衰老褐变病等的发展。贮藏温度过低，引起冻结也会降低果实硬度和缩短贮藏寿命。红玉、旭在 -1~0℃ 贮藏会引起生理失调、产生低温伤害、缩短贮藏寿命，这些品种适宜贮藏在 2~4℃。

即使是同一品种，在不同地区和不同年份生产的果实，对低温伤害的敏感性也不同，所以其贮藏适温有所差异。如秋花皮苹果在夏季凉爽和秋季冷凉的年份生长的果实，会严重发生虎皮病，以在 -2℃ 贮藏较好；而在夏季炎热和秋季温暖的年份生长的果实，易因低温而发生果肉褐变，以 2~4℃ 贮藏较好。

有的苹果品种会发生几种生理病害，这就要以当地最易发生的病害为主要依据，采用适宜的贮藏温度。如元帅苹果虎皮病发病率因贮藏温度不同而异，贮藏温度为 4℃、2℃、0℃ 和 -2℃ 的病果率相应为 82%、74%、25%、18%，据此，元帅的贮藏温度以 -2~0℃ 较适宜。

有时低温伤害也用逐渐降温的方法防治，如澳大利亚大陆生产的红玉易发生低温褐变，采收后先在 2℃ 贮藏 1 个月，以后再逐渐降至 0℃，发病减少。意大利的金冠是先在 3℃ 贮至大部分果实开始变黄时，再降至 1~1.5℃，贮藏寿命最长。

(2) 湿度　苹果贮藏的适宜相对湿度为 85%~95%。贮藏湿度大时，可减低自然损耗和褐心病的发展。当苹果失重 4.4% 时，褐心病为 4%；失重 8.8% 时，褐心病为 20%。但湿度大又可增加低温伤害和衰老褐变病的发展，相对湿度自 87% 增至 93%，可增加橘苹苹果的低温褐变病。相对湿度超过 90% 时，则加重红玉和橘苹衰老褐变病的发展。在利用自然低温贮藏苹果时，也常发现湿度大的窖和塑料薄膜袋中会发生更多的裂果。此外，湿度大可加重微生物引致的病害，增加腐烂损失。

贮藏环境中相对湿度的控制与贮藏温度有密切关系，贮藏温度较高时，相对湿度可稍低些，否则高温高湿易造成微生物引起的腐烂。贮藏温度适宜，相对湿度可稍高。

(3) 气体成分　适当地调节贮藏环境的气体成分，可延长苹果的贮藏寿命，保持其鲜度和品质。一般认为，当贮藏温度为 0~2℃ 时，O_2 含量为 2%~4%，CO_2 含量为 3%~5% 比较适宜。必须强调的是，不同品种、不同产地和不同贮藏条件下的气调条件，必须通过试验和生产实践来确定。盲目照搬必然会给贮藏生产造成损失。

（四）贮藏方式

苹果的贮藏方式很多，我国各苹果产区因地制宜利用当地的自然条件，创造了各种贮藏方式。如简易贮藏、冷藏、气调贮藏等，现分别叙述如下。

1. 预贮

9~10月是苹果的采收期，这个时期的气温和果温都比较高。利用自然通风降温的各种简易贮藏设施的温度也较高。如果采收后的苹果直接入库，会使贮藏场所长时间保持高温，对贮藏不利。因此，贮前必须对果实实施预贮，同时加强通风换气尽可能地降低贮藏场所的温度。预贮时，要防止日晒雨淋，多利用夜间的低温进行。

各地在生产实践中创造了许多行之有效的预贮方法。如山东烟台地区沟藏苹果的预贮，其方法是在果园内选择荫凉高燥处，将地面加以平整，把经过初选的果实分层堆放起来，一般堆放4~6层，宽1.3~1.7m，四周培起土埂，以防果滚动。白日盖席遮阴，夜间揭开降温，遇雨时覆盖。至霜降前后气温、果温和贮藏场所温度下降至贮藏适温时，将果实转至正式贮藏场所。也可将果实放在荫棚下或空房子里进行预贮，达到降温散热的目的。如果贮藏场所可以迅速降温，入库量也较少，可以直接入库贮藏，效果会更好。

2. 沟藏

沟藏是北方苹果产区的贮藏方式之一。因其条件所限，适于贮藏耐藏的晚熟品种，贮期可达5个月左右，损耗较少，保鲜效果良好。

山东烟台地区的做法是：在适当场地上沿东西长的方向挖沟，宽1~1.5m，深1m左右，长度随贮量和地形而定，一般长20~25m，可贮苹果10000kg左右。沟底要整平，在沟底铺3~7cm厚的湿沙。果实在10月下旬至11月上旬入沟贮藏，经过预贮的果实温度应为10~15℃，果堆厚度为33~67cm，苹果入沟后的一段时间果温和气温都较高，应该白天遮盖，夜晚揭开降温。至11月下旬气温明显下降时用草盖等覆盖物进行保温，随着气温的下降，逐渐加厚保温层至33cm。为防止雨雪落入沟里，应在覆盖物上加盖塑料薄膜，或者用席搭成屋脊形棚盖。入冬后要维持果温在-2~2℃，一般贮至翌年3月左右。春季气温回升时，苹果需迅速出沟，否则很快腐烂变质。

甘肃武威的沟藏苹果，与上述做法类似。只是沟深为1.3~1.7m深，宽为2.0m宽，苹果装筐入沟，在沟底及周围填以麦草、筐上盖草。到12月中旬，沟内温度达到-2℃时，再在草上覆土。

传统沟藏法冬季主要以御寒为主，降温作用很差。因此，有些产区采用改良地沟，提高了降温效果。主要做法是：结合运用聚氯乙烯（PVC）薄膜（0.05~0.07mm厚果品专用保鲜膜）小包装，容量为15~25kg/袋。还需10cm厚经过压实的草质盖帘。在入贮前7~10d将挖好的沟预冷，即夜间打开草帘，白天盖严，使之充分降温。入贮后至封冻前继续利用夜间自然低温，通过草帘的开启，使沟和入贮果实降温，当沟内温度低于-3℃时，果温在冰点以上，即将沟完全封严，次年白天气温高于0℃，夜间气温低于沟内温度时，再恢复入贮初期的管理方法，直到沟内的最高温度高于10℃时，结束贮藏。入贮后1个月内需注意气体指标和果实质量变化，及时进行调整。要选用型号、规格相宜的塑料薄膜，使其自发调气，起到自发气调保藏的作用。

3. 窑窖贮藏

窑窖贮藏苹果，是我国黄土高原地区古老的贮藏方式，结构合理的窑窖，可为苹果提供较理想的温度、湿度条件。如山西祁县，窑内年均温不超过10℃，最高月均温不超过15℃。如在结构上进一步改善，在管理水平上进一步提高，可达到窑内年均温不超过8℃，最高月均温不超过12℃。窑窖内采用简易气调贮藏，能取得更好的贮藏效果，国光、秦冠、富士等晚熟品种能贮藏到次年3~4月，果实损耗率比通风库少3%左右。

土窑洞加机械制冷贮藏技术，是在山西、陕西等苹果产区大面积普及、行之有效的贮藏方法。土窑洞贮藏法与其他简易贮藏方法一样，存在着贮藏初期温度偏高，贮藏晚期（翌年3~4月）升温较快的缺点，限制了苹果的长期贮藏。机械制冷技术用在窑洞温度的调节上，克服了窑洞贮藏前、后期的高温对苹果的不利影响，使窑洞贮藏苹果的质量安全赶上了现代冷库的贮藏效果。窑洞内装备的制冷设备只是在入贮后运行两个月左右，当外界气温降到可以通风而维持窑内适宜贮温时，制冷设备即停止运行，翌年气温回升时再开动制冷设备，直至果实完全出库。

窑窖贮藏管理技术，是苹果贮藏保鲜的关键。从果实入库到封冻前的贮藏初期，要充分利用夜间低温降低窖温，至0℃为止。中期重点要防冻。为了加大窑内低温土层的厚度，要在不冻果、不升温的前提下，在窑外气温不低于-6℃的白天，继续打开门和通气孔通风，通风程度掌握在窑温不低于-2℃即可。次年春天窑外气温回升时，要严密封闭门和通气孔，尽量避免窑外热空气进入窑内。

4. 通风库和机械冷库贮藏

通风库在我国的许多地方大量地应用于苹果贮藏。由于它是靠自然气温调节库内温度，所以，其主要的缺点也是秋季果实入库时库温偏高，初春以后也无法控制气温回升引起的库温回升，严重地制约了苹果贮藏寿命。山东省果树研究所研究设计的10℃冷凉库，就是在通风库的基础上，增设机械制冷设备，使苹果在入库初期就处于10℃以下的冷凉环境，有利于果实迅速散除田间热。入冬以后就可以停止冷冻机组运行，只靠自然通风就可以降低并维持适宜的贮藏低温。当翌年初春气温回升时又可以开动制冷设备，维持0~4℃的库温。

10℃冷凉库的建库成本和设备投资大大低于正规冷库，它解决了通风库贮藏前、后期库温偏高的问题，是一种投资少、见效快、效果好的节能贮藏方法。库内可采用硅窗气调大帐和小包装气调贮藏技术，进一步提高果实贮藏质量，延长苹果贮藏寿命。

苹果冷藏的适宜温度因品种而异，大多数晚熟品种以-1~0℃为宜，空气相对湿度为90%~95%。苹果采收后，最好尽快冷却到0℃左右，在采收后1~2d内入冷库，入库后3~5d内冷却到-1~0℃。

通风库和冷库的管理技术可参照第五章贮藏方式中通风库和冷库的使用管理。

5. 气调贮藏

目前，国内外气调贮藏主要用于苹果。对于不宜采用普通冷藏温度，要求较高贮温的品种，如旭、红玉等，为了避免贮温高促使果实成熟和微生物活动，应用气调贮藏是一种有效的补救方法。我国各地不同形式的气调法贮藏元帅、金冠、国光、秦冠及近年栽培的许多新品种，都有延长贮藏期的效果。气调贮藏的苹果颜色好、硬度大、贮藏期长。气调贮藏可减轻红玉斑点病、虎皮病、衰老褐变病等，还可以减轻微生物引致的腐烂病害和失水萎蔫。气调贮藏的苹果移到空气中时，呼吸作用仍较低，可保持气调贮藏的后效，因而变质缓慢。

常用的气调贮藏方式有塑料薄膜袋、塑料薄膜帐和气调库贮藏。

(1) 塑料薄膜袋贮藏　苹果采后就地预冷、分级后，在果箱或筐中衬以塑料薄膜袋，装入苹果，扎紧袋口，每袋构成一个密封的贮藏单位。目前应用的是聚乙烯或无毒聚氯乙烯薄膜，厚度多为 0.04~0.06mm。

苹果采收后正处在较高温度下，后熟变化很快。利用薄膜袋包装造成的气调贮藏环境，可有效地延缓后熟过程。上海有公司利用薄膜包装运输苹果，获得很好的效果。例如，用薄膜包装运输红星苹果，经 8d 由产地烟台运至上海时的硬度为 $7.2kg/cm^2$，冷藏 6 个月后硬度为 $5.6kg/cm^2$，对照分别为 $4.6kg/cm^2$ 和 $3.1kg/cm^2$。

(2) 塑料薄膜帐贮藏　在冷藏库、土窑洞和通风库内，用塑料薄膜帐将果垛封闭起来进行贮藏。薄膜大帐一般选用 0.1~0.2mm 厚的高压聚氯乙烯薄膜，黏合成长方形的罩子，可以贮数百到数千千克。帐封好后，按苹果要求的氧和二氧化碳水平，采用快速降氧、自然降氧方法进行调节。国内外都在广泛应用硅橡胶薄膜扩散窗，按一定面积黏合在聚乙烯或聚氯乙烯塑料薄膜帐或袋上，自发调整苹果气调帐（或袋）内的气体。由于膜型号和苹果贮量不同，使用时需经过试验和计算确定硅橡胶膜的具体面积。

(3) 气调库贮藏　库内的气体成分、贮藏温度和湿度能够根据设计水平自动精确控制，是理想的贮藏手段。采收后的苹果最好在 24h 之内入库冷却并开始贮藏。

苹果气调贮藏的温度，可以比一般冷藏温度提高 0.5~1℃。对 CO_2 敏感的品种，贮温还可高些，因为在一般贮藏温度（0~4℃）下，提高温度可减轻 CO_2 伤害。容易感受低温伤害的品种贮温稍高，对减轻伤害有利。

苹果气调贮藏只降低 O_2 浓度即可获得较好的效果。但对多数品种来说，同时再增加一定浓度的 CO_2，则贮藏效果更好，不同苹果品种对 CO_2 忍耐程度不同，有的对 CO_2 很敏感，一般不超过 2%~3%，大多数品种能忍耐 5%，还有一些品种如金冠在 8%~10% 也无伤害。

贮藏初期使用较高浓度的 CO_2 做短期预处理也能推迟苹果的成熟，例如，金冠用 15%~18% CO_2 经 10d 预处理，再转入一般气调贮藏条件，可有效地保持果实的硬度。我国也在研究同时把变动温度和气体成分几种措施组合起来的应用。由中国农业科学院果树研究所、原中国科学院上海植物生理生态研究所、山东省果树研究所、原山西省果树科学研究所四个单位共同研究的苹果双向变动气调贮藏，取得了良好的效果。具体做法是：苹果贮藏 150~180d，入贮时温度在 10~15℃ 维持 30d，然后在 30~60d 内降低到 0℃，以后一直维持（0±1）℃；气体成分在最初 30d 高温期 CO_2 在 12%~15%，以后 60d 内随温度降低相应降至 6%~8%，并一直维持到结束，O_2 控制在 3%±1%。这种处理获得很好的效果，优于低温贮藏，与标准气调（0℃，O_2 3%、CO_2 2%~3%）结果相近似。这种做法，简称双变气调（TDCA）。该方法由于在贮藏初期利用自然气温，温度较高，可克服 CO_2 的伤害作用，保留了对乙烯生成和作用的抑制，大大延缓了果实成熟衰老，有效地保持了果实硬度，从而达到了较好的贮藏效果。

苹果气调贮藏中，有乙烯积累，可以用活性炭或溴饱和的活性炭吸收除去。如小塑料袋包装贮藏红星苹果，放入果重 0.05% 的活性炭，即可保持果实较高的硬度。乙烯还可用 $KMnO_4$ 除去，如用洗气器将 $KMnO_4$ 液喷淋，或用吸收饱和 $KMnO_4$ 溶液的多孔性载体物质吸收。

二、梨贮藏

（一）品种贮藏特性

梨较耐贮藏，其贮藏特性与苹果相似，是我国大批量长期贮藏的重要果品。梨的品种很多，耐藏性各异。从梨的系统来分，有白梨系统、砂梨系统、秋子梨系统和洋梨系统。白梨系统梨的大部分品种耐贮藏，如鸭梨、雪花梨、酥梨、长把梨、库尔勒香梨、秋白梨等果肉脆嫩多汁，耐贮藏，是当前生产中主要贮藏品种。白梨系统的蜜梨、笨梨、安梨、红霄梨极耐贮藏，而且经过贮藏后采收时酸涩粗糙的品质得以改善。秋子梨系统中多数优良品种不耐贮藏，只有南果梨、京白梨等较耐贮藏。砂梨系统的品种耐贮性不及白梨，其中晚三吉梨、今村秋梨等耐贮。西洋梨系统原产欧洲，引入我国栽培的品种很少，主要有巴梨（香蕉梨）、康德梨等，它们采后肉质极易软化，耐贮性差，在常温下只能放置几天，在冷藏条件下可贮藏1~2个月。

（二）采收

采收期直接影响梨的贮藏效果。梨的成熟度通常依据果面的颜色、果肉的风味及种子的颜色来判断。绿色品种当果面绿色渐减，呈绿色或绿黄色，具固有芳香，果梗易脱离果苔，种子变为褐色，即为适度成熟的象征，当果面铜绿色或绿褐色的底色上呈现黄色和黄褐色，果梗易脱离果苔时，即显示成熟；如果呈浓黄色或半透明黄色，则为过熟的象征。西洋梨如果任其在树上成熟，因果肉变得疏松软化，甚至引起果心腐败而不宜贮运，故应在果实成熟但肉质尚硬时采收。标准为：果实已具本品种应有的形状、大小，果面绿色减退呈绿黄，果梗易脱离果枝等。

采收既要做到适时，又要力求减少伤害。由于梨果皮的结构松脆，在采收及其他各个环节中，易遭受碰、压、刺伤害，对此应予以重视。

（三）贮藏条件

一般认为略高于冰点温度是果实的理想贮藏温度。梨的冰点温度是$-2.1℃$，但是中国梨是脆肉种，贮藏期间不宜冻结，否则解冻后果肉脆度很快下降，风味、品质变劣。中国梨的适宜贮藏温度为0~1℃，气调贮藏可稍高些。洋梨系统的大多数品种适宜的贮藏温度为-1~0℃，只有在$-1℃$才能明显地抑制后熟，延长贮藏寿命。有些品种如鸭梨等对低温比较敏感，采收后立即在0℃下贮藏易发生冷害，它们要经过缓慢降温后再维持适宜的低温。

冷藏条件下，贮藏梨的适宜相对湿度为90%~95%。常温库由于温度偏高，为了减少腐烂，空气湿度可低些，保持在85%~90%为宜。大多数梨品种由于本身的组织学特性，在贮藏中易失水而造成萎蔫和失重，在较高湿度下，可以减少蒸散失水和保持新鲜品质。

许多研究表明，除洋梨外，绝大多数梨品种不如苹果那样适于气调贮藏，它们对CO_2特别敏感。如鸭梨，当环境中CO_2含量高于1%时，就会对果实造成伤害。因此，贮藏时应根据梨的品种特性，制定适宜的贮藏技术。

（四）贮藏方式

用于苹果贮藏的沟藏、窑窖贮藏、通风库贮藏、机械冷库贮藏等方式均适用于梨贮藏。各贮藏方式的管理也与苹果基本相同，故实践中可以参照苹果的贮藏方式与管理进行。

需要强调指出的是，鸭梨、酥梨等品种对低温比较敏感，采后如果立即入0℃库贮藏，果实易发生黑皮、黑心或者二者兼而发生的生理病变。根据研究结果，采用缓慢降温法，可减轻或避免上述病害的发生，即果实入库后，从13~15℃降到10℃，每天降1℃；从10℃降到6℃，每2~3d降1℃；从6℃降到0℃，每3~4d降1℃。整个降温过程需经35~40d。

如果采用气调贮藏，适宜的气体组合，品种间差异较大，必须通过试验和生产实践来确定。国外一些国家的气调贮藏，多在洋梨上应用。

三、柑橘贮藏

柑橘是世界上重要果品种类之一。在我国主要分布在长江流域及其以南地区。其产量和面积仅次于苹果。柑橘的贮藏在延长柑橘果实的供应期上占有重要地位。

（一）种类、品种与耐贮性

柑橘类包括柠檬、柚、橙、柑、橘五个种类，每个种类又有许多品种。由于不同种类、品种果实的理化性状、生理特性之差异，它们的贮藏性差异很大。一般来说，柠檬最耐贮藏，其余种类的贮藏性依次为柚类、橙类、柑类和橘类。但是有的品种并不符合这一排列次序，如蕉柑就比脐橙耐贮藏。同种类不同品种的贮藏性差异也很大，如蕉柑较之温州蜜柑等柑类品种耐贮藏，柑是橘类较耐贮藏的品种。品种间的贮藏性通常可按成熟期早晚来区分，通常是晚熟品种较耐贮藏，中熟品种次之，早熟品种不耐贮藏。一般认为，晚熟、果皮致密且油胞含油丰富、囊瓣中糖和酸含量高、果心维管束小等是耐藏品种的共同特征。蕉柑、柑、甜橙、脐橙等是我国目前商业化贮藏的主要品种。

（二）贮藏条件

（1）温度　柑橘类果实原产于气候温暖的地区，长期的系统发育决定了果实容易遭受低温伤害的特性。所以柑橘贮藏的适宜温度必须与这一特性相适应。一般而言，橘类和橙类较耐低温，柑类次之，柚类和柠檬则适宜在较高温度下贮藏。

华南农业大学园艺系等对广东主要柑橘品种甜橙、蕉柑和椪柑，采用1~3℃、4~6℃、7~9℃、10~12℃和常温5种贮藏温度进行比较试验，结果认为采用甜橙1~3℃、蕉柑7~9℃、椪柑10~12℃比较适宜，贮藏4个月皆无生理失调现象。蕉柑贮温低于7℃，柑低于10℃易患水肿病。同时对广东产的伏令夏橙和化州橙进行贮藏适温试验，结果表明这两种橙也适宜贮藏在1~3℃。推荐柠檬的贮藏适温为12~14℃，如果长时期贮藏在3~11℃则易发生囊瓣褐变。

另据报道，同为伏令夏橙，在美国佛罗里达州3月成熟采收，采用0~1℃贮藏温度；但在亚利桑那州，3月和6月采收的贮藏适温分别是9℃和6℃。由此可见，同一品种由于产地或采收期不同，贮藏适温就有很大不同。因此，生产上确定柑橘的贮藏适温时，除了考虑种类和品种外，还必须考虑产地、栽培条件、成熟度、贮藏期长短等诸多因素。

（2）湿度　不同类柑橘对湿度要求不一，甜橙和柚类要求较高的湿度，最适相对湿度为90%~95%。宽皮柑类在高湿环境中易发生枯水病（浮皮），故一般应控制较低的湿度，最适相对湿度为80%~85%。日本贮藏温州蜜柑的研究表明，在温度为3℃，相对湿度为85%条件下，烂果率最低；相对湿度低于80%或高于90%，烂果率都增高。

（3）气体成分　国内外就柑橘对低 O_2 高 CO_2 的反应研究很多，各方面的报道很不一致。日本推荐温州蜜柑贮藏的气体条件是：东部地区 O_2 10% 左右（≥6%），CO_2 1%~2%；西部地区 O_2 含量同上，CO_2<1%，O_2 降至 3%~5% 时易发生低氧伤害。国内推荐几种柑橘贮藏的气体条件是：甜橙要求 O_2 10%~15%，CO_2<3%；温州蜜柑 O_2 10%，CO_2<1%。如果环境中 O_2 过低或 CO_2 过高，果实就会发生缺 O_2 伤害或 CO_2 伤害，果实组织中的乙醇和乙醛含量增加，发生水肿病。如果环境中低 O_2 和高 CO_2 同时并存，就会加重加快果实的生理损伤。

（三）贮藏技术要点

（1）适时无损采收　柑橘属典型的非跃变型果实，缺乏后熟作用，在成熟中的变化比较缓慢，不软化，这与仁果类、核果类、香蕉有明显不同。因此，柑橘果实采收成熟度一定要适当，早采与迟采都影响果实产量、质量和耐贮性。通常当果实着色面积达 3/4，肉质具有一定弹性，糖酸比达到该品种应有的比例，表现出该品种固有风味时采摘。我国温州蜜柑适宜采收的糖酸比大约为（10~13）∶1，早橘、本地早、橘为（11~16）∶1，蕉柑、柑为（12~15）∶1。除柠檬外，不宜早采，尤其不能"采青"。采摘最好根据成熟度分期分批进行，要尽量减少损伤。

（2）晾果　对于在贮藏中易发生枯水病的宽皮柑类品种，贮藏前将果实在冷凉、通风的场所放置几日，使果实散失部分水分，轻度萎蔫，俗称"发汗"，对减少枯水病、控制褐斑病有一定效果，同时还有愈伤、预冷和减少果皮遭受机械损伤的作用。

晾果最好在冷凉通风的室内或凉棚内进行。有的地方在果实入库后，日夜开窗通风，降温降湿，使果实达到"发汗"的标准。一般控制宽皮柑失重率达 3%~5%，甜橙失重率为 3%~4%。

（3）防腐保鲜处理　柑橘在贮藏期间的腐烂主要是真菌病害（图 6-1），大部分属田间侵入的潜伏性病害。除了采前杀菌外，采后及时进行防腐处理也是行之有效的防治办法。目前常用的杀菌剂有噻菌灵（涕必灵）、多菌灵、硫菌灵、枯腐净（主要含仲丁胺和 2,4-D）以及克霉灵。按有效成分计，杀菌剂用量为 0.05%~0.1%，2,4-D 用量为 0.01%~0.025%，二者混用。采收当天浸果效果最好，限 3d 内处理完毕。如有必要，杀菌剂可与蜡液或其他被膜剂混用。另外，将包果纸或纸板用联苯的石蜡或矿物油热溶液浸渍，可以防止在运输中果实腐烂。

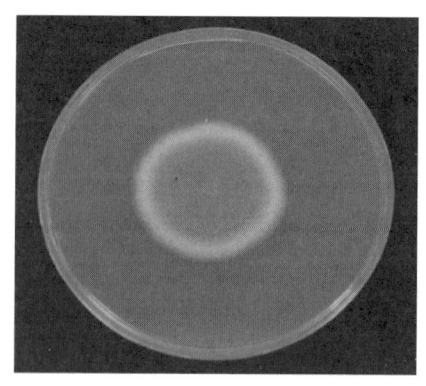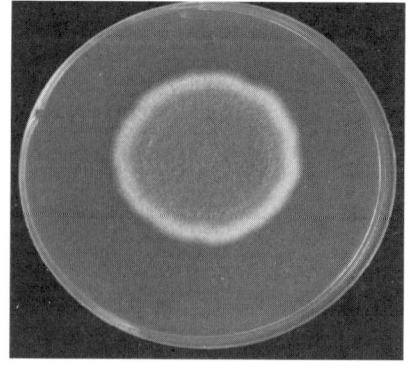

图 6-1　柑橘属扩展青霉（*Penicillium expansum*）

(4) 严格挑选和塑料薄膜单果包　如果说柑橘 CA 贮藏和 MA 贮藏有风险的话，塑料薄膜单果包已经被实践证明，是柑橘贮藏、运输、销售过程中简便易行、行之有效的一种保鲜措施，对减少果实蒸腾失水、保持外观新鲜饱满、控制褐斑病（干疤）均有很好的效果，目前在柑橘营销中广泛应用。塑料薄膜袋一般用厚度大约为 0.02mm 的红色或白色塑料薄膜制作，规格大小依所装柑橘品种的大小而异。柑橘采收后，经过药剂处理，晾干果面，严格剔除伤、病果，即可一袋一果进行包装，袋口用手拧紧或者折口，折口朝下放入包装箱中，采用塑料真空封口机包装的效果会更好些。

塑料薄膜单果包对橙类、柚类和柑类的效果明显好于橘类，低温条件下的效果明显好于较高温度。

（四）贮藏方式

(1) 常温贮藏　柑橘常温贮藏是热带亚热带水果长期贮藏成功的例子。贮藏方式很多。根据各地条件与习惯，如地窖、通风库、防空洞甚至比较阴凉的普通民房都可以使用，只要采收和采后处理严格操作，都可以取得良好效果。通风库贮藏柑橘是目前我国柑橘的主要贮藏方式。

常温贮藏受外界气温影响较大，因此，温度管理非常关键，根据对南充甜橙地窖内温度和湿度的调查资料，整个贮藏期的平均温度为 15℃，12 月以前 15℃，1~2 月最低为 12℃，3~4 月一般在 18℃左右。不难看出，各时期的温度均高于柑橘贮藏的适温，故定期开启窖口或通风口，让外界冷凉空气进入窖（库）内而降温，是贮藏中一项非常重要的工作。需要指出的是，通风库贮藏柑橘常常是湿度偏低，为此，有条件时可在库内安装加湿器，通过喷布水雾提高湿度。也可通过向地面、墙壁上洒水，或者在库内放置盛水器，通过水分蒸发增加库内的湿度。

(2) 冷藏　冷库贮藏是保证柑橘商品质量、提高贮藏效果的理想贮藏方式。也是大规模商品化贮藏的需要。冷库贮藏的温度和湿度依贮藏的种类和品种而定。冷库要注意换气，排除过多的 CO_2 等有害气体，因为柑橘类果实对 CO_2 比较敏感。

四、葡萄贮藏

葡萄是我国的主要果品之一，主要产区在长江流域以北，目前我国葡萄产量的 80% 左右用于酿酒等加工品，大约 20% 用于鲜食，贮藏鲜食葡萄的仍不多，鲜食葡萄的数量和质量远远满足不了日益增长的市场需求。

（一）品种与贮藏特性

葡萄品种很多，其中大部分为酿酒品种，适合鲜食与贮藏的主要品种有巨峰、黑奥林、龙眼、牛奶、黑罕、玫瑰香、保尔加尔等。近年我国从美国引种的红地球（又称晚红，商品名叫美国红提）、秋红（又称圣诞玫瑰）、秋黑等品种颇受消费者和种植者的关注，认为是我国目前栽培的所有鲜食品种中经济性状、商品性状和贮藏性状最佳的品种。用于贮藏的品种必须同时具备商品性状好和耐贮运两大特征。品种的耐贮运性是其多种性状的综合表现，晚熟、果皮厚韧，果肉致密，果面和穗轴上富集蜡质，果刷粗长，糖酸含量高等都是耐贮运品种具有的性状。

葡萄的冰点一般在-3℃左右，因果实含糖量不同而有所不同，一般含糖量越高，冰点越低。因此，葡萄的贮藏温度以-1℃~0℃为宜，在极轻微结冰之后，葡萄仍能恢复新鲜状态。葡萄需要较高的相对湿度，适宜的RH为90%~95%，相对湿度偏低时，会引起果梗脱水，造成干枝脱粒。降低环境中O_2含量提高CO_2含量，对葡萄贮藏有积极效应。有关葡萄贮藏的气体指标很多，尤其是CO_2的指标差异比较悬殊，这可能与品种、产地以及试验方法等有关。一般认为O_2 2%~4%、CO_2 3%~5%的组合适合于大多数葡萄品种，但在气调贮藏实践中还应慎重采用。

（二）采收

葡萄属于非跃变型果实，无后熟变化，应该在充分成熟时采收。充分成熟的果实，干物质含量高，果皮增厚、韧性强、着色好、果霜充分形成，耐贮性增强。因此，在气候和生产条件允许的情况下，尽可能延迟采收期。河北昌梨葡萄产区的果农在棚架葡萄大部分落叶之后仍将准备贮藏的葡萄留在植株上，在葡萄架上盖草遮阴，以防阳光直射使果温升高，使葡萄有足够的时间积累糖分，充分成熟。与此同时，气温也逐渐下降，有利于入窖贮藏。

采收前7~10d必须停止灌溉，否则贮藏期间会造成大量腐烂。采收时间要选天气晴朗、气温较低的上午进行。最好选择生在葡萄蔓中部向阳面的果穗留作贮藏。采摘时用剪刀将果穗剪下，并剔除病粒、虫粒、破粒、穗尖未成熟小粒等。采收后就地分级包装，挑选穗大、紧密适度、颗粒大小均匀、成熟度一致的果穗进行贮藏。装好后放在阴凉通风处待贮。

（三）贮藏方式

目前葡萄贮藏方式主要有冷库贮藏和塑料薄膜封闭贮藏，受经济条件的影响，窖（或窖洞）贮藏在一些地区仍有使用。

山西太原等地葡萄产区，在普通室内搭两层架，不用包装，将葡萄一串串码在架上，堆30~40cm高，最上面覆纸防尘，方法十分简便。由于堆存时果温已经很低，堆内不至发热，只要做到不破伤果粒，果穗又不带田间病害，一般不会发生腐烂损失，并能贮藏较长时间。也有在窖洞贮藏的。在辽宁、吉林等地，果农多在房前（葡萄架下）屋后建造地下式或半地下式永久性小型通风窖，一般长6m、宽2.8m、高2.3~2.5m，可贮葡萄3000kg左右。可在窖内搭码，也可在窖内横拉几层铁丝挂贮。

在产地利用自然低温贮藏葡萄，一般需经常洒水提高窖内相对湿度，防止干枝和脱粒，若管理得当，可贮至春节以后。

冷库贮藏葡萄的温度应严格控制在0~-1℃。据研究表明，葡萄贮藏在0.5℃的腐烂率是0℃的2~3倍。相对湿度保持在90%~95%。在贮藏过程中，可根据葡萄的耐低温能力，调节贮藏温度。通常情况下，贮藏前期的葡萄耐低温能力比后期强，在前期库温下限控制在-1℃，干旱年份可控制在-1.5℃，随着贮藏时间的延长温度应适当提高。在生产中要求葡萄入库要迅速降温，同时要保持库温的恒定，库温的波动不应超过±0.5℃。

冷藏时用薄膜包装贮藏葡萄，贮藏效果好于一般冷藏。塑料袋一般选用0.03~0.05mm厚的聚乙烯（PE）或聚氯乙烯（PVC）膜制作，每袋装5~10kg葡萄，最好配合使用果重0.2%的SO_2保鲜片剂，待库温稳定在0℃左右时再封口。塑料袋一般放在纸箱或其他容器中。

微型冷库在葡萄贮藏中已有较好的普及。具体做法是：选择优质果穗，采收后装入内衬

PVC 葡萄专用保鲜袋的箱中,果穗间隙加入葡萄保鲜剂,扎紧袋口,当日运往微型冷库,在 (-1±0.5)℃敞口预冷 10~12h,扎紧袋口码垛,于-1~0℃贮藏即可。

(四)防腐技术

葡萄贮藏中最易发生的问题是腐烂、干枝与脱粒。在贮藏中保持较高相对湿度的同时,采用适当的防腐措施,既可延缓果梗的失水干枯,使之较长时间维持新鲜状态,减少落粒,又可以有效地阻止真菌繁殖,减少腐烂。

SO_2 处理是目前提高葡萄贮藏效果普遍采用的方法。SO_2 气体对葡萄上常见的真菌病害如灰霉菌等有强烈的抑制作用(图6-2),只要使用剂量适当,对葡萄皮不会产生不良影响。而且用 SO_2 处理过的葡萄,其代谢强度也受到一定的抑制,但高浓度的 SO_2 会严重损害果实。

SO_2 处理葡萄的方法,可以用 SO_2 气体直接来熏蒸,或者燃烧硫磺进行熏蒸,也可用重亚硫酸盐缓慢释放 SO_2 进行处理,可视具体情况而选用适当的方法。将入冷库后筐装或箱装的葡萄堆码成垛,罩上塑料薄膜帐,以每 $1m^3$ 帐内容积用硫磺 2~3g 的剂量,使之完全燃烧生成 SO_2,熏 20~30min,然后揭帐通风。在适当密闭的葡萄冷库中,可以直接用燃烧硫磺生成的 SO_2 进行熏蒸。为了使硫磺能够充分燃烧,每 30 份硫磺可拌 22 份硝石和 8 份锯末。将药放在陶瓷或搪瓷盆中,盆底放一些炉灰或者干沙土,药物放于其上。每座库内放置 3~4 个药盆,药盆在库外点燃后迅速放入库中,然后将库房密闭,待硫磺充分燃烧后,熏蒸约 30min 即可。

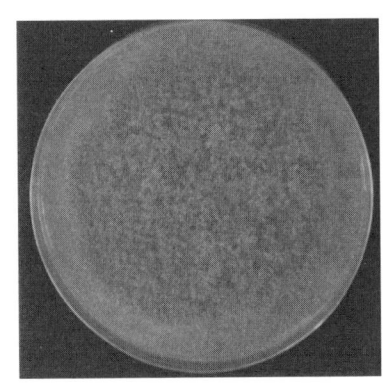

图6-2 葡萄中常见的灰霉菌
(*Botrytis cinerea* B05.10)

SO_2 处理的另一方法,是用重亚硫酸盐如 $NaHSO_3$、$KHSO_3$ 或 $Na_2S_2O_5$ 等,使之缓慢释放 SO_2 气体,达到防腐保鲜的目的。处理时先将重亚硫酸盐与研碎的硅胶混合均匀,比例是亚硫酸盐 1 份和硅胶 2 份混合,将混合物包成小包或压成小片,每包混合物 3~5g,根据容器内葡萄的重量,按大约含重亚硫酸盐 0.3% 的比例放入混合药物。箱装葡萄上层盖 1~2 层纸,将小包混合药物放在纸上,然后堆码。还可以用干燥锯末代替硅胶以节约费用,锯末要经过晾晒,降温,无臭无味,在锯末中混合重亚硫酸盐,或将重亚硫酸盐均匀地撒在锯末上。目前生产上塑料薄膜包装贮藏葡萄中应用的保鲜片剂也属于 SO_2 释放剂。

用 SO_2 处理葡萄时,剂量的大小要因品种、成熟度而调节,须经试验而确定。一般以帐内浓度为 10~20mg/m^3 时比较安全。低则不能起到防腐作用,高则发生漂白作用,造成严重损失。

SO_2 对人的呼吸道和眼睛有强烈的刺激作用,操作管理人员进出库房应戴防护面具。SO_2 溶于水形成 H_2SO_3,对铁、锌、铝等金属有强烈的腐蚀作用,因此库房中的机械装置应涂抗酸漆以保护。由于 SO_2 对大部分果蔬有损害作用,所以除葡萄以外的果品和蔬菜不能与之混存。

采用溴氯乙烷和仲丁胺熏蒸也可防止葡萄腐烂,提高贮藏效果。

五、香蕉贮藏

香蕉属热带水果,世界可栽培地区仅限于南北纬 30° 以内。在产区香蕉整年都可以开花结果，供应市场。因此，香蕉保鲜问题是运销而非长期贮藏。

（一）品种与贮藏特性

我国原产的香蕉优良品种高型蕉主要有广东的大种高把、高脚、顿地雷、齐尾，广西高型蕉，台湾、福建和海南的台湾北蕉。中型蕉有广东的大种矮把、矮脚地雷。矮型蕉有广东高州矮香蕉、广西那龙香蕉、福建天宝蕉、云南河口香蕉。近年引进的有澳大利亚主栽品种威廉斯、马来西亚品种南洋红。

香蕉是典型的呼吸跃变型果实。跃变期间，果实内源乙烯明显增加，促进呼吸作用的加强。随着呼吸高峰的出现，占果实20%左右的淀粉不断水解，丹宁物质发生转化，果实逐步从硬熟到软熟，涩味消失，释放出浓郁香味。果皮由绿逐步转成全黄，当全黄果出现褐色小斑点（俗称梅花斑）时，已属过熟阶段。由此可知，呼吸跃变一旦出现，就意味着进入不可逆的衰老阶段。香蕉保鲜的任务就是要尽量延迟呼吸跃变的出现。

降低环境温度是延迟呼吸跃变到来的有效措施。但是香蕉对低温十分敏感，12℃是冷害的临界温度。轻度冷害的果实果皮发暗，不能正常成熟，催熟后果皮黄中带绿，表面失去光泽，果肉失去香味。冷害严重的，果皮变黑、变脆，容易折断，难于催熟，果肉生硬而无味，极易感染病菌，完全丧失商品价值。冷害是香蕉夏季低温运输或秋冬季北运过程不可忽视的问题。一般认为11~13℃是广东香蕉的最适贮温。适于香蕉贮藏的相对湿度条件是85%~95%。许多研究结果表明，高CO_2和低O_2组合气体条件可以延迟香蕉的后熟进程，因为在此条件下，乙烯的形成和释放受到了抑制。

（二）贮藏技术要点

（1）适时无伤采收　香蕉的成熟度习惯上多用饱满度来判断。在发育初期，果实棱角明显，果面低陷，随着成熟，棱角逐渐变钝，果身渐圆而饱满。贮运的香蕉要在七八成饱满度采收，销地远时饱满度低，销地近饱满度高。饱满度低的果实后熟慢，贮藏寿命长。

机械损伤是致病菌侵染的主要途径，伤口还刺激果实产生伤呼吸、伤乙烯，促进果实黄熟，更易腐败。另外，香蕉果实对摩擦十分敏感，即使是轻微的擦伤，也会因受伤组织中鞣质的氧化或其他酚类物质暴露于空气中而产生褐变，从而使果实表面伤痕累累，俗称"大花脸"，严重影响商品外观。这正是目前我国香蕉难以成为高档商品的重要原因之一。因此，香蕉在采收、落梳、去轴、包装等环节上应十分注意，避免损伤。在国际进出口市场，用纸盒包装香蕉，大大减少了贮运期间的机械损伤。

（2）适宜的贮藏方式　根据香蕉本身生理特性，商业贮藏不宜采用常温贮藏方式。对未熟香蕉果实采用冷藏方式，可降低其呼吸强度，推迟呼吸高峰的出现，从而可延迟后熟过程而达到延长贮藏寿命的目的。多数情况下，选择的温度范围是11~16℃。贮藏库中即使只有微量的乙烯，也会使贮藏香蕉在短时间内黄熟，以致败坏。因此，香蕉冷藏作业中另一个关键的措施，是适当的通风换气。

利用聚乙烯薄膜贮藏也可延长香蕉的贮藏期，但塑料袋中贮藏时间过长，可能会引起高浓度的CO_2伤害，同时乙烯的积累也会产生催熟作用，故一般塑料袋包装都要用乙烯吸收剂和CO_2吸收剂，贮藏效果更好。据报道，广东顺德香蕉采用聚乙烯袋包装（0.05mm，10kg/袋），并装入吸收饱和高锰酸钾溶液的碎砖块200g，消石灰100g，于11~13℃下贮藏，贮藏30d后，

袋内 O_2 含量为 3.8%，CO_2 含量为 10.5%，果实贮藏寿命显著延长。

六、桃、李和杏贮藏

桃、李和杏都属于核果类果实。此类果实成熟期正值一年中气温较高的季节，果实采后呼吸十分旺盛，很快进入完熟衰老阶段。因此，一般只作短期贮藏，以避开市场旺季和延长加工时间。

（一）品种与贮藏特性

桃、李和杏不同品种间的耐藏性差异很大。一般早熟品种不耐贮藏和运输，如水蜜桃和五月鲜桃等。中晚熟品种的耐贮运性较好，如肥城桃、深州蜜桃、陕西冬桃等较耐贮运，大久保、白凤、冈山白、燕红等品种也有较好的耐藏性。离核品种、软溶质品种等的耐藏性差。李和杏的耐藏性与桃类似。

桃、李和杏均属呼吸跃变型果实，低温、低 O_2 和高 CO_2 都可以减少乙烯的生成量和作用而延长贮藏寿命。

桃、李和杏对低温比较敏感，很容易在低温下发生低温伤害。在-1℃以下就会引起冻害。一般贮藏适温为 0~1℃。果实在贮藏期比较容易失水，要求贮藏环境有较高的湿度，桃和杏要求 RH 90%~95%，李为 RH 85%~90%。

（二）采收和预贮

果实的采收成熟度是影响果实贮藏效果的主要因素。采收过早会影响果实后熟中的风味发育，而且易遭受冷害；采收过晚，则果实会过于柔软，易受机械伤害而造成大量腐烂。因此，要求果实既要生长发育充分，能基本体现出其品种的色香味特色，又能保持果实肉质紧密时为适宜的采摘时间，即果实达到七八成熟时采收。需特别注意的是果实在采收时要带果柄，否则果柄剥落处容易引起腐败。李的果实在采收时常带 1~3 片叶子，以保护果粉，减少机械伤。

桃、李和杏的包装容器宜小而浅，一般以 5~10kg 为宜。

采收后迅速预冷并采用冷链运输的桃，贮藏寿命延长。桃预冷有风冷和 0.5~1.0℃ 冷水冷却两种形式，生产上常用冷风冷却。

（三）贮藏方式

1. 常温贮藏

桃不宜采取常温贮藏方式，但由于运输和货架保鲜的需要，可采取一定的措施来延长桃的常温保鲜寿命。

（1）Ca 处理　用 2~15g/L 的 $CaCl_2$ 溶液浸泡 2min 或真空浸渗数分钟桃果，沥干液体，裸放于室内，对中、晚熟品种可提高耐贮性。

（2）热处理　用 52℃ 恒温水浸果 2min，或用 54℃ 蒸汽保温 15min，可杀死病原菌孢子，防止腐烂。

（3）薄膜包装　一种是用 0.02~0.03mm 厚的聚氯乙烯袋单果包，也可与 Ca 处理或热处理联合使用效果更好。另一种是特制保鲜袋装果。天津果品保鲜研究中心研制成功的 HA 系列桃保鲜袋，厚 0.03mm，该袋通过制膜时加入离子代换性保鲜原料，可防止贮期发生 CO_2 伤害，其中 HA-16 用于桃常温保鲜效果显著。

2. 冷库贮藏

在 0℃，RH 90% 的条件下，桃可贮藏 15~30d。在冷藏过程中间歇升温处理可避免或减轻冷害，延长贮藏寿命。果实在 -0.5~0℃ 低温下冷藏，每隔 2 周左右加温至室温（18~20℃）1~3d，之后恢复低温贮藏。

3. 气调贮藏

国外推荐采用 0℃，1% O_2+5% CO_2 的条件贮藏油桃，贮藏期可达 45d，比普通冷藏延长 1 倍。而我国对水蜜桃系的气调标准尚在研究之中，部分品种上采用冷藏加改良气调，得到贮藏 60d 以上未发生果实衰败，最长贮藏 4 个月的结果。在没有条件实现标准气调（CA）时，可采用桃保鲜袋加气调保鲜剂进行简易气调贮藏（MA）。具体做法为：桃采收预冷后装入冷藏专用保鲜袋，附加气调，扎紧袋口，袋内气体成分保持在 O_2 0.8%~2%，CO_2 3%~8%，大久保、燕红、中秋分别贮藏 40d、55~60d、60~70d，果实保持正常后熟能力和商品品质。

七、柿子贮藏

（一）品种的耐贮性

我国的河北、河南、山西、陕西等地均有较大面积的柿子栽培。柿子的品种很多，一般可分为涩柿和甜柿两大类。涩柿品种多，涩柿在软熟前不能脱涩，采用人工脱涩或后熟才能食用（脱涩方法参照第五章有关内容）。甜柿在树上软熟前即能完成脱涩。

通常晚熟品种比早熟品种耐贮，如河北的大盖柿（磨盘柿）、莲花柿，山东的牛心柿、镜面柿，陕西的火罐柿、鸡心柿等都是质优且耐贮藏的品种。甜柿中的富有、次郎等品种贮藏性好。

（二）采收

贮藏的柿果，一般在 9 月下旬至 10 月上旬采收，即在果实成熟而果肉仍然脆硬，果面由青转淡黄色时采收。采收过早，脱涩后味寡质粗。甜柿最佳采收期是皮色变红的初期。

采收时将果梗自近蒂部剪下，要保留完好的果蒂，否则果实易在蒂部腐烂。

（三）贮藏方式

(1) 室内堆藏 在阴凉干燥且通风良好的室内或窑洞的地面，铺 15~20cm 的稻草或秸秆，将选好的柿子在草上堆 3~4 层，也可装箱（筐）贮藏。室内堆藏柿果的保硬期仅 1 个月左右。有研究表明，用以 GA 为主的保鲜剂处理火罐柿，常温下贮藏 105d，硬果率达 66.7%，而对照已全部软化。

(2) 冻藏 生产中的冻藏方法分自然冻藏和机械冷冻两种。自然冻藏即寒冷的北方常将柿果置于 0℃ 以下的寒冷之处，使其自然冻结，可贮到春暖化冻时节。机械冻藏即将柿果置 -20℃ 冷库中 24~48h，待柿子完全冻硬后放进 -10℃ 冷库中贮藏。这样柿果的色泽、风味变化甚少，可以周年供应。但解冻后果实已软化流汁，必须及时食用。

(3) 液体保藏 将耐藏柿果浸没在明矾、食盐混合溶液中。溶液配比是：水 50kg、食盐 1kg、明矾 0.25kg。保持在 5℃ 以下，此法可贮至春节前后，柿果仍保持脆硬质地，但风味变淡变咸。有研究认为，向盐矾液中添加 5g/L $CaCl_2$ 和 0.002g/L 赤霉素，可明显改善贮后的品质。

（4）气调贮藏　柿果在 0℃ 冷藏条件下贮 2 个月，可保持良好的品质和硬度，但超过 2 个月品质则开始变劣。因此，柿果很少裸果冷藏，而是在冷藏条件下采用 MA 或 CA 冷藏。气体成分可控制在 $3\% \sim 5\% O_2$，$8\% \sim 10\% CO_2$，应根据品种不同而调整气体组合。

八、荔枝贮藏

荔枝是我国南方名贵水果，但刚采收的荔枝有"一日而色变，二日而香变，三日而味变，四五日外，色、香、味尽去矣"之说，保鲜难度较大。

（一）贮藏特性

荔枝原产亚热带地区，但对低温不太敏感，能忍受较低温度；荔枝属非跃变型果实，但呼吸强度比苹果、香蕉、柑橘大 1~4 倍；荔枝外果皮松薄，表面覆盖层多孔，内果皮是一层比较疏松的薄壁组织，极易与果肉分离，这种特殊的结构使果肉中水分极易散失；荔枝果皮富含丹宁物质，在 30℃ 下荔枝果实中的蔗糖酶和多酚氧化酶非常活跃，因此果皮极易发生褐变，导致果皮抗病力下降、色香味衰败。所以，抑制失水、褐变和腐烂是荔枝保鲜的主要问题。

综合国内外资料，荔枝的贮运适温为 1~7℃，国内比较肯定的适温是 3~5℃。可贮藏 25~35d，商品率达 90% 以上。荔枝贮藏要求较高的相对湿度，适宜 RH 90%~95%。荔枝对气体条件的适宜范围较广，只要 CO_2 浓度不超过 10%，就不致发生生理伤害。适宜的气调条件为：温度 4℃，O_2 和 CO_2 都为 3%~5%。在此条件下可贮藏 40d 左右。

掌握适宜的采收成熟度是荔枝贮藏的关键技术之一。一般低温贮藏，应在荔枝充分成熟时采收，果皮越红越鲜艳保鲜效果越好。但若低温下采用薄膜包装或成膜物质处理等，则以果面 2/3 着色、带少许青色（约八成熟）采收为好。荔枝采收时正值炎热夏季，采收后应迅速预冷散热，剔除伤病果。由于荔枝采后极易褐变发霉，因此，无论采用哪种保鲜法，都需要杀菌处理。杀菌后待液面干后包装贮运，一般采用 0.25~0.5kg 小包装比 15~25kg 的大包装为好。采收到入贮一般在 12~24h 完成最好。

（二）贮藏方式

（1）低温贮藏法

①自然低温贮藏：荔枝成熟时采收，当天用 52℃、500mg/kg 苯来特溶液浸果 2min，沥干药水，放入硬塑料盒中，每盒 10~15 粒，用 0.01mm 厚的聚乙烯薄膜密封，可在自然低温下贮 7d，基本保持色香味不变。

也可将成熟的鲜荔枝用 5g/L 硫酸铜溶液浸 3min，然后用有孔聚乙烯包装，可在室温下贮藏 6d，保持外观鲜红。

②低温冷藏法：用 20g/L 次氯酸钠浸果 3min，沥干药水后，将荔枝贮藏于 7℃ 环境中，可保持 40d 左右，色香味仍好。

（2）气调贮藏

①小袋包装法：荔枝于八成熟时采收，当天用 52℃ 的 0.05% 苯来特，0.1% 多菌灵或托布

津，或 0.05%~0.1% 苯来特加乙磷铝浸 20s，沥去药液晾干后装入聚乙烯塑料小袋或盒中，袋厚 0.02~0.04mm，每袋 0.2~0.5kg，并加入一定量的乙烯吸收剂（$KMnO_4$ 或活性炭）后封口，置于装载容器中贮运。在 2~4℃下可保鲜 45d，在 25℃下可保鲜 7d。

②大袋包装法：按上述小袋包装法进行采收及浸果，沥液后稍晾干即选好果装入衬有塑料薄膜袋的果箱或箩筐等容器中，每箱装果 15~25kg，并加入一定的 $KMnO_4$ 或活性炭，将薄膜袋基本密封，在 3~5℃下可保鲜 30d 左右。若袋内 O_2 含量为 5%，CO_2 含量为 3%~5%，则可以保鲜 30~40d，色香味较好。

九、板栗贮藏

（一）贮藏特性

板栗属于干果，但在采收后大约 1 个月中，坚果的生理活动比较旺盛，呼吸作用和水分蒸腾作用强烈。经过一段时间后，板栗进入休眠阶段，贮藏后期（12 月至下年 1 月），休眠状态逐渐解除，如有适宜的条件，板栗果实就会迅速发芽生长。

一般嫁接板栗的耐贮性优于实生板栗，北方品种优于南方品种，中、晚熟品种又较早熟品种耐贮藏。我国板栗以山东薄壳栗、山东红栗、湖南和河南油栗等品种最耐藏。

板栗的适宜贮温为 0℃ 左右，相对湿度为 90%~95%。适宜气调贮藏，气调指标为 O_2 含量 3%~5%，CO_2 含量 10% 以下。

果实采收适期为板栗苞呈黄色并开始开裂，坚果变成棕褐色。对整棵树来说，有 1/3 总苞数开裂时即为适宜采收期。过早采收，未成熟的栗子含水量大，加上气温偏高，对贮藏很不利。雨水或露水未干时采收，果实易于腐烂，因此，须避开雨天和有露水的时间采收。

（二）贮藏管理技术

板栗果实在采收后，如果品温偏高，须在荫凉处摊放一周左右时间，使其散发田间热，降低果实温度，以利于延长果实的贮藏期。

为了防止贮藏中果实虫蛀、腐烂和发芽，在贮藏之前要进行相应的处理。

在密封库或塑料帐内，用溴甲烷熏蒸可以防止果实虫蛀。用药量为 40~50g/m³，熏蒸时间 5~10h。用 0.5g/L 2,4-D 加 2g/L 托布津溶液浸果 3min，可明显减少果实在贮藏期的腐烂。用 10g 二溴四氯乙烷分成小包放在 25kg 装的塑料薄膜袋内熏蒸，也有良好的防腐效果。用 1~10Gy γ 射线处理，能有效抑制霉烂和发芽。

板栗的沙藏在各产地应用较多。辽宁宽甸在板栗采收后立即用湿沙拌和，放室内埋藏，此法称为假埋。在土壤冻结之前，将假埋的板栗置室外挖好的沟内越冬。贮藏沟的深度为 80~100cm，宽为 60~80cm，长度视地形和贮量而定。先在沟内铺 10cm 厚的细沙，将板栗和湿沙混拌均匀后放在沟内 [板栗与沙子的质量比为 1：（2~3）]，当栗子和沙土堆到距沟口 20cm 时，用湿沙将沟填平，上面再覆土，覆土的厚度随气温的下降分次逐渐增加，以维持较为理想的埋藏温度条件。为了维持沟内良好的气体环境，及时排出果实在贮藏过程中所释出的废气，在放置栗子的同时，要在沟的中央每隔 1.5m 竖立一束 10cm 粗的高粱秸秆，下端至沟底，上端露出沟面，以利沟内外气体的交换。另外，在沟底可掘成宽 15cm、深 10cm 左右的小沟，填以碎石，既有利于通风换气，也利于排除渗入的雨水。

冷藏是板栗理想的贮藏方法，若配合气调贮藏，可明显延长贮藏期。果实用0.05mm的塑料薄膜袋子包装，每袋25kg，在袋子的两侧各打5个直径5mm的小孔，以利通风换气。将装好板栗果实的袋子装到筐、纸箱或木箱内，置0℃和RH为90%~95%的条件下贮藏。用麻袋包装的果实在贮藏期间，每隔4~5d在袋外适当喷水，以维持一定的相对湿度。用塑料薄膜密封贮藏时，环境中O_2的含量控制在3%~5%，CO_2为10%以下。要尽可能地保持稳定的贮藏温度，防止由于温度的波动而致袋内积水引起大量腐烂。

十、核桃贮藏

核桃在存放期间容易发生霉变、虫害和变味。核桃富含脂肪，而油脂易发生氧化败坏，尤其在高温、光照、氧充足条件下，加速氧化反应，这是核桃败坏的主要原因。因此核桃贮藏条件要求冷凉、干燥、低O_2和背光。

理论上核桃适宜采收期是内隔膜刚变棕色，此时为核仁成熟期，采收的核仁质量最好。生产上核桃果实成熟的标志是青皮由深绿变淡黄，部分外皮裂口，个别坚果脱落。核桃在成熟前一个月内果实大小和鲜重（带青皮）基本稳定，但出仁率与脂肪含量均随采收时间推迟呈递增趋势。采收过早的核仁皱缩，呈黄褐色，味淡；适时采收的，核仁饱满，呈黄白色，风味浓香；采收过迟则使核桃大量落果，造成霉变及种皮颜色变深。

在我国山西等核桃分散栽培的地区，人工敲击仍是采收核桃的主要方法，而在新疆的大型果园中则使用机械振荡法采收核桃。在80%的果柄形成离层时进行，如果采前2~3周喷布125mg/kg的乙烯利和250mg/kg的萘乙酸混合液，可一次采收全部坚果，并比正常采收期提前5~10d，保证坚果品质优良。但要注意乙烯利浓度不能过大，否则会造成大量落叶，影响核桃树的后期生长。

坚果干燥是使核壳和核仁的多余水分蒸发掉，其含水量均应<8%，高于这个标准时，核仁易生长霉菌。生产上以内隔膜易于折断为粗略标准。

研究认为，核桃干燥时的气温不宜超过43.3℃，温度过高会使核仁脂肪败坏，并破坏核仁种皮的天然化合物。因受热导致的油脂变质有的不会立即显示，将在贮藏后几周甚至数月后才能表现。

我国核桃干燥，北方以日晒为主，先阴晾半天，再摊晒5~7d可干。南方由于采收多在阴雨天气，多采用烘房干燥，温度先低后高，至坚果互相碰撞有清脆响声时，即达到水分要求。

美国普遍采用固定箱式、吊箱式或拖车式干燥机，送加热至43.3℃的热风，以0.5m/s左右的速度吹过核桃堆，干燥效率高，速度快。

核桃的贮藏方法主要有以下几种：

（1）常温贮藏　将晒干的核桃装入布袋和麻袋吊在室内，或装入筐（篓）内堆放在冷凉、干燥、通风、背光的地方，可贮藏至翌年夏季之前。

（2）冷藏　核桃适宜的冷藏温度为1~2℃，相对湿度为75%~80%，贮藏期在2年以上。

（3）塑料薄膜大帐贮藏　该法是将核桃密封在帐内，抽出帐内部分空气，通入50%CO_2或N_2，可抑制呼吸，减少损耗，抑制霉菌活动，还可防止油脂氧化。北方地区冬季气温低，空气干燥，一般秋季入帐的核桃不需要立即密封，至次年2月下旬气温回升时开始密封，如果空气潮湿，帐内必须加吸湿剂，并尽量降低贮藏室内的温度。

第二节 蔬菜的贮藏

一、大白菜贮藏

常见蔬菜分类

大白菜是我国特产，南北各地都有栽培，特别是北方，是冬季主要蔬菜品种。

（一）贮藏特性

大白菜供食部分是作为营养贮藏器官的叶球，它是在冷凉湿润的气候条件下发育形成的。故适宜的贮藏条件是，温度（0±1）℃，RH 80%~90%。

大白菜贮藏损耗的原因是脱帮、腐烂和失水。不同贮藏阶段的损耗表现不同，入窖初期以脱帮为主，后期以腐烂为主。脱帮是因为叶帮基部离层活动溶解所致，主要是贮藏温度偏高引起的，空气湿度过高或晒菜过度组织萎蔫也都会促进脱帮。腐烂是病原微生物侵染的结果。大白菜的病原菌在0~2℃时就能活动危害，温度升高腐烂更重。空气湿度和腐烂的关系也极为密切，湿度过高时在0℃左右也能引起严重腐烂，大白菜在贮藏中抗病性逐渐衰降，所以腐烂主要发生在贮藏中后期。由于大白菜含水量高，叶片柔嫩，表面积大，贮藏中易失水，故失水的控制也很重要。一般认为，湿度过高，增加腐烂和脱帮；湿度过低，失水严重，但依环境的温度不同又有差异。因此，湿度的调节要结合温度的变化灵活掌握。

综上所述，温度是影响大白菜贮藏损耗的主要环境因素，大白菜贮藏必须维持适宜的低温，同时要注重湿度调节，经验认为一般以中湿为宜。

不同品种的大白菜耐贮性也不相同。一般说来，晚熟品种比早熟品种耐贮，晚熟品种的特点是植物高大粗壮，叶片叶肋肥厚，外叶和中肋呈绿色，向内深至五六层仍带淡绿色，抗寒性和耐贮性都很强。青帮类型比白帮类型耐贮。但由于各地自然条件和栽培管理上的差异，同一品种不同产地其耐贮性也有差别。

（二）采收

大白菜的贮藏性同叶球的成熟度有关。"心口"过紧即充分成熟，不利于贮藏，以"八成心"为好，可以减少开春后抽薹开花、叶球爆裂的现象，有利于延长贮期，减少损耗。这样作为长期贮藏的大白菜比同品种即时消费的晚播几日是必要的。收菜过早，气温较高，预贮期过长，容易受热不利贮藏；收获过晚，易遭受田间冻害。收获适期，东北、内蒙古地区约在霜降前后，华北地区在立冬到小雪之间，江淮地区更晚。如贮量很大，可适当早采，可采用人工鼓风等办法使窖温降下来。

栽培时在氮肥充足但不过量基础上增施磷、钾肥，以保持品质提高耐贮性。生育后期尤其是采前一周左右停止灌水，否则组织脆嫩，含水量高，新陈代谢旺盛，易造成机械损伤。感染病虫的菜体，耐藏性差，应注意剔除。

（三）贮前处理

（1）晾晒　许多地区在大白菜砍倒后，要在田间晾晒数天，达到菜棵直立外叶垂而不折的程度。晒菜失重为毛菜的 10%~15%。晾晒使外叶失去一部分水分，组织变软，可以减少机械伤害，提高细胞液浓度而使冰点下降，加强抗寒力。但晾晒也有不利的一面，组织萎蔫会破坏正常的代谢机能，加强水解作用，从而降低大白菜的耐贮性、抗病性，并促进离层活动而脱帮。这种影响在晾晒过度时尤其严重。有些地区，如西北地区以及辽宁复县、吉林白城等地，历来贮藏"活菜"，即大白菜砍倒后不经晾晒就直接下窖。关于活菜、死菜（晾晒后）究竟哪种耐贮的问题，不能笼统地去判断，因为它涉及品种特性、地区气候条件、贮藏管理措施等多方面的影响，需要依据具体情况加以判断。

（2）整理预贮 大白菜入窖之前，要加以适当整理，摘除黄帮烂叶，不黄不烂的叶片要尽量保留以保护叶球，同时进行分级挑选。如修整后气温还高，可在窖旁码成长形或圆形垛进行预贮，并要根据气候情况进行适当倒垛。预贮期既要防热，又要防冻。一旦受冻要"窖外冻、窖外化"，待化冻后入窖。冻菜不能立即搬动，否则腐烂严重。入库的原则是在不受冻害前提下，越晚越好。

（3）药剂处理 针对大白菜的脱帮问题，可辅以药剂处理。收菜前 2~7d 用 25~50mg/kg 的 2,4-D 药液进行田间喷洒或收后浸根，都有明显抑制脱帮的效果。北京地区采用更低浓度（10~15mg/kg）的 2,4-D 处理，既可使药效保持到脱帮严重期，又有利于后期修菜。

50~100mg/kg 的萘乙酸处理也有类似效果，但处理后使细胞保水力增强，抗寒力减弱，烂叶也不易脱落，不便于修菜。

（四）贮藏方式

常用的贮藏方式有埋藏、窖藏和通风库贮藏。在窖和库内可采用垛贮、架贮、筐贮、挂贮等形式。在大型库内采用机械辅助通风以及机械冷藏效果更好。

1. 堆藏

长江中下游一带有堆贮大白菜的习惯。白菜采收后，经过整理，在背阴处堆码成单行或双行菜垛，也有圆垛。如果采用双行菜垛，两垛菜根向里，菜叶向外，垛下部留有一定距离，垛顶部合拢在一起，侧面呈"人"字形。天冷时可用菜将两头堵死，垛上增加覆盖防冻。此种方法贮藏期短，损耗大。

2. 埋藏

北京、山东、大连、河南等地采用埋藏法贮存大白菜。将大白菜单层直立在沟内，或就地面排列，面上盖土防冻，沟深约一棵菜的高度，宽 1m 左右，长度不限。埋藏的成败关键是贮藏初期沟温能否迅速下降，凡有利于初期沟温下降的措施都有利于埋藏，如带通风道、在沟的南侧设荫障遮阴等措施都是有利的。

3. 窖藏和通风库贮藏

在窖与库内有垛贮、架贮、筐贮等方式。

（1）垛贮 是北方各地广泛采用的方式。大白菜在窖内码成数列高近 2m，宽 1~2 棵菜长的条形垛，垛间留有一定的距离以便于通风和管理。码垛方法各不相同，有的码为实心垛，有的码为花心垛。实心垛码放简便，稳固，贮量大，但通风效果差。花心垛内各层之间有较大空隙，便于通风散热。可根据当地的具体条件灵活掌握。

（2）架贮和筐贮 架贮是将大白菜摆放在分散的菜架上，菜架有两排固定的架柱，间隔 1~2m 左右，在架柱间设立若干层固定或活动的横杆，每层间距 20~25cm，在同层的两排横杆上平架几对活动架杆，每对架杆上放 1~2 层菜。架贮在每层间都有一定空隙，从而提高了菜体周围的通风散热作用。所以架贮效果好、损耗低、贮期长、倒菜次数少，但需要架杆多。北京等地采用筐贮法，用直径 50cm、高 30cm 的条筐装大白菜 15~20kg，菜筐在窖内码放成 5~7 层高的垛，垛与垛间留适当通风道，也能起到架贮的作用。

大白菜贮藏库的管理以放风和倒菜为主。放风是引入外界冷凉干燥的空气，借以保持窖内适宜的温度、湿度。倒菜是翻动菜垛，改变菜棵放置的位置，从而使垛内得以充分地通风换气，并清理菜体，摘除烂叶。

①前期管理：以入窖（库）到大雪或冬至为贮藏前期。此期是大白菜贮藏中的"热关"。要求放风量大，时间长，使窖温尽快下降并维持在 0℃ 左右。一般在入窖初期可昼夜开放通风口，必要时辅以机械鼓风。有时白天开放通风口引入的是高于窖温的热空气，对降温起反作用，但能加速排湿。故要视窖内情况灵活掌握放风时间，尽量采取夜间放风。以后随气温下降，逐渐缩小通风面积和通风时间。入贮初期倒菜周期要短，随气温下降逐渐延长。这时期大白菜一般不致腐烂，倒菜的主要目的在于通风散热，故可采取快倒不摘或快倒少摘的办法。

②中期管理：冬至到立春，是全年最冷的季节，此期是贮藏中的"冻关"，以防冻为主。现在多采用控制通风面积和适当的通风时间，避免窖温骤变，又达到通风换气和排湿的作用。此期倒菜次数减少，可采取"慢倒细摘"的方式，尽量保存外帮以护内叶。

③后期管理：立春后进入贮藏后期。此期气温变化大，"三寒四暖"，气温逐渐回升，窖内温度也上升，菜的耐贮性和抗病性已明显衰降，易受病菌侵害而腐烂，所以此期是贮藏中的"烂关"。放风原则以夜晚通风为主但又要注意气候的变化，如有南风要停止放风，尽力防止窖温上升。倒菜要勤，快倒细摘，并降低菜垛高度。

贮藏中三个时期的管理是相互联系的，做好前一时期的管理，就为后一时期的贮藏打下了好的基础。

二、芹菜贮藏

（一）贮藏特性

芹菜喜冷凉湿润，比较耐寒，芹菜可以在 -2~-1℃ 条件下微冻贮藏，低于 -2℃ 时易遭受冻害，难以复鲜。芹菜也可在 0℃ 恒温贮藏。蒸腾萎蔫是引起芹菜变质的主要原因之一，所以芹菜贮藏要求高湿环境，RH 98%~100% 为宜。气调贮藏可以降低腐烂和退绿。一般认为适宜的气调条件是：温度为 0~1℃，RH 90%~95%，O_2 含量 2%~3%，CO_2 含量 4%~5%。

（二）品种及栽培要求

芹菜分为实心种和空心种两大类，每一类中又有深色和浅色的不同品种。实心且色绿的芹菜品种耐寒力较强，较耐贮藏。经过贮藏后仍能较好地保持脆嫩品质，适于贮藏。空心类型品种贮藏后叶柄变糠，纤维增多，质地粗糙，不适宜贮藏。

贮藏用的芹菜，在栽培管理中要间开苗，单株或双株定植，并勤灌水，要防治蚜虫，控制杂草，保证肥水充足，使芹菜生长健壮。贮藏用的芹菜最忌霜冻，遭霜后芹菜叶子变黑，耐贮性大大降低。所以要在霜冻之前收获芹菜。收获时要连根铲下，摘掉黄枯烂叶，捆把待贮。

(三)贮藏方式

(1) 微冻贮藏　芹菜的微冻贮藏各地做法不同。山东潍坊地区经验丰富,效果较好。主要做法是在风障北侧修建地上冻藏窖,窖的四壁是用夹板填土打实而成的土墙,厚50~70cm,高1m。打墙时在南墙的中心每隔0.7~1m立一根直径约10cm粗的木杆,墙打成后拔出木杆,使南墙中央成一排垂直的通风筒,然后在每个通风筒的底部挖深和宽各约30cm的通风沟,穿过北墙在地面开进风口,这样每一个通风筒、通风沟和进风口联成一个通风系统。

在通风沟上铺两层秫秸,一层细土,把芹菜捆成5~10kg的捆,根向下斜放窖内,装满后在芹菜上盖一层细土,以菜叶似露非露为度。白天盖上草苫,夜晚取下,次晨再盖上。以后视气温变化,加盖覆土,总厚度不超过20cm。最低气温在-10℃以上时,可开放全部通风系统,-10℃以下时要堵死北墙外进风口,使窖温处于-2~-1℃。

一般在芹菜上市前3~5d进行解冻。将芹菜从冻藏沟取出放在0~2℃的条件下缓慢解冻,使之恢复新鲜状态。也可以在出窖前5~6d拔去南侧的阴障改设为北风障,再在窖面上扣上塑料薄膜,将覆土化冻层铲去,留最后一层薄土,使窖内芹菜缓慢解冻。

(2) 假植贮藏　在我国北方各地,民间贮藏芹菜多用假植贮藏。一般假植沟宽约1.5m,长度不限,沟深1~1.2m,2/3在地下,1/3在地上,地上部用土打成围墙。芹菜带土连根铲下,以单株或成簇假植于沟内,然后灌水淹没根部,以后视土壤干湿情况可再灌水一两次。为便于沟内通风散热,每隔1m左右,在芹菜间横架一束秫秸把,或在沟帮两侧按一定距离挖直立通风道。芹菜入沟后用草帘覆盖,或在沟顶做成棚盖然后覆上土,预留通风口,以后随气温下降增厚覆盖物,堵塞通风道。整个贮藏期维持沟温在0℃或稍高,勿使受热或受冻。

(3) 冷库贮藏　冷库贮藏芹菜,库温应控制在0℃左右,相对湿度控制为98%~100%。芹菜可装入有孔的聚乙烯膜衬垫的板条箱或纸箱内,也可以装入开口的塑料袋内。这些包装既可保持高湿,减少失水,又没有二氧化碳积累或缺氧的危险。

我国哈尔滨、沈阳等地采用在冷库内将芹菜装入塑料袋中简易气调的方法贮藏芹菜,收到了较好的效果。方法是用0.8mm厚的聚乙烯薄膜制成100cm×75cm的袋子,每袋装10~15kg经挑选带短根的芹菜,扎紧口,分层摆在冷库的菜架上,库温控制在0~2℃。当自然降氧使袋内O_2含量降到5%左右时,打开袋口通风换气,再扎紧。也可以松扎袋口,即扎口时先插直径15~20mm的圆棒,扎后拔除使扎口处留有孔隙,贮藏中则不需人工调气。这种方法可以将芹菜从10月贮藏到春节,商品率达85%以上。

三、番茄贮藏

(一)贮藏特性

番茄属典型的呼吸跃变型果实,果实的成熟有明显的阶段性。番茄的成熟分成五个阶段:绿熟期、微熟期(转色期至顶红期)、半熟期(半红期)、坚熟期(红而硬)和软熟期(红而软)。鲜食的番茄多为半熟期至坚熟期,此时呈现出果实鲜食应有的色泽、香气和味道,品质较佳。但该期果实已逐渐转向生理衰老,难以较长时期贮藏。绿熟期至顶红期的果实已充分长大,糖、酸等干物质的积累基本完成,生理上处于呼吸的跃变初期。此期果实健壮,具有一定的耐贮性和抗病性。在贮藏中能够完成后熟转红过程,接近在植株上成熟时的色泽和品质,作为长期贮藏的番茄应在这个时期采收。贮藏中设法使其滞留在这个生理阶段，实践中称为"压青"。压青时间越长，贮藏期就越长。

番茄原产拉丁美洲热带地区，性喜温暖，成熟果实可贮在 0~2℃，绿熟果和顶红果贮藏适温为 10~13℃，较长时间低于 8℃ 即遭冷害。遭冷害的果实呈现局部或全部水浸状软烂或蒂部开裂，表面出现褐色小圆斑，不能正常完熟，易感病腐烂。但在 10~13℃ 的大气中，绿熟果约半个月即达到完熟程度，整个贮期只有 30d 左右。为了延长贮期，抑制后熟，可采取气调措施。番茄是蔬菜中研究气调效应最早，也是迄今积累资料最多的产品。国内外研究一致认为，绿熟番茄适于低 O_2、低 CO_2 的条件，进入半熟期后，O_2 浓度可适当提高，CO_2 则应控制在 3% 以下，在适宜的温度和气体条件下，可使绿熟番茄的贮藏期达到 2~3 个月。气调贮藏是延缓番茄后熟的有效方法。当然，不同品种在气调贮藏上的效应还有差别。番茄气调贮藏的可行性首先决定于品种，早熟或生长期短的品种不适于气调贮藏。根据我国各地试验的结果，适于番茄贮藏的气体组成是 O_2 含量和 CO_2 含量均为 2%~5% 或 3%±1%。

（二）品种选择及采收

贮藏的番茄应选心室少，种腔小，果皮较厚，肉质致密，干物质和含糖量高，组织保水力强的品种。研究表明，长期贮藏的番茄应选含糖量在 3.2% 以上的品种。不同品种的番茄耐贮性和抗病性不同，且受到地区和栽培条件的影响，各地认为满丝、苹果青、橘黄佳辰、强力米寿、佛罗里达、台湾红这些晚熟品种适于贮藏，而早熟或皮薄的品种如沈农二号、北京大红等不耐贮藏。通过不断选育和优化，又培育出了新的耐贮藏品种，如江南红 2 号、美粉 1315、繁华 715 等。另外，根据番茄在田间生长发育的情况来看，前期和中期的果实，发育充实，耐贮性强；生长后期结的果营养较差，而只能作短期贮藏。植株下层的果和植株顶部的果不宜贮藏，前者接近地面易带病菌，后者果实的固形物少，果腔不饱满。

作为贮藏用的番茄，在采收前 3~5d 不应浇水，以增加果实的干重而减少水分含量。采用气调贮藏法贮藏番茄，要采摘绿熟果。采摘应在露水干后进行，不要遇雨采收。

（三）贮藏方式

1. 简易常温贮藏

夏秋季节可利用地下室、土窑窖、通风贮藏库、防空洞等阴凉场所贮藏。番茄装在浅筐或木箱中平放地面，或将果实堆放在菜架上，每层架放 2~3 层果。要经常检查，随时挑出已成熟或不宜继续贮藏的果实供应市场。此法可贮 20~30d。

2. 气调贮藏

（1）塑料薄膜帐贮藏　塑料帐内气调容量多为 1000~2000kg。由于番茄自然完熟速度很快，因此采后应迅速预冷、挑选、装箱、封垛，最好用快速降氧气调法。但生产上常因费用等原因，采用自然降氧法，用消石灰（用量为果重的 1%~2%）吸收多余的二氧化碳。氧不足时从帐的管口充入新鲜空气。塑料薄膜封闭贮藏番茄时，垛内湿度较高，易感病。为此需设法降低湿度，并保持库内稳定的库温，以减少帐内凝水。另外，可用防腐剂抑制病菌活动，通常较为普遍应用的是氯气，每次用量约为垛内空气体积的 0.2%，每 2~3d 施用一次，防腐效果明显。但氯气有毒，使用不方便，过量时会产生药伤。可用漂白粉代替氯气，一般用量为果重的 0.05%，有效期为 10d。用仲丁胺也有良好效果，使用量为 0.05~0.1mL/L（以帐内体积计算），过量时也易产生药害。有效期 20~30d，每月使用 1 次。

番茄气调贮藏时间，多数人主张以 1.5~2 个月为佳，不必太长。既能"以旺补淡"，又能得到较好的品质，损耗也小。贮期少于 45d，入贮时果实严格挑选，贮藏中不必开帐检查，避免了温湿度及气体条件的波动，提高了气调贮藏效果。

（2）薄膜袋小包装贮藏　将番茄轻轻装入厚度为 0.04mm 的聚乙烯薄膜袋内，数量在 5kg 以内，袋内放入一空心竹管，然后固定扎紧，放在适温下贮藏。也可单箱套袋扎口，定期放风，每箱装果实 10kg 左右。

（3）硅窗气调法　目前此法采用的是国产甲基乙烯橡胶薄膜，硅窗气调法免除了一般大帐补 O_2 和除 CO_2 的烦琐操作，而且还可排除果实代谢中产生的乙烯，对延缓后熟有较显著的作用。硅窗面积的大小要根据产品成熟度、贮温和贮量等条件而计算确定。

四、甜椒贮藏

（一）贮藏特性

甜椒是辣椒的一个变种。甜椒果实大、肉质肥厚、味甜，多在绿熟时食用，故不同地区又叫青椒、柿子椒等。

甜椒多以嫩绿果供食，贮藏中除防止失水萎蔫和腐烂外，还要防止完熟变红。因为甜椒转红时，有明显呼吸上升，并伴有微量乙烯生成，生理上已进入完熟和衰老阶段。

甜椒原产南美热带地区，喜温暖多湿。甜椒贮藏适温因产地、品种及采收季节不同而异。国外报道，甜椒贮温低于 6℃ 易遭冷害。而据报道，甜椒的冷害临界温度为 9℃，低于 9℃ 会发生冷害。冷害诱导乙烯释放量增加。不同季节采收的甜椒对低温的忍受时间不同，夏季采收的甜椒在 28h 内乙烯无异常变化；秋季采收的甜椒，在 48h 内乙烯无异常变化；夏椒比秋椒对低温更敏感，冷害发生时间更早。我国也对甜椒贮藏技术进行了大量研究，确定了最佳贮藏温度为 9~11℃，高于 12℃ 果实衰老加快。

甜椒贮藏的适宜相对湿度为 90%~95%。湿度低，易萎蔫失重。但甜椒贮藏中室内易有辛辣气味，又要有较好的通风。

国内外研究资料显示，改变气体成分对甜椒保鲜，尤其在抑制后熟变红方面有明显效果。但 O_2 含量不同时，甜椒对 CO_2 的耐受性不一样。当 O_2 含量较低时，甜椒对 CO_2 的耐受性会显著下降，但 O_2 含量正常的情况下，甜椒能够耐受较高含量的 CO_2（$\geqslant 10\%$），高含量 CO_2 还对甜椒的冷害防控具有积极作用。

（二）采收及贮前处理

甜椒品种间耐藏性差异较大。一般色深肉厚、皮坚光亮的晚熟品种较耐贮藏。如麻辣三道筋油椒、世界冠军、茄门、MN-1 号等。

采收时要选择果实充分膨大、光亮而挺拔、萼片及果梗呈绿色坚挺、无病虫害和机械伤的完好绿熟果作为贮藏用果。

秋季应在霜前采收，经霜的果实不耐贮，采前 3~5d 停灌水，保证果实质量。采摘甜椒时，捏住果柄摘下，防止果肉和胎座受伤；也可使用剪刀剪下，使果梗剪口光滑，减少贮期果梗的腐烂，避免摔、砸、压、碰撞以及因扭摘用力造成的损伤。

采收气温较高时，采收后要放在阴凉处散热、预贮。预贮过程中要防止脱水、皱褶，而且要覆盖注意防霜。入贮前，淘汰开始转红果和伤病果，选择优质果实贮藏。

（三）贮藏方式

1. 窖藏

窖藏的方法有两种，一是选择地势高的地块，掘成1m深、5~6m长、3m宽的地窖，将四周墙壁拍坚实。用砖将窖底铺好后，将装好青椒的容器平排放入。窖口用塑料薄膜或芦席遮盖好，防止雨淋。每窖的贮量可据窖的容积而定。此法能起到保温和适当隔绝外界空气的作用，较适合于产地作短期贮藏。这是北方产地普遍采用的一种方式。二是可利用通风库（窖）进行贮藏。窖藏的包装方法有以下几种：

①将青椒装入衬有牛皮纸的筐中，筐口也用牛皮纸封严，堆码在窖内。

②将蒲包用5g/L漂白粉消毒、洗净，沥去水滴衬入筐内，青椒装入其中，堆码成垛，每隔5~7d更换一次蒲包。如空气湿润，可将蒲包套在筐外。

③青椒装入筐中，外罩塑料薄膜，也可用包果纸或0.015mm厚的聚乙烯单果包装。

④临时贮藏窖中常采用散堆法，厚度约为30cm，为降低堆内温度和湿度，可在窖底挖条小沟，必要时向沟内灌水。

入窖时，应设法使温度尽快降到10℃，但又要防止青椒过度失水。前期放风时间应选在夜间，当窖温下降到7~10℃时，要注意保温防寒。贮藏期间每隔10~20d翻动检查一次。

2. 冷藏

将选择好的青椒装入木箱分层堆放，也可将青椒装入塑料袋中，装量1~2kg为宜。然后连袋装箱，再分层堆码。库温掌握在9~11℃范围内，相对湿度保持在85%~95%。

3. 气调贮藏

目前我国普遍采用的是薄膜封闭贮藏。试验表明：在夏季常温库内，如用薄膜封闭，因温度高、湿度大，损耗是较大的；而在秋凉时节，窖温降到10℃左右时，用薄膜封闭贮藏效果较好，尤其在抑制后熟转红方面，效果明显。因而在冷凉和高寒地区，或有机械冷藏设备的地方，利用气调贮藏青椒，可以得到好的效果。

甜椒薄膜封闭贮藏方法及管理同番茄，气体管理调节可采用快速充N降O_2、自然降O_2和透帐法，O_2的含量比番茄稍高些，CO_2的含量控制在5%以内。但也有甜椒在更高CO_2条件下延长贮藏寿命而无生理损伤的报道。

五、花椰菜贮藏

（一）贮藏特性

花椰菜又名菜花，与甘蓝同属一个种，但食用器官不同。贮藏时花椰菜对环境条件的要求与甘蓝相似，适温为（0±0.5）℃，在0℃以下花球易受冻，相对湿度为90%~95%。花椰菜在贮藏中，有明显的乙烯释放，这也是花球变质衰老的重要原因。

花椰菜贮藏中易松球、花球褐变（变黄、变暗、出现褐色斑点）及腐烂，使品质降低。菜花松球是发育不完全的小花分开生长，而不密集在一起，松球是衰老的象征。采收期延迟或采后不适当的贮藏环境，如高温、低湿等，都可能引起松球。引起花球褐变的原因也很多，如花球在采收前或采收后暴露在阳光下，花球遭受低温冻害，以及失水和受病菌感染等都能使菜花变褐，严重时还能变成灰黑色的污点，甚至腐烂失去食用价值。

耐贮抗病品种的选择，是提高贮藏效果的主要环节。生产上春季多栽培瑞士雪球，秋季以荷兰雪球为主。这两个品种，品质好，耐贮藏。采收时宜保留 2~3 轮叶片，以保护花球。

（二）贮藏方式

1. 假植贮藏

冬季温暖地区，入冬前后利用棚窖、贮藏沟、阳畦等场所，在土壤保持湿润情况下，将尚未成熟的幼小花球带根拔起假植其内。叶片用稻草等物捆绑包住花球，适当加以覆盖防寒，适时放风，最好让菜花稍能接受光线。假植贮时鸡蛋大小的花球，到春节时可增到 0.5kg 左右。也有些地区假植稍大一些的花球。

2. 冷藏库贮藏

机械冷藏库是目前贮藏菜花较好的场所，它能调控适宜的贮藏温度，可贮藏 2 个月。生产上常采用以下贮藏方法：

（1）筐贮法　将挑选好的菜花根部朝下码在筐中，最上层菜花低于筐沿，也有人认为花球朝下较好，以免凝聚水滴落在花球上，引起霉烂。

将筐堆码于库中，要求稳定而适宜的温度和湿度，并每隔 20~30d 倒筐一次，将脱落及腐败的叶片摘除，并将不宜久放的花球挑出上市。

（2）架藏法　在库内搭成菜架，每层架杆上铺上塑料薄膜，菜花放其上层。为了保湿，有的在架四周罩上塑料薄膜。但帐边不封闭，留有自然开缝，只起保湿作用，不起控制 O_2 和 CO_2 的作用。

（3）单花球套袋贮藏法　据原北京市农林科学院蔬菜研究中心及蔬菜贮藏加工研究所等单位报道，用聚乙烯塑料薄膜（0.015~0.04mm 厚，贮期短用前者），制成 30cm×35cm 大小的袋（规格可视花球大小而定），将选好预冷后的花球装入袋内，然后折口（袋内 O_2 和 CO_2 与大气中相近似）。装筐（箱）码垛或直接放菜架上均可。贮藏期可达 2~3 个月。上市连袋一同出售，方法简便，成本低廉，保鲜效果好。

（4）气调贮藏法　在冷库内，将菜花装筐码垛用塑料薄膜封闭，控制 O_2 含量为 2%~4% 或稍高，CO_2 适量，则有良好的保鲜效果。入贮时喷洒 3000mg/kg 的苯来特或托布津有减轻腐烂的作用。菜花在贮藏中释放乙烯较多，在封闭帐内放置适量乙烯吸收剂对外叶有较好的保绿作用，花球也比较洁白。要特别注意帐壁的凝结水滴落到花球上，它会造成花球霉烂。

嫩茎花椰菜是蔬菜的一个优良品种，贮藏中花球的小花极易黄化，当温度高过 4.4℃ 时，小花即开始黄化，产品中心最嫩的小花对低温较敏感，受冻后褐变。据报道，嫩茎花椰菜为呼吸高峰型蔬菜，在贮藏中释放乙烯较多。因此，对贮藏环境要求较严格，最好冷藏，适宜贮温为 (0±0.5)℃，相对湿度为 90%~95%。在冷藏条件下调节气体贮藏，配合乙烯吸收剂，对防止绿菜花黄化、褐变有明显效果。

六、蒜薹贮藏

（一）贮藏特性

蒜薹是大蒜的幼嫩花茎。采收后因新陈代谢旺盛，又值高温季节，故易脱水老化和腐烂。

老化的蒜薹表现为黄化、纤维增多、条软变糠、薹包膨大干裂长出气生鳞茎，失去食用品质。

蒜薹的冰点是$-1 \sim -0.8℃$，因此贮温控制在$-1 \sim 0℃$为宜，蒜薹贮藏的相对湿度要求95%左右。湿度低了易失水减重，过高则又易霉烂。蒜薹的贮藏温度在$-0.5℃$左右，温度稍有波动，湿度就会有很大的变化且易出现凝聚水容易造成腐烂。蒜薹贮藏适宜的气体组成为O_2 2%~5%、CO_2 5%左右，有时因产地的不同而有差异。

（二）贮藏方式

1. 气调贮藏

蒜薹虽可在0℃条件下贮3~4月，但成品的质量与商品率不理想。实践证明，在$-1 \sim 0℃$条件下蒜薹气调贮藏能达到8~10个月，商品率达85%~90%。目前，气调贮藏蒜薹是商业化贮藏的主要方法。通常有以下几种方法：

（1）薄膜小包装气调贮藏　本法是用自然降氧并结合人工调节袋内气体比例进行贮存。将蒜薹装入长100cm、宽75cm、厚0.08~0.1mm的聚乙烯袋内，每袋重15~25kg，扎住袋口，放在库的菜架上。按存放位置的不同，选定代表袋安上采气的气门芯以进行气体成分分析。每隔1~2d测定一次，如O_2含量已降到2%以下，应打开所有的袋换气，换气结束时袋内O_2恢复到18%~20%，残余的CO_2为1%~2%。若发现有病变腐烂薹条应立即剔除，然后扎紧袋口。换气的周期为10~15d，相隔时间太长，易引起CO_2伤害。温度高时换气的时间间隔短些。

（2）硅窗气调贮藏　此法最重要的是要计算好硅窗面积与袋内蒜薹重量之间的比例。由于品种、产地等因素的不同，蒜薹的呼吸强度有所差异，从而决定了气窗的规格不同。故用此法贮存时，预先用活动气窗进行试验，确定出气窗面积与袋内蒜薹数量之间的最佳比例。

（3）大帐气调贮藏　大帐采用0.1~0.2mm厚的聚乙烯塑料帐密封，采用快速降氧法或自然降氧法使帐内O_2控制在2%~5%，CO_2在5%以下。CO_2吸收通常用消石灰，蒜薹与消石灰之比为40∶1。

2. 冷藏

将选好的蒜薹经过充分预冷后装入筐、板条箱等容器内，或直接在贮藏货架上堆码，然后将库温控制在0℃左右。此法只能对蒜薹进行较短时期贮藏，贮期一般为2~3个月。

七、萝卜和胡萝卜贮藏

（一）贮藏特性

萝卜和胡萝卜都属根菜类，以肥大肉质根供食，贮藏特性和方法基本一致。它们没有生理休眠期，在贮藏中遇有适宜条件便萌芽抽薹，造成糠心。糠心是薄壁组织中的营养和水分向生长点（顶芽）转移的结果。贮藏时窖温过高、空气干燥以及机械损伤都可促进呼吸加强，水解作用旺盛，也促使糠心。萌芽和糠心使萝卜的食用品质明显变劣。防止萌芽和糠心是贮好萝卜和胡萝卜的首要问题。

萝卜和胡萝卜的肉质根主要由薄壁组织构成，缺乏角质、蜡质等表面保护层，保水能力差，贮藏中要求低温高湿的环境条件。但根菜类不能受冻，所以通常适宜贮藏温度为0~3℃，RH 90%~95%。湿度过低，肉质根易受冻害。萝卜肉质根的细胞间隙大，具有较高的通气性，并能忍受较高含量的CO_2，据报道CO_2含量达8%时，也无伤害现象，因此，萝卜适于密闭贮藏，如埋藏、气调贮藏等。

贮藏的萝卜以秋播的皮厚、质脆、含糖多的晚熟品种为好，地上部比地下部长的品种以及各地选育的一代杂种耐藏性较好。另外，青皮种比红皮种和白皮种耐藏。胡萝卜中以皮色鲜艳、根细长、茎盘小、心柱细的品种耐藏。

（二）采收及采后处理

贮藏用的萝卜要适时播种，华北、东北地区农谚说："头伏萝卜、二伏菜"。霜降前后适时收获就能获得优质产品。

收获时随即拧去缨叶，就地集积成小堆，覆盖菜叶，防止失水及受冻。如窖温及外温尚高，可在窖旁及田间预贮，堆积在地面或浅坑中并覆盖一层薄土，待地面开始结冻时入窖。入贮时要剔除病虫伤害及机械伤的萝卜。此外为了防止发芽和腐烂，有些地区在入贮时要削去茎盘（削顶），并沾些新鲜草木灰。如果贮于低温高湿环境，入贮初期不削顶待后期窖温回升时再削顶也可。

（三）贮藏方式

1. 沟藏

各地用于萝卜的贮藏沟，一般宽 1~1.5m，深度比当地的冻土层稍深一些。沟东西走向，长度视贮量而定。表土堆在南侧，后挖出的土供覆土用。将挑选修整好的萝卜散堆在沟内，或与湿沙层积。萝卜在沟内的堆积厚度一般不超过 0.5m，如过厚，底层产品容易受热。入沟当时在产品面上覆一层薄土，以后随气温下降分次添加，最后土层稍厚于冻土层。必须掌握好每次覆土的时期和厚度，以防底层温度过高或表层产品受冻，为了掌握适宜温度的情况，有的在沟中间设一竹竿或木筒，内挂温度计，深入到萝卜中去定期观测沟内温度，以便及时覆盖。

萝卜贮于高湿的环境，才能保持其细胞的膨压而呈新鲜状态。一般用湿土覆盖或湿沙层积。如土壤湿度不够，可以在入贮时向萝卜堆上喷适量的水，但不能使窖底积水。或第一次覆土后将覆土平整踩实，浇水后均匀缓慢地下渗，保持萝卜周围具有均匀的湿润状态。

2. 窖藏和通风贮藏库贮藏

棚窖和通风库贮藏根菜类，是北方各地常利用的贮藏方式，贮量大，管理方便。根菜类不抗寒，入窖（库）时间比大白菜早些。

（1）**堆垛藏法** 产品在窖（库）内散堆或码垛。萝卜堆不能太高，一般 1.2~1.5m。否则，堆内温度高容易腐烂。湿沙土层积要比散堆效果好，便于保湿并积累 CO_2，起到自发气调的作用。为增进通风散热效果，可在堆内每隔 1.5~2m 设一通风筒。贮藏中一般不搬动，注意窖或库内的温度，必要时用草帘等加以覆盖，以防受冻。立春前后可视贮藏状况进行全面检查，发现病烂产品及时挑除。

（2）**塑料薄膜半封闭贮藏法** 沈阳等地区曾利用气调贮藏原理，在库内将萝卜堆码成一定大小的长方形垛，入贮开始或初春萌芽前用塑料薄膜帐罩上，垛底不铺薄膜，半封闭状态。可以适当降低 O_2 浓度、提高 CO_2 水平，保持高湿，延长贮藏期，保鲜效果比较好。尤其是胡萝卜，效果更好。贮藏中可定期揭帐通风换气，必要时进行检查挑选。

（3）**塑料薄膜袋装贮藏法** 将削去顶芽的萝卜，装入 0.07~0.08mm 厚的聚乙烯塑料薄膜袋内，每袋 25kg 左右。折口或松扎袋口，在较适低温下贮藏，保鲜效果比较明显。

八、马铃薯贮藏

（一）贮藏特性

马铃薯的食用部分是肥大的块茎，收获后有明显的生理休眠期。马铃薯的休眠期一般在 2~4 个月。休眠期的长短同品种、成熟度、气候、栽培条件等多种因素有关。早熟种，或在寒冷地区栽培，或秋作马铃薯休眠期长，对贮藏有利。贮藏温度也影响休眠期长短。在适宜的低温条件下贮藏的马铃薯休眠期长，特别是初期低温对延长休眠期有利。

马铃薯富含淀粉和糖，而且在贮藏中淀粉与糖能相互转化。试验证明，当温度降至 0℃ 时，由于淀粉水解酶活力增高，薯块内单糖积累；如贮温提高单糖又合成淀粉。但温度过高淀粉水解成糖的量也会增多。所以贮藏马铃薯的适宜温度为 3~5℃，0℃ 反而不利。适宜的相对湿度为 80%~85%，湿度过高也不利，过低则失水增大，损耗增多。

光能促使萌芽，增高薯块内茄碱苷含量。正常薯块的茄碱苷含量不超过 0.02%，对人畜无害；但薯块照光后或萌芽时，茄碱苷急剧增高，能引起不同程度的中毒。

（二）采收和贮前处理

马铃薯收获后，可在田间就地稍加晾晒，散发部分水分，以利贮藏运输。一般晾晒 4h，就能明显降低贮藏发病率。晾晒时间过长，薯块将失水萎蔫不利贮藏。

夏季收获的马铃薯，正值高温季节，收后可将薯块放到阴凉通风的室内、窖内或荫棚下堆放预贮。薯堆一般不高于 0.5m，宽不超过 2m，在堆中放一排通风管，以便通风降温，并用草苫遮光。预贮期间要视天气情况，不定期检查倒动薯堆以免热伤。倒动时要轻拿轻放和避免人为伤害。

南方各地夏秋季不易创造低温环境，薯块休眠期过后，萌芽损耗甚重，可采取药物处理，抑制萌芽。用 α-萘乙酸甲酯或乙酯处理，有明显的抑芽效果。每 10000kg 薯块用药 0.4~0.5kg，加 15~30kg 细土制成粉剂撒在块茎堆中。大约在休眠的中期处理，不能过晚，否则会降低药效。在采前 2~4 周用浓度为 0.2% 的青鲜素（MH）进行叶片喷施，也有抑芽作用。

用 $(8\sim15)\times10^{-2}$Gy 的 γ 射线辐照马铃薯，有明显的抑芽作用，是目前贮藏马铃薯抑芽效果最好的一种技术。试验证明，在剂量相同的情况下，剂量越高效果越明显。马铃薯在贮藏中易因晚疫病和环腐病造成腐烂。较高剂量的 γ 射线照射能抑制这些病原菌的生育，但会使块茎受到损伤，抗性下降。这种不利的影响可因提高贮藏温度而得到弥补，因为在增高温度的情况下，细胞木栓化及周皮组织的形成加快，从而杜绝病菌侵染的机会。

（三）贮藏方式

（1）沟藏　辽宁大连在 7 月中下旬收获马铃薯，收后预贮在荫棚或空屋内，直到 10 月下沟贮藏。沟深 1~1.2m，宽 1~1.5m，长不限。薯块堆至距地面 0.2m 处，上覆土保温，覆土总厚度 0.8m 左右，要随气温下降分次覆盖。

（2）窖藏　西北地区土质黏重坚实，多用井窖和窑窖贮藏。这两种窖的贮藏量可达 3000~5000kg。由于只利用窖口通风调节温度，所以保温效果较好。但入窖初期不易降温，这种特点在井窖尤为明显。因此，产品不能装得太满，并注意窖口的启闭。只要管理得当，适于薯类贮藏，效果很好。

东北地区多用棚窖贮藏。窖的规模与贮大白菜的棚窖相似，但窖顶覆盖增厚，窖身加深，因为马铃薯的贮藏温度高于大白菜。窖内薯堆高度不超过 1.5m，否则入窖初期堆内温度增高易萌芽腐烂。窖藏马铃薯在薯堆表面易出汗，为此，严寒季节可在薯堆表面铺放草苫，以转移出汗层，防止萌芽与腐烂。

窖藏马铃薯入窖后一般不倒动，但在窖温较高、贮期较长时，可酌情倒动 1~2 次，去除病烂薯块以防蔓延。倒动时必须轻拿轻放，严防造成新的机械伤害。

（3）通风库贮藏　各城市菜站多用通风库贮藏马铃薯。薯堆高不超过 2m，堆内放置通风塔。有的将薯块装筐堆叠于库内，通风效果及单位面积容量都能提高。也有在库内设置木板贮藏柜的，通风好，贮量高，但需木材多，成本高。

不管采用哪种贮藏方式，薯堆周围都要注意留有一定空隙以利通风散热，以通风库的体积计算，空隙不得少于 1/3。

九、洋葱贮藏

（一）贮藏特性

洋葱，或称葱头、圆葱，以肥大的鳞茎为食用部分。洋葱为二年生蔬菜，具有明显的生理休眠期。洋葱在夏季收获后，即进入休眠期，1.5~2.5 个月（因品种不同而异），能安全度过炎热季节。休眠过后，遇适宜条件便萌芽生长。一般在 9、10 月间即将萌芽生长，养分由肉质鳞片转移到生长点，致使鳞茎发软中空，品质下降，乃至不堪食用。所以，怎样使洋葱长期处于休眠状态、阻止萌芽，是洋葱贮藏中需首要解决的问题。

洋葱适应冷凉干燥的环境。温度维持在 0~1℃，相对湿度低于 80% 才能减少贮藏中的损耗。如收获后遇雨，或未经充分晾晒，以及贮藏环境湿度过高，都易造成腐烂损失。

（二）品种和采前贮前处理

我国栽培的洋葱为普通洋葱。普通洋葱按皮色分为黄皮、红（紫）皮及白皮三类，按形状分扁圆、凸圆两类，其中以黄皮类型品种品质好、休眠期长、耐贮藏，栽培面积大，是各地主要的贮藏品种。从球形看，扁圆形耐贮。一般认为辣味淡的耐贮性差。

在叶片迅速生长阶段和鳞茎肥大期，要及时追肥灌水，并适当增施磷、钾肥，以增强抗性。为了防止洋葱在贮藏期间发芽，可在收获前 10~15d，田间喷洒 2.5g/L 青鲜素水溶液，每亩（666.7m^2）用配制好的药剂 50kg，喷后 3~5d 不灌水，如果喷药后 1d 内遇雨，则药失效，应补喷。收获前 10d 停止灌水，否则不耐贮藏。

在近地面茎叶枯黄、假茎开始倒伏、鳞茎表皮干枯并呈现品种特有的颜色时，立即收获。在干燥向阳的地方，把洋葱植株整齐地以覆瓦状一排排铺在地上，后一排茎叶正好盖在前一排的鳞茎上，不让葱头裸暴晒。2~3d 翻动一次，一般需 6~7d。叶子发黄变软，能编辫子时即可。

经过晾晒的葱头再次挑选后，将发黄、绵软的叶子互相编成长约 1m 的"辫子"。两条结在一起成为一挂。编辫的洋葱，还需晾晒 5~6d，晒至葱头充分干燥颈部完全变成皮质，鳞茎外皮"沙、沙"发响时为宜。洋葱贮藏时还可以不留辫子，经过挑选后直接盛放在容器内以备贮存。

（三）贮藏方式

有带叶编辫贮藏的，也有去叶贮藏葱头的。

（1）挂藏　选荫凉、干燥、通风的房屋或在荫棚下，将葱辫挂在木架上，不接触地面，四周用席子围上，防止淋雨或水浸，贮藏中不倒动。此法抑芽效果较差，休眠期过后便陆续萌芽，一般只能贮到10月上市供应，但通风好、腐烂少。这是家庭贮藏广泛采用的方式。

（2）垛藏　此法封垛要严密，防止日晒雨淋，保持干燥。封垛初期视天气情况倒垛1~2次，排除垛内湿热空气。每逢雨后要仔细检查，如有漏水应开垛晾晒。贮到10月后要加盖草帘保温，寒冷地区应转入库内贮藏以防受冻。实践表明，洋葱受冻后只要未冻透心部，解冻后仍可恢复原状。

（3）气调贮藏　可在常温窖（库）、荫棚或冷库进行。如为晾干的葱头，可装筐或箱，在荫棚内码垛，在脱离休眠期之前用塑料薄膜帐封闭，每垛500~1000kg。贮藏中采取自然降氧，维持O_2含量在3%~6%，CO_2含量在8%~12%，抑制发芽效果很好。贮藏期间尽量不开帐检查，以免O_2含量升高迅速引起发芽。CO_2含量的大小对洋葱品质的影响不大，主要是外皮层对内部鳞片起了保护作用。O_2含量影响却很大，含量升高时，发芽率显著上升，但长期缺O_2也会造成葱头根部发软、凹陷、鳞片呈青绿色，最终导致坏死。

采用塑料薄膜封闭贮藏时，常因贮藏环境温差大，造成帐内凝结水珠，因此洋葱易感染发霉。常用氯气防腐，用量为空气体积的0.2%，每5~7d施药一次，过量易造成药害。

（4）冷库贮藏　冷藏库贮藏，是当前洋葱较好的贮藏方式。采用此法时，须在8月中下旬洋葱脱离休眠期之前入库贮藏。筐装码垛或架藏，或装入塑料袋内架贮或码垛贮藏。沈阳地区多放在蒜薹库一同贮放。维持0℃左右的温度，可以较长时期贮藏。但一般冷藏湿度较高，鳞茎常会长出不定根。

十、姜贮藏

姜性喜温暖湿润，不耐低温，在10℃以下易受冷害。受冷害的姜块在温度回升时容易腐烂，贮藏温度过高也易腐烂，适温约为15℃。

各地栽培生姜，从清明至立夏间下种，到夏至就可陆续采收母姜和嫩姜，但这些都只能供即时消费；贮藏的生姜应收获充分成长的根茎，不能在地里受霜冻。一般是随收获随下窖贮藏，带土太湿的可稍晾晒，但不在田间过夜，最好不在晴天收获，以免日晒过度；雨天或雨后收获的不耐贮。

主要有两种贮藏方式：坑埋和井窖。土层深、土质黏重、冬季气温较低之处可用井窖贮藏。山东莱芜、泰安一带的姜窖深约3m，在井底挖两个贮藏室，高约1.3m，长宽各约1.8m，贮藏量750kg。浙江等地地下水位较高之处多用坑埋法。姜窖为圆形坑，贮5000kg的窖底部直径2m，窖口直径为2.3m，地下部分深0.8~1m，以不出水为原则；挖出的土围在窖口四周，使窖深共约2.3m。地面上的土墙应拍实，防止漏风、崩塌。一般姜窖贮量不宜小于2500kg，否则冬季难以保温；超过2500kg的太大，管理不便。窖坑内直立排列若干用芦苇或细竹捆成的直径约10cm的通风束，大约每500kg姜用1个通风束。姜块散堆坑内，直至窖口，中央高出呈馒头形，大窖有的可高出1.5m，面上盖一层姜叶，四周覆一圈土。以后随气温下降分次添加覆土，并逐渐向中央收缩。覆土总厚度周缘60~65cm，中央12~16cm。窖顶用稻草做成圆尖形顶盖防雨，四周开排水沟，东、西、北三个方向设风障防寒。

贮藏中的管理要点是既防热又防冷。入贮初期根茎呼吸旺盛，窖内积聚的呼吸热多，温度容易上升，因此不能将窖顶全部封闭，要保持通风正常。初收获的姜脆嫩，易脱皮；下窖后约一个月，根茎逐渐老化不再脱皮，同时剥除茎叶的疤痕长平，顶芽长圆，称为"圆头"。这是一个加强生姜耐贮性的过程，要求保持稍高的窖温（约20℃）。以后姜堆渐下沉，要随时将覆土层上的裂缝填没，防止透入冷空气，谨防窖温过低。姜窖必须严密，以保持内部良好的自发保藏条件。窖底不能积水。窖贮的姜可在第二年随时供应消费，但须一次出窖完毕。贮藏中要常检查姜块有无变化。

姜在产地经窖贮越冬后，调运至各地商业部门，还需长期贮藏以供周年消费。过去多用浇姜法，近来有改用在室内与沙层积保藏的。层积法堆高不超过1m，注意夏季通风散热和冬季覆盖防寒，沙子太干可以浇水防止根茎干缩。浇姜法是选略带坡度的场地，上盖可略透阳光的荫棚，下设沿坡向顺排的垫木。姜块经挑选后倒立整齐排列在漏空筐内，筐码在垫床上，2~3层高。荫棚四周设风障。视气温高低每天向姜筐浇凉水1~3次，必须全部浇透，渗下的水排出棚外。水温不能太低，防止姜块温度激变。浇水的目的是保持适当的低温，并维持高湿度，使姜块健康地发芽生长。浇姜期间茎叶可高达0.5m，要使秧株保持葱绿色；如叶片黄萎，姜皮发红就是根茎行将腐烂的征兆，应及时处理。入冬时使秧子自然枯萎，原筐转入贮藏库，注意防冻，可再次越冬供应到春节以后。

浇姜是有意识地使之发芽生长，维持正常的代谢机能而使根茎基本不变质；在采取其他贮藏方法时，发芽则将引致变质损耗。

十一、西瓜贮藏

（一）贮藏特性

西瓜原产于非洲，性喜炎热，极不耐寒，瓜大、皮厚，却不耐贮。西瓜对低温很敏感，较低温度下出现冷害。冷害的症状是：果实表面出现不规则的小而浅的凹陷，使果面呈现"麻子脸"，严重时呈大而不规则的凹陷斑，而且果肉颜色变浅，纤维增多，风味变劣。产生冷害的温度阈值，因品种、产地不同而各异，北京为12.5℃，上海为10℃，黑龙江为11℃。国外报道，佛罗里达西瓜贮藏2周，在7℃和10℃温度下，贮藏中和贮藏后均发生了冷害。因此，各地贮藏西瓜应对温度进行慎重选择。短期贮藏，可用冷害阈值附近温度；贮期达20d以上时，应取高于阈值温度；贮1个月左右时，14~16℃较为安全。

贮藏环境的湿度对西瓜发病影响较大，过湿时促使西瓜发病腐烂。由于西瓜表皮有一层较厚的蜡质层，对失水有一定的抵抗能力，通常在80%~85%相对湿度下贮藏，这种较干爽条件有利于控制病害。

西瓜个大皮硬厚，易使人们把它视为耐运和耐压，其实不然。据日本学者测定，西瓜比甜椒、番茄等对振动的抵抗力都小，很多情况下挤压碰撞表面没有痕迹，但入贮后极易变质、腐烂。所以西瓜贮运应采取一切可能的措施，避免和减少挤、压、摔和强烈振动，最好在产地贮藏。

贮运中的西瓜对高浓度乙烯很敏感，会引起西瓜失脆。西瓜在18℃下接触30~60mg/kg乙烯 7d 变得不可食用，甚至 5mg/kg 乙烯也会降低西瓜的硬度和品质。因此，不要将西瓜与释放乙烯量大的甜瓜等果蔬一同贮运。

西瓜的成熟度可以采用计算坐果日数、观察形态特征和弹瓜听音等方法综合判断。一般晚熟品种开花 40d 左右，果实附近的卷须枯萎，果柄茸毛脱落，果皮光滑发亮，用手弹瓜发出浊音等，表示瓜已成熟。这种瓜在采后立即上市，而贮藏用瓜应比这种即食西瓜的采收期适当提前，掌握在 8~9 成熟较为适宜。

（二）贮藏方式

1. 常温贮藏

利用窑、窖、山洞、人防工事进行堆藏、架藏、筐藏、缸藏、沙藏均可起到较好效果。堆藏、架藏是在地面铺 7~10cm 的干沙或秸秆，码西瓜 2~3 层，或搭架摆放；筐藏、缸藏应在装瓜前把用具用福尔马林或 300~500 倍高锰酸钾消毒，装瓜时留出 1/5~1/4 高度空隙便于通风排湿。西瓜不宜用塑料薄膜包装，否则，湿度太大甚至结露造成袋内积水，引起微生物繁殖。这些方法多用于西瓜短期（半个月）贮藏，控制得当可延长到 1 个月左右。沙藏操作较为复杂，要求采瓜时保留瓜蒂附近 2 片绿叶，随即用洁净草木灰糊住截断面，及时运往库房，将西瓜逐个排放在沙面上，让瓜原来着地的一面着沙，不要挤压。绿叶露出沙面，然后按 100 个瓜 0.5kg 1g/L 磷酸二氢钾喷洒叶面，以后每隔 7d 左右喷一次，给叶片追肥，保持叶片鲜嫩。该法贮藏 45d 后，西瓜仍保持原有的色、香、味，很少腐烂。

2. 冷藏和变温贮藏

操作方法与架藏同。冷库能保持恒定的温度，辅以严格的防腐措施，可获得贮后品质较高的西瓜。在作 30d 以上贮藏时，宜用高温预贮后再置于低温下，可以避免冷害。例如，将西瓜在 26℃下放 4d，又进入 7℃下 8d，又在 21℃下 8d 后，98%~100% 瓜可作商品瓜出售。

3. 保鲜剂处理

（1）高脂膜浸泡法　据报道，贮前用 100~200 倍高脂膜浸瓜 0.5~2min，晾干后置于常温或（15±2）℃，60%~70% 相对湿度的冷库中贮藏，可较好保持鲜度，对炭疽病也有防治效果。

（2）山梨酸钾溶液浸泡　用 5g/L 山梨酸钾浸果 30~40s，有一定保鲜防腐作用。

思考题

1. 对比早熟及晚熟品种，耐贮性更好的果实品种是什么？
2. 低温贮藏对产品品质的影响是什么？
3. 机械损伤对于果品贮藏的影响是什么？
4. 谈谈果蔬贮运保鲜的意义。
5. 论述采后大白菜、芹菜、番茄、甜椒、花椰菜、蒜薹、萝卜、胡萝卜、马铃薯、洋葱、姜、西瓜腐烂的主要原因。

第七章
花卉贮藏保鲜

本章目标与重点

学习目标：
1. 掌握花卉保鲜剂的主要成分和作用；
2. 掌握花卉种球、种苗采后处理技术；
3. 掌握切花采收、分级和包装过程；
4. 了解常见球根和种苗推荐贮藏条件；
5. 了解切花推荐贮藏条件。

学习重点：
1. 花卉保鲜剂的处理方法；
2. 温度、湿度及气体成分环境对球根和种苗贮藏的影响；
3. 切花的质量分级标准。

从植物体上被剪下后，花枝吸水和吸收无机盐的能力下降，根系的选择性吸收作用丧失，且切口易遭受病原微生物的侵染，导致切花衰老死亡。为了延长切花的瓶插寿命，在采前栽培上要给予适宜的温度、光照、适宜的水分条件、合理施肥、及时防治病虫害等，在采收后更要注意各个保鲜环节密切配合，延长切花的观赏期。

第一节 花卉保鲜剂处理技术

采收的切花（cutflower）应及时修剪，去掉不必要的枝叶，减少水分散失。有些花枝被剪切后空气由切口进入导管，形成气栓阻碍水分吸收，因此在采收切花时应将花枝留长些，待插前再将花枝末端浸入水中并重新剪去一段，以除去导管中的空气；君子兰、荷花、睡莲和马蹄莲等切花的茎中空，为了促进其吸水，可将花茎倒置，然后向茎中灌水或注水，最后用棉球将孔塞住；一品红、橡皮树、猩猩草和银边翠等花枝剪切后流出乳汁，阻塞切口，败坏水质，可用烧灼法和温水浸烫法处理。

鲜切花采后为了延长货架期（shelf life），常用花卉保鲜剂处理以延迟衰老，提高观赏价值。保鲜剂包括水合液（hydration products）、脉冲液（pulsing solutions）、花蕾开放液（solutions help flowers to continue opening）和瓶插保持液（holding solutions）等。

在采后处理的各个环节,从栽培者、批发商、零售商到消费者,都可以使用花卉保鲜液。许多切花和切叶经过保鲜剂处理后,可延长货架寿命2~3倍。切叶类植物的货架寿命比切花更长。花卉保鲜剂能使花朵增大,保持叶片和花瓣的色泽,延长货架寿命。

一、花卉保鲜剂的主要成分和作用

花卉保鲜剂(fresh flower preservatives)都含有碳水化合物、杀菌剂、乙烯抑制剂、生长调节剂和矿质元素等。

1. 碳水化合物

切花的主要营养和能量来源于碳水化合物,它能维持离开母株后的切花的生理生化过程,外供糖源可保持细胞中线粒体结构和功能的作用,通过调节蒸腾作用和细胞渗透压促进水分平衡,增加水分吸收,糖溶液还可增加细胞的渗透浓度和持水能力。蔗糖在保鲜剂中使用最广泛,其次是果糖。

不同的切花种类或同一种类不同品种保鲜液中糖含量不同,如香石竹花蕾开放液中,最适宜含量为10%,而菊花叶片对糖含量敏感,一般用2%的含量。但个别菊花品种,如安纳金(bright golden anne)可忍受30%的糖含量。月季切花,糖含量>1.5%时易引起叶片烧伤。叶片对高浓度的糖比花瓣更敏感,可能是因为叶细胞渗透压调节能力较差。因此,叶片的敏感性是糖浓度的限制因子。一般保鲜剂使用相对较低的糖含量,以避免造成伤害。适宜的碳水化合物含量与处理方法和时间长短有关。保鲜液处理时间越长,所需糖含量越低。因此,脉冲液(采后较短时间处理)中糖含量高,花蕾开放液糖含量中等,而瓶插保持液糖含量较低。保鲜液中的糖分容易诱导微生物及病原菌的大量繁殖,从而引起花茎导管的阻塞。因此,在保鲜剂中糖常与杀菌剂结合使用。

2. 杀菌剂

切花保持液中微生物大量繁殖,阻塞花茎导管,影响切花吸水,并产生乙烯和其他有害物质而缩短切花寿命。保鲜剂中可加入杀菌剂或与其他成分混用。常用杀菌剂种类及其使用浓度见表7-1。

表7-1 混合保鲜剂中使用的杀菌剂

化学名称	英文简写	使用浓度范围
8-羟基喹啉硫酸盐	8-HQS	200~600mg/kg
8-羟基喹啉柠檬酸盐	8-HQC	200~600mg/kg
硝酸银	$AgNO_3$	10~200mg/kg
硫代硫酸银	STS	0.2~4.0mmol/L
噻菌灵(特克多)	TBZ	5~300mg/kg
季铵盐	QAS	5~300mg/kg
硫酸铝	$Al_2(SO_4)_3$	200~300mg/kg

最常用的杀菌剂是8-羟基喹啉盐类。表7-1中浓度上限可能造成某些切花叶片萎蔫,

花茎黄化，白色花瓣变黄等。8-HQC 减少切花花茎的"生理性"阻塞。8-羟基喹啉与二价金属离子（主要是铜和铁）形成螯合物，使菌类有关酶失活，这是其杀菌作用的机制。

银盐（主要是硝酸银）是一种效果良好的杀细菌剂，硝酸银和乙酸银（使用浓度 10～50mg/kg）广泛用于花卉保鲜剂中。把花茎插在高浓度银溶液（1000～1500mg/kg）中数分钟就能有效地延长若干切花的寿命。这类银盐易发生光氧化作用，生成不溶性沉淀。此外，银离子同自来水中的氯发生反应，生成不溶性的氯化银而失活。硝酸银在花茎中的移动性很差，一般附着在茎端组织中。因此，硝酸银必须溶于蒸馏水或去离子水中，盛于深色玻璃瓶或塑料容器内，避免使用金属容器，最好现配现用，注意避光保存。

硫酸铝（使用浓度 50～100mg/kg）可用于月季、唐菖蒲切花保鲜剂，有杀菌作用并使保鲜液酸化，抑制细菌繁殖，促进切花水分平衡。铝可降低月季花中的 pH，稳定切花组织中的花色素苷。月季切花在铝溶液中处理 12h，即可减轻"弯颈"现象和萎蔫。铝离子引起切花气孔关闭，降低蒸腾作用，促进水分平衡。铝对香石竹也有类似影响。但铝会引起菊花叶片的萎蔫。

季铵盐在保鲜液中，可克服 8-羟基喹啉的缺点。这类化合物毒性较低，在自来水或硬水中更稳定，有效期长。在香石竹、丝石竹、菊花和荷蒿菊的脉冲液和花蕾开放液中使用效果较好，但对翠菊和月季无效。

噻菌灵是一种广谱杀菌剂，可与其他杀菌剂混用。TBZ 有类似细胞分裂素的活性，延缓乙烯释放，减弱切花对乙烯的敏感性。TBZ 和 QAS 在硬水中比 8-HQ 盐类、缓释氯化物和硫酸铝更稳定。

3. 乙烯抑制剂（antiethylene）

乙烯的生理活性非常高，在浓度<0.1mg/kg 时即可表现出生理活性。切花采收后遭受机械损伤、病虫害侵袭、高温危害（30℃以上）、水分亏缺等，都会使其自身生成乙烯速度加快。不同种类的花卉对乙烯的敏感性不同（见表 7-2）。

表 7-2　　切花对乙烯的敏感性

非常敏感的切花种类		相对不敏感的切花种类
六出花	百合	安祖花
香石竹	水仙	天门冬
红羽大戟	矮牵牛	尼润属
小苍兰	香豌豆	郁金香
金鱼草	兰花	非洲菊
翠雀	球根鸢尾	

乙烯诱导麝香石竹和牵牛花的花瓣内卷，使兰花和矮牵牛花失去膨压，导致玫瑰花、天竺葵和麝香石竹花的色素变化如变蓝或变红。切花受乙烯毒害的症状见表 7-3。

表 7-3　　切花受乙烯毒害的症状

植物种类	乙烯毒害症状
六出花	花朵畸形，花瓣发暗和脱落

续表

植物种类	乙烯毒害症状
满天星	花朵萎蔫
郁金香	花蕾不开放,花瓣泛蓝,衰老加快
香豌豆	花瓣脱落
金鱼草	小花脱落
月季	花蕾开放受抑制,花瓣向上弯曲并泛蓝,衰老加快
一品红	向上弯曲,落花落叶,茎缩短
香石竹	花蕾不开放,花瓣萎蔫
菊花	花朵老化略加快
球根鸢尾	花蕾不开放或枯萎,衰老加快
嘉兰	花朵老化略加快
非洲菊	花朵老化略加快
小苍兰	花瓣畸形或枯萎,衰落加快
百合	花蕾枯萎,花瓣脱落
水仙	花径小,衰老加快
兰花(卡特兰、蝴蝶兰、石斛兰、万代兰)	花色泛红,向上弯曲,衰老加快

乙烯敏感的切花,受害严重,表现花蕾不开放,花瓣枯萎,甚至落花落叶。防止乙烯危害的措施:①做好植物的病虫害防治工作;②防止切花被昆虫授粉,这对兰花尤为重要;③在剪截、分级和包装过程中,避免对切花造成机械损伤;④在花蕾适宜的发育阶段采收切花,采收后立即冷却切花;⑤温室、分级间、包装场和贮藏室要保持清洁,及时清除腐烂的植物残体;⑥不要把切花、蔬菜和水果在同一场所贮藏,因蔬菜水果产生的乙烯较多;⑦不要把处于花蕾阶段的切花与充分展开的切花一起贮藏;⑧使用有可靠排气管的 CO_2 发生器、燃油器和煤气加热器等,在温室和采后工作场所不要使用内燃发动机;⑨温室和采收场所要适当通风;⑩低温贮藏、减压贮藏和气调贮藏降低乙烯生成速率。当贮藏环境中的 O_2 含量减少到 <8%, CO_2 含量 ≥2% 时,也可降低乙烯的生成速度。

温室中栽培对乙烯敏感的"指示性植物",如万寿菊和番茄等。万寿菊和番茄暴露于 1~2mg/kg 乙烯中 24h,叶片会明显向下弯曲。适当通风和使用乙烯清洁剂如溴化活性炭、高锰酸钾和高氯酸汞,可以使内源乙烯含量降低。另一种减轻乙烯危害的方法是使用 ACC 合成酶阻遏剂氨基乙氧基乙烯基甘氨酸(AVG)、甲氧基乙烯基甘氨酸(MVG)和氨基氧乙酸(AOA)可抑制乙烯的生物合成(表7-4),AOA 的作用效果较好且价格便宜;无机离子钴、α-丙基没食子酸和苯甲酸钠等都可抑制 ACC 向乙烯的转化,并延长切花的寿命。特别有效的乙烯抑制剂是硫代硫酸银(STS)。STS 在植物体内的移动性较好,并能从离体切花的茎基部转移到花中,阻止外源乙烯的作用。STS 可防止金鱼草、香豌豆、飞燕草、天竺葵和百合的花朵脱落。尼罗河百合只有在 STS 和 NAA 混合使用时才能有效控制花朵脱落。STS 的生理毒性较硝酸银低,使用浓度较低。用 1~4μmol/L 的 STS 处理香石竹、百合和其他切花 5min~24h,就可明显地抑制衰老过程。STS 浓度过高或处理时间过长会对花瓣和叶片造成损害。

表 7-4　　　　　　　　　　　用于延长某些切花寿命的生长调节剂

化合物名称	英文简写	浓度范围/（mg/kg）
乙烯抑制剂		
氨基乙氧基乙烯基甘氨酸	AVG	5~100
甲氧基乙烯基甘氨酸	MVG	5~100
氨基氧乙酸	AOA	50~500
生长延缓剂		
比久	B-9	10~500
矮壮素	CCC	10~50
脱落酸	ABA	1~10
赤霉酸	GA	1~400
生长素		
吲哚-3-乙酸	IAA	1~100
α-萘乙酸	NAA	1~50
2,4,5-三氯苯氧乙酸	2,4,5-T	200~300
对氯苯氧乙酸		150~200
细胞分裂素		
6-苄基氨基嘌呤	BA	10~100
异戊烯腺苷	IPA	10~100
激动素	KT	10~100

STS 需现用现配，配制方法为：先溶解 0.079g $AgNO_3$ 于 500mL 无离子水，再溶解 0.462g $Na_2S_2O_3 \cdot 5H_2O$ 于 500mL 无离子水中，把 $AgNO_3$ 溶液倒入 $Na_2S_2O_3 \cdot 5H_2O$ 溶液中，并不断搅拌，此混合物即为银离子浓度为 0.463mmol/L 的 STS 溶液。配好的溶液立即使用，应避光保存在棕色玻璃瓶或暗色的塑料容器内。STS 溶液可在 20~30℃ 下黑暗环境中保存 4d。

4. 生长调节剂

细胞分裂素（表 7-4）是最常用的保鲜剂成分，可降低切花对乙烯的敏感性，抑制乙烯的产生，细胞分裂素可抑制紫罗兰、唐菖蒲等植物叶片的黄化；贮藏和运输中的切花以细胞分裂素处理，可防止叶绿素含量降低。

细胞分裂素处理香石竹、月季、鸢尾和郁金香的效果最好。虽然生长素可延迟一品红的衰老和落花，生长素与细胞分裂素混合使用效果比单用效果好。但生长素促进乙烯的生成，加速衰老。

火鹤、水仙和非洲菊可用 BA 处理，5mg/kg 的 BA 和 22mg/kg 的 NAA 混合液处理可于贮藏后加快香石竹花蕾开放。

20~35mg/kg 赤霉酸加速贮藏后香石竹和唐菖蒲切花的开放。赤霉酸处理可抑制六出花和百合在贮藏和远距离运输中叶片叶绿素的损失；1mg/kg 的赤霉酸可延长紫罗兰的采后寿命。

脱落酸是生长抑制剂，可引起气孔关闭。如在保持液中加入 1mg/kg 脱落酸或用 10mg/kg 浓度处理 1d，可使月季气孔关闭，延迟萎蔫和衰老，但在黑暗中也可加速月季衰老。

常用的生长延缓剂有比久和矮壮素（CCC），可延长切花采后的寿命，它们阻止组织中赤霉酸的形成及其他代谢过程，增加切花对逆境的抗性；比久的适宜浓度为：金鱼草，10~50mg/kg；紫罗兰，25mg/kg；香石竹和月季，500mg/kg。50mg/kg 的 CCC 瓶插保持液（内含有 8-HQS 和蔗糖）可延长郁金香、香豌豆、紫罗兰、金鱼草和香石竹的瓶插寿命。花瓶保持液中 250~500mg/kg 的马来酰肼（MH）对延长金鱼草和羽扇豆的采后寿命有效；大丽花用 50mg/kg 的为佳；月季花在 5~10g/L MH 溶液中脉冲处理 30min，再置于 100mg/kg 硫酸铝和 800mg/kg 柠檬酸混合液中 24h，对延迟衰老效果最佳。

5. 其他延长采后寿命的化合物

pH 的变化是影响花瓣色泽变化的主要原因之一。月季、兰花、飞燕草和天竺葵等花瓣衰老时，常发生红色的花瓣变为蓝色的现象。原因为花瓣衰老时，蛋白质分解，释放出游离氨，液胞中的 pH 升高，促使花色素苷呈现偏蓝色泽。三色牵牛花、矢车菊、倒挂金钟等在衰老时（如蓝色、紫罗兰色和紫色花瓣等）会变红，这是因为液胞中的有机酸（苹果酸、天冬氨酸和酒石酸等）含量增加，pH 下降，花色素苷呈现偏红色泽。

有机酸类化合物可降低水溶液的 pH，促进花茎的水分吸收和平衡，减少花茎的阻塞。应用最广泛的是柠檬酸，其次是异抗坏血酸、酒石酸和苯甲酸。柠檬酸的使用浓度是 50~800mg/kg，改善月季、菊花、羽扇豆、唐菖蒲、鹤望兰和茼蒿菊的水分吸收。

苯甲酸 500mg/kg 可有效延长火鹤花的寿命。150~300mg/kg 苯甲酸钠延迟香石竹和水仙的衰老，但对金鱼草、鸢尾、菊花和月季没有作用。

苯甲酸钠作为抗氧化剂和自由基清除剂，减少乙烯的产生，并增加水溶液的酸度。

异抗坏血酸或抗坏血酸钠有效浓度为 100mg/kg，有抗氧化和促进生长功能。作为花瓶保持液，可延缓月季、香石竹和金鱼草的衰老过程。

放线酮、叠氮化钠和整形素可延长一些切花的寿命。它们抑制呼吸作用和某些生化过程。这类生长调节剂使用低浓度，并且浓度要十分精确，否则会对切花产生副作用，其中的剧毒药品不宜使用。放线酮是一种蛋白质合成抑制剂，适宜浓度 10~20mg/kg 可延长香石竹采后的寿命，但对月季有毒害作用。1mg/kg 的放线酮处理水仙切花可延迟衰老。放线酮的浓度过高或处理时间过长对切花有毒害作用。

叠氮化钠的适宜浓度为 10mg/kg，可减轻一些木本切花的茎阻塞，可延长铃兰和大丽花的采后寿命，可减少香石竹乙烯的生成。叠氮化钠为剧毒药品，使用时防止中毒。

钾盐、钙盐、硼盐、铜盐、镍盐和锌盐影响切花的瓶插寿命，可抑制水溶液中微生物的活动，控制切花的生化反应和代谢活动。

Ca^{2+} 一方面对衰老有显著的延缓效应，使果实的货架期和切花的贮藏及瓶插期延长。另一方面则相反，它可促进衰老导致死亡。据研究，麝香石竹切花在采收后第 4 天开始释放乙烯，ACC 含量和 ACC 合成酶活力也相应增加，乙烯释放第 6 天达到高峰，随后下降。钙调蛋白含量的变化和 ACC 合成酶的变化趋势一致。GA、STS 和 AOA 处理的切花中钙调蛋白含量比同期对照的低，乙烯生物合成被抑制，延迟衰老。Ca^{2+} 促进花瓣乙烯的释放。钙调蛋白抑制剂氯丙嗪（CPZ）对乙烯的释放具有抑制作用。Ca^{2+} 及钙调蛋白对切花保鲜与促衰作用与浓度和使用条件有关，涉及一些较为复杂的信号通路。

KCl、KNO₃、K₂SO₄、Ca（NO₃）₂和NH₄NO₃有类似糖的作用，能增加切花花瓣细胞的渗透浓度，促进水分平衡，延缓衰老的过程。1g/L Ca（NO₃）₂延长一些切花的采后寿命。NaCl与钾盐混合可防止香石竹的软茎和弯茎现象。

10mg/kg CaCO₃与糖及杀菌剂混合液是郁金香理想的保鲜液。100~1000mg/kg H₃BO₃可延长香石竹、铃兰、香豌豆、丁香和羽扇豆的采后寿命，但对金鱼草、菊花、大波斯菊、亨利式百合和唐菖蒲有毒害作用。

水中含盐量达到700mg/kg时，唐菖蒲瓶插寿命才降低，而月季、菊花和香石竹，在200mg/kg时就对寿命有影响。当NaCl的浓度达到200mg/kg时，每增加100mg/kg，这三种切花的寿命就减少5~6h。盐分也造成叶丛和花茎的伤害。含有较多的Na^+的软水对香石竹和月季的伤害大于含Ca和Mn的硬水。

碳酸氢钠对月季的毒害作用大于NaCl，但对香石竹的危害不大。12mg/kg的Fe^{2+}对菊花有毒害，但对唐菖蒲安全。8~14mg/kg的B对菊花和唐菖蒲均有毒害。煮沸的水中空气的含量较少，水容易被吸收和输导。把水加热到38~40℃可促进切花对水分的吸收，因热水在导管中的移动比在冷水中快，热水处理对于轻微萎蔫的切花效果较好。

为了利于切花吸水，常在保鲜液中加入湿润剂，如1mg/kg NaClO 1g/L的漂白剂或0.1~1g/L吐温20。

二、切花保鲜剂处理方法

1. 吸收和硬化

吸收和硬化（absorbing and induration）处理是在切花采后处理过程中或贮藏运输过程中发生不同程度的失水时，用水合液（hydration products）使萎蔫切花重新吸足水分，使萎蔫的切花恢复细胞膨压，恢复其鲜活状态的处理，称之为水合处理。水合处理可以有效地控制弯头和防止花苞萎蔫、掉头掉花等。

具体方法为：用无离子水配制含有杀菌剂和柠檬酸（但不加糖）的溶液，pH为4.5~5.0，并加入湿润剂吐温20（0.1~1g/L），装在塑料容器中。先在室温下把切花茎在38~44℃热水中呈斜面剪截后转移至同一温度下的上述水溶液中，溶液深度10~15cm，浸泡几个小时，再移至冷室中过夜（在溶液中）。对萎蔫较重的切花，可先把整个切花没入水中浸泡1h，然后按上述步骤操作。

有硬化木质茎的切花，如非洲菊、菊花和紫丁香，可把茎的末端插在80~90℃水中几秒钟，再转移至冷水中浸泡，有利于恢复细胞的膨压。

2. 茎端浸渗（the stem marinate and penetration）

为了防止切花花茎导管被微生物生长或茎自身腐烂引起阻塞而吸水困难，可把茎末端浸在高浓度AgNO₃溶液（约1000mg/kg）中5~10min，这一处理可延长紫菀、非洲菊、香石竹、唐菖蒲、菊花和金鱼草等切花的采后寿命。AgNO₃在茎中移动距离很短，处理后的切花不再剪截。进行银茎端浸渗处理后，可马上进行糖液脉冲处理，也可数天后处理。

3. 脉冲或填充

脉冲或填充（impulse and padding）处理是把茎下部置于含有较高浓度的糖和杀菌剂溶液，称脉冲液（pulsing solutions）中数小时至2d，为切花补充外来糖源，以延长在水中的瓶插寿命。这一处理在运输中进行，一般由栽培者、运货者或批发商完成。经脉冲处理可影响切花的货架寿命,是一项非常重要的采后处理措施。脉冲液中蔗糖的含量比瓶插保持液蔗糖含量大数倍。唐菖蒲、非洲菊用 20%或更高的蔗糖含量,香石竹、鹤望兰和丝石竹用 10%含量,月季、菊花等用 2%~5%含量。

脉冲液处理的时间和脉冲时的温度及光照条件对脉冲效果影响很大。为了避免高含量糖对叶片和花瓣的损伤,应严格控制时间。一般脉冲处理时间为 12~24h。如香石竹的脉冲时间 12~24h,光照强度 1000lx,温度 20~27℃,相对湿度 35%~100%,这一配合效果最佳。脉冲处理时温度过高,会引起月季花蕾开放,因此,采用在 20℃下脉冲处理 3~4h,再转至冷室中处理 12~16h 为好。脉冲处理时间、温度和蔗糖含量之间有相互作用,若脉冲时间短和温度高,则蔗糖含量宜高。

脉冲处理可延长切花寿命,促进切花花蕾开放,显色更好,花瓣大,对唐菖蒲、微型香石竹及标准香石竹、菊花、月季、丝石竹和鹤望兰等都有显著效果。脉冲处理对于长期贮藏或远距离运输的切花的作用更加显著。但如果脉冲液浓度过高,处理时间过长,处理时温度过高,均会导致花朵和叶片的伤害。

4. 硫代硫酸银脉冲液

硫代硫酸银(STS)对香石竹、六出花、百合、金鱼草和香豌豆效果最好。STS 脉冲的具体处理方法:先配制好 STS 溶液(浓度范围 0.2~4mmol/L),把切花茎端插入 STS 溶液中,一般在 20℃温度下处理 20min。处理时间长短因切花种类以及预贮期而异。如切花准备长期贮藏或远距离运输,在 STS 溶液中应加糖。

一般对乙烯敏感的切花在进入国际市场之前,都应以 STS 处理。

STS 处理只进行一次。如果栽培者未对切花作 STS 处理,批发商和零售商则应进行。

5. 花蕾开放液

切花采后促使花蕾开放的方法:花蕾开放液(preservatives for flowers to continue opening)中含有 1.5%~2.0%的蔗糖,200mg/kg 杀菌剂,75~100mg/kg 有机酸。将带蕾切花插在开放液中处理若干天,在室温和高湿条件下进行,当花蕾开放后,应转至较低的温度下贮放。

花蕾开放液广泛用于如紫丁香、连翘、月季、微型香石竹和标准型香石竹、菊花、唐菖蒲、丝石竹、非洲菊、匙叶草、鹤望兰和金鱼草等。

切花花蕾的发育需要营养物质和激素。花蕾开放液成分和处理环境条件类似于脉冲处理,但因处理时间长,所使用蔗糖浓度比脉冲浓度低,温度要求也较低。在花蕾开放期间,为了防止叶片和花瓣脱水,需保持较高的相对湿度。要为不同的种和品种确定适宜的糖浓度,防止因糖浓度偏高,伤害叶片和花瓣。掌握花蕾发育阶段及适宜的采切时期十分重要。采切时花蕾过于幼小,即使使用花蕾开放液处理,花蕾也不能开放或不能充分开放,切花质量降低。促使花蕾开放的场所应提供人工光源,可控制温度和湿度,且有通风系统,以防室内乙烯积累。

6. 瓶插保持液(holding solutions for vase life of cutflowers)

瓶插保持液种类繁多,其中糖含量较低(0.5%~2%),还包含有机酸和杀菌剂。由于一些切花茎端和淹在水中的叶片分泌出有害物质,会伤害其自身和同一瓶中的其他切花。因此,花瓶应定期调换新鲜的保持液(表 7-5)。

表 7-5 常用切花保鲜剂配方

切花	保鲜剂配方及使用浓度	保鲜剂种类
香石竹	1000mg/kg AgNO$_3$，10min	CS
	4mmol/L STS，10min	CS
	550mg/kg STS+100g/L S	OS、HS
	50g/L S+200mg/kg 8-HQS+20~50mg/kg BA	OS
	50g/L S+200mg/kg 8-HQS+50mg/kg 乙酸银	HS
	30g/L S+300mg/kg 8-HQ+500mg/kg B9+20mg/kg BA+10mg/kg MH	HS
	50g/L S+500mg/kg 杀藻铵+45mg/kg CA+15mg/kg 叠氮化钠	HS
	40g/L S+0.1% 明矾+0.02% 尿素+0.02% KCl+0.02% NaCl	HS
月季	20g/L S+300mg/kg 8-HQC	OS
	40g/L S+50mg/kg 8-HQS+100mg/kg 异抗坏血酸	HS
	50g/L S+200mg/kg 8-HQS+50mg/kg 乙酸银	HS
	30g/L S+130mg/kg 8-HQS+200mg/kg CA+25mg/kg AgNO$_3$	HS
菊花	1000mg/kg AgNO$_3$，10min	CS
	20g/L S+200mg/kg 8-HQC	OS
	20g/L~300g/L S+25mg/kg AgNO$_3$+75mg/kg CA	OS
	35g/L S+30mg/kg AgNO$_3$+75mg/kg CA	HS
小苍兰	0.2mmol/L STS+50mg/kg BA	CS
	60g/L S+250mg/kg 8-HQS+70mg/kg CCC+50mg/kg AgNO$_3$	HS
	40g/L S+0.15g/L Al$_2$(SO$_4$)$_3$+0.2g/L MgSO$_4$+1g/L K$_2$SO$_4$+0.5g/L 硫肼	HS
非洲菊	1000mg/kg AgNO$_3$ 或 60mg/kg 次氯酸钠，10min	CS
	70g/L S+200mg/kg 8-HQC+25mg/kg AgNO$_3$	CS、OS
	20mg/kg AgNO$_3$+150mg/kg CA+50mg/kg NaH$_2$PO$_4$·2H$_2$O	HS
	30g/L S+200mg/kg 8-HQS+150mg/kg CA+75mg/kg K$_2$HPO$_4$·H$_2$O	HS
郁金香	10mg/kg 杀藻铵+25g/L S+10mg/kg CaCO$_3$	HS
	50g/L S+0.3g/L 8-HQS+0.05g/L CCC	HS
百合	0.2mmol/L STS	CS
	1000mg/kg GA	CS
	30g/L S+200mg/kg 8-HQC	OS、HS
金鱼草	1mmol/L STS，20min	CS
	40g/L S+50mg/kg 8-HQS+1000mg/g 异抗坏血酸	HS
	15g/L S+300mg/kg 8-HQC+50mg/kg B9	HS

续表

切花	保鲜剂配方及使用浓度	保鲜剂种类
翠菊	1000mg/kg $AgNO_3$，10min	CS
	20~50g/L S+25mg/kg $AgNO_3$+70mg/kg CA，17h	CS
	60g/L S+250mg/kg 8-HQS+70mg/kg CCC+50mg/kg $AgNO_3$	HS
满天星	50~100g/L S+25mg/kg $AgNO_3$	OS
	20g/L S+200mg/kg 8-HQC	HS
唐菖蒲	1000mg/kg $AgNO_3$，10min	CS
	200g/L S，20h	CS
	40g/L S+600mg/kg 8-HQC，24h	OS、HS
	200g/L S+200mg/kg 8-HQC+50mg/kg $AgNO_3$+50mg/kg $Al_2(SO_4)_3$	OS、HS
花烛	4mmol/L $AgNO_3$，20min	CS
	40g/L S+50mg/kg $AgNO_3$+0.05mmol/L NaH_2PO_4	HS
水仙	30~70g/L S+30~60mg/kg 银盐	HS
	60g/L +250mg/kg 8-HQS+70mg/kg CCC+50mg/kg $AgNO_3$	HS
鹤望兰	100g/L S+250mg/kg 8-HQC+150mg/kg CA	CS、OS
香豌豆	4mmol/L STS，8min	CS
	50g/L S+0.3g/L 8-HQS+0.05g/L CCC	HS
大丽花	100g/L 葡萄糖+0.2mmol/L $AgNO_3$+200mg/kg 8-HQS	CS、HS
牡丹	30g/L S+200mg/kg 8-HQS+50mg/kg $CoCl_2$+20mg/kg）黄腐酸	HS
仙客来	150g/L S+30mg/kg $AgNO_3$，20h	CS

注：CS—预处理液；OS—催花液；HS—瓶插液；S—蔗糖；CA—柠檬酸；8-HQ—8-羟基喹啉；8-HQS—8-羟基喹啉硫酸盐；8-HQC—8-羟基喹啉柠檬酸盐；STS—硫代硫酸银；BA—6-苄基嘌呤；GA—赤霉素；B9—*N*-二甲基琥珀酸；CCC—矮壮素；MH—青鲜素。

三、盆花上市前化学处理

待出售的盆花应健康、无病虫害，因在上市过程中很难进行病虫害防治。对灰霉病敏感的植物在运输前应喷杀菌剂保护。

为了改进观叶植物的外观品质，在出售前要喷施叶面光亮剂。有的叶面光亮剂中含有杀虫剂和杀菌剂，因此可达到防病和防虫的双重效果。注意，这类促进叶片光线反射的制剂增加了植物的光补偿点（30%左右），因此需要更多的光照。

叶面喷撒硫代硫酸银（STS）可抑制盆栽植物乙烯的产生，减少花蕾和花朵的脱落，在上市前2~3周用STS处理一次，可使盆栽植物在整个采后环节中得到保护。但要严格控制STS的浓度，否则浓度过高，导致叶片和花蕾产生黑色的斑点或坏死斑。一些盆栽植物适宜的 STS 的浓度见表 7-6。注意，被腐霉菌感染的植株不宜使用 STS。

表 7-6　　盆花使用的 STS 浓度　　单位：mmol/L

植物名称	STS 浓度	植物名称	STS 浓度
苘麻	0.4~0.6	倒挂金钟	0.3~0.5
耐寒苦苣薹	0.3~0.5	木槿属	0.5~0.8
秋海棠	1.0~2.0	球兰	0.6
叶子花	0.5	凤仙花	0.3~0.5
蒲苞花	0.2~0.5	爵床属	0.5~1.2
风铃草	0.3~0.6	茉莉	0.5~1.2
常春花	0.4~0.6	天竺葵种子	0.5
海州常山	0.4	矮牵牛	0.2~0.5
仙客来	0.5~1	报春花	0.2~0.5
石竹属	0.3~0.5	杜鹃花	0.4~0.8
昙花	0.5~2.0	非洲紫罗兰	0.2~0.5
马鞭草	0.3~0.4	草原龙胆草	0.3~0.4

第二节　花卉种球、种苗采后处理技术

一、鳞茎、根茎、块茎和根采后处理技术

在生产中球根类花卉常因贮藏不当而造成巨大的经济损失和浪费。常见花卉种球采后贮藏温度和贮藏期及最高冻结点见表 7-7。

表 7-7　　常见球根和种苗推荐贮藏条件

商品名称	贮藏温度/℃	贮存期	最高冻结点/℃
鳞茎（bulbs）、地下茎（rootstalk）、块茎（tuber）和根茎			
耐寒苞薹属	7~10	—	—
尖药草属	7~13	—	—
硕葱	23~25	—	—
六出花属	4~10	—	—
冠状银莲花	7~13	3~4 个月	—

续表

商品名称	贮藏温度/℃	贮存期	最高冻结点/℃
秋海棠（块茎）	2~7	3~5 个月	-0.5
白及兰	2~4	—	—
五彩芋属	21	—	-1.3
美人蕉属	4~10	—	—
窄叶小草属	20	—	—
秋水仙	17	—	—
铃兰属	-4~-1	1 年	—
番红花	17	2~3 个月	—
大丽花	4~9	5 个月	-1.8
兔葵属	5~9	—	—
赤莲属	9~17	—	—
小苍兰属	30	3~4 个月	—
壮丽贝母	23~25	—	—
小贝母	9~13	—	—
雪花莲属	13~17	—	—
高通百合属	7~13	—	—
唐菖蒲	7~10	5~8 个月	-2.1
嘉兰百合	10~17	3~2 个月	—
大岩桐属	5~10	5~7 个月	-0.8
萱草属	10	1 个月	—
星花属	3~7	5 个月	-0.6
风信子属	17~20	2~5 个月	-1.5
蜘蛛兰属	16~21	—	—
荷兰鸢尾	20~25	4~12 个月	—
英格兰鸢尾	17	—	—
网状鸢尾	17	—	—
德国鸢尾	0~5	—	—
黏射干属	20~25	—	—
蛇鞭菊属	0~2	—	—
百合属	-0.5~0.5	1~10 个月	-1.7
水仙属	13~17	2~4 个月	-1.3
芍药属	0~2	5 个月	—

续表

商品名称	贮藏温度/℃	贮存期	最高冻结点/℃
报春花属	7~10	—	—
毛茛属	10~13	—	—
郁金香属	17	2~6个月	-2.4
马蹄莲属	4~13	—	-2.5
菖蒲莲属	4~7	—	—
插条和接穗			
杜鹃花（未生根）	-0.5~4	4~10周	—
石竹（生根及未生根）	-0.5~0	5~6个月	—
菊花（生根）	-0.5~1.6	3~6周	—
菊花（未生根）	-0.5~0.5	5~6周	—
天竺葵（未生根）	-0.5	4~6周	—
一品红（生根）	5	1周	—
玫瑰接穗	-2~-0.5	1~2年	—
木本观赏植物	0~2	5~6个月	—
苗木类			
花坛植物	4~13	2~4周	—
针叶树苗	0~2	3~6个月	—
草本多年生植物	-2.8~2.2	4~8个月	—
草本当年生植物	-0.6~1.7	3~7个月	—
玫瑰树	-0.5~2	4~5个月	—
种子	0~10	1年	—

多数鳞茎在挖掘后和愈合处理后不需立即冷藏，可置于温暖条件下让鳞茎的花器发育，然后再于较低温度贮藏防止发芽，在适宜的湿度下既防止生根又不丧失其水分。

肉质鳞茎和肉质根（如百合鳞茎和芍药根）在高温和过低的湿度下愈合处理可能受到伤害。宜用潮湿的水藓包装置于冷库低温贮藏，否则生长不良。

多数鳞茎和球茎可贮存于浅盘、浅箱或网袋中作干藏，放在通风良好室内即可。黏射干、窄叶小草、壮丽贝母、酢浆草、绵枣儿和马蹄莲等需包装于刨花之中。耐寒苦苣薹、六出花、秋海棠、彩叶芋、美人蕉、大丽花、菟葵、雪莲花、风信子、嘉兰、萱草、水鬼蕉、德国鸢尾、百合、花毛茛和虎斑草可包装于泥炭藓、砂子、谷糠或蛭石中以防止干燥。大多数鳞茎，特别是春季开花的种类，避免暴露于乙烯气体中，以免受到伤害。

某些鳞茎类在花器发育完成之后和种植之前，需保存在2~10℃低温中4~6周，可促进开花。这一处理称为预冷，应在50%（低）~75%（中等）相对湿度和良好的空气循环条件下进行。

二、重要花卉的贮藏方法

（一）切花贮藏

贮藏的花卉、切花和插条以健康无病虫害和无任何机械损伤为宜。

①要求 0~2℃，90%~95% 的相对湿度下贮藏的切花与切叶有：葱属、紫菀、寒丁子花、香石竹、菊花、番红花、蕙兰、小苍兰、栀子花、风信子、球根鸢尾、百合、铃兰、水仙、芍药、花毛茛、月季、绵枣儿、香豌豆、郁金香、铁线蕨、雪松、圣诞耳蕨和鳞毛蕨、石松、冬青、刺柏、槲寄生、山月桂、杜鹃、北美白珠树、柠檬叶、乌饭树属（越橘）等。

②要求 4~5℃，90%~95% 相对湿度下贮藏的切花与切叶有：金合欢、六出花、银莲花、紫菀、醉鱼草、金盏花、水芋、屈曲花、金鸡菊、矢车菊、波斯菊、大丽花、雏菊、堇菜、翠雀、小白菊、勿忘我、毛地黄、天人菊、非洲菊、唐菖蒲、嘉兰、丝石竹、欧石楠、丁香、羽扇豆、万寿菊、本犀草、百日草、蕙兰、乌乳花、福禄考、报春花、花毛茛、金鱼草、雪滴花、补血草、千金子藤、紫罗兰、蜡菊、铁线蕨、天门冬、黄杨、山茶、巴豆、龙血树、桉叶、常春藤、冬青、地桂、木兰、番樱桃、喜林芋、海桐花、金雀花等。

③要求 7~10℃，90%~95% 相对湿度下贮藏的切花与切叶有：银莲花、鹤望兰、山茶、油加律、嘉兰、高代花、卡特兰、美国石竹、袖珍椰子、罗汉松、棕榈等。

④要求 13~15℃ 温度下贮藏的切花有：安祖花、姜花、蝎尾蕉、万代兰、一品红、花叶万年青、鹿角蕨等。

海葵、唐菖蒲、鸢尾、百合、水仙、郁金香和月季等切花贮后插于水中发育和开花良好；但香石竹、菊花、芍药、金鱼草和鹤望兰贮后直接插在水中发育和开花不良，用"花蕾开放液"或"瓶插保持液"处理，开花质量较好。在贮前用"脉冲液"处理的切花，贮后花蕾开放较好。表 7-8 和表 7-9 为切花和切叶的适宜贮藏温度、大约贮存期及最高冻结点温度。切花贮藏室的相对湿度以 90%~95% 为宜，任何微小的湿度变化（5%~10%）都会损害切花的质量。在 70%~80% 相对湿度下有些切花的花瓣变干。如果切花干贮，未包膜，或湿贮于干燥的容器中，贮藏库宜保持较高湿度。切花置于密闭的膜袋中，湿度可忽略，因袋中的空气湿度很快即可饱和。冷藏室中的空气湿度一天至少测定一次。

表 7-8 常见切花推荐贮藏条件

商品名称	贮藏温度/℃	贮藏期	最高冻结点/℃
合欢类	4	3~4d	-3.5
六出花	4	2~3d	—
硕花葱	0~2	2 周	—
银莲花	4~7	2d	-2.1
火鹤花	13	2~4 周	—
中国紫菀	0~4	1~3 周	-0.9
鹤望兰	7~8	1~3 周	—
金盏花	4	3~6d	—

续表

商品名称	贮藏温度/℃	贮藏期	最高冻结点/℃
山茶	7	3~4周	-0.7
屈曲花	4	3d	—
香石竹	-0.5~0	3~4周	-0.7
香石竹花蕾	-0.5~0	4~12周	-0.7
郁金香	-0.5~0	2~3周	—
百合	0~1	2~3周	-0.5
微型香石竹	-0.5~0	2周	—
菊花	-0.5~0	3~4周	-0.8
耧斗花	4	3d	—
金鸡菊	4	2d	-0.5
矢车菊	4	3~4d	—
大波斯菊	4	3~4d	—
藏红花	0.5~2	1~2周	—
大丽花	4	3~5d	—
小白菊	4	3d	-0.6
勿忘我	4	1~2d	—
毛地黄	4	1~2d	—
小苍兰	0~0.5	10~14d	—
天人菊	4	3d	—
栀子花	0~1	2周	-0.6
非洲菊	1~4	1~2周	—
艳山姜	13	4~7d	—
唐菖蒲	2~5	5~8d	-0.3
嘉兰	4~7	4~7d	—
高代花	10	1周	—
丝石竹	4	1~3周	—
风信子	0~0.5	2周	-0.3
球根鸢尾	-0.5~0	1~2周	-0.8
铃兰	-0.5~0	2~3周	—
羽扇豆	4	3d	—
万寿菊	4	1~2周	—
水仙	0~0.5	1~3周	-0.1

续表

商品名称	贮藏温度/℃	贮藏期	最高冻结点/℃
卡特兰	7~10	2周	-0.3
惠兰	-0.5~4	2周	-0.3
万代兰	13	5d	—
芍药（紧实花蕾）	0~1	2~6周	-1.1
福禄考	4	1~3d	—
一品红	10~15	4~7d	-1.1
报春花	4	1~2d	—
花毛茛	0~5	7~10d	-1.7
月季（保鲜液湿藏）	0.5~2	4~5d	-0.5
月季（干藏）	-0.5~0	2周	-0.5
金鱼草	4	1~2周	-0.9
补血草	2~4	3~4周	—
紫罗兰	4	3~5d	-0.4
香豌豆	-0.5~0	2周	-0.9
百日草	4	5~7d	—

表7-9　　常见切叶花卉的推荐贮藏条件

商品名称	贮藏温度/℃	贮藏期	最高冻结点/℃
文竹	2~4	2~3周	-3.3
天门冬	2~4	2~3周	—
山茶	4	—	—
雪松	0	—	—
朱蕉	7~10	2~3周	—
花叶万年青	13	—	—
龙血树	2~4	—	-1.6
桉树叶	2~4	1~3周	-1.7
常春藤	2~4	2~3周	-1.2
冬青	0~4	3~5周	-2.8
木兰	2~4	2~4周	-2.8
棕榈	7	—	—
喜林芋	2~4	—	—
海桐花	2~4	2~3周	—

续表

商品名称	贮藏温度/℃	贮藏期	最高冻结点/℃
罗汉松	7	—	-2.3
杜鹃	0	2~4周	-2.5
鹿角蕨	13	—	—
狗脊蕨	0~4	—	—

光照对切花和插条的质量及贮藏期有明显影响。香石竹可贮于黑暗中，六出花、百合和菊花如果长期在黑暗中贮藏会引起叶片黄化。贮藏菊花宜有500~1000lx的光照，包装袋和容器袋应透明。香石竹和菊花的花蕾开放需用1100~2200lx连续光照和花蕾开放液。在批发和零售商店切花陈设场所，应保持1100~2200lx光照，每天16h，利于叶片和花蕾发育。

需长期贮藏的切花和草本插条，可用干贮法，即把材料紧密包裹在箱子、纤维圆筒或聚乙烯膜袋中，以防水分丧失。表7-10为一些切花和草本插条干贮温度及最长贮藏期。某些切花只进行短期（1~4周）贮藏时，可采用湿贮法，即把切花插在水中或保鲜液中存放。例如，天门冬、大丽花、小苍兰、非洲菊和丝石竹等适合湿贮。湿贮法占据冷库空间较大。用于销售或短期贮藏的切花，采切后立即放入盛有温水或温暖保鲜剂（38~43℃）的容器中，再把容器与切花一起放在冷库中。湿贮温度以3~4℃为宜。

表7-10　　　　　　　　　切花和草本插条干贮最长贮藏期

植物材料	贮藏温度/℃	最长贮藏期/周
切花		
火鹤花	13	4
香石竹	0~1	16~24
菊花	1	3
仙客来	0~1	3
唐菖蒲	4	4
百合	1	6
水仙	1	2
芍药	0	4
月季	0.5~3	2
鹤望兰	8	4
郁金香	0~1	8
插条		
杜鹃（未生根）	-0.5~4	10
香石竹（未生根）	-0.5~0	5~6
菊花（未生根）	-0.5~0.5	5~6

续表

植物材料	贮藏温度/℃	最长贮藏期/周
天竺葵（未生根）	-0.5	4~6
一品红（带愈伤组织）	12~13	4

切花和草本插条在高湿条件下对灰霉菌和葡萄孢属菌敏感，在长期贮藏之前应用杀菌剂喷布和浸蘸，晾干后包装。贮前，切花应用含有糖、杀菌剂和抗乙烯剂的保鲜液脉冲处理，以延长贮期，并提高贮后切花的质量。

切花放入聚乙烯袋或铝箔包裹前宜预冷，以防产生冷凝水，未经预冷的插条也产生冷凝水。如果报纸不危害切花，也可使用。若冷库中温度波动过大，在贮存期仍会出现凝结水。

表 7-11 是一些切花的湿贮温度和最长湿贮期。在湿贮期间，不宜向切花上喷水，以防叶片受害和灰霉病发生。

表 7-11　　切花在保鲜液中湿贮最长贮藏期

切花	贮藏温度/℃	最长贮藏期/周
香石竹	4	4
非洲菊	4	3~4
百合	1	4
金鱼草	1	8

气调贮藏的效果取决于花卉品种类型。月季贮藏于含有 CO_2 的气体环境中常发生花瓣泛蓝现象。

月季和香石竹气调贮藏的试验得出以下结论：①在长期贮藏中，CO_2 和 O_2 的含量必须精确控制，因为不同种类切花甚至不同品种对 CO_2 和 O_2 所需最适含量均不同；②切花适宜的 CO_2 和 O_2 的含量范围很狭窄，当 CO_2 含量>4%时花朵受害，花瓣颜色泛蓝，而 O_2 含量<0.4%时常引起无氧呼吸和发酵；③CO_2 在较低或较高温度下易引起更大的伤害；④切花（尤其是香石竹）的气调贮藏与常规冷藏相比成本过高。

水仙花在 100%的氮气中贮藏，在 4℃的条件下贮放 14~25d 后，切花瓶插寿命延长 80%~100%。这一结果已被多次试验所证实（表 7-12）。切花和草本插条的低压贮藏试验表明，这一方法可明显延长贮藏期（表 7-13），大气压降到 5332~800Pa 效果较好。低压贮藏的设备价格高，管理困难，尚未在花卉产业投入商业性营运。低压容器对于切花预冷迅速降温和长距离运输有潜在应用价值。

表 7-12　　切花气调贮藏研究结果

切花	气体成分/%		贮藏温度/℃	贮存期/d
	CO_2	O_2		
香石竹	5	1~3	0~1	30
小苍兰	10	21	1~2	21

续表

切花	气体成分/%		贮藏温度/℃	贮存期/d
	CO_2	O_2		
唐菖蒲	5	1~3	1.5	21
百合	10~20	21	1.0	21
含羞草	0	7~8	6~8	10
水仙	—	—	4	25
月季	5~10	1~3	0	20~30
郁金香	5	21	1	10

表7-13　　　　　　　　　切花和草本插条常规冷藏和低压贮藏贮期比较

植物材料	冷藏贮存期/d	低压贮藏期/d
切花		
香石竹	10	91
菊花（花蕾）	7~14	42
月季	7~14	56
未生根插条		
菊花	10~28	42~49
香石竹	20~90	300
天竺葵	5~10	21~18
一品红	3	3
生根插条		
菊花	7~14	90
天竺葵	14	28
一品红	7	14

花卉贮藏期间病虫害防治，以溴甲烷熏蒸法有较好的效果，大部分切花对溴甲烷熏蒸有良好抗性，一般在18~23℃下溴甲烷用量30g/m³熏蒸1.5h，可杀死蓟马和鳞翅目幼虫。少数切花在较高温度下熏蒸可能引起叶片灼烧、花蕾不开放和瓶插寿命缩短。

防治灰霉病常用的杀菌剂有异丙啶、杀菌利、烯丙酮等。可采用喷剂喷布或材料浸蘸。

（二）插条和接穗贮藏

插条（cuttings）和接穗（scions）贮藏以备将来之需。冷藏插条可抑制其呼吸和蒸腾作用，减轻落叶，控制病害蔓延和延长寿命。0~4℃条件下配合用杀菌剂处理可延长若干种已生根插条的贮藏寿命达6个月之久。植物材料汁液越多，贮存期越短。杜鹃花的未生根绿枝插条包在聚乙烯袋中可在-0.5~4℃下贮存4~10周。生根或未生根的香石竹插条包装在聚乙烯膜衬里的箱子或薄膜袋中，能在-0.5~0℃下保存5~6个月。塑料膜不要密封死。可在根周围或插条基部包少量泥炭或水藓,有助于保湿。用聚乙烯袋作保水包装材料,一些菊花品种的未生根、未硬化插条可在-0.5~0.5℃下贮存5~6周,贮藏超过5~6周的插条则生根慢,生长量较少。秋季掘起的菊花插条(未生根)去除大部分叶片,包在聚乙烯膜袋中,可在-2~1℃温度下贮藏6个月之久。已生根的菊花插条能在-0.5~1.6℃下贮藏3~6周,贮藏期长短与品种有关,在较高温度下,贮藏寿命较短,菊花插条可用低压贮藏。

已生根的一品红插条采用减压贮藏(4665Pa),能在5℃下贮藏一周;未生根的一品红插条贮藏时间较短。

未生根的天竺葵插条能在-0.5℃下贮藏4~6周,应干贮于保湿容器内。在5℃下贮藏寿命仅2周,有报道称采用减压贮藏可延长其贮藏期。

热带观叶植物插条一般包在报纸中,用水藓或泥炭藓裹住插条基部或根系,再装入打蜡纸箱。运输温度一般维持在15.5~18.5℃。

月季接穗能在-2~-0.5℃下贮藏24个月。接穗剪截成40cm,捆成束,再用聚乙烯膜包裹,然后用湿润的报纸包裹,最后用聚乙烯膜或保湿纸包裹,于纸箱中贮藏。

(三)多年生草本种苗(perennial herb seedlings)贮藏

(1)在-2.8~-2.2℃下贮藏的花卉 耆草、筋骨草、西伯利亚牛舌草、筷子芥、蒿、紫菀、风铃草、矢车菊、升麻、铃兰、金鸡菊、翠雀、美国石竹、荷包牡丹、多榔菊、兰刺头、天人菊、老鹳草、水杨梅、丝石竹、堆心菊、屈曲花、薰衣草、蛇鞭菊、补血草、花亚麻、半边莲、剪秋罗、千屈菜、月见草、芍药、草本象牙红、穗花福禄考、丛生福禄考、假龙头花、洋桔梗、金光菊、草原鼠尾草、景天、绣线菊、唐松草、紫露草、金莲花、婆婆纳和堇菜属等。

(2)在0.6~1.7℃贮藏的植物 乌头、岩芥菜、百子莲、意大利牛舌草、荷包牡丹和蓼等。

(3)在0.6~4.4℃贮藏的植物 蜀葵、非洲菊、向日葵、黄葵、鸢尾和羽扇豆等。

第三节 切花采收、分级和包装

一、采收(harvesting)

1. 采收适期

适宜的采切时间因植物种类、品种、季节、环境条件和距市场远近而异,就近直接销售的切花采切阶段比远距离运输或需贮藏的晚一些。在保证花蕾正常开放和不影响品质的前提下,宜在花蕾期采切,可缩短生产周期,提早上市,较早腾出温室或花圃空间;花蕾较花朵紧凑,便于采后处理,节省贮运空间,降低成本。降低切花采后处理和贮运期间遇到的高温、低温、低湿和乙烯危害的敏感性,对机械性伤害耐受性强。月季和非洲菊如采切过早,则发生"弯颈"现象。月季"弯颈"是花颈中维管束组织木质化程度低所致。非洲菊的花颈中心空腔导致弯颈,有些切花在蕾期采切后,在清水中不能正常开放,需插入"花蕾开放液"中才会开花。一些具穗状花序的切花如飞燕草和假龙头花须在花序基部1~2朵小花开放时采切(表7-14)。

表 7-14　用于直接销售的切花采切适宜发育阶段

植物名称	发育阶段	植物名称	发育阶段
金合欢属	花序 1/2 小花开放	菊：	
木茼蒿	花朵充分开放	标准品种	外围花瓣充分伸长
凤尾蓍	花朵充分开放	小花枝品种单花型	花开放前
春白菊	花朵充分开放	银莲花型	盘心花开始伸长之前
舟形乌头	花序 1/2 小花开放	蓬蓬菊和装饰型	中心老花充分开放
大滨菊	花朵充分开放	秀丽克拉花	花序 1/2 小花开放
百子莲	花序 1/4 小花开放	君子兰	花序 1/4 小花开放
硕葱	花序 1/3 小花开放	飞燕草	花序 2~5 朵小花开放
大花观赏葱	花序 1/4 小花开放	铃兰	花序 1/2 小花开放，末端花蕾绿色已退
杂种六出花	花序 4~5 朵小花开放	杂种落新妇	花序 1/2 小花开放
蜀葵	花序 1/3 小花开放	大花金鸡菊	花朵充分开放
苋属	花序 1/2 小花开放	闭鞘姜属	花朵充分开放
冠状银莲花	花蕾开始开放	仙客来	花朵充分开放
安祖花	佛焰花序充分发育	蕙兰属	花朵开放 3~4 天后
金鱼草	花序 1/3 小花开放	大丽花	花朵充分开放
杂种耧斗菜	花序 1/2 小花开放	洋翠雀	花序 1/2 小花开放
雏菊	花朵充分开放	园丁翠雀	花序 1/2 小花开放
金盏花	花朵充分开放	石榴属	花朵几乎充分开放
翠菊	花朵充分开放	麝香石竹：	
山茶	花朵充分开放	标准品种	花朵半开
风铃草属	花序 1/2 小花开放	小花枝品种	2 朵花充分开放
卡特兰属	花朵开放 3~4 天后	红花除虫菊	花朵充分开放
青葙	花序 1/2 小花开放	蛇鞭菊	花序 1/2 小花开放
矢车菊	花朵开始开放	补血草	花朵几乎开放
香芙蓉	花朵开始开放	小苍兰	第一花蕾开始开放
毛地黄	花序 1/2 小花开放	勿忘我	花序 1/2 开放
小兰刺头	花朵半开	非洲菊	外围花可见花粉
百合属	花蕾显色	虎眼万年青	花蕾显色
一品红	充分成熟	芍药属	花蕾显色
草原龙胆草	5、6 朵小花开放	萱草	花朵半开
壮丽贝母	花朵半开	蝶兰、兜兰	花朵开放后 3~4d
天人菊	花朵充分开放	鸢尾	花蕾显色
栀子花	花朵几乎充分开放	金光菊	花朵充分开放
唐菖蒲	1~5 个花蕾显现色泽	杂种月季：	
丝石竹	花朵开放但不过熟	红色、粉红种	头 2 片花瓣已展开
满天星	花蕾开放但不过熟		萼片反转低于水平线
向日葵	花朵充分开放	黄色品种	稍早于前者
朱顶红	花蕾显色	白色品种	稍晚于红色品种

续表

植物名称	发育阶段	植物名称	发育阶段
郁金香	花蕾半着色	万寿菊	花朵充分开放
百日草	花朵充分开放	天蓝绣球	花序 1/2 小花开放
一枝黄花	花序 1/2 小花开放	旱金莲	花朵半开
鹤望兰	第一朵小花开放	香豌豆	花序 1/2 小花开放
马蹄莲	佛焰苞刚向下转之前	景天属	花朵充分开放

切花采后的发育和瓶插寿命在很大程度上取决于植物组织中碳水化合物的积累量。因此，石竹、月季和菊花在夏季采切的发育阶段宜早些，而在冬季的采切则宜晚些，以保证在花瓶中能正常发育。火鹤花、中国紫菀、金盏花、水芋、大丽花、非洲菊、兰花和某些月季品种，如果在花蕾发育的早期采切，即使以花蕾开放液催花也不会正常开花，这些切花只适宜在花朵充分开放后采切贮藏。

2. 采切时间

夏季适宜的采切时间是上午 8 点钟左右，采收后易失水的种类的采收宜在露水、雨水和水汽干燥后进行，采收后立即放入保鲜液中，尽快预冷或放于冷库中，防止水分流失。避免高温（27℃）和强光照射下采收。对于乙烯敏感的种类可先置于清水中转到分级间后用银盐制剂作抗乙烯处理。

上午采切可保持切花有较高的膨压，切花的含水量最高，但因露水较多，切花较潮湿，易受真菌和细菌的感染，下午采收遇高温切花易失水，一般傍晚采收比较理想。

3. 采切方法

用锋利的刀切割，切口要留斜面以利吸水。切口要光滑，避免压破茎部引起含糖汁液渗出，遭微生物感染阻塞输导组织。

切割的部位应靠近花颈木质化程度适度的地方，要尽可能使花颈长些，但木质化程度过高时，切花吸水能力下降。

一品红、橡皮树、银边翠和猩猩草等在切口处流出乳状汁液，在切口凝固，影响水分吸收，解决这一问题的方法是在每次剪截花茎时，立即把茎端插入 85~90℃ 水中烫数秒钟。

二、分级

切花分级（grading and sorting）对生产者非常重要，因其决定切花的价格。为了避免分级的不一致，一些重要的切花应有统一的分级标准。一般在国际贸易中，切花的质量指标为切花的形态、色泽、新鲜度和健康状况等。

每个销售单位（一束、一串、一箱等）只能包括处于同一花蕾发育阶段的同一种或品种，商品切花应在该种或品种的适宜发育阶段采切。切花必须是完整无损、新鲜、无病虫害。须保证切花的发育阶段和质量使之安全运达目的地而不变质，每个包装单位（束，箱）中花长度最长和最短的差别不可超过 2.5~10.0cm。

特级切花必须具有最好的品质，具有该种或品种的所有特性，没有任何影响外观的外来物质和病虫害。只允许 3% 的特级切花、5% 的一级切花和 10% 的二级切花具有轻微的缺陷，在每个等级可以有 10% 的植物材料在茎的长度上有变化，但须符合该代码中的最低要求。世界最流行的五大切花质量分级标准见表 7-15~表 7-19。

表 7-15　　　　　　　　　　　月季切花产品质量分级标准

评价项目		等级			
		一级	二级	三级	四级
1	整体感	整体感、新鲜程度极好	整体感、新鲜程度好	整体感、新鲜程度好	整体感、新鲜程度一般
2	花形	完整优美,花朵饱满,外层花瓣整齐,无损伤	花形完美,花朵饱满,外层花瓣整齐,无损伤	花形整齐,花朵饱满,有轻微损伤	花瓣有轻微损伤
3	花色	花色鲜艳,无焦边、变色	花色好,无褪色失水,无焦边	花色良好,不失水,略有焦边	花色良好,略有褪色,有焦边
4	花枝	①枝条均匀、挺直;②花茎长度 65cm 以上,无弯颈;③质量 40g 以上	①枝条均匀、挺直;②花茎长度 55cm 以上,无弯颈;③质量 30g 以上	①枝条挺直;②花茎长度 50cm 以上,无弯颈;③质量 25g 以上	①枝条稍有弯曲;②花茎长度 40cm 以上,无弯颈;③质量 20g 以上
5	叶	①叶片大小均匀,分布均匀;②叶色鲜绿有光泽,无退绿叶片;③叶面清洁、平整	①叶片大小均匀,分布均匀;②叶色鲜绿,无退绿叶片;③叶面清洁、平整	①叶片分布较均匀;②无退绿叶片;③叶面较清洁,稍有污点	①叶片分布不均匀;②叶片有轻微褪色;③叶面有少量残留物
6	病虫害	无购入国家或地区检疫的病虫害	无购入国家或地区检疫的病虫害,无明显病虫害斑点	无购入国家或地区检疫的病虫害,有轻微病虫害斑点	无购入国家或地区检疫的病虫害,有轻微病虫害斑点
7	损伤	无药害、冷害、机械损伤	基本无药害、冷害、机械损伤	有轻度药害、冷害、机械损伤	有轻度药害、机械损伤
8	采切标准	适用开花指数 1~3	适用开花指数 1~3	适用开花指数 2~4	适用开花指数 3~4
9	采后处理	①立即入保鲜剂处理;②依品种 12 枝捆绑成扎,每扎中花枝长度最长与最短的差别不可超过 3cm;③切口以上 15cm 去叶、去刺	①保鲜剂处理;②依品种 20 支捆绑成扎,每扎中花枝长度最长与最短的差别不可超过 3cm;③切口以上 15cm 去叶、去刺	①依品种 20 枝捆绑成扎,每扎中花枝长度最长与最短的差别不可超过 5cm;②切口以上 15cm 去叶、去刺	①依品种 30 枝捆绑成扎,每扎中花枝长度的差别不可超过 10cm;②切口以上 15cm 去叶、去刺

①开花指数 1:花萼略有松散,适合于远距离运输和贮藏
②开花指数 2:花瓣伸出萼片,可以兼作远距离和近距离运输
③开花指数 3:外层花瓣开始松散,适合于近距离运输和就近批发出售
④开花指数 4:内层花瓣开始松散,必须就近很快出售

表 7-16　　　　　　　　　　　　　　唐菖蒲切花产品质量分级标准

评价项目		等级			
		一级	二级	三级	四级
1	花枝的整体感	整体感、新鲜程度极好	整体感、新鲜程度好	整体感一般，新鲜程度好	整体感、新鲜程度一般
2	小花数	小花 20 朵以上	小花 16 朵以上	小花 14 朵以上	小花 12 朵以上
3	花形	①花形完整优美；②基部第一朵花茎 12cm 以上	①花形完整；②基部第一朵花茎 10cm 以上	①略有损伤；②基部第一朵花茎 12cm 以上	①略有损伤；②基部第一朵花茎 12cm 以上
4	花色	鲜艳、纯正、带有光泽	鲜艳、无褪色	一般，轻微褪色	一般，轻微褪色
5	花枝	①粗壮、挺直，匀称；②长度 130cm 以上	①粗壮、挺直，匀称；②长度 100cm 以上	①挺直略有弯曲；②长度 85cm 以上	①略有弯曲；②长度 70cm 以上
6	叶	叶厚实鲜绿有光泽，无干尖	叶色鲜绿，无干尖	有轻微退绿或干尖	有轻微退绿或干尖
7	病虫害	无购入国家或地区检疫的病虫害	无购入国家或地区检疫的病虫害，有轻微病虫害斑点	无购入国家或地区检疫的病虫害，有轻微病虫害斑点	无购入国家或地区检疫的病虫害，有轻微病虫害斑点
8	损伤等	无药害、冷害、机械损伤等	几乎无药害、冷害、机械损伤等	有极轻度药害、冷害、机械损伤等	有轻度药害、冷害、机械损伤等
9	采切标准	适用开花指数 1~3	适用开花指数 1~3	使用开花指数 2~4	使用开花指数 2~4
10	采后处理	①立即入保鲜剂处理；②依品种每 10 枝、20 枝捆绑成一扎，每把中花梗长度最长与最短的差别不可超过 3cm；③每 10 扎，5 扎为一捆	①保鲜剂处理；②依品种每 10 枝、20 枝捆成一把，每把中花梗长度最长与最短的差别不可超过 5cm；③每 10 扎，5 扎为一捆	①依品种每 10 枝、20 枝捆成一把，每把中花梗长度最长与最短的差别不可超过 10cm；②每 10 扎，5 扎为一捆	①依品种每 10 枝、20 枝捆成一把，每把基部切齐；②每 10 扎，5 扎为一捆

①开花指数 1：花序最下部 1~2 朵小花都显色而花瓣仍然紧卷时，适合于远距离运输
②开花指数 2：花序最下部 1~5 朵小花都显色，小花花瓣未开放，可以兼作远距离和近距离运输
③开花指数 3：花序最下部 1~5 朵小花都显色，其中基部小花略成展开状态，适合于就近批发出售
④开花指数 4：花序下部 7 朵以上小花露出苞片并都显色，其中基部小花已经开放，必须就近很快出售

表 7-17 标准菊切花产品质量分级标准

评价项目		等级			
		一级	二级	三级	四级
1	整体感	整体感、新鲜程度极好	整体感、新鲜程度极好	整体感一般,新鲜程度好	整体感、新鲜程度一般
2	花形	①花形完整,花朵饱满,外层花瓣整齐;②最小花直径14cm	①花形完整,花朵饱满,外层花瓣整齐;②最小花直径12cm	①花形完整,花朵饱满,外层花瓣有轻微损伤;②最小花直径10cm	①花形完整,花朵饱满,外层花瓣有轻微损伤;②最小花直径10cm
3	花色	鲜艳,纯正,带有光泽	鲜艳,纯正	鲜艳,不失水,略有焦边	花色稍差,略有褪色,有焦边
4	花枝	①坚硬、挺直,花颈长5cm以内,花头端正;②长度85cm以上	①坚硬、挺直,花颈长6cm以内,花头端正;②长度75cm以上	①挺直;②长度65cm以上	①挺直;②长度60cm以上
5	叶	①厚实,分布均匀;②叶色鲜绿有光泽	①厚实,分布均匀;②叶色鲜绿	①叶片厚实,分布稍欠匀称;②叶色绿	①叶片分布欠匀称;②叶片稍有褪色
6	病虫害	无购入国家或地区检疫的病虫害	无购入国家或地区检疫的病虫害,有轻微病虫害症状	无购入国家或地区检疫的病虫害,有轻微病虫害症状	无购入国家或地区检疫的病虫害,有轻微病虫害症状
7	损伤	无药害、冷害、机械损伤等	基本无药害、冷害及机械损伤等	有轻微药害、冷害及机械损伤等	有轻微药害、冷害及机械损伤
8	采切标准	适用开花指数1~3	适用开花指数为1~3	适用开花指数2~4	适用开花指数2~4
9	采后处理	①冷藏,保鲜剂处理;②依品种每12枝捆成一把,每把中花茎最长与最短的差别不可超过3cm;③切口以上10cm都去叶	①冷藏,保鲜剂处理;②依品种每12枝捆成一把,每把中花茎最长与最短的差别不可超过5cm;③切口以上10cm都去叶	①依品种每12枝捆成一把,每把中花茎最长与最短的差别不可超过10cm;②切口以上10cm都去叶	①依品种每12枝捆成一把,每把基部切齐;②切口以上10cm都去叶

①开花指数1:舌状花紧抱,其中有1~2个外层花瓣开始伸出,适合远距离运输
②开花指数2:舌状花外层开始松散,可以兼作远距离和近距离运输
③开花指数3:舌状花最外两层都已展开,适合于就近批发出售
④开花指数4:舌状花大部展开,必须就近很快出售

表 7-18　　　　　　　　　　　　　满天星切花产品质量分级标准

评价项目		等级			
		一级	二级	三级	四级
1	整体感	极好，聚伞圆锥花序完整	好，聚伞形花序完整	一般，聚伞圆锥花序较完整	一般，聚伞形花序欠完整
2	花形	小花饱满，完整优美	小花完整，无明显黑粒与异常花	小花完整，有少量黑粒或异常花	小花完整，有少量黑粒与异常花
3	花色	纯正、明亮	好，小花黄化和萎蔫率低于5%	一般，小花黄化和萎蔫率低于10%	一般，小花黄化和萎蔫率低于15%
4	花枝	①茎秆鲜绿，坚挺，具韧性；②长度65cm以上；③主枝明显，并有3个以上分枝；④花茎切口至第一大分枝处长度不超过15cm	①茎秆鲜绿，挺直；②长度5cm以上；③每个花茎都有3个以上分枝；④花茎切口至第一大分枝处长度不超过15cm	①茎秆挺直；②长度45cm以上；③每个花茎都有2个以上分枝；④花茎基部至第一大分枝处长度不超过15cm	①茎秆稍有弯曲；②长度45cm以上
5	叶	有极少量叶片，鲜绿明亮	有少量叶片，鲜绿明亮	有少量叶片，有少量烧叶	有少量叶片，有少量烧叶
6	病虫害	无购入国家或地区检疫的病虫害	无购入国家或地区检疫的病虫害，有轻微病虫害症状	无购入国家或地区检疫的病虫害，有轻微病虫害症状	无购入国家或地区检疫的病虫害，有轻微病虫害症状
7	损伤	无药害、冷害、机械损伤	基本无药害、冷害及机械损伤	有极轻度药害、冷害及机械损伤	有明显的药害、冷害及机械损伤
8	采切标准	适用开花指数1~3	适用开花指数1~3	适用开花指数2~4	适用开花指数3~4
9	采后处理	①保鲜剂处理；②依品种每330g捆成一扎，每把基部切齐，每把中花茎长度最长与最短的差别不可超过3cm；③基部需用橡皮筋绑紧；④每把需套袋或纸张包扎保护	①保鲜剂处理；②依品种每330g捆成一扎，每把基部切齐，每把中花茎长度最长与最短的差别不可超过5cm；③基部需用橡皮筋绑紧；④每把需套袋或纸张包扎保护	①依品种每250g捆成一扎，每把基部切齐；②每把中花茎长度最长与最短的差别不可超过10cm；③基部需用橡皮筋绑紧；④每把需套袋或纸张包扎保护	依品种每250g捆成一扎，基部需用橡皮筋绑紧

①开花指数1：小花盛开率10%~15%，适合于远距离运输
②开花指数2：小花盛开率16%~25%，可以兼作远距离和近距离运输
③开花指数3：小花盛开率26%~35%，适合于就近批发
④开花指数4：小花盛开率35%~45%，必须就近很快出售

表 7-19　　　　　　　　　　　　　　　大花香石竹切花产品质量分级标准

评价项目		等级			
		一级	二级	三级	四级
1	整体感	整体感、新鲜程度极好	整体感、新鲜程度好	整体感、新鲜程度好	整体感一般
2	花形	①花形完整优美，外层花瓣整齐；②最小花直径：紧实 5.0cm，较紧实 6.2cm，开放 7.5cm	①花形完整，外层花瓣整齐；②最小花直径：紧实 4.4cm，较紧实 5.6cm，开放 6.9cm	①花形完整；②最小花直径：紧实 4.4cm，较紧实 5.6cm，开放 6.9cm	花形完整
3	花色	花色纯正带有光泽	花色纯正带有光泽	花色纯正	花色稍差
4	茎秆	①坚硬，圆满通直，手持茎基平置，花朵下垂角度小于 20°；②粗细均匀，平整；③花茎长度 65cm 以上；④质量 25g 以上	①坚硬，挺直，手持茎基平置，花朵下垂角度小于 20°；②粗细均匀，平整；③花茎长度 55cm 以上；④质量 20g 以上	①较挺直，手持茎基平置，花朵下垂角度小于 20°；②粗细欠均匀；③花茎长度 50cm 以上；④质量 15g 以上	①茎秆较挺直，手持茎基平置，花朵下垂角度小于 20°；②节肥大；③花茎长度 40cm 以上；④质量 12g 以上
5	叶	①排列整齐，分布均匀；②叶色纯正；③叶面清洁，无干尖	①排列整齐，分布均匀；②叶色纯正；③叶面清洁，无干尖	①排列整齐，分布均匀；②叶色纯正；③叶面清洁，稍干尖	①排列稍差；②稍有干尖
6	病虫害	无购入国家或地区检疫的病虫害	无购入国家或地区检疫的病虫害，无明显病虫害症状	无购入国家或地区检疫的病虫害，有轻微病虫害症状	无购入国家或地区检疫的病虫害，有轻微病虫害症状
7	损伤等	无药害、冷害、机械损伤等	几乎无药害、冷害、机械损伤等	有轻微药害、冷害、机械损伤等	有轻微药害、冷害、机械损伤等
8	采切标准	适用开花指数 1~3	适用开花指数 1~3	适用开花指数 2~4	适用开花指数 3~4
9	采后处理	①立即入保鲜剂处理；②依品种每 10 枝捆为一扎，每扎中花茎长度最长与最短的差别不可超过 3cm；③切口以上 10cm 部去叶；④每扎需套袋或纸张包扎保护	①保鲜剂处理；②依品种每 10 枝或 20 枝捆为一扎，每扎中花茎长度最长与最短的差别不可超过 5cm；③切口以上 10cm 部去叶；④每扎需套袋或纸张包扎保护	①依品种每 30 枝捆为一扎，每扎中花茎长度最长与最短的差别不可超过 10cm；②切口以上 10cm 部去叶	①依品种每 30 枝捆为一扎，每扎中花茎长度最长与最短的差别不可超过 10cm；②切口以上 10cm 部去叶

①开花指数 1：花瓣伸出花萼不足 1cm，呈直立状，适合于远距离运输
②开花指数 2：花瓣伸出花萼 1cm 以上，且略有松散，可以兼作远距离或近距离运输
③开花指数 3：花瓣松散，小于水平线，适合就近批发出售
④开花指数 4：花瓣全面松散，接近水平，宜尽快出售

欧洲的花卉拍卖行要求拍卖的切花都必须用 STS 或其他花卉保鲜液处理，拍卖行抽样检查出未经保鲜液处理的切花都要送进垃圾处理站。

我国鲜切花等级的行业标准陆续发布，主要包括：GB/T 18247.1—2000《主要花卉产品等级 第1部分：鲜切花》，规定了主要鲜切花产品的质量等级划分、检测方法以及包装、标识等环节的技术要求；SB/T 11098.1—2014《鲜切花拍卖产品质量等级 第1部分：通用要求》，适用于参与拍卖的（所有）鲜切花产品。其他交易方式可参照使用。近年来，也专门针对部分大宗切花产品制定了专门的标准，如 GB/T 41201—2021《月季切花等级》。

三、包装

包装的作用在于保护切花免受机械损伤、防止水分丧失、避免环境条件的急剧变化。切花以 10、12、15、20 或 30 枝捆扎，花束捆扎不能太紧，以防受伤和受霉菌感染。切花束可用耐湿纸、湿报纸或塑料套包裹。包装纸必须是新鲜、清洁的，具有保护切花免受损伤的适当品质。如使用新闻纸包装，不能碰到花朵。

切花包装外的标签和发货单必须易于识别，写清生产者、包装场和企业名称、切花的种类及品种和花色等。包装还必须写明生产国名、切花等级、代码或花颈的最高和最低长度，每个单位（箱）或单位重量的切花数量，每一批材料中包装箱数量或重量等。

单枝切花如鹤望兰和菊花可散装，小苍兰和郁金香可成束装箱。可用塑料网或套保护花朵。单束花的兰花可包于聚酯纤维中，茎端插入装有保鲜液的小瓶中，瓶子用胶带粘在箱底上。可用卫生纸保护对凝结水敏感的切花如香石竹和水仙。

切花应分层交替放置于包装箱中，直至放满，但又不会压伤切花。各层之间要放纸衬垫。一些名贵切花如火鹤花、鹤望兰、红姜花和帝王花等要在切花中放置塑料衬里和碎湿纸保持湿度和免受冲击。

月季切花包装箱内常用冰袋降温。月季也常用湿包装，即在箱底固定装有保鲜液的容器，把切花垂直插入。此外，非洲菊、丝石竹、飞燕草、百合和微型月季等也常用湿包装法。

银莲花、金盏花、唐菖蒲、水仙、香雪兰、飞燕草、金鱼草、花毛茛等切花在包装和运输中都要垂直放置，以防重力引起的"弯颈"。

切叶类包装要注意保湿，通常用涂蜡的纸箱或用湿润的报纸保湿。

包装箱有纸箱、纤维板箱、木箱和泡沫箱等。

思考题

1. 切花的主要营养和能量物质是什么？
2. 解释吸收和硬化处理。
3. 切花分级的意义是什么？
4. 对比果蔬产品与切花产品的气调贮藏条件。
5. 通过查阅资料，尝试不同的鳞茎、根茎、块茎贮藏新方法。
6. 通过查阅资料，尝试不同的包装材料进行切花包装。

第八章

果蔬采后生物技术基本原理及应用

本章目标与重点

学习目标：
　　1. 掌握基因的结构；
　　2. 掌握基因的重组；
　　3. 掌握反义 RNA 技术原理；
　　4. 了解转基因技术在果蔬采后研究中的应用进展。

学习重点：
　　1. 限制性内切酶作用原理；
　　2. 乙烯合成相关酶基因。

　　1973 年美国斯坦福大学首次进行了基因的体外重组，并通过质粒将重组的基因转入细菌，使重组的基因在细菌内得到了表达。他们的研究开创了生物学研究的新纪元，从此生物技术应运而生。进入 21 世纪以来，生物技术这一研究领域取得了许多突破性的进展，病毒诱导基因沉默、瞬时表达、基因编辑、生物信息学等技术的应用使得果蔬采后保鲜的理论研究日渐深入。

　　生物技术是探索生命现象和生物物质运动规律，并利用生物体的机能或模仿生物体的机能进行物质生产的技术，它包括转基因技术、发酵技术、固定化酶和固定化细胞技术。其中与果蔬采后研究关系密切的主要是转基因技术。果蔬采后生物技术就是转基因技术在果蔬采后生理、贮运保鲜理论研究与实践上的应用。

　　转基因技术又称基因工程技术或 DNA 重组技术，它是通过一系列的实验手段，把一个生物体中的遗传基因转入另一个生物体内，并使该基因在寄主细胞中正常表达，产生人类所需要的物质或用以调节、改变生物体的某些生命活动，以满足人类的某种特殊需要。

第一节　基因工程技术原理

一、基因的结构

　　基因（gene）是指一段 DNA 序列，它能够表达和产生基因产物（蛋白质或 RNA）。一个完整的基因需要有启动子、终止子、编码序列、调节序列等。下面简单介绍一些有关的名词概念。

1. 启动子

启动子（promoter）是指 DNA 分子上结合 RNA 聚合酶形成转录起始复合物的区域，在多数情况下还包括促进这一过程的调节蛋白的结合位点。一个基因的表达强度在很大程度上取决于启动子的强弱，启动子强，基因表达活性就强；反之启动子弱，基因表达活性就弱，表达产物相对就少。

启动子有两种类型，即组成型启动子与组织特异性启动子。

（1）组成型启动子　表达水平基本保持恒定，不会因生物组织部位与表达时期的不同而改变它的表达强度。花椰菜花叶病毒的 35S（CaMV 35S）启动子就属此类，由于该启动子的转录活性强，并且无组织特异性，所以被广泛地应用于植物基因转化。

（2）组织特异性启动子　与组成型启动子不同，组织特异性启动子只能在某种特定的组织中发挥作用。如有些启动子只能诱导花器官中基因的表达，假如人们想得到雄性不育的植株，就可将不育基因与该特异性启动子连接，然后导入植物组织后，那么该基因就只能在花器官中表达，而不会在其他组织器官中表达，这样可以减少由于不必要的表达而造成的物质能量的浪费。

2. 终止子

终止子（terminator）是促进转录终止的 DNA 序列，在 RNA 水平上通过转录形成终止子序列柄——loop 结构而起作用，简单地说能够提供转录终止信号的 DNA 序列，它的作用就是终止转录。

3. 编码序列

编码序列（coding sequence）是用于转录、翻译的 DNA 模板序列，它的最终产物是 RNA 或蛋白质。

4. 增强子

增强子（enhancer）是能远距离调节启动子以增强转录速率的 DNA 序列，其增强作用与序列的方向无关，与它在基因上、下游位置无关，但它的作用具有强烈的细胞类型依赖性。

5. 衰减子

衰减子（attenuator）是一个受翻译控制的转录终止子结构。由于翻译作用的影响，衰减子后面的基因或者继续被转录，或者在衰减子处实现终止。

一个基因是否表达，表达强度如何，是受多层次、多水平、多种因素的调节。上文简单介绍了一些与基因转录、调节有关的名词概念，由于篇幅有限转录后的加工、翻译及翻译后多肽的加工就不再赘述。

二、基因的重组（genic recombination）

（一）限制性内切酶

限制性内切酶（restriction enzyme）是能够识别 DNA 分子上特定核苷酸序列，并在该序列处将 DNA 分子切断的一类酶，大多数限制性内切酶的核苷酸识别序列由 4~6 个核苷酸组成。目前已有 200 多种不同的专一性内切酶被提纯，并被用于商品化生产，这些内切酶就像一把手术刀,可以在特定的部位将 DNA 分子切断。

根据限制性内切酶的切割方式不同可将其分为两大类:黏性末端内切酶和平齐末端内切酶。

1. 黏性末端内切酶

黏性末端内切酶切割后的 DNA,都产生交错的切口,在双链 DNA 的每一条上,都留下一段单链末端,该末端称之为黏性末端。EcoR I 是一种识别序列为 6 个核苷酸的内切酶,它的识别序列是 6 个核苷酸,切割后产生 4 个核苷酸的黏性末端。

EcoR I 识别序列及切割方式如下:

$$5'-G\downarrow AATTC-3' \longrightarrow 5'-G \quad\quad AATTC-3'$$
$$3'-CTTAA\uparrow G-5' \quad\quad\quad 3'-CT \quad + \quad G-5'$$

产生的黏性末端在 DNA 重组技术中十分重要,DNA 连接酶可以通过磷酸二酯键,把具有相同黏性末端的、不同来源的 DNA 分子连接在一起,这是重组 DNA 技术的重要环节(图 8-1)。

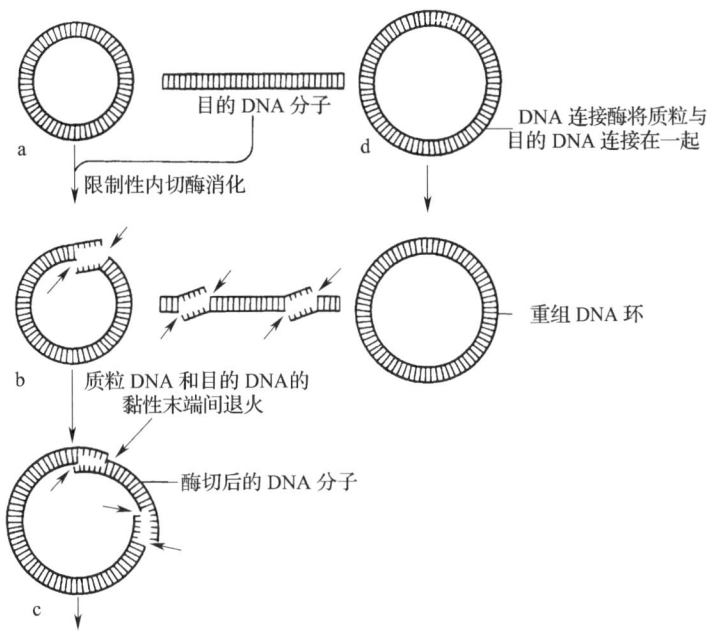

图 8-1 利用限制性内切酶和 DNA 连接酶将外源 DNA 重组到质粒中

2. 平齐末端内切酶

平齐末端内切酶切割后产生的两个 DNA 片段,在切口处两条链的核苷酸都是配对的,没有单链末端产生。Alu I 的识别序列为 4 个核苷酸,切割点在 GC 之间,切割后的末端平齐,没有单链核苷酸存在。T_4-DNA 连接酶能将平齐末端的 DNA 连接起来。

Alu I 识别序列及切割方式如下:

$$5'-AG\downarrow CT-3' \longrightarrow 5'-AG \quad\quad CT-3'$$
$$3'-TC\uparrow GA-5' \quad\quad\quad 3'-TC \quad + \quad GA-5'$$

(二)载体(bearer)

目的基因需要借助于载体才能进入被转化的寄主细胞,并在细胞内得以复制、表达。常用的载体有质粒、噬菌体或病毒等，作为载体它们必须具备两个条件：①必须具有复制原点，能够在寄主细胞内自主复制；②该载体必须有适合的限制性内切酶组成的多克隆位点，外源基因可在此位点插入载体，值得注意的是内切酶组成的多克隆位点不能在复制原点区域内，以免影响载体自身的复制。此外载体还需要有筛选标记基因如链霉素、四环素的抗性基因等。pUC19质粒为DNA分子克隆常用的载体，其结构见图8-2。

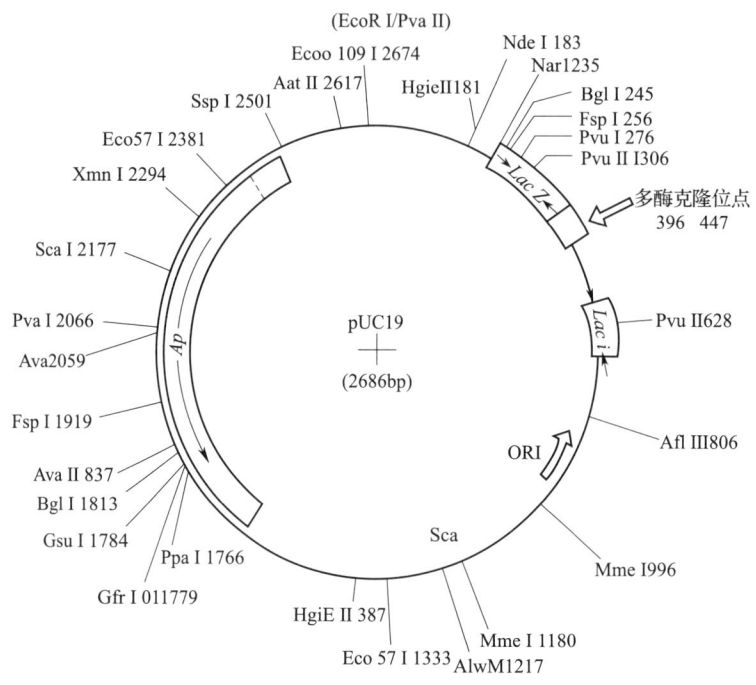

图8-2 pUC19质粒

ORI—复制原点 Ap—氨苄青霉素的抗性基因 Lac Z、Lac i—β-半乳糖苷酶的选择标记基因

载体有三种类型：克隆载体、穿梭载体和表达载体。

1. 克隆载体

以繁殖DNA片段为目的载体，通常称为克隆载体。它们在细胞内的拷贝数高，复制能力强，在短时间内可以使它所携带的目的基因在寄主细胞内大量复制。质粒载体如pUC8、pUC9、pUC18、pUC19就属此类载体。pUC19质粒见图8-2。

质粒存在于细菌、放线菌和酵母细胞内，是独立于细菌、放线菌和酵母染色体外的一个环状双链DNA分子，它不受染色体的控制，能自主复制。

许多质粒为克隆载体，用同一种限制性内切酶切割质粒和待扩增的DNA片段，然后用DNA连接酶将切割后质粒载体与DNA片段连接起来，就形成了一个重组质粒，这个重组质粒载体携带有外源的DNA片段。应用此法任何一段DNA都可以插入到载体中，然后再转化到微生物细胞中几百万倍地扩增。

2. 穿梭载体

这类载体既能在真核细胞中繁殖，又能在原核细胞中繁殖。它们既含有细菌的复制原点，又含有真核生物的复制原点。利用此类载体可以先将待转化的目的基因或DNA片段在细菌中大量繁殖，然后再转化进入真核的动植物体内。

3. 表达载体

表达载体是用来将克隆的外源基因在寄主细胞中表达成蛋白质的载体。它必须有很强的启动子与终止子，并且启动子应该是可以控制的，只有在诱导时才进行转录，所产生的 mRNA 应能翻译成蛋白质。

三、基因的转移方法

植物的基因转移方法有多种，下面简单介绍两种比较常用的方法。

1. 根癌农杆菌转化法

根癌农杆菌（*Agrobacterium tumefaciens*）转化法是应用最为广泛而有效的植物基因转化方法。根癌农杆菌中的 Ti 质粒是一个环状的 DNA 分子，它可以在农杆菌中独立复制。Ti 质粒中有一段 DNA 称 T-DNA（转移 DNA），当农杆菌与植物组织共培养时，农杆菌中 Ti 质粒上的 T-DNA 可直接进入寄主植物细胞，并整合到寄主植物的染色体中，T-DNA 所携带的基因可以在植物细胞内正常表达，并且在后代的遗传中遵循孟德尔遗传规律。

人们利用基因工程的手段，将所要转移的目的基因连接到 T-DNA 上，再将带有目的基因的 Ti 质粒放回农杆菌，用这种人为改造的农杆菌侵染受伤植物组织时，带有目的基因的 T-DNA 就会从植物的伤口部位进入植物组织，并自动整合到植物的染色体中，并且在植物中稳定表达。

整合过程比较复杂，涉及农杆菌与寄主植物间的相互作用。由图 8-3 可见，①受伤的植物组织首先释放出信号物质（乙酰丁香酮和糖）；②信号物质与农杆菌细胞膜上的糖结合蛋白（ChvE）结合；③通过农杆菌中的信号传递系统中的 VirA 和 VirG 作用，促使 *Vir* 基因表达；④*Vir* 的基因产物将 T-DNA 的一条链，从 Ti 质粒上切割下来；⑤VirD2 和 VirE2 把切割下来的单链 T-DNA 包裹起来；⑥包裹好的 T-DNA 通过跨膜蛋白通道（VirB）进入植物细胞，并整合到染色体组中。

根癌农杆菌 Ti 质粒法是目前最常用也是最简单、最有效的植物基因转移方法，但农杆菌只侵染双子叶植物，对绝大多数的单子叶植物无效。

2. 基因枪转移法

基因枪法（gene gun 或 particle bombardment）又称微弹轰击法，它是将待转移的基因吸附在微小的金属颗粒表面，然后通过基因枪高速轰击将带有转移 DNA 的金属颗粒射入植物细胞，金属颗粒表面吸附的 DNA 可随机整合到植物的染色体中，部分整合的 DNA 就可在植物组织中得到表达。常用的金属颗粒主要有金颗粒和钨颗粒。

基因枪转移的精确度差，转移效率低，成功率不是很高，但方法非常简单，使用也非常普遍，是单子叶植物基因转移普遍使用的方法。

除农杆菌和基因枪转移法外，植物基因的转移方法还有脂质体法、病毒载体法、电击法，PEG（聚乙二醇）法、显微注射法、激光微束法、花粉管通道法、原生质融合法等。

四、转基因材料的植株再生

到目前为止，基因的克隆、构建、转化问题已不再是获得转基因（transgene）植物的主要限制因素，但对很多植物而言，转基因材料的植株再生是一个比较棘手的问题。因为转基因材

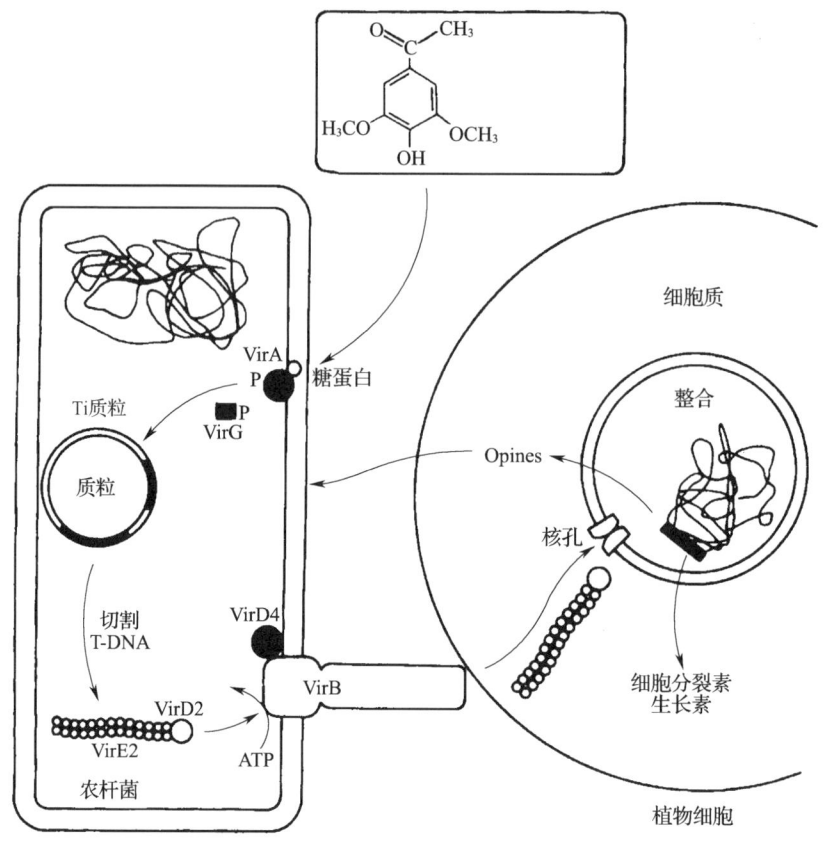

图 8-3 根癌农杆菌的 T-DNA 转移过程

料的植株再生是获得转基因植物的前提,想要研究获得某种转基因植物,首先需要解决该植物的植株再生问题。现在植株再生比较成功的有水稻、小麦、玉米、向日葵、豌豆、烟草、番茄、土豆、苹果、杏、草莓、木瓜、西瓜、花椰菜、油菜、甜菜等。

第二节　果蔬采后生物技术的研究与应用

果蔬采后生物技术的研究主要围绕两个方面的内容:①如何利用生物技术来延缓果蔬采后的物质变化和衰老过程,改善果蔬的贮运、加工性能;②利用生物技术的方法揭示果蔬采后生理生化变化的分子机制,从分子水平阐明果蔬采后成熟衰老的根本原因,为利用生物技术改造果蔬的采后贮运加工性能提供理论依据。本节重点介绍第一方面的研究内容。

一、反义 RNA 技术及其原理

反义 RNA 技术是在果蔬采后生物技术中应用最为广泛而有效的方法。它是将与目的基因互补的 DNA 序列转入植物体内,使该序列在植物体内转录合成 RNA,合成的 RNA 就称反义 RNA,反义 RNA 在体内的大量合成与累积,可以阻止目的基因的表达,从而抑制了由于目的基因的表达而引起的果蔬采后衰老过程,该技术就是反义 RNA 技术。

具体做法是根据碱基配对的原则,以目的基因的核苷酸序列为模板,利用人工或生物体合成一段与目的基因互补 DNA，该 DNA 分子在体外经过人工构建，连接上启动子、终止子等后，转入植物体内，使其在植物体内转录产生大量反义 RNA。反义 RNA 可以与目的基因 mRNA，通过碱基配对方式形成双链的反义 RNA：mRNA 的杂交分子，由于双链的 RNA 分子在植物体内很不稳定，很快被降解，从而阻止了目的基因的表达，这就是反义 RNA 技术的基本原理。此外，还有人认为反义 RNA 可能还通过干扰目的基因的转录、mRNA 加工和翻译，来抑制目的基因的表达。

人们将目的基因的片段（正义基因）导入植物体内，同样也达到了降低或抑制目的基因表达的目的，这可能涉及新基因失活机制。有一种推测认为，可能是目的基因整合到植物染色体后，受到了位于附近的寄主植物染色体上启动子的作用，而促进了与目的基因互补的另一条链（反义链）的大量转录，合成了大量的反义 RNA，从而干扰阻止了寄主体内目的基因的表达。

二、转基因技术在果蔬采后研究中的应用进展

园艺产品的成熟衰老过程受基因的调控，利用转基因技术进行保鲜的原理是通过遗传基因的操作从内部控制某些园艺产品的成熟过程；利用 DNA 的重组和操作技术，来修饰遗传信息；或用反 RNA 技术抑制成熟基因的表达，进行基因改良，从而达到推迟某些园艺产品成熟衰老，达到延长贮藏期的目的。

1978 年，最先从番茄果实中分离提取 poly（A）RNA，证明果实成熟过程中 mRNA 发生变化。1986 年，从成熟果实中提取 mRNA 反转录得到相应的 cDNA，转入细菌质粒 pAT 153 然后转化 *E. coli* C600 建立了基因库，并利用分子杂交技术筛选、分类鉴定了 146 个与果实成熟有关的克隆。近年来，随着生物技术的飞速发展，与果实成熟衰老有关的基因工程也取得了令人瞩目的进展，例如，在调控细胞壁代谢、乙烯生物合成等领域，取得了可喜的研究成果，有的已经进入了商业化生产。

（一）细胞壁代谢相关基因及其表达

细胞壁是园艺产品细胞结构的重要组成部分。细胞壁的代谢与园艺产品的硬度和贮藏性密切相关。21 世纪以来，与细胞壁代谢相关的基因及其表达的研究进展迅速，取得了多项实用性非常强的技术成果。

1. 多聚半乳糖醛酸酶基因

多聚半乳糖醛酸酶（PC）是一种在果实成熟过程中特异表达的细胞壁水解酶，随着果实的成熟而积累，长期以来，PG 一直被认为是参与果胶的溶解从而在果实的软化中起着重要的作用。在番茄中，PG 的积累与果实的软化之间有密切的关系，三种成熟突变株 Nr（Never ripe，果实成熟时暗橙色）、rin（ripening inhibitor，为果实成熟抑制型，果实成熟时绿色后转为黄色）和 nor（non-ripening，不成熟型，果实成熟过程十分迟缓）中的 PG 活力很低，果实软化很慢或根本不软化。

PG 是一个受发育调控的具有组织特异性的酶，在果实成熟过程中合成，在叶子、根和未成熟的果实中检测不到它的存在。现在已经证明，果实成熟过程中 PG 的调控是在转录水平上进行的。PG mRNA 随着果实成熟的开始、乙烯生物合成的增加而大幅度增加，并且在以后的成熟过程中继续积累。在成熟的番茄果实中，PG mRNA 的含量达到总 mRNA 含量的 2%，比成

熟前增加了 1000 倍。

PG 有三种同工酶，即 PG_1、PG_2a 和 PG_2b，它们是由一个单拷贝基因编码，经翻译加工后产生的。对其部分水解产物进行分析，研究体外相互转化和免疫杂交反应，结果表明，三种酶具有形式上的相似性，并且都含有一个 46ku 的多肽。

研究者从成熟番茄果实的 cDNA 文库中用差示杂交（different hybridization）方法筛选出了 146 个与成熟相关的 cDNA 克隆，其中一个被鉴定为 PG cDNA。检测此 cDNA 的全序列发现，它包含一个长 1371 bp 的阅读框架和富含 A、T 的非编码区，编码一个 457 个氨基酸的蛋白质。另外，还有多个实验室克隆得到了 PG cDNA 克隆，核苷酸和氨基酸的同源性都在 95% 以上。

还有人利用反义基因技术将 PG cDNA 反向接在 CaMV 35S 启动子之后转入番茄，得到的转基因植株的 PG mRNA 水平和酶活力比对照下降 90%，其中 1 株纯合子后代的 PG 酶活力仅为正常番茄的 1%，果实中果胶的降解受到抑制，而乙烯的生物合成、番茄红素积累以及果胶酯酶的活力没有受到影响，果实仍然正常成熟，并没有像预期那样推迟软化，这就引起了人们对 PG 在果胶软化中所起作用的怀疑。将 PG 基因接在一个可被乙烯或丙烯诱导的启动子之后，转入果实成熟缺陷的番茄突变株中，PG 表达之后（PG 酶活力可达正常番茄的 60%），果胶的溶解性增加，但果实仍然没有变软。这些实验支持了 PG 降解果胶的观点，但又给果胶降解和果实软化之间的关系带来了新的问题。

那么 PG 在果实软化中到底起到什么作用呢？根据推测，可能存在四种情况：①果实的软化是一个复杂的过程，并非单基因所能调控；②由于外源基因插入基因组是一个随机过程，位置效应影响了基因的表达程度；③果实软化过程所需的 PG 酶活力不一定要求达到正常果实的 PG 酶活力；④PG 在其他果实软化中的作用可能有别于番茄。

利用转基因技术达到的反义 PG 番茄有许多明显的经济价值，如果实采后的贮藏期可延长 1 倍，因而可以减少因过熟和腐烂所造成的损失；果实抗裂、抗机械伤，便于运输；抗真菌感染。由于果胶水解受到抑制，用其加工果酱可提高出品率。美国某公司研制的转 PG 基因番茄，通过美国食品与药物管理局（FDA）认可，在 1994 年 5 月 21 日推向市场，成为第一个商业化的转基因食品。目前，已经从桃、猕猴桃、苹果、西洋梨、砂梨、鳄梨、番茄、黄瓜、甜瓜、马铃薯、玉米、水稻、大豆、烟草、甜菜、油菜、拟南芥等植物中克隆得到 PG 的编码基因。

2. 果胶（甲）酯酶（PE）基因

果胶甲酯酶能从细胞壁的果胶中去除甲氧基基团，也是一种细胞壁降解酶，但它似乎没有组织特异性，在包括成熟果实的许多组织和器官中都检测到 PE 的酶活力。

有关 PE 的分子生物学研究也取得了一些进展。先后从桃、番木瓜、番茄、辣椒、西瓜、甜菜、棉花、水稻、拟南芥等植物中得到其编码基因，用基因技术将 PE cDNA 克隆接在 35S 启动子控制下的反义基因上，之后转入番茄果实中，PE 的活力大大降低，仅为对照的 10% 或更低，检测不到 PE 蛋白和 PE mRNA，但对于叶子或根部的酶活力没有影响。转基因果实与普通番茄果实相比，果胶分子质量较大，甲酯化程度较高，果实的可溶性固形物含量也较高，改善了番茄果实的品质，但对果实的番茄红素的积累没有影响，成熟时果实仍然变红。

3. β-半乳糖苷酶基因

β-半乳糖苷酶在某些种类果实，如苹果、芒果、木瓜、甜樱桃、鳄梨等果实的成熟软化过程起作用。β-半乳糖苷酶可以使细胞壁的一些组分变得不稳定，它可以通过降解具支链的多聚醛酸促使果胶降解和溶解。许多果实的后熟过程伴随有半乳糖残基从细胞壁上的大量解离，这种半乳糖的水解与β-半乳糖苷酶活力的变化密切相关，认为β-半乳糖苷酶与果实的后熟软化有关。目前已分别对一些果实的β-半乳糖苷酶蛋白进行了纯化，包括苹果、鳄梨、咖啡、日本梨、猕猴桃、柿、甜樱桃和番茄等。从这些果实中纯化得到的β-半乳糖苷酶蛋白一般含有分子质量在29~34ku和41~46ku的两个亚基，有时还观察到一个分子质量在57~80ku的亚基。因此认为β-半乳糖苷酶蛋白是一个由2个或3个亚基组成的复合体。

现已经从苹果、番茄、猕猴桃、芦笋、绿花椰菜等植物组织中克隆到了β-半乳糖苷酶基因。在苹果果实成熟过程中，β-半乳糖苷酶 mRNA 的积累与乙烯的自我催化相一致，在芦笋上也得到相似的结果。但在猕猴桃果实采收时，组织中的β-半乳糖苷酶 mRNA 最为丰富，随后下降，同时β-半乳糖苷酶 mRNA 可为外源乙烯诱导积累，但在果实乙烯跃变期间β-半乳糖苷酶基因的表达信号无显著变化，这不同于苹果果实成熟过程的表达模式。说明在不同种类果实的成熟衰老进程中，β-半乳糖苷酶的功能可能有所差异。

4. 纤维素酶基因

对鳄梨、梨和苹果果实的超微结构观察表明，成熟细胞壁纤维素网有很明显的溶解，已知这种溶解是由于纤维素水解酶活动的结果。在鳄梨和草莓果实软化进程中，纤维素酶活力增加，并导致细胞壁的膨胀松软。在猕猴桃果实采后后熟软化的启动阶段，纤维素酶活力上升较慢，进入快速软化阶段后，其酶活力迅速上升并达到高峰，同时，伴随着果实后熟软化，纤维素含量逐渐减少。目前已先后克隆到了草莓、鳄梨、桃、番茄、菜豆、大豆、辣椒、甜菜、水稻、拟南芥等植物纤维素酶的编码基因。在草莓果实成熟过程中，纤维素酶基因 *Cel 1* 和 *Cel 2* 有着不同的表达模式，*Cel 2* 在绿熟果实中即有表达，从绿熟到果实转白过程中，其 mRNA 不断积累，并在果实后熟过程维持稳定增加；相反，在绿熟果实中，检测不到 *Cel 1* 转录本，即使在转白果实中，其表达水平也很低，进入果实后熟期间，*Cel 1* mRNA 逐渐增加，并在果实完全成熟时达到最高。*Cel 1* 和 *Cel 2* 的这种表达模式在果实后熟软化过程起着重要作用。对鳄梨果实纤维素酶基因（*Cel 1*）的研究也表明，在未成熟果实中 *Cel 1* mRNA 很低，到果实成熟期间，增加了37倍；乙烯处理可以促使桃果实中 *Cel 1* mRNA 的积累。但据报道，将纤维素酶基因（*Cel 2*）反义导入番茄植株，在成熟转基因果实中，*Cel 2* mRNA 水平被减少了95%以上，但其乙烯生成与对照相比无差异，通过抑制纤维素酶基因表达，也没有表现出对后熟过程果实软化和质地变化的影响。

（二）乙烯合成相关酶基因

乙烯的最主要生理功能是促进果实和器官衰老成熟，乙烯一旦产生，果实便会很快成熟。在果实中乙烯生物合成的关键酶主要是乙烯的直接前体 ACC 合成酶和 ACC 氧化酶。在果实成熟过程中这两种酶的活力明显加强，使乙烯产生急剧上升，促进果实成熟。过去对乙烯生成的调控主要是物理性和化学性的，分子生物学研究成果为乙烯合成的控制提供了新途径，采用基因工程手段控制乙烯生成已取得了显著的效果，如导入反义 ACC 合成酶基因，导入反义 ACC 氧化酶基因，导入正义细菌 ACC 脱氨酶基因，导入正义噬菌体 SAM 水解酶基因。

1. ACC 合成酶（ACC synthase）基因

ACC 合成酶由一个多基因家族所编码，同时，ACC 合成酶有许多同工酶，酶活力和生物合成受多种因素调控，如果实发育、施加外源生长素、遭受逆境和伤害、金属离子（如铬离子、锂离子）处理等。此酶在植物组织中的含量很低，在成熟的番茄果皮中，ACC 的含量不到可溶性总蛋白的 0.0001%。

目前，已经从番茄、苹果、康乃馨、绿豆、夏南瓜、笋瓜等植物中得到了 ACC 合成酶基因。研究表明，在番茄中至少存在 2 个 ACC 合成酶的同工酶，称为 ACC 合成酶 1 和 ACC 合成酶 2，两者的 cDNA 编码区同源性为 75%，氨基酸同源性为 68%。用特异性探针检测基因的表达，发现两种同工酶的 mRNA 都在果实成熟过程中出现，机械损伤能很大地提高 ACC 合成酶 1 的转录活性，但对 ACC 合成酶 2 的转录却没有影响。这两种酶的 mRNA 长度也不一样，分别为 2.1kb 和 1.9kb。

国内外有多个实验室成功地将反义 ACC 合成酶基因导入番茄，使 ACC 合成酶的 mRNA 的转录大大降低。利用反义基因技术生产的番茄 FIavr-SaVrTM，采收时果色已转红但仍然坚硬，保质期可以维持 2 周，为传统番茄的 2 倍。在其贮存和运输过程中无需冷藏，不易腐烂变质，并可延长货架期，同时具有抗虫害能力强、口感好等特性。有研究获得成熟受阻碍的反义 ACC 合成酶 cDNA 转基因番茄植株，在反义 RNA 转基因番茄的纯合子后代果实中，乙烯合成的 99.5% 被抑制了，其乙烯水平在 0.1nL/（g 鲜重·h）以下，果实不能正常成熟，不出现呼吸高峰，叶绿素的降解和番茄红素的合成受阻，在室温放置 90~120d 也不变红、不变软，只要用外源乙烯或丙烯处理可诱导果实出现呼吸高峰和正常成熟，果实在质地、颜色、风味和耐压性等方面与正常番茄没有差异。国内的研究者汤福强等人于 1993 获得了转基因植株，1995 年罗云波、生吉萍等人在国内首次培育出转反义 ACC 的转基因番茄果实，该果实在植株上表现出明显的延迟成熟性状，采收以后室温下放置 15d 果实仍为黄绿色，用 20pL/L 的乙烯处理 12h 后果实开始成熟，5d 后果实出现正常的成熟性状，其风味、颜色和营养素含量与对照没有明显差异；培育得到的转基因番茄纯合体，其乙烯的生物合成被抑制 99% 以上，果实可在室温下贮藏 3 个月而仍具有商品价值。鉴于反义 ACC 基因番茄具有明显的经济价值，美国农业部已经许可在 22 种蔬菜、果树和 7 种花卉上使用这一基因。中国科学院、北大、中国农大和山东农大等也进行了有关的研究，转基因番茄在我国也被获准上市。

除番茄外，在西瓜、番木瓜等许多植物上也进行了类似的研究。

2. ACC 氧化酶（ACC oxygenase）基因

ACC 氧化酶也是乙烯生物合成途径中的关键酶。ACC 氧化酶是一种与膜结合的酶，在细胞中的含量比 ACC 合成酶还少，并且仍是由一个多基因家族编码。目前已经从番茄、甜瓜、苹果、鳄梨、猕猴桃、豌豆、甜瓜等中分离出 ACC 氧化酶基因，并进行了鉴定分析。

番茄的 ACC 氧化酶 cDNA 首先从成熟特异性的 cDNA 文库中筛选得到，取名为 pTOMl3，杂交试验表明，与 pTOMl3 同源的 mRNA 能在番茄成熟过程中或者在受伤组织（如叶子或不成熟的果实）中表达，此 cDNA 编码一个 33.5ku 的蛋白质。研究者从番茄中分离出另一个 cDNA 克隆，两者相比，核苷酸同源性为 88%，两个 cDNA 分别在酵母和蛙卵中表达出正常的 ACC 氧化酶活力和催化的立体专一性。

将 pTOMI3 cDNA 以反义基因的形式转入番茄，获得的转基因植株中乙烯的生物合成受到严重抑制，受伤的叶子和成熟的果实中乙烯释放量分别降低了 68% 和 87%，通过自交所获得的子代纯合体果实，乙烯生物合成被抑制 97%。果实成熟的启动不延迟，但成熟过程变慢，果实变红的程度降低，并且在贮藏过程中耐受"过度成熟"能力和抗皱缩能力增强，加工特性改善，具有一定的商业价值。

此外，人们将 ACC 氧化酶的反义基因转入甜瓜，甜瓜乙烯的合成量不及对照果的 1%，乙烯生物合成的 99% 以上被抑制。还有人将 ACC 氧化酶的反义基因转入花卉康乃馨中，康乃馨的乙烯释放高峰降低，并明显延迟了花瓣的衰老。

3. ACC 脱氨酶基因

ACC 脱氨酶能把 ACC 降解为 α-酮基丁酸和氨，其中 α-酮基丁酸是植物体内正常代谢产物，也是乙酰乳酸合成酶的底物。研究者从一种以 ACC 为唯一碳源的具有 ACC 脱氨酶的土壤细菌中，克隆到编码 ACC 脱氨酶的基因，并将正义基因转入番茄。在转基因番茄果实中，ACC 脱氨酶基因的表达量与乙烯合成的受阻程度及成熟过程的延迟呈平行关系，成熟过程乙烯被抑制 90%~97%，叶片内乙烯的合成也大大降低。ACC 脱氨酶的表达量最多可占总蛋白的 0.5%，占果实鲜重的 0.002%~0.005%。转基因番茄的种子发育正常，开花和果实成熟过程的启动不延迟，成熟进展要慢得多。

试验表明，转基因番茄在室温下贮藏，4 个月后仍然不软化，而对照组只能存放 2 周；用外源乙烯处理果实，其成熟过程恢复正常。

ACC 脱氨酶基因可使任何一种植物体内的乙烯合成能力降低，这对缺乏控制乙烯合成突变体的植物尤为适宜，可作为一种广谱耐贮藏基因应用于不同植物。

4. ACC 丙二酰转移酶基因

植物体内的 ACC 含量可以通过 ACC 丙二酰转移酶基因的表达来调节。ACC 丙二酰转移酶基因能将 ACC 转变为 ACC 丙二酰（MACC）。MACC 参与乙烯生物合成的调控。随着生物信息学技术的广泛应用，同源基因鉴定的效率得到提高，目前已经从多种农作物中鉴定到了 ACC 丙二酰转移酶及其编码该酶的核酸序列。

5. S-腺苷甲硫氨酸（SAM）水解酶基因

S-腺苷甲硫氨酸（SAM）是 ACC 的直接前体，S-腺苷甲硫氨酸水解酶（SAMase）能将 SAM 水解为 5′-甲硫腺苷（MTA）和高丝氨酸。利用番茄 $E4$ 或 $E8$ 基因启动子调控 SAMase 基因的表达，可使果实中乙烯的合成能力显著下降（80%~90%），番茄红素的合成减少，硬度高于对照 2 倍，果实的风味、维生素和番茄碱含量不低于对照果实。

6. 与乙烯有关的其他基因与蛋白

乙烯在果实采后完熟过程中起着至关重要的作用，但是乙烯促进完熟的分子机制还不很清楚。乙烯在果实采后完熟过程中起着至关重要的作用。目前，高等植物乙烯受体蛋白和信号转导关键元件已经基本明确，乙烯促进果实完熟的分子机制取得了重大进展，现略作介绍。

（1）$E8$、$E4$ 基因　$E8$、$E4$ 是受乙烯调节的两个基因，在番茄成熟过程中，乙烯在转录水平激活它们的表达。其中 $E4$ 只受乙烯的激活，而 $E8$ 除乙烯对它有激活作用外，果实完熟的发育信号也促进它转录。

乙烯能促进 $E8$ 的转录，但 $E8$ 对乙烯的生物合成起着负调节作用，它可能通过与乙烯生物合成有关的酶，或通过信号传导途径来抑制乙烯的生物合成，据研究 $E8$ 可能参与乙烯的自我抑制作用。用反义 RNA 技术抑制 $E8$ 蛋白的表达，会促进番茄果实乙烯的生物合成，将 $E8$ 的反义基因转入番茄果实，完熟果实乙烯释放量增加了 2~6 倍。

有人推测，$E8$ 为乙烯识别系统所必需，$E8$ 可能通过氧化乙烯受体中的金属蛋白来参与乙烯的信号传递过程。

（2）E4/E8 结合蛋白　乙烯在转录水平激活 $E4$、$E8$ 基因。$E4/E8$ 结合蛋白参与 $E4$、$E8$ 基因的活化过程。在果实完熟期间，$E4/E8$ 结合蛋白的 DNA 结合活性增强，它能与 $E4$、$E8$ 的启动子结合而促进它们的基因转录，$E8$ 基因的表达又抑制乙烯的形成。

$E8$、$E4$ 是两个与乙烯代谢有关的基因，$E4/E8$ 结合蛋白参与 $E4$、$E8$ 基因的转录作用，它们三者在果实完熟过程中的作用机制还不很清楚，有待进一步的研究。

（三）脂氧合酶（LOX）基因

LOX 在植物中普遍存在。研究发现，LOX 活力变化与果实成熟衰老密切相关。对 LOX 的分子生物学研究已取得了可喜的结果，迄今已从猕猴桃、番茄、兵豆、黄瓜、豌豆、土豆、水稻、大豆、小麦、玉米、烟草、大麦、拟南芥等作物中克隆到了 LOX 基因。番茄果实从绿熟期到转红期的进程，伴随着 LOX 活力增加。经过外源 LOX 处理可提高果实组织的电导率，加速成熟衰老，同时番茄果实微粒中 LOX 活力从绿熟期到转红期增加了 48%，到红熟期其活力又降至绿熟期水平。番茄采后初期 LOX 活力的增加与果实成熟的启动和成熟衰老伴随的膜功能丧失有关。

LOX 调节组织衰老的主要机制有：①参与了膜脂过氧化作用，导致细胞膜透性增加，促进胞内钙的积累。激活了磷酸酯酶活力，加速了游离脂肪酸进一步从膜脂释放，加剧了细胞膜的降解；②膜脂过氧化产物和膜脂过氧化过程产生的自由基进而毒害细胞膜系统、蛋白质和 DNA，导致了细胞膜的降解和细胞功能的丧失；③LOX 还可能在果实的成熟过程的内源激素间的平衡中起作用，LOX 参与的膜脂过氧化作用产物可进一步促使 JA 和 ABA 等衰老调节因子的生成，并参与乙烯的生物合成，促进组织衰老。

从番茄中克隆到的 4 种不同 LOX 基因，即从果实中得到的 tomloxA 和 tomloxB，以及从叶片中得到的 tomloxC 和 tomloxD，在不同的组织或同一组织的不同发育阶段，有不同的表达类型。研究发现 tomloxA 在种子和成熟果实中表达，而 tomloxB 只在果实中表达；tomloxC 在成熟果实的转色期和红熟期有表达信号，而在绿熟果中无表达信号，该基因不在叶片和花器中表达，且不被伤害所诱导；与 tomloxC 相反，tomloxD 主要在叶片、萼片、花瓣和花的雌性器官中表达，同时其表达可被伤害所诱导，在绿熟果和转色果中也有微弱的信号。tomloxB 和 tomloxC 为两种不同的番茄果实的成熟特异基因。

植物 LOX 主要位于原生质体、液泡和细胞质中。反义 LOX 基因在兵豆原生质体中的表达，抑制了 70% LOX 活力，而基因的正义表达则增加了 20% LOX 活力。在拟南芥中，转反义 LOX-2 基因植株的 LOX 基因表达受到抑制，但一部分表达正义基因植株的 LOX 基因表达信号得到加强，而另一部分转正义基因植株的 LOX 基因表达被抑制。对其中两例转正义基因植株的 mRNA 和蛋白质水平进行分析，Northern 杂交表明，与对照相比，LOX 基因在叶片和花序中表达被强烈抑制，Westein 杂交显示原生质体中的 LOX-2 蛋白质不足对照的 1/15，虽然在转基因植株的叶片和花序中 LOX 表达受到严重抑制，JA 的积累也受阻，但植株生长发育与对照无差异。

三、转基因植物的生物安全性问题

进入 21 世纪以来，转基因作物的商业化推广发展迅速，在保障食品供应，拓展农业功能，缓解资源约束，保护生态环境等方面发挥了重要作用。但在创造巨大经济环境和社会效益的同时，转基因作物的生物安全问题也一直被广泛关注，其中食品安全性和生态安全性是关注的焦点。

（1）转基因作物的食品安全性　实质等同性原则是国际上公认的评价转基因作物食品安全性的方法。该原则认为"如果某个新食品或食品成分与现有的食品或食品成分大体相同，那么它们是同等安全的"，"这是转基因食品及成分安全性评价最为实际的途径"。从20世纪90年代末开始，欧盟耗时25年，耗资3亿欧元，支持了500多个独立研究小组，对130个转基因安全项目进行风险评估，最终在2010年的欧盟委员会报告中得出官方结论：没有科学证据表明转基因作物会对环境和食品及饲料安全造成比传统作物更高的风险。全球至少包括中国在内的59个批准进口转基因的国家也通过科学规范的安全实验相继从毒理学评价、营养学评价、过敏性评价等角度证明：食用含有转基因成分的食品与食用含有常规育种技术培育的作物成分的食品相比，并不具有更大的风险。基于坚实的科学实验证据，WHO、FAO、欧盟食品安全局、法国科学院、日本厚生劳动省、美国FDA、英国皇家学会、美国国家科学院、中国科学院等权威机构都对转基因安全性发表了声明，认为通过安全评价上市的转基因食品与非转基因食品具有同等的安全性。

（2）转基因作物的生态安全性　生态安全性是指转基因作物生产、种植对环境产生的影响，如是否影响自然生态系统和生物多样性平衡，基因漂移是转基因作物影响生态安全的可能主要潜在途径。但在转基因作物商业化生产并被成规模种植的近半个世纪以来，公众所担心的恶性杂草、超级害虫并没有出现。这主要是由于自然的基因漂移受到多重因素的影响，物种基因的保守性和自然环境的复杂性使得基因漂移的概率非常低，同时大多数生物性状是多个等位和非等位基因共同调控的，单个基因漂移往往很难对性状改变造成决定性影响。与此同时，新一代生物育种工程也纷纷积极结合基因编辑技术、雄性不育技术、染色体倍性变化限制技术、闭花受精限制技术，以及在转基因种植区附近设置隔离带等生物和物理的手段，进一步降低了基因漂移的可能性。

食物资源是关系到国家安全的战略性资源。生物育种技术能够更加精准、高效地解决传统育种技术中的诸多难题，是提高农业竞争力的最有效的手段，已经成为育种工程不可扭转的未来趋势。在利用转基因技术提高果蔬产品品质的同时，加强转基因品种的监管和安全风险评估是必不可少的管理环节。各国政府对转基因植物的商品化都制定了严格的准入制度，对转基因食品更是制定了严格的安全性评价体系，包括相关机构和法律法规等，并对转基因作物的实验室实验、大田实验、产业化申请审批，以及种植过程中的环境监控和种植产品的安全性检测都作了详细的法律规定，有力而稳妥地推动了转基因技术的推广和应用。

思考题

1. 通过查阅资料分析基因转移过程存在的问题。
2. 通过查阅资料分析转基因产品的未来发展前景。

下篇 园艺产品加工保藏

第九章　加工保藏对原料的要求及预处理

第十章　干制保藏

第十一章　糖制保藏

第十二章　罐头保藏

第十三章　制汁保藏

第十四章　果酒酿造

第十五章　果醋酿造

第十六章　腌制保藏

第十七章　冷冻保藏

第十八章　轻度加工果蔬

第十九章　其他制品加工保藏

第二十章　园艺产品贮藏加工安全控制

第九章

加工保藏对原料的要求及预处理

本章目标与重点

学习目标：
1. 掌握果蔬原料的生长特性、评价标准及加工适应性；
2. 掌握加工用水的标准及处理方法；
3. 掌握果蔬原料的加工前处理工序及保存方法。

学习重点：
果蔬原料的加工前处理方式及保存方法。

园艺产品种类多样，但许多园艺产品保质期短、容易腐败变质，加工及保藏可以使园艺产品具有更好的感官品质、安全品质。但加工产品的品质也会随着时间的延长发生变化，劣变程度受加工方式、保藏方法等的影响，因此，园艺产品的合理加工保藏具有重要意义。不同原料具有不同的加工保藏适宜性，针对不同原料选择合适的加工保藏方式，减少食物损失和浪费，是践行"大食物观"的重要手段。

第一节 加工保藏对原料的要求

园艺产品加工方法较多，其性质相差很大，不同的加工方法和制品对原料（raw material）均有一定的要求，优质高产、低耗的加工品，除受工艺和设备的影响外，还与原料的品质好坏及其加工适性有密切的关系，在加工工艺技术和设备条件一定的情况下，原料的好坏直接决定着制品的质量。

一、原料的种类和品种

园艺产品的种类和品种繁多，但不是所有的种类和品种都适合于加工，更不是都适合加工同一种类的加工品。就果蔬原料的特点而言，果品算比较简单，除构造上有较大差别外，一般都是果实；而蔬菜则相对较复杂，所应用的器官或部位不仅不同，其特点与性质也相差很大。因此，正确选择适合于加工的种类品种是生产品质优良的加工品的首要条件。而如何选择合适的原料，这就要根据各种加工品的制作要求和原料本身的特性来决定。

制作果汁及果酒类的产品时，原料的选择一般选汁液丰富、取汁容易、可溶性固形物含量高、酸度适宜、风味芳香独特、色泽良好及果胶含量少的种类和品种。果蔬理想的原料是：葡萄、柑橘、苹果、梨、菠萝、番茄、黄瓜、芹菜、大蒜等。然而有的果蔬汁液含量并不丰富，如胡萝卜及山楂等，但它们具有特殊的营养价值及风味色泽，可以采取特殊的工艺处理而加工成透明或混浊型的果汁饮料。葡萄是世界上制酒最多的水果原料，80%以上的葡萄用于制酒，并且已经形成了专门的酿酒品种系列，尤其是制作高档的葡萄酒，对原料品种的要求更为严格，例如，霞多丽是酿制高档白葡萄酒的优良品种，赤霞珠则为酿造高档红葡萄酒的优良品种，白玉霓是高档白兰地酒的优良品种。一般酿造红葡萄酒的原料品种要求有较高的单宁和色素含量，除赤霞珠外还常用黑比诺、品丽珠、蛇龙珠、晚红蜜、公酿一号等；酿造白葡萄酒的品种则有雷司令、白雅、贵人香、龙眼等。

  干制品的原料要求是：干物质含量较高，水分含量较低，可食部分多，粗纤维少，风味及色泽好的种类和品种。果蔬较理想的原料是：枣、柿子、山楂、苹果、龙眼、杏、胡萝卜、马铃薯、辣椒、南瓜、洋葱、姜及大部分的食用菌等。但某一适宜的种类中并不是所有的品种都可以用来加工干制品，例如脱水胡萝卜制品，新黑田五寸就是比较好的加工品种。

  对于罐藏、糖制及冷冻制品其原料要求应该选肉厚、可食部分大、质地紧密、糖酸比适当、色香味好的种类和品种。一般大多数的果蔬均可适此类加工制品的加工。而对于果酱类的制品其原料要求应该含有丰富的果胶物质、较高的有机酸含量、风味浓、香气足。例如，水果中的山楂、杏、草莓、苹果等就是最适合加工这类制品的原料种类。而蔬菜类的番茄酱加工对番茄红素的要求甚为严格，因此，目前认为较好的番茄加工新品种有屯河8号、石番15号等。

  腌制加工相对其他加工类型对原料的要求不太严格，一般应以水分含量低、干物质较多、肉质厚、风味独特、粗纤维少为好。优良的腌制原料有芥菜类、根菜类、白菜类、黄瓜、茄子、蒜、姜等。

二、原料的成熟度和采收期

  果蔬原料的成熟度（maturity）、采收期（harvest period）适宜与否，将直接关系到加工成品质量高低和原料的损耗大小。不同的加工品对果蔬原料的成熟度和采收期要求不同，因此，选择恰当的成熟度和采收期，是各种加工制品对原料的又一重要要求。

  在果蔬加工学上，一般将成熟度分为三个阶段，即可采成熟度、加工成熟度（也称食用成熟度）和生理成熟度。

  可采成熟度是指果实充分膨大长成，但风味还未达到顶点。这时采收的果实，适合于贮运并经后熟后方可达到加工的要求，如香蕉、苹果、桃等水果可以这时采收。一般工厂为了延长加工期常在这时采收进厂入贮，以备以后加工。

  加工成熟度（也称食用成熟度）是指果实已具备该品种应有的加工特征，分适当成熟与充分成熟，根据加工类别不同而要求成熟度也不同。如制造果汁、果酒类，要求原料充分成熟（但制造白葡萄酒则要适当成熟），色泽好，香味浓，糖酸适中，榨汁容易，吨耗率低；制造干制品类，果实也要求充分成熟，否则缺乏应有的果香味，制成品质地坚硬，且有的果实如杏，若青绿色未退尽，干制后会因叶绿素分解变成暗褐色，影响外观品质；制造果脯、罐头类，则要求原料成熟适当，这样果实因含原果胶类物质较多，组织比较坚硬，可以经受高温煮制；而果糕、果冻类加工时，则也要求原料具有适当的成熟度，其目的也是利用原果胶含量高，使制成品具有凝胶特性。

生理成熟度是指果实质地变软，风味变淡，营养价值降低，一般称这个阶段为过熟。此期只勉强可做果汁和果酱（因不需保持形状），一般不适宜加工其他产品。即使要做上述制品，也必须通过添加一定的添加剂或加工工艺上的特别处理，方可制出比较满意的加工制品，这样势必要增加生产成本，因此，任何加工品均不提倡在这个时期进行加工，但制造红葡萄酒则应在这时采收，因此时果实含糖量高，色泽风味最佳。

蔬菜供食用的器官不同，它们在田间生长发育过程变化很大，因此，采收期选择得恰当与否，对加工至关重要。例如，青豌豆、菜豆等罐头用原料，以乳熟期采收为宜。青豌豆花后十七八天采收品质最好，糖分含量高，粗纤维少，表皮柔嫩，制成的罐头甜、嫩、不浑汤。如采收早，发育不充分，难于加工，亩产也低；若选择在最佳采收期后，则籽粒变老，糖转化成淀粉，失去加工罐头的价值。

金针菜以花蕾充分膨大还未开放时做罐头和干制品为优，花蕾开放后，易折断，品质变劣。蘑菇子实体大，1.8~4.0cm 时采收做清水蘑菇罐头为优，过大、开伞后只可做蘑菇干，菌柄空心，外观欠佳。

青菜头、萝卜和胡萝卜等要充分膨大，尚未抽薹时采收为宜，粗纤维少；过老，木质化或糠心，不堪食用。马铃薯、藕富含淀粉，则以地上茎开始枯萎时采收为宜，这时淀粉含量高。

叶菜类与大部分果实类不同，一般要在生长期采收，此时粗纤维少，品质好。对于某些果菜类如进行酱腌的黄瓜，则要求选择以幼嫩的乳黄瓜或小黄瓜进行采摘。

蔬菜种类繁多，而用于加工的每种原料其最适宜的采收期均有特殊的要求，在此不一一列举。

三、原料的新鲜度

加工原料越新鲜，加工的品质越好，损耗率也越低。因此，从采收到加工应尽量缩短时间，这就是为什么加工厂要建在原料基地的附近。园艺产品多属易腐农产品，某些原料如葡萄、草莓及西红柿等，不耐重压，易破裂，极易被微生物感染，给后续的消毒杀菌带来困难。这些原料在采收、运输过程中，极易造成机械损伤，若及时进行加工，尚能保证成品的品质，否则这些原料特易腐烂，从而失去加工价值或造成大批损耗，影响了企业的经济效益。

如蘑菇、芦笋要在采后 2~6h 内加工，青刀豆、蒜薹、莴苣等不得超过 1~2d；大蒜、生姜等在采后 3~5d，就表皮干枯，去皮困难；甜玉米采后 30h，就会迅速老化，含糖量下降近一倍，淀粉含量增加近一倍，水分也大大下降，势必影响到加工品的质量，因此自然条件下从采收到加工不得超过 6h。而水果，如桃，采后若不迅速加工，果肉会迅速变软，因此要求其采后在 1d 内进行加工；葡萄、杏、草莓及樱桃等必须在 12h 内进行加工；柑橘、中晚熟梨及苹果应在 3~7d 内进行加工。

总之，园艺产品要求从采收到加工的时间尽量缩短，如果必须放置或进行远途运输，则应有一系列的保藏措施。如蘑菇等食用菌要用盐渍保藏；甜玉米、豌豆、青刀豆及叶菜类最好立即进行预冷处理；桃子、李子、番茄、苹果等最好入冷藏库贮存。同时在采收、运输过程中一定要注意防止机械损伤、日晒、雨淋及冻伤等，以充分保证原料的新鲜。

第二节　加工用水的要求与处理

一、加工用水要求

园艺产品的加工厂，用水量要远远大于一般食品加工厂，如生产 1t 果蔬类罐头，需水量 40000~60000kg，1000kg 糖制品消耗 10000~20000kg 的水，且水质要求好。大量的水不仅要用于锅炉，保障清洁卫生（包括容器设备、厂房及个人卫生），更重要的是直接用来制造产品，并贯穿于整个加工过程，如清洗原料、烫漂、配制糖液、杀菌及冷却等。所以水质、供水量、供水卫生等在加工过程中也占重要地位，否则将严重影响加工品的质量。

因此，在加工上用水应符合 GB 5749—2022《生活饮用水卫生标准》。否则如果水中铁、锰等盐类多时，不仅能引起金属臭味，而且还能与单宁类物质作用引起变色以及促进维生素的分解。水中含有硫化氢、氨、硝酸盐和亚硝酸盐等过多时，不仅产生臭味，也表示水中曾有腐败作用发生或被污染。如果水中致病菌及耐热性细菌含量太多，易影响杀菌效果，增加杀菌的困难。

如果水的硬度过大，水中可溶性的钙、镁盐加热后生成不溶性的沉淀；且钙、镁还能与蛋白质一类的物质结合，产生沉淀，致使罐头汁液或果汁发生混浊或沉淀。另外，硬水中的钙盐还能与果蔬中的果胶酸结合生成果胶酸钙，使果肉表面粗糙，加工制品发硬。镁盐含量过高，如 100mL 水中含 4mg 氧化镁便会尝出苦味。除了制作果脯蜜饯、蔬菜的腌制及半成品的保存，以防止煮烂和保持脆度外，其他一切加工用水均要求水的硬度不宜超过 250mg/L。水的硬度是由水中很多溶解的多价金属离子形成的，主要是钙离子和镁离子，根据 GB/T 5750.4—2023《生活饮用水标准检验方法　第 4 部分：感官性状和物理指标》中规定，水的总硬度单位是 mg/L，以碳酸钙计。软水的硬度标准通常基于水中钙镁离子的含量来衡量，具体可以分为以下几类：极软水的硬度<75mg/L，软水的硬度为 75~150mg/L，中硬水的硬度为 150~300mg/L，硬水的硬度为 300~450mg/L，高硬水的硬度为 450~700mg/L，超高硬水的硬度为 700~1000mg/L。而锅炉用水中，低压锅炉循环水硬度不应超过 80mg/L，中压锅炉循环水硬度不应超过 60mg/L，高压锅炉循环水硬度不应超过 30mg/L。

二、加工用水处理

一般加工厂均使用自来水或深井水，这些水源基本上符合加工用水的水质要求，可以直接使用，但在罐头及饮料等加工制造时，还需进行一定的处理，尤其锅炉用水必须经过软化方可使用。

工厂中目前常见的水处理有过滤、软化、除盐及消毒。

1. 过滤（filtration）

采用过滤技术，不仅能除去水中的悬浮杂质，还能除去异味、颜色、铁、锰及微生物等。

含铁量偏高的地下水，可在过滤前采用曝气的方法，使空气中氧化二价铁变成高价的氢氧化铁沉淀，然后通过过滤除去。当原水中含锰量达 0.5mg/L 时，水具不良味道，会影响饮料的口感，所以必须除去。除锰可以先用氯氧化，或者可添加氧化剂（高锰酸钾或臭氧）使锰快速氧化，使锰以二氧化锰形式沉淀。如果水中含锰不太高时，可在滤料上面覆盖一层一定厚度的锰砂（即软锰矿砂），可获得很好的除锰效果。

常用的过滤设备有砂石过滤器和砂棒过滤器。砂石过滤是以砂石、木炭作滤层，一般滤层从上至下的填充料为小石、粗砂、木炭、细砂、中砂等，滤层厚度在 70~100cm，过滤速度为 5~10m/h。砂棒过滤器是我国水处理设备中的定型产品，根据处理水量选择其适用型号，同时考虑到生产的连续性，至少有两台并联安装，当一台清洗时，可使用另一台。砂棒过滤器是采用细微颗粒的硅藻土和骨灰，经成型后在高温下焙烧而形成的一种带有极多毛细孔隙的中空滤筒。工作时具一定压力的水由砂棒毛细孔进入滤筒内腔，而杂质则被阻隔在砂棒外部，过滤后的水由砂滤筒底部流出，从而完成过滤操作。砂滤棒在使用前需消毒处理，一般用 75% 酒精、2.5g/L 新洁尔灭或 100g/L 漂白粉，注入砂滤棒内，堵住出水口，使消毒液和内壁完全接触，数分钟后倒出。安装时凡是与净水接触的部分都要消毒。

以上两种过滤器都需定期清洗，清洗时，借助于泵压将清洁水反向输入过滤设备中，利用水流的冲力将杂质冲洗下来。

2. 软化（softening）

一般硬水软化常用离子交换法进行，当硬水通过离子交换器内的离子交换剂层即可软化。离子交换剂有阳离子交换剂与阴离子交换剂两种，用来软化硬水的为阳离子交换剂。阳离子交换剂常用 Na^+ 交换剂和 H^+ 交换剂。

离子交换剂软化水的原理，是软化剂中 Na^+ 或 H^+ 将水中的 Ca^{2+}、Mg^{2+} 置换出来，使硬水得以软化，其交换反应如下：

$$CaSO_4 + 2R—Na \longrightarrow Na_2SO_4 + R_2Ca$$
$$Ca(HCO_3)_2 + 2R—Na \longrightarrow 2NaHCO_3 + R_2Ca$$
$$MgSO_4 + 2R—Na \longrightarrow Na_2SO_4 + R_2Mg$$
$$Mg(HCO_3)_2 + 2R—Na \longrightarrow 2NaHCO_3 + R_2Mg$$

式中，R—Na 为 Na^+ 交换剂分子式的简写，R 代表它的残基。

硬水中 Ca^{2+}、Mg^{2+} 被 Na^+ 置换出来，残留在交换剂中，当 Na^+ 交换剂中的 Na^+ 全部被 Ca^{2+}、Mg^{2+} 代替后，交换层就失去了继续软化水的能力，这时就要用较浓的 NaCl 溶液进行交换剂的再生。NaCl 中的 Na^+ 能将交换剂中的 Ca^{2+}、Mg^{2+} 交换出来，再用水将置换出来的钙盐和镁盐冲洗掉，离子交换剂又恢复了软化水的能力，可以继续使用。

$$R_2Ca + 2NaCl \longrightarrow 2R—Na + CaCl_2$$
$$R_2Mg + 2NaCl \longrightarrow 2R—Na + MgCl_2$$

同理，硬水通过 H^+ 交换剂（R—H），水中 Ca^{2+}、Mg^{2+} 被 H 置换使水软化，氢离子交换剂失效后，用 H_2SO_4 来再生。

为了获得中性的软水或改变原来水的酸碱度，可用 H^+-Na^+ 离子交换剂，将一部分水经 Na^+ 处理生成相应的碱，另一部分经 H^+ 处理生成相应的酸，然后再将两部分水混合，而得到酸碱适度的软水。

离子交换器的装置如图 9-1 所示。硬水由进水管引入，在交换器顶部经分配漏斗使水均匀分配，经离子交换层、砂层、泄水装置将硬水软化并过滤，由软化水出口排出而得到软水。再生时用浓盐水或 H_2SO_4 溶液，送入速度小，进入环形管，经喷嘴使盐水分散。

离子交换法脱盐率高，也比较经济。但是，在脱盐中需要消耗大量的 NaCl 或 H_2SO_4 来再生交换剂，排出的酸、碱废液对环境会造成一定的污染。

3. 除盐（desalination）

（1）电渗析法（electrodialysis） 用电力把水中的阳离子和阴离子分开，并被电流带走，而得无离子中性软水，该法能连续化、自动化，不需外加任何化学药剂，因此，它不带任何危害水质的因素，同时对盐类的除去量也容易控制。该法还具投资少、耗电省、操作简单、检修较方便、占地面积小等优点。

电渗析法除盐制造两种半渗透膜（该膜只能通过离子而通不过水分子）即一个阳膜，一个阴膜，安装在有电极的容器中，分为三个区域（图9-2）。被处理的水通电后，水中阳离子 Ca^{2+}、Mg^{2+}、Na^+ 等向阴极移动，通过半渗透膜，进入阴极区，同样阴离子 Cl^-、SO_4^{2+}、HCO_3^- 等向阳极移动，通过半透膜，进入阳极区。中间区的水含盐量减少，而得到除盐的无离子中性软水。

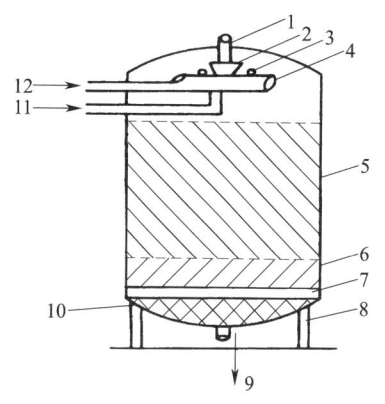

图9-1 离子交换器的构造

1—进水管 2—分配漏斗 3—喷嘴 4—环形管
5—交换剂层 6—砂层 7—泄水装置 8—机座
9—软化水出口 10—混凝土层 11—生水 12—盐水

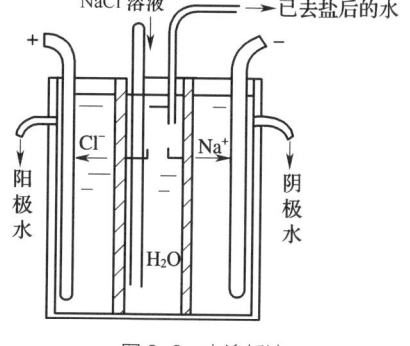

图9-2 电渗析法

（2）反渗透法（reverse osmosis） 反渗透法的主要工作部件是一种半透膜，它将容器分隔成两部分。若分别倒入净水和盐水，两边液位相等，在正常情况下，净水会经过薄膜进入盐水中，使盐水浓度降低。如果在盐水侧施加压力，水分子便会在压力作用下从盐水侧穿过薄膜进入净水中，而盐水中的各种杂质便被阻留下来，盐水遂得到净化，从而达到排除各种离子的目的。

反渗透法的关键是选择合适的反渗透膜。它要求有很高的选择性、透水性，有足够的机械强度，且化学性能稳定。常用的反渗透膜有醋酸纤维素膜、芳香聚酰胺纤维膜等。

用反渗透法可除去 90%~95% 的固形物、产生硬度的各种离子、氯化物和硫酸盐；可100%地除去相对分子质量大于 100 的可溶性有机物，并能有效地除去细菌、病毒等。同时，在操作时能直接从含有各种离子的水中得到净水，没有相变及因相变带来的能量消耗，故能量消耗少；在常温下操作，腐蚀性小，工作条件好；设备体积小，操作简便。

4. 消毒（sterilization）

水的消毒是指杀灭水里的病原菌及其他有害微生物，但水的消毒不能做到完全杀灭微生物，只是防止传染病及消灭水中的可致病的细菌。消毒方法常见的有氯化消毒、臭氧消毒和紫外线消毒。

（1）氯化消毒（chlorination）　这是广泛使用的简单而有效的消毒方法。它是通过向水中加入氯气或其他含有效氯的化合物，如漂白粉、氯胺、次氯酸钠、二氧化氯等，依靠氯原子的氧化作用破坏细菌的某种酶系统，使细菌无法吸收养分而自行死亡。

氯的杀菌效果以游离余氯为主，游离余氯在水温 20~25℃、pH 7 时，能很快地杀灭全部细菌，而结合型余氯的用量约为游离型的 25 倍。同一浓度氯杀菌所需的时间，结合型为游离型的 100 倍，但结合型的持续性比游离型长，经过一定时间后，杀菌效果与游离型相同。

因微生物种类、氯浓度、水温和 pH 等因素的不同，杀菌效果也不同。因此，要综合考虑氯的添加量。饮料用水比自来水要求更为严格，一般要做超氯处理，应使余氯量达到每升数毫克以上，以确保安全。经氯化消毒后，应将余氯除去。因它会氧化香料和色素，且氯的异味也使饮料风味变坏。一般可用活性炭过滤法将其除去。不论采用哪种杀菌剂，都需加入足够的氯来达到彻底杀菌的目的。一般处理水时，氯的用量为 4~12mg/kg，时间在 2h 以上即可。

（2）臭氧消毒（ozonization）　臭氧是氧的一种变体，由 3 个氧原子组成，很不稳定，在水中极易分解成氧气和氧原子。氧原子性质极为活泼，有强烈的氧化性，能使水中的微生物失去活性，同时，可以除水臭、水的色泽以及铁和锰等。

臭氧具有很强的杀菌能力，不仅可杀灭水中的细菌，同时也可消灭细菌的芽孢。它的瞬间杀菌能力优于氯气，较之快 15~30 倍。由臭氧发生器通过高频高压电极放电产生臭氧，将臭氧泵入氧化塔，通过布气系统与需要进行处理的水充分接触、混合，当达到一定浓度后，即可起到消毒的作用。

（3）紫外线消毒（disinfection by ultraviolet light）　微生物在受紫外线照射后，其蛋白质和核酸发生变性，引起微生物死亡。紫外线杀菌装置多使用低压汞灯。应根据杀菌装置的种类和目的来选择灯管，才能获得最佳效果。灯管使用一段时间后，其紫外线的发射能力会降低，当降到原功率的 70% 时，即应更换灯管。

用紫外线杀菌，操作简单，杀菌速度快（几乎在瞬间完成），效率高，不会带来异味。因此，得到了广泛的应用。

紫外线杀菌器成本较低，投资也少，但对水质的要求较高。待处理的水应无色、无混浊、微生物数量较少，且尽量少带气体。

第三节　原料的预处理

园艺产品加工前的处理，对其制成品的生产影响很大，如果处理不当，不但会影响产品质量和产量，而且会对以后的加工工艺造成影响。为了保证质量、降低损耗，顺利完成加工过程，必须认真对待加工前的预处理（pre-processing）。

园艺产品加工前处理包括选别、分级、清洗、去皮、切分、修整、烫漂、硬化、抽空等工序。在这些工序中，去皮后还要对原料进行各种护色处理，以防原料产生变色而品质变劣。尽管园艺产品种类和品种各异，组织特性相差很大，加工方法不同，但加工前的预处理过程却基本相同。

一、原料的分级

原料进厂后首先要进行粗选，即要剔除霉烂及病虫害果实，对残、次及机械损伤类原料要分别加工利用，然后再按大小、成熟度及色泽进行分级。原料合理的分级，不仅便于操作，提高生产效率，重要的是可以保证提高产品质量，得到均匀一致的产品。

成熟度与色泽的分级在大部分园艺产品中是一致的，常用目视估测法进行。成熟度的分级一般是按着人为制定的等级进行分选，也有的如豆类中的豌豆在国内外常用盐水浮选法进行分级，因成熟度高的淀粉含量较多，相对密度较大，在特定相对密度的盐水中利用其上浮或下沉的原理即可将其分开。但这种分级法也受到豆粒内空气含量的影响，故有时将此步骤改在烫漂后装罐前进行。色泽常按深浅进行分级，除目测外，也可用灯光法和电子测定仪装置进行色泽分辨选择。

大小分级是分级的主要内容，几乎所有的加工类型均需大小分级，其方法有手工和机械分级两种。手工分级一般在生产规模不大或机械设备较差时使用，同时也可配以简单的辅助工具，以提高生产效率，如圆孔分级板、分级筛及分级尺等。而机械分级法常用滚筒分级机、振动筛及分离输送机，除了上述各种通用机械外，果蔬加工中还有许多专用分级机，如蘑菇分级机、橘片专用分级机和菠萝分级机等。而无须保持形态的制品如果蔬汁、果酒和果酱等，则不需要进行形态及大小的分级。

二、原料的洗涤

原料清洗的目的在于洗去园艺产品表面附着的灰尘、泥沙和大量的微生物及部分残留的化学农药，保证产品清洁卫生。

洗涤用水，除制果脯和腌渍类原料可用硬水外，任何加工原料最好使用软水。水温一般是常温，有时为增加洗涤效果，可用热水，但不适于柔软多汁、成熟度高的原料。洗前用水浸泡，污物更易洗去，必要时可以用热水浸渍。

原料上残留农药，还须用化学药剂洗涤。一般常用的化学药剂有 0.5%~1.5% 盐酸溶液、1g/L 高锰酸钾或 600mg/kg 漂白粉液等。在常温下浸泡数分钟，再用清水洗去化学药剂。洗时必须用流动水或使原料振动及摩擦，以提高洗涤效果，但要注意节约用水。除上述常用药剂外，还有一些脂肪酸系列的洗涤剂单甘酸酯、磷酸盐、糖脂肪酸酯、柠檬酸钠等应用于生产。

园艺产品清洗方法多样，须根据生产条件、原料形状、质地、表面状态、污染程度、夹带泥土量及加工方法而定。常见的洗涤设备如下。

1. 洗涤水槽

洗涤水槽呈长方形（图9-3），大小随需要而定，可 3~5 个连在一起呈直线排列。用砖或石砌成，槽内壁为磨石或瓷砖。槽内安置金属或木质滤水板，用以存放原料。洗槽上方安装冷、热水管及喷头，用来喷水、洗涤原料。并安一根水管直通到槽底，用来洗涤喷洗不到的原料。在洗槽的上方有溢水管。槽底也可安装压缩空气喷管，通入压缩空气使水翻动，提高洗涤效果。

此种设备较简易，适用各种果蔬洗涤。可将果蔬放在滤水板上冲洗、淘洗，也可将果蔬用筐装盛放在槽中洗涤。但不能连续化，功效低，耗水量大。

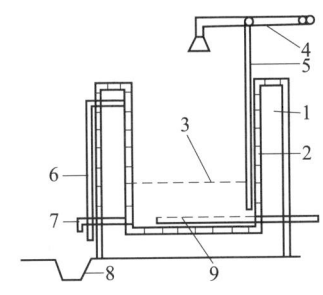

图 9-3 洗涤水槽

1—槽身 2—瓷砖 3—滤水板 4—热水管 5—通入槽底的水管 6—溢水管
7—排水管 8—出水槽 9—压缩空气喷管

2. 滚筒式清洗机

主要部分是一个可以旋转的滚筒，筒壁成栅栏状，与水平面成3°左右的倾斜安装在机架上。滚筒内有高压水喷头，以 0.3～0.4MPa 的压力喷水。原料由滚筒一端经流水槽进入后，即随滚筒的转动与栅栏板条相互摩擦至出口，同时被冲洗干净。此种机械适合于质地比较硬和表面不怕机械损伤的原料，李、黄桃、甘薯、胡萝卜等均可用此法。

3. 喷淋式清洗机

在清洗装置的上方或下方均安装喷水装置，原料在连续的滚筒或其他输送带上缓缓向前移动。受到高压喷水的冲洗。喷洗效果与水压、喷头与原料间的距离以及喷水的水量有关，压力大，水量多，距离近则效果好。此法常在番茄、柑橘汁等连续生产线中应用。

4. 压气式清洗机

压气式清洗机的基本原理是在清洗槽内安装许多压缩空气喷嘴，通过压缩空气使水产生剧烈的翻动，物料在空气和水的搅动下进行清洗。在清洗槽内的原料可用滚筒（如番茄浮选机）、金属网、刮板等传递。此种机械用途广，常见的有番茄洗果机。

5. 桨叶式清洗机

桨叶式清洗机为清洗槽内安装有桨叶装置，每对桨叶垂直排列，末端装有捞料的斗。清洗时，槽内装满水，开动搅拌机，然后可连续进料，连续出料。新鲜水也可以从一端不断进入。此种机械适合于胡萝卜、甘薯、芋头等较硬的物料。

三、原料去皮

果蔬（除大部分叶菜类以外）外皮一般口感粗糙、坚硬，虽有一定的营养成分，但口感不良，对加工制品均有一定的不良影响。如柑橘外皮含有精油和苦味物质；桃、梅、李、杏、苹果等外皮含有纤维素、果胶及角质；荔枝、龙眼的外皮木质化；甘薯、马铃薯的外皮含有单宁物质及纤维素、半纤维素等；竹笋的外壳纤维质，不可食用。因而，一般要求去皮。只有加工某些果脯、蜜饯、果汁和果酒时因为要打浆或压榨或其他原因才不用去皮。加工腌渍蔬菜也常常无需去皮。

去皮时，只要求去掉不可食用或影响制品品质的部分，不可过度，否则会增加原料的消耗。果蔬去皮的方法有手工、机械、碱液、热力和真空去皮，此外还有研究中的酶法去皮、冷冻去皮。

1. 手工、机械去皮

手工去皮是应用特别的刀、刨等工具人工削皮，应用较广。其优点是去皮干净、损失率少，并可有修整的作用，同时也可以去心、去核、切分等同时进行。在果蔬原料质量较不一致的条件下能显示出其优点。但手工去皮费工、费时、生产效率低，大量生产时困难较多。此法常用于柑橘、苹果、梨、柿、枇杷、竹笋、瓜类等。

机械去皮采用专门的机械进行。机械去皮机主要有下述三大类：

（1）旋皮机　主要原理是在特定的机械刀架下将果蔬皮旋去，适合于苹果、梨、柿、菠萝等大型果品。

（2）擦皮机　利用内表面有金刚砂、表面粗糙的转筒或滚轴，借摩擦力的作用擦去表皮。适用于马铃薯、甘薯、胡萝卜、荸荠、芋等原料，效率较高，但常表皮不光滑。此种方法也常与热力方法连用，如甘薯去皮即先行加热，再喷水擦皮。

（3）专用的去皮机械　青豆、黄豆等采用专用的去皮机来完成，菠萝也有专门的菠萝去皮、切端通用机。

机械去皮比手工去皮的效率高，质量好，但一般要求去皮前原料有较严格的分级。另外，用于果蔬去皮的机械，特别是与果蔬接触的部分应用不锈钢制造，否则会使果肉褐变，且由于器具被酸腐蚀而增加制品内的重金属含量。

2. 碱液去皮（lye peeling）

碱液去皮是果蔬原料去皮中应用最广的方法。其原理是利用碱液的腐蚀性来使果蔬表皮内的中胶层溶解，从而使果皮分离。绝大部分果蔬，如桃、李、苹果、胡萝卜等，皮是由角质、半纤维素组成，较坚硬，抗碱能力也较强。有些种类果皮与果肉的薄壁组织之间主要是由果胶等物质组成的中层细胞，在碱的作用下，此层甚易溶解，从而使果蔬表皮剥落。碱液处理的程度也由此层细胞的性质决定，只要求溶解此层细胞，这样去皮合适且果肉光滑，否则就会腐蚀果肉，使果肉部分溶解，表面毛糙，同时也增加原料的消耗定额。

碱液去皮常用氢氧化钠，因其腐蚀性强且价廉，也可用氢氧化钾或其与氢氧化钠的混合液，但氢氧化钾较贵，有时也用碳酸氢钠等碱性稍弱的碱。为了帮助去皮可加入一些表面活性剂和硅酸盐，因它们可使碱液分布均匀，易于作用。在甘薯、苹果、梨等较难去皮的果蔬上常用。有报道，番茄去皮时在碱液中加入 3g/L 2-乙基己基磺酸钠或单及二甲基萘磺酸盐，可降低用碱量，增加表面光滑性，减少清洗水的用量。

碱液去皮时碱液的浓度、处理的时间和碱液温度为三个重要参数，应视不同的果蔬原料种类、成熟度和大小而定。碱液浓度高、处理时间长及温度高会增加皮层的松离及腐蚀程度。适当增加任何一项，都能加速去皮作用。如温州蜜柑囊瓣去囊衣时，3g/L 左右的碱液在常温下需 12min 左右，而 35~40℃ 时只需 7~9min，在 7g/L 下 45℃ 时仅 5min 即可。故生产中必须视具体情况灵活掌握，只要处理后经轻度摩擦或搅动能脱落果皮，且果肉表面光滑即为适度的标志。几种果蔬的碱液去皮条件如表 9-1 所示。

表 9-1　　　　　　　　　　　几种果蔬碱液去皮条件

果蔬种类	NaOH 质量浓度/（g/L）	碱液温度/℃	处理时间/min
桃	20~60	>90	0.5~1.0
杏	20~60	>90	1~1.5

续表

果蔬种类	NaOH质量浓度/(g/L)	碱液温度/℃	处理时间/min
李	20~80	>90	1~2
猕猴桃	20~30	>90	3~4
橘	8~10	60~75	0.25~0.5
苹果	80~120	>90	1~2
梨	80~120	>90	1~2
甘薯	40	>90	3~4
茄子	50	>90	2
胡萝卜	40	>90	1~1.5
马铃薯	100~110	>90	2

经碱液处理后的果蔬必须立即在冷水中浸泡、清洗、反复换水。同时搓擦、淘洗除去果皮渣和黏附的余碱，漂洗至果块表面无滑腻感、口感无碱味为止。漂洗必须充分，否则会使罐头制品的pH偏高，导致杀菌不足、口感不良。为了加速降低pH和清洗，可用0.1%~0.2%盐酸或2.5~5g/L柠檬酸水溶液浸泡，并有防止变色的作用。盐酸比柠檬酸好，因盐酸离解的氢离子和氯离子对氧化酶有一定的抑制作用，而柠檬酸较难离解。同时，盐酸和原料的余碱可生成盐类，抑制酶活力。盐酸更兼有价格低廉的优点。

碱液去皮的处理方法有浸碱法和淋碱法两种：

（1）浸碱法　可分为冷浸与热浸，生产上以热浸较常用。将一定浓度的碱液装入特制的容器（热浸常用夹层锅），将果实浸一定的时间后取出搅动，摩擦去皮，漂洗即成。

简单的热浸设备常为夹层锅，用蒸汽加热，手工浸入果蔬，取出，去皮。大量生产可用连续的螺旋推进式浸碱去皮机或其他浸碱去皮机械。其主要部件均由浸碱箱和清漂箱两大部分组成。切半后或整果的果实，先进入浸碱箱的螺旋转筒内，经过箱内的碱液处理后，随即在螺旋转筒的推进作用下，将果实推入清漂箱的刷皮转筒内，由于螺旋式棕毛刷皮转笼在运动中边清洗、边刷皮、边推动的作用，将皮刷去，原料由出口输出。

（2）淋碱法　将热碱液喷淋于输送带上的果蔬上，淋过碱的果蔬进入转筒内，在冲水的情况下边翻滚边摩擦去皮。杏、桃等果实常用此法。

碱液去皮优点甚多，第一，适应性广，几乎所有的果蔬均可应用碱液去皮，且对表面不规则、大小不一的原料也能达到良好的去皮目的。第二，碱液去皮掌握合适时，损失率较少，原料利用率较高。第三，此法可节省人工、设备等。但必须注意碱液的强腐蚀性，注意安全，设备容器等必须由不锈钢制成或用搪瓷、陶瓷，不能使用铁或铝容器。

3. 热力去皮

果蔬先用短时高温处理，使表皮迅速升温而松软，果皮膨胀破裂，与内部果肉组织分离，然后迅速冷却去皮。此法适用于成熟度高的桃、杏、枇杷、番茄、甘薯等。

热力去皮的热源主要有蒸汽（常压和加压）与热水。蒸汽去皮时一般采用近100℃蒸汽，这样可以在短时间内使外皮松软，以便分离。具体的热烫时间可根据原料种类和成熟度而定。

用热水去皮时，小量的可用锅内加热的方法。大量生产时，采用带有传送装置的蒸汽加热沸水槽进行。果蔬经短时间的热水浸泡后，用手工剥皮或高压冲洗。例如，番茄可在95~98℃

的热水中 10~30s，取出冷水浸泡或喷淋，然后手工剥皮；桃可在 100℃ 的蒸汽下处理 8~10min，淋水后用毛刷辊或橡皮辊冲洗；枇杷经 95℃ 以上的热水烫 2~5min 即可剥皮。

除上述以外，科研上研究用火焰进行加温的火焰去皮法。红外线加温去皮也有一定的效果。即用红外线照射，使果蔬皮层温度迅速提高，皮层下水分气化，因而压力骤增，使组织间的联系破坏而使皮肉分离。据报道，将番茄在 1500~1800℃ 的红外线高温下受热 4~20s，用冷水喷射即除去外皮，效果较好。

热力去皮原料损失少、色泽好、风味好。但只用于皮易剥离的原料，要求充分成熟，成熟度低的原料不适用。

4. 酶法去皮

柑橘的囊瓣，在果胶酶（主要是果胶酯酶）的作用下，可使果胶水解，脱去囊衣。如将橘瓣放在 1.5% 的 703 果胶酶溶液中，在 35~40℃、pH 2.0~1.5 的条件下处理 3~8min，可达到去囊衣的目的。酶法去皮条件温和，产品质量好。其关键是要掌握酶的浓度及酶的最佳作用条件如温度、时间、pH 等。

5. 冷冻去皮

将果蔬与冷冻装置表面接触片刻，其外皮冻结于冷冻装置上，当果蔬离开时，外皮即被剥离。冷冻装置温度在 -28~-23℃，这种方法可用于桃、杏、番茄等的去皮。此法去皮损失率约 5%~8%，质量好，但费用高。

6. 真空去皮

将成熟的果蔬先行加热，使其升温后果皮与果肉易分离，接着进入有一定真空度的真空室内，适当处理，使果皮下的液体迅速"沸腾"，皮与肉分离，然后破除真空，冲洗或搅动去皮。此法适用于成熟的果蔬如桃、番茄等。

图 9-4 为大容量番茄真空去皮装置示意图，基本构造为一内空的倾斜圆筒，圆筒为一夹层结构，外层可用蒸汽来加热，番茄由带环式输送带强迫在圆筒内层移动。去皮时番茄由顶部进入，在移动过程中逐渐被加热，然后突然进入真空室，在此处受短时高真空处理，番茄外皮即开裂，然后从底部卸出，进行高压水冲击和振动作用后外皮即去除。其附属装置还有水环式真空泵、真空缓冲罐等，此机产量可达 6000kg/h。还适用于成熟的甜辣椒等去皮。

7. 表面活性剂去皮（surfactant peeling）

此法用于柑橘囊衣去皮取得明显的效果。用 0.5g/L 蔗糖脂肪酸酯、4g/L 三聚磷酸钠、4g/L 氢氧化钠混合液在 50~55℃ 下处理柑橘瓣 2s，即可冲洗去皮。此法通过降低果蔬表皮的表面张力，再经润湿、渗透、乳化、分散等作用使碱液在低浓度下迅速达到很好的去皮效果，较化学去皮法更优。

综上所述，去皮的方法很多，且各有其优缺点，生产中应根据实际的生产条件、果蔬的状况而采用。而且，许多方法可以结合在一起使用，如碱液去皮时，为了缩短浸或淋碱时间，可将原料预先进行热处理，再碱处理。

四、原料的切分、去心、去核及修整

体积较大的果蔬原料在罐藏、干制、加工果脯、蜜饯及蔬菜腌制时，为了保持适当的形状，需要适当地切分。切分的形状则根据产品的标准和性质而定。核果类加工前需去核，仁果类则需去心。枣、金橘、梅等加工蜜饯时需划缝、刺孔。

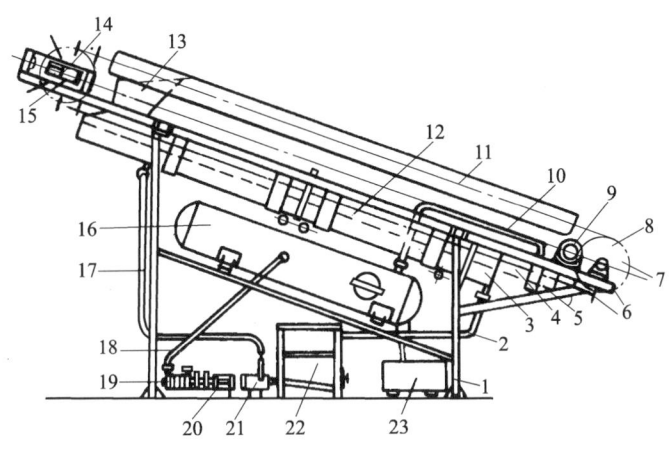

图9-4　番茄真空去皮装置（主机）

1—支架　2—水管　3—水循环室　4—主圆柱　5—真空室　6—隔板　7—驱动轮　8—驱动链　9—调速电机
10、18—真空管　11—输送带　12—加热室　13—进料斗　14—转动轮　15—拉紧装置
16—真空贮罐　17—水管　19—真空泵　20—电机　21—热水泵　22—热槽　23—水槽

罐藏加工时为了保持良好的形状外观，需对果块在装罐前进行修整，例如除去果蔬碱液未去净的皮，残留于芽眼或梗洼中的皮，除去部分黑色斑点和其他病变组织。柑橘全去囊衣罐头则需去除未去净的囊衣。

上述工序在小量生产或设备较差时一般手工完成，常借助于专用的小型工具。如枇杷、山楂、枣的通核器；匙形的去核心器，金橘、梅的刺孔器等。

规模生产常用多种专用机械，主要的有：

（1）劈桃机　用于将桃切半，主要原理为利用圆锯将其锯成两半。

（2）多功能切片机　为采用较多的切分机械，可用于果蔬的切片、切块、切条等。设备中装有快换式组合刀具架，可据要求选用刀具。

（3）专用的切片机　在蘑菇生产中常用蘑菇定向切片刀，除此之外，还有菠萝切片机、青刀豆切端机、甘蓝切条机等。

五、原料的破碎与提汁

制汁是果蔬汁及果酒生产的关键环节。绝大多数果蔬采用压榨法制汁，而对一些难以用压榨方法获汁的果实如山楂等，可采用加水浸提（extraction）方法来提取果汁。一般榨汁前还需要破碎（crushing）工序。

1. 破碎和打浆（pulping）

榨汁前先行破碎可以提高出汁率，特别是皮、肉致密的果实更需要破碎，但破碎粒度要适当，要有利于压榨过程中果浆内部产生的果蔬汁排出。否则，破碎过度，易造成压榨时外层果汁很快榨出，形成一层厚皮，使内层果汁流出困难，反而会造成出汁率下降，榨汁时间延长，混浊物含量增大，使下一工序澄清作业负荷加大等。不同的原料种类，不同的榨汁方法，要求的破碎粒度是不同的，一般要求果浆的粒度为3~9mm，可通过调节破碎工作部件的间隙来控制。葡萄只要压破果皮即可，橘子、番茄则可用打浆机破碎。加工带果肉的果蔬汁，原料也广泛采用打浆机来操作，但应注意果皮和种子不要被磨碎。破碎时，可加入适量的维生素C等抗氧化剂，以改善果蔬汁的色泽和营养价值。对于酿造红葡萄酒的原料要在破碎前除梗，以免带皮发酵中果梗中的青梗味等不良风味溶入酒中，影响酒的风味，一般常用除梗破碎机操作；但酿造白葡萄酒的原料则不必破碎前除梗，因为白葡萄酒是取汁发酵，破碎压榨时果梗可起助滤层的作用，有助于提高出汁率和滤速。果蔬一般以挤压、剪切、冲击、劈裂、摩擦等形式破碎，如用机械破碎方法，还有用热力破碎法、冷冻破碎法、超声波破碎法等。破碎所用设备应该用不锈钢或硬木制造。

2. 榨汁前预处理

果蔬原料经破碎成为果浆，这时果蔬组织被破坏，各种酶从破碎的细胞组织中逸出，活力大大增强，同时果蔬表面积急剧扩大，大量吸收氧，致使果浆产生各种氧化反应。此外，果浆又为来自原料、空气、设备的微生物生长繁殖提供了良好的营养条件，极易使其腐败变质。因此，必须对果浆及时采取措施，钝化果蔬原料自身含有的酶，抑制微生物繁殖，以保证果蔬汁的质量，同时，提高果浆的出汁率。通常采用加热处理和酶法处理工艺。

李、葡萄、山楂等水果破碎后采用热处理，可以使细胞原生质中的蛋白质凝固，改变细胞的通透性，同时果肉软化，果胶物质水解，降低汁液黏度，提高出汁率，还有利于色素溶解和风味物质的溶出，并能杀死大部分微生物。一般热处理条件为60~70℃、15~30min。采用热交换器进行热处理时，应尽可能地迅速加热，并使果浆做紊流流动，以免局部过热。

对于果胶含量丰富的核果类和浆果类水果，在榨汁前添加一定量的果胶酶可以有效地分解果肉组织中的果胶物质，使果汁黏度降低，容易榨汁、过滤。提高出汁率。添加果胶酶时，应使酶与果浆混合均匀，并控制加酶量、作用温度和时间。如用量不足或时间短，果胶物质分解不完全；反之，分解过度，影响产品质量。

3. 榨汁和浸提

由于果蔬原料种类繁多，制汁性能各异，所以，制造不同的果蔬汁，应依据果蔬的结构、汁液存在的部位和组织理化性状，以及成品的品质要求来选用相适应的制汁方法和设备。绝大多数果蔬汁生产企业都采用压榨取汁工艺。

果实的出汁率取决于果实的种类和品种、质地、成熟度和新鲜度、加工季节、榨汁方法和榨汁效能。

在榨汁过程中，为了改善果浆的组织结构，提高出汁率或缩短榨汁时间，往往使用一些榨汁助剂如稻糠、硅藻土、珠光岩、人造纤维和木纤维等。榨汁助剂的添加量，取决于榨汁设备的工作方式、榨汁助剂的种类和性质以及果蔬的组织结构等。如压榨苹果时，添加量为0.5%~2%，可提高出汁率6%~20%。使用榨汁助剂时，必须均匀地分布于果浆中。

榨取果蔬汁要求工艺过程短、出汁率高，最大限度地防止和减轻果蔬汁的色、香、味和营养成分的损失。现代榨汁工艺还要求灵活性和连续性，以适应原料状况的各种变化，提高榨汁设备的效能，缩短榨汁时间，减少设备内的滞留量，维持高而稳定的生产能力和始终如一的高品质。

需要说明的是，在制取高档葡萄酒时，一般要采用自流汁，即不经加压而自行流出的汁液，自流汁占50%~55%；而经过加压而流出的汁液称压榨汁，一般出汁率10%左右，常用于制作低档果酒，因其风味较差。

浸提是把果蔬细胞内的汁液转移到液态浸提介质中的过程，浸提工艺的应用越来越受到人们的重视，现在将多次取汁工艺应用于浸提果浆渣中的残存汁液。对一些汁液含量较少，难以用压榨方法取汁的水果原料如山楂、梅、酸枣等可以采用浸提工艺，但若浸提温度高、时间长，容易果汁质量差。采用低温浸提法（如温度 40~65℃，时间 60min 左右），得到的果汁色泽明亮，氧化程度小，芳香成分含量高，可以提高果蔬汁品质。

六、工序间的护色处理

果蔬原料去皮和切分之后，放置于空气中，很快会变成褐色，从而影响外观，也破坏了产品的风味和营养价值。这种褐色主要是酶褐变，其关键作用因子有酚类底物、酶和氧气。因为底物不能除去，一般护色措施均从排除氧气和抑制酶活力两方面着手。在加工预处理中所用的方法有如下几种。

（一）氯化钠溶液护色

氯化钠溶于水中后，能减少水中的溶解氧，从而可抑制氧化酶系统的活力，氯化钠溶液具有高的渗透压也可使酶细胞脱水失活。氯化钠溶液浓度越高，则抑制效果越大。工序间的短期护色，一般采用 10~20g/L 氯化钠溶液即可，过高浓度，会增加脱盐的困难。为了增进护色效果，还可以在其中加入 1g/L 柠檬酸液。食盐溶液护色常在制作水果罐头和果脯中使用。同理，在制作果脯、蜜饯时，为了提高耐煮性，也可用氯化钙溶液浸泡，因为氯化钙既有护色作用，又能增进果肉硬度。

（二）酸溶液护色

酸性溶液既可降低 pH、降低多酚氧化酶活力，又由于氧气的溶解度较小而兼有抗氧化作用。而且，大部分有机酸还是果蔬的天然成分，所以优点甚多。常用的酸有柠檬酸、苹果酸或抗坏血酸，但后二者价格较高，故除了一些名贵的果品或速冻时加入外，生产上多采用柠檬酸，质量浓度在 5~10g/L。

（三）烫漂

烫漂（blanching）在生产上也称预煮，这是许多加工品制作工艺中的一个重要工序，该工序的作用不仅是护色，而且还有其他许多重要作用，因此烫漂处理的好坏，将直接关系到加工制品的质量。

1. 烫漂处理的作用

①破坏酶活力，减少氧化变色和营养物质的损失。果蔬受热后氧化酶类可被钝化，从而停止其本身的生化活动，防止品质的进一步劣变，这在速冻和干制品中尤为重要。一般认为氧化酶在 71~73.5℃，过氧化酶在 90~100℃ 的温度下，5min 即可遭受破坏。

②增加细胞透性，有利于水分蒸发，可缩短干燥时间，同时热烫过的干制品复水性也好。

③排除果肉组织内的空气，可以提高制品的透明度，使其更加美观；还可使罐头保持合适的真空度；减弱罐内残氧对马口铁内壁的腐蚀；避免罐头杀菌时发生跳盖或爆裂。

④可以降低原料中的污染数，杀死大部分的微生物，也可以说是原料清洗的一个补充。

⑤可以排除某些果蔬原料的不良气味如苦、涩、辣味，使制品品质得以改善。

⑥使原料质地软化，果肉组织变得富有弹性，果块不易破损，有利于装罐操作。

2. 烫漂处理的方法

常用热水法和蒸汽法两种。热水法是在不低于 90℃ 的温度下热烫 2~5min。但是某些原料如制作罐头的葡萄和制作脱水菜的菠菜及小葱则只能在 70℃ 左右的温度下热烫几分钟，否则感官及组织状态受到严重影响。其操作可以在夹层锅内进行，也可以在专门的连续化机械如链带式连续预煮机和螺旋式连续预煮机内进行。有些绿色蔬菜为了保持绿色，常常在烫漂液中加入碱性物质如碳酸氢钠、氢氧化钙等。但此类物质对维生素 C 损失影响较大，为了保存维生素 C，有时也加用亚硫酸盐类。除此之外，制作罐头的某些果蔬也可以采用 20g/L 氯化钠溶液或 10~20g/L 柠檬酸液进行烫漂。

热水烫漂的优点是物料受热均匀，升温速度快，方法简便；但缺点是部分维生素及可溶性固形物损失较多，一般损失 10%~30%。如果采用烫漂水重复使用，可减少可溶性物质的流失，甚至有些原料的烫漂液可收集进行综合利用，如制成蘑菇酱油等。

蒸汽法是将原料装入蒸锅或蒸汽箱中，用蒸汽喷射数分钟后立即关闭蒸汽并取出冷却，采用蒸汽热烫，可避免营养物质的大量损失，但必须有较好的设备，否则加热不均匀，热烫质量差。

园艺产品热烫的程度，应根据其种类、块形、大小及工艺要求等条件而定。一般情况烫至其半生不熟，组织较透明，失去新鲜状态时的硬度，但又不像煮熟后那样柔软即被认为适度。通常以园艺产品中过氧化物酶活力全部破坏为衡量标准。园艺产品中过氧化物酶的活力检查，可用 0.1% 的愈创木酚或联苯胺的乙醇溶液与 0.3% 的双氧水等量混合，将原料样品横切，滴上几滴混合药液，几分钟内不变色，则表明过氧化物酶已破坏；若变色（褐色或蓝色），则表明过氧化物酶仍在作用，将愈创木酚或联苯胺氧化生成褐色或蓝色氧化产物。

园艺产品烫漂后，应立即冷却，以停止热处理的余热对产品造成不良影响并保持原料的脆嫩，一般采用流动水漂洗冷却或冷风冷却。

（四）抽空处理

某些果蔬如苹果、番茄等内部组织较疏松，含空气较多（表 9-2），对加工特别是罐藏或制作果脯不利，需进行抽空处理（evacuation treatment），即将原料在一定的介质里置于真空状态下，使内部空气释放出来，代之以糖水或无机盐水等介质的渗入。

表 9-2　　几种果蔬的空气含量

种类	含量/%（以体积计）	种类	含量/%（以体积计）
桃	3~4	梨	5~7
番茄	1.3~4.1	苹果	12~29
杏	6~8	樱桃	0.5~1.9
葡萄	0.1~0.6	草莓	10~15

果蔬的抽空装置主要由真空泵、气液分离器、抽空锅组成（图 9-5）。真空泵采用食品工业中常用的水环式，除能产生真空外，还可带走水蒸气。抽空锅为带有密封盖的圆形筒，内壁用不锈钢制造，锅上有真空表、进气阀和紧固螺丝。果蔬抽空的具体方法有干抽和湿抽两种，分述如下：

（1）干抽法　将处理好的果蔬装于容器中，置于 90kPa 以上的真空室或锅内抽去组织内的

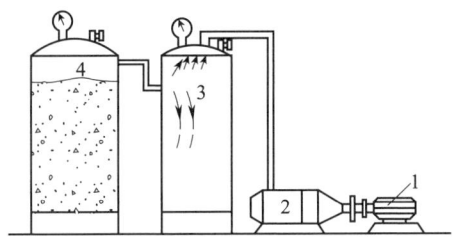

图 9-5 抽空系统示意图
1—电机 2—水环式真空泵 3—气液分离器 4—抽空罐

空气,然后吸入规定浓度的糖水或盐水等抽空液,使之淹没果面 5cm 以上,当抽空液吸入时,应防止真空室或锅内的真空度下降。

(2)湿抽法 将处理好的果实浸没于抽空液中,放在抽空室内,在一定的真空度下抽去果肉的空气,抽至果蔬表面透明。

果蔬所用的抽空液常用糖水、盐水或护色液三种,随种类、品种和成熟度不同而选用。原则上抽空液的浓度越低,渗透越快。

影响抽空效果的因素有,①真空度:真空度越高,空气逸出越快,一般在 87~93kPa 为宜。成熟度高、细胞壁较薄的果蔬真空度可低些,反之则要求高些。②温度:理论上温度越高,渗透效果越好,但一般不宜超过 50℃。③抽空时间:果蔬的抽气时间依品种或成熟度等情况而定,一般抽至抽空液渗入果块,而呈透明状即可,生产时应做小型试验。④果蔬受抽面积:理论上受抽面积越大,抽气效果越好。小块比大块好,切开的好于整果,皮核去掉的好于带皮核。但这应随生产标准和果蔬的具体情况而定。

(五)硫处理(sulphur treatment)

二氧化硫或亚硫酸盐类处理是园艺产品加工中的一项重要的原料预处理方式,其作用也不仅是护色,除此以外,还有其他一些重要的作用,因此,在加工中还常常被用来做半成品的保藏。

1. 亚硫酸(sulfurous acid)的作用

(1)亚硫酸具有强烈的护色效果 因为它对氧化酶的活力有很强的抑制或破坏作用,故可防止酶促褐变;另外,亚硫酸能与葡萄糖起加成反应,其加成物也不酮化,故又可防止羰氨反应的进行,从而可防止非酶促褐变。

(2)亚硫酸具有防腐作用 因为它能消耗组织中的氧气,能抑制好氧性微生物的活力,并能抑制某些微生物活动所必需的酶活力。亚硫酸的防腐作用随其浓度提高而增强,对细菌和霉菌作用较强,对酵母菌作用较差。

(3)亚硫酸具有抗氧化作用 这是因它强烈的还原性所致,它能消耗组织中的氧,抑制氧化酶活力,对防止园艺产品中维生素 C 的氧化破坏很有效。

(4)亚硫酸还具促进水分蒸发的作用 这是因为它能增大细胞膜的渗透性,因此不仅可缩短干燥脱水的时间,而且还使干制品具良好的复水性能。

(5)亚硫酸具漂白作用 它与许多有色化合物结合而变成无色的衍生物。对花青素中的紫色及红色特别明显,对类胡萝卜色素影响则小,对叶绿素不起作用。二氧化硫解离后,有色化合物又恢复原来的色泽。所以用二氧化硫处理保存的原料,色泽变淡,经脱硫后色泽复显。

硫处理一般多用于干制和果脯的加工中,以防止在干燥或糖煮过程中的褐变,使制品色泽美观。在果酒酿造中,一般在人工发酵接种酵母菌前用硫处理,既可防有害微生物的生长发育,保证人工发酵的成功,又能加速果酒澄清,改善果酒色泽。

2. 处理方法

(1) 熏硫法　将原料放在密闭的室内或塑料帐内,燃烧硫磺将二氧化硫气体通入,燃烧可以在室内进行,也可由钢瓶直接将二氧化硫压入。熏硫室或帐内 SO_2 含量宜保持在 1.5% ~ 2%,也可以根据每 $1m^3$ 空间燃烧硫磺 200g,或者可按每 1t 原料用硫磺 2~3kg 计。所用硫磺必须纯净,不应含有其他杂质。熏硫程度以果肉色泽变淡,核窝内有水滴,并带有浓厚的二氧化硫气味,果肉内含二氧化硫达 0.1% 左右为宜。熏硫结束,将门打开,待空气中的二氧化硫驱尽后,才能入内工作。熏硫后果品仍装在原盛器内,贮存于能密闭的低温冷藏室中,桃、李等果实熏硫后易破烂流汁,应装在不漏的容器中保存。保存期中,若果肉内二氧化硫含量降低到 0.02% 时,即需要加工处理或再熏硫补充。若不要求保持果蔬原形者,可将果肉破碎,装入能密闭的盛器中,通入二氧化硫,使之吸收,然后密闭保存。

(2) 浸硫法　用一定浓度的亚硫酸盐溶液,在密封容器中将洗净后的原料浸没。亚硫酸(盐)的浓度以有效二氧化硫计,一般要求为果实及溶液总重的 0.1% ~ 0.2%。例如,果实 1000kg,加入亚硫酸液 400kg,要求二氧化硫的含量为 0.15%,则加的亚硫酸应含 SO_2 的含量为:[(0.15/100) × (1000+400)/400] ×100 = 0.52%。

各种亚硫酸盐含有效二氧化硫的量不同(表 9-3),处理时应根据不同的亚硫酸盐所含的有效二氧化硫计算用量。

表 9-3　　　　　　　　　　亚硫酸盐中有效 SO_2 的含量　　　　　　　　　　单位:%

名称	有效 SO_2 含量	名称	有效 SO_2 含量
液态二氧化硫(SO_2)	100	亚硫酸氢钾($KHSO_3$)	53.31
亚硫酸(H_2SO_3)	6	亚硫酸氢钠($NaHSO_3$)	61.95
亚硫酸钙($CaSO_3 \cdot 1.5H_2O$)	23	偏重亚硫酸钾($K_2S_2O_5$)	57.65
亚硫酸钾(K_2SO_3)	33	偏重亚硫酸钠($Na_2S_2O_5$)	67.43
亚硫酸钠(Na_2SO_3)	50.84	低亚硫酸钠($Na_2S_2O_4$)	73.56

在果汁半成品和果酒发酵用葡萄汁或浆中,亚硫酸可直接按允许剂量加入。保藏葡萄酒原料的二氧化硫浓度为 300mg/kg 左右,而浓缩果汁等半成品,为了再加工,可以适当提高用量。

3. 使用注意事项

①亚硫酸和二氧化硫对人体有毒,人的胃中如有 80mg 的二氧化硫即会产生有毒影响。国际上规定为每人每日允许摄入量为 0~0.7mg/kg 体重。因此,硫处理的半成品不能直接食用,必须经过脱硫处理再加工制成成品。

②经硫处理的原料,只适宜干制、糖制、制果汁、果酒或片状罐头,而不宜制整形罐头。因为残留过量的亚硫酸盐会释放出二氧化硫腐蚀马口铁,生成黑色的硫化铁或生成硫化氢。

③因亚硫酸对果胶酶活力抑制甚小,一些水果经硫处理后会使果肉变软,为防止这种现象,可在亚硫酸中加入部分石灰,借以生成酸式亚硫酸钙[$Ca(HSO_3)_2$],使之既具有钙离子的硬化作用,又有亚硫酸的防腐作用,这对一些质地柔软的水果如草莓、樱桃等合适。

④亚硫酸盐类溶液易于分解失效,最好是现用现配。原料处理时,宜在密闭容器中,尤其作为半成品的保藏更应注意密闭。否则二氧化硫挥发损失,会降低防腐力。

⑤亚硫酸处理在酸性条件下作用明显,一般应在 pH 3.5 以下,不仅发挥了它的抑菌作用,而且本身也不易被解离成离子降低作用。所以,对于一些酸度偏小的原料处理时,应辅助加一些柠檬酸,其效果会更加明显。

⑥硫处理时应避免接触金属离子,因为金属离子可以将残留亚硫酸氧化,且还会显著促进已被还原色素的氧化变色,故生产中应注意不要混入铁、铜、锡等其他重金属离子。

第四节 半成品的保存

由于园艺产品成熟期短,产量集中,采收期多数正值高温季节,一时加工不完,就会马上腐烂变质,因此有必要进行贮备,以延长加工期限。除了有贮藏条件者进行原料的鲜贮外,另一种办法就是将原料加工处理成半成品进行保存。半成品的保存一般是利用食盐、二氧化硫及防腐剂等办法来处理新鲜果蔬原料进行保存的。

1. 盐腌处理

某些加工产品,如广东的凉果,江苏、福建的青梅蜜饯,广西的应子及某些蔬菜的腌制品,首先用高浓度的食盐将原料腌渍成盐坯,成为半成品保存,然后进行脱盐、配料等后续工艺加工制成成品。

食盐溶液能够产生强大的渗透压使微生物细胞失水处于假死状态,不能活动,另外食盐能使食品的水分活度降低。每一种微生物都有其适宜生长的水分活度范围,水分活度降低,其能利用的水分就少,活动能力减弱,另外,由于盐液中氧的溶解量很少,使许多好氧性微生物难以滋生。食盐所具有的防腐能力使半成品得以保存不坏,食盐的高渗透压和降低水分活度的作用,也迫使新鲜果蔬的生命活动停止,从而避免了果品质量的自身溃败。

但是,在盐腌过程中,果蔬中的可溶性固形物要渗出损失一部分,半成品再加工成成品过程中,还须用清水反复漂洗脱盐,使可溶性固形物大量流失,使产品的营养成分保存不多,从而影响了产品的营养价值。

食盐腌制的方法有干腌和水腌两种。干腌,适于成熟度高、含水分多、易于渗透的原料。一般用盐量为原料的 14%~15%。腌制时,宜分批拌盐,拌匀,分层入池,铺平压紧,下层用盐较少,由下而上逐层加多,表面用盐覆盖隔绝空气,使能保存不坏。也可盐腌一段时间后,取出晒干或烘干做成干坯保存。另一种腌制方法为水腌,适于成熟度低、水分少、不易渗透的原料,一般配制 100g/L 食盐溶液将果蔬淹没,便能保存。

2. 硫处理

新鲜果蔬用二氧化硫或亚硫酸处理是保存加工原料另一有效而简便的方法。经硫处理的果蔬除不适宜做整形罐头外,其他加工品类都可以用,且脱硫方便。

硫处理的详细作用、方法及注意事项已在前面的护色处理中述及,在此从略。

3. 防腐剂的应用

在原料半成品的保存中,应用防腐剂或再配以其他措施来防止原料分解变质,抑制有害微生物的繁殖生长,也是一种广泛应用的方法。一般该法适合于制果酱、果汁半成品原料的保存。防腐剂多用苯甲酸钠或山梨酸钾,其保存效果取决于添加量、果蔬汁 pH、果蔬汁中微生物种类、数量、贮存时间长短、贮存温度等。贮存温度以 0~4℃ 为好,添加量按国家标准执行。

4. 无菌大罐保存

国际上现代化的果蔬汁及番茄酱加工企业大多采用无菌贮存大罐来保存半成品,它是无菌包装的一种特殊形式,是将经过巴氏杀菌并冷却的果蔬汁或果浆在无菌条件下装入已灭菌的大罐内,经密封而进行长期保存。该法可以明显减少因热贮存造成的产品质量变化,风味优良,对于绝大多数加工工厂的周年供应具重要意义。虽然设备投资费用较高,操作工艺严格,操作技术性强,但由于消费者对加工产品质量要求越来越高,半成品的大罐无菌贮存工艺的应用将会越来越广泛。

思考题

1. 简述不同加工制品选择原料的方法。
2. 简述设置加工用水要求的意义。
3. 简述原料的预处理流程及其作用。

第十章 干制保藏

本章目标与重点

学习目标：
1. 掌握干制保藏机制及影响因素；
2. 掌握干制方法及所用设备特点；
3. 掌握干制加工技术及干制品处理贮藏方法；
4. 掌握果蔬、花卉的干制方法。

学习重点：
干制保藏机制及影响因素。

干制加工就是在自然或人工控制条件下促使产品水分蒸发脱除的工艺过程。一般来说，干制是干燥（drying）和脱水（dehydration）的统称，干燥是指利用自然界的能量除去果蔬中的水分，也称为自然干燥，如晒干、风干及阴干等方式；而脱水是在人工控制的条件下除去果蔬中的水分，也称为人工干燥，如热风干燥、冷冻干燥等方式。干制品不仅能达到耐久贮藏的要求，而且还能复水后基本恢复原状。

干制加工在我国园艺产品加工中占有重要地位，其设备可简可繁，生产技术较易掌握。园艺产品干制后，体积小、重量轻、营养丰富、食用方便，并且易于运输与贮存，对于外贸出口、方便食品的加工以及地质勘探、航海、军需等方面都有着十分重要的意义。

第一节 干制保藏理论

一、干制保藏机制

水分在生物体内具有重要的生理功能。引起采后园艺产品腐败变质的主要原因是微生物活动和不良化学反应。微生物的活动需要水，微生物无论是菌体从外界摄取营养物质，还是向外界排泄代谢产物，都需要水来作为溶剂和媒介。不同微生物在其活动中所需的水分含量不同，绝大部分微生物需要在水分含量较高的环境中生长繁殖，它们的孢子或芽孢的萌发需要的水分更多。园艺产品含有大量的水分，当采取一定的手段降低园艺产品的水分含量时，就会有效地抑制微生物的活动。但水分存在的状态与水分活度（water activity，A_w）的大小与微生物的活动有关，并且也与酶的活力和化学反应有关。园艺产品干制就是指利用一定的手段，减少园艺产品中的水分，将其可溶性固形物的浓度提高到微生物不能利用的程度，同时园艺产品本身所含酶的活力也受到抑制，使产品得以长期保存。

1. 水分存在的状态及性质

水和干物质是构成园艺产品组织的基本物质，新鲜果品蔬菜含水量很高，水果含水量为70%～90%，蔬菜为85%～95%。园艺产品中的水分按其存在状态可分为三类：

(1) 游离水（又称自由水和机械结合水） 新鲜的园艺产品中游离水含量很高，可占总含水量的60%～80%，如表10-1所示。它靠毛细管力维系。游离水的特点是对溶质起溶剂作用，可以溶解糖、酸等可溶性物质，而且容易结冰，流动性大。因此，游离水就容易被微生物所利用，并且园艺产品组织内的许多生理过程及酶促生化反应都是在以这种水为介质的环境中进行的，故也被称为有效水分。游离水借助毛细管作用和渗透作用，依据组织内外水汽压差，可以向内或向外移动，在园艺产品干燥过程中很易被脱除。

(2) 胶体结合水（也称束缚水或物理化学结合水） 它被吸附于园艺产品组织内亲水胶体的表面。胶体结合水可与组织中的糖类、蛋白质等亲水官能团形成氢键，或者与某些离子官能团产生静电引力而发生水合作用。因此，胶体结合水与游离水不同，它不具备溶剂性质，在低温下不易结冰，甚至在-75℃下也不结冰，其热容量比游离水小，为0.7J/K，相对密度为1.028～1.450，相当于76MPa压力下水的密度。胶体结合水不易被微生物和酶活动利用，在加工中不易损失，只有在游离水完全被蒸发后，在高温条件下才可蒸发一部分。

表10-1 几种果蔬中不同形态水分的含量 单位：%

名称	总含水量	游离水	结合水
苹果	88.70	64.60	24.10
甘蓝	92.20	82.90	9.30
马铃薯	81.50	64.00	17.50
胡萝卜	88.60	66.20	22.40

(3) 化合水（也称化学结合水） 它是与园艺产品组织中某些化学物质呈化学状态结合的水，性质极稳定，不会因干燥作用而排除。

2. 水分活度（A_w）

为了进一步了解水分与微生物活动、物质变化的关系，引入水分活度这一概念。水分活度并不是食品的绝对水分，常用于衡量微生物忍受干燥程度的能力。水分活度可用以估量被微生物、酶和化学反应触及的有效水分。因此，了解水分活度，可以为确定加工工艺参数提供一定的理论依据。

(1) 水分活度的定义 水分活度是指溶液中水的逸度与纯水逸度之比，也就是指溶液中能够自由运动的水分子与纯水中的自由水分子之比。它可以近似地用溶液中水的蒸汽分压（p）与同温度下纯水的蒸气压（p_0）（或溶液的蒸气压与溶剂的蒸气压）之比来表示，见式（10-1）：

$$A_w = \frac{p}{p_0} = \frac{n_2}{n_1 + n_2} = \frac{ERH}{100} \tag{10-1}$$

式中　A_w——水分活度；

　　　p——溶液的蒸气压；

　　　p_0——纯水（溶剂）的蒸气压；

　　　n_1——溶质的物质的量；

　　　n_2——溶剂的物质的量；

ERH——平衡相对湿度，即物料达平衡水分时的大气相对湿度。

图 10-1 表示物料中的含水量与水分活度之间的关系。在此曲线的低含水量区的线段上可见，极少量的水分含量即可引起水分活度极大的变动。

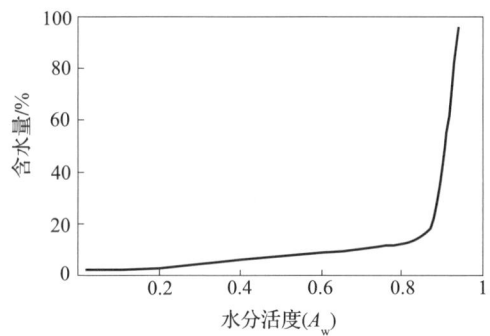

图 10-1　含水量与水分活度

（2）水分活度与微生物　微生物的活动离不开水分，它们的生长发育需要适宜的水分活度阈值。不同种类的微生物对水分活度下限的要求不同（表 10-2）。减小水分活度时，首先是抑制腐败性细菌，其次是酵母菌，最后才是霉菌。

表 10-2　一般微生物生长繁殖的最低 A_w

微生物种类	生长繁殖最低 A_w
革兰氏阴性杆菌，一部分细菌的孢子和某些酵母菌	1.00~0.95
大多数球菌、乳杆菌、杆菌科的营养细胞、某些霉菌	0.95~0.91
大多数酵母菌	0.91~0.87
大多数霉菌、金黄色葡萄球菌	0.87~0.80
大多数耐盐细菌	0.80~0.75
耐干燥霉菌	0.75~0.65
耐高渗透压酵母菌	0.65~0.60
任何微生物都不能生长	<0.60

通常微生物的孢子萌发要比其营养体发育所需的水分活度高。例如，产气荚膜杆菌其营养体发育的水分活度下限为 0.990，而其芽孢萌发所需的水分活度下限为 0.993。

微生物分泌毒素以及毒素的生成量，也会随着水分活度的升高而增多，随着水分活度的降低而很快下降。例如，金黄色葡萄球菌，其生长发育的水分活度下限为 0.87，当水分活度达 0.99 时可产生大量的肠毒素，但是当水分活度降低到 0.96 时，基本上就不会产生肠毒素了。

（3）水分活度与酶的活力　食品中的酶一般在加热时会由于蛋白质变性而失活。但是，酶在干制加工后的某些园艺产品中仍保持相当的活力，而酶促反应的速度和生成物的量与食品的水分活度成正比，水分活度值越高，酶促反应速度越快，生成物的量也越多。例如，淀粉与淀粉酶的混合物在水分活度较高时，很易发生淀粉的分解反应，当水分活度下降到 0.70 时，则淀粉不发生分解。但这又与物质存在的环境有关，如果将这种混合物放到毛细管中，水分活度即使在 0.46 时也能引起淀粉酶解。另外，如脂肪氧化酶、多酚氧化酶等在毛细管充满水时，作用就更大。这也表明了酶的活力除与水分活度值有关外，还与水分存在的场所有关。

二、干制机制

物料干制加工时就是要脱除其所含的水分，水分的蒸发脱除需要能量，并且需要一种吸收水分的物质，在园艺产品干制脱水时能够带走水分、传递能量的物质称为干燥介质。园艺产品干制时的干燥介质有：空气、过热蒸汽、惰性气体等。在生产中最常用的是空气。

在干燥过程中，水分按能否被排除又可分为平衡水分与自由水分。当园艺产品原料与一定温度和湿度的干燥介质接触时，必然排出或吸收水分。当排出的水分与吸收的水分相等时，只要外界的温度、湿度条件不发生变化，原料中所含的水分将维持不变。这时园艺产品所含的水分称为该干燥介质条件下的平衡水分，即在该干燥介质条件下物料干燥的极限。原料的平衡水分随着干燥介质温度、湿度的改变而变化，介质中的湿度升高，平衡水分也升高，湿度降低，平衡水分也随之降低。湿度不变时，温度的升高或降低，同样也会引起平衡水分的变化。温度升高平衡水分下降，温度降低，平衡水分则升高。在干制过程中被除去的水分被称为自由水分，自由水分大部分是游离水和小部分胶体结合水。

1. 水分的扩散作用

园艺产品干制过程中的水分蒸发主要是依赖两种作用，即水分的外扩散和内扩散作用。在干制初期，首先是原料表面的水分吸热变为蒸汽而大量蒸发，在干制技术上称为水分的外扩散。它取决于园艺产品原料的表面积、空气流速、空气的温度和相对湿度。表面积越大，空气流速越快，空气温度越高以及相对湿度越小，则水分的外扩散速度越快。当表面水分低于内部水分时，造成原料表面水分与内部水分之间出现水蒸气分压差，水分由内部向表面转移，称为水分的内扩散。水分的内扩散作用是借助于内外层的湿度梯度，使水分由含水分高的部位向含水分低的部位转移。湿度梯度越大，水分内扩散的速度就越快。

影响水分内扩散速度的因素还有温度梯度。园艺产品在干制过程中，有时采取升温、降温、再升温的方式，使原料内部的温度高于表面的温度，形成温度梯度，这时水分会借助温度梯度沿热流方向移动也称之为水分的热扩散。

为了使原料中的水分顺利地扩散蒸发，就必须使水分的内扩散与外扩散相互协调。如果外扩散的速度远远大于内扩散时，就会使园艺产品表层水分蒸发太快，原料表面就会因过度干燥而形成硬壳，这种现象称为结壳（encrustation）现象。它的形成，隔断了水分内扩散的通道，阻碍了水分的继续蒸发。若这时原料内部水分含量高，蒸汽压力大，原料较软的组织往往会被挤破，并使结壳的原料发生开裂，汁液流失。结壳的形成，既影响干燥速度，又影响干制品的质量。

水分扩散受干燥介质的温度和湿度的影响，不同种类、不同形状的原料在不同的干燥介质作用下，其水分扩散的方式和速度不相同。一般可溶性固形物含量少、干燥时切片薄的园艺产品干燥时，内部水分的扩散速度往往大于表面水分的汽化速度，这时干燥速度取决于水分的外扩散。对于一些可溶性固形物含量多、个体较大的果实或蔬菜，在干燥时，内部水分的扩散速度要小于表面的汽化速度，这时干燥速度就要取决于水分的内扩散。

2. 干燥过程

按照水分蒸发的速度可将干燥过程分为两个阶段，即恒速干燥阶段和降速干燥阶段。物料在干制时，当干燥介质的温度、湿度等性质不变时，原料自身的温度、湿度（含水量）和干燥速度与干燥时间的关系可用曲线图 10-2 表示。

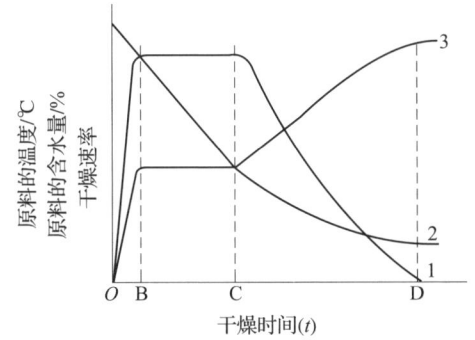

图 10-2　干燥过程曲线图

1—干燥曲线　2—物料的含水量曲线　3—物料的温度曲线

在干燥初始阶段，园艺产品原料温度升高，达到干燥介质的湿球温度，原料的水分含量也开始沿曲线逐渐下降，干燥速度由零值增至最高值。这一阶段（O~B）被称为初期加热阶段。接着进入恒速干燥阶段（B~C），在这一阶段干燥速度稳定不变。干燥速度是指单位时间内绝对水分含量的下降值。在干燥中园艺产品本身所含的有机物质、水分、空气等受热都会膨胀，就其膨胀系数而言，气体比液体大，液体又比固体大。在干燥的前一阶段，原料含有大量的游离水，再加上原料温度升高时，致使其中的空气和水蒸气膨胀，原料内部压力增大，促使内部水分向表面移动，这时可将园艺产品原料表面近似地比作一个水面，当干燥条件不变时，这个"水面"的蒸发速度是不会改变的，干燥曲线呈恒定不变，干燥速度主要由外扩散控制。当原料中的游离水分基本被排除后，则由于剩余的水分所受束缚力大，水分含量越来越少，干燥速度就会随着干燥时间的延长而减慢，呈曲线下降趋势，直到干燥结束（D 点）。在这一阶段（C~D），水分的内扩散对干燥起控制作用，故后一阶段被称为降速干燥阶段。

原料的湿度（含水量）在干燥过程中呈下降趋势。在恒速干燥阶段，由于原料中游离水含量高，水分易蒸发，湿度呈直线下降。当大部分游离水被蒸发，原料失水 50%~60%（到 C 点）时，此后干燥脱除的主要是胶体结合水，则湿度呈缓慢的曲线下降，进入降速干燥阶段。干燥结束到达 D 点时，所含水分达到平衡水分。

在干燥过程中原料的温度变化可用干、湿球温度来表示。在恒速干燥阶段，原料的温度较低，保持在恒定的湿球温度，这是由于水分蒸发的速度快并且恒定，干燥介质传递的热量多数被用于水分的蒸发。而进入降速干燥阶段,随着水分蒸发速度的减慢,热量除了用于水分蒸发外,则逐渐被较多地用于物料自身温度的升高,当水分不再蒸发时,物料的温度则接近或达到干球温度(干燥介质的温度)。

三、影响干燥速度的因素

在干制过程中,干燥速度的快慢对干制品的品质好坏起重要的作用,当其他条件相同时,干燥速度越快,产品越不易发生不良变化,产品品质就越好。干燥速度的快慢受许多因素的影响和制约,其主要因素如下。

1. 干燥介质的温度

园艺产品干制多使用预热空气作为干燥介质(drying medium)。当热空气与湿的物料接触时,就要将所带热量传递给被干燥物料,物料吸收这部分热量会使其所含的一部分水分汽化,干燥介质的温度就会下降,这时的干燥介质就变成空气与水蒸气的混合物。要使物料干燥就需不断地提高空气和水蒸气的温度。温度升高,空气所能够容纳的水蒸气就会增多,空气的湿含量就增大。水分就容易蒸发,干燥速度就会加快。反之,温度低,空气的湿含量小,干燥速度就慢。

园艺产品干制时,尤其是干制初期,一般不宜采用过高的温度。若温度过高易产生以下不良现象:第一,园艺产品含水量很高,骤然与高温的干燥介质相遇,组织中汁液迅速膨胀,易使细胞破裂,内容物流失;第二,原料所含糖分和其他有机物因高温易分解或焦化,有损成品的风味与外观;第三,初期高温低湿易造成结壳现象,影响水分扩散蒸发。

但是干燥过程中温度也不能过低。过低时,一方面会使干燥时间延长,另一方面也易使原料长霉、变色,引起腐败变质。

2. 干燥介质的湿度

一般来说空气的相对湿度越小,水分蒸发的速度就越快。相对湿度又受温度的影响,空气温度升高,相对湿度就会减少;反之,温度降低,相对湿度就会增大。在温度不变时,相对湿度越低,则空气的饱和差就越大,如表10-3所示。

表10-3　　　　　　　　　温度为10℃时,不同相对湿度的饱和差

空气相对湿度/%	饱和差/Pa	与相对湿度90%时饱和差相比/%
100	0	0
90	122.788	100
80	245.575	200
70	368.363	300
60	491.151	400
50	613.938	500

在干制过程中可以采用升高温度和降低相对湿度来提高园艺产品的干燥速度。干燥介质的相对湿度不仅与干燥速度有关,而且也决定干制品的终点含水量。相对湿度越低,干制品的含水量也越低。例如,红枣在干制后期,分别在两个60℃的烤房中干制,一个烤房相对湿度为65%,红枣干制后的水分含量为47.2%,另一个烤房相对湿度为56%,则干制后的红枣含水量为34.1%。甘蓝干燥后期如相对湿度为30%,干制品含水量为8.0%;相对湿度为8%~10%,

干制品含水量则可达 1.6%。

3. 空气流动的速度

干燥空气的流动速度越大，园艺产品的干燥速度也就越快。因为，加大空气流速，可以将表面蒸发出的、聚集在园艺产品周围的水蒸气迅速带走，及时补充未饱和的空气，使园艺产品表面与其周围干燥介质始终保持较大的湿度差，从而促使水分不断地蒸发。同时还促使干燥介质所携带的热量迅速传递给园艺产品原料，以维持水分蒸发所需的温度。但空气流速不能过快，过快会造成热能与动力的浪费，前期风速过快还易出现表面"结壳"现象。据测定，风速在 3m/s 以下时，水分的蒸发速度与风速大体成正比例增加。

4. 物料的种类和状态

物料的种类不同，所含化学成分与组织结构也不相同，即使在相同的干燥条件下其干燥速度也不相同。对于含水量相同的原料，含糖量高的要比含糖量低的干燥速度慢，物料组织结构紧密、表面蜡质层厚的要比组织结构较为疏松、表面蜡质少、皮孔气孔多的物料干燥速度慢。

物料是否经过预处理也影响干燥速度。如物料经过去皮、热烫、熏硫等处理都可以加快干燥速度。另外，物料切分的大小与干燥速度直接有关，切分越小，其蒸发面积（即表面积与体积的比值——比表面积）越大，干燥速度也越快。

5. 物料的装载

物料的装载量和装载厚度，对于园艺产品的干燥速度影响也很大。载料盘上物料装载过多、厚度大时，不利于空气流通，影响水分的蒸发。因此，装载量的多少与厚薄要以不妨碍空气流通为原则，以便于热量的传递和水蒸气的外逸。但在干燥过程中可以随着物料体积的变化，调整其厚薄，干燥初期宜薄些，干燥后期可适当厚些。

此外，干制设备的类型及干制工艺也是影响干燥速度的主要因素。应该根据原料的特性，选择理想的干制设备，控制合理的工艺参数，提高干制效率，保证干制品质量。

四、园艺产品在干制过程中的变化

（一）体积与质量的变化

园艺产品经干制后，体积与质量明显变小。一般体积为鲜重的 20%～35%（冻干制品除外），质量为原质量的 6%～20%。花卉则体积变化较小，质量大大减轻。

（二）色泽的变化

园艺产品在干制过程中或干制品贮存中，处理不当往往产品要发生颜色变化。最常发生的是"褐变"，即产品变为黄褐色、深褐色或黑色。褐变按照其发生的原因又分为酶促褐变和非酶促褐变。

（1）酶促褐变（enzymatic browning）　它是由氧化酶类在有氧的情况下，引起园艺产品所含的酚类物质（单宁、儿茶酚、绿原酸等）、酪氨酸等成分氧化而产生褐色物质的变化。例如，苹果、梨、桃、香蕉、马铃薯、茄子等在去皮、剖切、破碎时所发生的褐变。

酚类物质在氧化酶的催化下与空气中的氧气反应生成醌、羟醌，再聚合生成黑色物质。园艺产品褐变的主要基质是单宁类物质。单宁类物质的含量因园艺产品种类、品种及成熟度的不同而异。一般未成熟果实的单宁含量要高于同品种成熟的果实。不同种类的果实单宁含量不同，如表10-4所示。因此，园艺产品干制时应选择含单宁物质少、成熟度较高的原料。

表10-4　　　　　　　　　　　　　几种果实的单宁含量　　　　　　　　　　　　单位：%

果实名称	单宁含量	果实名称	单宁含量
苹果（栽培）	0.100	杏	0.074
苹果（野生）	0.250	香蕉	0.033
梨	0.032	柿	0.5~2.0
桃	0.100	樱桃	0.098
李	0.127	草莓	0.200

酶促褐变是在氧化酶和过氧化酶构成的氧化酶系统中完成的，若破坏酶系统的一部分，即可中止氧化作用的进行。因此，在干制物料的处理时，可用热烫的方法或SO_2处理等方法来钝化氧化酶的活力；此外，还可隔绝氧气或采用抗氧化剂消耗物料中的氧气，切断反应环节，抑制酶促褐变的发生。

（2）非酶促褐变（non-enzymatic browning）　凡没有酶参与所发生的褐变均可称为非酶促褐变。在园艺产品干制和干制品贮存时都可能发生这种褐变。非酶促褐变的主要原因之一是园艺产品中氨基酸的游离氨基与还原糖的游离羰基作用生成复杂的黑色络合物而引起。这种反应是1912年法国化学家美拉德发现的，故又称为美拉德反应，其反应过程很复杂。

这种褐变的程度与快慢取决于氨基酸的含量与种类、糖的种类以及温度条件。黑蛋白素的形成与氨基酸含量的多少呈正相关，尤以赖氨酸、胱氨酸及苏氨酸等与糖的反应较强。糖类主要是还原糖的反应较强。研究发现，还原糖对褐变的影响：五碳糖的顺序为核糖、木糖、阿拉伯糖，六碳糖中半乳糖影响最大，鼠李糖最小。美拉德反应与温度关系也很密切，提高温度会促使反应加强，据实验，温度每上升10℃，褐变率增加5~7倍。

此外，重金属也会促进褐变，金属对褐变作用的促进顺序是锡、铁、铅、铜。如单宁与铁作用可生成黑色化合物；单宁与锡长时间加热可生成玫瑰色化合物；单宁遇碱作用容易变黑。蔬菜中含有的胡萝卜素、叶绿素因受热与其他物质反应变色也属于非酶促褐变。园艺产品中的糖类在氨基化合物存在的情况下，加热到其熔点以上时会产生黑褐色的色素物质，被称为焦糖化作用（caramelization），还有抗坏血酸氧化褐变，都属于非酶促褐变。

原料的硫处理对于园艺产品非酶促褐变也有抑制作用，因为二氧化硫与不饱和糖反应可形成磺酸，从而减少黑蛋白素的生成。在干制加工与干制品保存时控制温度也可减轻非酶促褐变。

（3）透明度的改变　干制过程中，原料受热，细胞间隙的空气被排除，使干制品呈半透明状态。一般说干制品越透明，质量就越好。这不只是由于透明度高的制品外观好，而且还说明制品中空气含量少，可减轻氧化作用和营养物质的损失，提高制品的耐贮性。

(三)营养物质的变化

在园艺产品干制中,营养成分的变化因干制方式和处理方法的不同而有差异,但总的变化趋势是水分大量减少,维生素和糖分损失较多,矿物质与蛋白质比较稳定。

1. 水分的变化

园艺产品经干制加工后水分含量变化最大。园艺产品水分含量一般多用水分占园艺产品质量的百分率来表示。但在干燥过程中,物料质量及含水量都在变化,含水量不能很好地反映干燥速度。为了能够了解水分减少的情况或干制进行的速度,宜用水分率表示,即一份干物质所含有水分的份数。干燥时,园艺产品的干物质基本不变,只有水分在变化。因此,在干燥过程中,一份干物质中所含水分的份数逐渐减少,即可明显地表示水分的变化。水分率的计算如式(10-2)所示:

$$M = \frac{w}{100-w} \qquad (10-2)$$

式中 M——水分率;

w——物质的含水量,%。

设:鲜果的含水量为75%,干燥后的含水量为16%,则:

鲜果的水分率 $M_1 = \frac{75}{100-75} = 3$ 果干的水分率 $M_2 = \frac{16}{100-16} = 0.19$

也就是说,每4kg(M_1+1)鲜果中含有3kg水分,每1.19kg(M_2+1)果干中含有0.19kg水分。所以,由鲜果制成果干,每1kg干物质,蒸发掉的水分为$M_1-M_2=3-0.19=2.81$kg。

含水量(w)与水分率(M)之间的关系如表10-5所示。

表10-5 含水量(w)与水分率(M)之间的关系

含水量(w)/%	水分率(M)	含水量(w)/%	水分率(M)	含水量(w)/%	水分率(M)	含水量(w)/%	水分率(M)
90.0	9.00	87.0	6.69	84.0	5.25	76.5	3.26
89.8	8.80	86.8	6.58	83.5	5.06	76.0	3.17
89.6	8.62	86.6	6.46	83.0	4.88	75.5	3.08
89.4	8.43	86.4	6.35	82.5	4.71	75.0	3.00
89.2	8.26	86.2	6.25	82.0	4.56	74.0	2.85
89.0	8.09	86.0	6.14	81.5	4.41	73.0	2.70
88.8	7.93	85.8	6.04	81.0	4.26	72.0	2.57
88.6	7.77	85.6	5.94	80.5	4.13	71.0	2.45
88.4	7.62	85.4	5.85	80.0	4.00	70.0	2.33
88.2	7.47	85.2	5.76	79.5	3.88	68.0	2.12
88.0	7.33	85.0	5.67	79.0	3.87	66.0	1.94
87.8	7.20	84.8	5.58	78.5	3.65	64.0	1.78
87.6	7.06	84.6	5.49	78.0	3.55	62.0	1.63
87.4	6.94	84.4	5.41	77.5	3.44	60.0	1.50
87.2	6.81	84.2	5.33	77.0	3.35	58.0	1.38

续表

含水量(w)/%	水分率(M)	含水量(w)/%	水分率(M)	含水量(w)/%	水分率(M)	含水量(w)/%	水分率(M)
56.0	1.27	34.0	0.52	21.0	0.266	10.0	0.111
54.0	1.17	32.0	0.47	20.0	0.250	9.0	0.099
52.0	1.08	30.0	0.43	19.0	0.234	8.0	0.087
50.0	1.00	29.0	0.40	18.0	0.220	7.0	0.075
48.0	0.92	28.0	0.38	17.0	0.205	6.0	0.064
46.0	0.85	27.0	0.37	16.0	0.190	5.0	0.053
44.0	0.79	26.0	0.35	15.0	0.177	4.0	0.042
42.0	0.73	25.0	0.333	14.0	0.163	3.0	0.031
40.0	0.67	24.0	0.316	13.0	0.150	2.0	0.020
38.0	0.61	23.0	0.300	12.0	0.136	1.0	0.010
36.0	0.56	22.0	0.282	11.0	0.124	0.0	0.000

在园艺产品干制时，可用干燥率来表示原料与成品之间的比例关系。干燥率（drying ratio）是指生产一份干制品所需新鲜原料的份数。其计算如式（10-3）所示：

$$D = \frac{100 - w_2}{100 - w_1} = \frac{M_1 + 1}{M_2 + 1} \tag{10-3}$$

式中　D——干燥率（鲜原料的份数：1）；

w_1——原料的含水量，%；

w_2——干制品的含水量，%；

M_1——原料的水分率；

M_2——干制品的水分率。

例如，鲜黄花菜的含水量为86%，干制后黄花菜的含水量为16%，则：

$$D = \frac{100 - w_2}{100 - w_1} = \frac{100 - 16}{100 - 86} = \frac{84}{14} = 6:1$$

即每6kg鲜黄花菜可制成1kg干黄花菜。如果用百分率表示，则为每100kg鲜黄花菜可制成16.7kg干黄花菜。

由于原料种类及干制品含水量的不同，干燥率有很大差异，表10-6是几种果蔬的干燥率。

表10-6　　　　　　　　几种果品蔬菜的干燥率

果蔬名称	干燥率	果蔬名称	干燥率
苹果	(6~8):1	马铃薯	(5~7):1
梨	(4~8):1	洋葱	(12~16):1
桃	(3.5~7):1	南瓜	(14~16):1
李	(2.5~3.5):1	辣椒	(3~6):1
杏	(4~7.5):1	甘蓝	(14~20):1
荔枝	(3.5~4):1	菠菜	(16~20):1

续表

果蔬名称	干燥率	果蔬名称	干燥率
香蕉	（7~12）:1	胡萝卜	（10~16）:1
枣	（3~4）:1	菜豆	（8~12）:1
柿	（3.5~4.5）:1	黄花菜	（5~8）:1

2. 糖分的变化

糖分普遍存在于果品蔬菜中，是园艺产品甜味的来源。它的变化直接影响干制品的质量。园艺产品中所含的果糖和葡萄糖均不稳定，易于分解，因此，园艺产品在自然干制过程中，由于干燥速度缓慢，酶的活力不能很好地抑制，其自身呼吸作用仍缓慢进行，从而会消耗一部分糖及其他物质。糖分的损失随干燥温度的升高和时间的延长而增加，干制温度过高时糖分易焦化，颜色变褐，味道变苦。一般干制时间越长，糖分损失越多，干制品的质量也越差。糖分的变化在含糖量较高的枣果干制中表现较突出，如表10-7所示。

表10-7　　　　　　　　　　不同温度、时间下大荔圆枣的糖分损失率　　　　　　　　　　单位：%

干燥温度/℃	干制时间/h		
	10	20	34
45	0.1	0.7	1.8
65	1.5	3.2	5.6
70	12.3	15.4	16.4

3. 维生素的变化

园艺产品中含有多种维生素，在干制过程中及干制品的贮存过程中，各种维生素都有不同程度的损失和破坏。其中维生素C很容易被氧化破坏，其破坏程度与干制环境中的氧气含量、温度和抗坏血酸酶的含量及活力大小等有关。氧化与高温的共同影响，往往会使维生素C全部被破坏，在阳光照射和碱性环境中也不稳定。维生素C在避光、缺氧、酸性溶液和浓度较高的糖液中稳定。维生素A（胡萝卜素）在干制加工中不及维生素B_1（硫胺素）、维生素B_2（核黄素）和烟酸稳定，维生素A在光与氧的作用下也易破坏。

（四）风味物质的变化

园艺产品通过干制加工，常常由于高温加热使其挥发性芳香物质损失较多，从而使得干制品食用时芳香气味不足。

第二节　干制方法与设备

园艺产品干制的方法有多种形式，应该根据干制园艺产品的种类、对干制品品质的要求及加工企业自身经济条件情况来选择干制方法和设备。干制方法可分为自然干制和人工干制两大类。

一、自然干制（natural drying）

自然干制就是在自然环境条件下，利用阳光和风力进行园艺产品干制加工的方法。由于该法节省能源、设备简单、操作方便、成本低，虽易受气候和地区条件的限制，在干制时，若遇阴雨天气尤其是连绵阴雨，往往会造成干燥过程延长，产品质量降低，甚至引起原料腐烂变质，但目前在我国园艺产品干制加工中，仍然被一些家庭作坊式工厂采用。

（一）自然干制的方法

自然干制一般是利用太阳辐射的干燥作用和空气的干燥作用来完成的。

1. 太阳辐射干燥

这是利用太阳辐射热作为热源，促使水分蒸发的一种干燥方法，在生产中称之为"晒干"。物料从太阳辐射热中获取能量后，温度随之上升，物料中的水分受热后向空气中蒸发，并依靠空气自然对流将园艺产品表面的水蒸气带走，直至使水分含量降低到和空气温度及其相对湿度相适应的平衡水分为止。因此，炎热、干燥和通风是适宜于晒干的基本气候条件。晒干速度的快慢主要取决于太阳的辐射强度，而太阳辐射的强弱又根据地区的纬度和季节有差别，一般纬度低的地区较纬度高的地区太阳辐射强，夏季要比秋季太阳辐射强。我国北方和西北地区的夏、秋季节常具备这样的气候特点。为了有效地利用太阳辐射进行干制加工，在干制过程中可采取将晒帘或晒盘向南倾斜，以提高物料表面接受太阳辐射的强度。倾斜角度以 15~30° 为宜，高纬度地区可大些，低纬度地区可小些；冬季可大些，夏季可小些。

2. 空气干燥

空气的干燥作用取决于大气的温度、湿度和风速几方面的气候条件。它是利用空气这一干燥介质与物料间的温度差、湿度差而使物料得以干制的。其方法是将原料放于通风良好的室内、棚下，以自然风吹干，称为阴干或风干。

（二）自然干制的设备

自然干制的主要设备为晒场、阴干棚（室）和一些用具如晒盘、苇席、运输工具等，以及必要的建筑物如工作室、贮藏室、包装室等。

晒场应尽可能靠近原料产区，场地宜向阳、干燥、通风、空旷，还应略倾斜以便排水。晒场应位于交通方便的地方。但是为了保证干制品的清洁卫生，晒场不能靠近多尘土的大道，还应远离家畜厩圈、垃圾堆、养蜂场等地。

简单的干制做法是将原料直接置于晒场上暴晒，或放在苇席上晒制。大量生产时，可用 0.4~0.7m 高的晒架，并在晒架上搁置大小为 0.6m×0.8m 或 0.8m×1.0m 用竹篾编制或木制的晒盘。为了加速并保证园艺产品均匀干燥，在晒制过程中应经常翻动，同时应注意防止雨淋、结露和鸟兽危害。自然干制时间因园艺产品种类、形态和气候条件的不同而有差异，有的只需 2~3d，有的则需 10d 左右，最长的可达 3~4 周。

二、人工干制（artificial drying）

人工干制是指人为的控制和创造干燥工艺条件的干燥方法，可以大大缩短干制时间，获得较高质量的产品。与自然干制相比，人工干制的设备复杂、投资大、操作较复杂、成本也较高。但是,人工干制具有自然干制无可比拟的优越性。随着国民经济的飞速发展,人民生活条件不断改善,对干制品的质量要求也越来越高,现代化的干燥设备和干燥技术在园艺产品干制加工中被广泛应用。

人工干制设备应具有良好的加热装置及保温设施,保证干制过程所需的较高而均匀的温度;要有完善的通风设施,能及时排除蒸发出的水分;要有良好的卫生条件和劳动条件。人工干制设备有简有繁,可根据具体情况,因地制宜地灵活应用。

人工干制设备主要包括烤房、柜式干燥设备、隧道式干燥机、带式干燥机、滚筒式干燥机、流化床式干燥机、喷雾式干燥机。

1. 烤房(drying house)

烤房也是一种较传统的干制设备。烤房的生产能力较之烘灶大为提高,干燥速度较快,是园艺产品干制生产及果脯蜜饯生产中被推广使用的一种设施。烤房属烟道气加热或蒸汽加热的热空气对流式干燥设备。一般为长方形土木结构,由主体结构、升温设备、通风排湿系统和装载设备等组成。

烟道气加热的烤房形式很多,主要包括以下几种。①一炉一囱直火升温式:烤房的一端设置一个炉膛,烟火沿火道直线前进,至烤房另一端设置的烟囱排出。这种烤房建造简单、升温快,但耗煤较多。②一炉一囱回火升温式:烤房一端设置一个炉膛,烟火沿火道直行至烤房另一端后,再经墙火道回到设置于炉膛端的烟囱中排出。③一炉两囱直火升温式:它是将一个炉膛的烟火,分别由两条火道送至设置在烤房另一端的两个烟囱中排出。④一炉两囱回火升温式:它是将一个炉膛和两个烟囱设于烤房的同一侧,烟火分别由两条火道直行至烤房另一端后,经两侧墙的墙火道回到炉膛端所设置的两个烟囱中排出。⑤两炉两囱直火升式:烤房的一端设置两个炉膛,在另一端相对应的位置设置两个烟囱。也有将两个炉膛和两个烟囱交错设置的。⑥两炉两囱回火升温式:它与前一种烤房的不同之处是烟火从炉膛进入各自的主火道后,再经临近的墙火道回转至位于炉膛端的烟囱排出。以上两种烤房的特点是升温较快,温度较高,烤房容积较大,但所需建筑材料较多,成本较高。⑦两炉一囱直火升温式:其两个炉膛设置在烤房的同一端,烟火沿着各自的火道行至另一端,合并于一个烟囱中排出。这种烤房建筑较为简单,升温较快,且温度较高,但其保温效果较差,温度不太均匀,耗煤量大。⑧两炉一囱回火升温式:两炉膛设置在烤房的一端,两炉膛之间设置烟囱,炉膛内的烟火沿着各自的火道行至另一端后,再沿两侧墙所设的墙火道回转至烟囱中排出。这种烤房热能利用充分,保温性能好,室内温度较均匀。目前这种烤房使用较普遍。⑨高温烤房:它主要是利用两炉两囱回火升温式烤房,在其主火道上涂刷能够辐射远红外线的涂料,加之烤房容积较小,可使室内温度达150℃以上。其缺点是若控制不好产品会因温度过高而被烤焦。

此外,烤房还可按房顶形式的不同,分为屋脊式、平顶式、窑洞式等;按烤房内烤架设置的方式不同,分为固定烤架式和活动烤架式。

目前生产中普遍使用的是两炉一囱回火升温式烤房。这里就这种烤房的建造方法与规格作一介绍,供建造烤房参考。

(1) 地址的选择与方位　宜选择在土质坚实、空旷通风、干净卫生、交通方便处建造烤房。不可建在高大建筑物附近。烤房的方位应根据当地干制生产季节的主风向而定,即烤房的长度与主风向垂直。这样既便于通风排湿,又可避免炉火燃烧和门的开闭受风的干扰。

(2) 主体结构　以砖木结构为主,一般长度为6~10m,宽为3~3.4m,高为2~2.2m。烤房的建筑面积大小，应根据干制加工的生产量来定。烤房不宜过高过大，否则会导致烤房内上下部温差过大，保温性能差，影响干制效果，同时也不便于操作管理。烤房的墙厚一般为37cm，房顶多为平顶式。

（3）升温设备 其设计原则是升温快，保温效果好，炉火燃烧充分，耗煤量低。升温设备主要由烧火坑、灰门、炉膛、主火道、墙火道、烟囱六个部分构成。

（4）烧火坑 位于地平面下，深约150cm，宽160~180cm，长同烤房的宽度相等，它是管理炉火的场所。

（5）灰门 高80cm，宽50cm（下宽上窄，逐渐向上收缩至40cm），长度根据炉膛长度而定。

（6）炉膛 两炉烤房设两个，分别位于山墙两侧地平面下。炉膛呈枣核形，长85~90cm，宽（炉膛中部）45~50cm，高45cm。炉条在近炉门的这一端高、后端低，前后高度相差12cm，炉条间距1.5~2cm，每个炉膛设10~12根炉条。炉门宽20cm，高24cm。入火口，即炉膛与主火道连接处，成25°~30°的坡度向后延伸，近炉膛端低，火道端高。入火口宽24cm，高20~24cm，至火道处宽36cm，高24cm，这一段坡的直线距离为40cm，称为爬火道，是炉膛烟火进入主火道的通道。炉膛顶部宜做成圆拱形。

（7）主火道 两炉式烤房内设两条主火道。主火道设在地平面以下20cm处。主火道自炉膛延伸至对端与墙火道连接处，其长度与烤房长度一致，宽1~1.1m，高30cm。两主火道之间的距离为40cm，用作人行道。在主火道内距爬火道末端30cm处，用土坯斜立成"Λ"状，使炉膛内的烟火通过入火口先分成两股。然后用土坯在火道内似雁翅形排列成三道，使烟火在主火道内再分成四股弯曲绕行，以充分利用其热能。土坯间距为15~18cm，靠近炉膛一端排列宜稀一些，以利于烟火较顺畅地进入主火道。而在主火道中后部排列要密一些，使烟火在前进中能受阻力，热能充分散发于烤房内，不至于迅速通过火道而由烟囱排出。从距炉膛2m处，用细土垫成缓坡至与墙火道连接的地方，此处厚约15cm。这样可使烟火缓慢而顺畅地上行。主火道的四周用土坯筑成，这些土坯与雁翅形排列的土坯一道，构成主火道，并且又作为支撑物以支托主火道面的大土坯。大土坯一般长60cm、宽55cm、厚5cm。也可用铁皮代替，上面设置砖坯或土坯。主火道面不能漏火漏烟。

（8）墙火道 位于烤房两侧墙上，一端距主火道坑面40cm，深入墙内净18cm，墙火道贴墙壁呈缓坡状至对端，对端距主火道坑面70cm，然后呈直线前进拐至后山墙入烟囱。墙火道内径高24cm，深入墙内深度为13cm。

（9）烟囱 位于后山墙中部两炉膛之间，两个烟囱并于一处，中间用6~12cm厚的墙隔开。两炉膛的烟火从各自的烟囱排出。烟囱的有效高度（墙火道入口处至烟囱顶端）6.5~7m，烟囱可分为三段，底段高3m、内径为37cm，中段高1.5~2m、内径24cm，上段高1.5~2m、内径18cm。烟囱基部、主火道末端与墙火道底部的连接处，挖一个脸盆大小的圆坑，称为"助火坑"，以助火势。另外，在烟囱基部或主火道入墙火道处可设闸板开关供调节火势用。

（10）通风排湿设备 设计原则是要有足够的通风排湿面积，以便在较短的时间内，通过冷热空气的循环，排除烤房内的湿热空气，降低相对湿度，加速产品的干燥。据测定，$1m^3$的烤房容积，应该具备0.015~0.02m^2的通风排湿面积，即进气窗和排湿筒面积的总和。如果通风面积太小，会延缓干燥过程，降低制品质量。

（11）进气窗 主要作用是通过它进入冷空气。进气窗设于烤房两侧墙的基部。距火道

10cm 高处，每侧均匀设置 4~5 个。每个进气窗的大小为：内宽 20cm、高 15cm，外宽 25cm、高 20cm，内小外大呈喇叭状，外口略向上翘起，以利于冷空气进入。每个进气窗都设有能开关的小门。进气窗的通风面积按内侧面积计算，应占整个烤房通风排湿面积的 1/2 弱。

（12）排气筒　主要作用是排出烤房内的湿热空气。排气筒设于烤房顶部中线，一般均匀设置 2~3 个。每个排气筒的底部口径为 40cm×40cm，上部口径为 30cm×30cm，底部与房顶平齐，高 0.8~1m，底部设开关闸板，上设遮雨帽。排气筒的通风面积，按底部的截面积计算，应占通风排湿面积的 1/2 强。

（13）装载设备　要求坚固耐用、灵巧轻便。主要指烤架、烤盘。

烤架分固定式和活动式两种。固定式烤架可用角铁、木、竹制作，固定于主火道上方，每个烤架分 8~9 层，最下一层距主火道 25cm，第四层与第五层、第五层与第六层之间的距离为 25cm，其余的层距均为 20cm。固定式烤架制作方便、成本较低，但操作管理均需在烤房内进行，劳动条件差。活动式烤架是在烤架基部安装木制或铁制滚轮，可沿着烤房内所设简便的轨道运行。这样，装卸和检查产品质量均可在烤房外进行，劳动条件可大为改善。但建造技术较复杂，成本也较高。

烤盘是用来盛放原料的，有长方形、方形和圆形几种。长方形和方形烤盘可充分利用烤架面积，圆形利用率较低，但圆形烤盘有坚固耐用的优点。烤盘的大小应与烤架相适应。一般烤盘长 95cm、宽 60cm、高 4~5cm。烤盘的盘底应留有间隙，间隙大小以不漏原料为宜。

烤房内还设有门、走道、照明设备及测温、测湿装置。

比烤房更为先进的是空气能热泵烘干房，主要由烘干房、热泵主机、电控系统、循环风系统、不锈钢托盘物料架、废热回收除湿装置、电控系统等配件组成。其中，烘干房一般采用 10cm 聚氨酯保温板，其作用是避免热量散失，提升烘房内的温度，提高物料烘干效率；空气能热泵主机则主要是利用逆卡诺原理从空气周围吸收热量，为烘干主机提供热源，并传递给物料进行烘干；循环风系统的作用主要是利用纯净热风将热量带到烘干房的各个角落提升烘干房内的温度，并将物料蒸发出来的水分带走；除湿装置将烘房内水分通过冷凝器除湿保证烘干房内空气干燥，确保物料烘干效率；废热回收装置则会将废热能源回收加热后通过风机重新进入循环风系统，从而提高热能利用效率，达到节能环保的效果。

热泵烘干房的工作原理是通过热风的形式使物料中的水分汽化蒸发，蒸发出来的水蒸气由排湿系统排走从而烘干物料。随着烘房内的温度升高，烘干物料的水分会逐渐蒸发，再由排湿系统进行排湿，然后热能回收装置回收排湿系统排出的水蒸气，通过冷凝器除湿后进行回收加热，并通过风机重新进入循环风系统，如此循环往复直到把物料烘干为止。

热泵烘干房与传统的晾晒和燃烧烘烤干燥相比，不但可以更加精确地控制物料烘干温度、湿度和时间等参数确保物料烘干品质，而且可以提高设备热能利用率，使设备具有热能利用率高、能耗低、运行成本低的特点。空气能热泵烘干房已经成为烘干行业常用的烘干设备之一。

2. 柜式干燥设备

柜式干燥设备（cabinet drier）属于一种较简单的间歇式干燥设备，其结构如图 10-3 所示。新鲜空气由鼓风机吸入到干燥室内，经过加热器和滤筛，流经载有园艺产品的料盘，再由排气口排出。

这种设备容量小，适于小批量生产，它能较精确地控制工艺条件。操作时最高空气干球温度可达 94℃，空气流速 2~4m/s。

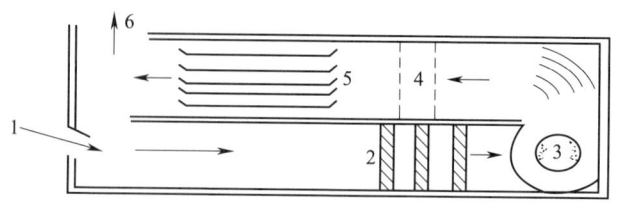

图 10-3　强制通风柜式干燥设备

1—新鲜空气入口　2—排管式加热器　3—鼓风机　4—滤筛　5—料盘　6—排气口

3. 隧道式干燥机

隧道式干燥机（tunnel drier）是生产中常用的干燥设备。它的干燥室为狭长的隧道形，原料搁置在运输设备（架式小车、传送带等）上，沿隧道间隔或连续地通过而实现干燥。隧道可分为单隧道式、双隧道式及多层隧道式等几种。干燥室的长为 12~18cm、宽约 1.8m、高 1.8~2.0m，可容纳 8~15 辆载满料盘的小车。每辆小车在干燥室内的停留时间等于产品必需的干燥时间。这种设备结构简单，适应性广。通常在隧道式干燥设备内，热空气流动的方向和小车前进的方向相互平行。按原料和干燥介质运行方向的不同，可将隧道式干燥设备分为顺流式（图 10-4）、逆流式和混合式三种。

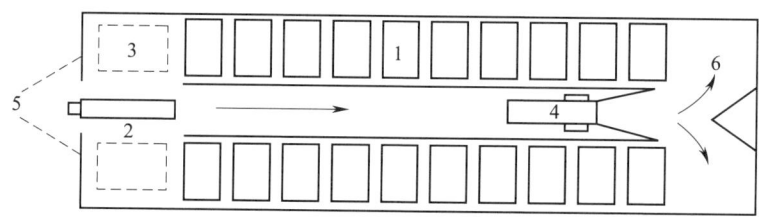

图 10-4　隧道式干燥机示意图（双隧道）

1—载车　2—加热器　3—空气出口　4—电扇　5—原料进入处　6—干制品出口

①顺流式干燥机：载车前进的方向与空气流动的方向相同，原料从高温的热风端进入，水分蒸发很快，这就可以使用较高一些的温度，如 80~85℃。载车越往前进，温度越低，湿度越高，水分蒸发逐渐变慢，终了时温度降到 50~60℃。前期的高温低湿条件适应于含水量较高的蔬菜干制，但不能将干制品的含水量减至最低标准。

②逆流式干燥机：载车运行的方向与空气流动的方向相反。原料首先接触到的是低温（40~50℃）高湿的空气，虽然原料这时含有很多的水分，尚能迅速蒸发，但蒸发速度相对较缓慢。随着载车的推进，温度则逐渐升高，终了时温度较高（65~85℃）、湿度低。这种干燥机较适用于含糖量较高、汁液黏厚的果实，如桃、杏、李、葡萄等的干制加工。但要注意干制后期的管理，温度不能过高，否则会使制品烤焦。

③混合式干燥机：又称对流式、中央排气式或双阶段式干燥机。有两个鼓风机和加热器，分别设在隧道的两端，热风由两端吹向中央，通过原料后的湿热空气从隧道中部集中排出一部分，另一部分回流利用。它既具备顺流式干燥前期水分蒸发快的特点，又具备逆流式后期干燥能力强的优点，同时还具备能连续生产，温湿度较易控制，生产效率高等优点。最常见的混合式干燥机，是由 1/3 长度的顺流阶段和 2/3 长度的逆流阶段组成的。园艺产品原料首先进入顺流阶段，使温度高、风速较大的热风吹向原料，水分蒸发快；载车渐次推进，温度逐渐降低而

湿度变高，水分蒸发速度渐缓，不致使产品外扩散过快而结壳，待原料排除大部分水分后，进入逆流隧道，以后越往前推进，温度渐高，湿度渐低，可使产品干燥比较彻底。逆流隧道应控制好温度，过高会使产品焦化和变色。

4. 带式干燥机

在带式干燥机（conveyor drier）中，原料被铺放在用帆布、金属网或涂胶布等制成的传送带上，随着传送带的移动与干燥介质接触得以干燥。它的干燥室可以类似于隧道式干燥机，将载车由传送带所取代。也可为如图10-5所示的4层传送带式干燥机。这种干燥机能够连续转动，当上层温度达70℃时，将原料由顶部入口定时装入，随传送带转动，原料由最上层逐渐向下移动，至干燥完毕。这种干燥机可用蒸汽加热，散热片装在每层传送带中间，新鲜空气由下层进入，空气由上部出气口排出。

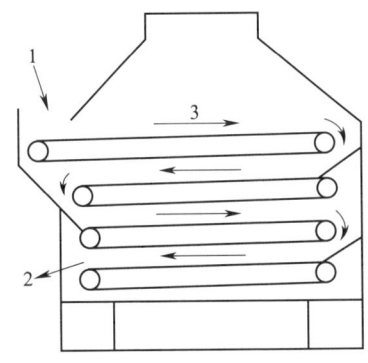

图10-5　带式干燥机示意图
1—原料入口　2—产品出口　3—原料移动的方向

5. 滚筒式干燥机

滚筒式干燥机（drum drier）是由一个或者两个表面光滑的钢质滚筒构成。滚筒的直径为20~200cm，中空，通有加热介质。干燥时，滚筒回转，筒外壁与浆状或泥状原料接触，在筒表面铺成薄层，转动一周，原料即可达到干燥，由附带的刮料器刮下，收集至盛器中，干燥可以连续进行。干燥量与有效干燥面积成正比，又与转速有关，转速则以每转一周足以使原料干燥为准。

6. 流化床式干燥机

流化床式干燥机（fluidized bed drier）见图10-6，多用于颗粒状物料的干制。干燥用流化床呈长方形或长槽状。它的底部为不锈钢丝编织的网板、多孔不锈钢板或多孔性陶瓷板。颗粒状的原料由位于设备一端的进料口散布在多孔板上，热空气由多孔板下面送入，流经原料，对其加热干燥。当空气的流速调节适宜时干燥床上的颗粒状物料则呈流化状态即保持缓慢沸腾状，显示出与液体相似的物理特性。流化作用将被干燥的物料向出口方向推移。调节出口处挡板的高度，即可保持物料在干燥床停留的时间和干制品的水分含量。流化床式干燥设备可以连续化生产，其设备设计简单，物料颗粒和干燥介质密切接触，并且不经搅拌就能达到干燥均匀的要求。

7. 喷雾式干燥机

喷雾干燥是将液态或浆质态的原料喷成雾状液滴，使之悬浮在热空气中进行脱水干燥。产品为粉状制品。喷雾干燥机（spray drier）的类型很多，各有特点，但是喷雾干燥系统都是由空气加热系统、喷雾系统、干燥室、收集系统以及供压或吸取空气用的鼓风系统组合而来的。如图10-7所示。

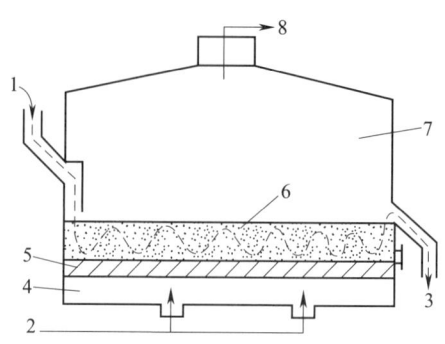

图 10-6 流化床式干燥设备

1—物料入口 2—空气入口 3—排料口 4—强制通风室 5—多孔板 6—沸腾床 7—干燥室 8—排气窗

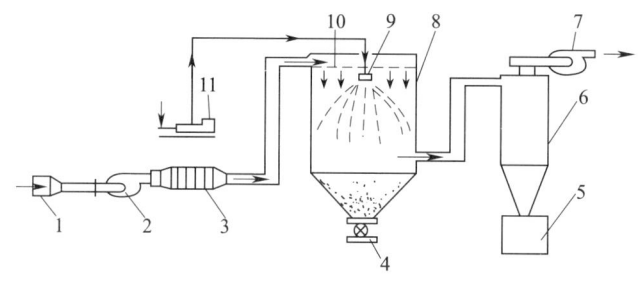

图 10-7 喷雾干燥机示意图

1—空气过滤器 2—送风机 3—空气加热器 4—旋转卸料间 5—受器 6—旋风分离器
7—排风机 8—喷雾干燥室 9—喷雾系统 10—空气分配器 11—料泵

喷雾系统是喷雾干燥机的关键部件。生产中常用的喷雾系统有三种类型。①压力喷雾：它是利用压力高达 10.13~20.26MPa 的高压泵将料液泵入喷雾头内，并以旋转方式强制料液通过直径为 0.5~1.5mm 孔径的喷孔，使之雾化成为微细的液滴。②气流喷雾：其原理是利用高速气流对液膜的摩擦和分裂作用而使液体雾化。料液由料泵送入喷雾器内的中央喷管，形成喷射速度不太大的射流，而压缩空气则从中央喷管周围的环隙中流过，喷出的速度很高，可达 200~300m/s，有时甚至超声速。因为压缩空气流与料液射流之间存在很大的相对速度，由此产生混合和摩擦，将液体拉成细丝，细丝又很快在较细处断裂，形成球状微小液滴。③离心式喷雾：它的雾化操作原理是将料液送入高速旋转的转盘上，由离心力的作用，使它扩展开来成为液体薄膜从盘缘的孔眼中甩出，同时受到周围空气的摩擦而碎裂成为液滴，离心盘的直径一般为 160~500mm，转速为 3000~20000r/min。喷雾干燥中热空气在干燥塔进口的温度一般为 180~220℃，出口的适宜温度为 70~80℃。

三、其他干燥方法

（一）远红外线干燥

远红外线干燥是利用远红外线辐射元件发出的远红外线，被物料吸收变为热能进行的干燥。红外线是介于可见光与微波之间，波长为 0.72~1000μm 的电磁波，一般将 5.6~1000μm 区域的红外线称为远红外线。红外线如同可见光，也可被物体吸收、折射或反射，物体吸收红外线后，温度可升高。而且红外线能穿过相当厚的不透明物体，在物体内部自发地产生热效应。获得远红外线的方法主要靠发射远红外线的物质，如金属氧化物二氧化钛、二氧化锆、三氧化二铁；非金属化合物二氧化硼、二氧化硅、碳化硅等。因此，常利用这些物质作为远红外线辐射元件，涂在热源上，就可以发射出远红外线。远红外线发射的有效距离为1m以内。

远红外线干燥具有干燥速度快、生产效率高、节约能源、建造费用低、干燥质量好等优点，已被广泛用于园艺产品干制中。

（二）微波干燥

微波干燥就是利用微波为热辐射源，加热果蔬原料使之脱水干燥的一种方法。微波干燥是在微波理论与技术以及微电子管成就的基础上发展起来的一项技术。微波是指波长为1mm~1m，频率为300~300000MHz的高频电磁波。常用于食品加热与干燥的微波频率为915MHz和2450MHz。微波的特点是：它似光线一样能传播并且易集中；微波具有较强的穿透性，照射于被干燥物质时，能够很快深入到物质的内部；微波加热的热量不是由外部传入，而是在被加热物体内部产生的，所以尽管被加热物料形状复杂，加热也是均匀的，不会出现外焦内湿现象；微波量子的能量，是一种非电离性电磁波，不会改变和破坏物质分子内部的结构及分子中的键；微波具有选择性加热的特性，物料中水所吸收的微波要远远多于其他固形物，因而水分易因加热被蒸发，而固形物吸收热量少，则不易过热，营养物质及色、香、味不易遭到破坏。因此，微波干燥是一种干燥速度快、干制品质好、热效率高的园艺产品干燥方法，并在食品的焙烤、烹调、杀菌工艺中被广泛应用。

（三）真空冷冻干燥

1. 真空冷冻干燥的原理

真空冷冻干燥也被称为冷冻升华干燥，常被简称为"冻干"（FD）。

真空冷冻干燥不同于一般加热干燥方法。它是将物料中的水分先冻结成固体的冰，然后在真空的条件下，使冰直接升华成水蒸气逸出，从而达到物料的干燥。水在自然界有三种存在相态，即：气态、液态、固态，三种相态之间既可相互转换又可以共存。水的存在状态受温度和压力的影响，当温度或压力条件改变，水的存在状态就要发生转变，也称相变。水的相变要吸热或者放热，如图10-8所示。

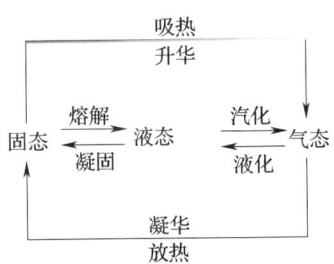

图10-8 水的三种状态的转化及能量变化图

当空气压力为101.33kPa（一个大气压）时，水的沸点温度为100℃。若压力下降，水的沸点也随之下降；当空气压力下降到0.61kPa时，水的沸点温度为0℃，而这个温度同时也是水的冰点。即在这种条件下，水可以以固态、液态、气态同时存在，故称之为水的三相点。如果再将压力继续下降到 0.61kPa 以下，或将温度降到 0℃ 以下时，纯水形成的冰晶则会直接升华成为水蒸气。真空冷冻干燥就是利用物料中的水冻结成冰后，在一定的真空条件下使之直接升华为水蒸气而干燥的方法。

真空冷冻干燥首先要将原料进行冻结。生产中常用的冻结方法有两种。①自冻法：就是将原料放于真空室内，利用迅速抽真空的方法，使物料中的水分瞬间大量蒸发，吸收大量的汽化潜热，促使物料温度迅速降低，达到物料自行冻结。自冻法相对成本低，对于一些外观形状要求不高的产品，如香菜（芫荽）、葱、韭菜以及果汁、蔬菜汁等，可用这种方法冻结。自冻法的缺点是产品收缩变形严重，表面易起泡。②预冻法：它是利用速冻机或冷库的急冻间预先将原料冻结，然后再运往冻干设备中进行真空干燥。预冻温度要比物料溶液的共晶点温度低 3～5℃。例如，草莓的共晶点温度为 -15℃，则预冻温度要求达 -20～-18℃。利用预冻法生产出的冻干制品，能够保持物料原有的形状，产品质量好，但成本相对较高。

2. 真空冷冻干燥过程

真空冻结干燥包括了传热和传质两个方面，其过程可分为两个阶段：

（1）升华干燥阶段　在此阶段要将物料中冰晶状的水分全部升华掉，大约可以除去物料全部水分的 90% 左右（即将游离水全部除去）。在这一阶段，干燥速率基本不变，类似于"恒速干燥阶段"。在干燥时，将冻结的物料置于真空冷冻干燥系统中，在真空度足够高（一般为 13.3～26.6Pa）的条件下，需适当提供热能，所提供的热应该是冻结物料中冰晶升华为水蒸气需要的热量，以加速升华干燥速率。升华干燥总是从物料的表层开始，而后逐渐向内层推进，冰晶升华后残留的空隙呈多孔海绵体结构，变成以后升华水蒸气的逸出通道。值得注意的是，此空隙结构与温度有关。当蜂窝状结构体的固体基质温度较高时，其刚度降低；当温度达到某一临界值时，固体基质的刚度不足以维持蜂窝状结构，空隙的固形物基质壁将发生塌陷，原先水蒸气扩散的通道被封闭，此临界温度称为冻干物料的崩解温度或塌陷温度。整个升华过程存在着一个"升华界面"，它将物料固相内部分成升华表面外部的已干层与升华表面内部的冻结层两部分。在园艺产品冻干过程中，升华界面一般以 1～3mm/h 的速度向内移动，直到物料中的冰晶全部升华。

（2）解析干燥阶段　这一阶段的干燥为未冻结水分的蒸发，并不是冰晶的升华。它是要将吸附在毛细管壁上或者与化学物质极性基团结合的水分（胶体结合水）蒸发掉。这些结合水能量高，必须从外界获得足够的能量，才能使其从吸附状态解析出来。因此，这一阶段在产品允许的前提下，可适当提高温度；同时为了使解析出的水蒸气有足够的推动力逸出，还须使物料内外形成最大的压力差，也就是要将真空度进一步提高。解析干燥阶段一般占总干燥时间的 1/3。完成冷冻干燥后，干制品的含水量可达 0.4%～4%。

3. 真空冷冻干燥设备

从操作形式上分，冷冻干燥设备可分为间歇式和连续式。真空冷冻干燥设备（图 10-9）一般由以下几个系统组成。①真空系统：真空干燥容器、真空机组、除水器及真空控制与真空测量仪；②制冷系统：压缩机、冷凝器、节流阀和蒸发器等；③加热系统：热交换器、热水泵、加热隔板；④冷却系统等。因此，真空冷冻干燥设备初期投资大、生产费用也高，干燥成本为普通干燥的 2～5 倍。但是真空冷冻干燥的产品可以最大限度地保持新鲜原料所具有的色、香、味、型及营养物质，复水性良好，如表 10-8 所示。因此，真空冷冻干燥多用于一些中高档食品的干制加工。

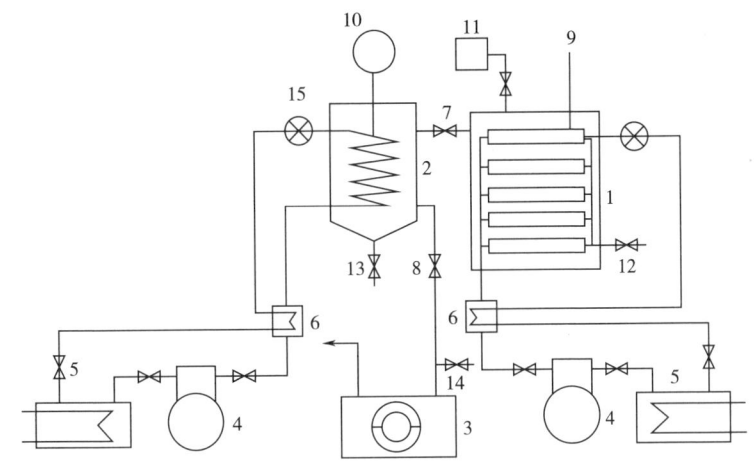

图 10-9　冻干机组成示意图

1—冻干箱　2—冷凝器　3—真空泵　4—制冷压缩机　5—水冷却器
6—热交换器　7—冻干箱冷凝器阀门　8—冷凝器真空泵阀门　9—板温指示　10—冷凝温度指示
11—真空计　12—放气阀门　13—冷凝器放出口　14—真空泵放气口　15—膨胀阀

表 10-8　真空冷冻干燥与热风干燥复水情况的比较

品名	样品质量/g		复水时间/min		复水后质量/g	
	热风干燥	冷冻干燥	热风干燥	冷冻干燥	热风干燥	冷冻干燥
油菜	12	12	50	30	49.3	169
洋葱	14.2	14.2	41	10	67	81.5
胡萝卜	35	35	110	11	136.3	223

（四）真空干燥

水的饱和蒸汽压与温度紧密相关，在真空状态下，水的沸点降低，干燥得以在低温下进行，避免在高温下营养成分（如维生素等）的破坏，同时提高了干燥速率；在真空系统中，相对缺氧的环境可以减轻甚至避免食品的脂肪氧化、色素褐变及其他氧化变质。真空干燥的过程就是将被干燥物料放置在密闭的干燥室内，用真空系统抽真空的同时对被干燥物料不断加热，使物料内部的水分通过压力差或浓度差扩散到表面，水分子在物料表面获得足够的动能，在克服分子间的相互吸引后，逃逸到真空室的低压空间，从而被真空泵抽走的过程。在低于大气压的条件下对物料进行加热，使物料中的水分气化从而降低其湿含量而达到干燥的目的。

真空干燥设备种类繁多、结构各异，分类方法也不相同。按操作方式，可分为间歇式和连续式；按干燥过程中物料的状态，可分为静止型、翻动型、搅动型和振动型；按干燥机制，可分为蒸发型和升华型。由于真空干燥具有干燥温度低、干燥速度快、节能、设备密闭防污染等特点，在生物制品、药品、饮品以及热敏性物料、易氧化物料等的干燥中起到独特作用。此外，它还适用于有燃烧危险的物料、含有溶剂或有毒气体的物料的干燥。它能将物料干燥到很低的水分，并可用于低含水率物料的进一步干燥，且在保护营养成分等方面优势突出，因而成为目前干燥设备中主要类型之一。

1. 间歇式真空干燥

物料成批地放入干燥室内,经过一段抽真空加热的过程,待其含水量降到所需要的程度时,关闭真空抽气系统,打开进气阀门使干燥室内压力与大气压平衡,然后取出产品的过程就是间歇式真空干燥(batch type vacuum drying)。

2. 连续式真空干燥

在真空状态下,设备的一端进料,一端出料,中间蒸发水分,形成一个流水线的干燥过程称为连续式真空干燥(continuous vacuum drying)。连续真空干燥目前已经有带式真空干燥、冷冻真空连续干燥、微波真空连续干燥、喷射式连续真空干燥等,它们有各自的优点和适用范围,这里主要介绍带式真空干燥(vacuum belt drying)。

带式真空连续干燥指的是在真空条件下,将被干燥物料连续、均匀地铺放在传送带上,然后提供热量,物料呈沸腾发泡状态,内部水分扩散、蒸发,被真空泵抽走,从而得到多孔、高品质的干制品。它是一种新兴的干燥方式,具有适用范围广(固体、液体、高黏性流体均适用)、干燥时间短、节能、连续作业、产品品质高等优势。物料一般由计量泵或真空专用进料装置连续送入真空干燥室,在输送带上铺成薄层,一边随输送带运行一边蒸发水分,待积累一定量的产品后出料端关闭密封阀门,以维持干燥室的真空环境(进料端仍然连续进料),然后一次性出料,从而实现真空条件下的连续进料、间歇出料的干燥过程。带式真空干燥设备主要由真空系统、带式干燥机、加热系统和控制及测量系统等组成。一般来说,带式真空干燥设备的加热区可以分成几个子加热区,在不同的干燥阶段,根据物料的性质提供适宜的加热温度,以达到节能和保证制品质量的目的。

有研究以香蕉为原料加工香蕉粉,使用 GZD-S 型带式真空干燥实验设备为平台,比较了带式真空与冷冻真空、热风干燥的操作条件(表 10-9)。工艺流程如下。

香蕉→ 去皮 → 打浆 →香蕉浆→ 干燥 →香蕉粉

表 10-9 三种方式干燥条件的比较

干燥方式	干燥时间/h	物料温度/℃	绝对压力/Pa	终产品含水量/%	L 值
冷冻真空干燥	10	<40	10~20	3~4	75.73
带式真空干燥	2	10~50	1000±100	5~6	70.15
热风干燥	24	75	常压	10~12	41.52

注:L 值为明度指数,$L=0$ 表示黑色,$L=100$ 表示白色,中间有 100 个等级。

3. 微波真空干燥

微波真空干燥(vacuum microwave drying)是利用微波加热原理,将微波技术和真空技术相结合的一种新型微波能应用试验装置。待干燥物料在低压力时,通过减小气相中的水蒸气分压,降低其沸点温度,使物料在低温状态下进行脱水,加快水分扩散速度,较好地保护物料中的成分。微波为真空干燥提供热源,对材料直接进行加热,使其能够快速干燥,获得良好的干燥结果,它具备了微波及真空干燥的干燥周期短、效率高、产品质量好、干燥的同时杀菌、加工成本低等优点,是在研究物料干燥过程中的物理变化、内外热量交换以及真空条件下水分迁移理论的研究基础上发展起来的一项技术、工艺,可有效地解决食品干燥过程中质量和效益之间的矛盾。

第三节 干制工艺技术

一、工艺流程

原料→挑选、整理→清洗→切分→烫漂（硫处理）→离心或挤压脱水→干燥→干制品

二、操作要点

原料选择及前处理的内容均在前文中述及，在此主要介绍干燥过程的技术要点。

人工干制要求在较短的时间内，采取适当的温度，通过通风排湿等操作管理，获得较高质量的产品。要达到这一目的，就要依园艺产品自身的特性，采用恰当的干燥工艺技术。

1. 升温方式

常用的升温方式一般可归纳为三种：

①在干制期间，干燥初期为低温55~60℃；中期为高温，70~75℃；后期为低温，温度逐步降至50℃左右，直到干燥结束。这种升温方式适宜于可溶性固形物含量高的园艺产品，或不切分整果干制的红枣、柿饼。操作较易掌握，能量耗费少，生产成本较低，干制质量较好。例如，红枣采用这种升温方式干燥时，要求在6~8h内温度平稳上升至55~60℃，持续8~10h，然后温度升至68~70℃持续6h左右，之后温度再逐步降至50℃，干燥大约需要24h。

②在干制初期急剧升高温度，最高可达95~100℃，当物料进入干燥室后吸收大量的热能，温度可降低30℃左右，此时应继续加热使干燥室内温度升到70℃左右，维持一段时间后，视产品干燥状态，逐步降温至干燥结束。此法适宜于可溶性固形物含量较低的园艺产品，或切成薄片、细丝的园艺产品，如苹果、杏、黄花菜、辣椒、萝卜丝等。这种方法干燥时间短，产品质量好，但技术较难掌握，能量耗费多，生产成本较大。据实验，采用这种升温方式干制黄花菜，先将干燥室升温至90~95℃，送入黄花菜，温度会降至50~60℃，然后加热使温度升至70~75℃，维持14~15h，然后逐步降温至干燥结束，干制时间需16~20h。

③升温方式介于以上两者之间。即在整个干制期间，温度在55~60℃的恒定状态，直至干燥临近结束时再逐步降温，此法操作技术容易掌握，成品质量好。只是因为在干燥过程中较长一段时间要维持比较均衡的温度，耗能比第一种高，生产成本也相应高一些。这种升温适宜于大多数园艺产品的干制加工。

2. 通风排湿

园艺产品含水量较高，在干制中由于水分的大量蒸发，使得干燥室内的相对湿度急剧升高，甚至会达到饱和程度，因此，在园艺产品干制过程中应十分注意通风排湿工作，否则会延长干制时间，降低干制品质量。

一般当干燥室内相对湿度达70%以上时，应进行通风排湿操作。通风排湿的方法和时间要根据加工设备的性能、室内相对湿度的大小以及室外空气流动的强弱来定。例如，烤房干制时，烤房内相对湿度高、外界风力较小时，可将进气口、排气口同时打开，排湿时间长；反之，如果烤房内相对湿度稍高，外界风力较大时，则将进、排气口交替开放，通风排湿时间

短。一般每次通风排湿时间以 10~15min 为宜。过短，排湿不够，影响干燥速度和产品质量；过长，会使室内温度下降过多，加大能耗。

在进行通风排湿时，干制的前期相对湿度应适当高些，这一方面有利于传热，另一方面可以避免物料因水分蒸发过快出现结壳现象。在干制的后期相对湿度应低些，可促使水分蒸发，使干制品的含水量符合质量要求。

3. 倒盘及物料翻动

利用烤架烤盘的干燥设备，由于烤盘位于干燥室上下位置的不同，往往会使其受热程度不同，使之干燥不均匀。因此，为了使成品的干燥程度一致，尽可能避免干湿不均，须进行倒盘的工作。在倒盘的同时应抖动烤盘，使物料在盘内翻动，或手工翻动物料，这样可促使物料受热均匀，干燥程度一致。

第四节　干制品的处理与贮藏

（一）干制品包装前的处理

干制品在包装前通常要进行一系列的处理，以提高干制品的质量，延长贮存期，降低包装和运输费用。

1. 筛选、分级

干燥后的干制品在包装前应利用振动筛等分级设备进行筛选、分级，剔除过湿、结块等不合标准的产品或其他碎屑杂质等物，以提高产品的商品质量。对大小合格的产品还需要进一步在移动速度为 3~7m/min 的输送带上进行人工挑选，剔除杂质和残缺、不良成品，并经磁铁吸除金属杂质。若在自动化程度高的生产线上，可通过色泽、重量等进行自动分级。

2. 回软处理

一般的自然干制和人工干制所制得的产品，无论是物料个体之间还是物料内部，其水分分布并不一定均匀一致，并且产品表现干硬。因此，在包装之前常需进行回软处理，也称均湿处理，其目的是使水分分布均匀一致，使干制品适当变软，便于后处理。回软的方法就是将完成干燥过程的产品堆积在密闭的室内或容器内进行短暂的贮存，使水分在干制品内部及干制品之间相互扩散和重新分布，最终达到均匀一致的要求。水果干制品常需回软处理，时间为 1~3d。

3. 压块

大多数园艺产品经过干制后，虽然质量减轻，体积缩小，但是有些制品很蓬松，这些干制品往往由于容积大，不利于包装运输。因此，在包装前需要压块处理。

压块（block pressing）处理时要注意同时利用水、温度、压力的协同作用。表 10-10 为几种果蔬干制品压块处理时的工艺条件及效果。

表 10-10　　　　　　　　　　　　干制品压块处理的工艺条件及效果

干制品	形状	水分/%	温度/℃	压力/kPa	加压时间/s	密度/(kg/m³) 压块前	压块后	容积缩减率/%
甘蓝	片	3.5	65.6	1550	3	168	961	83
胡萝卜	丁状	4.5	65.6	2756	3	300	1041	77
马铃薯	丁状	14.0	65.6	547	3	368	801	54
甘薯	丁状	6.1	65.6	2412	10	433	1041	58
杏	半块	13.2	24.0	203	15	516	1201	53
桃	半块	10.7	24.0	203	30	577	1169	48

干制品一般可放在水压机或油压机的压块模型中压块，大生产中有专用的连续式压块机。压块时要注意破碎问题。蔬菜干制品水分含量低，脱水蔬菜冷却后，质地变脆易碎。因此，蔬菜干制品常在脱水的最后阶段，干制品温度为60~65℃时，趁热压块。或者在压块之前喷热蒸汽以减少破碎率。但是，喷过蒸汽的干制品压块后，水分可能超标，影响耐贮性。所以，在压块后还需干燥处理，生产中常用的干燥方法是与干燥剂一起贮放在常温下，使干燥剂吸收水分。

4. 防虫处理

干制品处理不当常有虫卵混杂，尤其是自然干制的产品。烟熏是控制干制品中昆虫和虫卵的常用方法。自然干制的产品最好是在离开干制场所之前进行烟熏处理。一些干制品在贮存期中还要定期烟熏，防止虫害的发生。二氧化硫是常用的熏蒸剂。

（二）包装

包装对干制品的贮存效果影响很大，因此，要求包装材料应达到以下几点要求：①防潮防湿，以免干燥制品吸湿回潮引起发霉、结块。要求包装材料在90%的相对湿度中，每年袋内干制品水分增加量不超过2%；②不透光；③能密封，防止外界虫、鼠、微生物及灰尘等侵入；④符合食品卫生管理要求，不给食品带来污染；⑤费用合理。生产中常用的包装材料有：金属罐、木箱、纸箱及软包装复合材料。包装方式有两种方法，即普通密封包装和真空充氮（或充二氧化碳）包装。

（三）贮存

影响干制品贮存效果的因素很多，如原料的选择与处理、干制品的含水量、包装前的处理、包装、贮存条件及贮存技术等。

选择适宜的干制原料，经过热烫、熏硫处理以及防虫处理，都可以提高干制品的保藏性能。干制品的含水量对保藏效果影响很大。在不损害制品质量的条件下，含水量越低，保藏效果就越好。

干制品应贮存于避光、干燥、低温的场所。因为光线往往会促使干制品变色、香味物质损失，为了更好地保存干制品，库房应适当避光。贮存温度越低干制品保存时间就越长，以0~2℃为最好，一般不宜超过10℃。温度每提高10℃，干制品的褐变速度会加速3~7倍。贮存温度为0℃时保持的二氧化硫、抗坏血酸和胡萝卜素的含量要比4~5℃时多。贮存环境的空气越干燥越好，相对湿度最好控制在65%以下。

在干制品贮存过程中应注意其管理，如贮存场所要求清洁、卫生，通风良好，能控制温湿度变化，堆放码垛应留有间隙，具有一定的防虫防鼠措施等。

（四）复水

许多干制品是在复水后才能食用。干制品的复水性是指新鲜食品干制后能够重新吸收水分的程度，一般用干制品吸水增重的程度来衡量。干制品的复原性是指干制品重新吸收水分后在重量、大小、形状、质地、颜色、风味、成分、结构以及其他可见因素各方面恢复原来新鲜状态的程度。干制品的复水性和复原性是衡量干制品质量的重要指标，两者之间有着密切的关系。

脱水蔬菜的复水方法是把脱水菜浸泡在12~16倍质量的冷水中30min，再迅速煮沸并保持5~7min。复水率依据干制品的种类、品种、成熟度、干燥方法等的不同而有差异。表10-11是几种脱水蔬菜的复水率。

表10-11　　　　　　　　　　　几种脱水蔬菜的复水率

蔬菜种类	复水率	蔬菜种类	复水率
甜菜	1：(6.5~7)	青豌豆	1：(3.5~4)
胡萝卜	1：(5~6)	菜豆	1：(5~6)
萝卜	1：7	刀豆	1：12.5
马铃薯	1：(4~5)	菠菜	1：(6.5~7.5)
洋葱	1：(6~7)	甘蓝	1：(8.5~10.5)
番茄	1：7	茭白	1：(8~8.5)

干制品的复水并不是干燥历程的简单恢复，园艺产品在干制过程中，由于干制方法或其自身的特性，经常会使物料发生一些不可逆的变化，如一些组织细胞、毛细管萎缩变形，更多的是一些胶体发生物理和化学变化的结果，使得干制品复水性、复原性下降。另外，在复水时，水的用量和质量对其复水效果影响也很大。用水过多，可使一些花色素、黄酮类色素及其他可溶性物质溶出而损失；水的pH不同，会使干制品的颜色发生变化，浅色干制品在碱性溶液中会变为黄色；水中如有碳酸氢钠、亚硫酸钠，易使组织软化；硬水会使干制品质地变粗硬；水中含钙盐还能降低复水率。因此，在干制品复水处理时，应注意这些问题，才能得到较好的复水效果。

第五节　果蔬脆片加工技术

我国果蔬种植面积和产量均居世界首位，但由于果蔬中的含水量较高，采后仍进行一系列生理生化反应，极易发生氧化、营养物质流失与微生物繁殖现象，其腐败率高达40%左右，这种现象造成了经济损失和果蔬资源的浪费。通过干燥脱水得到的果蔬干制品可有效延长产品的货架期，降低新鲜果蔬由于贮藏不当产生的腐败变质现象。

果蔬脆片（fruit and vegetable crisps）是20世纪90年代兴起的一种高档大众食品，经特殊工艺处理加工，不含化学添加剂和防腐剂；是融合纯天然、高营养、低热量和低脂肪的一代天然绿色健康食品，现已大量出现在娱乐场所、旅游点及少儿辅食、老人辅食中。作为一种休闲、方便、保健型食品，果蔬脆片以自然的色泽、松脆的口感、天然的成分、宜人的口味而深受广大消费者的欢迎和喜爱。加工天然蔬果脆片的原料非常广泛，蔬菜类有马铃薯、甘薯、豌豆、洋葱、香菇、胡萝卜、甜椒、南瓜、黄瓜、四季豆、大蒜、芹菜等；水果类有香蕉、苹果、菠萝蜜、桃子、杏子、山楂等。

果蔬脆片的加工方法较多，常用的有以下几种。

1. 油炸

油炸是以食用油脂为热传递介质进行果蔬食品熟制和干制的一种加工方法。它使被炸果蔬食品中的淀粉糊化、蛋白质变性以及水分变成蒸汽从而使果蔬食品变熟或成为半调理食品，使成品水分降低，具有酥脆或外表酥脆的特殊口感。油炸温度和时间是影响油炸果蔬食品质量的主要因素：一般油炸温度以160℃为宜，油炸温度一般不要超过200℃。此法耗油量大，且成品含油量高，使制品容易产生哈败，产品的长期保存也比较困难，对人们身体健康不利。

2. 热风干燥

热风干燥是一种普遍的干燥方式，广泛应用于果蔬脆片加工。主要运用了水分受热蒸发的物理性质，物料直接接触热气流，液态水汽化成水蒸气，随之排出，从而达到干燥的目的。热风干燥操作简单、成本低廉，但产品营养物质易散失，发生褐变反应，可溶性糖与蛋白质含量下降，导致产品品质不佳。热风干燥过程中温度由外向内进行传递，干燥速率较慢，组织内部结构塌陷，空隙较少，对果肉细胞破坏程度较大。

3. 真空低温油炸

低温真空油炸技术是利用在真空状态下通过热油介质的热传导使果蔬中的水分迅速蒸发，由于强烈的沸腾汽化而产生较大的压强使细胞膨胀，在很短的时间内水分蒸发95%以上，使果蔬水分含量达到3%~5%，经冷却后即呈现酥松状。由于温度低、时间短，从而保留了原果蔬的风味和大部分营养成分。使用该法，依据物料本身性质，真空油炸前物料可采用冷冻或不冷冻处理。

4. 气流膨化技术

气流膨化（gas swelling）系统主要是由压力罐和一个体积比压力罐大5~10倍的真空罐组成。果蔬产品原料经预干燥后，干燥至水分含量15%~25%（不同的果蔬产品要求水分含量不同）。然后将果蔬产品置于压力罐内，通过加热使果蔬产品内部水分不断蒸发，罐内压力上升至40~480kPa，物料温度高于100℃，因而和大气压下水蒸气温度相比，处于过热状态。随后迅速打开连接压力罐和真空罐（真空罐已预先抽真空）的减压阀，由于压力罐内瞬间降压，使物料内部水分闪蒸，导致果蔬产品表面形成均匀的蜂窝状结构。在负压下继续维持加热脱水一段时间，其间排放几次潮气，至物料接近工艺要求的最终湿含量时，停止加热。

以较常用的CO_2气流膨化为例：CO_2在常温下，压强增至6.08MPa时，它就变成无色液体。CO_2可溶于水，其溶解度在一定温度下，随着气体压强增加而增大。新鲜果蔬产品原料经清洗、去皮、护色、漂烫等预处理后，干燥至一定水分含量，置于耐压容器中，经抽真空再注入液态CO_2，加压至一定程度，保持一段时间，液态CO_2浸入果蔬产品内部，排出液态CO_2后迅速释放压力，使进入果蔬产品内部的液态CO_2急剧汽化发生瞬间闪蒸，导致果蔬产品表面形成均匀的蜂窝状结构，膨化后的果蔬产品立即放入干燥箱中进行最后干燥，直至水分含量

3%~5%，这样，可最大限度地避免膨化后果蔬产品收缩。

5. 微波干燥

（1）微波常压干燥　微波膨化加工是利用微波加热速度快的特性，使物料内部气体温度急剧上升，由于内部水分迅速气化和迁移，产生强大的径向推动力，膨胀内部组织结构，可使果蔬产品形成疏松、均匀的微孔结构，起到膨化作用；由于传质速率慢，受热气体处于高度受压状态而产生膨胀趋势，当达到一定压强时，物料就会发生膨化。但常压微波干燥易导致过热损害产品品质，出现烧焦、糊化、表面硬化等现象。

（2）微波真空干燥　物料在低压力下沸点降低，因而可使果蔬物料处在低温状态下进行脱水，能较好地保护物料中的成分。此法的优点之一是可最大限度地保持果蔬产品的营养成分。

6. 红外干燥

红外干燥是利用辐射传热干燥的一种方法。红外辐射器产生的电磁波，以光的速度直接传播到被干燥的物料，当红外线的发生频率和被干燥物料中分子运动的固有频率相匹配时，引起物料中的分子强烈振动，在物料的内部发生激烈摩擦产生热而达到干燥的目的。红外干燥具有能量利用率高、干燥速度快、加热均匀等特点。但较高的红外辐射功率会因其物料表面出现焦灼的现象，距离过近会使物料表面硬化，影响最终产品品质的呈现。是一种低温、低压的升华干燥技术。在进行干燥前，进行预冻将物料冻至共晶点温度以下，之后在真空状态下，将物料中冻结的水转化为气态，利用升华除去水分。

7. 挤压膨化加工

挤压膨化加工（extrusion processing）是将果蔬食品物料置于挤压机的高温高压状态下，然后突然释放至常温常压，使物料内部结构和性质发生变化的过程。其基本过程是果蔬食品原料按不同的配方混合，经预处理后，进入螺杆挤压机中，在螺杆的综合作用下，转化成具有非牛顿流体特性的半固体，受到剪切和加热作用。整个过程中，果蔬食品原料中的淀粉糊化、蛋白质变性同时发生，在30~300s内完成；所需的加热温度视不同的产品而定，一般在50~180℃范围内。挤压的作用结果是对食品的品质产生独特的作用，如使果蔬食品的消化性、速食性、杀菌性等趋于最大而对食品有害的影响如营养的破坏等趋于最小。

8. 真空冷冻干燥

真空冷冻干燥能最大限度地保持果蔬脆片成品的色、香、味、形，但设备投资费用和操作费用大，生产成本高。生产中还采用微波真空冷冻干燥。该法所需的时间是普通真空冷冻干燥过程的1/9~1/3，综合加工成本大大降低。微波真空冷冻干燥技术在国内已经得到了一定程度的发展和应用，在一些企业中已相对成熟。

9. 组合干燥法

组合干燥是指2种或2种以上干燥方式分阶段进行的一种复合干燥技术，其目的是缩短干燥时间、降低能耗、提高产品质量。从目前的食品加工来看，单一的加工方式，有或多或少的不足。从保证成品品质和尽可能降低经济成本等因素考虑，采用组合干燥的加工方法已为果蔬脆片的加工提供新的途径。可采用的组合干燥法有：热风干燥与微波干燥结合、热风干燥与真空微波干燥结合、热风干燥与真空冷冻干燥结合等。

10. 果蔬脆片的保存

为保证果蔬脆片在保质期内的酥脆性，果蔬脆片产品包装应防湿、防潮、密封不透气。

第六节 花卉的干制技术

花卉干制就是将自然界生长的花卉,用现代干制技术,使其快速脱水干燥,制得干花的过程。花卉应保持其原色原形,若经过人工染色造型处理后,还可增添其缤纷的色彩和美姿。加工好的干花,既具有鲜花的风韵,又兼有"人造花"经久不谢的特点。

世界最古老的干花是在埃及金字塔中发现的,可能是古埃及法老埋葬时,直接将鲜花埋入墓穴中所致。在我国早在宋朝就有关于干花的记录。宋朝陶穀《清异录》中有:"拾迷盛开时,置书册中,冬间取以插鬓,盖花腊耳。"书中"花腊"即指干花。

干花具有制作精巧、布置灵便、画面生动、装饰性强的优点。另外,干花装饰不需人费心管理,省事、省时,符合现代生活节奏。正因如此,干花艺术装饰在世界各地越来越受人们的喜欢,成为国际市场的时髦商品。

一、花材的选择

要想得到质量良好的干花,选择适宜干制的花材种类和品种十分重要。作为制作干花的材料,应尽可能采用花瓣或枝叶水分含量少、纤维含量多的种类。常用的花材有:月季类、菊花、三色堇、鸡冠花、翠雀、中国马缨丹、铁线莲、蜀葵、千日红、朝鲜蓟、红花草、麦侨菊、含羞草、狗尾草、霞草、朝鲜牵牛花、羊齿类草、紫丁香、水仙花、桃花、梅花、金盏菊、石竹、矢车菊、报春花、向日葵、黄栌、红枫、枫香、美国侧柏等,种类十分繁多。我国还具有丰富的野生花卉资源,可用于干制的山花野草种类多,取材广,而且成本低。

在花材采摘时,要注意掌握花朵开放的程度和采摘时机。如蔷薇最好在花开七八成时采摘。采摘时间选择在花朵水分少的晴天,或者是露水已经蒸发掉的上午进行。

二、花卉干燥的方法

花卉干制的原理与其他干制品相同,干燥方法很多,常用的有以下几种。

1. 空气干燥法

也称自然干燥法。它是将鲜花枝放在凉爽、黑暗、干燥、洁净的空气流通处,令其自然风干。一般采集的鲜花应尽快干燥处理,而且干燥越快,越能获得色彩鲜艳、质地优良的干花。制作立体干花常用此法。尽量选择完整无损的花材。采收时将茎切成所需的长度,经整理,去掉多余的叶片和侧枝以及损伤部分。然后根据花材的特点选择具体干燥姿势。

(1) 悬挂干燥 最好是用橡皮筋将整理好的花材绑扎成适当大小的花束,再用金属小钩将花束花序朝下,悬挂在遮阳的空气流通处,使花材呈扇形下垂,花朵叶片朝下自然散开,并依其自身重量使枝条伸直,一般经一周即可制成干花。待花彻底干燥后,贮存在专用盒内备用。

(2) 平托干燥 对一些花瓣单薄柔嫩的花卉,如倒挂,花朵会翻卷、变形。因此,宜采用平托式干燥。选用金属编织网或其他有空的平板材料,如竹、藤编织物等。将花枝由上而下穿过网眼,使花朵与叶片端正平展地平托在网片上,令其自然风干。

(3) 直立斜垂干燥 对一些需要花枝有一定曲垂姿态的花木,可把花枝直立地插于直筒状容器内，这样露在筒外的花枝就会自行弯曲。另外对一些蔓生和藤木枝条，可将枝条中部绑扎起来悬吊在空中干燥，即可保持枝蔓的自然弯曲度。

2. 沙、硼砂干燥法

此法是将花枝放于容器内，然后灌满细沙（或硼砂），细沙并不起吸收水分的作用，而是让花朵在水分蒸发时保持原有的形状。干制时应选择纯净、干透的细河沙（或硼砂），沙中不能含有盐分。单瓣花干制时，应先在容器内铺5cm厚的细沙，然后将花序朝下放在沙面上，让花瓣自然舒展开，然后从上而下倒入细沙，直至填满所有空隙处，特别是花瓣之间的空隙。此法适用于三色堇、鸢尾、毛茛、勿忘我等花卉。花瓣层次多、瓣片卷曲、花瓣硕大的花材，如月季、玫瑰、山茶、大丽花等，利用细沙干燥时，应正面朝上摆放，不能带原来的花梗，在花朵下只留1.3cm的花梗，插入直径小于花梗的金属丝。埋法步骤是：先在容器底部铺约5cm厚的沙。对一些深杯形的花朵，如郁金香、马蹄莲等，最好每朵花使用一个硬纸或塑料制成的筒状容器，将花朵摆放在容器中央，然后细心埋沙，采用这种方法不仅埋沙方便，而且干燥效果也好。埋沙后应立即放在黑暗、干燥、凉爽的地方，使其自然干燥。一般需3~5周。待花枝干燥后小心让沙子从容器的一角缓缓流出，花瓣上的沙子可用软毛刷子轻轻刷掉。然后将花枝取出，进行保存备用。

3. 干燥剂包埋法

它是利用硅胶干燥剂进行花卉的包埋干燥。因为硅胶既可起脱水作用，又可起沙子的保形作用。干燥效果好，干燥时间短，适用于一些含水量高、价格较贵的花卉。硅胶的颗粒应选择大小为1~1.5cm的，埋法与沙埋大致相同，但埋好后应用胶带等将容器盖严密封，放于通风干燥处，约7d即可干燥。硅胶经处理后可以重复使用。

4. 甘油干燥法

甘油干燥法也称为溶液干燥法，它是干制干花枝叶的一种行之有效的措施。枝叶经甘油溶液浸泡处理后，植物体内的水分慢慢由甘油代替，而逐渐得到干燥。利用甘油溶液干燥的枝叶仍能保持较柔软状态，经久不变，枝叶由绿色变为浅茶色或黑绿色，油光发亮，作为干花的衬托材料显得非常典雅。一般选择叶片较厚具有光泽的种类制作，如小叶黄杨、常春藤、枫树、木兰、落叶松等，在其生长旺盛时，剪取其健枝，摘除下端叶片，在其基部劈开一个深约6cm的裂口。用一份甘油、2份近沸点的热水配成甘油水溶液，倒入底部大而稳的容器中，容器深约10cm，将整理好的枝叶插入容器内浸泡，2~6周即可获得干制枝叶。在浸泡过程中要注意不时添加甘油溶液，使之保持原有深度。

5. 常温压干法

常温压干法是制作平面干花的一种方法。将花枝放入吸湿纸内，上面压以重物，置于空气流通处，使之自然干制即可。大量生产时可用标本夹代替重物。为了加快干燥速度，在鲜花压制的第二天，或即将干燥时，用电熨斗将夹花的吸水纸烙一下，再压好，待其彻底干燥。这样不仅干燥速度快，而且还可起到杀菌作用，有利于干花保藏。但要注意有些花卉遇高温会褪色，不宜加温。

6. 其他干燥法

目前大规模生产干花时，可采用微波干燥技术，这是一种干燥速度最快的方法。适宜于此种干燥方法的花卉应该是耐高温、不易变色的种类，如美女樱、孔雀草、天竺葵、一串红、麦秆菊等，以及人工染色的花草。整个干燥过程仅需1~2min。干燥时一定要严格注意干燥的温度和时间，否则花材会被烧焦。另外也可使用真空冷冻干燥，它可以很好地保持花卉的色、形，但设备投资大。

三、干花的保存

干花要想得以长期保存，应针对花卉种类采用相应的保存措施。除了要保证花卉干燥、完整之外，还要注意花卉保存的褪色问题。干花的色彩主要是由花青素显色的。保存时，环境相对湿度一定要低于35%，才能保持其不褪色。若环境湿度大，几天就会全部褪色。但对于一些主要由类胡萝卜素、天葵素显色的花卉，则要注意环境中的氧气，只要有氧气存在，则会很快褪色。

思考题

1. 简述水分如何影响产品微生物含量。
2. 描述干燥过程中含水量曲线变化。
3. 列举果蔬脆片的加工方法。

第十一章

糖制保藏

> **本章目标与重点**
>
> 学习目标：
> 　　1. 掌握糖制保藏的机制；
> 　　2. 掌握食糖的种类及性质；
> 　　3. 掌握不同糖制品的糖制机制及加工技术。
> 学习重点：
> 　　不同类型园艺产品的糖制机制及加工技术。

园艺产品的糖制就是让食糖渗入组织内部，从而降低了水分活度，提高了渗透压，可有效地抑制微生物的生长繁殖，防止腐败变质，达到长期保藏不坏的目的。同时利用食糖这种保藏作用制成的糖制品，具优良的风味和较高的营养价值，成为人们所喜爱的一类食品。园艺产品经糖制后，因其色、香、味、外观状态和组织都有不同程度的改变，从而大大丰富了食品的种类。糖制对园艺产品原料的要求一般不太严格，几乎所有的水果、蔬菜及花卉都可用来加工，甚至是一些残次果、未熟果等均可以加以利用，是实现综合加工利用的良好途径。糖制品除一般食用外，也是糖果糕点的主要辅料。我国的糖制品在国内外享有很高声誉，如广东的陈皮梅、北京的苹果脯、苏州的金橘饼、福建的嘉应子等，因此，糖制品也是我国具民族特色的传统食品。

糖制保藏的
发展历史

第一节　糖制品的分类

糖制品按其加工方法和状态分为两大类，即果脯蜜饯类和果酱类。果脯蜜饯类属于高糖食品，保持果实或果块原形，大多含糖量在 50%~70%；果酱类属高糖高酸食品，不保持原来的形状，含糖量多在 40%~65%，含酸量约在 1%。

1. 果脯蜜饯类

根据果脯蜜饯（preserved fruits）类的干湿状态可分为干态果脯和湿态蜜饯。干态果脯是在糖制后进行晾干或烘干而制成表面干燥不粘手的制品；也有的在其外表裹上一层透明的糖衣或形成结晶糖粉，如各种果脯、某些凉果、瓜条及藕片等。湿态蜜饯是糖制后，不行烘干，而是稍加沥干，制品表面发黏，如某些凉果；也有的糖制后，直接保存于糖液中制成罐头，如各种带汁蜜饯或称糖浆水果罐头。

2. 果酱类

果酱类主要有果酱、果泥、果糕、果冻及果丹皮等。果酱呈黏稠状，也可以带有果肉碎块，如杏酱、草莓酱等；果泥呈糊状，即果实必须在加热软化后要打浆过滤，所以酱体细腻，如苹果酱、山楂酱等；果糕（fruit butter）是将果泥加糖和增稠剂后加热浓缩而制成的凝胶制品；果冻（fruit jelly）是将果汁和食糖加热浓缩而制成的透明凝胶制品；果丹皮是将果泥加糖浓缩后，刮片烘干制成的柔软薄片；山楂片是将富含酸分及果胶的一类果实制成果泥，刮片烘干后制成的干燥的果片。

第二节　糖制保藏理论

食糖是糖制中的主要辅料，食糖的种类和性质以及其在产品中的含量对制品的质量和保藏性都有很大的影响。

一、糖藏机制

1. 糖产生高的渗透压

食糖是食品保藏剂，而非杀菌剂。糖溶液具有一定的渗透压，而且浓度越高，渗透压越大。糖制品的含糖量在60%~70%时，按蔗糖计，可产生4255650~4964925Pa的渗透压。当蔗糖发生转化时，糖溶液中的糖分子数会随之增多，溶液的渗透压也会随之增大。糖制品中糖液的渗透压远远超过微生物的渗透压，这些微生物在高渗透压的糖液中一般不能存活。因为其细胞里的水分会通过细胞膜流向体外，原生质会脱水收缩而出现生理干燥，甚至导致质壁分离。然而，对于个别耐高渗透压的酵母及霉菌，必须把糖液含量提高到70%以上。但蔗糖在20℃时的溶解度仅有67.1%，制品在贮存过程中还可能发生霉变。因此，在生产实际中，常在干态蜜饯的外表裹一层糖粉，以提高其渗透压，增强保存性。如果糖液中的转化糖与蔗糖等量，当达到饱和时，产品的可溶性固形物可达到75%，可以安全地贮存。糖制品的含糖量要达到60%~65%，或者可溶性固形物含量达68%~75%时，也就获得了良好的保存性。拟长期保存的果酱类、蜜饯制品以及低糖制品，还可以通过提高酸度或添加防腐剂或用罐藏手段甚至真空包装等措施使其得以更安全存放。

2. 糖降低制品的水分活度

糖能使制品的水分活度下降。随着制品中糖浓度的增加，制品的水分活度在下降。新鲜果蔬的水分活度为0.98~0.99，正适合微生物的生长繁殖。经糖制之后，制品的水分活度降低，微生物可利用的水分大为减少，抑制了微生物的生长繁殖。干态蜜饯的水分活度为0.65以下，几乎阻止了一切微生物的活动。果酱类制品的水分活度为0.80~0.75，需要有良好的包装配合才能防止耐渗透压的酵母菌和霉菌的侵染。不同糖浓度与水分活度的关系见表11-1。

表 11-1　　　　　　　　　　　　不同糖浓度与水分活度的关系（25℃）

糖液浓度/%	水分活度	糖液浓度/%	水分活度
8.5	0.995	48.2	0.940
15.4	0.990	58.4	0.900
26.1	0.980	67.2	0.850

3. 糖的抗氧化作用

氧的溶解度随着溶液中糖浓度的增加而下降。20℃下60%的蔗糖溶液的氧溶解度仅为纯水的1/6。因此，食糖具有一定的抗氧化作用，这对于糖制品的色泽、风味和维生素等营养成分的保持和阻止需氧菌的生长都起着很重要的作用。

二、食品的种类及性质

（一）食糖的种类

（1）白砂糖　是加工糖制品的主要用糖。白砂糖的纯度高、色泽淡、风味好、保藏性好，糖制上用量最大。

（2）饴糖（cerealose）　是用淀粉水解酶水解淀粉生成的麦芽糖和糊精的混合物。其中麦芽糖的含量为53%~60%，糊精为13%~23%，其余为杂质。麦芽糖的含量决定饴糖的甜味，糊精的含量决定饴糖的黏稠度。淀粉水解越彻底，麦芽糖生成量越多，则甜味越浓。当淀粉水解不完全，则糊精偏多，黏稠度大而甜味淡。糖制时加适量饴糖可以有效地防止糖制品发生晶析。

（3）淀粉糖浆（starch syrup）　淀粉糖浆又名葡萄糖浆，俗称化学糖稀。淀粉糖浆的品质优于饴糖，其糖度相当于蔗糖的60%，淀粉糖浆是由淀粉经酸水解或酶解而得，主要成分为葡萄糖，也含有部分麦芽糖和糊精，为无色或淡黄色透明浓稠液体，还原糖含量为35%~40%，总固形物不低于80%，糖制时适量加入，可调整糖液中还原糖与蔗糖的比例，以防糖制品晶析。

（4）蜂蜜　蜂蜜的主要成分为葡萄糖和果糖，约占66%~77%，还有少量的蔗糖、糊精和蛋白质等营养物质。蜂蜜的品种很多，但以浅白色质量最好。糖制时适量加入，可以增进风味，增加营养，防止结晶。

（二）食糖的有关性质

与糖制有关系的糖的性质主要有以下几个方面：

1. 糖的甜度（saccharinity）

食糖是食品的主要甜味剂，食糖的甜度影响着糖制品的甜度和风味。甜度是以口感判断，即能感觉到甜味的最低含糖量——"味感阈值"来表示，味感阈值越小，甜度越高。比如果糖的味感阈值为0.25%，蔗糖为0.33%，葡萄糖为0.55%。若以蔗糖的甜度为基础，其他糖的相对甜度顺序：果糖最甜，转化糖次之，而蔗糖甜于葡萄糖、麦芽糖和淀粉糖浆。以蔗糖与转化糖做比较，当糖含量<10%时，蔗糖甜于转化糖，>10%时，转化糖甜于蔗糖。

温度对甜味也有一定影响。以 100g/L 糖液为例，低于 50℃ 时，果糖甜于蔗糖，高于 50℃ 时，蔗糖甜于果糖。这是因为不同温度下，果糖的异构物间的相对比例不同，温度较低时，较甜的 β-异构体比例较大。

葡萄糖有二味，先甜后苦、涩带酸。蔗糖风味纯正，能迅速达到最大甜度。蔗糖与食盐公用时，能降低甜咸味，而产生新的特有风味，这也是南方凉果制品的独特风格。在番茄酱的加工中，也往往加入少量的食盐，使制品的总体风味得到改善。

2. 溶解度与晶析

糖的溶解度（solubility）与晶析（rime）对糖制品的保藏性影响很大。当糖制品中液态部分的糖分达到过饱和时即析出结晶，由此降低了液态部分含糖量，也就削弱了产品的保藏性，制品的品质也因此而受到破坏。在蜜饯加工中有些产品为了提高其保藏性，正是利用了糖的晶析这一性质，适当控制过饱和率，给干态蜜饯上糖衣。如冬瓜条、琥珀核桃仁等。

各种糖的溶解度见表 11-2。当达到过饱和后便会发生晶析，蔗糖发生晶析时称为"返砂"。糖的溶解度随温度升高而增大。10℃ 时蔗糖的溶解度为 65.8%，约等于糖制品所要求的含糖量。因此，糖煮时糖浓度过大，糖煮后贮藏温度低于 10℃，则会出现晶析而影响品质。由表 11-2 看出，60℃ 时蔗糖与葡萄糖的溶解度相等。当高于 60℃ 时葡萄糖的溶解度高于蔗糖，而低于 60℃ 时则蔗糖溶解度高于葡萄糖。果糖的溶解度远大于蔗糖和葡萄糖，高浓度的果糖一般以浆体存在。转化糖的溶解度受本身葡萄糖和果糖含量的制约，故低于果糖而高于葡萄糖，30℃ 以下低于蔗糖，30℃ 以上高于蔗糖。

表 11-2　　不同温度下食糖的溶解度　　单位：%

种类	温度/℃									
	0	10	20	30	40	50	60	70	80	90
蔗糖	64.2	65.5	67.1	68.7	70.4	72.2	74.2	76.2	78.4	80.6
葡萄糖	35.0	41.6	47.7	54.6	61.8	70.9	74.7	78.0	81.3	84.7
果糖			78.9	81.5	84.3	86.9				
转化糖		56.6	62.6	69.7	74.8	81.9				

纯的葡萄糖溶液其渗透压大于同浓度的蔗糖溶液，具有很好的保藏性，但在室温下其溶解度很小，容易结晶，故不适宜单独使用。糖制品在糖煮时，如果蔗糖过度转化，形成多量的葡萄糖，则同样会发生葡萄糖的晶析。因此，一些含酸过高的原料须先脱酸，后糖煮，或者要控制适当的糖煮时间，不要过长，以防止蔗糖的过度转化而引起葡萄糖的结晶。

为了避免糖制品中蔗糖的晶析或返砂，糖制时常加一定量的饴糖、淀粉糖浆或蜂蜜等。因为这些食糖含有多量的转化糖或麦芽糖和糊精，这些物质在蔗糖结晶过程中，有抑制晶核形成与长大的作用，可以降低结晶速度，增进糖溶液的饱和度。糖制时还可以加少量果胶或动物胶、蛋清等非糖物，以增大糖液的黏度，起到阻止蔗糖晶析和提高糖液饱和度的作用。

图 11-1 为过饱和系数 1.03~1.08 的蔗糖溶液中溶有不同转化糖量时蔗糖的结晶速度。纵坐标为相对结晶速度，是以纯蔗糖溶液结晶速度为 1 的相对值。图中曲线表明，蔗糖溶液中转化糖物质的量越大，糖液中蔗糖的结晶速度越小。

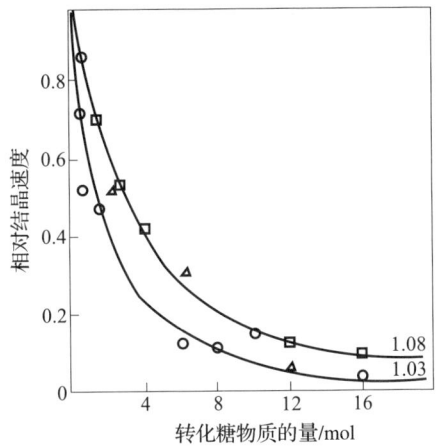

图 11-1 转化糖对蔗糖结晶速度的影响

3. 吸湿性

糖制品吸湿后降低了产品的糖浓度,因而削弱了糖制品的保藏作用,容易引起制品的变质和败坏。糖的种类不同,其吸湿性(hygroscopicity)也不同,见表11-3。

表 11-3　　　　　　　　　　　25℃下 7d 糖的吸湿量　　　　　　　　　　单位:%

种类	空气相对湿度/%		
	62.7	81.8	91.8
蔗糖	0.05	0.05	13.53
麦芽糖	9.77	9.80	11.11
葡萄糖	0.04	5.19	15.02
果糖	2.61	18.58	30.74

含有一定数量转化糖的糖制品,必须有适宜的严密包装,以防吸湿变质。各种结晶糖吸水量达到15%时便开始失去晶形而形成液态。糖制品在吸湿达一定程度时会发生所谓的"流汤"而变质,因此对那些包装不太好或散装上市的糖制品,尤其要控制转化糖的含量。

蔗糖吸湿后会潮解结块,给使用带来不便,甚至变质。纯蔗糖结晶体的吸湿性很弱,在相对湿度为60%以下时,是一种不潮解的物质。商品蔗糖因含有少量灰分,而且晶体表面存在少量的非糖杂质,这会引起蔗糖在整个相对湿度范围内的平衡湿度上升,增加蔗糖的潮解机会。蔗糖贮藏的相对湿度条件要求为40%~60%。

在生产中常利用转化糖吸湿性强的特点,让糖制品含适量的转化糖,这样便于防止产品发生结晶(或返砂)。但也要防止因转化糖含量过高,引起制品流汤变质。

4. 糖液的沸点(boiling point)

糖液的沸点温度随浓度的增加而升高,如表11-4所示;随着海拔高度的增加而降低,如表11-5所示。此外,浓度相同而种类不同的糖液,其沸点也不同,如表11-6所示。

表 11-4　在 101kPa 下蔗糖溶液的沸点

含糖量/%	10	20	30	40	50	60	70	80	90
沸点温度/℃	100.4	100.6	101.0	101.5	102.0	103.6	105.6	112.0	113.8

表 11-5　不同海拔高度下蔗糖溶液的沸点温度　　单位：℃

可溶性物质含量/%	0m	305m	610m	915m
50	102.2	101.2	100.1	99.1
60	103.7	102.7	101.6	100.6
64	104.6	103.6	102.5	101.4
65	104.8	103.8	102.6	101.7
66	105.1	104.1	102.7	101.8
70	106.4	105.4	104.3	102.3

表 11-6　不同浓度的蔗糖和葡萄糖溶液的沸点温度　　单位：℃

糖液含量/%	蔗糖	葡萄糖
20	100.6	101.4
40	101.5	102.9
60	103.0	105.7

糖制品糖煮时常利用糖液的沸点温度上升数来控制煮制终点，估计出制品的可溶性固形物含量。比如，果脯煮制糖液沸点达 107~108℃ 时，其可溶性固形物含量可达 75%~76%，含糖量可达 70%。

由于在糖制过程中，蔗糖部分被转化，加之果蔬所含的可溶性固形物也较复杂，其溶液的沸点并不能完全代表制品中的含糖量，只是大致表示可溶性固形物的多少。因此，在生产之前要做必要的试验，或者还须结合其他的方法来确定煮制的终点。

5. 蔗糖的转化（inversion）

蔗糖经酸或转化酶的作用，水解成转化糖即生成等量葡萄糖和果糖，这个转化过程称为转化反应。转化反应在糖制中用于提高蔗糖溶液的饱和度，抑制蔗糖的结晶，增大制品的渗透压，提高其保藏性。还能赋予制品较紧密的质地，并提高甜度。但制品中蔗糖转化过度会增强其吸湿性，使制品吸湿回潮而变质。

蔗糖在较低 pH 和高温下转化较快。糖制品中的转化糖量达到 30%~40% 时，蔗糖就不会结晶。蔗糖转化的最适 pH 为 2.5。一般水果都含有适量的酸分，糖煮时能转化 30%~35% 的蔗糖，并在保藏期继续转化而达到 50% 左右。对于含酸量少的原料，可加用少量柠檬酸或酒石酸，以使蔗糖发生转化。对于含酸偏高的原料则避免糖煮时间过长而形成过多的转化糖，发生葡萄糖结晶或出现流汤。

蔗糖长时间处于酸性介质和高温条件下，其水解产物会生成少量羟甲基呋喃甲醛，这种物质有抑制细菌生长的作用，但它会使制品轻度褐变。在糖制中和贮藏期间也存在着转化糖与氨基酸的黑蛋白反应，这是引起制品非酶褐变的主要原因。由于蔗糖不参与美拉德反应，所以食品加工上对于淡色制品，须不使蔗糖过度转化。

生产中制取转化糖时,可按 100 份蔗糖、33.6 份水、90 份酒石酸或 118 份柠檬酸,一同加热煮沸维持 30min,然后迅速冷却即得到转化糖浆。

三、糖制机制

糖制作为糖制品加工的主要工艺部分,制约着制品质量的优劣及生产效率的高低。糖制的目的就是使糖能均匀地进入坯料组织或酱料之中。下面分别介绍果脯蜜饯类和果酱类制品的糖制机制。

(一)果脯蜜饯糖制机制

果脯蜜饯类制品的糖制方法大致可分为加糖煮制(糖煮)、加糖腌制(蜜制)和两种方法交叉进行三种。

1. 蜜制

蜜制是我国蜜饯加工的传统方法,适宜于组织柔嫩不耐煮制的原料及一些特殊产品的制作。如蜜樱桃、枇杷、青梅、杨梅、杏等以及大多数凉果。其糖制的特点是分次加糖腌制,不加热,逐步提高糖的浓度,使糖分缓缓扩散至内部组织。除青梅外,可以结合日晒提高糖的浓度。蜜制中将糖液取出,经浓缩后再回加到坯料中,使晾凉的坯料与热糖液接触,利用温差加速糖向坯内渗透。

真空蜜制可以克服传统蜜制时间长的缺点。将坯料与浓糖液置于真空锅内,抽空至一定真空度,降低坯料内部的压力,当恢复常压后,由坯料内外所形成的压力差,促使糖液加入坯料内部,缩短蜜制时间。

由于蜜制不需加热或加热时间很短,因而能较好地保存新鲜原料原有的色、香、味,保持原形的完整和松脆的质地,维生素 C 的损失较小;也不会使坯料失水干缩,糖分内外平衡一致。

2. 糖煮

加糖煮制适宜于组织紧密较耐煮的原料。此法糖制的过程需时较短,但由于坯料较长时间处于高温下,色、香、味及维生素 C 等损失较多。加糖煮制可分为常压煮和真空煮两种方法,常压煮又分为一次煮成和多次煮成及快速煮成等方法。

(1)常压煮制法(cooking method under normal pressure)

①一次煮成法:是将蜜饯原料加糖后经过一次煮制的糖制方法。因持续较长时间的加热,原料易被煮烂,而且糖分的渗透容易出现不平衡,引起原料组织一时的失水,造成干缩现象。因为加热过程中,原料组织细胞汁尚未沸腾时,糖分的渗透虽然随着温度的上升而加快,但当糖液温度达到 101~102℃时,果实组织内的水汽压因细胞汁达到沸点而剧烈地增大,而此时原料周围的糖液尚未沸腾,原料内部强大的水汽压就阻碍了糖分的继续渗透,致使糖分渗透在原料内外不能平衡,原料内部过分失水而出现干缩现象。

实际生产中,质地紧密的苹果、桃坯、枣和无花果等常采用一次煮成法。这些原料都比较耐煮,并且都预先进行了切分、刺孔或预煮等前处理,同时还配合采用较小的煮制容器,采用接近细胞汁沸点的温度进行煮制,糖煮前先用部分食糖腌制,糖煮时分次加糖及采取真空煮制等措施,故可以使糖分渗透迅速和均匀,不至于发生干缩现象。

②多次煮成法:分 3~5 次完成煮制过程。一般第一次煮制的糖液含量约 40%,以煮到果肉转

软为度，然后冷放 24h 再行煮制，每次增加糖含量约 10%，煮制时间仅为沸腾 2~3min，而后放冷 8~24h。对于不耐煮的原料，第 1~3 次煮制时可以单独煮沸糖液，再以该糖液浸渍坯料。多次煮成法每次煮制时间短，坯料不易软烂，色、香、味及营养成分的损失较少。并且糖浓度逐步提高，放冷期间坯料内部的水汽压逐步下降，因此，糖分能顺利扩散和渗透，坯料不易干缩。

多次煮成法的加工时间太长，而且煮制操作仍然不能连续化。针对这些缺点，经过改进产生了快速煮制法和连续扩散法。

③快速煮成法：是以原料在糖液中交替进行加热和冷却，使原料内部水汽压迅速消除，糖分得以迅速渗透而达到平衡，从而完成煮制工艺。操作时，将准备就绪的坯料装入网袋，先在热糖液中煮制 4~8min，然后取出立即置入 15℃ 糖液内冷却，如此交替进行 4~5 次，并逐次提高糖液的浓度，直至完成煮制工艺。速煮法约在 40~60min 内完成煮制，并且可以连续操作。

（2）真空煮制法　真空煮制法因糖液在减压条件下强烈沸腾和原料组织内不存在大量空气，所以，糖分能迅速扩散和渗透。真空煮制温度低，糖液浓缩快，制品的色、香、味及外形状态都比敞煮制品为佳。真空煮制前，一般先将果实敞煮片刻，使组织软化，而后再行真空煮制。对于肉质紧密的原料煮制应慢，以利糖分充分渗入；对于肉质较柔软的原料则煮制应快，以免长时间剧烈沸腾引起破碎。真空煮制时真空度约为 83545Pa，煮制温度约为 55~70℃。用高真空度煮制草莓蜜饯，所取温度为 32~37℃，煮制时间仅为十几分钟，效果良好，草莓花色素的保存率高达 90%，而常压煮制的保存率仅为 10%~50%。

（3）连续扩散法（continuous diffusion）　是用由低到高浓度的糖液，对一组真空扩散容器内的坯料进行连续多次的浸渍，以逐步提高坯料内糖液浓度的方法。操作时先将坯料密闭在真空扩散容器内，排除坯料组织内的空气，而后加入 95℃ 的热糖液，当糖分扩散平衡后，将糖液顺序转入另一扩散容器内，再在原来的扩散容器内加入较高浓度的热糖液，如此连续进行几次，直至坯料达到所要求的糖浓度。此法煮制效果较好，且能连续作业。

（二）果酱类糖制机制

果糕、果冻、凝胶态的果酱和果泥等都是利用果胶的凝胶作用来制取的。果胶形成的凝胶有两种，一种是高甲氧基果胶的"果胶-糖-酸"凝胶，另一种是低甲氧基果胶的离子结合型凝胶。果品所含的果胶是高甲氧基果胶，蔬菜所含的果胶是低甲氧基果胶。用果汁和糖制成的果冻属于前一种凝胶；用低甲氧基果胶和钙盐制成的果冻属后一种凝胶。

质量浓度为 3~4g/L 的果胶溶液，在冷却的条件下也不能胶凝，但当该溶液的 pH 调整到 2.0~3.5，并且溶液中糖分达到 60%~65% 时，在较高的温度下也可以很快胶凝。此种果胶-糖-酸凝胶的胶凝是由于胶态分散的高度水合的果胶附聚物或胶束聚集体的脱水作用及电性中和所致。果胶胶束在一般溶液中是带负电荷的，当溶液的 pH<3.5 和脱水剂含量达 50% 以上时，果胶即能脱水，并因电性中和而胶凝。果胶胶凝时，果胶分子因氢键结合而相互连接成网状结构。此种氢键的结合主要发生在果胶分子链上各半乳糖醛酸的 C_2 和 C_3 位置的羟基上。影响果胶胶凝的主要因子有溶液的 pH、食糖浓度、温度及果胶的种类和性质等。溶液的 pH 影响着果胶所带的电荷数，适当增加氢离子的浓度，能降低果胶的负电荷，从而使果胶分子借氢键结合而胶凝。当电性中和时，凝胶的硬度最大。pH 过低会引起果胶水解，过高则不能发生胶凝。只有在 pH 2.0~3.5 时果胶才会胶凝。pH 3.6 时果胶不能胶凝，此值称之为果胶的胶凝临界 pH。

果胶是一种亲水胶体，食糖则具有很高的脱水能力而使高度水合的果胶脱水，而发生氢键结合引发胶凝。果胶溶液含糖量达到50%以上时，食糖才有脱水作用，脱水作用随糖的浓度增加而加大，胶凝的速度也随之而加速。

果胶、糖、酸和水的比例适当时，果胶混合液能胶凝于较高温度下，但在较低的温度下无疑其胶凝速度较快。一般来讲，胶凝温度在50℃以下时对凝胶强度无大影响，当高于50℃时，凝胶强度则下降。果胶混合液中的果胶含量越高越易胶凝。果胶相对分子质量越大，则其甲氧基含量越高，胶凝力就越强。果胶含量要求在0.5%~1.5%，一般在生产中取1%的果胶含量。对于甲氧基含量较高的果胶，或糖浓度较高时，则果胶含量可以相应减少。例如，糖含量为50%时，甲氧基含量为7.8%的果胶约需1.2%；在同样糖含量下，甲氧基含量为9.8%的果胶仅需0.9%；糖含量在55%时，两种果胶的用量分别可减少至0.8%和0.7%。

果胶的离子结合型凝胶是低甲氧基果胶和钙离子或其他多价金属离子结合所形成的。此种凝胶同样具有网状结合，原因是邻近的果胶分子链上的羧基与多价金属离子相结合所致。由于低甲氧基果胶约有半数以上的羧基未被酯化，故对金属离子比较敏感，少量的钙离子即可使之胶凝。影响此种果胶胶凝的因子主要有钙离子的用量、pH和温度。钙离子用量是依靠果胶的羧基数量而定。一般酶法制得的低甲氧基果胶，每克果胶的钙离子用量为4~10mg；碱法制得的果胶，用量为15~30mg/g；酸法制得的果胶用量为30~60mg/g。虽然此种凝胶的胶凝并不依赖于酸分，pH 2.5~6.5都可胶凝，但pH对凝胶的强度仍有一定影响，pH 3.5和5.0时凝胶的强度最大，pH 4.0时强度最小。同样，其胶凝作用也不依赖于糖分，糖的用量对胶凝无影响。因此，在果冻生产上常加糖30%左右，其目的是赋予制品适度的甜味。

胶凝温度对这种凝胶的强度影响较大。在0~58℃，温度越低强度越大。58℃时凝胶强度近于零，0℃时强度最大。30℃为胶凝的临界点，因此，这种凝胶或由其制成的产品贮藏须在低于30℃的条件下，一般不超过25℃。

第三节 糖制工艺技术

一、果脯蜜饯类

果脯蜜饯类制品是将经预处理的原料与糖液合煮（蜜）而成，要求形态完整饱满，糖分充分渗透至组织内部，透明或半透明，本色或染色，质地柔嫩无硬渣，含糖60%~70%，具有本品种或稍有本品种应有的风味。

（一）工艺流程

选料→预处理（去皮、切分、刺孔、划缝、去核、硬化、硫处理等）→预煮→加糖煮制（蜜制）→干燥→上糖衣→干态蜜饯

加糖煮制（蜜制）→装罐→密封杀菌→液态蜜饯

（二）操作要点

原料的选择及预处理详见第九章的有关内容，但为了有利于糖煮时的渗糖效果，还往往对

原料进行划缝和刺孔等操作。以下仅就蜜饯加工中特有的预处理方法及糖煮操作要点作一叙述。

1. 原料的预处理

(1) 坯料的腌制　腌制坯料主要是用食盐进行，有时加入适量明矾或石灰以使其适度硬化。腌制的目的是固定新鲜原料的成熟度，脱去部分水分使组织紧密，并改变组织细胞的透性，利于糖制时糖分的渗入。腌制常用于坯料的长期保存。

坯料作为蜜饯的一种半成品，腌制后其原有的成分有很大的变化，此法只适用于一些特殊制品的加工，主要用于凉果的制造。

坯料的腌制过程为：腌制—暴晒—回软—复晒。个别品种腌制前也须适当处理。例如，柑橘类宜刺孔或切缝或压扁，也可刨皮或磨皮，桃一般行对切，橄榄和李宜用干盐擦皮等。

腌渍有干盐腌和盐水腌两种。前者用于成熟度高或果汁较多的品种，用盐量以原料品种和贮存期长短而定。后者用于未成熟或汁液较少、组织紧密以及酸味、苦涩味较重的原料品种类型。盐水质量浓度约为100g/L，盐水用量以淹没坯料为准，上加竹帘和重物，以防上浮。盐水腌制过程中所发生的轻度乳酸和酒精发酵，有利于糖分和部分果胶物质的水解，使原料组织易于渗透，同时也可促使苦涩味物质的分解。腌渍以原料呈半透明为度，取出晒制成干坯，以长期保存。

(2) 保脆和硬化　果脯蜜饯既要求质地柔嫩、饱满透明，又要求保持形态完整。然而许多原料均不耐煮制，容易在煮制过程中破碎，故在糖煮之前，须经硬化保脆处理，以增强其耐煮性。

硬化处理是将整理后的原料浸泡于氧化钙（CaO）或氯化钙（$CaCl_2$）、明矾[$Al_2(SO_4)_3$、K_2SO_4]、亚硫酸氢钙[$Ca(HSO_3)_2$]等溶液中，浸渍适当时间，达到硬化的目的。所使用的这些盐类都有钙和铝，钙离子和铝离子能与果胶物质形成不溶性的盐类，使组织硬化耐煮。明矾还有触媒作用，使某些需要染色的制品容易着色。如樱桃湿蜜饯，常用苋菜红或胭脂红染成红色，青梅常用靛蓝与柠檬黄染成绿色，增进成品的色泽与亮度。亚硫酸氢钙有护色与保脆作用。易变色的藕、荸荠、苹果、梨等制作果脯蜜饯时，常在1g/L氯化钙与2~3g/L亚硫酸氢钠（$NaHSO_3$）溶液中浸30~60min，以达到护色和保脆效果。亚硫酸盐还能起到防腐的作用。用含0.75%~1.0%SO_2的亚硫酸与4~6g/L氢氧化钙的混合液浸泡4周，可防止樱桃和草莓等坯料的腐败并且起到硬化作用。

硬化剂的选择及用量和处理时间必须适当。用量过度，会生成过多的果胶酸钙盐，或引起部分纤维素钙化，从而降低原料对糖的吸入量，并且使产品粗糙，品质低劣。凡干态果脯蜜饯原料需要脱酸者选用石灰处理。如冬瓜和橘饼的坯料常用5g/L氢氧化钙溶液浸泡1~2h，除硬化外，兼有中和酸分和降低苦味的作用。凡含酸量低的原料则用氯化钙和亚硫酸盐为宜，如苹果、胡萝卜蜜饯等一般用1g/L氯化钙溶液处理8~10h，以达到硬化的目的。蜜枣、蜜姜片等原料本身就比较耐煮，一般不做硬化处理。

(3) 染色　作为配色用的果脯（如红绿丝、红云片等），常需人工染色，以增进制品的感官品质。染色用的色素有天然色素和人工色素两类，天然色素有姜黄、胡萝卜素和叶绿素等。由于天然色素的着色效果较差，在实际生产中多使用人工色素。我国允许作为食品着色剂的人工色素有苋红素（苋紫）、胭脂红、柠檬黄、靛蓝和苏丹黄等，用柠檬黄6份与靛蓝4份可配制出绿色色素。这些色素的用量不超过万分之一。

染色时，将原料浸于色素液中，或将色素溶于糖液中，使原料在糖制的同时染色，为了增进染色效果，常以明矾作媒染剂。

湿态西洋樱桃蜜饯是欧美的传统产品，加工时宜选用无色品种，有色品种应于成熟度较低时采摘并染色。樱桃经去核和脱硫后在 0.2~0.5g/L 赤藓红溶液中煮沸数分钟，静置 1d，注意维持 pH≥4.5。次日加约 2.5g/L 柠檬酸煮沸，使色素固定在果肉中。我国的樱桃蜜饯常用苋红素或胭脂红染色。方法是先将樱桃制成新鲜水坯，经漂洗脱盐后加糖 60%，同时加入色素，蜜制 3~4d，完成着色。

糖青梅呈翠绿色，是用柠檬黄和靛蓝以 6∶4 的配比染色而成。做法是将刺孔腌渍的梅子漂洗脱盐后，加糖 30%，同时加入配好的色素，使其在煮制过程中着色，色素的用量为果实重量的 0.02%。红绿丝和红云片等是由柚子幼果制得。经刨丝或切片、烫漂、漂洗、明矾浸渍后的原料，用约 60% 糖液和少量色素进行染色，剂量为原料重的 0.01%。凉果中除山楂、杨梅和三稔等使用红色素外，其余一般使用柠檬黄进行染色。

(4) 预煮　无论新鲜的或经过保藏的原料，都可以预煮。预煮可以软化原料组织，使糖制时糖分易于渗入，这对真空煮制尤为必要。经硬化的原料可通过预煮使之回软。预煮可以抑制微生物侵染，防止败坏，钝化或破坏酶活力，固定品质，防止氧化等。也有利于腌坯的脱盐和脱硫，起到漂洗的效果。

2. 加糖煮制（蜜制）

加糖煮制的目的是通过各种工艺操作，使糖分渗入原料组织并能达到所要求的含糖量。而要实现这一目的必须在原料和糖液之间建立温差、浓度差和压力差等 3 种差异，否则就不能完成好糖制这一工艺操作。

凉果类制品在蜜制时采用的配料除糖外，还有甘草、精盐和各种有机酸，香料一般选用各种天然香料。常用的有丁香、肉桂、茴香、陈皮、降香、杜松、厚朴、排草、檀香、南香、蜜桂花和蜜玫瑰等，有时还配用适量的酸味果汁。

苹果脯真空蜜制时，先配 800g/L 浓糖液，加入柠檬酸调整 pH 至 2，加热煮沸 1~2min，使部分蔗糖转化，以防返砂。用时取该糖液稀释。抽空处理分 3 次进行，第一次抽空母液含糖量为 20%~30%，第二次抽空母液含糖量为 40%~50%，第三次母液的含糖量为 60%~65%。前两次母液中要加 1g/L 山梨酸钾或 0.1% 的二氧化硫，用以杀菌和防止褐变。第二次抽空处理可改用 40% 糖液热烫 1~2min 后浸泡，能更有效地抑制酶的活力并促进糖的渗透。

抽空和浸泡处理同时在真空罐内进行，每次抽空的真空度为 99~101kPa，保持 40~60min，待原料不再产生气泡时为止。然后缓慢破除真空，使罐内外压力达到平衡，糖分迅速渗入坯料，抽空后的浸泡时间不少于 8h，之后糖制工序结束。

糖制完成后，湿态蜜饯即行罐装、密封和杀菌等工艺处理成为成品。其工艺操作同罐藏（参阅有关章节）。而干态蜜饯的加工则须进入干燥脱水工序。

3. 干燥、上糖衣

干态蜜饯在糖制后须脱水干燥，水分不超过 18%~20%，要求制品质地紧密，保持完整饱满、不皱缩、不结晶、不粗糙，传统制品的含糖量近 72%。干燥的方法一般是烘烤或晾晒。

烘晒前先从糖液中取出坯料，沥去多余的糖液，必要时可将表面的糖液擦去，或用清水冲掉表面糖液，然后将其铺于烘盘中烘烤或晾晒。烘干温度宜在 50~60℃，不宜过高，以免糖分焦化。若生产糖衣（或糖粉）果脯，可在干燥后进行。所谓上糖衣，即是用过饱和糖液处理干态蜜饯，当糖液干燥后会在表面形成一层透明状的糖质薄膜的操作。糖衣蜜饯外观好看，保藏性也因此提高，可以减少蜜饯保藏期间的吸湿、黏结等不良现象。上糖衣的过饱和糖液，常以 3 份蔗糖、1 份淀粉糖浆和 2 份水配成，混合后煮沸到 113~114.5℃，离火冷却到 93℃ 即可使用。操作时将干燥的蜜饯浸入制好的过饱和糖液中约 1min，立即取出散置于 50℃ 下晾干，此时就会形成一层透明的糖膜。另外，将干燥的蜜饯在 15g/L 的果胶溶液中蘸一下取出，在 50℃ 下干燥 2h，也能形成一层透明胶膜。以 40kg 蔗糖和 10kg 水的比例煮至 118~120℃ 后将蜜饯浸入，取出晾干，可在蜜饯表面形成一层透明的糖衣。

所谓上糖粉，即在干燥蜜饯表面裹一层糖粉，以增强保藏性，也可改善外观品质。糖粉的制法是将砂糖在 50~60℃ 下烘干磨碎成粉即可。操作时，将收锅的蜜饯稍稍冷却，在糖未收干时加入糖粉拌匀，筛去多余糖粉，成品的表面即裹有一层白色糖粉。上糖粉可以在产品回软后，再行烘干之前进行。

4. 整理、包装

干态蜜饯在干燥过程中常出现收缩变型，甚至破碎，须经整形和分级之后，使产品外观整齐一致、形态美观再行包装。蜜枣是在烘烤过程中进行整形操作的。许多品种则是在烘干之后进行整形的。在整形的同时可以剔除在制作工艺中被遗漏而留在制品上的疤痕、残皮、虫蛀品以及其他杂质。在整形的同时按产品规格质量的要求进行分级。

干态蜜饯的包装主要应防止吸湿返潮、生露，湿态蜜饯则以罐头食品的包装要求进行。

二、果酱类

果酱类制品包括果酱、果泥、果丹皮、果冻及果糕等，下面分述其工艺。

（一）果酱（果泥）的加工工艺

1. 工艺流程

原料→预处理→软化打浆→加糖浓缩→装罐→排气密封→杀菌→冷却→成品

2. 操作要点

原料预处理包括清洗、去皮、切分、破碎等，详见第九章的有关内容，装罐后的操作详见第十二章的有关内容。

（1）软化打浆　原料在打浆前要进行预煮，以使其软化便于打浆，同时也可以消灭酶活力，防止变色和果胶水解等。预煮时加入原料重 10%~20% 的水进行软化，也可以用蒸汽软化，软化时间一般为 10~20min。软化后用打浆机打浆或为使果肉组织更加细腻，还可以再过一遍胶体磨。但果肉肉质柔软的原料可直接进行煮制如草莓等果实。

（2）配料及准备　果酱的配方按原料种类及成品标准要求而定，一般果肉（汁）占配料量的 40%~50%，砂糖占 45%~60%（其中可用淀粉糖浆代替 20% 的砂糖）。当原料的果胶和果酸含量不足时，应添加适量的柠檬酸、果胶或琼脂，使成品的含酸量达到 0.5%~1%，果胶含量达到 0.4%~0.9%。

所有固体配料使用前都应配成浓溶液后过滤备用。砂糖：配成 70%~75% 的溶液；柠檬酸：配成 50% 的溶液；果胶粉：果胶粉不易溶于水，可先与果胶粉重量的 4~6 倍的砂糖充分混合均匀，再以 10~15 倍的水在搅拌下加热溶解；琼脂：用 50℃ 左右的水浸泡软化，洗净杂质，加热溶解后过滤，加水量为琼脂的 20 倍。

（3）加糖浓缩 浓缩是制作果酱类制品最关键的工艺，常用的浓缩法有常压浓缩法和减压浓缩法。

①常压浓缩：是将原料置于夹层锅内，在常压下加热浓缩。常压浓缩中应注意以下几点。

浓缩过程中，糖液应分次加入。这样有利于水分蒸发，缩短浓缩时间，避免果浆变色而影响制品品质。

糖液加入后应不断搅拌，防止锅底焦化，促进水分蒸发，保持锅内各部分温度的均匀一致。开始加热时蒸汽压力为 0.294~0.392MPa，浓缩后期，压力应降至 0.196MPa。

浓缩初期，由于物料中含有大量的空气，在浓缩时会产生大量泡沫，为防止外溢，可加入少量冷水或植物油，以消除泡沫，保证正常蒸发。

浓缩时间要恰当掌握，不宜过长或过短。过长，则造成转化糖含量高，以致发生焦糖化或美拉德反应，直接影响果酱的色、香、味；过短，则转化糖生成量不足，易使果酱在贮藏期间产生蔗糖的结晶现象，且酱体胶凝不良。因而应通过火力大小或其他措施严格控制浓缩时间。需添加柠檬酸、果胶或淀粉糖浆的制品，当浓缩达到可溶性固形物为 60% 以上时，再依次加入。对于含酸量低的品种，可加果肉重的 0.06%~0.2% 的柠檬酸。

常压浓缩的主要缺点是温度高、水分蒸发慢，芳香物质和维生素 C 损失严重，制品色泽差。欲制优质果酱，应采用减压浓缩法。

②减压浓缩：又称真空浓缩，有单效浓缩和双效浓缩两种。以单效浓缩为例，该机是一个带搅拌器的夹层锅，配有真空装置。工作时，先通入蒸汽于锅内赶走空气，再开动离心泵，使锅内形成真空，当真空度达 0.053MPa 以上时，才能开启进料阀，待浓缩的物料靠锅内的真空吸力将物料吸入锅中，达到容量要求后，开启蒸汽阀门和搅拌器进行浓缩。加热蒸汽压力保持在 0.098~0.147MPa 时，锅内真空度为 0.087~0.096MPa，温度 50~60℃。浓缩过程若泡沫上升激烈，可开启锅内的空气阀，使空气进入锅内抑制泡沫上升，待正常后再关闭。浓缩过程应保持物料超过加热面，防止焦锅。当浓缩至接近终点时，关闭真空泵开关，破坏锅内真空，在搅拌下将果酱加热升温至 90~95℃，然后迅速关闭进气阀出锅。

番茄酱宜用双效真空浓缩锅，该机是由蒸汽喷射泵使整个设备装置造成真空，将物料吸入锅内，由循环泵强制循环，加热器进行加热，然后由蒸发室蒸发，浓缩泵出料。整个设备由电器仪表控制，生产连续化、机械化、自动化，生产效率高，产品优，番茄酱固形物含量可达 22%~28%。

浓缩终点的判断，主要靠取样用折光计测定可溶性固形物浓度，或凭经验控制。

装罐、密封、杀菌及冷却工艺详见罐藏有关内容。

（二）果糕、果冻的加工工艺

1. 工艺流程

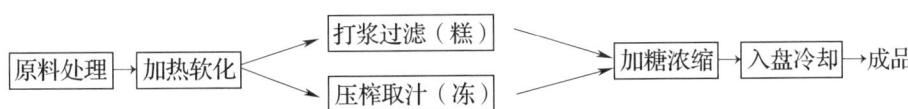

2. 操作要点

原料处理详见第九章。

（1）加热软化 加热软化时，依原料种类加水或不加水，多汁的果蔬可不加水，而肉质致密的果实，如山楂、苹果等则需适量加水。软化时间依原料种类而异，一般在 20~60min 不等，以煮后便于打浆或压榨取汁为准，若加热时间过久，果胶分解，不利于制品的凝固。

（2）打浆、压榨取汁　制作果糕时经软化后的果实用打浆机打浆。制作果冻时则软化后用压榨机榨出汁液待用。

（3）加糖浓缩　在添加配料之前，需对所得到的果浆和果汁测定 pH 和果胶含量，形成果糕（冻）适宜的 pH 3~3.3，果胶含量为 0.5%~1.0%，如果含量不足，可适当加入果胶或柠檬酸进行调整。一般果浆（或果汁）与糖的比例是 1：（0.6~0.8）。煮制浓缩时，水分不断地蒸发，糖的浓度逐渐提高，沸点的温度也随之上升，这时需不断搅拌，防止焦煳。当可溶性固形物含量达 66%~69%、沸点温度达 103~105℃ 时，用搅拌的木浆从锅中挑起浆液少许，若浆液呈片状脱落时即可停止煮制。

（4）冷却　将达到终点的黏稠浆液倒入容器中，冷却后即成为果糕或果冻。若需要装罐，其操作同果酱。

（三）果丹皮的加工工艺

1. 工艺流程

原料处理→软化打浆→浓缩→刮片→烘烤→揭皮→整形→包装→成品

2. 操作要点

（1）原料处理、软化及打浆同果酱。

（2）浓缩　经打浆过滤而得的果浆一般含水量偏多，需要进行适当浓缩。可采用常压浓缩，也可用真空浓缩法进行，后者效果更佳。浓缩后的果浆置贮罐内待用。

（3）刮片　将果浆在钢化玻璃板上用模具及刮板制成均匀一致、厚度为 3~4mm 的酱膜，四边整齐，不流散。

（4）烘烤　将刮片后的玻璃板置烘房内，65~70℃ 下烘烤 8h。烘烤过程中要随时排潮，促进制品中的水分排出。当烘至不粘手、韧而不干硬时即可结束烘烤。

（5）揭皮　烘烤结束后趁热用铲刀将果丹皮的四周铲起，然后将整块果丹皮从玻璃板上揭起，置适宜散热处进行冷却。之后即可切分整形，包装后即成成品。

第四节　糖制品常见质量问题及控制

1. 变色

糖制品在加工过程及贮存期间都可能发生变色，在加工期间的前处理中，变色的主要原因是氧化引起酶促褐变，其控制办法必须做好护色处理，即去皮后要及时浸泡于盐水或亚硫酸盐溶液中，有的含气高的还需进行抽空处理，在整个加工工艺中尽可能地缩短与空气接触时间，防止氧化。而非酶促褐变则伴随在整个加工过程和贮藏期间，其主要影响因素是温度，即温度越高变色越深。因此，控制办法是在加工中要尽可能缩短受热处理的过程；而果脯类加工要配合使用好足量的亚硫酸盐；在贮存期间要控制温度在较低的条件下如 12~15℃；对于易变色品种最好采用真空包装；在销售时要注意避免阳光暴晒，减少与空气接触的机会。

另外，微量的铜、铁等金属的存在（0.001%~0.0035%）也能使产品变色，因此，加工用具一定要用不锈钢制品。

2. 返砂和流汤

有关返砂和流汤产生的原因及控制办法内容已在第二节中述及，在此只强调在贮藏时一定要注意控制恒定的温度，且不能低于12℃，否则由于糖液在低温条件下溶解度下降引起过饱和而造成结晶。同时对于散装糖制品一定要注意贮藏环境湿度不能过低，即要控制在相对湿度为70%左右。如果相对湿度太低则易造成结晶（返砂），如果相对湿度太高则又会引起吸湿回潮（流汤）。糖制品一旦发生返砂或流汤将不利于长期贮藏，也影响制品外观。

3. 微生物败坏

糖制品在贮藏期间最易出现的微生物败坏是长霉菌和发酵产生酒精味。这主要是由于制品含糖量没有达到要求的含量即65%以上。控制办法即加糖时一定按要求糖度添加。但对于低糖制品一定要采取防腐措施如添加防腐剂，采用真空包装，必要时加入一定的抗氧化剂，保证较低的贮藏温度。对于罐装果酱一定要注意封口严密，以防表层残氧过高为霉菌提供生长条件，另外杀菌要充分。

思考题

1. 简析食糖抑制腐败变质的原因。
2. 简述果脯生产中存在的返砂和流汤问题以及解决措施。
3. 比较果脯蜜饯和果酱类制品的糖制机制的异同点。

第十二章
罐头保藏

本章目标与重点

学习目标：
1. 了解罐头食品及包装的种类；
2. 掌握罐藏机制及杀菌机制；
3. 了解常见的罐头质量问题，掌握不同问题的预防措施。

学习重点：
1. 罐藏机制及杀菌机制；
2. 罐藏工艺流程及要点。

果蔬罐藏是属于食品罐藏的一部分，食品罐藏是将经过一定处理的食品装入一种包装容器中，经过密封杀菌，使罐内食品与外界环境隔绝而不被微生物再污染，同时使罐内绝大部分微生物杀死并使酶失活，从而获得在室温下长期保存的保藏方法。这种密封在容器中，并经过杀菌而在室温下能够较长期保存的食品称为罐藏食品，俗称罐头（can）。

罐头食品的古往今来

作为一种食品的保藏方法，罐藏具有以下优点：①罐头食品经久耐藏。②因经过密封和杀菌处理，已无致病菌和腐败菌且没有微生物再污染的机会，故食用安全卫生。③食用方便，无须另外加工，虽然食味稍逊于新鲜食品，但基本上能保持原有风味和营养价值，有的罐头风味如菠萝罐头还胜过鲜食。④携带方便，不易损坏，因此更是军需、航海、勘探及长途旅游等的方便食品。其实，罐头并不是现代人的专利，早在3000年前，我国的先民们就开始使用陶器封藏食物，有了"罐头"的雏形。考古人员发现，公元前316年，包山楚墓就曾埋下十二个陶罐，罐子的标签上注明了封藏食品的名称，并以泥封、苇叶隔层、草荐覆盖包裹封藏。《周礼·大业拾遗》中也有记载，人们将鱼肉装入崭新无水的瓷瓶中，用封泥密封瓶口，杜绝空气进入，50~60天后，鲜同往日。中国四大贤母之一的陶母是东晋陶渊明之母，陶母"封坛退鲊"的教子故事广为流传，这封坛鱼鲊也是我国罐藏食品的早期例证。到了6世纪，北魏贾思勰在《齐民要术》中对罐藏法做了更加详细的描述，其中提到瓮肉之法为："先将家畜肉切成块，加入盐与麦面拌匀，和讫，内瓮中，密泥封头"。而鱼鲊之法为："一层鱼，一层饭，手按令紧实，荷叶闭口，泥封勿令漏气"。《齐民要术》中还提到了水果罐头的做法，揭示了古人如何把梨密封在瓶中："用小梨，瓶中水渍，泥头。自秋至春；至冬中，须亦可用。又云：一月日可用。将用，去皮，通体薄切，奠之。以梨溇汁投少蜜,令甜酢,以泥封之"。清代的《素食说略·罐头》中明确出现了"罐头"二字。书中写道:"罐头食物,殊不新鲜,然可备不时之需,如冬笋、蘑菇、豌豆、栗子、胡瓜、菱角之类。菜乏时,亦可采用"。可见与早期封存肉类、水果不同,此时的罐头也用来贮藏蔬菜。

以上这些食物保存的方法均可概括为密封贮藏法,这与现代罐头工艺的原理十分相似。而现代罐头的诞生则可追溯到 18 世纪末的法国。1804 年,在拿破仑的大力悬赏下,法国人尼古拉·阿培尔成功研究出世界上第一批罐头食品。他将食品加热后装入瓶内,并用木塞塞住瓶口,连瓶煮沸后再趁热塞紧木塞,最后用蜡密封瓶口。这个发明很快传遍世界。

清朝末年,罐头从西方传入我国,根据它的发音和外形,谐音译为"罐头",作为一种舶来食品在我国广泛传播开来。1906 年,上海商人成立了我国第一家罐头食品企业;1933 年,上海《新闻报》上已有"罐头"的广告登出。当时的罐头生产肩负着发展民族工业的使命,因此打出了"生产救国"的口号,而其宣传的产品正是上海老字号的罐头。

第一节　罐头食品的分类

(一) 水果类

1. 糖水类水果罐头

把经预处理好的水果原料装罐,加入不同浓度的糖水而制成的罐头产品称为糖水类水果罐头,如糖水橘子、糖水菠萝、糖水荔枝等罐头。

2. 糖浆类水果罐头

处理好的原料经糖浆熬煮至可溶性固形物达 60%~65% 后装罐,加入高浓度糖浆而制成的罐头产品称为糖浆类水果罐头。此类罐头又称为液态蜜饯罐头,如糖浆金橘等罐头。

3. 果酱类水果罐头

按配料及产品要求的不同可将果酱类水果罐头分为下列几种:

(1) 果冻　处理过的水果加水或不加水煮沸,经压榨、取汁、过滤、澄清后加入砂糖、柠檬酸(或苹果酸)、果胶等配料,浓缩至可溶性固形物达 65%~70% 后装罐而制成的罐头产品称为果冻。

(2) 果酱　果酱分成块状和泥状两种产品,其为去皮(或不去皮)、核(心)的水果软化、磨碎或切块(草莓不切),加入砂糖(含酸或果胶量低的水果需加适量酸和果胶)熬制成可溶性固形物达 65%~70%,再装罐而制成的罐头产品。如草莓酱、桃子酱等罐头。详细分类见第十一章糖制保藏分类。

4. 果汁类罐头

果汁类罐头是将符合要求的果实经破碎、榨汁、筛滤等处理后装入罐头容器中的罐头产品,详细分类见第十三章制汁保藏分类。

(二) 蔬菜类

1. 清渍类蔬菜罐头

选用新鲜或冷藏良好的蔬菜原料,经加工处理、预煮漂洗(或不预煮)、分选装罐后加入稀盐水或糖盐混合液（或沸水、蔬菜汁）而制成的罐头产品称为清渍类蔬菜罐头，如青刀豆、清水笋、蘑菇等罐头。

2. 醋渍类蔬菜罐头

选用鲜嫩或盐腌蔬菜原料，经加工修整、切块装罐，再加入香辛配料及醋酸、食盐混合液而制成的罐头称为醋渍类蔬菜罐头，如酸黄瓜、甜酸荞头等罐头。

3. 调味类蔬菜罐头

选用新鲜蔬菜及其他小料，经切片（块）、加工烹调（油炸或不油炸）后装罐而制成的罐头产品称为调味类蔬菜罐头，如油焖笋、八宝斋等罐头。

4. 盐渍（酱渍）类蔬菜罐头

选用新鲜蔬菜，经切块（片）（或腌制）后装罐，再加入砂糖、食盐、味精等汤汁（或酱）而制成的罐头产品称为盐渍类蔬菜罐头，如雪菜、香菜心等罐头。

（三）食用菌类

选用新鲜、冷藏或干燥良好的食用菌原料，经加工处理、预煮漂洗（或不预煮）、分选装罐后调味或不调味制成的罐藏食品，如调味食用菌罐头、油浸食用菌罐头、清渍类食用菌罐头、盐腌类食用菌罐头、食用菌酱罐头。

（四）其他类

1. 坚干果类罐头

以符合要求的坚果、干果为原料，经挑选、去皮（壳），油炸拌盐（糖或糖衣）后装罐而制成的罐头产品称为坚干果类罐头，如花生米、核桃仁等罐头。

2. 汤类罐头

以符合要求的蔬菜原料，经切块（片或丝）、烹调等加工后装罐而制成的罐头产品称为汤类罐头，如海带汤、蘑菇汤等罐头。

3. 酱类罐头

以一种或几种植物性食品为原料，经处理、调配、装罐、密封、杀菌、冷却等步骤制成的罐藏食品，如辣椒酱、卤料酱等。

4. 混合类罐头

将动物类和植物类食品原料分别加工处理，经调配、杀菌制成的罐藏食品，如榨菜肉丝罐头、炒三丝罐头等。

5. 其他罐头

不属于以上类别的罐头，如龟苓膏罐头等。

第二节　罐藏容器

罐藏容器对于罐头食品的长期保存起着重要的作用，而容器材料又是关键。供作罐头食品容器的材料，要求无毒、耐腐蚀、能密封、耐高温高压、与食品不起化学反应、质量轻、价廉易得、能耐机械化操作等。完全符合上述这些条件的材料是很难得到的。国内外普遍使用的罐藏容器有马口铁罐、玻璃罐、铝合金罐和塑料复合薄膜袋（又称蒸煮袋）等。

1. 马口铁罐（tin can）

马口铁罐是由两面镀锡的低碳薄钢板（俗称马口铁，tin-plate）制成。由罐身、罐盖、罐底三部分焊接密封而成，称为三片罐，也有采用冲压而成的罐身与罐底相连的冲底罐，称作二片罐。马口铁镀锡的均匀与否影响到铁皮的耐腐蚀性。镀锡可采用热浸法和电镀法，热浸法生产的马口铁称为热浸铁，所镀锡层较厚，约为（1.5~2.3）×10^{-3}mm（22.4~44.8g/m^2），耗锡量较多；用电镀法生产的称电镀铁，所镀锡层较薄，约为（0.4~1.5）×10^{-3}mm（5.6~22.4g/m^2），且比较均匀一致，不但能节约用锡量，而且有完好的耐腐蚀性，故生产上得到大量使用。有些罐头品种因内容物pH较低，或含有较多的花色苷，或含有丰富的蛋白质，故在马口铁与食品接触的一面涂上一层符合食品卫生要求的涂料，这种马口铁又称涂料铁。根据使用范围一般含酸量较多的果蔬采用抗酸涂料铁，含蛋白质丰富的食品采用抗硫涂料铁。抗酸涂料常用油树脂涂料，此涂料色泽金黄，抗酸性好，韧性及附着力良好；抗硫涂料常用环氧酚醛树脂，色泽灰黄，抗硫、抗油、抗化学性能好。在罐头生产中选用何种马口铁为好，要根据食品原料的特性、罐型大小，食品介质的腐蚀性能等情况综合考虑来决定。

2. 玻璃罐

玻璃罐是用石英砂、纯碱和石灰石等按一定比例配合后，在1500℃高温下熔融，再缓慢冷却成型而成。在冷却成型时使用不同的模具即可制成各种不同容积、不同形状的玻璃罐。原料成分影响到玻璃的性质和色泽。

质量良好的玻璃罐应呈透明状，无色或微带青色，罐身应平整光滑，厚薄均匀，罐口圆而平整，底部平坦，罐身不得有严重的气泡、裂纹、石屑及条痕等缺陷。要具有良好的化学稳定性和热稳定性，通常应在加热或加压杀菌条件下不破裂。但玻璃罐机械性能差，易破碎，抗冷热性能差，一般温差在40~60℃即破裂，因此升温和降温处理时要平缓。另外玻璃罐重量大，相应会增加运输费用。

玻璃罐的形式很多，但目前使用最多的是四旋罐，曾大量使用的卷封式的胜利瓶，即500mL玻璃瓶现在已被淘汰。玻璃罐制造的关键部位是密封部分，包括金属罐盖和玻璃罐口。四旋罐由马口铁制成的罐盖、橡胶或塑料垫圈及罐上有螺纹线的玻璃罐组成。当罐盖旋紧时，则罐盖内侧的盖爪与螺纹互相吻合而压紧垫圈，即达到密封的目的。

3. 蒸煮袋

蒸煮袋（retort pouch）是由一种耐高压杀菌的复合塑料薄膜制成的袋状罐藏包装容器，俗称软罐头。这种包装袋首先由美国研究出来，1980年起大量投入生产。日本于1965年开始了工业化生产，蒸煮袋较为普及。我国已于20世纪70年代开始生产，并在便利食品、速食食品等方面有所应用。

蒸煮袋的特点是重量轻，体积小，易开启，携带方便，热传导快，可缩短杀菌时间，能较好地保持食品的色香味，可在常温下贮存，质量稳定，取食方便等。

蒸煮袋包装材料一般是采用聚酯、铝箔、尼龙、聚烯烃等薄膜借助胶黏剂复合而成，一般有3~5层，多者可达9层。常用的蒸煮袋外层是12μm的聚酯，起加固及耐高温作用。中层为9μm的铝箔，具有良好的避光性，防透气，防透水。内层为70μm的聚烯烃（早期用聚乙烯，目前大多用聚丙烯），有良好的热封性能和耐化学性能，能耐121℃高温，又符合食品卫生要求。

第三节 罐头保藏理论

罐头食品之所以能长期保藏主要是借助于罐藏条件（排气、密封和杀菌）杀灭罐内引起败坏、产毒、致病的微生物，破坏原料组织中自身的酶活力，并保持密封状态使罐头不再受外界微生物的污染。

一、罐藏机制

食品腐败变质主要的原因就是由于微生物的生长繁殖和食品原料中含有酶的活动导致的。而微生物的生长繁殖及酶的活动必须具备一定的环境条件，食品罐藏机制就是要创造一个不适合微生物生长繁殖及酶活动的基本条件，从而达到能在室温下长期保藏不坏的目的。

（一）高温处理对罐头保藏的影响

1. 高温对酶活力的影响

酶是有生命机体内的一种特殊蛋白质，负有生物催化剂的使命。果蔬原料中都含有各种酶，它参加并能加速果蔬中有机物质的分解变化，如对酶不加控制，就会使原料或制品发生质变。因此，必须加强对酶的控制，使其不对原料及制品发生不良作用而造成品质变坏和营养成分损失。

酶的活力和温度有着密切的关系。在一定的温度范围内，随温度升高，酶催化的反应加快，一般说来，温度每增加 10℃，反应速度会增加 1 倍。大多数酶适宜的活动温度为 30~40℃，如果超过适宜活动温度时，酶的活力就开始下降，当温度达到 80~90℃时，受热几分钟后，几乎所有的酶的活力都遭到破坏，它们所催化的各种反应速度也会随之下降。其原理是以蛋白质为主要成分的酶受高温处理后，蛋白质分子内会出现键断裂和环断开等情况，其结构分裂而发生变性从而导致酶活力的破坏。

然而生产实践中发现，有些酶还会导致罐藏的酸性或高酸性食品的变质，甚至某些酶经热力杀菌还能促使其再度活化，过氧化物酶就是一例。这一问题是在超高温热力杀菌（121~150℃瞬时处理）时才发现。微生物虽全被杀死但某些酶的活力却依然存在。因此加工处理中，要完全破坏酶活力，防止或减少由酶引起的败坏，还应综合考虑采用不同的措施。如酸渍食品原料中的过氧化酶能忍受 85℃以下的热处理；加醋可以加强热对酶的破坏力；热力钝化时高浓度糖液对桃、梨中的酶有保护作用；又如酶在干热条件下难于钝化，在湿热条件下易于钝化等。所以，不论是烫漂处理，还是高温杀菌工序，必须使园艺产品组织内部的酶活力达到完全破坏，只有这样才能确保罐头产品有一个安全稳定的保质期。

2. 高温对微生物的影响

温度对于微生物的生命活动有着极重要的影响，每一种微生物的生长和繁殖都有其最适宜的温度范围，在此范围其活动的结果就是导致食品的腐败变质，但若温度超过或低于此最适范围，其生长活动就会受到抑制甚至死亡。罐头食品长期贮存不坏的原因是利用了加热法促使微生物死亡。加热促使微生物死亡的原因，目前认为是由于微生物细胞内蛋白质受热凝固而失去了新陈代谢的能力。

食品中常见的微生物主要有霉菌、酵母菌和细菌。霉菌和酵母菌广泛存在于大自然中，耐低温的能力强，但不耐高温，一般在加热杀菌后的罐头食品中不能生存，加之霉菌又不耐密封条件，因此，这两种菌在罐头生产中是比较容易控制和杀死的。导致罐头败坏的微生物主要是细菌，因此，热杀菌的标准都是以杀死某类细菌为依据的。

细菌一般依对氧的需求情况不同分为好氧性、嫌气性和兼性厌氧细菌，在罐藏方面杀菌的主要目的是杀死厌氧或兼性厌氧细菌。然而细菌根据其适宜生长的温度不同，又分为以下几类。

①嗜冷性细菌：生长最适温度在 10~20℃，抗热性不强，它们对食品罐头的安全性影响不大。

②嗜温性细菌：生长最适温度在 20~36.7℃，这个范围内的细菌是引起食品原料和罐头制品败坏的主要细菌，如肉毒梭状芽孢杆菌等，对食品罐头安全性影响较大，还有很多不产毒素的腐败菌也适应这种温度。

③嗜热性细菌：生长最适温度在 50~55℃，有的可以在 76.7℃下缓慢生长。这类细菌的孢子是最耐热的，有的能在 121℃下幸存 60min 以上，这类细菌在食品败坏中不产毒素。

显然嗜温（热）性细菌对罐头的威胁很大，因此，在罐头的热杀菌中，一定要杀死这类细菌，尤其是它们的孢子。因为孢子含水分少，菌体蛋白质不易凝固，本身又有较厚且致密的细胞壁，热量不易透入，因此孢子抗性很强，不仅抗热，也抗各种逆境。一般 70℃ 左右可杀死某些细菌，但不能杀死孢子，只有 100℃甚至更高的温度下才可杀死孢子。

在食品加工过程中经常会发现孢子，造成了加工的麻烦，食品沾染孢子的主要来源是土壤，因此某些蔬菜（如叶菜类、根菜类等）含孢子数目更多。所以为防止或减轻罐头食品的腐败，原料必须彻底清洗，同时还一定要有杀菌条件，足以杀死细菌的孢子。

因此，罐头食品的杀菌主要以杀死嗜温（热）厌氧细菌及其孢子为目的。一般认为罐头杀菌主要考虑杀灭的就是肉毒梭状芽孢杆菌和平酸菌这两类细菌及孢子。

由于在实验室中取得肉毒梭状芽孢杆菌（*Clostridium botulinus*）的芽孢液较困难，一般也可采用 P. A. 3679 菌代替肉毒梭状芽孢杆菌进行加热致死试验。P. A. 3679 菌是梭状芽孢杆菌属的一种不产毒的带芽孢的嗜温厌氧菌，生长的 pH 范围在 4.8~9.0，培养特性与肉毒梭状芽孢杆菌相似，在实验室条件下易于制取，且耐热性较肉毒梭状芽孢杆菌更强，如果能杀死 P. A. 3679 菌，也同样能保证杀死肉毒梭状芽孢杆菌等有害细菌。所以，国际上常以此菌作为低酸性食品罐头杀菌试验的标准菌。

平酸菌分为凝结芽孢杆菌（也称嗜热酸芽孢杆菌）和嗜热脂肪芽孢杆菌两大类。嗜热脂肪芽孢杆菌能引起低酸性食品的腐败，称酸腐败，由凝结芽孢杆菌引起酸性食品的腐败，称为平酸腐败。凝结芽孢杆菌耐热性比嗜热脂肪芽孢杆菌差些，凝结芽孢杆菌适宜生长温度为 45~55℃，最高生长温度达 54~65℃。但凝结芽孢杆菌比嗜热脂肪芽孢杆菌耐酸性强，它能在 pH<4 的酸性条件下生长，它是番茄制品中常见的重要腐败菌，而嗜热脂肪芽孢杆菌在 pH 为 5 或低于 5 时就不能生长。凝结芽孢杆菌和嗜热脂肪芽孢杆菌对碳水化合物产酸不产气，引起罐头食品腐败而不胖听，所以有平酸菌之称。由于平酸菌能引起罐头腐败，且耐热性较强，因此，罐头的杀菌也必须考虑杀死这类菌。

（二）排气对罐头保藏的影响

罐头在保藏期间发生的腐败变质、品质下降以及罐内壁的腐蚀等不良变化，很大程度上是由于罐内残留了过多的氧气所致,所以在罐头生产工艺中排气处理对罐头产品质量好坏也有着重要的影响,尤其是对一些原料组织内含气较多的园艺产品,在烫漂、抽空处理及真空封罐时工艺参数选取的正确与否,将直接影响到罐头产品保藏期间质量的好坏,因此,排气在罐头生产上具有重要的意义。

1. 排气对微生物的影响

罐头食品的微生物要求是达到商业无菌,所以在杀菌后的罐头中仍有活菌存在。从各类罐头中所检出的微生物来看,以好氧性芽孢菌为最多。好氧性菌、霉菌必须有足够的氧气才能生长,而在罐头生产工序中,由于采取了一些排气的操作工序,将罐内空气排除,降低了氧气含量,因而有效地阻止了需氧菌特别是其芽孢的生长发育,从而使罐内食品不易腐败变质而得以能较长时间的贮藏。

2. 排气对食品色、香、味及营养物质保存的影响

当食品与空气接触时,其表面很易发生氧化而使食品的色、香、味及营养成分发生变化或破坏,如苹果、蘑菇及马铃薯等果蔬的果肉组织与氧气接触特别容易产生酶促变色;就维生素而言,温度在100℃以上加热时,如有氧存在,它就会缓慢地分解,而无氧存在时就比较稳定。氧存在于食品组织中,也溶解于水和汁液中,罐头经过排气,排除了罐内的空气使罐头形成了一定的真空,同时也减少了罐内各成分的氧气含量,罐内的食品在这样的真空条件下保藏,能减轻或防止氧化作用,使食品中的色、香、味及营养物质得以较好的保存。

3. 排气对罐头内壁腐蚀的影响

罐内和食品内如有空气存在,则罐内壁常会在其他食品成分的影响下出现腐蚀现象,从而影响了保藏性。罐内壁的腐蚀为电化学反应,是由阳极和阴极反应决定的。腐蚀的速度受许多因素的影响。当氧存在时,氧作为阴极去极化剂而使腐蚀速度大大加快。尤其对于含酸较高的水果罐头,氧的存在会加快铁皮的腐蚀甚至穿孔。因此,密封前应尽量将罐内及食品组织中的空气排除干净,减少氧气含量,以防止或减轻罐头在贮藏过程中内壁的腐蚀。

(三)密封措施对罐头保藏的影响

罐头食品之所以能长期保存不坏,除了充分杀灭了能在罐内环境生长的腐败菌和致病菌外,主要是依靠罐头的密封,使罐内食品与罐外环境完全隔绝,不再受到外界空气及微生物污染而引起腐败。由于罐头密封性的好坏也直接影响着罐头保藏期的长短,不论何种包装容器,如果未能获得严格的密封,就不能达到长期保存的目的,因此,罐头生产过程中严格控制密封的操作,保证罐头的密封效果是十分重要的。

二、杀菌机制

罐头的杀菌主要是指通过加热手段杀灭罐内食品中的微生物,但罐头杀菌不同于微生物学上的杀菌。微生物学上的杀菌是指绝对无菌,而罐头的杀菌只是杀灭罐藏食品中能引起疾病的致病菌和能在罐内环境中引起食品败坏的腐败菌,并不要求达到绝对无菌。如果罐头杀菌也达到无菌的程度,那么就要提高杀菌的温度或延长杀菌时间,这将影响到食品的品质,使色、香、味和营养价值等都大大下降,所以这种罐头工艺上的杀菌称之为"商业无菌"。同时罐头在杀菌时也破坏了食品中的酶活力,从而保证了罐内食品在保质期内不发生腐败变质。此外罐头加热杀菌时还具一定的烹调作用,能增进风味及软化组织。

食品杀菌技术主要有热杀菌和非热杀菌，其中热杀菌主要有：湿热杀菌、干热杀菌、微波杀菌、电热杀菌和电场杀菌等；非热杀菌主要有：化学与生物杀菌、辐照杀菌、紫外线杀菌、脉冲杀菌、超高静压杀菌、脉冲电场（PEF）杀菌以及振动磁场杀菌等。但目前生产上应用最多的仍然是加热杀菌。罐头食品的热杀菌是借热处理杀死造成罐头食品败坏的微生物。试验证明，热杀菌超过适温范围以上时，温度越高则效率越增加，如在121℃杀菌的效率约为在100℃时的100倍，但在实际应用中不能无限制地提高温度，这样会使食品受到严重破坏；另一方面也要考虑到所有的杀菌温度必须是对食品内有害细菌起致死效应的温度。而要完成好加热杀菌就必须考虑杀菌的温度和时间的关系，这两个条件控制的好坏将直接影响到罐藏食品的质量和保质期的安全性。如何采取合适的杀菌工艺条件，必须从影响罐头加热杀菌的两方面的因素考虑，即影响微生物耐热性和罐头传热性的因素，只有彻底了解了影响杀菌效果的这些因素，才能制定出既能杀灭罐内的致病菌和腐败菌，使酶失活，又能最大限度地保持食品原有品质的正确的热杀菌工艺。

（一）影响罐头热杀菌的因素

1. 影响微生物耐热性的因素

（1）微生物的种类和数量　不同的微生物抗热能力有很大差别，这个问题前面已经述及，即嗜热性细菌耐热性最强，芽孢又更具有抗热性。而食品中所污染的细菌数量，尤其是芽孢数越多，在同样致死温度下所需时间就越长，如表12-1所示。

表12-1　孢子数量与致死时间的关系

每毫升的孢子数量	在100℃下的致死时间/min	每毫升的孢子数量	在100℃下的致死时间/min
72000000000	230~240	650000	80~85
1640000000	120~125	16400	45~50
32800000	105~110	328	35~40

食品中细菌数量的多少取决于原料的新鲜程度和杀菌前的污染程度。所以采用的原料要求新鲜清洁，从采收到加工要及时，加工的各工序之间要紧密衔接，尤其是装罐以后到杀菌过程中不能积压，否则罐内微生物数量将大大增加而影响杀菌效果。另一方面工厂要注意卫生管理、用水质量以及与食品接触的一切机械设备和器具的清洗和处理，使食品中的微生物减少到最低限度，否则都会影响罐头食品的杀菌效果。

（2）食品的酸度（pH）　食品的酸度对微生物耐热性的影响很大，对于绝大多数微生物来说，在pH中性范围内耐热性最强，pH升高或降低都可以减弱微生物的耐热性。特别是在偏向酸性时，促使微生物耐热性减弱作用更明显。根据研究，好氧菌的芽孢在pH 4.6的酸性培养基中，121℃，2min条件下就可杀死，而在pH 6.1的培养基中则需要9min才能杀死。

酸度不同，对微生物耐热性的影响程度不同。图12-1为肉毒梭状芽孢杆菌在不同pH下其芽孢致死时间的变化。表12-2为肉毒梭状芽孢杆菌在不同pH的各种果蔬中其芽孢致死条件。

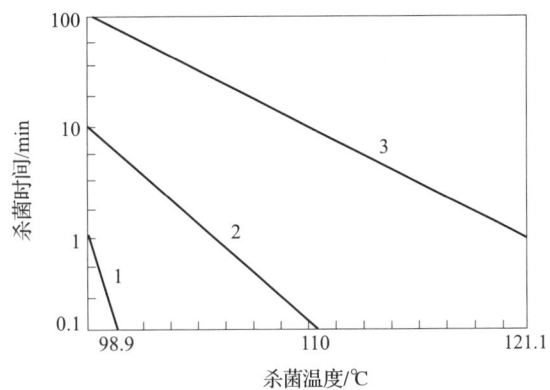

图 12-1　pH 与芽孢致死时间的关系
1—pH 3.5　2—pH 4.5　3—pH 5.7

表 12-2　　　　　　　　　肉毒梭状芽孢杆菌芽孢在不同 pH 时的致死条件　　　　　　　　单位：min

品种	pH	温度/℃				
		90	95	100	110	115
玉米	6.45	555	465	255	30	15
菠菜	5.10	510	465	225	20	10
四季豆	5.10	510	345	225	20	10
南瓜	4.21	195	120	45	15	10
梨	3.75	135	75	30	10	5
桃	3.60	60	20	—	—	—

从图 12-1 中可以看出，肉毒梭状芽孢杆菌芽孢在不同温度下致死时间的缩短幅度随 pH 的降低而增大，在 pH 5~7 时，耐热性差异不太大，时间缩短幅度不大。而当 pH 降至 3.5 时，芽孢的耐热性显著降低，即芽孢的致死时间随着 pH 的降低而大幅度缩短。

从表 12-2 中可以看出，同一微生物在同一杀菌温度下，随着 pH 的下降，杀菌时间可以大大缩短。以上结果都表明食品的酸度越高，pH 越低，微生物及其芽孢的耐热性越弱。

酸使微生物耐热性减弱的程度随酸的种类而异，一般认为乳酸对微生物的抑制作用最强，苹果酸次之，柠檬酸稍弱。

由于食品的酸度对微生物及其芽孢的耐热性的影响十分显著，所以食品酸度与微生物耐热性这一关系在罐头杀菌的实际应用中具有相当重要的意义。酸度高、pH 低的食品杀菌温度可低一些，时间也可相应缩短；而酸度低、pH 高的食品杀菌温度要高一些，时间可适当延长。所以在罐头生产中常根据食品的 pH 将其分为酸性食品和低酸性食品两大类，一般以 pH 4.5 为界限，pH<4.5 的为酸性食品，pH>4.5 的为低酸性食品。低酸性食品一般应采用高温高压杀菌，即杀菌温度高于 100℃；酸性食品则可采用常压杀菌，即杀菌温度不超过 100℃。

（3）食品中的化学成分　除了上述酸度对微生物耐热性有较大影响外，其他成分如糖、盐、蛋白质及植物杀菌素等对微生物的耐热性也有不同程度的影响。如糖的浓度越高，杀灭微生物芽孢所需的时间越长；浓度很低时，对芽孢耐热性的影响也很小。糖对微生物芽孢的这一保护作用一般认为是由于糖吸收了微生物细胞中的水分，导致了细胞内原生质脱水，影响了蛋白质的凝固速度,从而增强了细胞的耐热性。例如,大肠杆菌在70℃加热时,在100g/L糖液中致死时间比无糖溶液增加5min,而提高到300g/L时致死时间要增加30min。但砂糖的浓度增加到一定程度时,由于造成了高渗透压的环境而又具有了抑制微生物生长的作用。

而食品中的盐类,一般认为低浓度的食盐对微生物的耐热性有保护作用,高浓度的食盐对微生物的耐热性有削弱的作用。这是因为低浓度食盐的渗透作用吸收了微生物细胞中的部分水分,使蛋白质凝固困难从而增强了微生物的耐热性。高浓度食盐的高渗透压造成微生物细胞中蛋白质大量脱水变性导致微生物死亡;食盐的Na^+、K^+、Ca^{2+}和Mg^{2+}等金属离子对微生物有致毒作用;食盐还能降低食品中的水分活度,使微生物可利用的水分减少,新陈代谢减弱。

另外,某些植物的汁液和它所分泌出的挥发性物质对微生物具有抑制和杀灭的作用,这种具有抑制和杀菌作用的物质称之为植物杀菌素。植物杀菌素的抑菌和杀菌作用因植物的种类、生长期及器官部位等不同。例如,红辣洋葱的成熟鳞茎汁比甜辣洋葱鳞茎汁有更高的活性,经红辣洋葱鳞茎汁作用后的芽孢残存率为4%,而经甜辣洋葱鳞茎汁作用后的芽孢残存为17%。

含有植物杀菌素的蔬菜和调味料很多,如番茄、辣椒、胡萝卜、芹菜、洋葱、大葱、萝卜、大黄、胡椒、丁香、茴香、芥子和花椒等。如果在罐头食品杀菌前加入适量的具有杀菌素的蔬菜或调料,可以降低罐头食品中微生物的污染率,就可以使杀菌条件适当降低。

(4) 罐头杀菌温度　罐头的杀菌温度与微生物的致死时间有着密切的关系,因为对于某一浓度的微生物来说,它们的致死条件是由温度和时间决定的。试验证明,微生物的热致死时间随杀菌温度的提高而呈指数关系缩短。图12-2为肉毒梭状芽孢杆菌致死时间-温度关系图。

2. 影响罐头传热的因素

在罐头的加热杀菌过程中,热量传递的速度受食品的物理性质、罐头包装容器的种类、食品的初温、杀菌温度、杀菌釜的形式等因素的影响,这些因素也会影响罐头的杀菌。

(1) 罐内食品的物理性质　与传热有关的食品物理特性主要是形状、大小、浓度、黏度、密度等,食品的这些性质不同,传热的方式就不同,传热速度自然也不同。

热的传递有传导、对流和辐射三种方式,罐头加热时的传热方式主要是传导和对流两种方式。传热的方式不同,罐内热交换速度最慢一点的位置就不同,传导传热和对流传热的传热情况及其传热最慢点(常称其为冷点)的位置示意图见图12-3。

对流传热的速度比传导传热快,冷点温度的变化也较快,因此,加热杀菌需要的时间较短;传导传热速度较慢,冷点温度的变化也慢,需要较长的传热杀菌时间。

流体食品的黏度和浓度不大,如果汁、清汤类罐头等,加热杀菌时产生对流,传热速度较快;固体食品呈固态或高黏度状态,如果酱类罐头等,加热杀菌时不可能形成对流,或者流动性很差,杀菌时则主要靠传导传热,传热速度很慢;流体和固体混装食品,这类罐头食品中既有流体又有固体,传热情况较为复杂,如糖水水果罐头、清渍类蔬菜罐头等。这类罐头加热杀菌时传导和对流同时存在。

(2) 罐藏容器　罐头容器种类不同,其热阻也各不相同,对传热速度也就有一定影响。玻璃罐热阻大,铁皮罐热阻小,因而玻璃罐传热比铁皮罐慢,杀菌时间较铁皮罐要长。罐型小,单位体积有较大的热接触面,有利于热传递,因此杀菌时间较大型罐短。

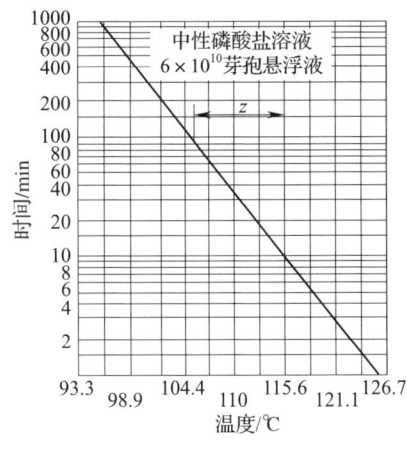

图 12-2　肉毒梭状芽孢杆菌致死时间-温度关系图

z—在热力致死时间曲线中，缩短90%的加热时间所需的温度

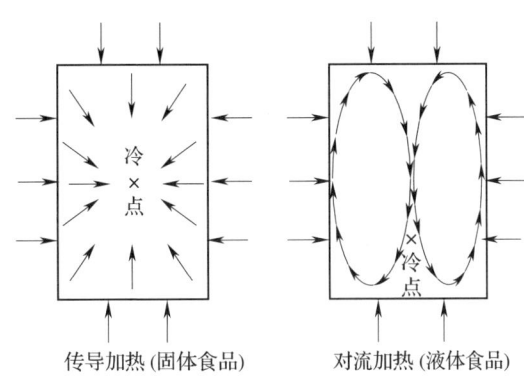

图 12-3　罐头传热的冷点

（3）罐内食品的初温（initial temperature）　罐内食品的初温是指杀菌开始时，也即杀菌釜开始加热升温时罐内食品的温度。根据 FDA 的要求，加热开始时，每一釜杀菌的罐头其初温以其中第一密封完的罐头的温度为计算标准。一般说，初温越高，初温与杀菌温度之间的温差越小，罐中心加热到杀菌温度所需要的时间越短，这对于传导传热型的罐头来说更为重要。

（4）杀菌釜（sterilizing cooker）的形式和罐头在杀菌釜中的位置　目前，我国罐头工厂多采用静止式杀菌釜，即罐头在杀菌时静止置于釜内。静止式杀菌釜又分为立式和卧式两类。传热介质在釜内的流动情况不同，立式杀菌釜传热介质流动较卧式杀菌釜相对均匀。杀菌釜内各部位的罐头由于传热介质的流动情况不同而传热效果相差较大。尤其是远离蒸汽进口的罐头，传热较慢。如果杀菌釜内的空气没有排除净，存在空气袋（气阻），那么处于空气袋内的罐头，传热效果就更差。所以，静止式杀菌必须充分排净杀菌釜内的空气，使釜内温度分布均匀，以保证各位置上罐头的杀菌效果。

罐头工厂除使用静止式杀菌釜外，还使用回转式或旋转式杀菌釜。这类杀菌釜由于罐头在杀菌过程中处于不断转动的状态，罐内食品易形成搅拌和对流，故传热效果较静止式杀菌要好得多。回转式杀菌的杀菌效果对于导热-对流结合型的食品及流动性差的食品，如糖水水果、番茄酱罐头等更为明显。表 12-3 为 3kg 装茄汁黄豆采用静止杀菌和回转杀菌的比较，这说明回转杀菌的传热速度比静止杀菌要快得多。

表 12-3　静止杀菌和回转杀菌的比较

杀菌温度/℃	杀菌方式	罐内达到温度所需时间/min			
		107℃	110℃	113℃	116℃
116	静止	200	235	300	—
	回转（4r/min）	12	13.5	17	—
121	静止	165	190	220	260
	回转（4r/min）	10	11.5	13	16

(5) 罐头的杀菌温度　杀菌温度是指杀菌时规定杀菌釜应达到并保持的温度。杀菌温度越高，杀菌温度与罐内食品温度之差越小，热的穿透作用越强，食品温度上升越快。由表12-3 数据可知，杀菌温度提高，罐内升温时间就缩短。

（二）微生物耐热性的常见参数值

(1) F 值　即在恒定的加热标准温度条件下（121℃或100℃），杀灭一定数量的细菌营养体或芽孢所需要的时间（min），也称为杀菌效率值、杀菌致死值或杀菌强度。在制定杀菌规程时，要选择耐热性最强的常见腐败菌或致病菌作为主要杀菌对象，并测定其耐热性。如肉毒梭状芽孢杆菌在 pH 7 的磷酸盐缓冲液中，致死温度 121.1℃时，其致死时间为 2.45min。

F 值通常以 121.1℃的致死时间表示，如 $F_{121.1}^{20}=5$，表示 121.1℃时对 Z 值为 20 的对象菌，其致死时间为 5min。F 值越大，杀菌效果越好。F 值大小还与食品的酸碱度有关，低酸性食品要求 F 值大于 4.5，中酸性食品一般要求 F 值大于 2.45，酸性食品的 F 值可以确定在 0.5～0.6。为了方便起见提出一个参考 F 值，叫做 F_0 值，即在 121℃下杀灭某一指定数量的微生物 Z 值为 10℃所需要的时间。F_0 值是热处理致死效率的一个衡量标准。

(2) D 值　即在指定的温度条件下（如 121℃、100℃等），杀死 90% 原有微生物芽孢或营养体细菌数所需要的时间（min），相当于热力致死温时曲线通过一个对数周的时间。杀灭某一对象菌，使之全部死灭的时间随温度不同而异，温度越高，时间越短。从实验中测定，对象菌在一定浓度的芽孢数时，致死温度与时间的关系描绘在半对数坐标纸（横坐标为热力致死温度，纵坐标为热力死时间）上，则呈一条直线，即热力致死温时曲线。

$D_{121.1}^{16}=1.16$，表示 121.1℃，对 Z 值为 16 的生芽孢梭状芽孢杆菌，使其死灭率达到 90% 时所需要的时间为 1.16min。D 值大小与该微生物的耐热性有关。D 值越大，它的耐热性能越强，杀灭 90% 微生物芽孢所需的时间就越长。

(3) Z 值　表示使加热致死时间变化为 10 倍时所需的温度。$Z=10$，表示杀菌温度提高 10℃的话，则加热致死时间就减为 1/10。Z 值越大，说明该微生物的抗热性越强。如用热力致死温时曲线来表示，其斜率绝对值的倒数为 Z 值。

(4) TDT 值　表示在一定的温度下，使微生物全部致死所需的时间。如 121.1℃下肉毒梭状芽孢杆菌致死时间为 2.45min。

（三）罐头热杀菌公式

罐头热杀菌过程中杀菌的工艺条件主要是温度、时间和反压力三项因素，在罐头厂通常用"杀菌公式"的形式来表示，即把杀菌的温度、时间及所采用的反压力排列成公式的形式。一般杀菌公式如式（12-1）所示：

$$\frac{t_1 - t_2 - t_3}{\theta} \text{或} \frac{t_1 - t_2 - t_3}{\theta}, p \tag{12-1}$$

式中　t_1——升温时间，表示杀菌釜内的介质由初温升高到规定的杀菌温度时所需要的时间（min），蒸汽杀菌时就是指从进蒸汽开始至达到规定的杀菌温度时的时间，热水浴杀菌就是指通入蒸汽开始加热热水至水温达到规定的杀菌温度时的时间；

t_2——恒温杀菌时间（保持杀菌温度时间），即杀菌釜内的热介质达到规定的杀菌温度后在该温度下所持续的杀菌时间（min）；

t_3——降温时间，表示恒温杀菌结束后，杀菌釜内的热介质由杀菌温度下降到开釜出罐时的温度所需要的时间（min）；

θ——规定的杀菌温度，即杀菌过程中杀菌釜达到的最高温度，一般用℃表示；

p——反压冷却时杀菌釜内应采用的反压力（Pa）。

热杀菌工艺条件的确定，也就是确定其必要的杀菌温度、时间。工艺条件制定的原则是在保证罐藏食品安全性的基础上，尽可能地缩短加热杀菌的时间，以减少热力对食品品质的影响。换句话说，正确合理的杀菌条件应该是既能杀灭罐内的致病菌和能在罐内环境中生长繁殖引起食品变质的腐败菌，使酶失活，又能最大限度地保持食品原有的品质。

第四节 罐藏工艺技术

一、工艺流程

选料→预处理→装罐→排气→密封→杀菌→冷却→保温检验→包装→成品

二、操作要点

选料及预处理详见第九章。

（一）装罐（potting）

1. 空罐准备

罐藏容器在加工、运输和存放中常附有灰尘、微生物、油脂等污物，因此，使用前必须对容器进行清洗和消毒，以保证容器的卫生，提高杀菌效率。

金属罐空罐一般先用热水冲洗，玻璃罐应先用清水（或热水）浸泡，然后用毛刷刷洗或用高压水喷洗。尤其对于回收、污染严重的容器还要用20~30g/L NaOH液加热浸泡5~10min，或者也可以加入洗涤剂或漂白粉清洗，不论哪类容器清洗，反复冲洗后，都要用100℃沸水或蒸汽消毒30~60min，然后倒置沥干水分备用。罐盖也进行同样处理，或用前用75%酒精消毒。洗净消毒后的空罐要及时使用，不宜长期搁置，以免生锈或重新污染微生物。

2. 灌注液配制

果蔬罐藏时除了液态（果汁、菜汁）和黏稠态食品（如番茄酱、果酱等）外，一般都要向罐内加注液汁，称为罐液或汤汁。果品罐头的罐液一般是糖液，蔬菜罐头多为盐水。加注罐液能填充罐内除果蔬以外所留下的空隙，目的在于增进风味、排除空气、提高初温，并加强热的传递效率。

（1）糖液配制 所配糖液的浓度，依水果种类、品种、成熟度、果肉装量及产品质量标准而定。我国目前生产的糖水果品罐头，一般要求开罐糖度为14%~18%。每种水果罐头加注糖液的质量分数可根据式（12-2）计算：

$$w_y = \frac{m_3 \cdot w_z - m_1 \cdot w_x}{m_2} \tag{12-2}$$

式中 m_1——每罐装入果肉质量，g；

m_2——每罐注入糖液质量，g；

m_3——每罐净质量，g；

w_x——装罐时果肉可溶性固形物含量，%；

w_z——要求开罐时的糖液中糖的质量分数，%；

w_y——需配制的糖液中糖的质量分数，%。

生产中常用折光仪或糖度表来测糖液质量分数。由于液体密度受温度的影响，通常其标准温度多采用20℃，若所测糖液温度高于或低于20℃，则所测得的糖液质量分数还需加以校正。

配制糖液的主要原料是蔗糖，其纯度要在99%以上。配糖液有两种方法，直接法和稀释法两种。直接法就是根据装罐所需的糖液质量分数，直接按比例称取砂糖和水，置于溶糖锅中加热搅拌溶解并煮沸，过滤待用。例如，直接法配30%的糖水，则可按砂糖30kg、清水70kg的比例入锅加热配制。稀释法就是先配制高浓度的糖液，也称为母液，一般质量分数在65%以上，装罐时再根据所需浓度用水或稀糖液稀释。例如，用65%的母液配30%的糖液，则以母液与水体积比1∶1.17混合，就可得到30%的糖液。

配糖液时注意事项如下。

①煮沸过滤：使用硫酸法生产的砂糖中或多或少会有SO_2残留，糖液配制时若煮沸一定时间（5~15min），就可使糖中残留的SO_2挥发掉，以避免SO_2对果蔬色泽的影响。煮沸还可以杀灭糖中所含的微生物，减少罐头内的原始菌数。糖液必须趁热过滤，滤材要选择得当。

②糖液温度：对于大部分糖水水果罐头而言都要求糖液维持一定的温度（65~85℃），以提高罐头的初温，确保后续工序的效果。而个别生装产品如梨、荔枝等罐头所用的糖液，加热煮沸过滤后应急速冷却到40℃以下再行装罐，以防止果肉红变。

③糖液加酸后不能积压：糖液中需要添加酸时，注意不要过早加入，应在装罐前加入为好，以防止或减少蔗糖转化而引起果肉变色。

（2）盐液配制　所用食盐应选用精盐，食盐中NaCl含量在98%以上。配制时常用直接法按要求称取食盐，加水煮沸过滤即可。一般蔬菜罐头所用盐水质量浓度为10~40g/L。

（3）调味液的制备　调味液的种类很多，但配制的方法主要有两种，一种是将香辛料先经一定的熬煮制成香料水，然后再与其他调味料按比例制成调味液；另一种是将各种调味料、香辛料（可用布袋包裹，配成后连袋去除）一起一次配成调味液。

3. 装罐工艺要求

装罐速度要快，半成品不应堆积过多，以减少微生物污染机会，同时趁热装罐，还可提高罐头中心温度，有利于杀菌。装罐前要进行必要的分选，以保证每个罐头的质量，力求大小、色泽、形态大致均匀，及时剔除变色，软烂及带病斑的果块。

装罐时一定要留顶隙，即指罐头内容物表面和罐盖之间所留空隙的距离，一般要求为3~8mm。罐内顶隙的作用很重要，但须留得适当。顶隙若过大，会造成罐内食品装量不足，或因排气不足残留空气多，促使罐内食品变色变质；或因排气过足，使罐内真空度过大，杀菌后出现罐盖（体）过度凹陷，影响外观。顶隙若过小，则会在杀菌时罐内食品受热膨胀，内压过大，而造成罐盖外凸，甚至造成密封性不良，或者形成物理性胀罐。

另外，装罐时要注意卫生，严格操作，防止杂物混入罐内，保证罐头质量。

4. 装罐方法

园艺产品罐头，因其原料及成品形态不一，大小、排列方式各异，所以多采用人工装罐，对于流体或半流体制品（果汁、果酱）可用机械装罐。装罐时一定要保证装入的固形物达到规定重量，因此，装罐时必须每罐称重。

（二）排气

排气（exhausting）是指食品装罐后，密封前将罐内顶隙间的、装罐时带入的和原料细胞组织内的空气尽可能从罐内排除的一项技术措施，从而使密封后罐头顶隙内形成部分真空的过程。

1. 排气的作用

①防止或减轻因加热杀菌时内容物的膨胀而使容器变形，影响罐头卷边和缝线的密封性，防止玻璃罐的跳盖。

②减轻罐内食品色、香、味的不良变化和营养物质的损失。

③阻止好氧性微生物的生长繁殖。

④减轻马口铁罐内壁的腐蚀。

因此，排气是罐头食品生产中维护罐头密封性和延长贮藏寿命的重要措施。

2. 罐头真空度（can vacuum）

罐头真空度是指罐外大气压与罐内残留气压的差值，一般要求在 26.7~40kPa。罐内残留气体越多，它的内压越高，而真空度就越低，反之则越高。罐内残留气体的多少，主要取决于排气工艺。罐头真空度的形成是利用罐内气体受热逸出罐外，代之以水蒸气充满顶隙，食品受热膨胀暂时缩小顶隙，当罐头经过杀菌冷却后，罐内食品体积收缩，水蒸气凝结成液体，这样罐内顶隙间就出现了部分真空状态。

罐头内保持一定的真空状态，能使罐头底盖维持平坦或向内陷的状态，这是正常良好罐头食品的外表特征，常作为检验识别罐头好坏的一个指标。

3. 影响罐头真空度的因素

无论采用哪一种排气方法，其排气效果的好坏都以杀菌冷却后罐头所获得的真空度大小来评定。排气效果的好坏决定罐头真空度，排气效果越好，罐头的真空度越高。影响排气效果的因素主要有以下几方面：

（1）排气温度和时间　对加热排气而言，排气温度越高，时间越长，最后罐头的真空度也越高。因为温度高，罐头内容物升温快，可以使罐内气体和食品充分受热膨胀易于排除罐内空气；时间长，可以使食品组织内部的气体得以比较充分的排除。但要注意排气的温度若过高或排气时间过长，会引起果肉软烂及糖液溢出，同时封罐后真空度过高，易引起瘪罐。

（2）罐内顶隙的大小　顶隙是影响罐头真空度的一个重要因素，顶隙与罐头真空度的关系见表 12-4。

表12-4　　100℃排气时罐内顶隙对真空度的影响　　单位：kPa

顶隙/mm	排气时间/min		
	30	60	90
3.18	17.0~19.6	20.3~23.3	21.6~24.9
6.25	45.3~47.5	49.6~50.7	52.8~53.7
9.53	62.9~66.7	69.3~70.7	73.3~74.7
12.70	82.7~83.3	85.3~86.7	88.0~90.7
15.88	90.7~92.0	95.3~96.7	97.3~99.3

表12-4说明顶隙越大,罐头的真空度越高。以蒸馏水为对象进行的顶隙与罐头真空度的试验结果表明,在每个确定的温度下存在着一个临界顶隙,在小于临界顶隙时,真空度随着顶隙的增加而增大;大于临界顶隙时,真空度则随着顶隙的增加而减少。当罐头顶隙为临界顶隙时,可获得最高的真空度。临界顶隙随温度升高而逐渐增大。可见加热排气时,顶隙对于罐头真空度的影响随顶隙的大小而异。但是否每种罐头食品都存在一个临界顶隙,有待进一步研究。

(3) 食品原料的种类和新鲜度　原料种类不同,含气量也不同,虽经排气但排除的程度不同,尤其是采用真空密封排气和蒸汽密封排气时,原料组织内的空气更不易排除。罐头经杀菌冷却后组织中残存的空气在贮藏过程中会逐渐释放出来,而使罐头的真空度降低,原料的含气量越高,真空度降低越严重。

原料的新鲜程度也影响罐头的真空度。因为不新鲜的原料,其某些组织成分已经发生变化,高温杀菌时将促使这些成分的分解而产生各种气体,如含蛋白质的食品分解放出H_2S、NH_3等,果蔬类食品产生CO_2气体,均会使罐内压力增大,真空度降低。

(4) 食品的酸度　食品中含酸量的高低也影响罐头的真空度。园艺产品的酸度高时,易与金属罐内壁作用而产生氢气,使罐内压力增加,真空度下降。因而对于酸度高的原料最好采用涂料罐,以防止酸对罐内壁的腐蚀,保证罐头真空度。

(5) 外界气温的变化　罐头的真空度是大气压力与罐内实际压力之差。当外界温度升高时,罐内残存气体受热膨胀,压力提高,真空度降低。因而外界气温越高,罐头真空度越低。气温与真空度的关系见表12-5。

表12-5　气温与真空度的关系

温度/℃		罐内真空度或压力						
1.6	真空度/kPa	0.64	1.02	1.46	1.96	2.47	3.05	3.66
11.1		0.34	0.75	1.22	1.69	2.27	2.85	3.45
16.7		0.00	1.02	1.46	1.96	2.47	3.05	3.66
22.2	表压/kPa	4.12	0.00	0.47	0.88	1.59	2.23	2.87
27.8		9.60	5.19	0.00	0.54	1.12	1.78	2.50
33.3		15.88	10.98	5.04	0.00	0.60	1.29	2.04
38.9		23.42	18.62	10.72	6.86	0.00	0.71	1.46
44.1		33.03	27.54	17.44	14.50	7.55	0.00	0.81
50.0		43.41	37.93	25.28	24.11	16.56	8.92	0.00

(6) 外界气压的变化　罐头的真空度还受大气压力的影响。大气压降低,罐内真空度也降低。而大气压又随海拔高度而异,海拔越高气压越低,所以罐头的真空度又受海拔高度的影响,海拔越高,罐头真空度越低。海拔高度与罐内真空度的关系见表12-6。

4. 排气方法

我国罐头食品厂常用的排气方法有热力排气、真空排气和蒸汽排气三种。热力排气是使用最早也是最基本的排气方法,至今仍有工厂采用。真空排气法是后来才发展起来的。蒸汽排气法是近些年发展的,在我国也已开始采用。

表12-6　　　　　　　　　　　　　　海拔高度和罐内真空度的关系

海拔高度/m	气压/Pa	真空度下降量/Pa	海拔高度/m	气压/Pa	真空度下降量/Pa
0	101323	0.00	1677.3	82695	18558
30.5	102216	373.2	1827.9	81202	20535
92.0	100135	1.120	1981.2	79712	22999
153.0	99396	1860	2132.0	78258	24415
244.8	98354	2943	2286.0	76836	25798
304.8	97594	3065	2436.0	75445	27198
458.4	95805	5455	2590.8	74055	28545
609.3	94075	7175	2743.8	72699	29868
762.6	92355	7574	2895.6	71378	31188
915.6	90653	10594	3050.4	70055	33688
1065.9	89034	12225	3352.2	67556	36167
1218.6	87405	13985	3656.7	65115	42955
1371.0	85805	15374	4572.6	58315	
1522.5	84255	16995			

(1) 热力排气法　热力排气法是利用食品和气体受热膨胀的原理，通过对装罐后罐头的加热，使罐内食品和气体受热膨胀，罐内部分水分气化，水蒸气分压提高来驱赶罐内的气体。排气后立即密封，这样罐头经杀菌冷却后，由于食品的收缩和水蒸气的冷凝而获得一定的真空度。

热力排气方法有热装罐排气和排气箱加热排气两种。

①热装罐排气：热装罐排气就是先将食品加热到一定温度，然后立即趁热装罐并密封的方法。这种方法适用于流体、半流体或食品的组织形态不会因加热时的搅拌而遭到破坏的食品，如番茄汁、番茄酱、糖浆苹果等。采用此法时，必须保证装罐密封时食品的温度，绝不能让食品的温度下降，若密封时食品的温度低于工艺要求的温度，成品罐头就得不到预期的真空度，同时要注意密封后及时杀菌。

②加热排气：加热排气就是将装罐后的食品（经预封或不经预封）送入排气箱，在具有一定温度的排气箱内经一定时间的排气，使罐头中心温度达到工艺要求温度（一般在80℃左右），罐内空气充分外逸，然后立即趁热密封、杀菌、冷却后罐头就可得到一定的真空度。

加热排气所采用的排气温度和排气时间视罐头的种类、罐型的大小、容器的种类、罐内食品的状态等具体情况而定，一般为90~100℃，5~20min。加热排气能使食品组织内部的空气得到较好的排除，能起到部分杀菌的作用，但对于食品的色、香、味等品质多少会有一些不良影响，且排气速度慢，热量利用率低。

加热排气的设备有链带式排气箱和齿盘式排气箱。链带式排气箱其箱底两侧装有蒸汽喷射管，由阀门调节喷出的蒸汽量，使箱内维持一定的温度。待排气的罐头从排气箱的一端进入排气箱，由链带带动行进，从排气箱的另一端出来。罐头在排气箱中通过的时间就是排气处理的时间，这一时间通过调节链带的行进速度来实现。齿盘式排气箱与链带式排气箱的不同只是输送罐头方式的不同，它是通过箱内几排齿盘的转动输送罐头。

(2) 真空排气法　这是一种借助于真空封罐机将罐头置于真空封罐机的真空仓内，在抽气的同时进行排气的方法。采用此法排气，可使罐头真空度达到 33.3~40kPa，甚至更高。

真空排气法具有能在短时间内使罐头获得较高的真空度、能较好地保存维生素和其他营养素（因为减少了受热环节）、适用于各种罐头的排气以及封罐机体积小、占地少的优点，所以被各罐头厂广泛使用。但这种排气方法由于排气时间短故只能排除罐头顶隙部分的空气，食品内部的气体则难以排除。因而对于食品组织内部含气量高的食品，最好在装罐前先对食品进行抽空处理，否则排气效果不理想。采用此法排气时还需严格控制封罐机真空仓的真空度及密封时食品的温度，否则封口时易出现暴溢现象。

（3）蒸汽排气法　这种方法是在罐头密封前的瞬间，向罐内顶隙部位喷射蒸汽，用蒸汽将顶隙内的空气排除，并立即密封。蒸汽排气法常被用来杀灭微生物，延长罐头保存期限，确保产品安全性和质量，是罐头食品厂中的一项重要应用。

（三）封罐（capping）

罐头食品之所以能长期保存而不变质，除了充分杀灭了能在罐内环境生长的腐败菌和致病菌外，主要是依靠罐头的密封，使罐内食品与外界完全隔绝而不再受到微生物的污染。为保持这种高度密封状态，必须借助于封罐机将罐身和罐盖紧密封合，称为密封或封口。显然，密封是罐头生产工艺中极其重要的一道工序。罐头密封的方法和要求视容器的种类而异。

1. 金属罐的密封

金属罐的密封是指罐身的翻边和罐盖的圆边在封口机中进行卷封，使罐身和罐盖相互卷合，压紧而形成紧密重叠的卷边的过程。所形成的卷边称之为二重卷边。

（1）封口机封口的主要部件及封口过程　封口机完成罐头的封口主要靠压头、托盘、头道滚轮和二道滚轮四大部件，在四大部件的协同作用下完成金属罐的封口。

①压头：压头用来固定和稳住罐头，不让罐头在封口时发生任何滑动，以保证卷边质量。

压头的尺寸是严格的，误差不允许超过 25.4μm。压头突缘的厚度必须和罐头的埋头度相吻合，压头的中心线和突缘面必须成直角，压头的直径随罐头大小而异。压头必须由耐磨的优质钢材制造以经受滚轮压槽的挤压力。

②托盘：托盘也称下压头、升降板，它的作用是托起罐头使压头嵌入罐盖内，并与压头一起固定稳住罐头，避免滑动，以利于卷边封口。

③滚轮：滚轮是由坚硬耐磨的优质钢材制成的圆形小轮，分为初滚轮（也称头道滚轮）和复滚轮（也称二道滚轮），两者的作用、结构不同。滚轮主要的工作部分转压槽的结构如图 12-4 所示，初滚轮的转压槽构深，且上部的曲率半径较大，下部的曲率半径较小；复滚轮的转压槽构浅，上部的曲率半径较小，下部的曲率半径较大。

初滚轮的作用是将罐盖的圆边卷入罐身翻边下并相互卷合在一起，形成图 12-5 所示结构。复滚轮的作用是将初滚轮已卷合好的卷边压紧，形成图 12-6 所示的二重卷边结构。

（2）二重卷边的形成过程　封口时，罐头进入封罐机作业位置托盘上，托盘即刻上升使压头嵌入罐盖内并固定住罐头，压头和托盘固定住罐头后，头道滚轮首先工作，围绕罐身做圆周运动和自转运动，同时做径向运动逐渐向罐盖边靠拢紧压，将罐盖盖钩和罐身翻边卷合在一起形成图 12-5 所示卷边，即行退回；紧接着二道滚轮围绕罐身做圆周运动，同时做径向运动逐渐向罐盖边靠拢紧压，将头道滚轮完成的卷边压紧形成图 12-6 所示卷边，随即退出。卷边操作有两种形式，一种是上述的在操作时罐头自身不转动的形式；另一种形式是在封口过程中罐头做自身旋转，滚轮则只做径向运动，不做圆周运动。

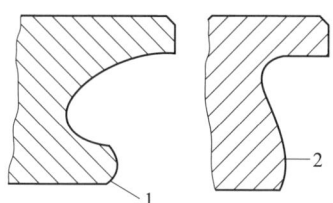

图12-4 滚轮转压槽结构曲线示意图

1—头道滚轮 2—二道滚轮

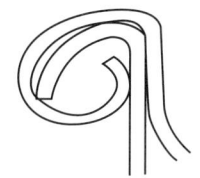

图12-5 头道卷边的结构

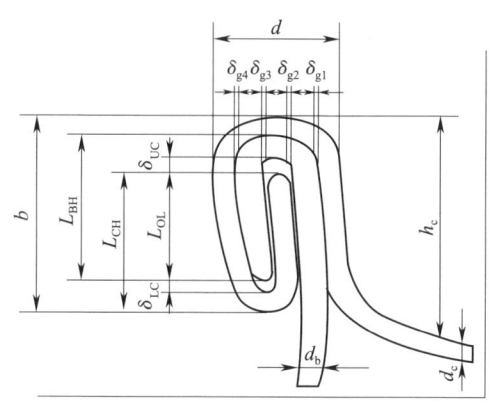

图12-6 二重卷边结构示意图

d—卷边厚度 b—卷边宽度 h_c—埋头度 L_{BH}—身钩宽度 L_{CH}—盖钩宽度 L_{OL}—叠接长度 δ_{UC}—盖钩空隙 δ_{LC}—身钩空隙 δ_{g1}、δ_{g2}、δ_{g3}、δ_{g4}—卷边内部各层间隙 d_b—罐身镀锡板厚度 d_c—罐盖镀锡板厚度

2. 玻璃罐的密封

玻璃罐与金属罐不同，它的罐身是玻璃的，而罐盖是金属的，一般为镀锡薄钢板，它的密封是靠镀锡薄钢板和密封圈紧压在玻璃瓶口而形成密封的。

目前，生产上主要使用的玻璃罐是旋开式玻璃瓶。旋开式玻璃瓶有单螺纹型和多螺纹型，后者是使用最广泛的一种玻璃瓶，它的瓶口上有三条、四条或六条斜螺纹，每两条斜螺纹首尾交错衔接，瓶盖上有相应数量的"爪"，密封时只需将"爪"与斜螺纹始端对准拧紧即完成封口。瓶盖内汪有塑料溶胶形成密封胶垫，以保证玻璃瓶的密封性。这一密封操作可以由手工完成，也可以由玻璃瓶拧盖机来完成。

3. 复合塑料薄膜袋的密封

软罐头的密封方法与金属、玻璃罐头的密封方法完全不同，要求复合塑料薄膜边缘上内层薄膜熔合在一起，从而达到密封的目的。通常采用热熔封口，热熔强度取决于复合塑料薄膜袋的材料性质及热熔合时的温度、时间和压力。

（1）电加热密封法 由金属制成的热封棒，表面用聚四氟乙烯作保护层。通电后热封棒发热到一定温度，袋内层薄膜熔融，加压黏合。为了提高密封强度，热熔密封后再冷压一次。

（2）脉冲密封法 通过高频电流使加热棒发热密封，时间为0.3s，自然冷却。这一密封的特点是即使接合面上有少量的水或油附着，热封下仍能密切接合，操作方便，适用性广，其接合强度大,密封强度也胜于其他密封法。这一密封法是目前用得最普遍的方法。

(四)杀菌

罐头加热杀菌(sterilization)的方法很多,根据其原料品种的不同、包装容器的不同等采用不同的杀菌方法。罐头的杀菌可以在装罐前进行,可以在装罐密封后进行。装罐前进行杀菌,即所谓的无菌装罐,需先将待装罐的食品和容器均进行杀菌处理,然后在无菌的环境下装罐、密封。

我国各罐头厂普遍采用的是装罐密封后杀菌。罐头的杀菌根据各种食品对温度的要求不同分为常压杀菌(杀菌温度不超过100℃)、高温高压杀菌(杀菌温度高于100℃而低于125℃)和超高温杀菌(杀菌温度在125℃以上)三大类,依具体条件确定杀菌工艺,选用杀菌设备。

1. 静止间歇式杀菌

静止批量式杀菌技术与设备因杀菌压力的不同而分为静止高压杀菌和静止常压杀菌两种。

(1)静止高压杀菌 静止高压杀菌是肉禽、水产及部分蔬菜等低酸性罐头食品所采用的杀菌方法,根据其热源的不同又分为高压蒸汽杀菌和高压水浴杀菌(杀菌装置见图12-7、图12-8、图12-9、图12-10)。

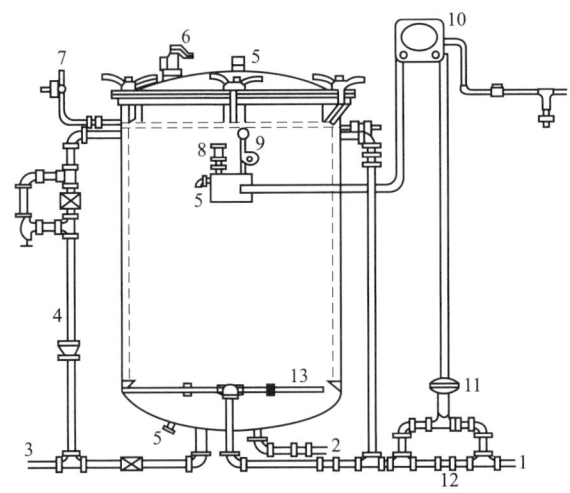

图12-7 立式高压蒸汽杀菌装置

1—蒸汽管 2—水管 3—排水管 4—溢流管 5—泄气或排气阀 6—安全阀 7—空气管
8—温度计 9—压力表 10—温度记录控制仪 11—自动蒸汽控制阀 12—支管 13—蒸汽散布管

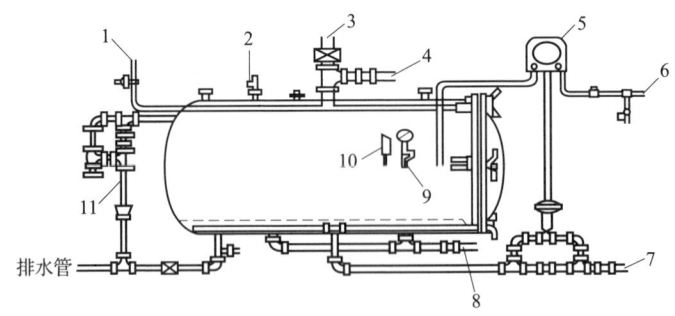

图12-8 卧式高压蒸汽杀菌釜

1、6—空气管 2—安全阀 3—排气阀 4、8—水管 5—温度记录控制仪
7—蒸汽管 9—压力表 10—温度计 11—溢流管

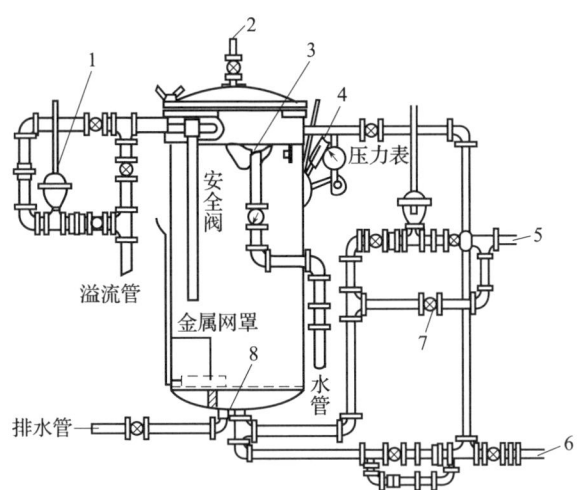

图 12-9 立式高压水浴杀菌釜的标准装置

1—压力控制阀 2—放气阀 3—冷水散布管 4—温度计 5—蒸汽管 6—空气管 7—人工控制阀 8—蒸汽散布管

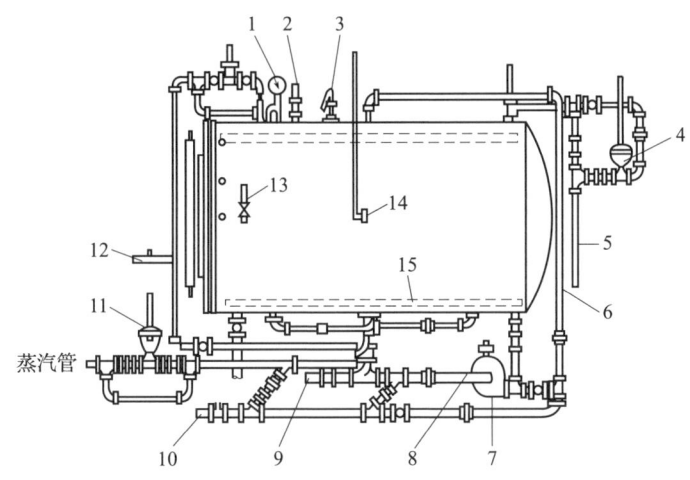

图 12-10 卧式高压水浴杀菌釜的标准装置

1—压力表 2—放汽阀 3—安全阀 4—压力控制阀 5—溢流管 6—循环水管
7—循环水泵 8—泄气阀 9—来自热水槽的管道 10—水管 11—温度控制 12—空气管
13—温度计 14—温度控制用感温球 15—蒸汽散布管

①高压蒸汽杀菌：大多数低酸性金属罐头常采用高压蒸汽杀菌。其主要杀菌设备为静止高压杀菌釜，通常是批量式操作，并以不搅动的立式或卧式密闭高压容器进行。这种高压容器一般用厚度为 6.5mm 以上的钢板制成，其耐压程度至少能达到 0.196MPa。

合理的杀菌装置是保证杀菌操作完善的必要条件。对于高压蒸汽杀菌来说，蒸汽供应量应足以使杀菌釜在一定的时间内加热到杀菌温度，并使釜内热分布均匀；空气的排放量应该保证在杀菌釜加热到杀菌温度时能将釜内的空气全部排放干净；在杀菌釜内冷却罐头时，冷却水的供应量应足以使罐头在一定时间内获得均匀而又充分的冷却。

②高压水浴杀菌：高压水浴杀菌就是将罐头投入水中进行加压杀菌。一般低酸性大直径罐、扁形罐和玻璃罐常采用此法杀菌，因为此法较易平衡罐内外压力，可防止罐头的变形、跳

盖，从而保证产品质量。高压水浴杀菌的主要设备也是高压杀菌釜，其形式虽与高压蒸汽杀菌的设备相似，但它们的装置、方法和操作却有所不同。

（2）静止常压杀菌　静止常压杀菌是水果和番茄等酸性罐头食品采用的杀菌方法，一般常采用水浴杀菌，即沸水杀菌。操作时将罐头用铁笼装好，投入杀菌釜（池）内，将水没过罐头，待水沸腾时计时。但对于玻璃罐杀菌时，要注意罐头与水之间的温差，防止破裂。

2. 连续杀菌

连续杀菌同样有高压和常压之分，必须配以相应的杀菌设备。常用的连续杀菌设备主要有：

（1）常压连续杀菌器（continuous cooker under normal pressure）　常压连续杀菌器以水为加热介质，多采用沸水，在常压下进行连续杀菌。杀菌时，罐头由输送带送入连续作用的杀菌器内进行杀菌。杀菌时间通过调节输运带的速度来控制，按杀菌工艺要求达到时间后，罐头由输送带送入冷却水区进行冷却，整个杀菌过程连续进行。我国现有的常压连续沸水杀菌器有单层、三层和五层几种。

（2）水封式连续杀菌器（continuous cooker by water sealing）　水封式连续杀菌器是一种旋转杀菌和冷却联合进行的装备，可以用于各种罐型的铁罐、玻璃罐以及塑料袋的杀菌。杀菌时，罐头由链式输送带送入，经水封式转动阀门进入杀菌器上部的高压蒸汽杀菌室内，然后在该杀菌室内水平地往复运动，在保持稳定的压力和充满蒸汽的环境中杀菌。杀菌时间可根据要求调整输送带的速度进行控制。杀菌完毕，罐头经分隔板上的转移孔进入杀菌釜底部的冷却水内进行加压冷却，然后再次通过水封式转动阀门送往常压冷却，直至罐温达到40℃左右。

（3）静水压杀菌器（hydrostatic pressure sterilizer）　静水压杀菌器是利用水在不同的压力下有不同沸点而设计的连续高压杀菌器。杀菌时，罐头由传送带携带经过预热水柱进入蒸汽加热室进行加热杀菌，经冷却水柱离开蒸汽室，再接受喷淋冷水进一步冷却。蒸汽加热室内的蒸汽压力和杀菌温度通过预热水柱和冷却水柱的高度来调节。如果水柱高度为15m，蒸汽加热室内的压力可高达0.147MPa，温度相当于126.7℃。杀菌时间根据工艺要求可通过调整传送带的传送速度来调节。

静水压杀菌器具有加热温度调节简单，省汽、省水且时间均匀等优点，但存在外形尺寸大、设备投资费用高等不足，故对大量生产热处理条件相同的产品的工厂最为适用。

3. 其他杀菌技术

（1）回转式杀菌器（rotary type sterilizer）　回转式杀菌器是运动型杀菌设备，在杀菌过程中罐头不断地转动，转动的方式有两种，一种是作上下翻动旋转，另一种是作滚动式转动。罐内食品的转动加速了热的传递，缩短了杀菌时间，也改善了食品的品质，特别是以对流为主的罐头食品效果更显著。回转式杀菌器根据放入罐头的连续程度不同可分为批量式和连续式两种。批量式回转杀菌器的热源是处于高压下的蒸汽或水。连续式回转式杀菌器能连续地传递罐头，同时使罐头旋转，适合于多种食品的杀菌。

（2）火焰杀菌器（flame sterilizer）　火焰杀菌是使罐头在常压下直接通过煤气或丙烷火焰而杀菌，适用于以对流为主的罐头，如青豆、玉米、胡萝卜、蘑菇等。火焰杀菌器由三部分组成，即蒸汽预热区、火焰加热区和保温区。罐头在蒸汽预热区加热至100℃后滚动进入火焰加热区，罐头滚动，传热很快，在直接火焰加热下罐头的温度每3s约可升高1.5℃，一般2min左右就能升至规定的杀菌温度，进入保温区保温一定时间后进行冷却。

(3) 无菌装罐设备 (aseptic filling machine) 无菌装罐是食品在装罐前先进行高温短时杀菌随即冷却,在无菌条件下装入无菌容器后密封。整个操作必须是在一个密闭的蒸汽加热室中于无菌条件下完成。它适用于对热较敏感,加热时间不宜过长的食品。

(4) "闪光18"杀菌法 ("flash 18" sterilizer) "闪光18"杀菌法需用"闪光18"设备来完成,它也属于无菌灌装设备。这种设备有个圆柱形的加压室供装罐和封罐用,两端有加压和减压气阀,食品和空罐的入口都有气闸装置。操作时将食品高温短时杀菌后直接送入加压室,加压室内的压力控制在液体不致沸腾的水平下,在此气压下装罐和密封,然后在装罐温度下维持4~5min,使食品在冷却前充分杀菌煮熟。加压室内可采用常规的装罐、密封和其他设备。此外,由于此法密封是在高温下完成的,因此空罐不必预先杀菌,装罐、密封也无需采用无菌条件。

(5) 超高压杀菌法 (ultra-high pressure sterilizer) 超高压杀菌是将密封在容器中的食品,经100MPa以上加压处理后,达到抑制或杀灭微生物的生长繁殖,从而获得长期保藏食品的目的。一般是采用液体压缩装置产生高压,而不用高压气体装置。液压又分为泵加压式和活塞加压式。生产规模目前仍以泵加压式分批处理的装置为主,当液状食品处理量大时,就需要使用连续式批量处理的高压容器,通过进料、加压、保压、减压、出料的工序反复循环进行,达到连续批量生产,其最高生产能力可达4000kg/h的产品。用于高压处理食品的包装材料及容器,必须适应高压工艺的要求,如能在受压下变形,材料具有良好的可挠性,容器灌装后残留空隙要小,加压处理及减压后能恢复容器原形状;通过试验研究证明,采用塑料袋抽真空后加热熔封袋口较好。用于高压处理的塑料袋和软包装罐头蒸煮袋或无菌包装所用复合铝箔塑料薄膜袋基本相近,外层用聚酯薄膜或尼龙定向膜,中间层用铝箔或SiO-聚酯、聚偏二氯乙烯薄膜,内层用非定向聚丙烯或聚乙烯。

(五) 冷却

1. 冷却的目的

罐头加热杀菌结束后应迅速进行冷却 (cooling),因为热杀菌结束后的罐内食品仍处于高温状态,仍然受着热的作用,如不立即冷却,罐内食品会因长时间的热作用而造成色泽、风味、质地及形态等的变化,使食品品质下降;同时,不急速冷却,较长时间处于高温下,还会加速罐内壁的腐蚀作用,特别是对含酸高的食品来说;较长时间的热作用为嗜热性微生物的生长繁殖创造了条件。冷却的速度越快,对食品的品质越有利。

2. 冷却的方法

罐头冷却的方法根据所需压力的大小可分为加压冷却和常压冷却两种。

(1) 加压冷却 加压冷却也就是反压冷却。杀菌结束后的罐头必须在杀菌釜内在维持一定压力的情况下冷却,主要用于一些在高温高压杀菌,特别是高压蒸汽杀菌后容器易变形、损坏的罐头。通常是杀菌结束关闭蒸汽阀后,在通入冷却水的同时通入一定的压缩空气,以维持罐内外的压力平衡,直至罐内压力和外界大气压相接近方可撤去反压。此时罐头可继续在杀菌釜内冷却,也可从釜中取出在冷却池中进一步冷却。

(2) 常压冷却 常压冷却主要用于常压杀菌的罐头。罐头可在杀菌釜内冷却,也可在冷却池中冷却,可以泡在流动的冷却水中浸冷,也可采用喷淋冷却。喷淋冷却效果较好,因为喷淋冷却的水滴遇到高温的罐头时受热而汽化,所需的汽化潜热使罐头内容物的热量很快散去。

3. 冷却时应注意的问题

罐头冷却所需要的时间随食品的种类、罐头大小、杀菌温度、冷却水温等因素而异。但无论采用什么方法，罐头都必须冷透，一般要求冷却到 38~40℃，以不烫手为宜。此时罐头尚有一定的余热，以蒸发罐头表面的水膜，防止罐头生锈。

用水冷却罐头时，要特别注意冷却用水的卫生。因为罐头食品在生产过程中难免受到碰撞和摩擦，有时在罐身卷边和接缝处会产生肉眼看不见的缺陷，这种罐头在冷却时因食品内容物收缩，罐内压力降低，逐渐形成真空，此时冷却水就会在罐内外压差的作用下进入罐内，并因冷却水质差而引起罐头腐败变质。一般要求冷却用水必须符合饮用水标准，必要时可进行氯化处理，处理后的冷却用水的游离氯含量控制在 3~5mg/kg。

玻璃瓶罐头应采用分段冷却，并严格控制每段的温差，防止玻璃罐炸裂。

第五节 罐头食品常见质量问题及控制

（一）罐头胀罐

合格罐头其底盖中心部位略平或呈凹陷状态。当罐头内部的压力大于外界空气的压力时，底盖鼓胀，形成胀罐（bulged can），或称胖听。从罐头的外形看，可分为软胀和硬胀，软胀包括物理性胀罐及初期的氢胀或初期的微生物胀罐。硬胀主要是微生物胀罐，也包括严重的氢胀罐。

1. 物理性胀罐

（1）原因　罐头内容物装得太满，顶隙过小，加热杀菌时内容物膨胀，冷却后即形成胀罐；加压杀菌后，消压过快，冷却过速；排气不足或贮藏温度过高；高气压下生产的制品移置低气压环境里等，都可能形成罐头两端或一端凸起的现象，这种罐头的变形称为物理性胀罐。此种类型的胀罐，内容物并未坏，可以食用。

（2）防止措施　①应严格控制装罐量，切勿过多。②注意装罐时，罐头的顶隙大小要适宜，要控制在 3~8mm。③提高排气时罐内的中心温度，排气要充分，封罐后能形成较高的真空度，即达 3999~5065Pa。④加压杀菌后的罐头消压速度不能太快，使罐内外的压力较平衡，切勿差距过大。⑤控制罐头制品适宜的贮藏温度（0~10℃）。

2. 化学性胀罐（氢胀罐）

（1）原因　高酸性食品中的有机酸（果酸）与罐头内壁（露铁）起化学反应，放出氢气，内压增大，从而引起胀罐，这种胀罐虽然内容物有时尚可食用，但不符合产品标准，以不食为宜。

（2）防止措施　①防止空罐内壁受机械损伤，以防出现内壁露铁现象。②空罐宜采用涂层完好的抗酸全涂料钢板制罐，以提高对酸的抗腐蚀性能。

3. 细菌性胀罐

（1）原因　由于杀菌不彻底或罐盖密封不严细菌重新侵入而分解内容物，产生气体，使罐内压力增大而造成胀罐。

（2）防止措施　①对罐藏原料充分清洗或消毒，严格注意加工过程中的卫生管理，防止原料及半成品的污染。②在保证罐头食品质量的前提下，对原料的热处理（预煮、杀菌等）必须充分，以消灭产毒与致病的微生物。③在预煮水或糖液中加入适量的有机酸（如柠檬酸等），降低罐头内容物的pH，提高杀菌效果。④严格封罐质量，防止密封不严而造成泄漏，冷却水应符合食品卫生要求，或用经消毒处理的冷却水更为理想。⑤罐头生产过程中，及时抽样保温处理，发现染菌问题，要及时处理。

（二）罐壁的腐蚀（corrosion）

1. 影响因素

①氧气：氧对金属是强烈的氧化剂。在罐头中，氧在酸性介质中显示很强的氧化作用。因此，罐头内残留氧的含量对罐头内壁腐蚀是个决定性因素。氧含量越多，腐蚀作用越强。

②酸：水果罐头一般属酸性或高酸性食品，含酸量越多，腐蚀性越强。当然，腐蚀性还与酸的种类有关。

③硫及含硫化合物：果实在生长季节喷施的各种农药中含有硫，如波尔多液等。硫有时在砂糖中作为微量杂质而存在。当硫或硫化物混入罐头中也易引起罐壁的腐蚀。此外，罐头中的硝酸盐对罐壁也有腐蚀作用。

④湿度：环境相对湿度过高，则易造成罐外壁生锈、腐蚀乃至罐壁穿孔。

2. 防止措施

①对采前喷过农药的果实，加强清洗及消毒，可用0.1%盐酸浸泡5~6min，再冲洗，以助脱去农药。

②对含空气较多的果实，最好采取抽空处理，尽量减少原料组织中空气（氧）的含量，进而降低罐内氧的浓度。

③加热排气要充分，适当提高罐内真空度。

④注入罐内的糖水要煮沸，以除去糖中的SO_2。

⑤对于含酸或含硫高的内容物，则容器内壁一定要采用抗酸或抗硫涂料。

⑥罐头制品贮藏环境相对湿度不应过大，以防罐外壁锈蚀，所以，罐头制品贮藏环境的相对湿度应保持在70%~75%。此外，要在罐外壁涂防锈油。

（三）变色及变味

许多果蔬罐头在加工过程或在贮藏运销期间，常发生变色、变味的质量问题，这是果蔬中的某些化学物质在酶或罐内残留氧的作用下或长期贮温偏高而产生的酶褐变和非酶褐变所致。

罐头内平酸菌（如嗜热性芽孢杆菌）的残存会使食品变质后呈酸味，而从罐头外表很难辨别罐头的好坏。

橘络及种子的存在，使制品带有苦味。

防止措施如下：

①选用含花青素及单宁低的原料制作罐头。如加工桃罐头时，核洼处的红色素应尽量去净。对绿色蔬菜原料，应尽量减少工艺过程的受热时间。

②加工过程中，对某些易变色的品种如苹果、梨等，去皮、切块后，迅速浸泡在10~20g/L稀盐水或稀酸中护色。此外，果块抽空时，防止果块露出液面。

③装罐前根据不同品种的制罐要求，采用适宜的温度和时间进行烫漂处理，破坏酶的活

力，排除原料组织中的空气。

④加注的糖水中加入适量的抗坏血酸等食品抗氧化剂，对苹果、梨、桃等有防止变色效果。但需注意抗坏血酸脱氢后，存在对空罐腐蚀及引起非酶褐变的缺点。

⑤苹果酸、柠檬酸等有机酸的水溶液，既能对半成品护色，又能降低罐头内容物的 pH，从而降低酶褐变的速率。因此，原料去皮、切分后应浸泡在 1~2g/L 柠檬酸溶液中，另外糖水中加入适量的柠檬酸有防褐变作用。

⑥配制的糖水应煮沸，随配随用。如需加酸，加酸的时间不宜过早，避免蔗糖的过度转化，否则过多的转化糖遇氨基酸等易产生非酶褐变。

⑦加工中，防止果实（果块）与铁、铜等金属器具直接接触，所以要求用具要用不锈钢制品，并注意加工用水中金属离子含量不宜过多。

⑧加工前要注意原料的新鲜卫生，并充分清洗干净。尽量缩短工艺流程，防止半成品积压和污染。杀菌要充分，以杀灭平酸菌之类的微生物，防止制品酸败。

⑨橘子罐头，其橘瓣上的橘络及种子必须去净，选用无核橘为原料更为理想。

⑩控制仓库的贮藏温度，温度低，褐变轻，高温会加速褐变。

（四）罐内汁液的混浊和沉淀

混浊（clouding）和沉淀（precipitating）现象产生的原因有多种：加工用水中钙、镁等金属离子含量过高（水的硬度大）；原料成熟度过高，热处理过度，罐头内容物软烂；制品在运销中振荡过剧，而使果肉碎屑散落；保管中受冻，化冻后内容物组织松散、破碎；微生物分解罐内食品等。应针对上述原因，采取相应措施。

思考题

1. 简述罐藏容器的种类及各自的优点。
2. 高温处理是如何影响罐头保藏的？哪些因素会影响罐头热加工的效果？
3. 罐头胀罐有哪些类型？它们的胀罐机制和预防措施是什么？

第十三章

制汁保藏

本章目标与重点

学习目标：
1. 了解果汁及蔬菜汁的分类；
2. 掌握制汁工艺的流程；
3. 掌握果蔬汁质量问题及控制方法。

学习重点：
1. 制汁工艺流程及果蔬汁质量问题的控制方法；
2. 超高压技术在制汁工艺中的应用。

果蔬汁（fruit and vegetable juice）是指采用新鲜水果、蔬菜为原料，经挑选、清洗、破碎、酶解、榨汁或浸提、过滤、浓缩或调配、包装、杀菌等加工工序制成的汁液，并在规定贮藏条件下有一定的货架期。

中国人饮用果汁的历史悠久。我国古代有六种饮料。据《周礼·天官》记载"浆人"的职责是掌管六饮，即水、浆、醴、凉、医、酏。"水"最普通，"浆"包括各种酸浆、粥清浆、酪浆（即水浸小米或用奶酪制成的饮料）；"醴"相当于今日的醪糟，即甜米酒；"凉"为寒粥或滥，《礼记·内则》释"滥"为"诸（即干桃、干梅）和水也"；"医"即梅浆；"酏"即黍酒。可知六饮中果品饮料占 1/3。

古代饮料以甜味、酒味居上，甘蔗榨汁是上等饮料，《楚辞·宋玉·招魂》赋中记有"胹鳖炮羔，有柘浆些"，即以甘蔗（柘）的浆汁为饮料。贾思勰的《齐民要术》中有关于"梅瓜法"的记载，为用冬瓜（榨干）、乌梅汁、蜂蜜、杭汁、鲜橘汁、石榴、廉姜等多种果蔬原料配制的一种综合性食品。《齐民要术》中还增添了相当于今日咖啡、橘子精之类便于远行携带，可以随时冲服的酸枣麨、柰麨、林檎麨、杏麨等，为我国最早的速溶果粉饮料。

唐朝时虽然已经普遍饮茶，但饮蔗浆在上流社会中仍属高级享受。白居易诗中有"浆甜蔗节稠"，韩愈石榴诗中也有"味美蔗为浆"，可见他们都曾饮过蔗浆。此外，唐景文馆记中还记述了中书侍郎岑羲设茗，饮葡萄浆与学士等讨论经史的事。宋人孟元老在《东京梦华录》中，曾记述了北宋都城开封州桥夜市的热闹场面，文中便提到了"甘草冰雪凉水""荔枝膏"等多种冷饮。南宋后期的《武林旧事》记载了杭州当时很多饮料：甘豆汤、豆儿水、鹿梨浆、杨梅渴水、卤梅水、姜蜜水、木瓜汁、沈香水、雪泡缩脾饮、香薷饮、梅花酒、紫苏饮等。

元代的宫廷渴水类饮料（即现在的果子露饮料），种类繁多，有御方渴水、杨梅渴水、林檎渴水、木瓜渴水、五味渴水、葡萄渴水等。皆为浓果汁，添加蜂蜜增加风味。至今，一些果汁饮料、茶饮料大多沿袭古人制汤工艺，向其中添加蜂蜜。元代还有蜂蜜饮料"凤髓汤"和"温枣汤"，现今仍在饮用。蒙古人西征中亚时，最先喝到了"里木渴水"，"里木"即柠檬，便喜爱上这种酸甜的口感，随之带回了中原，成为元代的开国皇帝忽必烈最爱的饮品。

清代诗人郝懿行的《都门竹枝词》写道："底头曲水引流觞，暑到燕山自解凉。铜碗声声街里唤，一瓯冰水和梅汤"。其中的梅汤即酸梅汤。酸梅汤即是乌梅泡发以后，放上冰糖、蜂蜜、桂花一起熬煎，冰镇之后做成的消暑解渴佳品。自古以来酸梅汤就是上好的夏日饮品，清代经御膳房改进成为宫廷御用饮品，所谓"土贡梅煎"。

第一节 果蔬汁的分类

GB/T 10789—2015《饮料通则》中果蔬汁的分类如下。

1. 果蔬汁（浆）[fruit/vegetable juice（puree）]

以水果或蔬菜为原料，采用物理方法（机械方法、水浸提等）制成的可发酵但未发酵的汁液、浆液制品；或在浓缩果蔬汁（浆）中加入其加工过程中除去的等量水分复原制成的汁液、浆液制品，如原榨果汁（非复原果汁）、果汁（复原果汁）、蔬菜汁、果浆/蔬菜浆、复合果蔬汁（浆）等。

2. 浓缩果蔬汁（浆）[concentrated fruit/vegetable juice（puree）]

以水果或蔬菜为原料，从采用物理方法榨取的果汁（浆）或蔬菜汁（浆）中除去一定量的水分制成的，加入其加工过程中除去的等量水分复原后具有果汁（浆）或蔬菜汁（浆）应有特征的制品。

含有不少于两种浓缩果汁（浆），或浓缩蔬菜汁（浆），或浓缩果汁（浆）和浓缩蔬菜汁（浆）的制品为浓缩复合果蔬汁（浆）。

3. 果蔬汁（浆）类饮料 [fruit/vegetable juice（puree） beverage]

以果蔬汁（浆）、浓缩果蔬汁（浆）为原料，添加或不添加其他食品原辅料和（或）食品添加剂，经加工制成的制品，如果蔬汁饮料、果肉（浆）饮料、复合果蔬汁饮料、果蔬汁饮料浓浆、发酵果蔬汁饮料、水果饮料等。

第二节 制汁工艺技术

一、加工工艺流程

1. 澄清果蔬汁加工工艺流程

原料→分级→清洗→挑选→切分→加热→破碎→榨汁→酶解处理→澄清→过滤→调配→脱气→灌装→杀菌→冷却→检测→成品

2. 混浊果蔬汁加工工艺流程

原料→分级→清洗→挑选→切分→加热软化→破碎→打浆取汁→离心除渣→过滤→调配→均质→脱气→灌装→杀菌→冷却→检测→成品

3. 浓缩果蔬汁加工工艺流程

原料→分级→清洗→挑选→切分→加热→破碎→打浆→榨汁→酶解处理→澄清→过滤→浓缩→灌装→杀菌→冷却→检测→成品

二、各类果蔬汁加工技术要点

果蔬汁原料预处理及其取汁详见第九章。

1. 澄清（defecation）

果蔬汁清汁的澄清处理工序，主要目的是去除果蔬汁中的悬浮物或混浊物，其主要成分是果胶、纤维素和果渣（如皮、子等）。果蔬汁生产上常用的澄清方法有：

（1）明胶单宁澄清法 鲜榨的果蔬汁含有少量的单宁，单宁与明胶或鱼胶、干酪素等蛋白质物质结合，可形成明胶单宁酸盐的络合物，果蔬汁中的悬浮颗粒随着络合物的下沉而随之沉淀。此外，果蔬汁中的果胶、纤维素、单宁及多缩戊糖等带有负电荷，酸介质、明胶带正电荷，当正负电荷微粒相互作用而凝集沉淀时，即可使果蔬汁澄清。一般每100L果汁需明胶20g左右，单宁10g左右。使用时需将所需明胶和单宁配成1g/L溶液，缓慢加入果汁中，并混合均匀。

（2）加酶澄清法 通常所说的果胶酶是指分解果胶的多种酶的总称。在50~55℃以内，果胶酶的酶促反应随温度升高而加速；超过55℃时，酶因高温作用而钝化，反应速度反而减缓。酶制剂澄清所需要的时间决定于温度、果蔬汁的种类、酶制剂的种类和数量，低温所需时间长，高温所需时间短。澄清果蔬汁时，酶制剂用量是根据果蔬汁的性质和果胶物质的含量及酶制剂的活力来决定的。一般榨出的新鲜果蔬汁未经加热处理，可直接加入酶制剂，这样果蔬汁中天然果胶酶可起协同作用，使澄清作用较经过加热处理的果汁更快。酶制剂还可与明胶结合使用，如苹果汁的澄清，果蔬汁加酶制剂作用20~30min后加入明胶，在20℃下进行澄清，效果良好。

（3）冷冻澄清法 冷冻可改变胶体的性质，而在解冻时形成沉淀，故混浊的果蔬汁经冷冻后容易澄清。这种作用对于苹果汁特别明显。葡萄汁、草莓汁和柑橘汁也可利用冷冻法澄清果汁。

（4）加热澄清法 果蔬汁中的胶体物质加热时易凝聚，并形成沉淀。具体做法是：在80~90s内，将果蔬汁加热到80~82℃，然后以同样短的时间冷却至室温。由于温度的剧变，使果蔬汁中的蛋白质和其他胶体物质变性，凝固析出，使果蔬汁澄清。可采用密闭管式热交换器或瞬时巴氏杀菌器进行加热和冷却。

2. 过滤（filtration）

为了得到澄清透明且稳定的果蔬汁，澄清之后的果蔬汁必须经过过滤，目的在于除去细小的悬浮物质。设备主要有硅藻土过滤机、纤维过滤器、板框压滤机、真空过滤器、离心分离机及膜分离设备等。过滤速度受到过滤器孔大小、施加压力、果蔬汁黏度、悬浮颗粒的密度和大小、果蔬汁的温度等的影响。无论采用哪一种类型的过滤器，都必须减少压缩性的组织碎片淤塞滤孔，以提高过滤效果。

（1）硅藻土过滤机过滤　它是果汁、果酒及其他澄清饮料生产使用较多的方法。硅藻土具有很大的表面积，既可作过滤介质，又可以把它预涂在带筛孔的空心滤框中，形成厚度约1mm的过滤层，具有阻挡和吸附悬浮颗粒的作用。它来源广泛、价格低廉、过滤效果好，因而在小型果汁生产企业中广泛应用。

硅藻土过滤机由过滤器、计量泵、输液泵以及连接的管路组成。过滤器的滤片平行排列，结构为两边紧覆着细金属丝网的板框，滤片被滤罐罩在里面。

（2）板框过滤机过滤　它是另一用途广泛的方法，它的过滤部分由带有两个通液环的过滤片组成，过滤片的框架由过滤纸板密封相隔形成一连串的过滤腔，过滤依所形成的压力差而达到。过滤量和过滤能力由过滤板数量、压力和流出量控制。该机也是目前常用的分离设备之一，常作为果汁进行超滤澄清的前处理设备，对减轻超滤设备的压力十分重要。

（3）离心分离　它同样是果蔬汁分离的常用方法，在高速转动的离心机内悬浮颗粒得以分离，有自动排渣和间隙排渣两种。缺点为混入的空气增多。

（4）真空过滤　是加压过滤的相反例子，主要利用压力差来过滤。过滤前的真空过滤器的滤筛上涂一层厚6.7cm的硅藻土，滤筛部分浸在果汁中，过滤器以一定速度转动，均一地把果汁带入整个过滤筛表面。过滤器内的真空使过滤器顶部和底部果汁有效地渗过助滤剂，损失很少。由一特殊阀门来保持过滤器内的真空和果汁的流出。过滤器内的真空度一般维持在84.6kPa。

（5）纸板过滤-深过滤　深过滤过滤片是一种使用广泛、效率较高和比较经济的过滤工艺。利用深过滤过滤片所分离物质的范围可以从直径为几微米的微生物到分子大小的颗粒，可用于粗过滤、澄清过滤、细过滤及除菌过滤等。

由纤维素和多孔的材料构成的深过滤过滤片，具有一个三维空间和迷宫式的网状结构，每平方米过滤面积的过滤片有几千平方米的内表面积，使其具有非常高的截留混浊物的能力，特别适用于胶质或有些黏稠的混浊物，因此越来越广泛地被用于果汁厂分离澄清工艺中。

（6）超滤法（ultrafiltration）　在果汁澄清工艺中所采用的膜主要是超滤膜（管式膜、平面膜和空心纤维膜三种类型），膜材料有陶瓷膜、聚砜膜、磺化聚砜膜、聚丙烯腈膜及共混膜等。用超滤膜澄清的果汁无论从外观还是从加工特性上都优于其他澄清方法制得的澄清汁。超滤分离由于其材料、断面物理状态的不同，在果汁生产上的应用也不同。平板式超滤膜组件使用较为广泛。其原理和形式与常规的过滤设备相类似，优点是膜的装填密度高、结构紧凑牢固、能承受高压、工艺成熟、换膜方便、操作费用也较低。但浓差极化的控制较困难，特别是在处理悬浮颗粒含量高的液体时，膜常会被堵塞。另一种在果汁分离工艺中广泛应用的是陶瓷处理膜，该膜具有耐温、耐酸碱、耐化学腐蚀、不需经常更换等优点，因上述优点，该类膜已成为当今果汁超滤大规模生产的主要材料。但该材料一次性投资较大，更换膜材料技术要求较高。

3. 均质

均质（homogenization）是将果蔬汁通过一定的设备使其中的细小颗粒进一步破碎，使果胶和果蔬汁亲和，保持果蔬汁均一性和稳定性的操作。生产上常用的均质机械有高压均质机和胶体磨。

果蔬汁的清汁不需要进行均质处理，但如果添加了果胶、黄原胶等稳定剂则要进行均质处理。带果肉的物料均质前有必要采用胶体磨破碎细化，以保证果肉能顺利进入均质机中并达到理想的均质效果。胶磨后的果蔬混浊汁可通过均质机处理进一步使果肉颗粒破碎，使果胶、水和果蔬汁其他成分亲和，保持果汁的均一性和稳定性。生产中采用的均质机压力随果蔬种类、物料温度及要求的颗粒大小而异，一般在30~60MPa，可根据产品稳定性指标要求进行1~2次均质处理。均质前提高物料温度可增加均质效果，一般带果肉果蔬汁的温度为45~65℃。

超高压均质技术（high pressure homogenization，HPH）是一项果汁加工新技术，其利用高压使液体物料高速流过狭窄缝隙，受到强大剪切力，剪切后的液体物料因冲击设备内壁而产生强大撞击力以及因静压力突降与突升而产生的空穴爆炸力等综合作用，能更均匀地相互混合，并使物料细化，从而使整个产品体系更加稳定。果蔬汁加工中，HPH能够破坏食品基质和果蔬汁细胞的完整性，将细胞破碎成碎片，从而降低果蔬汁的平均粒径，增强果蔬汁稳定性。随着均质压力增加，机械作用越强，果蔬汁平均粒径越小，果蔬汁稳定性越强。HPH处理可将果蔬汁进行细化、混合，较好地保持食品中原有营养成分、风味和色泽等，具有短时、快速、高效的特点。目前，HPH的压力可以达到400MPa，可将橙汁或胡萝卜汁等打至微米级甚至纳米级别，有助于物理的稳定性和人体的消化吸收。研究表明，HPH对苹果果肉果汁的颗粒有明显的微细化作用，小于$3\mu m$的颗粒的含量随均质压力的升高而增加，这是HPH使苹果果肉、果汁稳定的主要因素。

4. 脱气

果蔬组织内有空气存在，原料在破碎、取汁、均质、胶磨和搅拌、输送等工序中都可能混入空气，而空气中的氧气可与果汁中的一些营养成分、酚类物质和色素等成分发生氧化反应导致营养损失和褐变，并对货架期产生影响，因此，果蔬汁脱气（deaeration）工序是非常有必要的。工业化生产中最简单、经济的脱气方法是真空脱气，也有采用充氮气置换空气的方法。该处理是在真空脱气罐内完成，一般是使果汁分散成薄膜或雾状，方法有离心喷雾、加压喷雾和薄膜式三种。一般果汁温度要比真空罐内绝对压力所相应的温度高2~3℃。果汁温度，热脱气为50~70℃，常温脱气为20~25℃。一般脱气罐内的真空度为0.0907~0.0933MPa。真空脱气过程低沸点芳香物质被气化脱除，风味有损失，可增加芳香物回收装置进行风味物质的回收，并在后续加工中回添到果蔬汁中。

5. 浓缩

浓缩果蔬汁较之直接饮用汁具有很多优点。它容量小，可溶性固形物含量可高达65%~75%，可节省包装和运输费用，便于贮运；果蔬汁的品质更加一致；糖、酸含量的提高，增加了产品的保藏性；浓缩汁用途广泛，可作为各种食品的基料，也是果汁进出口贸易的主要形式，橙汁和苹果汁尤以浓缩形式为多。

加工果蔬浓缩汁、浆产品时常用物理浓缩方法，即在真空状态下，使果蔬汁沸点下降，加热沸腾，使水分分离出来。该处理由真空浓缩设备完成，目前浓缩设备有强制循环蒸发式（图13-1）、降（升）膜蒸发式、平板（片状）蒸发式、搅拌蒸发式和离心薄膜蒸发式等。浓缩浆类一般采用强制循环式浓缩（如番茄酱、胡萝卜浆、山楂浆、梨浆等），而浓缩汁类常采用降（升）膜蒸发或离心薄膜蒸发（如浓缩苹果汁、菠萝汁、石榴汁等）。对热敏性果蔬汁可采用超滤和反渗透等膜浓缩法，整个膜浓缩过程的温度不高，可在常温下进行，一般只用于果蔬清汁的预浓缩，其浓缩倍数不高，一般可达2~3倍。冷冻浓缩技术在热敏性果蔬浓缩汁（如浓缩橙汁）的加工中也得到了应用，其主要特点就是果汁能在低温状况下进行不加热浓缩。这种制品能保存原来的芳香物质、色泽和营养成分。但用冷冻浓缩法所得的果汁其可溶性物质的含量最高只能达到50%，且存在果汁预冷、冻结耗能大、冷冻果汁与冰分离不充分等缺点，因而没有普及。

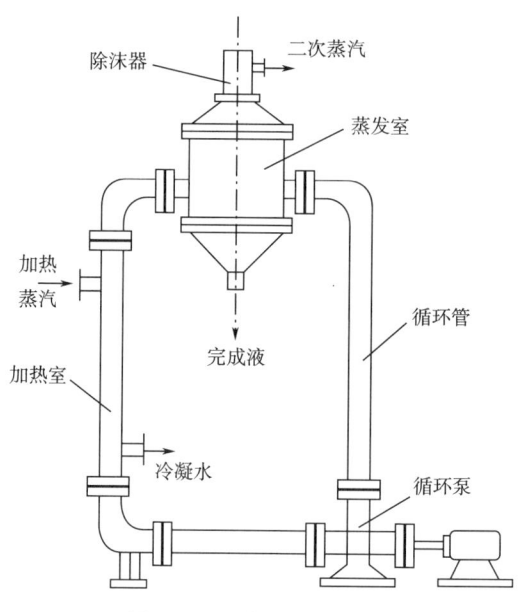

图13-1　强制循环蒸发器图

6. 芳香物回收

芳香物回收（fragrant substance recovery）装置是真空浓缩果蔬汁生产线的重要组成部分，能回收苹果8%~10%、黑醋栗10%~15%、葡萄、甜橙26%~30%的芳香物质。在回收设备的精馏塔中，含有丰富芳香物质的水蒸气的芳香物质浓度不断增大，最后以芳香物质浓缩液的形式分离出来。芳香成分分离、回收后可在后段工序中再加到浓缩果汁中，也可将浓缩蒸发的蒸汽进行分离、回收、浓缩后再回加到果汁产品中或作为高附加值的天然香精使用。工业化生产的甜橙、柠檬、葡萄、西番莲、苹果、杏、桃和菠萝等果品应用较多。

7. 杀菌

果蔬汁杀菌（sterilization）的方法和技术有多种，主要分为热力杀菌法和非热力杀菌法。前者主要通过加热处理达到杀菌目的，如最常用的巴氏杀菌法和高温瞬时杀菌法等。果汁的非热力杀菌主要包括物理杀菌和化学杀菌。物理杀菌主要有辐照杀菌、紫外线杀菌、超高压杀菌、高压脉冲电场杀菌、磁场杀菌、脉冲强光杀菌和超声波灭菌等。美国FDA已规定鲜榨果蔬汁采用非热力杀菌处理后其目标菌的减菌程度要求达到5个对数周期。化学杀菌主要是指在加工中添加抑菌剂和防腐剂，如臭氧、氧化电位水、二氧化氯、二氧化硫、乳酸链球菌素和苯甲酸盐等。比较安全和经济的果汁杀菌方法是热力杀菌方法。对酸性产品而言，其pH<4.5，A_w>0.85，杀菌的对象菌一般为非芽孢菌，一般在85~100℃条件下处理数分钟即可。高温短时（HTST）杀菌是将食品加热到100℃以上，常用的杀菌温度在110~135℃，杀菌时间为3~10s。果蔬汁杀菌要求达到商业无菌，即指将果蔬汁中的病原菌、产毒菌以及腐败菌全部杀死，但并非完全无菌，仍可能存在耐热的无害细菌芽孢，它们在处理后的果蔬汁环境中不能繁殖。

近年来，一些新型非热加工杀菌技术被广泛应用，超高压技术（high hydrostatic pressure,

HHP）便是其中一种，设备如图13-2所示。其是将食品物料密封在柔性容器中，以水或其他液体（食用油、甘油、油与水的乳浊液等）作为传压介质，在常温或稍高于常温（25~60℃）下进行100~1000MPa的加压处理，维持一定时间以达到灭菌要求。与巴氏杀菌等热力杀菌相比，HHP具有处理温度低、营养损失少等优点。利用HHP处理新鲜果蔬汁，不仅可以有效杀灭果蔬汁中的微生物，同时还能使果汁中的营养成分，特别是热敏性的营养成分和易挥发的香气成分得到很好的保留。国际

超高压技术

上，HHP杀菌技术在NFC"冷榨"果蔬汁市场中逐渐占据越来越大的份额。早在2001年，超高压技术就被美国FDA批准应用于果蔬汁加工，并被誉为"当今世界十大尖端技术之一"。许多大型跨国公司都有采用HHP技术生产的NFC果蔬汁系列产品。近年来，我国超高压果蔬汁生产应用也逐渐发展。此外，超高压技术与速冻技术的联合使用有效提高了果蔬浆等高端基料的品质，大大助推了现制饮品行业的发展。

图13-2 超高压设备图

8. 灌装（filling）

果汁灌装方法有热灌装、冷灌装和无菌灌装等。热灌装是将果汁加热杀菌后立即灌装到清洗过的容器内，封口，将瓶子倒置10~30min，对瓶盖进行杀菌，然后快速冷却至室温。冷灌装是指果蔬汁在包装前先进行高温瞬时杀菌，然后快速冷却到30~40℃进行无菌灌装。该技术适合不耐热的PET瓶灌装。无菌灌装要求果蔬汁、包装容器和包装环境彻底杀菌，达到无菌条件后进行灌装、封口。无菌灌装采用的包装材料可用热成型的PET瓶或复合材料制成的利乐包，可采用过氧化氢、紫外线或化学与热相结合的方法等对包装容器杀菌。目前世界上使用最广泛的小包装无菌灌装设备，是利乐无菌灌装机，其包装容器是用纸、塑料薄膜和铝箔等7~8层复合包装材料制成的，也有采用铝箔或塑料复合袋进行包装的，主要用于液态饮料。目前我国无菌大包装灌装系统主要用于浓缩苹果汁（浆）、浓缩番茄酱（浆）等产品中，采用的容器主要是铝塑复合无菌袋，容量一般在10~1000L。我国常用的无菌袋分别是220L和1000L，220L无菌袋一般放在铁桶内，1000L无菌袋放在特制木箱内进行保藏和运输。包装袋在出厂前均进行γ射线杀菌处理，保证袋子无菌。袋上有明显的颜色标志，可以方便地发现袋子是否处于无菌状态。

第三节 果蔬汁常见质量问题与控制

1. 安全问题

果蔬原料微生物污染、农药残留是果蔬汁安全的主要问题。由于现代果蔬汁加工业的设备、检测和质量管理水平的提高,果蔬加工过程生物、化学和物理性的污染已不是主要的质量安全问题。但由于环境破坏、恶化及农药过量施用导致的果蔬原料微生物污染、化学污染和农药残留则是果蔬汁质量安全的威胁。例如,美国FDA规定苹果汁、浓缩苹果汁和苹果汁产品中的棒曲霉素含量<50μg/kg;欧盟严格限制含棒曲霉素食品的进口。加强并注重原料种植地和种植过程水、土、大气和农药施用的监测监管是保证原料质量安全和产品加工质量安全的根本保证。果蔬汁产品败坏主要表现在表面长霉,发酵产酸、产乙醇和二氧化碳等,微生物导致的果蔬汁败坏伴随有风味、色泽和组织状态的恶化。为避免果蔬汁败坏,加工中采用新鲜、无霉烂、无病害的果蔬原料榨汁,加强原料采摘、贮藏、运输的管理及加工过程原料的洗涤消毒和检测,严格工厂、车间环境和加工设备、管道和容器等的清洁卫生。

2. 营养问题

果蔬汁加工过程连续化程度低、工艺技术措施不当和过度氧化及加热等都会造成果蔬汁营养和功能成分的损失和破坏。维生素C、多酚、胡萝卜素和花青素等氧化,直接导致产品褐变、产生异味和抗氧化功能降低等。贮藏温度对果蔬汁中维生素C的保存有很大的影响,汁液中类胡萝卜素、花青素和黄酮类色素受贮藏温度、贮藏时间、氧、光和金属含量的影响。具体的技术措施有:①保持加工过程连续化,尽量缩短原料在各加工环节停留和在空气中暴露的时间;②适当添加抗氧化剂、酸味剂和酶抑制剂;③加强脱气处理;④采用避光隔氧包装容器;⑤采用合理杀菌工艺和方法;⑥产品的运输贮藏要在较低的温度下进行。

3. 风味问题

果蔬的风味形成途径有果蔬体内生物合成、前处理过程酶直接或间接催化和加工处理与贮藏过程酶与非酶作用。在加工过程中果蔬的切分、去皮、漂烫、打浆等因氧化、酶促反应而影响风味,尤其在果蔬汁的加热杀菌过程中风味的变化和损失最明显。橘类果汁在加工过程中或加工后常易产生苦味,主要成分是黄烷酮糖苷类和三萜类化合物。前一类的有柚皮苷、橙皮苷、枸橘苷等苦味物质;后一类有柠檬素、诺米林、艾金卡等苦味物质。防止柑橘汁苦味感的技术措施有:①选择苦味物质含量少的柑橘品种;②采用柑橘专用挤压取汁设备,防止种子压碎;③可采用柚皮苷酶和柠碱前体脱氢酶水解苦味物质,可有效减轻苦味;④可在加工中增加苦味物质吸附、脱除工序。

对于果蔬汁,其保持良好风味的技术方法有:①选择风味优良的果蔬汁加工品种;②防止加工过程氧化,抑制酶促反应产生异味,注意保持或激活有利于风味产生的酶促反应;③减轻热力杀菌强度,可采用非热力杀菌处理;④可添加一定的风味剂或风味改良剂;⑤可采用冷链运输和贮藏。

4. 色泽问题

果蔬原料品种、成熟度和加工过程空气氧化、美拉德反应及酶促反应等对果蔬汁的色泽都有重要的影响。如对加工专用的胡萝卜、番茄、苹果、柑橘、草莓、葡萄和黑莓等都有特定的色泽质量要求。

具体控制措施有：①选用专用加工品种；②加强原料采摘和加工成熟度控制；③注意加工前处理过程和均质、灌装等工序的脱气处理；④适当添加抗氧化剂和天然色素；⑤控制适度的美拉德反应及酶促反应；⑥减轻杀菌强度；⑦控制适宜的运输、贮藏和货架温度。

5. 混浊与沉淀

瓶装混浊果蔬汁或带肉果汁保持均匀一致的状态对品质至关重要。澄清果汁要求汁液透明，混浊果汁要求有均匀的混浊度。若澄清果汁进行澄清处理的工艺不合理，将会使果胶或淀粉分解不完全造成后混浊；而混浊果蔬汁的果胶、蛋白质等的浓度、pH、离子强度、亲水与水合度等都会影响混浊果蔬汁的稳定性。具体技术措施有：①保证原料质量的稳定性；②澄清果汁应制定合理的澄清处理条件和检测标准；③选择合适的混浊果蔬汁稳定剂种类和添加量；④制定合理的打浆、胶磨、均质技术参数。

思考题

1. 澄清果蔬汁加工工艺流程是什么？澄清处理的方法有哪些？
2. 果蔬汁容易发生哪些质量问题？如何保持果蔬汁的良好风味？
3. 超高压杀菌技术的原理是什么？与热加工杀菌相比有何优势？

第十四章
果酒酿造

本章目标与重点

学习目标：
1. 掌握五大果酒酿造理论；
2. 掌握影响酒精发酵的主要因素；
3. 了解不同种类果酒的酿造工艺；
4. 掌握葡萄酒常见的病害及控制方法。

学习重点：
1. 果酒酿造理论；
2. 影响酒精发酵的主要因素。

以适宜水果为基础原料经过酒精发酵等工序环节酿制而成的含醇饮料称为果酒（wine）。中国的果酒起源很早，根据相关专家考证，最原始的果酒是野果自然发酵而成的，并不是由人工酿造。《蓬拢夜话》中有："黄山多猿猱，春夏采杂花果于石洼中，酝酿成酒，香气溢发，闻数百步"，这就是"猿猴酿酒"的记载，当时的山林中遍布果实，猿猴们将吃剩的果实、果皮等扔进岩洞，果实、果皮上的野生酵母菌使果实中的糖分发酵，变成酒浆，即形成了天然的果酒。直到后来，人类发现

中国果酒酿造的历史

了这种天然形成的果酒。可见，当人类还居住在洞穴中时，就知道采集野果、自然发酵、酝酿出酒，进而创造酿制果酒的人类文明活动。从人类社会发展史的角度看，中国果酒是人类最早发明的酒。

因果酒原料种类繁多，发酵工艺各具特色，其产品品种达千余种，但最具影响且产量最大的果酒当属葡萄酒，全世界的消费总量达2.32亿t，欧洲、美洲是主要的消费国，亚洲各国对葡萄酒的消费量日益增加。葡萄酒已成为世界性的饮料酒，因此本章仅以葡萄酒为例做介绍。

国际葡萄与葡萄酒组织（OIV）规定：葡萄酒只能是以破碎或未破碎的新鲜葡萄果实或葡萄汁经全部或部分酒精发酵而生产的饮料，其酒精度不得低于8.5%（以体积计）。根据气候、土壤条件、葡萄品种和一些葡萄产区特殊的质量因素或传统，允许某些特定地区的葡萄酒最低酒精度为7.0%。法国、西班牙、德国、意大利等国还立法对本国特定地区产的知名葡萄酒实行原产地保护，并要求在标贴上注明产地、酒商名称、酿造年份和专用葡萄品种。

第一节　果酒（葡萄酒）的分类

葡萄酒品种很多，分类方法各异，以下按葡萄酒的颜色、含糖量多少、葡萄酒中二氧化碳含量和加工方法等对其进行分类。

1. **按酒的颜色分类**

（1）白葡萄酒　颜色接近无色、浅黄、浅黄而略带绿、金黄或禾秆黄等。这类酒要求果香突出，可用不同品种葡萄酿制，在风味上要求有典型性。

（2）红葡萄酒　颜色为紫红、深红、鲜红、宝石红或红中稍有棕色，其颜色来自葡萄，不允许人工着色。

（3）桃红葡萄酒　颜色为浅红、桃红或玫瑰红，在风味上应果香与酒香兼备。

2. **按酒的含糖量分类**

（1）干葡萄酒　含糖量应≤4g/L，或者当总糖与总酸（以酒石酸计）的差值≤2g/L时，含糖量最高为9g/L的葡萄酒。这种酒感觉不出甜味，微酸爽口，具有柔和、协调、细腻的果香与酒香，按酒色可分为干白、干红、干桃红葡萄酒。

（2）半干葡萄酒　含糖量为4.1~12g/L，或者总糖与总酸的差值≤2g/L时，含糖量最高为18g/L的葡萄酒。

（3）半甜葡萄酒　含糖量为12.1~45g/L的葡萄酒，饮用时稍有甜味。

（4）甜葡萄酒　含糖量大于45g/L的葡萄酒，具有甘甜、醇厚适口的酒香与果香，其酒精度一般在15%左右，高的可达16%~20%。

3. **按酒中CO_2含量分类**

（1）平静葡萄酒　在20℃时，CO_2压力小于0.05MPa的葡萄酒称为平静葡萄酒（静止葡萄酒）。

（2）起泡葡萄酒　在20℃时，CO_2压力≥0.05MPa的葡萄酒称为起泡葡萄酒，其CO_2全部来源于葡萄酒经密闭容器自然发酵产生，其可分为：

①当CO_2压力在0.05~0.25MPa，称为低起泡葡萄酒（或葡萄汽酒）。

②当CO_2压力≥0.35MPa，称为高起泡葡萄酒。

（3）葡萄汽酒　CO_2是由人工方法加入，称为加气起泡葡萄酒或汽酒。

4. **按加工方法分类**

（1）发酵酒（fermented wine）　发酵酒是将果实经过一定处理，取其汁液，经酒精发酵和陈酿而制成。发酵酒的酒精度比较低，多数在10%~13%（体积分数）。在发酵果酒中，葡萄酒占的比重最大，包括红葡萄酒和白葡萄酒。

（2）蒸馏酒（distilled liquor）　是将果实进行酒精发酵后再经过蒸馏、贮藏而酿成的酒，又名白兰地。通常所称的白兰地，是指以葡萄为原料的白兰地。以其他水果酿造的白兰地，应冠以原料水果的名称，如樱桃白兰地等。饮用型蒸馏果酒，其酒精度多为40%~55%。

（3）特种葡萄酒　是原料为鲜葡萄、葡萄汁或葡萄酒，按特种工艺加工制作的葡萄酒。特种葡萄酒可分为：

①加强葡萄酒：在发酵后的原酒中添加白兰地或食用蒸馏酒精或葡萄酒经以及葡萄汁、浓缩葡萄汁、含焦糖葡萄酒等，酒精度为15%～22%的葡萄酒。中国浓甜葡萄酒大部分采用此法生产。

②添香葡萄酒：以葡萄酒为酒基浸泡芳香植物或添加芳香植物的浸出液，再经调配制成的，酒精度为11%～24%的葡萄酒。其典型酒为味美思，或者添加药材制成的滋补型葡萄酒。

③冰葡萄酒：将葡萄推迟采收，当气温低于-7℃，使葡萄在树枝上保持一定时间，结冰，采收，在结冰状态下压榨，不允许外加糖发酵酿制的葡萄酒。

④贵腐葡萄酒：在葡萄的成熟后期，葡萄果实感染了灰绿葡萄孢，使果实的成分发生了明显的变化，用这种葡萄酿制而成的葡萄酒。

⑤产膜葡萄酒：产膜葡萄酒是葡萄汁经过全部酒精发酵，在酒的自由表面产生一层典型的酵母膜后，加入葡萄白兰地、葡萄酒或食用酒精，所含酒精度≥15.0%的葡萄酒。

⑥低纯葡萄酒：采用鲜葡萄或葡萄汁经全部或部分发酵，采用特种工艺加工而成的、酒精度为1.0%～7.0%的葡萄酒。

⑦无醇葡萄酒：采用鲜葡萄或葡萄汁经全部或部分发酵，采用特种工艺加工而成的、酒精度为0.5%～1.0%的葡萄酒。

⑧山葡萄酒：山葡萄酒是采用鲜山葡萄或山葡萄汁经过全部或部分发酵酿制而成的葡萄酒。

第二节　果酒酿造理论

果酒的酿制包括果酒酵母菌将果汁（浆）中的糖类分解成乙醇、CO_2 和其他副产物的反应过程及在陈酿澄清过程中进行的酯化、氧化还原与沉淀等作用。其主要酿造与作用原理分述如下。

一、酒精发酵

酒精发酵（alcohol fermentation）是指果汁中葡萄糖、果糖等六碳糖在酵母菌酶系的作用下，通过一系列复杂的化学反应和变化，且有许多化学反应和中间产物生成，最终产生乙醇和 CO_2 的过程。只有果汁中的葡萄糖和果糖可直接被酒精发酵利用，果汁中的蔗糖和麦芽糖需通过酵母菌产生的分解酶和转化酶作用生成葡萄糖和果糖后，才可参与酒精发酵。而果汁中的戊糖、木糖和核酮糖等则不能被酒精发酵利用。酒精发酵的主要过程有：①葡萄糖磷酸化，生成活泼的1,6-二磷酸果糖；②1分子1,6-二磷酸果糖分解为2分子的磷酸丙酮；③3-磷酸甘油醛转变成丙酮酸；④丙酮酸脱羧生成乙醛，乙醛在乙醇脱氢酶的催化下，还原成乙醇。具体的化学反应有：

1. 糖分子的裂解

糖分子的裂解包括将己糖分解为丙酮酸的一系列反应，其反应步骤有：

（1）己糖磷酸化　通过己糖磷酸化酶和磷酸己糖异构酶的作用，将葡萄糖和果糖转化为1,6-二磷酸果糖的过程。

（2）1,6-二磷酸果糖分裂为三碳糖　在醛缩酶的作用下，1,6-二磷酸果糖分解为3-磷酸甘油醛和磷酸二羟丙酮。

（3）3-磷酸甘油醛氧化为丙酮酸　在氧化还原酶的作用下，3-磷酸甘油醛转化为3-磷酸甘油酸，并在变位酶的作用下转化为2-磷酸甘油酸；2-磷酸甘油酸在烯醇化酶的作用下形成磷酸烯醇丙酮酸，再转化为丙酮酸。

2. 丙酮酸（pyruvic acid）分解

在丙酮酸脱羧酶的催化下丙酮酸脱去羧基，生成乙醛和二氧化碳，乙醛则在氧化还原的情况下还原为乙醇，同时将3-磷酸甘油醛氧化为3-磷酸甘油酸。

3. 甘油（glycerin）发酵

在发酵时主要由磷酸二羟丙酮转化而来，也有一部分是由酵母细胞所含的卵磷脂分解而形成。在酒精发酵开始时，3-磷酸甘油醛转化为3-磷酸甘油酸反应必须有通过磷酸二羟丙酮的氧化作用提供的烟酰胺腺嘌呤二核苷酸（NAD）参加，并有甘油产生。当磷酸二羟丙酮氧化一分子还原型烟酰胺腺嘌呤二核苷酸（NADH）+H^+时，就形成一分子甘油。甘油发酵与酒精发酵是同时进行的，在发酵初期，甘油发酵占优势。在发酵中期，酒精发酵逐渐加强，而甘油发酵减弱。甘油可赋予果酒以清甜味，并且可使果酒口味圆润，对葡萄酒酒体的黏度和口感的影响较大。在葡萄酒中甘油的含量为6~10mg/L。

4. 发酵生成的其他产物

（1）乙醛（acetaldehyde）　乙醛主要是发酵过程中丙酮酸脱羧而产生的，也可能由乙醇直接氧化产生。葡萄酒中乙醛含量为0.02~0.06mg/L，有时高达0.3mg/L。乙醛是葡萄酒的香味成分之一，但过多的游离乙醛则使葡萄酒具氧化味。用SO_2处理会消除此味。这是因为乙醛和SO_2可结合形成稳定的亚硫酸乙醛，此种物质不影响果酒的风味。

（2）醋酸（acetic acid）　醋酸主要由乙醛氧化生成，乙醇也可氧化生成醋酸。在无氧条件下，乙醇的氧化很少。一般而言，果酒的发酵常不可避免地伴随有醋酸发酵，醋酸为挥发酸，风味强烈，在果酒中含量不宜过多，适量的醋酸可赋予果酒良好的风味，并有利于陈酿过程乙酸酯类的形成。在正常发酵的果酒中醋酸含量为0.2~0.3g/L。GB/T 15037—2006《葡萄酒》规定，葡萄酒的挥发酸（以酒石酸计）含量应≤1.2g/L。

（3）琥珀酸（succinic acid）　琥珀酸主要由乙醛反应生成，或者由谷氨酸脱氨、脱羧并氧化而生成。琥珀酸的存在可增进果酒的爽口性。琥珀酸在葡萄酒中含量一般低于1.0g/L。

（4）杂醇类（fusel alcohol）　果酒的杂醇主要有甲醇和高级醇。果酒中的甲醇主要来源于原料果实中果胶，果胶脱甲氧基生成低甲氧基果胶时即会形成甲醇。甲醇含量高对品质不利。此外，甘氨酸脱羧也会产生甲醇。在果酒的酒精发酵过程中，高级醇主要从代谢过程中的氨基酸、六碳糖及低分子酸中生成，还有一些来自酵母细胞本身的含氮物质及其所产生的高级醇，它们是异丙醇、正丁醇、异戊醇和丁醇等。这些醇的含量不高，但它们是构成果酒香气的重要成分。一般情况下含量很低，如含量过高，可使酒具有不愉快的粗糙感，且使人头痛致醉。

酒精发酵过程中所产生的乙醇达到一定浓度时，许多醇溶性的营养、风味和色素物质等才能够充分溶解并形成透明、清亮稳定的酒体，同时一定的乙醇浓度可控制果酒的缓慢发酵，并对有害微生物有抑制或致死作用，达到保持果酒风味和酒体稳定性的目的。

二、苹果酸-乳酸发酵

苹果酸-乳酸发酵（malolactic fermentation，MLF）是在乳酸菌作用下，将苹果酸分解为乳酸和二氧化碳的过程。引发苹果酸-乳酸发酵的乳酸菌（malolactic bacteria，MLB）分属于明串珠菌属（*Leuconostoc*）、乳杆菌属（*Lactobacillus*）、链球菌属（*Streptococcus*）和片球菌属（*Pediococcus*）。在葡萄酒酿造中常见的乳酸菌是酒类酒球菌和植物乳植杆菌，它们是异型乳酸发酵的细菌，会引起挥发酸增加。片球菌属会导致葡萄酒的败坏。研究证实，苹果酸-乳酸发酵是L-苹果酸在苹果酸脱氢酶（即苹果酸-乳酸酶）催化下直接转变成L-乳酸和二氧化碳的过程。该反应中苹果酸脱羧酶需要NAD^+作为辅酶，Mn^{2+}作为激活剂。葡萄酒进行苹果酸-乳酸发酵可降低葡萄酒的酸度，改变葡萄酒中酸的种类，从而达到改善酒的酸感和色泽的目的，并有利于葡萄酒果香味的形成和改进。该发酵过程应在葡萄酒的主发酵后尽早完成，一般陈酿过程含糖和苹果酸较低时要求抑制该反应，以保证葡萄酒获得较好的生物稳定性和风味。一般优质的红葡萄酒要进行苹果酸-乳酸发酵，这样可赋予葡萄酒特有的醇香，红葡萄酒变得醇厚、柔和。而白葡萄酒则不要求进行此发酵。当葡萄醪入池（罐）发酵时，发酵初期酵母菌发酵占优势，乳酸菌受到抑制，主发酵结束后，乳酸菌大量繁殖，开始苹果酸-乳酸发酵。在pH 3.1~4.0范围内，pH越高，发酵开始越快，pH<2.9时，发酵不能正常进行。在14~20℃范围内，苹果酸-乳酸发酵随温度升高而加快，结束也较早，低于15℃或高于30℃，发酵速度减慢。增加氧气会对苹果酸-乳酸发酵产生抑制作用；二氧化碳对乳酸菌的生长有促进作用。乳酸菌在酒精度低时生长更好，当酒精度超过12%时，苹果酸-乳酸发酵就很难进行，而葡萄酒的酒精度通常在10%~12%。SO_2在50μL/L以上时可抑制苹果酸-乳酸发酵。

三、酯类合成

果酒中酯类（esters）的合成主要通过陈酿和发酵过程中的酯化反应和发酵过程中的生化反应产生。该反应生成的酯类可赋予果酒独特的香味和风格，是葡萄酒芳香物的重要组成成分。酯化反应是指酸和醇生成酯的反应，该反应为可逆反应，主要受温度、浓度、pH、压力和氧化还原电位等因素的影响。当葡萄酒中的醇和酸达到一定浓度时，就会发生酯化反应，生成相应的酯类。

酯的含量随葡萄酒的成分和年限不同而异，新酒一般为176~264mg/L，老酒为792~880mg/L。酯在葡萄酒贮藏的头两年生成最快，以后则变慢。因为酯化反应是一个可逆反应，进行到一定程度就达到平衡，即使延长葡萄酒的贮藏时间，其酯类的产生量也是有限的。葡萄酒进行热处理可加速酯化反应，在葡萄酒贮存过程中，增加温度，酯的含量增加。调控有机酸种类、浓度和比例也可促进酯类的生成。例如，在混合酸中，以添加等量的乳酸和柠檬酸效果为最好。加酸量以0.1%~0.2%的有机酸为适当。氢离子是酯化反应的催化剂，在同样条件下，当pH降低一个单位，酯的生成量能增加一倍。如琥珀酸和乙醇的混合液，在100℃加热24h，溶液的pH为4时，琥珀酸有3.9%酯化，酯的生成量增加了一倍多。在同样条件下，因有机酸的种类和性质不同，其与乙醇酯化的速度也不相同。在pH为3时，将各种有机酸与乙醇的混合溶液加热至100℃，维持24h后，苹果酸有9%酯化，而醋酸只有2.7%酯化。微生物细胞内所含的酯酶是导致酯化反应的主要原因。有些酵母菌，如汉逊酵母（*Hansenula*）生成很少的醋酸和很多的乙酸乙酯。

四、氧化还原作用

无论是新酒还是老酒中都存在一定痕量的游离状的溶解氧。果酒在加工中由于表面接触、搅动、换桶、装瓶等操作会溶入一些氧。果酒在陈酿过程中,由于换桶以及贮藏期间通过桶壁的缝隙也会有少量的氧进入酒中。当每升果酒中含有数十毫升氧气时,果酒就会产生"过氧化味"或引起果酒中发生混浊。因此,在果酒陈酿过程中要防止渗入超量的氧。氧的消耗与温度、SO_2、氧化酶、Cu 和 Fe 等因素有关。高温时氧的消耗快,SO_2 加速氧的消耗,氧化酶、Cu、Fe 等也会加速氧的消耗。果酒中的单宁、色素、微量乳酸发酵所产生的 1,3-二羟丙酮和果汁中的维生素 C 等物质可能减轻或防止果酒的氧化反应,它们的存在赋予果酒较强的还原力,而果酒特有的芳香物质的形成正是果酒中的特殊成分被还原的结果。在有氧条件下,如向葡萄酒通气时,葡萄酒的芳香味就会逐渐减弱,强烈通气的葡萄酒则易形成过氧化味和出现苦涩味。在无氧条件下,葡萄酒形成和发展其芳香成分,即还原作用促进了香味物质的形成,最后香味的增强程度是由所达到的极限电位来决定的。在成熟阶段,需要氧化作用,以促进单宁与花色苷的缩合,促进某些不良风味物质的氧化,使易氧化沉淀的物质沉淀去除。而在酒的老化阶段,果酒以还原状态为主,以促进酒的芳香物质产生。葡萄酒酵母的繁殖取决于酒液中的氧化值,氧化还原电位的高低是刺激发酵或抑制发酵的因素之一。果酒较强的还原性利于果酒发酵的进行。

氧化还原作用(redox)还与酒的破败病有关,葡萄酒暴露在空气中,常会出现混浊、沉淀、褪色等现象。铁破败病与 Fe^{2+} 浓度有关,Fe^{2+} 被氧化成 Fe^{3+},电位上升,同时也就出现了铁破败病。氧化还原作用是果酒加工中一个重要的反应,它直接影响产品的品质。

五、澄清作用

果酒在陈酿(ageing)过程中,由于酒石的析出、单宁及色素的氧化沉淀、胶质物的凝固、单宁与蛋白质结合产生的沉淀,以及酵母细胞的存在等都会使果酒发生混浊。因此,果酒的澄清(defecation)处理是使其达到稳定澄清状态的必然工序。葡萄酒中含有大量的酒石酸,常温条件下呈溶解状态,但在低温条件下易形成不溶性酒石即酒石酸氢钾和酒石酸钙,这时葡萄酒会出现混浊。常采用的低温除酒石的方法是:鲜榨的葡萄汁经过除酒石机的快速冷却,大量酒石析出并进行分离除去;也可在酒的陈酿过程中通过降温使酒石析出并吸附在容器壁上而除去。也可在新酒中加入 50~100mg/L 的偏酒石酸使果酒数月之内不发生沉淀。果酒中有离子态的物质、分子态的物质以及胶体状的物质存在,就会使果酒发生混浊。酵母菌细胞及其碎屑、树胶、蛋白质、果胶物质和大分子色素等在酒中可以形成胶体溶液,该胶体中的颗粒由小变大,最终使果酒液变得混浊,这是果酒不稳定的主要原因。酵母细胞及其碎屑在陈酿过程中会在重力作用下自然沉淀,通过换桶除去沉淀物,也可通过过滤除掉。蛋白质、树胶和果胶物质等通常是通过添加一定量的溶解明胶使其沉淀而除去。果酒通过 1~2 年或数十年的陈酿后其芳香物质得以增加,苦涩味会因酚类物质(单宁)、糖苷(色素)的氧化聚合沉淀而减轻。同时由于酒石的析出和酯的形成酸度降低,口感趋于柔和。此外,一定时间的陈酿后,乙醇与水分子的缔合、有机酸、醇、水分子之间的缔合以及有机酸的相互缔合作用会使酒的风味更加柔和醇厚,酒色更加纯正。

第三节　酿造微生物及影响酒精发酵的主要因素

一、酿造微生物

酿造高品质果酒的保证和前提是必须有专用优良果酒酿造酵母菌，酵母菌（yeast）是果酒发酵的主要微生物，而酵母的种类很多，其生理功能各异，有良好的发酵菌种，也有危害性的菌种存在。果酒酿造须选择优良的酵母菌进行酒精发酵，同时要防止杂菌的参与。直接参与葡萄酒酿造的酵母有25个属约150种。目前，葡萄酒发酵多采用专用直投式活性干酵母接种发酵技术，省去了酵母菌多级扩培工序，并避免了杂菌污染，生产质量和效率大大提高。如用于干红葡萄酒酿造的活性干酵母有F5、F10、F15、ACTIFLORE BJL、Enoferm BDX 和 La I Vin 系列的 RC212、D254、D2323、T73、RA17、BM45 和 71B 等。用于干白葡萄酒酿造的活性干酵母有 VL1、VL3、ST、BO213、CY3079、R-HST、QA23、D47、EC1118、71B、DV10、DV254 和 KD 等。

除了酿造用的酵母菌外，在葡萄酒发酵过程中醭酵母和醋酸菌也常侵入参与活动，在发酵液表面繁殖，生成一层灰白色或暗黄色的菌丝膜。它们的氧化代谢力较强，将糖和乙醇分解为挥发酸、醛等物质，对酿酒危害极大。果酒酿造中常采用减少空气、添加 SO_2 处理和接种大量优良果酒酵母等措施来抑制其作用或将其完全杀死。乳酸菌在葡萄酒酿造中可将苹果酸转化为乳酸，使新葡萄酒风味、口感协调柔和，使酒体变得醇厚饱满，且增加了生物稳定性。但乳酸菌在有糖存在时，也可把糖分解成乳酸、醋酸等，使酒的风味变坏。葡萄感染了霉菌就难以酿造出好的葡萄酒，但法国南部的索丹地区却用感染了贵腐病的葡萄酿造出闻名于世的贵腐葡萄酒。

二、影响酒精发酵的主要因素

1. 温度

葡萄酒酵母菌生长繁殖的最适温度为20~30℃，温度高于20℃时酵母菌的繁殖速度加快，在30℃时达到最旺盛，如温度升高到35℃时，其繁殖速度迅速下降，酵母菌基本处于生长繁殖的停滞状态，酒精发酵缓慢甚至停止。温度高到40℃时，其生长繁殖停止。如果在40℃时保持1~1.5h，酵母菌就会死亡。如果在60~65℃下，只需10~15min即可杀死酵母菌，高温不仅影响酵母菌的活力和发酵质量，而且有利于醋酸菌及其他杂菌的活动，应尽量避免高温条件下发酵。理论上，一般将32~35℃的高温称为果酒的临界温度，这是果酒发酵停滞的危险温区，需小心控制并加以避免。

果酒发酵有低温发酵和高温发酵之分。20℃以下为低温发酵，但低于10℃时则不能进行正常发酵；30℃以上则为高温发酵，但高于40℃时发酵受到抑制。高温发酵时由于酵母生长繁殖旺盛，其发酵时间较短，糖分转化不完全，酒味粗糙，杂醇、醋酸等生成量多，品质降低。控制适宜的发酵温度可控制发酵的酒度、残糖和风味品质等。

生产上红葡萄酒的发酵温度一般控制在26~30℃，白葡萄酒和桃红葡萄酒发酵的温度一般为18~20℃。

2. 酸度

酵母菌在微酸性条件下发酵能力最强。当果汁 pH 3.3~3.5 时，酵母菌能繁殖并进行酒精发酵，而有害微生物则不适宜这样的条件，其活动被有效地抑制。但发酵酸度过低，则生成的挥发酸较多，对酒的风味产生不利影响。当 pH 下降至 2.6 以下时，酵母菌的生长发育停止。为了保证果酒酵母接种后能正常生长繁殖，测定并调整适合果酒酵母发酵的果汁酸度或 pH 是非常必要的。

3. 氧气

在有氧气条件下，酵母菌生长发育和繁殖旺盛，此时产乙醇较少。在缺氧条件下，酵母的繁殖缓慢，同时促进了酒精发酵。一般在破碎和压榨过程中溶入果汁的氧气已经足够酵母菌发育繁殖所需，在酵母菌发育停滞时可采取倒罐或倒桶的方法来适量补充氧气。但供氧气太多，会使酵母菌进行好氧活动而大量损失乙醇。因此，在果酒发酵初期，宜适当多供给些氧气，以增加酵母菌的数量，而在果酒发酵后期一般应在密闭隔氧环境中进行。

4. 糖分

可发酵糖是酵母菌生长繁殖和酒精发酵的必要物质条件，糖含量为 2% 以上时酵母菌活动旺盛，当糖分超过 25% 时则会抑制酵母菌活动，当糖分达到 60% 以上时由于糖的高渗透压作用，酒精发酵停止。为了达到发酵的酒精度，有必要对发酵果汁的糖度进行测定和调整，对不允许添加外源糖的葡萄酒种，可对葡萄原料进行晾晒，或添加浓缩葡萄汁或其他果汁进行调糖。生产含高酒精度果酒时，可采取分次加糖持续发酵的方法。

5. 酒精度

酒精度（alcoholicity）是指酒中乙醇含量（一般指体积分数）。发酵产物乙醇和 CO_2 对酵母的生长和发酵都有抑制作用。当酒精度达到 5% 时尖端酵母菌就不能生长，而葡萄酒酵母菌则能忍耐 13% 的酒精度，甚至能忍耐 16%~17% 的酒精度。一般正常发酵产生的酒精度不会超过 15%~16%。

6. 压力

在发酵过程中当 CO_2 的含量达到 15g/L 时，即相当于 15℃，约 700kPa（7 个大气压）的 CO_2，酵母菌的生长繁殖会停止，但不会导致酵母菌的死亡。当 CO_2 的压力达到约 1.4MPa（14 个大气压）时，酒精发酵过程停止。当 CO_2 的压力达到约 3MPa（30 个大气压）时，酵母菌就会死亡。现在用于工业化生产的发酵罐都较高较大，可通过调控发酵的压力或选用耐压酵母菌进行正常的酒精发酵，或通过增加外源 CO_2 的压力来抑制酵母菌的生长繁殖。

7. SO_2

葡萄酒酵母菌具有较强的抗 SO_2 能力，一般需要在葡萄汁中添加规定允许量的 H_2SO_3（以 SO_2 计）来保证正常的酒精发酵和陈酿。当果汁中游离 SO_2 含量为 10mg/L 时，对酵母没有明显抑制作用，而对大多数有害微生物却有抑制作用。当 SO_2 为 20~30mg/L 时，酵母菌的发酵进程将延迟 6~10h；当 SO_2 为 50mg/L 时，发酵进程延迟 18~24h；当 SO_2 为 100mg/L，发酵进程延迟 4d。不同国家和地区对葡萄酒中 SO_2 的添加使用进行了严格规定。

第四节 葡萄酒酿造工艺技术

一、红葡萄酒酿造工艺

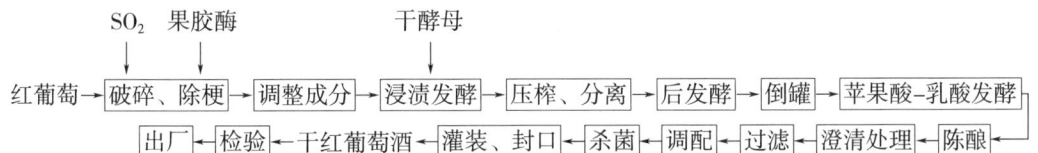

1. 原料选用

用于红葡萄酒酿造的优良葡萄品种主要有赤霞珠、蛇龙珠、黑品乐、品丽珠、增芳德、美乐、西拉、内比奥罗、法国蓝等。采摘时糖度积累要达到18%～22%（以折光糖量计），含酸量在0.6～1.2g/100mL较合适，色素含量高，风味浓郁、典型，无病虫害。

2. 破碎、去梗

破碎（crumbling）是指采用专用葡萄破碎设备将果粒压碎，不破坏种子和果梗并使果汁流出的一道工序。破碎便于压榨取汁，增加酵母与果汁接触的机会，利于红葡萄酒色素的浸出，氧的溶入和SO_2的均匀混合。红葡萄酒的原料要求除去果梗，在葡萄破碎后设备即可将果浆与果梗进行分离。去除果梗可防止果梗中的青草味和苦涩物质溶出。

3. 添加SO_2

红葡萄酒应在破碎除梗后入发酵罐前加入SO_2，要边装罐边加入，装罐完毕后进行一次倒罐，使SO_2与发酵基质混合均匀。SO_2在葡萄酒中的作用有杀菌、澄清、抗氧化、增酸、使色素和单宁物质溶出、使风味变好等，但用量过高，可使葡萄酒具硫臭味。使用的SO_2有气体SO_2、液体亚硫酸及固体亚硫酸盐等。原料含糖量高，结合SO_2的量也高，从而降低游离SO_2的含量，用量略增；原料含酸量高，pH低，游离SO_2的量高，用量略减；温度高，SO_2易挥发，用量略增。一般红葡萄的含酸量高时，SO_2用量为30～50mg/L；当含酸量低时，SO_2用量为50～80mg/L。

4. 果胶酶处理

在葡萄汁中添加果胶酶（pectase）可促进果胶分解，降低果浆发酵的黏度，有利于色素、风味物的浸提和稳定，能提高出汁率，增强澄清效果。果胶酶多为复合酶，一般含有纤维素酶和半纤维素酶。通常果胶酶添加量为0.05%～0.1%，酶解温度为20～40℃。

5. 调整成分

（1）糖分调整 理论上，1分子的葡萄糖（相对分子质量为180）生成2分子乙醇（相对分子质量为46×2＝92），即1g葡萄糖将生成0.511g或0.46mL的乙醇（20℃时相对密度为0.7943），或产生1%乙醇需要葡萄糖1.56g或蔗糖1.475g。实际上，生成1%乙醇需1.7g左右的葡萄糖或1.6g左右的蔗糖。这是因为实际发酵过程中除了主要生成乙醇和CO_2外，还有少量的甘油、琥珀酸等产物形成，而酵母菌生长繁殖也要消耗糖分，还有酒精本身的挥发损失等。一般葡萄汁的含糖量为 14~20g/100mL，可生成 8.0%~11.7% 的乙醇。而成品葡萄酒的酒精度要求为 12%~13%，甚至 16%~18%。提高酒精度的方法，一种是补加糖使其生成足量的乙醇。另一种是发酵后补加同品种高浓度的蒸馏酒或经处理的食用酒精。补加的食用酒精量以不超过原汁发酵酒的 10% 为宜。提高果汁含糖量的最佳方法是添加可溶性固形物为 60%~70% 的浓缩果汁。

（2）酸分调整　调整酸度可有利于酿成后的酒的口感，有利于贮酒时稳定性以及有利于酒精发酵的顺利进行。果酒发酵时其酸分在 0.8~1.2g/100mL 最适宜。若酸度低于 0.5/100mL，则需要加入适量酒石酸、柠檬酸或酸度较高的果汁进行调整，一般用酒石酸进行增酸效果较好。若酸度偏高，可采用冷冻法促进酒石酸盐沉淀来降酸；还可用生物法即苹果酸-乳酸发酵、裂殖酵母将苹果酸分解成乙醇和 CO_2 来降低酸度。另外，有些品种的葡萄其单宁物质含量偏低，可适量加入单宁或者用单宁含量较高的葡萄进行调整，以满足果酒酿制对单宁的需要。

6. 浸渍发酵

活性干酵母菌接入果浆后，需要经过一段时间才开始繁殖。具体使用方法是：活性干酵母必须先使它们复水，恢复活力，然后才可直接投入发酵使用。即往温水（35~42℃）中加入 100g/L 活性干酵母，小心混匀，静置使之复水、活化，每隔 10min 轻轻搅一下，经过 20~30min 酵母已复水活化，可直接添加到 SO_2 的葡萄汁中。发酵罐中果浆的表面最初是平静的，随后有微弱零星的 CO_2 气泡产生，此时酵母开始繁殖，CO_2 释放量增加则表明酵母已大量繁殖。发酵初期发酵温度控制在 25~30℃ 下，经 20~24h，酵母即开始大量繁殖。可通入过滤净化的空气，以增强与空气的接触。酵母旺盛繁殖后即前发酵开始（也称主发酵），主要是酒精发酵阶段。果浆中有大量的二氧化碳放出，皮渣上浮结成一层"酒帽"。主发酵过程中为了充分浸渍皮渣上的色素、单宁及芳香成分，须将皮渣压入葡萄醪中。皮渣很厚并且往往浮在葡萄汁上，与空气直接接触，易感染有害杂菌，败坏葡萄酒的质量。为保证酒的品质，常用的方法是将发酵液从桶底放出，用泵将其喷淋在皮渣上，每天 1~2 次。也可用压板将皮渣压在液面下 30cm 左右。

7. 压榨、分离

压榨（expression）是将葡萄汁或刚发酵完成的新酒通过压力分离出来的操作。红葡萄酒带渣发酵，当主发酵完成后及时压榨取出新酒。开始不加压流出的酒称自流酒，可与原酒互相混合。加压后流出的酒称为压榨酒，品质较差，应分别盛装。压榨后的残渣可供蒸馏酒或果醋的制作。压榨由专用的设备完成，在压榨的同时即可进行酒、渣的分离（segregation）。

8. 后发酵

主发酵结束后应及时出罐，以免渣滓中的不良物质过多地溶出，影响酒的风味。排渣后酒液放出装入转酒池，再泵入贮酒罐，罐内须留 5%~10% 的空间，安装发酵栓后进行后发酵（afterfermentation）。由于出罐时供给了空气，酒液中休眠的酵母菌复苏，使发酵作用再度进行，直至将酒液中剩余的糖分发酵完毕。该发酵过程称为后发酵。后发酵比较微弱，宜在 20℃ 左右进行，经 12~15d，此时已无二氧化碳释出，糖分降低到 0.1% 左右。待酵母菌和渣汁全部下沉后及时换罐，分离沉淀物。分离时可将酒液暴露在空气中，以使吸收部分空气，有利于陈酿。

9. 苹果酸-乳酸发酵

在干红葡萄酒的发酵生产中，当葡萄醪入罐发酵时，发酵初期酵母菌发酵占优势，主发结束后，乳酸菌大量繁殖，开始苹果酸-乳酸发酵。pH<2.9 时，该发酵不能正常进行，在 pH 3.1~4.0 内，pH 高，则发酵快。在 14~20℃ 范围内，温度升高则苹果酸-乳酸发酵加快，结束较早，低于 15℃ 或高于 30℃，发酵速度减慢。低酒精度有利于乳酸菌生长，减少氧气和增加 CO_2 可促进乳酸菌的生长。大型葡萄酒厂也有直接添加活性酒明串珠菌发酵剂进行苹果酸-乳酸发酵的。

10. 陈酿

新酿制的葡萄酒，口味粗糙，风味不协调，杂气重，酒体不稳定。因此，新酒需经过一定时间的贮存陈酿（aging），以保持产品的果香味和酒体醇厚完整，并提高酒的稳定性，达到葡萄酒的质量标准。生产上，用于大量陈酿的容器主要是密封性和控制性较好的不锈钢罐，优良的红葡萄酒要采用橡木桶，并在通风良好的贮酒室或酒窖中进行陈酿。陈酿温度为 10~25℃，白葡萄酒 8~11℃，红葡萄酒 12~15℃，环境相对湿度为 85%~90%，陈酿时间少则半年，多则数年，甚至十余年。

换桶是葡萄酒陈酿过程中重要的管理操作。换桶可进行酒液的分离和沉淀，通过换桶可使过量的挥发物质蒸发逸出，溶解适量的新鲜空气，并可促进酵母最终发酵作用完成，对于葡萄酒的成熟和稳定起着重要作用。一般在当年 12 月换桶一次，翌年 2~3 月第二次换桶，8 月换第三次。根据情况每年换一次或两年换一次桶。换桶时间应选择低温无风的时候。第一次换桶宜在空气中进行，第二次起宜在隔绝空气下进行。

添桶是陈酿过程必不可少的操作，它可防止酒液的蒸发和渗漏，从而保证贮酒容器装满，避免酒液氧化和好氧性杂菌的繁殖和败坏。添桶可用多次蒸馏的脱臭酒精，最好用同批次、同酒龄、同品种、同质量的葡萄酒。添桶时可在贮酒器上都安装玻璃满酒器，以缓冲由于温度等因素的变化引起的酒液容积的变化，保证满装。添桶一般在春、秋季或冬季进行。

11. 澄清处理

葡萄酒经较长时间的贮存与多次换桶，仍有少量悬浮物质难于沉淀，常需要采用静置澄清、酶法澄清、皂土澄清、机械分离和下胶澄清等方法进一步澄清（clarification）。下胶处理是葡萄酒最经济和较常用的澄清方法。用于葡萄酒下胶澄清的材料有明胶、单宁、蛋白（如鸡蛋白）、鱼胶、皂土等，具体用量要在下胶前做预试验，下胶不足或下胶过量都达不到澄清效果，甚至引起酒液更加混浊。

12. 过滤

可选择滤棉过滤法（棉饼过滤）、硅藻土过滤法和超滤膜过滤处理。常用膜材料有醋酸纤维酯、尼龙、聚四氟乙烯、聚丙烯和陶瓷膜等。微孔过滤一般用于精滤，选择孔径 0.5μm 以下的薄膜过滤可有效地除去酒中的微生物，实现无菌灌装。但也对葡萄酒的风味、色泽和营养成分等有影响，可能会部分滤除这些成分，降低葡萄酒的质量。

13. 调配

葡萄酒的调配主要是根据其产品标准进行酒精度、糖分、酸度和色泽等方面的调控。原酒的酒精度若低于指标，最好用同品种的高酒度的酒进行勾兑调配。也可用同品种的蒸馏酒或精制酒调配。调配时按式（14-1）进行计算：

$$V_1 = \frac{\varphi_b - \varphi_c}{\varphi_a - \varphi_b} \cdot V_2 \tag{14-1}$$

式中　V_1——加入酒的体积，L；

V_2——原果酒的体积，L；

φ_a——加入酒的酒精度；

φ_b——欲达到的酒精度；

φ_c——原果酒的酒精度。

甜葡萄酒中若糖分不足，最好用同品种的浓缩果汁进行调配，也可用精制的砂糖调配。酸分不足时以柠檬酸补充，1g柠檬酸相当于0.935g酒石酸。酸分过高时可用中性酒石酸钾中和。红葡萄酒的色调太浅时，可用色泽较浓的葡萄酒进行调配。有时用葡萄酒色素予以调配，但以天然色素为好。当酒的香味不足时可用同类天然香精调配。调配后的酒有较明显的生酒味，也易产生沉淀，需要再陈酿一段时间或冷热处理后才可进入下一工序。

14. 装瓶与杀菌

葡萄酒常用玻璃瓶包装，优质葡萄酒均采用软木塞封口。普通葡萄酒常采用塑料或金属盖。葡萄酒空瓶可用10~20g/L碱液，在60℃左右的温度下浸洗30min，再用清水冲洗，后用20g/L H_2SO_3 溶液冲洗消毒。酒瓶的杀菌方法之一是使用臭氧水冲洗和杀菌，然后用无菌水冲洗。装瓶前酒可在90℃、1min条件下杀菌，并采用热灌装或无菌冷灌装（小于40℃）。采用膜滤除菌或添加生物防腐剂可避免热力杀菌，是发展的方向。

二、白葡萄酒酿造工艺

白葡萄→破碎、除梗→低温浸皮→压榨取汁→澄清（SO_2、果胶酶）→调整成分→发酵（干酵母）→分离→后发酵→陈酿→过滤→调配→除菌→灌装、封口→干白葡萄酒→检验→出厂

1. 原料选用

用于白葡萄酒酿造的优良葡萄品种主要有霞多丽、雷司令、长相思、白品乐、贵人香、西万尼、赛美蓉等。采摘时糖度积累要达到18%~22%（以折光糖量计），含酸量多在0.6~1.2g/100mL，风味浓郁。

2. 低温浸皮

对果皮风味物丰富的品种（如雷司令、长相思、赛美蓉等）可采用3~5℃低温浸提24~48h。浸提过程需要添加SO_2，质量浓度为80mg/L。

3. 澄清

白葡萄酒的发酵汁要求是澄清汁，在压榨取汁后可添加SO_2防止杂菌污染并添加果胶酶酶解，方法同红葡萄酒。

4. 主发酵、后发酵

白葡萄酒的主发酵温度控制在12~15℃，时间14~21d。还原糖低于2g/L时，温度调到8~10℃，静置4~6d后进行分离除杂。后发酵温度控制在18~20℃，时间28d左右。白葡萄酒的发酵进程和管理上与红葡萄酒相同。

白葡萄酒一般缺乏单宁，可在发酵前按4~5g/100L的比例加入单宁。白葡萄酒发酵的温度比红葡萄酒低，一般为18~20℃，在此温度下酿制的酒色泽浅、香味浓。白葡萄酒的主发酵期为2~3周。在发酵高潮时可不加发酵栓，让二氧化碳顺利排出。主发酵结束后，以同类酒添至桶容量的95%，安装发酵栓进行后发酵。经3~4周后发酵结束，再用同类酒添满，用塞

子密封，隔绝空气。待其沉淀完成后，在当年气温最低的 12 月或 1 月进行换桶，进入陈酿。白葡萄酒陈酿温度为 8~11℃。

三、味美思酿造工艺

味美思（vermouth）起源于欧洲，德文为 WERMUTH，意文为 VERMUT，直译为苦艾酒，音译为味美思。此酒属苦味酒，以意大利的甜味美思和法国的干味美思在国际上最为有名。酒精度为 16%~18%，糖度为 4%~16%。味美思按色泽可分为红、桃红及白三种类型，按糖度可分为甜和干型，其生产可采用加香发酵法、直接浸泡法和浸提液制备法等加香方法。还可在酒中填充一定量的 CO_2 制成味美思汽酒。

味美思在药材配比中以苦艾等苦味药材为主，辅助药材常用的有几十种，随不同的品种选料各异。白味美思不调色，红味美思需用糖浆和糖色进行调色。

1. 原酒生产

味美思的生产用白葡萄酒作原酒。生产中酒的贮藏方法依酒的类型而不同。白味美思，尤其是清香型产品一般采用新鲜、贮藏期短的白葡萄原酒。因此，贮藏期间须添加 SO_2，以防酒的氧化，其加量为 40mg/kg。红味美思及以酒香或药香为特征的产品往往采用氧化型白葡萄原酒，原酒贮藏期较长。部分产品的原酒需在柞木桶中贮藏，贮藏期间可不加或少加 SO_2。贮藏前须用原白兰地或酒精调整酒精度到 16%~18%。在柞木桶中贮藏的时间与原酒和木桶的质量有关。新桶的单宁及可浸出物含量高，原酒的贮藏时间不宜过长，贮藏一段时间后即转移到老木桶中贮藏。

2. 加香

一般采用先将药材制成浸提液，再与原酒调和加香的方法。用原酒直接浸提的方法需经常进行搅拌，并增加澄清过滤的工序。直接浸提法的容器利用率低，不便于大规模生产。

3. 成分调配

除了对香料成分按标准要求加入外，还需要对酒的糖、酒、酸、色等成分进行调整。白味美思可用蔗糖或甜白葡萄酒调整糖度，蔗糖可直接用原酒溶解，也可先制成糖浆，再行调整。红味美思可以用糖浆调整糖度。糖浆的制法为：100kg 糖加水 15kg，用直火加热，不断搅拌，温度控制在 150℃ 左右，经 1h 糖色达到棕褐色即可，加水冷却至 100L 出锅。

红味美思采用糖色调色，用量一般在 15kg/kL 左右。糖色的制法为：25kg 糖加水 2L，直火加热增温至 160~170℃，不断搅拌，经 2~2.5h，取少许溶于水中，如色泽显紫红，味微苦而不甜，即加入蒸馏水 6.5L，煮沸后出锅冷却待用。

其他成分的调整参阅前述内容。

4. 贮藏

上等的味美思在成分调整后需在柞木桶中贮藏一定时间，以使酒体通过木桶壁的木质微孔完成其呼吸陈化过程，还可以从木质中得到浸出的增香成分。

白味美思可在不锈钢罐内贮藏或在老的木桶内贮藏。在老木桶中的贮藏时需经常检查，以免在桶中时间过长使苦味加重、色泽加深。红味美思在新桶中贮藏的时间也不宜过长，新老木桶需交替使用。好的红味美思一般至少在木桶中贮藏 1 年。

5. 低温处理

在接近味美思冰点的条件下保持 7d，使其中部分酒石酸盐和大量的胶质沉降，起到澄清作用。对风味也有明显的改善。

6. 澄清过滤

味美思中含有大量的植物胶质类物质，增加了黏度，给澄清过滤带来一定困难，但部分植物胶又起到了保护胶体的作用，处理好的味美思可以放置十几年而不沉淀，且口感更佳。

味美思的澄清可采用下胶、下皂土等法进行。鱼胶的用量在0.03%左右。对于色泽较深的白味美思可采用下皂土的方法进行澄清，同时还可吸附一定量的色素，其用量为0.04%左右。胶与皂土可以1：（5~10）的比例混合使用。

味美思的黏度较大，由于棉饼吸附性较强，采用棉饼过滤对味美思的色泽有一定的影响，一次过滤可减色10%~20%，须在调配时多加一些。

四、起泡葡萄酒酿造工艺

起泡葡萄酒（effervescent wine）是以白葡萄原酒经密闭二次发酵产生 CO_2，在20℃下 CO_2 所形成的压力≥0.35MPa的葡萄酒。由人工充填 CO_2 所制成的起泡葡萄酒则称为加气起泡葡萄酒。香槟酒是特指法国的香槟地区制造的经二次发酵的起泡葡萄酒。

1. 原酒制备

起泡葡萄酒的原料酒其加工方法同白葡萄酒。原酒制作要求用澄清葡萄汁在15℃下低温发酵，并且在整个发酵过程中须尽可能避免与空气接触，以防氧化或香味的损失。原酒的质量标准为：酒精度9%~11%，糖<4g/L，酸6~7g/L，单宁≤0.05g/L，游离 SO_2≤30mg/kg。

2. 瓶式发酵

将葡萄原酒加入适量糖分后装入特制的酒瓶内，接入5%的液体培养发酵酵母菌，塞封瓶口后置9~11℃温度下进行二次发酵。

原酒中的加糖量为24~25g/L。这些糖在发酵后可产生0.6MPa的 CO_2 分压（10℃下）。加入酒中的糖一般先要制成糖浆再用。先用陈酒或新葡萄酒将糖化开，可加热糖化，但不能产生老化味，更不能有焦糖味。自然转化的糖浆对酒的质量有益。糖浆经过滤贮存50~60d即可使用。

当瓶内压力达到要求标准，酒中残糖降至1g/L以下时发酵即结束。将酒瓶子转到特制的酒架上，进行后熟。后熟的目的是将酒中的酵母和其他沉淀物集中沉积在酒瓶口处，以便去除。在酒架上，瓶子是倒置的。开始要经常转动瓶子，以使原来沉到瓶底的沉降物沉到瓶口处。

当沉淀结束要进行"吐渣"时，从酒架上取下瓶子，以垂直状态移入低温操作室。瓶子保持倒立在-24~-22℃下的冷水槽内降温，直至瓶口处的沉淀物与酒呈冰塞状。将瓶子成45°倾斜，把瓶口插入一特制的瓶套中，迅速开塞，利用 CO_2 的压力将沉淀物排出。随后迅速将瓶口插入补料机上，补充喷出损失的酒液。用作补充的酒液是同类原酒。

按照生产类型和产品标准。在添料机的贮酒罐中加上一些糖浆、白兰地、防腐剂等来调整产品的成分。如果生产干型起泡酒，可用同批号原酒或同批起泡酒补充。生产半干、半甜、甜型起泡酒，可用同类原酒配制的糖浆补充。若要提高起泡酒的酒精度，可以补加白兰地酒。

从酒瓶瓶颈速冻开塞到添料机补加料酒，应该在很短的时间内完成。然后迅速压盖或加软木塞，捆上铁扣，倒放或横放在酒窖中存放。

CO_2 的压力影响酵母菌的生长发育,特别是在 pH 较低、偏酸和酒精度较高时更为明显。在 CO_2 压力达 0.7MPa,且 pH 较低时,酵母菌的发酵就不能进行了。

利用转移机可进行瓶转罐的吐杂填充。工艺过程为:当瓶内压力达到要求时,启开瓶塞,用吸酒器将酒倾入密封保压的酒罐内。在罐内调整成分,品温保持在-5~5℃,沉淀物沉在罐底。将瓶子清洗干净待用。罐中的酒经过滤后再装入瓶内,密封,贮存。装瓶时在低温下进行,保持 CO_2 的压力和原有的泡沫性能。采用此法可使酒质一致,澄清好,损耗少。若能在厌氧条件下操作,成品酒能赶上传统瓶内起泡酒的质量。

3. 罐式发酵

所用酒基与瓶式发酵相同。但在设备、工艺上均较先进,生产效率也高。二次发酵罐是一夹层罐,既可降温也可升温,还有压力控制机关。可以释放超量的 CO_2。

先对空罐杀菌。罐内冲洗干净后通入蒸汽并维持 40min,然后冷却。将调整后的原酒装入罐内,升温 60℃,维持 30min 后冷却至常温。接入二次发酵酵母菌 5%,进行低温发酵。要保持酵母在酒中均匀分布,并留出 1/5~1/4 的空间。经过 10~15d 完成发酵,发酵结束后须降低品温,使发酵液中的杂质和酵母等沉降,并随时清除之。整个发酵过程在密封条件下进行。结束发酵的酒要经过冷处理和过滤,以提高酒的稳定性,并使之清澈、透明。随即在低温下装瓶,塞封即为成品。

五、白兰地酒酿造工艺

葡萄经发酵蒸馏而得到的葡萄酒精,无色透明,酒性较烈,是原白兰地。原白兰地必须经过在橡木桶的长期陈酿,调配勾兑,才能成为真正的白兰地(brandy)。白兰地应该有金黄透明的颜色,并具有愉快的芳香和柔和而协调的口味。

1. 原酒制备

用来蒸馏白兰地的葡萄酒称为白兰地原料酒,简称白兰地原酒。由白兰地原酒蒸馏得到的葡萄酒精称为原白兰地。白兰地原酒的生产工艺与生产白葡萄酒相似。但原酒加工过程中禁止使用 SO_2。白兰地原料酒采用自流汁发酵,总酸含量高,单宁、杂质少,制品口味纯正、爽快。含酸量高有益于原酒的保存,也利于在蒸馏时芳香酯的形成。白兰地原酒的酒精度为 5.3%~10.9%,总酸为 3.8~11.9g/L,无糖提取物为 12.6~22.8g/L。原料酒的残糖须降为 3g/L 以下,挥发酸在 0.5g/L 以下时,即可进行蒸馏,得到质量很好的原白兰地。

2. 蒸馏

酒精发酵的醪液中主要成分是水与醇,在常压下,水的沸点为 100℃,乙醇的沸点为 78.3℃,两者混合的共沸点必低于水而高于乙醇,并且随着乙醇含量的变化,共沸点随之降低或升高,气相的乙醇含量也随之升高或降低。蒸馏时乙醇先汽化而出,水也蒸馏出一部分。故最初的蒸出液中乙醇的浓度较高,随后逐渐降低。葡萄酒中还含有一些挥发性物质,会随乙醇的蒸出一起进入馏出液。这些挥发性成分具有不同的沸点(表14-1),它们含量虽少,但对白兰地品质影响很大。

表14-1 原料酒中挥发性物质的沸点 单位:℃

物质名称	沸点	物质名称	沸点	物质名称	沸点
乙醇	78.3	呋喃甲醛	162.5	戊醇	129.0

续表

物质名称	沸点	物质名称	沸点	物质名称	沸点
乙醛	20.0	挥发性盐基物	155.0~186.0	丁酸	160.2
丙醇	98.5	乙酸乙酯	74.0	丙酸	140.0
醋酸	117.6	异丁醇	106.5	乙二醇	178.0

白兰地生产中多采用传统的蒸馏设备和方法。较普遍采用的蒸馏设备是夏朗德式蒸馏锅。该设备系统是由蒸馏锅、锅帽、预热器和冷却器部分组成（图14-1），属直接加热。也可用间接蒸汽加热，间接蒸汽加热的夏朗德式蒸馏锅其整个设备系统见图14-2。夏朗德式蒸馏设备属于二次蒸馏设备，即白兰地原料酒用此蒸馏设备进行二次蒸馏，才能得到质量好的原白兰地。

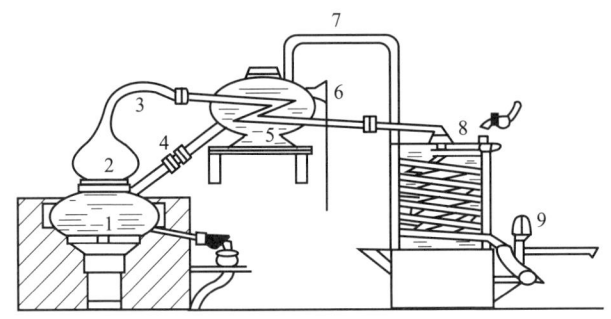

图14-1　夏朗德式蒸馏锅设备系统

1—蒸馏锅　2—锅帽　3—鹅颈管　4—温酒进管　5—酒预热器
6—冷空气管　7—回收酒气管　8—冷凝器　9—验酒器

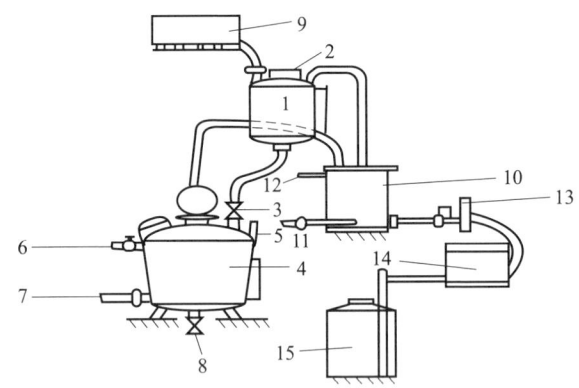

图14-2　用间接蒸汽加热的夏朗德式设备系统

1—预热器　2—装料孔　3—进料阀　4—蒸馏锅　5—空气阀　6—进气阀　7—排气阀　8—排槽阀
9—高位压力槽　10—冷却器　11—进水阀　12—出水阀　13—验酒器　14—泵酒器　15—贮酒桶

蒸馏的目的是得到纯粹的乙醇成分及与之相伴的芳香物质。第一次蒸馏得到粗馏原白兰地，其酒精度为25%~30%，当蒸馏出的酒降至4%时即要截去、分盛。将粗馏原白兰地进行再蒸馏，去除最初蒸出的酒（酒头），其中含低沸点的醛类等物质较多，对酒质有碍，应单独用容器盛装，称之为截头，占总量的0.4%~2.0%。继续蒸馏，直至蒸出的酒液酒精度降为50%~58%时即分开，这部分酒称为酒心，质量最好即为原白兰地。取酒心后继续蒸馏出的酒称为酒尾，含沸点高的物质多，质量较差，也另用容器盛装，即为去尾。酒头和酒尾可混合加入下次蒸馏的原料酒中再蒸馏。

3. 贮存

将原白兰地装入橡木桶中密封，放于通风干燥阴凉的室内，贮存时间多在 4 年以上。贮存陈酿时间越长，色泽越深，香气越浓、味道越细腻柔和。由于橡木中所含的单宁、色素等被乙醇溶出，使白兰地渐渐变成金黄色，微有涩味。木桶有一定透气性，白兰地得到微量氧气而进行缓慢的氧化和酯化作用，使原来的辛辣味降低而变得细腻芳香。在木桶中长期贮存，酸分含量有所增加，使白兰地的口味得到直接改善，还能促进半纤维素等多糖分子水解为单糖，这也对白兰地的口味改善有益。酒中醇类物质的氧化形成一定量的醛，醛与乙醇相结合形成缩醛，是白兰地中重要的香味成分。自然后熟由于所需时间很长，自然损耗较大，酒精度也会下降，资金和设备周转较慢。新蒸馏出的白兰地具有较强的刺激性气味，香气不协调，常有蒸锅味，不适于饮用。须经陈酿后熟后才具有良好的品质和风味。

4. 勾兑和调配

单靠原白兰地长期在橡木桶里贮存，要得到高质量的白兰地，在生产上是不现实的。因为除过长的生产周期外，还会导致酒质的不稳定。因此，勾兑和调配在白兰地生产中是获得稳定的高质量酒的关键。白兰地的勾兑是在不同品种原白兰地之间、不同木桶贮存的原白兰地之间和不同酒龄的原白兰地之间进行，以得到品质优良一致的白兰地。经勾兑的白兰地还需对酒中的糖、酒精和颜色进行调整。白兰地的酒精度一般为40%以上。香味不足需要增香，口味不醇厚可适量加糖，颜色偏浅可适量加入糖色，用同类酒精或蒸馏水调节酒度。经过精心勾兑和调配的白兰地还应再经一定时间的贮存，使风味调和。若出现混浊，须过滤或加胶澄清。必要时再行勾兑和进行一系列的处理才装瓶出厂。

第五节　葡萄酒常见病害及控制

酿制过程中由于环境设备消毒不严，原材料不合要求，以及操作管理不当等，均可引起葡萄酒发生各种病害。

1. 生膜

果酒暴露在空气中，就会在表面生长一层灰白色或暗黄色、光滑而又薄的膜，随后逐渐增厚、变硬，膜面起皱纹，此膜将酒面全部盖满。振动后膜即破碎成小块（颗粒）下沉，并充满酒中，使酒混浊，产生不愉快气味。

生膜又名生花，是由酒花菌类繁殖形成的。它们的种类很多，主要是膜醭酵母菌。该菌在酒度低、空气充足、24~26℃时最适宜繁殖。当温度低于4℃或高于34℃时停止繁殖。

防治方法有：①不使酒液表面与空气过多接触，贮酒盛器须经常添满，密闭贮存。要保持周围环境及容器内外的清洁卫生。②在酒面上加一层液体石蜡隔绝空气，或经常充满一层 CO_2 或 SO_2 气体。③在酒面上经常保持一层高浓度酒精。若已产生生膜，则须用漏斗插入酒中，加入同类的酒充满盛器使酒花溢出以除之。注意不可将酒花冲散。严重时需用过滤法除去酒花再行保存。

2. 变味（stale）

醋酸菌污染果酒会导致果酒发酵变酸，它是果酒酿造业的大敌，但它也是参与果醋酿造的菌种之一。醋酸菌可以使酒精氧化成醋酸，使产生刺舌感。若醋酸含量超过0.2%，就会感觉有明显的刺舌，不宜饮用。醋酸菌繁殖时先在酒面上生出一层淡灰色薄膜，最初是透明的，以后逐渐变暗，有时变成一种玫瑰色薄膜，出现皱纹，并沿器壁生长而高出酒的液面。以后薄膜部分下沉，形成一种黏性稠密的物质，称之为醋母。但有时醋酸菌的繁殖并不生膜。醋酸杆菌繁殖的最适条件是：酒精度12%以下；有充足的空气供给，温度为33~35℃，固形物及酸度较低。防治方法与生膜相同。对已感染的醋酸菌可采取加热灭菌或其他非热力杀菌处理。

用生过霉的盛器、清洗除霉不严、霉烂的原料未能除尽等原因都会使酒产生霉味。霉味可用活性炭处理过滤而减轻或去除。

苦味多由种子或果梗中的糖苷物质的浸出而引起。可通过加糖苷酶加以分解，或提高酸度使其结晶过滤除之。有些病菌（如苦味杆菌）的侵染也可以产生苦味，主要发生在红葡萄酒的酿制中，白葡萄酒发生较少，老酒中发生最多。

防止办法：主要是采用二氧化硫杀菌，一旦感染了苦味菌的酒，应马上进行加热杀菌，然后采用下述方法处理：①进行下胶处理1~2次。②可通过加入病酒量3%~5%的新鲜酒脚（酒脚洗涤后使用）并搅拌均匀，沉淀分离之后苦味即去除。③也可将一部分新鲜酒脚同酒石酸1kg，溶化的砂糖10kg进行混合，一齐放入1000L病酒中，同时接纯酵母培养发酵，发酵完毕再在隔绝空气下过滤。④将病酒与新鲜葡萄皮渣浸渍1~2d，也可获得较好的效果。得了苦味菌的病酒在换桶时，一定注意不要与空气接触，否则会加重葡萄酒的苦味。

H_2S味（臭皮蛋味）和乙硫醇味（大蒜味）是酒中的固体硫被酵母菌所还原而产生硫化氢和乙硫醇而引起的。因此，硫处理时切勿将固体硫混入果汁中。利用加入过氧化氢的方法可以去除之。

酒中还可能有木臭味、水泥味和果梗味等，可经加入精制的棉籽油、橄榄油和液体石蜡等与酒混合使之被吸附。这些油与酒互不融合而上浮，分离之后即去除异味。

3. 变色

在果酒生产过程中若酒中的铁含量偏高（超过8~10mg/L）就会导致酒液变黑。铁与单宁化合生成单宁酸铁，呈蓝色或黑色。铁与磷酸盐化合则会生成白色败坏。生产中须避免铁质机具与果汁和果酒接触，减少铁的来源。

此外，果酒生产过程中果汁或果酒与空气接触过多时，由于过氧化物酶在有氧的情况下会将酚类化合物氧化而成褐色（称为褐色败坏）。一般用SO_2处理可以抑制过氧化物酶的活力，加入单宁和维生素C等抗氧化剂，都可有效地防止果酒的褐变。

4. 混浊

果酒在发酵完成之后以及澄清后分离不及时，由于酵母菌体的自溶或腐败性细菌所分解而产生混浊（clouding）。由于下胶不适当也会引起混浊；也有可能是由于有机酸盐的结晶析出、色素单宁物质析出以及蛋白质沉淀等导致酒液混浊。这些混浊现象可采用下胶过滤法除去。如果是由于再发酵或醋酸菌等的繁殖而引起混浊则须先行巴氏杀菌后再用下胶处理。

思考题

1. 酒精发酵的具体过程有哪些?
2. 影响酒精发酵的因素有哪些?分别是如何影响发酵的?
3. 简述红葡萄酒和白葡萄酒的酿造工艺。

第十五章

果醋酿造

本章目标与重点

学习目标：
1. 掌握果醋酿造的方法；
2. 掌握果醋发酵机制；
3. 掌握果醋酿造工艺流程；
4. 掌握影响果醋品质的因素。

学习重点：
果醋酿造的工艺流程以及影响果醋品质的因素。

果醋的加工方法可以归纳为鲜果制醋、果汁制醋、鲜果浸泡制醋、果酒制醋 4 种方法。鲜果制醋是将果实先破碎榨汁，再进行酒精发酵和醋酸发酵。其特点是产地制造，成本低，季节性强，酸度高，适合做调味果醋。果汁制醋是直接用果汁进行酒精发酵和醋酸发酵，其特点是非产地也能生产，无季节性，酸度高，适合做调味果醋。鲜果浸泡制醋是将鲜果浸泡在一定浓度的酒精溶液或食醋溶液中，待鲜果的果香、果酸及部分营养物质进入酒精溶液或食醋溶液后，再进行醋酸发酵。其特点是工艺简单，果香味好，酸度高，适合做调味果醋和饮用果醋。果酒制醋是以各种酿造好的果酒为原料进行醋酸发酵。不论以鲜果为原料还是以果汁、果酒为原料制醋，都要进行醋酸发酵这一重要工序。果醋发酵的方法有固态发酵、液态发酵和固-液发酵法。这三种方法因水果的种类和品种不同而定，一般以梨、葡萄及沙棘等含水量多的、易榨汁的果实为原料时，宜选用液态发酵法；以山楂和枣等不易榨汁的水果为原料时，宜选用固态发酵法。固-液发酵法选择的果实介于两者之间。果醋一般含 5%～7% 的醋酸，风味芳香，又具有一定的保健功能，很受消费者喜爱。

第一节 果醋酿造理论

一、醋酸发酵

果醋发酵需经过两个阶段，即先进行酒精发酵，然后进行醋酸发酵。酒精发酵理论已在果酒酿造一章述及，以下仅简述醋酸发酵。醋酸发酵是依靠醋酸菌的作用，将乙醇氧化生成醋酸的过程，其反应如下。

首先乙醇氧化成乙醛：$CH_3CH_2OH + \frac{1}{2}O_2 \longrightarrow CH_3CHO + H_2O$

其次乙醛吸收一分子水成水化乙醛：$CH_3CHO + H_2O \longrightarrow CH_3CH(OH)_2$

最后水化乙醛再氧化成醋酸：$CH_3CH(OH)_2 + \frac{1}{2}O_2 \longrightarrow CH_3COOH + H_2O$

理论上100g乙醇可生成130.4g醋酸，在生产实际过程中只能生成100g醋酸。其原因是醋化时乙醇的挥发损失，特别是在空气流通和温度较高的环境下损失更多。醋化生成物中，除醋酸外，还有二乙氧基乙烷[$CH_3CH(OC_2H_5)_2$]，具有醚的气味，以及高级脂肪酸、琥珀酸等，这些酸类与乙醇作用，会缓缓产生酯类，具有芳香。所以果醋也如果酒，经陈酿后品质变佳。

因醋酸菌含有乙酰辅酶A合成酶，因此，它能氧化醋酸为二氧化碳和水，即：

$$CH_3COOH + O_2 \longrightarrow CO_2 + H_2O$$

正是由于醋酸菌具有这种过氧化反应，所以当醋酸发酵完成后，一般要采用加热杀菌或加盐来阻止醋酸菌的繁殖，抑制其继续氧化发酵，防止醋酸分解。

二、陈酿

果醋品质的优劣取决于色、香、味三要素，而色、香、味三要素的形成是十分复杂的，除了发酵过程中形成的风味外，很大一部分还与陈酿后熟有关。果醋在陈酿期间，主要发生以下物理化学变化。

1. 色泽变化

在陈酿贮藏期间，由于醋中的糖分和氨基酸结合会产生类黑色素等物质，使果醋的色泽加深。醋的贮藏期越长，贮藏温度越高，则色也变得越深。此外，果醋在制醋容器中接触了铁锈，经长期贮存与醋中的醇、酸、醛成分反应会生成黄色、红棕色。原料中的单宁属多元酚的衍生物，也能被氧化缩合成黑色素。

2. 风味变化

在果醋贮存期间与风味有关的变化有如下两类反应：

（1）氧化反应　如乙醇氧化生成乙醛，果醋在贮存3个月后，乙醛含量会由1.28mg/100mL上升到1.75mg/100mL。

（2）酯化反应　果醋中含有许多有机酸，与醇反应后会生成各种酯类。果醋陈酿的时间越长，形成酯的量也越多。酯的生成还受温度、醋中前体物质的浓度及界面物质等因素的影响。气温越高，形成酯的速度越快；醋中含醇类成分越多，形成的酯也越多。

在果醋的贮存过程中，水和醇分子间会起缔合作用，减少醇分子的活度，可使果醋味变得醇和。为了确保成品醋的质量，新醋一般须经过1~6个月的贮存，不宜立即出厂。经过陈酿的食醋，风味会有明显的改善。

第二节　果醋发酵微生物

一、发酵微生物

果醋酿造的酒精发酵阶段常用的发酵微生物为酵母菌，有关酵母菌的介绍见十四章。在此主要介绍醋酸发酵阶段的醋酸菌。

醋酸菌（acetic acid bacteria）大量存在于空气中，种类繁多，对乙醇的氧化速度有快有慢，醋化能力有强有弱，性能各异。生产果醋为了提高产量和质量，避免杂菌污染，采用人工接种的方式进行发酵。

酿醋厂选用的菌种，应该氧化乙醇速度快、能力强，而分解醋酸能力弱、耐酸性强，产品风味好。目前国外有些厂采用混合醋酸菌发酵食醋，其特点是：发酵速度快，能形成其他有机酸与酯类等组分，增加产品香味和固形物成分。

目前国内常用的醋酸菌有 AS1.41 醋酸菌和沪酿 1.01 醋酸菌。AS1.41 醋酸菌是中国科学院微生物研究所分离保藏的菌种，已在食醋生产中广泛应用多年，产酸率高，质量较好，是较优良菌株，其最适宜培养温度为 23~31℃，最适宜产酸温度为 28~33℃，最适宜 pH 3.5~6.0。耐酒精度<8%，最高产酸量为 7%~9%（醋酸）。

沪酿 1.01 醋酸菌已在生产中使用多年，产酸率高，性能稳定，也是一个优良菌种。其最适宜生长温度为 30℃，最适发酵温度 32~35℃，最适 pH 5.4~6.3，能耐 12% 酒精度，在 pH 4.5 时氧化乙醇能力较强。

二、影响醋酸菌的环境条件

（1）酒精度　果酒中的酒精度超过 14% 时，醋酸菌不能忍受，繁殖迟缓，被膜变成不透明，灰白易碎，生成物以乙醛为多，醋酸产量甚少。而酒精度若在 12% 以下，醋化作用能很好进行，直到乙醇全部变成醋酸。

（2）溶解氧　果酒中的溶解氧越多，醋化作用越快越完全，理论上 100L 乙醇被氧化成醋酸需要 $38.0m^3$ 纯氧，相当于 $183.9m^3$ 空气。实践上供给的空气量还须超过理论数的 15%~20% 才能醋化完全。反之，缺乏空气，则醋酸菌被迫停止繁殖，醋化作用也就受到阻碍。

（3）SO_2　果酒中的 SO_2 对醋酸菌的繁殖有碍。若果酒中的 SO_2 含量过多，则不宜制醋。解除其 SO_2 后，才能进行醋酸发酵。

（4）温度　温度在 10℃ 以下，醋化作用进行困难。20~32℃ 为醋酸菌繁殖的最适温度，30~35℃ 其醋化作用最快，达 40℃ 时即停止活动。

（5）酸度　果酒的酸度过大对醋酸菌的发育也有妨碍。醋化时，醋酸量陆续增加，醋酸菌的活动也逐渐减弱，至酸度达某限度时，其活动完全停止。一般能忍受 8%~10% 的醋酸含量。

（6）光照　太阳光线对醋酸菌的发育也有害。而各种光带的有害作用，以白色为最烈，其次顺序是紫色、青色、蓝色、绿色、黄色及棕黄色，红色危害最弱，与黑暗处醋化时所得的产率相同。

第三节　果醋加工技术

一、工艺流程

1. 固态发酵法工艺流程

果品原料 → 切除腐烂部分 → 清洗 → 破碎 → 加酵母菌种 → 固态酒精发酵 → 加麸皮、稻壳、醋酸菌 → 固态醋酸发酵 → 淋醋 → 陈酿 → 过滤 → 灭菌 → 成品

2. 液态发酵法工艺流程

果品原料 → 切除腐烂部分 → 清洗 → 破碎榨汁 → 粗果汁 → 液态酒精发酵 → 液态醋酸发酵
　　　　　　　　　　　　　　　　　　　　　　　　　↑接种酵母　　　↑加醋酸菌
　　　　　　　　　　　　　　　　　　　　　成品 ← 灭菌 ← 过滤 ← 陈酿

二、醋母（vinegar mother）制备

优良的醋酸菌种可以选购，还可以从优良的醋醅或生醋中采种繁殖。其扩大培养步骤如下：

（1）固体培养　按麦芽汁或果酒100mL，葡萄糖30g/L，酵母膏10g/L，$CaCO_3$ 20g/L，琼脂20~25g/L的比例混合，加热溶化，分装于干热灭菌的试管中，每管为8~12mL，在0.1MPa的压力下杀菌15~20min，取出，趁未凝固前加入50%酒精0.6mL，制成斜面，冷却后，在无菌操作下接种醋酸菌种，26~28℃恒温下培养2~3d即成。

（2）液体扩大培养　第一次扩大培养，取果酒100mL，葡萄糖0.3g，酵母膏1g，装入灭菌的500~800mL三角瓶中，消毒，接种前加入75%酒精5mL，随即接入斜面固体培养的醋酸菌种一两针，26~28℃恒温下培养2~3d即成。在培养过程中每日定时摇瓶6~8次，或用摇床培养，以供给充足的空气。

培养成熟的液体醋母，即可接入再扩大20~25倍的准备醋酸发酵的酒液中培养，制成醋母供生产用。

三、酿醋操作要点

1. 固态酿制法

（1）酒精发酵　以果品为原料，洗净、破碎后，加入酵母液3%~5%，进行酒精发酵，在发酵过程中每日搅拌3~4次，经过5~7d发酵完成。

（2）制醋醅　将酒精发酵完成的果浆，加入50%~60%的麸皮或稻壳、米糠等原料，作为疏松剂，再加培养的醋母液10%~20%，充分搅拌均匀，装入醋化缸中，稍加覆盖，使其进行醋酸发酵，醋化期间，控制品温在30~35℃之间。若温度升高至37~38℃时，则将缸中醋醅取出翻拌散热，若温度适当，每日定时翻拌1~2次，充分供给空气，促进醋化。经10~15d，醋化旺盛期将过，随即加入20~30g/L食盐，搅拌均匀，将醋醅压紧，加盖封严，待其陈酿后熟，经5~6d后，即可淋醋。

（3）淋醋　将后熟的醋醅放在淋醋器中。淋醋器用一底部凿有小孔的瓦缸或桶，距缸底6~10cm处放置滤板，铺上滤布。从上面徐徐淋入约与醋醅等量的冷却沸水，浸泡4h后，打开孔塞让醋液从缸底小孔流出，这次淋出的醋称为头醋。头醋淋完后，再加入凉水，再淋，即二醋，二醋含醋酸很低，供淋头醋用。

2. 液态酿制法

以果酒为原料酿制，酿制果醋的原料果酒，必须是酒精发酵完全、澄清透明的。

将酒精度调整为7%~8%的原料果酒，装入醋化器中，为容积的1/3~1/2，接种醋母5%左右，用纱布罩盖好，如果温度适宜，24h后发酵液面上有醋酸菌的菌膜形成，发酵期间每天

搅动 1~2 次，经 10~20d 醋化完成。取出大部分果醋，留下醋膜及少量醋液，再补充果酒继续醋化。

四、果醋的陈酿和保藏

（1）陈酿　果醋的陈酿与果酒相同。通过陈酿果醋变得澄清，风味更加纯正，香气更加浓郁。陈酿时将果醋装入桶或坛中，装满，密封，静置 1~2 个月即完成陈酿过程。

（2）过滤、灭菌　陈酿后的果醋经澄清处理后，用过滤设备进行精滤，在 60~70℃ 温度下杀菌 10min，即可装瓶保藏。

第四节　果醋常见质量问题与控制

1. 供氧不足对醋酸发酵的影响及控制

由于醋酸菌是好氧性菌，在醋酸发酵中氧化乙醇需要充足的氧气，故通风量的选择对于醋酸发酵起着重要作用。通风量一般为理论计算需氧量的 2.8~3.0 倍，发酵前、中后期可根据发酵的实际情况调节，但绝不能中断供氧，否则会导致菌体死亡，如在发酵中期（17~36h），停止通风 2h 以上，就会导致酸度过低或倒罐。前期（16h 前）或后期（36h 后），短时间停止通风对醋酸菌影响较小。

搅拌对醋酸发酵的影响很大，须与通风密切配合，使氧气均匀地溶解在发酵液中，醋酸菌能够吸收充足的溶解氧。如无搅拌，只靠通风发酵，醋酸菌只能维持不死，其酸度几乎不增长或略有增长。

2. 泡沫对发酵的影响及控制

在通风发酵过程中，产生一定数量的泡沫是必然的正常现象。但过多的持久性泡沫就会给发酵带来很多不利因素。如发酵罐的装料系数（装量与容量之比）的减少，若不加以控制，还会造成排气管大量逃液的损失，泡沫升到罐顶有可能从轴封渗出，增加污染杂菌的机会，并使部分菌丝黏附在罐盖或罐壁上而失去作用。泡沫严重时还会影响通气搅拌的正常进行，因而妨碍菌体的呼吸，造成代谢异常，导致终产物下降或菌体的提早自溶，后一过程任其发展会促进更多的泡沫生成。因此，如何控制发酵过程中产生的泡沫，是能否取得高产的因素之一。

醋酸发酵过程中时有泡沫产生，主要是由死亡醋酸菌体蛋白引发。为此发酵温度要严格控制在 36℃ 以下，绝不允许中断通风。偶尔失控，要采取措施，防止泡沫逸出罐外或积累于罐中，在每次分割取醋时要把大部分泡沫除去。果醋是直接饮用食品，不允许用化学消泡剂，必要时可使用少量植物油消泡，也可用机械消泡。

3. 液态深层发酵法果醋风味的提高

深层液态发酵食醋风味差于固态法的主要原因是通常不挥发酸含量仅为固态法之 15.7%，香气的主要成分乳酸乙酯几乎为 0，因此虽然液体法生产效率高，但食醋的风味必须改进。可采取如下措施：①在酒精发酵中用乳酸菌与酵母菌混合发酵，以增加醋中乳酸含量，为生产乳酸乙酯创造条件；②做好醋酸发酵醪压滤前预处理工作。麸曲用量、后熟温度和时间要严格控制，使在后熟发酵中蛋白质进一步水解成氨基酸，淀粉水解成单糖，有利于提高食醋的风味。

4. 工业发酵染菌的防治

(1) 种子带菌及防治　种子带菌的原因主要有以下几方面。

①培养基及用具灭菌不彻底：菌种培养基及用具灭菌在杀菌锅中进行，造成灭菌不彻底，主要是灭菌时锅内空气排放不完全，造成假压，使灭菌时温度达不到要求。

②菌种在移接过程中受污染：菌种的移接工作是在无菌室中按无菌操作进行，当菌种移接操作不当或无菌室管理不严，就可能引起污染。因此，要严格无菌室的管理制度和严格按无菌操作接种，合理设计无菌室。

③菌种在培养过程或保藏过程中受污染：菌种在培养过程和保藏过程中，由于外界空气进入，也使杂菌进入而受污染。为防止污染，试管的棉花塞应有一定的紧密度，不宜太松，且有一定的长度，培养和保藏温度不宜变化太大。每五级种子培养物均应经过严格检查，确认未受污染才能使用。

(2) 无菌空气带菌及防治　无菌空气带菌是发酵染菌的主要原因之一。杜绝无菌空气带菌，必须从空气净化流程和设备的设计、过滤介质的选用和装填、过滤介质的灭菌和管理等方面完善空气净化系统。

(3) 培养基和设备灭菌不彻底导致染菌及防治　培养基和设备灭菌不彻底的原因，主要与以下几方面有关：

①实罐灭菌时未充分排除罐内空气：实罐灭菌时，罐内空气未完全排除，造成"假压"，使罐顶空间局部温度达不到灭菌要求，导致灭菌不彻底而污染。为此，在实罐灭菌升温时，应打开排气阀门及有关连接管的边阀、压力表接管边阀等，使蒸汽通过，达到彻底灭菌。

②培养基连续灭菌时，蒸汽压力波动大，培养基未达到灭菌温度，导致灭菌不彻底而污染。培养基连续灭菌温度，最好采用自动控制装置。

③设备、管道存在"死角"：由于操作、设备结构、安装或人为造成的屏障等原因，引起蒸汽不能有效达到或不能充分达到预定应该达到的"死角"，"死角"可以是设备、管道的某一部位，也可以是培养基或其他物料的某一部分。要加强清洗，消除积垢，安装边阀，使灭菌彻底。

(4) 设备渗漏引起染菌及防治　发酵设备、管道、阀门的长期使用，由于腐蚀、摩擦和振动等原因，往往造成渗漏。为了避免设备、管道、阀门渗漏，应选用优质材料，并经常进行检查。冷却蛇管的微小渗漏不易被发现，可以压入碱性水；在罐内可疑地方，用浸湿酚酞指示剂的白布擦，如有渗漏时白布显红色。

(5) 操作问题　在菌种培养过程中，如操作不当就会引起染菌。防止操作失误引起染菌，要加强对技术工人的技术培养和责任心教育，提高工人素质，强化管理措施。

> **思考题**
>
> 1. 比较醋母制备过程中固态酿制法与液态深层发酵酿制法的应用范围及优缺点。
> 2. 果醋酿造一般经过哪几个阶段？

第十六章

腌制保藏

本章目标与重点

学习目标：
1. 了解蔬菜腌制品的种类及其特点；
2. 掌握腌制品的保藏原理；
3. 掌握各种腌制菜的工艺技术；
4. 掌握腌制品败坏的原因以及控制途径。

学习重点：
腌制品的保藏原理以及腌制品败坏的原因和控制因素。

利用食盐渗入蔬菜组织内部，降低其水分活度，提高其渗透压，有选择地控制微生物的发酵，并添加各种配料，以抑制腐败菌的生长，增强保藏性能，保持其食用品质的保藏方法，称为蔬菜腌制。其制品称为蔬菜腌制品，又称酱腌菜或腌菜（pickled vegetables）。它是酱菜、咸菜、糖醋菜、泡菜及酸菜的统称。蔬菜腌制品由于制法简单、成本低廉、容易保存、风味佳美而深受消费者欢迎，是我国加工最普遍，产量最多的一类蔬菜加工品。

腌制蔬菜的古往今来

蔬菜腌制在我国具有悠久的历史。我国最早的诗集《诗经》中有"中田有庐，疆场有瓜，是剥是菹，献之皇祖"的诗句。"庐"和"瓜"是蔬菜，"剥"和"菹"是腌渍加工的意思。汉代许慎所著的《说文解字》解释："菹菜者，酸菜也"。《太平御览》记载，"《周礼·天官·亨人》曰：祭祀共大羹、铏羹、宾客亦如之。（大羹，肉渍者。郑司农云：大羹，不致五味也。铏羹，加盐菜也）"。所谓"羹"是用肉或咸菜做成的汤，更进一步证实盐渍菜的历史。到了秦汉时期，由于豆麦酱的出现，蔬菜的腌制逐步发展到酱渍。1971年，在湖南长沙东郊马王堆西汉古墓的随葬品中发现了酱菜——豆豉姜，这是我国迄今发现的最早的酱腌菜实物证据，它是世界上贮藏最久的酱菜。在东汉崔寔的《四民月令》中，有正月"可作诸酱，上旬炒豆，中旬煮之，以碎豆作末都，至六七月之交，分以藏瓜"的记载，"末都"是酱的意思。至南北朝，我国各种类型的腌制菜已经相继出现。到了唐代，我国制作酱菜的技术还传到了日本。唐玄宗天宝十二年（公元753年）唐高僧鉴真和尚第六次东渡日本，将我国的制酱方法传入日本，著名的奈良渍就是鉴真所传。到了宋、元、明朝，我国的腌制菜已有很大的发展，盐渍、酱渍、醋渍、糖渍等蔬菜品种均有。明清时期，酱腌菜生产工艺和方法已相当成熟。很多古籍，如明代刘基所撰写的《多能鄙事》、清代袁枚所著的《随园食单》等书中都有详尽的记载。从古至今，在劳动人民的辛勤劳作下，我国腌制食品的生产技术和产品种类不断发展变化，直到今天，酱腌菜具有鲜甜脆嫩，或咸鲜辛辣等独特的香味，具有一定的营养价值，并且深得群众青睐，成为人们日常生活中不可或缺的调味食品。

第一节　蔬菜腌制品的分类

我国蔬菜腌制品有近千个品种，它们所采用的蔬菜原料、辅料、工艺条件及操作方法完全不同或不完全相同，从而生产出形态和风味各不相同的产品。因此，分类方法也千差万别，在此仅介绍根据产品在生产过程中是否有显著的发酵过程，而将酱腌菜分为发酵性酱腌菜和非发酵性酱腌菜两大类，然后再根据产品和工艺的特点将每一大类划分成若干小类。

1. 非发酵性腌制品

该类腌制品的特点是腌制时所用食盐浓度较大，腌制过程中的发酵作用不显著，产品的含酸量很低，但含盐量较高，通常感觉不出产品有酸味。这类产品又可分成以下小类。

（1）腌咸菜类　是将蔬菜经过盐腌后而制成的制品。根据制品状态不同可分为：湿态，即腌制成后，菜不与菜卤分开，如腌白菜、腌雪里蕻等；半干态，即制成后，菜与菜卤分开，如榨菜等；干态，即腌制成后，再经不同方法干燥的，如霉干菜等。

（2）酱渍菜类　这类产品的特点是，先将原料用食盐腌制成半成品，再将半成品进行酱渍处理，使产品具有浓郁的酱香味。如咸味的普通酱菜和甜味的甜酱黄瓜等。

（3）醋渍品　这类产品一般是先用少量食盐腌制原料，再用食醋进行浸渍或调味而成，如糖醋蒜等。

（4）糟、糠渍品　一般是将原料用盐腌制后，再用酒糟、米糠等进行处理，使产品具有糟、糠的特有风味，如糟萝卜等。

（5）菜酱类　菜酱是以蔬菜为原料经过预处理后，再拌和调味料、辛香料制作而成的糊状蔬菜制品。

2. 发酵性腌制品

该类产品的特点是在腌制时用盐量较少或不用盐，腌制过程中有比较旺盛的乳酸发酵现象，同时还伴随有微弱的酒精发酵与醋酸发酵，利用发酵所产生的乳酸与加入的食盐、香料、调味料等的防腐能力使产品得以保藏，并增进其风味。产品一般都具有明显的酸味。其代表种类主要有：酸菜和泡菜。

（1）干盐腌制法　腌制过程中不用加水，而是将粉末状的食盐与蔬菜均匀混合，利用腌出的蔬菜汁液直接发酵而成产品，如西欧的酸菜、中国的酸白菜等。

（2）盐水腌制法　将蔬菜放入预先调制好的盐水中进行发酵，如泡菜、酸黄瓜等。

第二节　腌制保藏理论

蔬菜腌制的原理主要是利用食盐的保藏作用、微生物的发酵作用、蛋白质的分解作用、辅料的辅助作用以及其他一系列的生物化学作用，抑制有害微生物的活动，改善产品的色、香、味，达到长期保藏的目的。

一、食盐的保藏作用

有害微生物在蔬菜上的大量繁殖和酶的作用，是造成蔬菜腐烂变质的主要原因，也是导致蔬菜腌制品品质变坏的重要因素。食盐之所以具有防腐保藏作用，主要是因为它能产生高渗透压，并具有抗氧化性和降低水分活度的作用。

1. 食盐的高渗透压作用

在蔬菜腌制过程中，一般都要加入一定量的食盐，依靠食盐的渗透作用，把蔬菜组织中的水分脱出，形成卤水，使蔬菜浸泡在卤水中。食盐溶液具有很高的渗透压，1g/L 食盐溶液能产生 0.061MPa 压力，腌渍时食盐用量在 4%~15%，能产生 0.244~0.915MPa。而一般植物组织细胞（包括微生物细胞）所能耐受的渗透压为 0.3~0.6MPa，当食盐溶液渗透压大于微生物细胞渗透压时，微生物细胞内水分就会外渗而使其脱水，最后导致微生物原生质和细胞壁发生质壁分离，从而使微生物活动受到抑制，甚至会由于生理干燥而死亡。所以，利用食盐溶液的高渗透作用，能起到很好的防腐作用。

但是，不同种类的微生物，具有不同的耐盐能力。表 16-1 是几种微生物在中性溶液中所能耐受的最大食盐质量浓度，超过此浓度时这些微生物就基本停止活动。

表 16-1　几种微生物能耐受的最大食盐质量浓度　　单位：g/L

菌种名称	食盐质量浓度
植物乳植杆菌（*Lactiplantibacillus plantarum*）	130
短乳杆菌（*Lact. brevis*）	80
甘蓝酸化菌（*Bacterium brassicae fermenti*）	120
丁酸菌（*Bact. amylobacter*）	80
大肠杆菌（*E. coli*）	60
肉毒梭状芽孢杆菌（*Clostridium botulinum*）	60
普通变形杆菌（*Proteus vulgaris*）	100
醭酵母（*Mycoderma*）	250
（能产乳酸的）霉菌（*Oidium lactis*）	200
霉菌（moulds）	200
酵母菌（yeasts）	250

从表 16-1 可以看出，霉菌和酵母菌对食盐的耐受力比细菌大得多，而酵母菌的抗盐性最强。例如，大肠杆菌和变形杆菌（致腐败细菌）在 60~100g/L 食盐溶液中就会受到抑制，而霉菌和酵母菌则要在 200~250g/L 食盐溶液中才能受到抑制。这种耐受力都是指当溶液呈中性时的最大耐受力。但是，如果溶液呈酸性（pH<7 时，上表中所列的微生物对食盐的耐受力就会降低。蔬菜腌制时，卤水的 pH<7，尤其是发酵性腌制品的卤水，pH 更低。pH 越低即介质越酸，其耐受力越低。如酵母菌在溶液 pH 7 时，对食盐的最大耐受质量浓度为 250g/L，但当溶液的 pH 降为 2.5 时，对食盐的最大耐受质量浓度只有 140g/L。

2. 食盐的抗氧化作用

食盐对防止食品的氧化也具有一定的作用。这是因为，第一，蔬菜所处的食盐溶液比水中的氧气含量低，这就使蔬菜处在氧气浓度较低的环境中；第二，通过食盐的渗透作用还可排除蔬菜组织中的氧气，从而减轻氧化作用，抑制好氧性微生物活动，降低微生物的破坏作用。第三，食盐溶液还能钝化酶的催化作用，尤其是氧化酶类，其活力随食盐浓度的提高而下降，从而减少或防止氧化作用的发生。

3. 食盐降低水分活力的作用

食盐有降低水分活力的作用。食盐溶解于水后就会电离，并在每一离子的周围聚集着一群水分子，水化离子周围的水分聚集量占总水分量的百分率随着食盐浓度的提高而增加。相应地，溶液中的自由水分就减少，其水分活力就会下降。微生物在饱和食盐溶液中不能生长，一般认为这是由于微生物得不到自由水分的缘故。简而言之，就是食盐降低了水分活度，使微生物得不到生长发育所需要的自由水分，因此，抑制了微生物引起的腐败。

4. 食盐中离子的毒害作用

食盐分子溶于水后会发生电离，并以离子状态存在。在食盐溶液中，除了有 Cl^-、Na^+ 以外，还有 K^+、Ca^{2+}、Mg^{2+} 等一些离子。低浓度的这些离子对微生物的生活是必需的，它们是微生物所需营养的一部分；但当这些离子达到一定高的浓度时，它们就会对微生物产生生理毒害作用，使微生物的生命活动受到抑制，从而抑制微生物引起的败坏。

5. 食盐对酶活力的抑制作用

微生物的各种生命活动的实质都是在酶的作用下的生化反应，酶的活力决定了生化反应的方向和速度。但酶的作用要依赖于其特有的构型，而这种构型的存在又与水分状况、溶液中离子的存在及离子的带电性等因素直接相关。微生物在各种生命活动中分泌的酶的活力会因食盐的存在而使其活力降低。因为食盐溶液中的 Na^+ 和 Cl^- 可以与酶蛋白中的肽键结合，从而破坏酶分子特定的空间构型，使其催化活力降低，导致微生物的生命活动受到抑制。

总之，食盐的防腐作用随着食盐浓度的提高而加强。一般而言，在蔬菜腌制品中食盐含量达到10%左右就比较安全，如果浓度增加，虽然防腐作用增强，但也延缓了有关的生物化学的变化，如含盐量超过12%，不但使成品咸味太重、风味不佳，也会使制品的后熟期相应地延长。因此，在蔬菜腌制过程中的用盐量必须很好地控制，不能仅仅依靠高浓度的食盐来防腐，而要结合装紧压实、隔绝空气、保证原料卫生等措施来防止微生物引起的败坏，以生产出品质良好的蔬菜腌制品。

二、微生物的发酵作用

蔬菜腌制过程中，微生物引起的正常发酵作用，能抑制有害微生物的活动而起到防腐作用，还能使制品产生酸味和香气。发酵作用以乳酸发酵为主，辅以轻度的酒精发酵和醋酸发酵，相应地生成乳酸、乙醇和醋酸。

1. 乳酸发酵

乳酸发酵是蔬菜腌制过程中最主要的发酵方式，任何蔬菜腌制品在腌制过程中都存在乳酸发酵，只不过有强弱之分。乳酸菌广泛分布于空气中、蔬菜的表面上、加工用水中以及容器和用具等物的表面。从应用方面讲，凡是能产生乳酸的微生物都可称为乳酸菌，其种类甚多，有球菌、杆菌等，属兼性厌氧性的居多，一般生长的最适温度为 26~30℃。

在蔬菜腌制过程中主要的微生物有乳酸片球菌（*Pedicoccus acidilactice*）、植物乳植杆菌（*Lactiplantibacillus plantarum*）、黄瓜酸化菌（*Bacterium cucumeris fermentati*）等八大种，还有酵母菌等。这类乳酸菌能将单糖和双糖发酵生成乳酸而不产生气体，称为同型乳酸发酵或正型乳酸发酵，这类发酵过程的总反应式如下：

$$C_6H_{12}O_6 \xrightarrow{\text{同型乳酸发酵}} 2CH_3CHOHCOOH（乳酸）$$

在蔬菜腌制过程中除了上述的乳酸菌外，尚有其他各种乳酸菌和非乳酸菌也在进行活动，同样能将糖类发酵产生乳酸，不同的是，还会产生其他产物及气体，这类微生物称为异型乳酸菌，如肠膜明串珠菌（*Leuconostoc mesenteroides*）等，其发酵方式称为异型乳酸发酵。

$$C_6H_{12}O_6 \xrightarrow{\text{异型乳酸发酵}} CH_3CHOHCOOH（乳酸）+ C_2H_5OH（乙醇）+ CO_2 \uparrow$$

又如，短乳杆菌（*Lact. brevis*）将单糖发酵产生乳酸外，还生成醋酸及 CO_2 等。

在蔬菜腌制前期，微生物的种类繁多，加之腌制环境中的空气较多，酸度较低，故前期以异型乳酸发酵占优势，但异型乳酸发酵菌一般不耐酸，到发酵的中后期，由于酸度的增加，异型乳酸发酵基本停止，而以同型乳酸发酵为主。

影响乳酸发酵的因素比较多，在生产实践中，应当根据具体情况控制发酵进程。影响乳酸发酵的主要因素如下：

（1）食盐浓度　试验证明，腌制时盐液浓度较低时，乳酸发酵启动早、进行快，发酵结束也早；随着盐液浓度的增加，发酵启动时间拉长，且发酵延续时间较长。在 30~50g/L 的盐液中，发酵产酸最为迅速，乳酸生成量也多；食盐质量浓度在 100g/L 以上时，乳酸发酵作用大为减弱，生成的乳酸也少；食盐质量浓度在 150g/L 以上时，乳酸发酵作用几乎停止。

在实际生产中，由于低盐度的腌菜能迅速而较多地产生乳酸，并兼有少量的醋酸、乙醇、CO_2 等物质生成，而这些产物都具有一定的抑菌防腐能力，因而使腌制品对有害菌的抗侵染能力也有所增强。此外，酸度的提高还可降低微生物的耐盐能力，如酵母菌在 pH 7 的环境中，抑制其活动需要高达 250g/L 食盐；但当 pH 2.5 时，只需 140g/L 食盐即可。生产中，对发酵性腌制品，其用盐量一般控制在 5%~10%，有时可低到 3%~5%；而对于弱发酵的腌制品，其用盐量一般在 15% 以上，有时用盐量达到 25% 以上。在这样高浓度的盐溶液中，乳酸菌的活动受到抑制，乳酸发酵基本停止。

（2）环境温度　各种微生物活动都有其适宜的温度范围。乳酸菌生长的适温为 20~30℃。在这个温度范围内，腌制品发酵快，成熟早；低于适宜温度时，则需要较长的发酵时间。例如，在制作酸白菜时，温度不同，产酸量不一样，乳酸发酵的启动和进行情况也不一样。在 10℃ 的温度下，乳酸发酵启动慢、发酵时间长、产酸量低（仅为 0.5% 左右）；但在 20℃ 时，乳酸发酵启动快，产酸量高（可达 1.5% 左右），制作出的产品质量稳定，色泽、风味较好。

（3）发酵液的 pH　不同微生物所适应的最低 pH 是不同的，腐败菌、丁酸菌和大肠杆菌的耐酸能力均较差，而乳酸菌的耐酸能力较强，在 pH 3 的环境中仍可发育，至于抗酸力强的霉菌和酵母菌，因为它们都是好氧微生物，只有在空气充足条件下才能发育，在缺氧条件下则难以繁殖。部分微生物发育的最低 pH 见表 16-2。

表 16-2　　　　　　　　　　　　部分微生物发育的最低 pH

菌株	最低 pH	菌株	最低 pH
腐败菌	4.4~5.0	丁酸菌	4.5
酵母菌	2.5~3.0	大肠杆菌	5.2~5.5
霉菌	1.2~3.0	乳酸菌	3.0~4.0

不同的乳酸菌株的耐酸能力各不相同。在腌制过程中耐酸能力不同的乳酸菌接力发酵，使腌菜的发酵得以顺利完成。在腌制初期，由产酸不多、繁殖快而不耐酸的肠膜明串珠菌或粪链球菌占优势，当含酸量达到 0.7%~1.0% 时，它们就灭亡了，由植物乳植杆菌或耐酸的片球菌继续发酵，当含酸量达到 1.3% 左右时，植物乳植杆菌也受到抑制，则让位于短乳杆菌和戊糖醋酸乳杆菌，它们能耐受含酸量高达 2.4%，使酸菜发酵完成。

腌制过程中乳酸的产量及乳酸与醋酸之比例是影响渍物品质的重要因素。腌制液的酸度主要由乳酸形成。在腌制期间，乳酸生成较多且快，而醋酸生成较少，并始终维持在一定水平。随着发酵的继续进行，总酸量也不断增加，但这种增加几乎全来自乳酸的增加，同时乳酸与醋酸的比值也不断加大。一般认为，含酸量在 0.5%~0.8%，乳酸与醋酸之比为 (4~10)∶1 时，腌菜的质量较好；酸度过低或过高，乳酸与醋酸的比值过小或过大，渍物风味都将受到影响。

（4）空气含量　空气与微生物的生长有着密切关系。在腌制初期，由于蔬菜和腌制环境中存在有一定量的空气，这时附着在菜株、空气及水中的好氧性微生物可以进行活动，随着蔬菜细胞和细菌自身的呼吸，很快就造成腌制环境中的缺氧状态，好氧性微生物随之灭亡，而乳酸菌群繁殖旺盛。

腌制发酵的最初 30h 内，好氧性细菌繁殖，它们都是革兰氏阴性菌。当腌制缸中空气逐渐消失时，它们也随之消失，于是产酸的乳酸菌开始繁殖并产酸。如果腌制过程中容器密封不好，会造成酵母菌繁殖，则使酸度迅速下降。霉菌、丁酸菌、酵母菌等有害菌都属于好氧性的，而乳酸菌通常为嫌气性的。所以，在腌制时，如能尽量减少空气，造成缺氧环境，就有利于乳酸发酵，防止渍物败坏，并还可减少维生素 C 的损失。因而，腌菜时要将蔬菜压实，并立即加入充足的盐水将菜体全部淹没，不留空隙，并迅速密闭。

（5）营养条件　在蔬菜腌制过程中，乳酸菌的繁殖和乳酸发酵，都需要有一定的物质基础即营养条件。一般而言，用于腌制的蔬菜营养丰富，菜汁渗透出来所提供的营养条件为乳酸菌的活动提供了物质基础。所以，腌制时一般不用再补充养分，但对那些含糖量不足的蔬菜，如能适量加入一些葡萄糖或不断补充一些含糖量高的新鲜蔬菜，则可以促进发酵作用的顺利进行。

2. 酒精发酵

在蔬菜腌制过程中也存在着轻微的酒精发酵，含量可达 0.5%~0.7%，对乳酸发酵并无影响。酒精发酵是由于酵母菌将蔬菜中的糖分解生成乙醇和 CO_2，其化学反应式如下：

$$C_6H_{12}O_6 \longrightarrow 2CH_3CH_2OH（乙醇）+ 2CO_2 \uparrow$$

酒精发酵除生成乙醇外，还能生成异丁醇和戊醇等高级醇。另外，腌制初期发生的异型乳酸发酵中也能形成部分乙醇。蔬菜在被卤水淹没时所引起的无氧呼吸也可产生微量的乙醇。在酒精发酵过程中和其他作用中生成的乙醇及高级醇，对于腌制在后熟期中品质的改善及芳香物质的形成起到重要作用。

3. 醋酸发酵

在蔬菜腌制过程中也有微量的醋酸形成。醋酸的主要来源是由醋酸菌（*Bact. aceti*）氧化乙醇而生成，这一作用称为醋酸发酵，其化学反应式如下：

$$2CH_3CH_2OH + O_2 \longrightarrow 2CH_3COOH（醋酸）+ 2H_2O$$

除醋酸菌外，某些细菌的活动，如大肠杆菌、戊糖醋酸杆菌（*Bact. pentoaceticum*）等，也能将糖转化为醋酸和乳酸等。

$$2C_6H_{12}O_6 \longrightarrow CH_3CHOHCOOH（乳酸）+ CH_3COOH（醋酸）+ COOHCH_2CH_2COOH（琥珀酸）$$
$$C_5H_{10}O_5（戊糖）\longrightarrow CH_3CHOHCOOH（乳酸）+ CH_3COOH（醋酸）$$

极少量的醋酸不但无损于腌制品的品质，反而对品质有利。只有在醋酸含量过多时才会影响成品的品质。醋酸菌仅在有空气存在的条件下才可能使乙醇氧化变成醋酸。因此，腌制品要及时装坛封口，隔离空气，以避免醋酸的产生。

总之，在蔬菜腌制过程中微生物的发酵作用，主要是乳酸发酵，其次是酒精发酵，醋酸发酵非常轻微。在制造泡菜和酸菜时，需要利用乳酸发酵。但在制造咸菜及酱菜时则必须控制乳酸发酵，勿使乳酸超过一定的限度，否则咸菜、酱菜制品就会变酸，这就是产品败坏的象征。所以，要很好地掌握用盐量，控制和调节发酵过程。

三、蛋白质的分解作用

供腌制用的蔬菜除含糖分外，还含有一定量的蛋白质和氨基酸。不同蔬菜所含蛋白质及氨基酸的总量和种类不同。在腌制和后熟期中，蔬菜所含的蛋白质受微生物的作用和蔬菜本身所含的蛋白质水解酶的作用，而逐渐被分解为氨基酸。这一变化在蔬菜腌制过程和后熟期中是十分重要的，它是腌制品色、香、味的主要来源，但其变化是缓慢而复杂的。蛋白质水解过程的化学反应式可以概括如下：

$$蛋白质 \longrightarrow 多肽 \longrightarrow RCH(NH_2)COOH（氨基酸）$$

蛋白质水解生成的某些氨基酸本身就具有一定的鲜味和甜味，如果氨基酸进一步与其他化合物起作用，就可以形成更为复杂的产物。蔬菜腌制品的色、香、味的形成都与氨基酸有关，现分别论述如下。

1. 鲜味的形成

尽管由蛋白质水解所生成的某些氨基酸具有一定的鲜味，但是，蔬菜腌制品的鲜味来源，主要是由谷氨酸与食盐作用生成的谷氨酸钠。其化学反应式如下：

$$HOOCCH_2CH_2CH(NH_2)COOH（谷氨酸）+ NaCl \longrightarrow NaOOCCH_2CH_2CH(NH_2)COOH（谷氨酸钠）+ HCl$$

蔬菜腌制品中不只含有谷氨酸，还含有其他多种氨基酸。这些氨基酸均可生成相应的盐类。因此，腌制品的鲜味远远超过了谷氨酸钠单纯的鲜味，这是多种呈味物质综合的结果。此外，在乳酸发酵作用中及某些氨基酸（如氨基丙酸）水解生成的微量乳酸，也是腌制品鲜味的来源。

2. 香气的形成

蔬菜腌制品香气的形成是比较复杂而缓慢的生物化学过程。主要有以下几方面：

（1）酯化反应　蔬菜原料中的有机酸或发酵过程中产生的有机酸与发酵中形成的醇类发生酯化反应，能产生乳酸乙酯、乙酸乙酯、氨基丙酸乙酯、琥珀酸乙酯等不同的芳香物质。反应式如下：

$$CH_3CHOHCOOH（乳酸）+CH_3CH_2OH（乙醇）\longrightarrow CH_3CHOHCOOCH_2CH_3（乳酸乙酯）+H_2O$$

$$CH_3CH(NH_2)COOH（氨基丙酸）+CH_3CH_2OH \longrightarrow CH_3CH(NH_2)COOCH_2CH_3（氨基丙酸乙酯）+H_2O$$

（2）烯醛类香味物质　氨基酸与戊糖的还原产物 4-羟基戊烯醛作用，生成含有氨基类的烯醛类香味物质。其反应式如下：

$$C_5H_{10}O_5（戊糖）\longrightarrow CH_3COHCHCH_2CHO（4-羟基戊烯醛）+ H_2O + O_2$$

$$CH_3COHCHCH_2CHO + RCH(NH_2)C \longrightarrow \underset{OHCCH_2CH}{\overset{H_3C}{|}}C=OOC-CH(NH_2)-R + H_2O$$

4-羟基戊烯醛　　　　　　　　　　　　　　　　氨基类的烯醛

（3）芥子苷类香味物质　十字花科蔬菜常含有芥子苷，尤其是芥菜类含黑芥子苷较多，使其具有苦味。当芥菜在腌制时，经过搓揉或挤压使细胞破裂，黑芥子苷在黑芥子苷酶的作用下分解，产生一种芳香而又带刺激性气味的黑芥子油，同时芥菜的苦味消失。其反应式如下：

$$C_3H_5N=C\underset{C_6H_{11}O_5}{\overset{OSO_3K}{|}}（黑芥子苷）+ H_2O \longrightarrow C_3H_5N=C=S（黑芥子油）+ C_6H_{12}O_6 + KHSO_4$$

（4）其他香味物质　乳酸发酵中产生的乳酸和其他酸类（如琥珀酸、柠檬酸），在微生物的作用下生成具芳香气味的丁二酮。反应式如下：

$$C_6H_{12}O_6 \longrightarrow CH_3COCOOH（丙酮酸）$$

$$C_6H_8O_7（柠檬酸）\longrightarrow CH_3COCOOH（丙酮酸）$$

$$CH_3COCOOH（丙酮酸）\longrightarrow CH_3COCOCH_3（丁二酮）$$

此外，在腌制过程中加入的花椒、辣椒末及其他各种香料，进一步增加了这类腌制品的香气。所以，腌制品的香气就显得比较复杂而多样。

3. 色素的形成

蔬菜腌制品在其发酵后熟期中，由蛋白质水解所生成的酪氨酸在微生物或原料组织中所含酪氨酸酶的作用下，经过一系列的氧化作用，最后生成一种深黄褐色或黑褐色的黑色素（又称黑蛋白），其化学反应式如下：

$$HOC_6H_4CH(NH_2)COOH（酪氨酸）\longrightarrow [(C-OH)_3C_5H_3NH_2]_n（黑色素）+H_2O$$

在此反应中，氧的来源主要依靠戊糖还原为丙二醛时所放出的氧。所以，蔬菜腌制品装坛后虽然装得十分紧实缺少氧气，但腌制品的色泽依然可以由于氧化而逐渐变黑。当然，促使酪氨酸氧化为黑色素的变化是极为缓慢而复杂的过程。

另一种色素形成的重要途径是氨基酸与还原糖引起的非酶褐变形成的黑色物质。由非酶褐变形成的这种黑色物质不但色黑而且还有香气。一般来讲，腌制品装坛后的后熟时间越长，温度越高，则黑色素的形成越多越快。所以，保存时间长的咸菜（如霉干菜、冬菜）比刚腌制成的咸菜的颜色更深、香气更浓。例如，四川南充的冬菜装坛后还要经过三年的日晒才算完全成熟，其成熟的标准就是冬菜已变得乌黑而有光泽，香气浓郁而醇正，味鲜而回甜，组织坚实而嫩脆。

蔬菜原料中所含的叶绿素在腌制过程中也会逐渐失去其鲜绿的色泽，特别是在酸性介质中叶绿素最容易变成黄褐色。咸菜类装坛后在其发酵后熟的过程中，叶绿素消退后也会逐渐变成黄褐色或黑褐色。

四、蔬菜腌制品的保绿与保脆

保持蔬菜腌制品的绿色和脆的质地，是提高制品品质的重要问题。

蔬菜的绿色是含有的叶绿素表现出来的。发酵性的腌制品，因在腌制过程中产生乳酸等，使叶绿素变成脱镁叶绿素，而使其绿色无法保存。在腌制非发酵性的腌制品时，为保持其原有的绿色，可在腌制前先将原料经沸水烫漂，以钝化叶绿素酶，防止叶绿素被酶催化而变成脱叶醇叶绿素（绿色退去），可暂时保持绿色。若在烫漂液中加入微量的 Na_2CO_3 或 $NaHCO_3$，可使叶绿素变成叶绿素钠盐，也可使制品保持一定的绿色。其实，采用一般的方法，很难持久地保持蔬菜腌制品的绿色，也不必强调产品的绿色，因为，不同的腌制品本来就有不同的颜色。

质地松脆是蔬菜腌制品的主要指标之一，腌制过程如处理不当，就会使腌菜变软。蔬菜的脆性主要与鲜嫩细胞的膨压和细胞壁的原果胶变化有密切关系。当蔬菜失水萎蔫致使细胞膨压降低时，则脆性减弱，但在一定的盐液中进行腌制时，由于盐液与细胞液间的渗透平衡，能够恢复和保持腌菜细胞的膨压，不致造成脆性的显著下降。蔬菜软化的另一个主要原因是果胶物质的水解，保持原果胶一定的含量是保持蔬菜脆性的物质基础。如果原果胶受到酶的作用而水解为水溶性果胶，或由水溶性果胶进一步水解为果胶酸和甲醇等产物时，就会使细胞彼此分离，使蔬菜组织硬脆度下降，组织变软，易于腐烂，严重影响腌制品的质量。引起果胶水解的原因，一方面是由于过熟以及受损伤的蔬菜，其原果胶被蔬菜本身含有的酶水解，使蔬菜在腌制前就已变软；另一方面，在腌制过程中一些有害微生物的活动所分泌的果胶酶类将原果胶逐步水解。根据上述原因，腌制品保脆的方法，一是选择成熟适度的蔬菜为原料；二是尽量使原料不受损伤；三是原料腌制前进行适度脱水；四是在腌制前将原料放入 GB 2760—2024《食品安全国家标准 食品添加剂使用标准》允许的保脆剂溶液中进行短时间浸泡。需要注意的是，保脆剂用量过大时，产品会显得坚硬。

传统的蔬菜腌制品在整个加工过程中都没有进行杀菌处理，所以自然带菌率相当高，种类也很复杂，仅仅依靠食盐的高渗透压作用和厌氧环境来抑制有害微生物，以保存腌制品。而腌制品的色、香、味和组织脆性等无不与微生物的发酵作用和蛋白质的分解作用有关。因此，必须善于掌握其中各个因素之间的相互关系，创造适宜的厌氧环境，如将原料装满、压紧等，才能获得品质优良的蔬菜腌制品。近年来，蔬菜腌制业的发展很快，主要原因是在生产中运用了真空包装技术和现代杀菌技术，使产品能够长期保藏。

五、蔬菜腌制与亚硝酸盐

蔬菜腌制过程中亚硝酸盐的产生原因为新鲜蔬菜在土壤中吸收了氮肥或氮素，积累了无毒的硝酸盐，一般蔬菜中硝酸盐的含量规律是：叶菜类大于根菜类，根菜类大于果菜类。当新鲜的蔬菜在鲜度下降、腐烂或腌制过程时，其中的硝酸盐很容易被酶或微生物还原成亚硝酸盐，成为合成致癌性很强的亚硝基化合物的关键性前身物质。

新鲜蔬菜的亚硝酸盐含量在 0.7mg/kg，而腌制菜的亚硝酸盐含量可升至 13~75mg/kg。一般来讲，蔬菜刚腌的时候亚硝酸盐的含量会不断增长，达到一个高峰之后就会下降。这个峰称为亚硝峰。有的蔬菜出现一次峰，也有的出现三次高峰。一般来说，腌菜之后一周左右的亚硝酸盐含量最高，而到 20d 之后就逐渐下降，直至最后基本消失，这个时候再吃，就比较安全了。

科学认识亚硝酸盐

我国及世界各国对亚硝酸盐在食品中的测定方法、使用限量及残留量均有明确规定。根据 GB 5009.33—2016《食品安全国家标准 食品中亚硝酸盐与硝酸盐的测定》规定，可以采用离子色谱法、分光光度法测定亚硝酸盐的含量。联合国粮农组织和世界卫生组织联合食品添加剂专家委员会（JECFA）规定亚硝酸盐的每日允许摄入量为 0~0.2mg/(kg·bw)。世界各国也均对亚硝酸盐在食品中的使用限量作出规定。根据 GB 2762—2022《食品安全国家标准 食品中污染物限量》规定，酱腌菜中亚硝酸盐含量不可以超过 20mg/kg。正常饮食情况下，人体中的亚硝酸盐主要是食物和饮水中的硝酸盐在口腔及胃中细菌的作用下转化而来。研究表明，亚硝酸盐可以通过一定途径被还原为 NO。摄入含有低水平亚硝酸盐的食物可补充人体内的亚硝酸盐。但是，如果短时间内经口摄入（误食或超量摄入）较大量的亚硝酸盐，则容易引起急性中毒，使血液中具有正常携氧能力的低铁血红蛋白氧化成高铁血红蛋白失去携氧能力，造成组织缺氧，称为高铁血红蛋白血症。当摄入量达到 0.2~0.5g 时可导致中毒，摄入量超过 3g 时可致人死亡。中毒的特征性表现为发绀，症状体征有头痛、头晕、乏力、胸闷、气短、心悸、恶心、呕吐、腹痛、腹泻、口唇、指甲及全身皮肤、黏膜发绀等。严重者意识朦胧、烦躁不安、昏迷、呼吸衰竭直至死亡。

防止酱腌菜中产生过量亚硝酸盐的主要措施有以下几个：一是选用新鲜蔬菜，去掉腐烂变质的蔬菜，减少腐败菌和原料中亚硝胺的带入。二是在制作酱腌菜时接种乳酸菌，如加入老泡菜水，使之形成优势菌种，抑制腐败菌生长。三是在腌制时在蔬菜中加入 400mg/kg 的维生素 C，以减少甚至完全阻断亚硝胺的产生。四是腌制前期在腌制液中加入适量的柠檬酸或乳酸以调节酸度，控制不耐酸的腐败菌的活动。五是在腌制前期在蔬菜中加入最多 50mg/kg 的苯甲酸钠或者山梨酸钾，以抑制腐败菌的活动。六是在腌制过程中要注意容器的卫生，防止腐败菌的污染，要用干净的酱缸、菜坛、菜池来制作酱腌泡菜。七是在制作酱腌泡菜时，容器内应当装满、压实，以隔绝氧气，防止霉菌的繁殖和活动。八是要及时更换坛沿水，保证坛沿水的卫生，防止坛沿水中的脏物被吸入坛内。通常在坛沿水中加入 20% 的食盐，防止腐败菌在坛沿水中繁殖。同时要随时掺足坛沿水，防止氧气的进入。九是将腌制蔬菜在食用前利用阳光暴晒，然后再烹调食用。因为亚硝胺对阳光中的紫外线特别敏感，在紫外线的照射下会破坏。按照这些方法生产的酱腌菜，其亚硝胺是不会超标的，食用这种酱腌菜是安全的。此外，多吃新鲜果蔬，以增加维生素 C 的摄入，可清除体内的亚硝胺。

第三节 盐渍菜类加工工艺技术

盐渍菜（salting vegetable），又称为咸菜（brined vegetable），它是酱腌菜产品中量最大的一类，它不仅可以作为成品直接销售，而且还可以作为酱渍菜和其他渍菜的半成品。所以，其品质的好坏，直接影响到其他渍制品的质量。

一、工艺流程

原料选择→原料处理→盐渍→倒菜→渍制→（半）成品→脱盐→脱水→配料拌匀→装罐（袋）→杀菌→冷却→检验→贴标签→装箱→成品→出厂

二、操作要点

原料的选择及处理已在第九章中讲过，现从盐渍工序起简要地介绍各工艺的操作要点。

（1）盐渍　盐渍一般都采用压腌法，即把蔬菜洗净后，按蔬菜与食盐一定比例，顺序排放在容器内，排列方式为一层菜一层盐，食盐用量下少上多。也可把食盐与蔬菜拌匀后进行腌制。一般容器中部以下用盐40%，中部以上用盐60%，顶部封盖一层盖面盐。在蔬菜上面压盖后再放上重石，利用食盐的渗透作用使菜汁外渗，菜汁逐渐把菜体浸没，食盐渗入菜体内，达到渍制、保藏的目的。用盐量根据蔬菜品种而定，一般来说，随产随销的盐渍菜每100kg用盐6~8kg，需长期贮存的盐渍菜每100kg用盐16~18kg。

（2）倒菜　盐渍菜在盐渍过程中应当进行倒菜，使食盐均匀地接触菜体，使上下菜渍制均匀，并尽快散发腌制过程中产生的不良气味，增加渍制品的风味，缩短渍制时间。

（3）渍制　此阶段为静止渍制阶段，实际上是渍制品的后熟期和半成品的保藏期。食盐进一步渗入菜体，蔬菜通过微生物的作用产生各种特殊的风味物质。渍制到一定的时间后，蔬菜的风味就已基本定型，大头菜、榨菜等腌渍菜的生产，这一阶段是最重要的。在这一过程中，要采取各种方法使菜体与空气隔绝，以防止蔬菜的腐败变质。待蔬菜渍制成熟后，就可以作为产品出售，也可以继续密封保藏，供加工即食方便咸菜的原料使用。

（4）脱盐、脱水　按照传统制作方法，盐渍菜的加工工艺就此结束。这种菜可以直接用于销售。但是，由于以这种形式销售的产品未经过任何杀菌处理，产品在运输和销售过程中的腐败现象严重，因此，销售规模的发展受到极大的制约。现代蔬菜加工企业常将这种腌渍蔬菜的半成品进行再加工，先将其脱盐、脱水，然后再进行包装和杀菌处理，生产成瓶装或袋装的即食产品，以防止微生物的侵染，减少由腐败引起的损失。脱盐的一般方法是，将半成品按照加工的要求切分成一定的形状，用清水漂洗至蔬菜呈微咸的口感，然后再将蔬菜进行压榨或离心脱水，根据产品标准对水分的要求来确定压榨或离心的时间。

（5）配料、拌匀　经过脱盐和脱水的蔬菜半成品，风味很淡，必须经过配料才能食用。配料的成分一般为食用油、味精、食盐、辣椒、胡椒、柠檬酸等。具体配料的种类及用量可根据各地的口感而定。为了确保产品不腐败变质，可根据GB 2760—2024《食品安全国家标准　食品添加剂使用标准》的规定加入适量的防腐剂。值得注意的是，所有配料一定要均匀地混入到蔬菜中，以使产品的口感一致。可以先将水溶性的物质用少量凉开水溶解后与蔬菜混合均匀，然后再把油溶性的物质溶解到食用油当中，最后再把二者混合拌匀。

（6）装罐（袋）、封口、杀菌冷却等后续工序　方便咸菜的包装材料主要有玻璃瓶和薄膜蒸煮袋。玻璃瓶和薄膜蒸煮袋都要能够满足杀菌对温度的要求。装罐（袋）时要根据产品规格的大小进行定量，然后用真空封口机进行密封封口。再根据产品pH的高低，按照罐头杀菌原理选择杀菌温度和时间进行杀菌，杀菌后迅速冷却和吹干，然后检验、贴标和装箱。这部分工艺完全是罐头的制作工艺，咸菜制成这种形式的产品后就可以长期保藏。

三、特殊盐渍菜加工工艺

（一）四川榨菜

1. 原料的选择

（1）主要原料　茎用芥菜（青菜头）为加工榨菜的主要原料。一般以质地细嫩紧密、纤维质少、菜头突出部浅小、呈圆形或椭圆形的菜头为好。

（2）辅料　食盐、辣椒面、花椒、混合香料面（其中：八角55%、山柰10%、甘草5%、沙头4%、肉桂8%、白胡椒3%、干姜15%）。

2. 工艺流程

青菜头→ 脱水 → 腌制发酵 → 修剪 → 淘洗 → 配料、装坛 → 存放后熟 →（半）成品

3. 操作要点

（1）脱水　多采用风脱水方法。涪陵等地区将传统风脱水方法保留了下来，具体操作如下。

①搭架：架地选择河谷或山脊，风力好、地势平坦宽敞的碛坝，务必使菜架全部能受到风力吹透。架子一般用桩木、绳、藤、竹等材料搭成。

②晾晒：晾晒又称为风脱水。晾晒前，先去掉菜头上的叶片及基部的老梗，再将菜头对切（大者可一切为四）。切分时应注意均匀老嫩兼备，青白齐全。用竹丝穿串，将菜头的白面向上，两头回穿后搭在架上，每串4~5kg。晾晒时要使菜块易干不易腐，受风均匀，尽可能保持本色。一般风脱水7~10d，用手捏感其周身柔软无硬心，晒100kg干菜块所需鲜菜头质量因其收获期而不同，如表16-3所示。

表16-3　晒100kg干菜块所需鲜菜头的质量

收获期	头期菜	中期菜	尾期菜
需鲜菜头量/kg	280	320	340~350
下架率/%	40~45	34~38	36~38

在现代加工企业中，使用榨菜自动脱水机，最佳的脱水温度为45~65℃，最佳脱水时间为2.5~3h，使热风通过滤水器滤去水分后，再次进行循环利用来实现快速脱水，达到需要的脱水成都后再进行冷风冷却，完成风脱水过程。除此之外，涪陵地区也将传统风脱水方法作为一种传统文化大力弘扬，其晒干后的菜块要求无腐烂现象，无黑麻斑点。将菜块进行整理后再进行腌制发酵。

（2）腌制发酵　晒干后的菜块下架后应立即进行腌制。在生产上一般分为三个步骤，其用盐量多少是决定品质的关键。一般100kg干菜块用盐13~16kg。

第一次腌制：100kg干菜块可用盐3.5~4.0kg，以一层菜一层盐的顺序下池（下层宜少用盐），用人工或机械将菜压紧，经过2~3d，起出上囤，去掉明水（实际上是利用盐水边淘洗，边起池、边上囤），第一次腌制后称为半熟菜块。

第二次腌制：将池内的盐水引入贮盐水池，按100kg半熟菜块加7~8kg盐的比例，一层菜一层盐放入池内，用机械或人工压紧，经7~14d腌制后，淘洗、上囤。上囤24h后，称为毛熟

菜块。第三次加盐在装坛时进行。

（3）修剪看筋及整形　将沥干盐水的毛熟菜块用剪刀或小刀除去老皮、虚边，抽去硬筋，刮尽黑斑烂点，并加以整形，做到无粗筋、老皮，大小基本一致。并按照销售要求分成若干等级，分别进行生产，作为不同等级商品出售。

（4）淘洗　利用贮盐水池里的盐水，将修剪整形分级过的毛熟菜块进行淘洗，以除去泥沙污物，达到清洁卫生的目的。淘洗后，再次上囤24h。由于榨菜的最终脱水是采用上榨的方法进行的，因此而取名"榨菜"。

（5）拌料　按洗净榨干的毛熟菜块100kg，用食盐5～6kg、红辣面1.5%～20%、花椒0.03%、混合香料面0.10%～0.12%混合均匀，再与毛熟菜块拌匀，即可装坛。

（6）装坛、密封、后熟　盛装榨菜的坛子必须两面上釉，无砂眼。坛子应先检查不漏气，再用沸水消毒、抹干。将已拌匀的毛熟菜块装入坛内。要层层压紧。一般装坛时地面要先挖有装坛窝，形状似坛的下半部，并稍微大一点，深约坛的3/4。放入空坛时，四周围要先放入稻草，将坛放平放稳，以使装坛时不摇晃。装入菜时，用擂棒等木制工具压紧。一坛菜分3～5次装菜压紧，以排除空气。装至坛颈为止。撒上红盐层，每坛0.1～0.15kg（红盐：100kg盐中加入红辣椒面2.5kg混合而成）。在红盐上交错盖上2～3层玉米皮，再用干萝卜叶覆盖，扎紧封严坛口，即可存放后熟，该过程一般需2个月左右。

在存入后熟过程中，要检查坛口1～2次，观察菜块是否下沉、发霉、变酸。若有这些情况应及时进行清理排除。在存放后熟期间，坛内会产生翻水现象，待夏天后翻水停止，表示已后熟，即可用水泥封口，以便起坛、运输、销售。这种产品，还可以作为再加工成方便榨菜的半成品，即：将后熟的产品按照各地的消费习惯，调制成不同风味的产品，然后装罐、密封、杀菌、冷却、检验、贴标和装箱。

（二）广东霉干菜

选择晴天收获叶用芥菜，就地削根摊晒，第二天中午逐棵翻身再晒。一般晒2d，晒到菜梗柔软、折不断时，将每棵菜切成相连的两片，并在菜的基部纵切几刀，然后再晒约1.5d。大约每100kg鲜菜质量降到50kg时进行腌制。每100kg半干菜用盐16～17kg。装缸时，缸底先撒一层盐。缸底一层菜的剖面朝上，逐棵以菜的基部压住另一棵菜的叶白，并以盐量的2/3撒在基部及划破的裂缝处，1/3的盐撒在叶片上。一层一层地装入腌缸，每加一层菜使用圆木棒轻轻揉压，使食盐迅速溶化，菜体湿润出水。最后一层菜的剖面朝下。将预留的封缸盐加上，用石块压实。每缸可装菜约300kg。第二天再进行揉压，使卤水漫过菜体10cm左右，再压上更重的石块。腌制4d后倒缸一次，原菜原卤翻入另一空缸，并再加揉压，等卤水漫过菜面约20cm时，用石块压实再腌2d。将菜捞起放在竹筛上，沥去汁水，逐棵摊晒在菜架上，使剖面向上，晚间收入室内，回潮2d，再晒1d即成。这种产品，也可作为继续加工的原料，采用罐头制作原理制成耐保藏的袋装产品，以便于长期运输和销售。

第四节　酱菜类加工工艺技术

酱菜（pickles）的种类很多、口味不一，但其基本制造过程和操作方法大同小异。一般酱菜都要先经过盐腌，制成半成品，然后，用清水脱去一部分盐，再用酱或酱油腌制。若盐腌后就进行酱制可减少用盐量。也有少数的蔬菜，可以不经盐腌而直接制成酱菜。现将酱菜的几种制作方法简介如下。

一、传统酱渍工艺

（一）工艺流程

原料选择→原料处理→盐腌→切分→脱盐→脱水→酱制→成品

（二）操作要点

盐腌操作要点已在上一节叙述，在此仅从切分工序述起。

(1) 切制加工　蔬菜腌成半成品（咸坯）后，有些咸坯需要切分成各种形状，如片、条、丝状等。

(2) 脱盐　有的半成品盐分很高，不容易吸收酱液，同时还带有苦味。因此，首先要放在清水中浸泡。浸泡时间要看腌制品盐分多少来定。一般浸泡 1~3d，也有泡半天即可的。夏天可以少泡些时间，半天到 1d；冬天可以多泡些时间，2~3d 即可。为了使半成品全部接触清水，浸泡时每天要换水 1~3 次。

(3) 压榨脱水　浸泡脱盐后，将菜坯捞出，沥去水分。为了利于酱制，保证酱汁浓度，必须进行压榨脱水，除去咸坯中的一部分水。压榨脱水的方法有三种，一种是把菜坯放在袋或筐内用重石或杠杆进行压榨；另一种是把菜坯放在箱内用压榨机压榨脱水；还有一种是利用离心机脱水。无论采用哪种脱水方法，咸坯脱水都不要太多。咸坯的含水量一般为 50%~60%。水分过少，酱渍时菜坯膨胀过程较长或根本膨胀不起来，会造成酱渍菜外观不饱满。

(4) 酱制　酱制即把脱盐后的菜坯放在酱或酱油内进行浸渍。酱制时间，不同种类蔬菜有所不同。酱制完成后，要求菜的内外全部变成酱黄色，口味完全像酱或酱油一样鲜美。

酱制时，将上述经脱盐和脱水的咸坯装入空缸内酱制。体形较大或韧性较强的可直接放入酱中。有些体形小的或质地脆的易折断的蔬菜，如姜芽、草石蚕、八宝菜等，若直接装入缸内，则会与酱混合，不易取出。因此，要把这些蔬菜装入布袋或丝袋内，用细麻线扎住袋口，再放入酱缸中进行酱制。

在酱制期间，白天每隔 2~4h 须搅拌一次，搅拌可以使缸内的菜均匀地吸收酱液。搅拌时用酱耙在酱缸内上下搅动，使缸内的菜（或袋）随着酱耙上下更替旋转，把缸底的翻到上面，把上面的翻到缸底。直到缸面上的一层酱油由深褐色变成浅褐色，就算完成第一次搅拌。经 2~4h，缸面上一层又变成深褐色，即可进行第二次搅拌。如此类推，直到酱制完成。一般酱菜酱制两次，第一次用使用过的酱，第二次用新酱。第二次用过的酱还可压制次等酱油，剩下的酱渣作饲料。酱制后的产品可以直接销售，但由于这种产品没有经过杀菌处理，其货架期有限，因此难以实现规模化销售和生产。现在，一般把经过酱渍的酱菜再用玻璃瓶或蒸煮袋包装，然后按照罐头杀菌方法进行杀菌等处理后再进行销售。

二、酱汁酱菜工艺

（一）工艺流程

```
制酱 → 压榨 → 酱汁 ┐
                    ├→ 渍制 → 成品
咸菜坯 → 切分 → 水浸脱盐 → 脱水 ┘
```

（二）操作要点

切分、脱盐和脱水与"传统酱渍工艺"一样，在此从略。

（1）浸出天然酱汁　用酿造好的天然酱 100kg，经压榨后，提取头淋酱汁 50kg 左右，用头淋酱渣加三淋酱汁 80kg 压榨出二淋酱汁 70kg，用二淋酱渣加 13°Bé 盐水 80kg 压榨出三淋酱汁 70kg。头淋酱汁在此工艺中做高酱菜，二淋酱汁做中酱菜，三淋酱汁用作淋头酱渣。

（2）酱渍　将脱盐脱水后的坯菜放入酱汁中浸泡。浸泡时间根据蔬菜种类及气温来掌握。一般酱渍 6~10d（酱黑菜、酱什锦菜、碎菜坯用 6~7d。酱萝卜等大块菜坯 10d）。以酱菜里外颜色均呈棕褐色为度。

同样，现代加工企业一般把酱渍后的酱菜再通过包装和杀菌处理，制成瓶装或袋装产品进行销售。

（三）酱汁酱菜工艺的优点

（1）在保证产品质量的前提下可节省原酱用量的 2/3（原 1kg 天然酱可腌制 1kg 酱小菜，采用此法仅用 350g 酱即可）。

（2）周期短、成熟快。传统酱渍工艺生产周期大约要 20d，采用此法仅需 5~7d，比传统方法缩短 15d 左右。

（3）产品质量稳定，出品率高。由于酱的质量便于掌握管理，因此酱菜的质量也便于掌握，酱菜不像过去因每缸天然酱的质量不同而造成酱菜的质量不稳定，克服了干面、滑皮、发酵等现象。

（4）改善了生产条件，降低了劳动强度。由于酱汁是液状，可用水泵循环来代替过去倒缸环节。改善了生产条件，降低了劳动强度。

三、真空渗酱酱菜工艺

（一）工艺流程

```
甜面酱 → 加水加温 → 搅拌、装袋 → 榨取酱汁
                                      ↓
咸坯 → 切分 → 排水脱卤 → 真空渗酱 → 灌装 → 真空封口 → 杀菌 → 冷却 → 检验
                                                                        ↓
                                      成品 ← 装箱 ← 贴标签 ←────────────┘
```

（二）操作要点

（1）榨取酱汁　面酱呈糊状，黏度较大，取汁时加入 12.5% 的 80℃ 热水，搅拌、装袋，

压榨挤酱，取出酱汁。100kg 面酱取出酱汁 50~60kg，可溶性固形物含量 20% 以上，酱汁在还原糖含量降至 10% 时停止使用。

（2）排水脱卤　把咸菜坯放入水缸内用清水浸泡，以排水脱卤，利于菜坯吸收新的酱液，起到改善酱菜风味的作用。排水脱卤后，菜坯紧密，呈半透明状态，加工处理时不易折断，菜坯脱卤 50%~55% 为宜。

（3）真空渗酱　把经过脱卤的菜坯和榨取的酱汁装入抽空锅内，加盖密封。在抽空泵和抽空锅之间安装气液分离器。抽空锅上安装真空表。放气阀、抽空泵、抽空锅、气液分离器之间用管道连接。在 0.09MPa 的真空度及菜温 38~40℃ 条件下进行渗酱，48h 即成酱菜。该工艺具有许多优点，不仅保持了酱菜的风味，减轻了劳动强度，而且节约了资金，降低了成本，改善了加工过程中的卫生条件，大大缩短了生产周期。

（4）灌装、真空封口、杀菌、冷却、检验、贴标签、装箱等　按照传统的销售方式，酱菜通过真空渗酱后便可以直接销售。但是，现代加工企业一般将酱菜采用瓶装或蒸煮袋包装，然后进行杀菌处理，以延长产品的保藏期。这种包装方式，大大延长了产品的货架期，增加了食用的方便性，扩大了产品的销售规模，使生产实现了规模化。这一工艺环节及其原理与罐头的生产工艺相同。

第五节　泡菜、酸菜类加工工艺技术

泡菜和酸菜是将各种鲜嫩的蔬菜用食盐溶液或清水腌泡而制成的一类带酸味的腌制品。其含盐量一般不超过 2%~4%。现将泡菜和酸菜的加工方法分述如下。

一、泡菜

（一）工艺流程

原料选择 → 预泡 → 入坛发酵 → （半）成品
　　　　　　　　　　↑
　　　　　　　　配制泡菜水

（二）操作要点

（1）根据原料的耐贮性选料　制作泡菜的原料可分为三类：可泡一年以上的原料，如子姜、薤头、大蒜、苦瓜、洋姜等；可泡 3~6 个月的原料，如萝卜、胡萝卜、青菜头、草食蚕、四季豆、辣椒等；随泡随吃的原料，如黄瓜、莴笋、甘蓝等。绿叶菜类中的菠菜、苋菜、小白菜等，由于叶片薄、质地柔嫩、易软化，一般不适宜用作泡菜的原料。要求根据泡制时间的长短选择原料，原料要新鲜。

（2）预泡（出坯）　将原料用 200~250g/L 食盐溶液预泡一定时间后，再取出沥干明水，加入泡菜液进行泡制。预泡时间因原料而异，一般而言，辛香类蔬菜如蒜等可预泡 1~2 周，根菜类蔬菜可预泡 1~2d，叶菜类预泡 1~12h。

原料进行出坯有三大好处：一是减弱原料的辛辣、苦等不良风味。二是不改变老泡菜水的食盐浓度，从而可避免大肠杆菌等杂菌或劣等乳酸菌的活动。三是杀死蔬菜细胞，增强组织透性，以使糖分快速渗出，提早和加速发酵。

(3) 泡菜水的配制　井水和泉水是含矿物质较多的硬水，可保持泡菜成品的脆度，适合配制泡菜盐水。经处理后的软水则不宜用来配制泡菜盐水。

有报道认为，为了增强泡菜的脆性，可在配制泡菜盐水时酌加少量的钙盐如氯化钙，用量为0.05%，碳酸钙、氯化钙、乳酸钙等对于增加脆度也有作用。如果用氧化钙，可将氧化钙配置成2~3g/L的溶液。先将原料经短时间浸泡，取出用清水清洗后再用盐水泡制，也可有效地增加其脆性。但是，在生产实践中，要使用任何添加剂，都必须严格遵守国家有关食品添加剂使用的最新标准规定。否则，添加剂就会超范围或超限量。

泡菜水的含盐量以6%~8%（质量分数）为宜。为了增进泡菜的品质，可以在盐水中按比例加入2.5%的白酒、2.5%的黄酒、1%的甜醪糟、2%的红糖及3%的干红辣椒。也可加入各种香料，即每100kg盐水中加入草果0.05kg，八角茴香0.10kg，花椒0.05kg，胡椒0.08kg及陈皮少量。此外，各种香辛蔬菜的种子如芹菜、芫荽等可酌量加入，各种香料最好碾成细粉用布包裹，置于坛内一同浸泡。泡制白色蔬菜如子姜、白萝卜、大蒜头等时，则不可加入红糖及有色香料，以免影响泡菜的色泽。

(4) 入坛（发酵）泡制　泡菜坛子使用前要洗涤干净、沥干。将准备就绪的蔬菜原料装入坛内。装至半坛时可将香料包放入，再装原料至距坛口7cm左右时为止，并用竹片等将原料卡住或压住，以免原料浮于盐水之上。随即注入所配制的泡菜盐水，务必使盐水能将蔬菜浸没。将坛口用小碟盖上后即将坛盖覆盖，并在水槽中加入清水。如此便形成了水封口，于阴凉处任其自然发酵。1~2d后，由于食盐的渗透压作用，坛内原料的体积缩小，盐水下落，此时宜再适当添加原料和盐水，务必使液面至离坛口4cm左右时为止。顶隙过大，残留在坛内的空气多，液面可能会生膜、发臭。除坛泡制外，现代化生产有的也会采用大型不锈钢发酵罐，可以精准控制发酵过程中的温度、湿度、pH等参数，保证泡菜的质量和口感。

(5) 泡菜的成熟期限　泡菜的成熟期随所泡蔬菜的种类及当时的气温而异。一般新配的盐水在夏天泡制时间需5~7d即可成熟，冬天则需12~16d才可成熟。叶菜类如甘蓝需时较短，根菜类及茎菜类则需较长一些。

传统的泡菜一般随泡随吃。泡菜取食后，新添原料再泡时除应按比例（占原料的5%~6%）适当补充食盐外，其他的如白酒、黄酒、醪糟及红糖等也应适当添加。如果直接利用陈泡菜水泡制，其成熟期可以大为缩短。因为陈泡菜水中不仅含有较多的乳酸且含有大量的乳酸菌群以及各种芳香酯类。原料入坛后很快就可进行乳酸发酵，因而其成熟期自然加快，制品风味也特别淳厚香脆、咸酸可口。陈泡菜水使用的次数越多，所泡制的泡菜品质就越好。民间使用陈泡菜水达数十年之久。

(6) 灌装、真空封口、杀菌、冷却等后续工序　与酱菜一样，传统泡菜常常是随泡随吃，自给自足。但是，现代加工企业一般将泡菜采用瓶装或蒸煮袋包装，然后进行杀菌处理，以延长产品的保藏期。泡菜的酸度高，其pH均低于4.5，因此，可采用巴氏杀菌，即将包装后的泡菜在85~100℃的温水中杀菌5~10min，然后冷却、吹干就成方便的即食产品。

（三）泡制期的管理

(1) 及时向水槽中添加干净的水　发酵初期，坛内会有大量的气体经水槽逸出，坛内逐渐形成无氧状态。这种环境有利于同型乳酸菌的活动。如果坛内形成了一定的真空度，水槽的封口会更加严密。有时，因气温降低，坛内气体收缩而形成一定的负压，水槽内的水就会被吸入坛内，如果坛槽水不卫生，就会影响制品的品质。因此，必须设法避免这种后果。每次揭盖取菜时也要避免水槽中的水进入坛内。为了安全起见，可以在水槽内加入食盐使其质量浓度达到 150~200g/L。这样做，一方面水槽内的水不易败坏，另一方面水槽中水就是侵入坛内也不致影响泡菜坛的风味。必要时也要更换水槽的水，以保持水槽的清洁卫生。如果水槽中的水少了，就必须及时添满。

（2）经常检查蔬菜的发酵情况　泡菜成熟后最好及时取食或包装杀菌。所以家庭中随泡随吃最为合适。如果泡菜量很大，一时又消费不完，则宜适当增加食盐、装满、严密水封口，不再揭盖取食，以长期保存。但若贮存的时间太久，泡菜的酸度不断增加，组织会逐渐变软，影响泡菜的品质。因此，凡是质地紧密耐久存的才适宜长期保存。所以，大量生产的单位，每一坛内，最好只泡同一种原料，才好安排是否长期保存或短期保存。民间或家庭用泡菜常常是将多种蔬菜原料泡在一个坛内，又由于经常揭盖取食或未及时加入新鲜蔬菜补充，坛内留有较大的空隙，空气也随之而入。因此，在泡菜盐水表面常常长有一层白膜状的微生物（酒花酵母菌）。这种微生物抗盐性和抗酸性均较强，属于好氧性菌类，它可以分解乳酸，降低泡菜的酸度，使泡菜组织软化，甚至还会导致其他腐败性微生物的滋生，使泡菜品质变劣。补救的最好办法是加入新鲜蔬菜装满，使坛内及早形成无氧状态。如果加入大蒜、洋葱之类的蔬菜，密封后，蒜类的杀菌作用可杀死酒花菌。如果将红皮萝卜加入泡菜坛内，红色花青素也有显著的杀菌作用。坛内菌膜太多时，可先用小箩筛将菌膜捞去，再加入酒精或高浓度的白酒，并加盖、密封，以抑制其继续为害。

此外，在泡制和取食过程中，切忌带入油脂类物质，因油脂相对密度轻，浮于盐水表面，易被腐败性微生物所分解而使泡菜变臭。

二、酸白菜

选包心结实、菜叶白嫩的大白菜，切去菜根与老叶，纵切，使之每块小于 1kg。洗净后，用手捏住叶梢，把菜梗先伸进锅内沸水中，再徐徐把叶鞘全部放入锅内烫漂 2min 左右。当菜柔软透明、菜梗变成乳白色时，迅速捞入冷水中冷却。然后，菜梗朝里，菜叶朝外，层层交叉放入缸内，用石块压实，加进清洁的冷水，使水漫过菜体 10cm 左右。自然发酵 20d 后，口味微酸，质脆，即成酸白菜半成品。

以上是熟渍酸白菜的制作过程，生渍酸白菜不需烫漂。但在洗涤后，应将大白菜置阳光下晒 2~3h，其间翻菜一次，其他操作与上述熟渍酸白菜相同。酸白菜的半成品一般用密封法保藏，即将酸白菜密封在池内或缸内。为了减少酸白菜在流通期间的腐烂损失，扩大酸白菜的销售空间，把企业的品牌做好，现代蔬菜加工企业常常将酸白菜在进入市场前用聚乙烯塑料蒸煮袋进行真空密封包装，再采用巴氏杀菌处理。这种经过包装的产品，不易腐败，货架期长。

第六节　糖醋菜加工工艺技术

糖醋菜是将选用的蔬菜原料用稀食盐溶液或清水腌制，使之进行一定程度的乳酸发酵，以排除原料中的不良风味（辛辣味），并增强蔬菜组织的透性，然后再用糖醋液浸渍调味而成蔬菜加工品。糖醋菜一般含醋酸1%以上，含糖量适度，并含有一定量的食用香料。采用不同原料加工糖醋菜的工艺大同小异，现举例分述如下。

一、糖醋蒜

（一）工艺流程

原料→整理→清洗→沥干→阴干→封缸贮存→糖醋卤浸渍→压缸→装坛→封口→成品
　　　　　　　　　　　　　　　　　　　　　　↑
　　　　　　　　　　　　　　　　　食盐、糖、食醋等

（二）操作要点

（1）原料　要求大蒜头圆正，鳞茎表皮为乳白色，蒜瓣肥厚、鲜嫩、肉质白而干洁。成熟度八至九成。大蒜成熟度低，蒜瓣小，水分大；成熟度高，蒜皮呈紫红色，辛辣味太浓，质地较硬，都影响产品质量。一般在小满前后7d内（即在拔蒜薹后13d左右）采收为宜。蒜头直径在3.5cm以上。

（2）整理　先将蒜的外皮剥开2~3层，与根须扭在一起，然后与蒜根一起用刀削去，要求削3刀，使鳞茎盘呈倒三棱锥状（即所谓留尖）。蒜的假茎留1cm左右，要求不露蒜瓣，不散瓣。在此操作过程中，也要挑除带伤、过小等不合格的蒜头。

（3）浸洗　将整理好的蒜头放入陶质大缸内，用自来水浸泡，每缸200kg左右。以水充满，放在阳光可以直射到的地方，经过1d的阳光照射，温度提高，能使蒜产生轻微发酵，有利于去除辛辣味、黏液，除去蒜臭和蒜头夹带的泥、砂等杂物。在大蒜的收获季节（五月下旬至六月上旬），一般的浸洗原则是"三水倒两遍"，即将整理好的大蒜头放入缸内，加水浸没，第二天早上捞出蒜头，倒缸，放掉脏水，重换自来水，继续浸泡1d，第三天重复第二天的操作，第四天早上就可捞出，可基本达到浸洗效果。

（4）阴干　将大蒜捞出，摊放于大棚下等阳光不能直射到的竹帘上，沥干水分，自然阴干。一般2~3d就可。为加快阴干速度，可进行1~2次翻动。

阴干程度：外皮有韧性；蒜假茎部位用力捏，有少许泡沫出现；底部鳞茎盘部位，用指甲掐，无浸水现象，且有弹性。否则，在贮存过程中蒜瓣变黄，时间长就可能出现软烂现象。

在阴雨天，因空气湿度高，蒜头不易晾干，晾晒时间长，蒜头易变质。因此，在阴雨天宜将沥干水分后的蒜头直接加入糖醋卤中浸渍。

（5）贮存　将干燥的大缸放于空气流通的荫凉处，地面上铺少许干燥细砂，盛满晾好的大蒜头，在缸沿上涂上一层封缸灰，用另一个同样规格的缸，口对口地倒扣在上面。在合口处外面，用麻刀灰密封；防止大缸受到日晒和雨淋。该法能将蒜头贮存0.5~1年，保鲜效果较好，可满足糖醋蒜的四季生产和供应。

封口灰的调制：用熟石灰灰膏加适量剁好的棉麻捣拌混合。一般加少许水，黏稠程度以刚好能成型、放在灰板上不流散为宜。

（6）糖醋卤的配制

①食醋的质量要求：食醋呈琥珀色或红棕色，具有食醋特有香气，无其他不良气味；酸味

柔和，稍有甜感，无涩味和其他异味；澄清，浓度适当；无悬浮物和沉淀物，无霉花浮膜等杂物。

②调制方法：用凉开水将食醋含量调节到2.6%，放入容器内；将食盐、食糖、糖精等各以少许醋液溶解，再加入容器内，轻轻搅动，使之混合均匀。

(7) 糖醋卤浸渍　将配制好的糖醋卤注入盛蒜的大缸内浸渍，由于此时卤汁尚没有浸入蒜体组织内，相对密度较卤汁小，呈悬浮态，有部分蒜头浮在液面以上。若蒜头长时间不能浸到卤汁，易变黏，因此要求每天压缸一次，直到蒜头都沉到液面以下为止，大约要15d，以后每2~3d压缸一次，直到成熟。

(8) 装坛、封口　将成品从老卤汁内捞出装坛，以封口灰封口。

二、糖醋黄瓜

(一) 工艺流程

原料选择 → 盐渍 → 脱盐 → 渍制 → 罐藏
　　　　　　　　　　　　　↑
　　　　　　　　　　糖醋香液的配制

(二) 操作要点

(1) 原料选择　选择幼嫩短小、肉质坚实的黄瓜，充分洗涤，勿擦伤其外皮。

(2) 盐渍　先用相对密度为1.06的食盐水等量浸泡于陶质坛内。第二天按照坛内黄瓜和盐水的总质量加入4%的食盐，第三天又加入3%的食盐，第四天起每天加入1%的食盐。逐日加盐直至盐水浓度能保持在相对密度为1.12为止。任其进行自然发酵2周。

(3) 脱盐　发酵完毕后，取出黄瓜。先将沸水冷却到80℃时，即可用以浸泡黄瓜，其用量与黄瓜的质量相等。维持65~75℃约15min，使黄瓜内部绝大部分食盐脱去，取出，再用冷水浸漂30min，沥干待用。

(4) 糖醋香液的配制　用冰醋酸配制2.5%~3%的醋酸溶液2000mL。另取蔗糖400~500g，丁香1g，豆蔻粉1g，生姜4g，月桂叶1g，桂皮1g，白胡椒粉2g。将各种香料碾细用纱布包裹置于醋酸溶液中加热至80~82℃，维持1~1.5h，温度控制在82℃以下，以避免醋酸和香料挥发。也可采用回流萃取，1h后将香料袋取出随即趁热加入蔗糖，使其充分溶解。待冷却后再过滤一次即成糖醋香液。

(5) 渍制　将黄瓜置于糖醋香液中浸泡，约半个月后黄瓜即饱吸糖醋香液，变成甜酸适度、又嫩又脆、清香爽口的糖醋黄瓜。

(6) 罐藏　如果进行罐藏，可将糖醋酸液与黄瓜按40:60的质量比置于不锈钢锅内加盖加热至80~90℃，维持3min，并趁热装罐。罐装时黄瓜不宜装得太紧。然后加注糖醋香液至装满，再加盖密封。趁热装罐者可以不再进行杀菌，也可长期保存。

如果香液中不加糖则称为醋渍制品，产品以酸味为主。这样浸渍的产品就是通常所谓的酸黄瓜。当前酸黄瓜制品有两种，一种就是利用泡菜坛子进行乳酸发酵所制成的乳酸黄瓜；另一种就是利用食醋浸渍而成的醋酸黄瓜。

第七节 菜酱类加工工艺技术

菜酱是以蔬菜为原料,经盐渍、磨碎后制成的糊状蔬菜制品,例如辣椒糊、韭花酱、番茄酱等品种。菜酱多用于调味或作为生产酱腌菜的辅料。

一、辣椒糊

(一)工艺流程

原料选择 → 去蒂、清洗、打浆 → 入缸(池)保藏 → 装罐
                    ↑
                 原辅料配比

(二)操作要点

辣椒糊又名辣椒酱,以鲜红尖椒为原料,经去掉蒂把,清水洗净后添加食盐,用粉碎机打碎打细,即为成品。

(1) 原料选择 选用色泽鲜红、肉质肥厚、味辣的辣椒,要求无虫蛀、无软腐、无杂质。

(2) 原辅料配比 鲜红尖椒100kg,食盐25kg。

(3) 去蒂、清洗、打浆 鲜红椒入厂,及时组织加工,不可堆放数日,以免受热变质。先剪去蒂把,用清水洗净,然后用打浆机打浆,边入辣椒边按规定数量加入食盐。要求磨碎磨细。

(4) 入缸(池)保藏 辣椒糊入缸(池)后,要每天打耙2~3次,致使稀稠均匀。过2周后停止打耙,密封,贮存备用。

(5) 装罐 将腌制好的辣椒糊装入玻璃瓶进行销售。由于食盐含量达到20%,一般可以不用杀菌,就可长期保藏。

二、韭菜花酱

(一)工艺流程

原料选择 → 清洗、打浆 → 入缸(池)保藏 → 装罐
              ↑
           原辅料配比

(二)操作要点

韭菜花酱是一种糊状调味品,北京、天津等地的涮羊肉以及豆腐脑等风味小吃,都必须以韭菜花酱为调料。韭菜花酱以鲜韭花为原料,经洗净后,添加食盐、生姜等辅料磨制而成。

(1) 原料选择 采用正在盛开的"纯花",即不能等形成黑子后再采收。要求花鲜嫩、无杂草、无泥沙。一般在立秋后收购鲜韭花。

(2) 原辅料配比 鲜韭菜花100kg,食盐25kg,生姜2kg。

(3) 清洗、打浆　鲜韭花入场后，不可堆积太厚，并要及时进行加工。剔除杂草烂叶，用清水洗净，用打浆机打浆。打浆时，边加韭菜花边加食盐和洗净的生姜等辅料。要及时调整机器，使韭花磨细，防止过于粗糙。

(4) 入缸（池）保藏　韭花磨细入缸（池）后，要每天打耙 2 次，以保持其稀稠均匀，2 周后可停止打耙，即为成品，封缸（池）贮存。

(5) 装罐　将腌制好的韭菜花酱装入玻璃瓶进行销售。由于食盐含量达到 20%，一般可以不用杀菌，就可长期保藏。

第八节　蔬菜腌制品常见的败坏及控制

（一）败坏原因

(1) 生物败坏　酱腌菜败坏的主要原因是有害微生物的生长繁殖，即主要是好氧菌和耐盐性菌的作用。同时空气的存在又促使进一步氧化。因此，不论酱腌菜贮藏期长短，都必须对微生物的活动密切注意。环境中的微生物无孔不入，一有机会就大量繁殖，促使酱腌菜的败坏，造成表面生花、酸败、发酵、软化、腐臭、变色等。

(2) 物理败坏　光线和温度的作用是造成物理败坏的主要因素。阳光能促使成品中所含的物质水解，引起变色、变味和维生素的损失。不适宜的温度对酱腌菜的贮藏也是不利的，如贮温过高，可引起各种化学和生物的变化，增加挥发性风味物的损失；如贮温过低，可使蔬菜冻结，质地变软。

(3) 化学败坏　各种化学性的变化如氧化、还原、分解、化合等都能使酱腌菜发生不同程度的败坏。蔬菜贮藏期间如与空气接触时间长，就会使酱腌菜变黑；温度过高时又会引起蛋白质的分解。

（二）控制途径

(1) 利用食盐　目前，已广泛地利用食盐的高渗透压使微生物达到生理干燥的方法来保藏酱腌菜。一般微生物细胞液的渗透压在 0.35~0.6MPa，而 1%（质量分数）食盐溶液的渗透压为 0.61MPa。目前，我国的盐渍菜食盐的含量一般为 8% 以上，因此可具有 4.88MPa 的渗透压，远远超过了一般微生物细胞液的渗透压，从而可防止一部分微生物的侵害。

(2) 利用酸　减盐增酸是酱腌菜的发展方向之一，在食品中添加各种食用酸，酸味料能降低腌渍液的 pH，抑制微生物的生长繁殖，对酱腌菜的贮藏极为有利。在腌渍液中添加食醋、冰醋酸及柠檬酸等都能使腌渍液的 pH 下降，从而达到抑制微生物生长繁殖的目的。

(3) 利用微生物　酱腌菜在腌制贮藏过程中都会发生程度不同的有益微生物的发酵作用，泡菜、酸菜、冬菜等就是利用乳酸菌和酵母菌的发酵作用，产生一定量的乳酸、乙醇和酯类，不仅增进了腌制菜的风味，而且可以抑制有害微生物的生长繁殖，有利于酱腌菜贮存。利用乳酸菌和酵母菌来抑制其他微生物的生长繁殖，是因为这两种菌和其他有害微生物有拮抗关系，即它们的生长代谢可以改变有害微生物的生长环境和干扰其代谢作用。

乳酸虽起杀菌或防腐作用，但抗酸性较强的酒花酵母还能直接分解，作为其生理能源而使泡酸菜类的乳酸含量降低，最后使产品败坏。然而，这类菌均为好氧性的，因此，泡酸菜类只要能做到严格隔绝空气，就可长久贮藏不坏。

（4）利用植物抗生素　蔬菜中含有一定的植物抗生素，如葱、蒜中的蒜辣素，姜中的姜酮，绿色菜中的花青素，辣椒中的辣椒素，茴香中的挥发油等都是具杀菌防腐作用的植物抗生素。把这些含有植物抗生素的香辛料或调味品加入酱腌菜中，不仅能增香，而且还能抑制有害微生物的生长繁殖。同时，它们对乳酸菌的生长繁殖几乎没有影响。

（5）利用真空包装和灭菌　真空包装和灭菌是食品防止杂菌污染和长久贮藏的有效方法。目前，随着人们对酱腌菜低盐化的要求，真空包装和灭菌技术的采用变得必不可少。如瓶装或罐装以及复合薄膜袋包装的产品，除高盐和干菜外，一般均需进行杀菌，以防止微生物引起的腐败。为了不影响产品的风味和脆度，一般均采用巴氏杀菌。

（6）利用低温　低温是防止有害微生物生长繁殖，延长食品保藏期的方法之一。酱腌菜的贮藏温度为 $0\sim10℃$。温度不能低于 $0℃$，温度太低会使产品结冰，从而影响产品质地。

思考题

1. 简述腌制蔬菜保绿保脆的方法。
2. 简述蔬菜腌制品中亚硝酸盐问题的预防措施。
3. 简析蔬菜腌制品在腌制过程及后续贮藏中可能出现的问题及控制措施。

第十七章
冷冻保藏

本章目标与重点

学习目标：
1. 掌握冷藏和冻藏的概念和机制；
2. 掌握果蔬速冻的加工工艺；
3. 掌握果蔬在冻结和冻藏期间的变化及控制措施；
4. 掌握解冻的机制及方法。

学习重点：
1. 果蔬的冻藏和冻结机制；
2. 果蔬在冻结和冻藏期间的变化及控制措施；
3. 果蔬的解冻机制。

食品的低温保藏是利用低温技术将食品的温度降低并维持食品低温状态来阻止食品腐败变质，延长食品贮藏期的保藏方法。根据低温保藏中食品是否冻结，可以将其划分为冷藏（cold storage）和冻藏（freezer storage）。冷藏是指保藏温度高于物料冻结点温度下的保藏，其温度范围一般为-2~16℃，常用冷藏温度为4~8℃。对大多数食品而言，冷藏只能起到延缓食品腐败变质速度的作用，因此，适合于短期贮藏，其保藏期约为几天到几周。冻藏是指食品处于冻结状态下进行的贮藏。一般冻藏范围为-30~-12℃，常用的冻藏温度为-18℃。冻藏可以阻止食品腐败变质，因而冻藏适合于食品的长期贮藏，其贮藏期可达几个月甚至几年。

由于冷冻保藏成本较低、保存时间较长且速冻食品又能更好地保持食品的鲜度、风味和营养价值，所以冷冻保藏技术被广泛应用。食品冻结与冻藏是食品冷加工的主要内容之一，在国内外发展都很快，冻结食品的消费量逐年递增。如何提高冻结食品的质量，降低食品冻结加工与冻藏成本，同时减少加工与贮藏中对大气环境的破坏是研究的重点。

第一节 冷冻保藏理论

冷冻保藏是利用低温将经过处理的果蔬产品中的热量（或称能量）排出去，使其中绝大部分液态水分迅速冻结成固态的冰晶体，然后将其在低温下保持冻结状态。冻藏实质是利用低温效应抑制腐败微生物的活动和果蔬本身酶的活力，从而使果蔬得以长期保藏。冷冻保藏包括冻结和冻藏两个过程，冻结是利用低温迅速将果蔬产品水分冻结，是个短时间的加工过程。而冻藏是利用低温将冻结后的果蔬一直保持冻结状态，达到久藏不变质的目的，这是个长时间的保存过程。

一、果蔬冻藏机制

目前，在众多食品保藏方法中，利用低温冻藏的方法应用最为广泛。引起果蔬产品腐烂变质的主要原因是微生物作用和生理衰老（即酶的催化作用），而其作用的强弱均与温度紧密相关。一般来讲，温度降低均使其作用减弱，从而达到阻止或延缓园艺产品腐烂变质的速度。

1. 低温抑制了微生物活动

食品冷冻保藏中主要涉及的微生物有细菌、霉菌和酵母菌，它们的生长、繁殖和危害活动都有其适宜的温度范围，降低温度就能减缓微生物的生长和繁殖速度。温度降低到最低生长点时，它们会停止生长、活动，甚至出现死亡；许多微生物在低于0℃的温度下生长活动可被抑制。低于冰点保藏时，果蔬食品内部水分结成冰晶，降低了微生物生命活动和进行各种生化反应所必需的液态水的含量，使其失去了生长活动的第一个基本条件。果蔬中的水被冻结成冰后，可供微生物繁殖活动所必需的水分活度大大降低。从表17-1几种温度下水与冰的蒸汽压和水分活度可以看出，在-20℃时，水分活度是0.823，低于许多细菌存活的最低水分活度。所以冷冻保藏果蔬是最为有效的保藏方法之一，例如，菜豆采用不发生冷害的10℃低温冷藏，仅可保鲜20~30d，而采用-30℃以下低温速冻后，在-18℃低温下冻藏，可保藏1年以上。

表17-1　几种温度下水与冰的蒸汽压和水分活度

温度/℃	水蒸汽压/mmHg	冰蒸汽压/mmHg	水分活度	温度/℃	水蒸汽压/mmHg	冰蒸汽压/mmHg	水分活度
0	4.578	4.579	1.000	-25	0.670	0.476	0.784
-5	3.163	3.013	0.953	-30	0.383	0.286	0.750
-10	2.149	1.950	0.907	-40	0.142	0.097	0.680
-15	1.463	1.241	0.864	-50	0.048	0.030	0.620
-20	0.943	0.776	0.823				

注：1mmHg = 133.322Pa。

冷冻保藏果蔬除可抑制微生物的生长活动，还会促使微生物死亡；低温冻结破坏了果蔬体内各种生化反应的协调一致性，温度降得越低，失调程度也越大，从而破坏了微生物细胞内的新陈代谢过程，以致它们的生活机能达到完全终止的程度。冷冻条件下，微生物细胞内原生质黏度增加，胶体吸水性下降，蛋白质分散度改变，最后导致了蛋白质不可逆的凝固变性。冻结时还会促使微生物细胞内胶体脱水，从而使胶体内溶质浓度增加，也会促使其蛋白质变性。同时水分冻结成的多角形冰晶体还会使微生物的细胞遭受机械性破坏损伤。这一切都可能对微生物细胞造成严重的破坏作用，最终导致其死亡。果蔬冻结后，仅是部分对低温忍耐力较差的细菌营养体死亡，一些嗜冷性的微生物如灰绿青霉菌、圆酵母和灰绿葡萄球菌的孢子体能忍受极低的温度，甚至在-44.8~-20℃低温下，也仅对其起到抑制作用。尤其值得注意的是肉毒梭状芽孢杆菌和葡萄球菌的耐低温性。据研究报道，在

-16℃下肉毒梭状芽孢杆菌能存活达 12 个月之久,其毒素可保持 14 个月,在-79℃下其毒素仍可保持 2 个月。在速冻蔬菜中经常能检出产生肠毒素的葡萄球菌,它们对速冻低温的抵抗力比一般细菌要强。但研究也同时发现,适当的解冻温度却能控制肠毒素的产生。所以说低温冻藏只是抑制腐败微生物的生长繁殖,并阻止果蔬腐败变质,主要作用还不是杀死微生物。一旦解冻,升高温度,微生物的生长繁殖又会逐渐恢复,仍然要使果蔬产品腐败。这与高温热杀菌处理致死微生物的有效作用并不相同。

除了低温对微生物的影响之外,低温冻结速度的影响也不容忽视。果蔬冻结前的降温阶段,降温速度越快,微生物的死亡率越高。因为在迅速降温时,微生物细胞对其不良环境条件来不及适应。在冻结过程中情况就有不同,若是缓慢冻结将导致微生物大量死亡。因为缓冻会形成大颗粒的冰晶体,对微生物细胞产生的机械性破坏损伤作用及促使蛋白质变性作用大,导致死亡率增加。而速冻时形成的冰晶体颗粒小,对细胞的机械性破坏作用也小,所以微生物很少死亡。一般速冻果蔬的微生物死亡率仅为原菌数的 50% 左右。

冷冻保藏时微生物数量一般总是随着冻藏期的延长而有所减少,以冻藏初期减少的速度最快。但是,冻藏过程中温度越低,减少的数量越少,有时甚至没有减少。一般冻藏 12 个月后微生物总数将达原菌数的 60%~90%。

2. 低温抑制了酶的活力

酶是一种生物催化剂,是生物体内的特殊蛋白质,它能促使生物化学反应变化的发生而不消耗其自身。生物体内各种复杂的生化反应均需要微量酶的催化作用来加速其反应速度。酶的活力与温度关系密切,大多数酶的最适温度为 30~40℃。超出这一温度范围,酶的活力将受到抑制,当温度达到 80~90℃时,几乎所有酶的活力都遭到了破坏。酶的活力因温度发生变化,常用酶活力变化用所增加的化学反应率 Q_{10} 表示,如式(17-1)所示:

$$Q_{10} = \frac{K_2}{K_1} \tag{17-1}$$

式中 Q_{10}——温度每升高 10℃时,酶活力变化所增加的化学反应率;

K_1——温度 t 时,酶活力所导致的化学反应率;

K_2——温度 $t+10$℃时,酶活力所导致的化学反应率。

大多数酶活力的 Q_{10} 为 2~3,即温度每降低 10℃,酶活力就会减弱 1/3~1/2。-18℃以下低温冷冻保藏会使果蔬体内酶活力明显减弱,从而减缓了因酶促反应而导致的各种衰败,如颜色的改变、风味的降低、营养的损失等。

低温冷冻只能降低酶催化的反应速度,起到一定的抑制作用,冻结并不能完全抑制酶的活力。实际上酶仍能保持部分活力,果蔬体内的生化反应只是进行得非常缓慢,并未完全停止。果蔬冻藏一段时间后仍会感到风味上的不良变化。冷冻并不能破坏酶的活力,冻结不能替代杀酶处理。冻藏果蔬一旦解冻,酶仍将加速导致变质的各种生化反应。为使冷冻保藏果蔬在冻结、冻藏和解冻过程中的不良变化降低到最低程度,需要经过烫漂(对蔬菜适用)、糖水浸渍(对果品适用)等前处理来破坏或抑制酶的活力,再行冻结。由于过氧化物酶的耐热性较强,生产中常以其被破坏程度作为烫漂时间长短的依据。

3. 低温抑制了非酶引起的氧化变质

果蔬加工保藏中引起产品变质的化学反应大部分是由于酶的作用,但也有一部分不是与酶直接有关的化学反应可引起变质。植物性的果蔬产品冷冻保藏中的这类变质主要是维生素 C、番茄红素和花青素等的氧化。维生素 C 很容易被氧化成脱氢维生素 C。脱氢维生素 C 继续分解，生成二酮基古洛糖酸，则失去维生素 C 的生理功能。番茄红素是由 8 个异戊二烯结合而成，由于其中有较多的共轭双键，故易被空气中的氧所氧化而变色。冻藏的果蔬由于均采取了塑料薄膜袋密封包装（多数在冻结之后），隔绝了空气，对控制上述氧化变质非常有效。

因此，无论是细菌、霉菌、酵母等微生物引起的食品变质，或者由酶引起的变质以及非酶引起的变质，在低温环境下，可以延缓、减弱它们的作用，但低温并不能完全抑制它们的作用，即使在冻结点以下的低温，食品进行长期贮藏，其质量仍然会持续下降。

二、果蔬冻结机制

果蔬冻结技术对其冻结质量及耐藏性有相当大的影响，果蔬的冻结是在尽可能短的时间内将其温度降低到它的冻结点（即冰点）以下的预期冻藏温度，使它所含的大部分水分随着果蔬内部热量的外散形成冰晶体，以减少生命活动和生化反应所必需的液态水分，并在相适应的低温下进行冻藏，抑制微生物的活动和酶活力引起的生化变化，从而保证果蔬质量的稳定性。

（一）果蔬冻结

冰结晶是表现冻结过程的最基本的实质。当食品中所含水分结成冰结晶时，即有热量从食品中传出，同时食品的温度也随之降低。冻结果蔬是要除去其组织中的热量，其热量通常是通过冷冻介质（空气）来传递的。果蔬除去热量是先从表面开始的，果蔬表面与冷冻介质之间通过对流形式传递热量，而果蔬内部通过传导形式传递热量。果蔬冻结过程要经过如下几个阶段。

1. 预冻阶段

预冻阶段即果蔬物料由冷冻初温降低到冰点温度的降温过程。此期是果蔬冻结前的预备阶段。

2. 冰晶核形成阶段

冰晶核形成阶段是果蔬物料中的水分由冰点温度到形成冰晶核的过程。冰晶核是冰结晶的中心，是果蔬组织内极少一部分水分子以一定规律结合形成的微细颗粒。此阶段被冻果蔬由于释放的热量将水转化为冰而保持品温几乎不变。

3. 冰结晶形成阶段

冰结晶形成阶段是由冰晶核到形成冰结晶的过程，是水分子有规律地聚集在冰晶核的周围，排列组成体积稍大些的冰结晶。此期是从冰点温度降低到大部分水分冻结成冰结晶的过程。

（二）冻结点和冻结过程的特征

1. 冻结点

冰结晶开始出现的温度即冻结点。水的冰点为 0℃，可是，冰结晶实际上并不在 0℃ 时开始出现，将要冻结的水首先要经历一个过冷状态，即温度先要降到冰点以下才发生从液态的水向固态冰的相变。降温过程中使得水分子的运动逐渐减慢，以致它的内部结构在定向排列的引力下逐渐趋向于形成结晶体的稳定性集体，当温度降到低于冰点一定程度时，开始出现稳定性冰晶核，并放出潜热，促使温度回升到水的冰点。降温过程中开始形成稳定性晶核时的温度或在开始回升的最低温度称为过冷点（sub-cooled point）温度。水的冻结过冷温度总是低于冰点。过冷温度不是一个定值。

果蔬中所含的水分可分为两种：一种是自由水（也称游离水），即果蔬汁液和细胞中含有的水分，这些水分子能够自由地在液相区域内移动，其冻结点在冰点温度（0℃）以下；另一种是胶体结合水，即构成胶粒周围水膜的水。这部分水分子被大分子物质（如蛋白质、碳水化合物等）规整地吸附着，其冻结点比自由水要低得多。

2. 冻结过程的特征

由于果蔬中的水分不是纯水，而是溶有各种有机物及无机物（包括盐类、糖类、酸类以及更复杂的有机分子）的溶液，根据拉乌尔（Raoult）第二法则，冻结点降低与其物质的浓度成正比，每增加1mol/L，冻结点温度要下降1.86℃。所以，果蔬产品的初始冻结点温度总是低于0℃，这是冻结过程的特征之一。表17-2为各种果蔬的冻结点温度。

表17-2　各种果蔬的冻结点温度

种类	含水量/%	冰点/℃	种类	含水量/%	冰点/℃
苹果	85	-1.4~-2.8	甘蓝	92.4	-0.5
葡萄	82	-3.3~-4.6	芹菜	94	-1.2
梨	84	-1.5~-3.2	菠菜	92.7	-0.9
桃	87	-1.3~-2.0	马铃薯	77.8	-1.7
李子	86	-1.6~-2.2	胡萝卜	83	-1.3~-2.4
杏	85.4	-2.1~-3.2	洋葱	87.5	-1.1
樱桃	82	-3.4~-4.5	番茄	94.1	-0.9~-1.6
草莓	90	-0.9~-1.2	青椒	92.4	-1.1~-1.9
西瓜	92.1	-1.6	茄子	92.7	-0.9~-1.6
甜瓜	92.7	-1.7	黄瓜	96.4	-0.8~-1.5
柑橘	86	-2.2	南瓜	90.5	-1.0
香蕉	75.5	-3.9	芦笋	93	-2.2
菠萝	85.3	-1.6	花椰菜	91.7	-1.9
杨梅	90	-1.3	萝卜	93.6	-1.1
柠檬	89	-2.1	韭菜	88.2	-1.4
椰子	83	-2.8	甜菜	72	-2.0
青豆	83.4	-1.1~-2.0	甜玉米	73.9	-1.1~-1.7
青刀豆	88.9	-1.3	蘑菇	91.1	-1.8

果蔬冻结过程的另一个特征是，果蔬中的水分不会像纯水那样在一个冻结温度下全部冻结成冰。主要原因是由于水以水溶液形式存在，一部分水先结成冰后，余下的水溶液浓度随之升高，导致其残留溶液的冰点不断下降。因此，即使在温度远低于初始冻结点的情况下，仍有部分自由水还是未冻结的。少数未冻结的高浓度溶液只有当温度降低到低共熔点时，才会全部凝结成冰。食品的低共熔点范围大致在-65~-55℃。冻藏果蔬的温度仅在-18℃左右，所以，冻藏果蔬中的水分实际上并未完全冻结成固体冰。

（三）冻结温度曲线和最大冰结晶生成带

1. 冻结曲线

通常把在冻结过程中食品温度随冻结速度和时间变化的曲线称为食品冻结曲线。食品冻结时的曲线是根据冻结速度而变化的，但不论快速或慢速冻结，在冻结过程中，温度的下降可分为三个阶段，如图 17-1 所示。

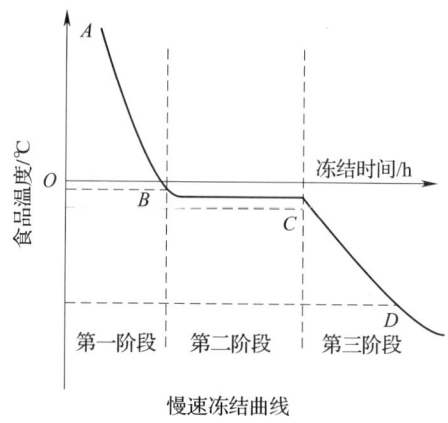

图 17-1　冻结温度曲线

①第一阶段：从冻结初温到冰点温度。此期是冻结前产品降温最快区段，放出的是产品自身的显热，这部分热量在冻结全过程除热中所占比值较小，故降温速度快，曲线较陡，直到降低至冻结温度为止。

②第二阶段：即冰结晶形成阶段，此阶段是产品中水分大部分形成冰结晶区段，即最大冰结晶生成区段，曲线较平坦，近于水平。这阶段的温度在$-5 \sim -1$℃，水变为冰，同时放出相变热即潜热。由于冰的潜热大于显热 50~60 倍，整个冻结过程中绝大部分热量在此阶段放出。这时食品内部的 80% 以上水分都已冻结成冰。这种大量形成冰结晶的温度范围，称为冰结晶的最大生成带。在冰结晶形成时所放出的潜热相当大，通过最大冰结晶生成带时，热量不能大量及时导出，故温度下降减缓，曲线呈平坦，相对地需要较长的时间。

③第三阶段：从冻结点温度继续下降到规定的最终温度，此阶段一部分是冰的降温，一部分是使食品内部还没结冰的水继续结冰，但结冰量要比第二阶段少，放出的热量主要是显热。在这一阶段，开始时温度下降比较迅速，以后随着果蔬与周围介质之间温度差的缩小，降温速度即不断减慢。冰的比热容比水小，照理曲线更陡，但因还有残留水结冰容，所以曲线呈陡缓，不及初阶段那样陡峭。为了保证冻结果蔬的质量，必须采用快速冻结，这样能使冻结果蔬在解冻时有最大的可逆性。

食品冻结过程的三阶段，在生产上应注意：

第一阶段在此温度范围内微生物和酶的作用不能被抑制。若在此阶段操作停留时间过长，则食品冻前的品质就会下降，故必须迅速通过。

第二阶段食品从冰点降到中心温度-5℃时，食品内 80% 以上的水分将冻结。必须采用双级压缩制冷循环，快速冻结使通过时间缩短，在最大冰晶生成带中产生的不良影响就能避免。

第三阶段从-5℃降至要求-15℃终温，由于微生物和酶一般在-15℃以下才能被抑制，故必须调整好双级压缩制冷系统，加速通过此阶段。

2. 最大冰结晶生成带

对许多食品来说，当其温度为-5℃时，结冰率已经达到 80%，即食品中绝大部分水分已经变成冰。从感官上看，-5℃的食品已经处于冻结状态，具有很高的硬度。从-5℃继续降温，即使降低到使全部自由水分冻结的极低温，结冰量也只占食品全部自由水分的20%左右。因此，食品冻结时绝大部分冰是在-5~-1℃这一温度带中形成的，习惯上称之为最大冰结晶生成带。

在最大冰结晶生成带，单位时间内的结冰量最多，热负荷最大，在选择食品冻结装置时要考虑到最大冰结晶生成带的热负荷。此外，最大冰结晶生成带对于冻结食品的质量也有很大影响，大量的研究表明，通过最大冰结晶生成带的时间越短，食品的质量就越好。

（四）冷冻量的要求

冷冻食品的生产，首先是在控制条件下，排除物料中热量达到冰点，使其内部的水分冻结凝固；其次是冷冻保藏。两者都涉及热的排放和防止外来热源的影响。冷冻的控制、制冷系统的要求以及保温建筑的设计，都要依据产品的冷冻量要求进行合理规划和设计。因此设计时应考虑以下三方面热量的负荷。

1. 产品由原始初温降到冻藏温度应排除的热量

（1）产品由初温降到冰点温度释放的热量　如式（17-2）计算。

$$释放的热量 = 产品在冰点以上的比热容 \times 产品的质量 \times 降温度数（初温与冰点的温度差） \quad (17-2)$$

（2）由液态变为固态冰时释放的热量　如式（17-3）计算。

$$释放的热量 = 产品的潜热 \times 产品的质量 \quad (17-3)$$

（3）产品由冰点温度降到冻藏温度时释放的热量　如式（17-4）计算。

$$释放的热量 = 冻结产品的比热容 \times 产品质量 \times 降温的度数 \quad (17-4)$$

2. 维持冻藏库低温贮藏需要消除的热量

包括墙壁、地面和天花板的漏热，例如墙壁漏热。如式（17-5）计算。

$$墙壁漏热量 = （热导率 \times 24 \times 外墙面积 \times 冻库内外温差）/绝热材料的厚度 \quad (17-5)$$

3. 其他热源

热源还包括照明、电机和操作管理人员工作时释放的热量。这三方面的热源数据是冷冻设计规划的基本参考资料。实际应用时，一般将上述总热量增加10%比较妥当。

（五）冻结速度与产品质量

1. 冻结速度

冻结过程中存在一个外部冻结层与此层向内部非冻结区扩张推进的过程，从而可用两者之间界面位移速度来表示食品的冻结速度。冻结速度通用的定量表示方法有如下两类。

（1）以时间划分　把食品中心温度从-1℃降到-5℃所需的时间（即通过最大冰晶生成区的时间），在30min内的称为快速冻结（速冻），超过30min的即为慢速冻结。一般认为，在30min内通过-5~-1℃的温度区域冻结所形成的冰晶，对食品组织影响最小，尤其是质地比较脆嫩的果蔬组织，冻结速度应更快。

（2）以推进距离划分　推进距离即单位时间（h）内，-5℃的冻结层从食品表面向内部延伸的距离（cm）。把冻结速度分为四类：①$v>15cm/h$为超速冻结（一般指在液氮或液态二氧化碳中冻结）；②v在5.1~15cm/h为快速冻结；③v在1.1~5cm/h为中速冻结；④v在0.1~1.0cm/h为缓慢冻结。

根据上述划分，对厚度或直径为 10cm 的食品，快速冻结时，其中心温度必须在 1h 内降到-5℃。

2. 冻结速度对产品质量的影响

冻结速度的快慢与冻结过程中形成的冰晶颗粒的大小有直接的关系，采用速冻是抑制冰晶大颗粒的有效方法。当冻结速度快到使食品组织内冰层推进速度大于水的移动速度时，冰晶分布接近天然食品中液态水的分布状态，且冰晶呈无数针状结晶体。当慢冻时，由于组织细胞外溶液浓度较低，因此首先在细胞外产生冰晶，而此时细胞内的水分还以液相残留着。同温度下水的蒸汽压总是大于冰的蒸汽压，在蒸汽压差的作用下细胞内的水便向冰晶移动，进而形成较大的冰晶体，且分布不均。同时由于组织死亡后其持水力降低，细胞膜的透性增大，使水分的转移作用加强，会使细胞外形成更大颗粒的冰晶体。冰晶体的大小对细胞组织的伤害是不同的。冻结速度越快，形成的冰晶体就越小、均匀，而不至于刺伤组织细胞造成机械伤。缓慢冻结形成的较大的冰晶体会刺伤细胞，破坏组织结构，对产品质量影响较大。

食品速冻是指运用适宜的冻结技术，在尽可能短的时间内将食品温度降低到其冰点以下的低温，使其所含的全部或大部分水分随着食品内部热量的散失而形成微小的冰晶体，最大限度地减少生命活动和生理变化所需的液态水分，最大限度地保留食品原有的天然品质，为低温冻藏提供一个良好的基础。

优质速冻食品应具备以下五个要素：
①冻结要在-30~-18℃的温度下进行，并在 20min 内完成冻结。
②速冻后的食品中心温度要达到-18℃以下。
③速冻食品内水分形成无数针状小冰晶，其直径应小于 100μm。
④冰晶体分布与原料中液态水分状态接近，不损伤细胞组织。
⑤当食品解冻时，冰晶体融化的水分能迅速被细胞吸收而不产生汁液流失。

（六）果蔬冻结和冻藏期间的变化

1. 速冻时的变化

（1）物理变化

①体积膨胀龟裂：0℃时冰的体积比水的体积增大约 9%，含水多的果蔬冻结时体积会膨胀。当内部的水分因冻结而膨胀时，会受到外部冻结层的阻碍，结果产生内压，即所谓的冻结膨胀压，根据理论计算冻结膨胀压可达到 8.5MPa。冻结过程中的膨胀压的危害是产生龟裂，当食品外层承受不了内压时，便通过破裂的方式来释放内压。食品含水量高、厚度厚、表面温度下降极快时易产生龟裂。

②比热容下降：冰的比热容是水的 1/2，预冷却对提高冻结效率意义重大，含水多的果蔬食品比热容大。比热容大的食品速冻时需要的制冷量大。果蔬食品一般含水率在 75%~95%，冷却状态比热容为 3.36~3.78kJ/（kg·K），速冻状态比热容下降为 1.68~2.10kJ/（kg·K）。

③热导率增加：冰的热导率是水的 4 倍。由于速冻时冰晶层向内推进使热导率提高，从而加快了速冻过程。

④体液流失：冻结食品解冻后，因内部冰晶融化成水，有一部分不能被细胞组织重新吸收恢复到原来状态而造成体液流失。流失液中包含有溶于水的各种营养、风味成分，会使其质和量两方面都受损失。所以流失液的产生率是评定速冻食品质量的重要指标。一般流失液量的多

少与含水率有关,含水量多的叶菜类比豆类、薯类流失液量要多。原料冻结前经加盐或加糖处理,则流失液量少。原料切分越细,流失液量越多。速冻比慢冻的流失液量少。

⑤干耗:冻结过程会有一些水分从食品表面蒸发出来,从而引起干耗。干耗不仅会造成产品质量损失,也影响产品外观质量。冻结过程温度较高(蒸气压差大)、湿度低、风速大、食品表面积大等,都会使冻结时干耗增大。

(2) 组织学变化　冻结时果蔬食品组织损伤要比其他食品大,因为植物组织细胞含水量较高,水冻结时组织受冻结膨胀压损伤大;而且植物细胞壁比动物细胞膜缺乏弹性,冻结时易胀破。

(3) 化学变化

①蛋白质变性:冰结晶时,无机盐浓缩,盐析作用或盐类直接作用可使蛋白质变性。冰结晶生成时,蛋白质失去部分结合水,会使其互相凝聚变性。

②变色:速冻果蔬由于酶活力抑制得不够,会发生酶促褐变。还可能因其他种种原因引致的变化,降低其质量。

2. 冻藏期间的变化

冻结食品一般在-18℃以下的冻藏室中保藏,由于食品中90%以上的水分已冻结成冰,微生物已无法生长繁殖,食品中的酶也已受到很大的抑制,故可作较长时间的贮藏。但是在冻藏过程中,由于冻藏温度的波动,冻藏期又较长,在空气中氧的作用下还会缓慢地发生一系列的变化,使冻藏食品的品质有所下降。

(1) 干耗与冻结烧　在冻藏室内,由于冻结食品表面的温度、室内空气温度和空气冷却器蒸发管表面的温度三者之间存在着温度差,因而也形成了水蒸气压差。冻结食品表面的温度如高于冻藏室内空气的温度,冻结食品进一步被冷却,同时由于存在水蒸气压差,冻结食品表面的冰结晶升华,跑到空气中去。这部分含水蒸气较多的空气,吸收了冻结食品放出的热量,密度减小向上运动,当流经空气冷却器时,就在温度很低的蒸发管表面水蒸气达到露点,凝结成霜。冷却并减湿后的空气因密度增大而向下运动,当遇到冻结食品时,因水蒸气压差的存在,食品表面的冰结晶继续向空气中升华。

这样周而复始,以空气为介质,冻结食品表面出现干燥现象,并造成质量损失,俗称干耗。冻结食品表面冰晶升华需要的升华热是由冻结食品本身供给的,此外还有外界通过围护结构传入的热量、冻藏室内电灯、操作人员发出的热量等也供给热量。当冻藏室的围护结构隔热不好、外界传入的热量多、冻藏室内收藏了品温较高的冻结食品、冻藏室内空气温度变动剧烈、冻藏室内蒸发管表面温度与空气温度之间温差大、冻藏室内空气流动速度太快等时都会使冻结食品的干耗现象加剧。

冻结食品表面层发生的冰晶升华,使其出现脱水多孔层,冻藏期间逐渐向里推进,使内部的脱水多孔层加深,大大增加了与空气的接触面积,使其容易吸收外界空气及库内的各种气味,引起较多的氧化反应,变色、变味,这就是所谓的冻结烧(freezer burn)。冻结烧部位的含水率非常低(仅2%~3%),冻结食品质量将明显降低。

为了减少和避免冻结食品在冻藏中的干耗与冻结烧,在冷藏库的结构上要防止外界热量的传入,提高冷库外墙围护结构的隔热效果。同时减少开门的时间和次数,库内操作人员离开时要随手关灯,减少外界热量的流入。在冷库内要减少库内温度与冻品温度及空气冷却器之间的温差,合理地降低冻藏室的空气温度和保持冻藏室较高的相对湿度,温度和湿度不应有大的波动。

对于食品本身来讲，其性质、形状、表面积大小等对干耗都会产生直接的影响，但很难使它改变。从工艺控制角度出发，可采用加包装或镀冰衣和合理堆放的方法。

(2) 冰结晶成长和重结晶　重结晶是冻藏期间反复解冻和再结晶后出现的一种结晶体积增大的现象。刚冻结完的果蔬食品，它的冰结晶大小并不完全一致，但在长时间冻藏过程中，微细的冰结晶会逐渐合并成长为大的冰结晶，这种现象称为冰结晶成长。其原因是冰结晶周围的水和水蒸气向冰结晶移动，附着并冻结在其上面。冻结食品内的水存在有固相、液相和气相三相，它们的饱和水蒸气压之间有下述关系：①液相水蒸气压>固相冰水蒸气压；②气相水蒸气压>固相冰水蒸气压；③小冰晶水蒸气压>大冰晶水蒸气压。由于压差的存在，水蒸气总是从高的一方向低的一方移动，并不断附着、凝固到冰结晶上面，使大冰晶越长越大，而小冰晶逐渐减小、消失。从而加大了细胞的机械损伤，蛋白质变性和体液流失。

冻藏室内的温度变化是产生重结晶的原因。重结晶的程度直接取决于单位时间内温度波动次数和程度，波动幅度越大，次数越多，重结晶的情况也越剧烈，其中细胞间隙中的重结晶现象最为明显。因此，即使冻结工艺良好，冰结晶微细均匀，但是冻藏条件不好，经过重复解冻和再结晶，就会促使冰晶体颗粒迅速增大，其数量则迅速减少，以致严重破坏了组织结构，使食品解冻后失去了弹性，口感风味变差，营养价值下降。为防止冰结晶成长和重结晶所造成的不良影响，可以采取：①深度低温速冻方式，使其冻结率提高，残留液相水少；②冻藏温度尽量低，且少波动、小波动。

(3) 变色　果蔬在速冻前一般要将原料进行烫漂处理，破坏过氧化酶，使速冻果蔬在冻藏中不变色。如果烫漂的温度与时间不够，过氧化酶失活不完全，绿色蔬菜在冻藏过程中会变成黄褐色；如果烫漂时间过长，绿色蔬菜也会发生褐变，这是因为蔬菜叶子中含有叶绿素而呈绿色，当叶绿素变成脱镁叶绿素时，叶子就会失去绿色而呈黄褐色，酸性条件会促进这个变化。果蔬在热水中烫漂时间过长，果蔬中的有机酸溶入水中使其变成酸性的水，会促进发生上述变色反应。所以正确掌握果蔬烫漂的温度和时间，是保证速冻果蔬在冻藏中不变颜色的重要环节。

第二节　果蔬冻结方法及设备

生产中应用的果蔬冻结的方法很多，但按使用的冷冻介质与食品接触的方式可分成空气冻结法、间接接触冻结法和直接接触冻结法三大类。

一、空气冻结装置

在空气冻结法中，冷空气以自然对流或强制对流的方式与食品换热，强制对流冻结也称送风冻结法又称鼓风冻结法，是利用流动空气作冷冻介质的冻结方法。它适用的冻结原料种类和规格较宽，应用范围广泛。空气作为冷冻介质既经济又卫生，且容易实现冻结机械化。当冻结间内空气静止时，冻结缓慢，达不到速冻要求。送风冻结法是利用低温和高速流动的空气，促使果蔬食品快速散热，可达到速冻要求。此类速冻设备的关键是使高速流畅的低温空气与果蔬物料充分接触，要求所用的空气温度往往为 (-35 ± 2)℃。因为需要的温度低，所以，须采用二段压缩制冷机械，空气流速要达到 10~15m/s（慢冻流速则为 3~5m/s）。送风速冻法的缺点一是冻结初期食品表面会发生明显的脱水干缩现象，即所谓的表面冻伤；二是速冻设备中蒸发管经常出现结霜现象，须经常除霜。

由于空气的导热性能差，与食品间的换热系数小，故所需的冻结时间较长。但是，空气资源丰富，无任何毒副作用，其热力性质早已为人们熟知，因此，用空气作介质进行冻结仍是目前应用最广泛的一种冻结方法。

（一）流态化冻结装置（fluidization freezer）

1. **食品流态化冻结原理**

流化床是流体与固体颗粒复杂运动的一种形态，固体颗粒受流体的作用，其运动形式变成类似流体状态。在流态化速冻中，低温空气气流自下而上，使网带上的颗粒物料在其作用下形成类似沸腾状态，像流体一样运动，并在运动中被快速冻结。根据低温气流的速度不同，物料的状态可分为固定床阶段、临界流化床阶段、正常流化床阶段三类，图 17-2 为三种主要床层状态。

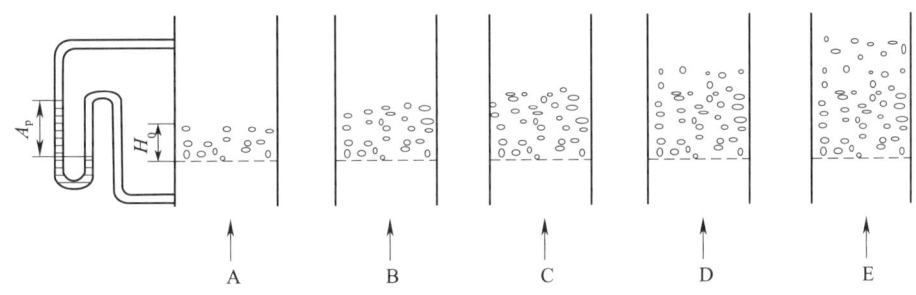

图 17-2 流化床结构与气流速度的关系

A—固定床阶段　B—松动层阶段　C—流态化开始阶段　D—流态化展开阶段　E—正常流化床阶段

A_p—单位体积床层中颗粒的表面积　H_o—流化开始之前静止床层的初始高度

（1）固定床阶段　当气体流速较低时，气流从颗粒间穿过，其对颗粒的作用力还不足以使颗粒运动，物料层静止不动，床层高度不变，这称为固定床阶段（图 17-2 中 A）。但床层压力降随气流速度的增大而增大。当流速增大到一定值，压力降等于单位面积床层上物料的实际质量时，床层开始松动并略有升高，床层空隙率也稍有增加，但床层整体并无明显的运动，如图 17-2 中 B 所示。

（2）临界流化床阶段　进一步提高流速，通过图 17-2 中的 B 点，颗粒开始被流体吹起并悬浮在气流中，颗粒间相互碰撞、混合，造成床层膨胀，空隙率增大，床层高度明显上升，整个床层呈现出类似液体沸腾的形态，即开始进行流化状态，但此时的流化状态还不太稳定，这种临界状态称为临界流化床阶段，见图 17-2 中的 C、D。对应于 B 处的气流速度称为临界流化速度，也称起始流化速度。此时的床层处于不稳定状态，极易形成"流沟"。流沟的出现使气流分布不均匀，大部分气体不能与物料颗粒充分接触便通过床层。流沟若出现在食品流态化冻结过程中，不但降低冻结速度，引起食品冻结不均匀，而且白白地浪费冷量。

（3）正常流化床阶段　当流速继续增加到某一数值，气流对颗粒的作用力与颗粒的质量达到平衡时，由于颗粒时上时下无规则地运动，空隙率增加，颗粒与周围冷气流密切接触和相对摩擦，大大强化了物料与气流间的传热，加速了物料的制冷，从而实现了食品的单体快速冻结，此阶段称为正常流化床阶段如图 17-2 中 E 所示。

固定床、临界流化床、正常流化床等现象的实质为流体和颗粒的相互作用。要实现食品的流态化冻结，就应抓住这些实质性的问题，设置合理的工作参数，避免不利因素的影响和不良现象的发生。

2. 流态化冻结装置的结构形式

食品流态化冻结装置，按其机械传送方式可分为：斜槽式流态化冻结装置；带式流态化冻结装置（其中又可分为一段带式和两段带式流态化冻结装置）；振动流态化冻结装置（其中包括往复振动和直线振动流态化冻结装置两种）。如果按流态化形式可分为：全流态化和半流态化冻结装置。

（1）斜槽式流态化冻结装置 斜槽式流态化冻结装置也称盘式流态化冻结装置，如图 17-3 所示。这种冻结装置没有传送带，其主体部分为一块固定的多孔底板（称为槽或盘），槽的进口稍高于出口，以使食品可借助风力自动向前移动。冻结的食品由滑槽连续排出，作业是连续化的。

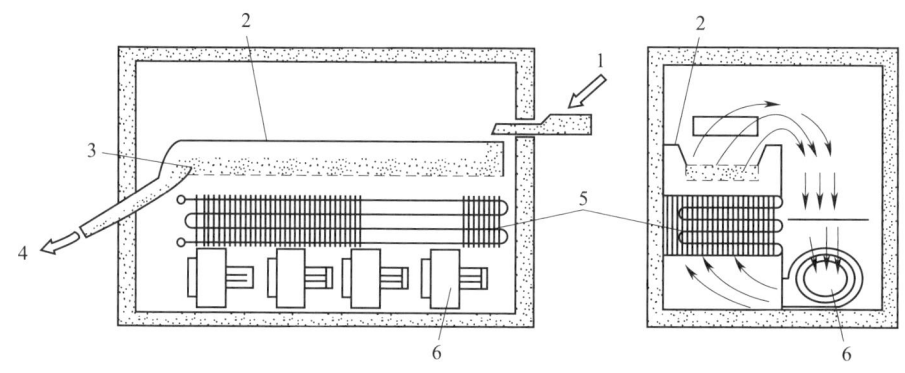

图 17-3 斜槽式流态化冻结装置示意图
1—进料口 2—斜槽 3—排出堰 4—出料口 5—蒸发器 6—风机

在斜槽式流态化冻结装置中，产品层的厚度可达到 120~150mm，虽然厚度增加可使冻结量提高，但风机的能量消耗也将过多。产品层的厚度、冻结时间和冻结产量，均可通过改变进料速度和排出堰的高度来调节。

该装置的蒸发温度在-40℃以下，垂直向上的风速为 6~8m/s，冻品间风速为 1.5~5m/s，冻结时间一般为 5~10min。

斜槽式流态化冻结装置的主要特点是无传送带和振动筛等传输机构，因而结构紧凑、简单、维修量小，易于操作，成本低，冻结速度快，冻品降温均匀，质量好。其缺点是装机功率大，单位耗电指标高。只适宜冻结表面不太潮湿的球状或圆柱状蔬果。此外，可以在预留的隧道内用小型货架车冻结较大块的果蔬。

（2）一段带式流态化冻结装置 在该装置中，产品是靠传送带输送的，而不是像斜槽式冻结装置那样借助气动来通过冻结空间，如图 17-4 所示。

冻品首先经过脱水振荡器 2，去除表面的水分，然后随变速进料带进入"松散相"区域，此时的流态化程度较高，食品悬浮在高速的气流中，从而避免了食品间的相互黏结。待食品表面冻结后，经匀料棒均匀物料，到达"稠密相"区域，此时仅维持最小的流态化程度，使食品进一步降温冻结。冻结好的食品最后从出料口排出。

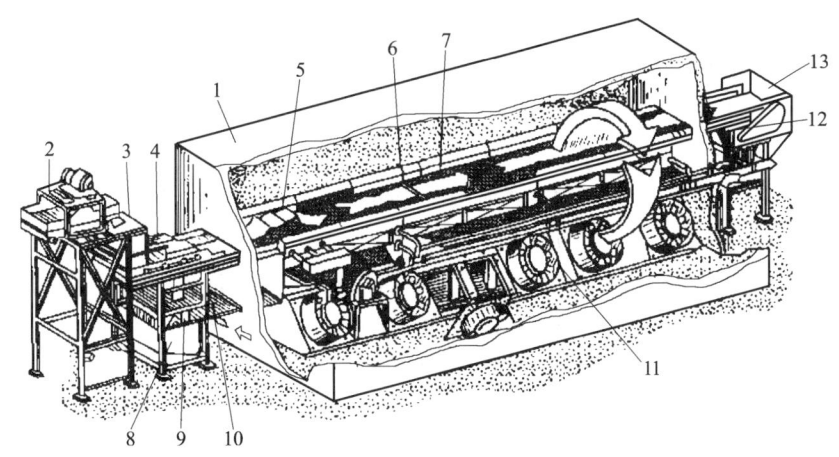

图 17-4 一段带式流态化冻结装置示意图
1—隔热层 2—脱水振荡器 3—计量漏斗 4—变速进料带 5—"松散相"区域 6—匀料棒
7—"稠密相"区域 8、9、10—传送清洗带 11—轴流风机 12—传送带变速驱动装置 13—出料口

与斜槽式流态化冻结装置比较，该装置的特点是允许冻结的食品种类更多、产量范围更大；由于颗粒之间摩擦强度小，因此，易碎食品通过冻结间时损伤较小。但由于食品厚度较小、冻结时间较长，所以占地面积较大。该装置适用于冻结软嫩或易碎的果蔬，如草莓、黄瓜片、青刀豆、芦笋、油炸茄子等。操作时应根据食品流化程度确定物料层厚度，对易于实现流态化的食品，如青豌豆、黄瓜片等，料层厚度控制在 40~60mm，青刀豆控制在 60~80mm。对不易实现流态化的，如油炸茄子、樱桃、番茄等，料层厚度控制在 80~150mm。

（3）两段带式流态化冻结装置 该装置将一段带式冻结装置的传送带分为前后两段，其他结构与一段带式基本相同。第一段传送带为表层冻结区，功能相当于一段式的"松散相"区域，该段中带子的移动速度可比第二段中带子的速度快 3 倍，这样，该段带子上的产品层较薄，再加上该段的气流速度也较高，从而在很短的时间内，使食品的表层先冻结，防止了食品颗粒黏结；第二段传送带为深温冻结区，功能与一段式的"稠密相"区域相同，要求将食品的中心温度冻结到 -18℃ 以下。两段传送带间有一高度差，当冻品由第一段落到第二段时，因相互冲撞而有助于避免彼此黏结。

与一段带式冻结装置相比，该装置适用范围广，可以用于冻结青刀豆、豌豆、豇豆、嫩蚕豆、辣椒块、黄瓜片、油炸茄块、芦笋、胡萝卜块、芋头、蘑菇、葡萄、李子、草莓、桃子、板栗等果蔬类。

（4）往复振动式流态化冻结装置 往复振动式流态化冻结装置，其主体部分为一带孔不锈钢钢板，在连杆机构带动下作水平往复式振动。钢板厚 2~3mm，孔径 3mm，孔距 8mm，每 500mm 长度上为一孔群，间隔 20mm，以增强流化床的强度。脉动旁通机构为一旋转风门，可按一定的角速度旋转，使通过流化床和蒸发器的气流量时增时减（10%~15%），因而可以调节到适于各种食品的脉动旁通气流量，以实现最佳流态化。

装置运行时，食品首先进入预冷设备，表面水分被吹干，表面硬化，避免了相互间的粘连，进入流化床后，冻品受钢板振动和气流脉动的双重作用，冷气流与冻品充分混合，实现了完全的流态化。冻品被包围在强冷气流中，时起时伏，像流体般向前传送，确保了快速的冻结。这种冻结方式消除了流沟和物料跑偏现象，使冷量得到充分有效的利用。

(二)隧道式冻结装置

隧道式冻结装置（tunnel freezer），由于它不受食品形状的限制，所以在我国肉类加工厂和水产冷库中被广泛使用，专门用来冻果菜的很少。冻结果蔬的多数是在传送带式或流化床式冻结装置中附加一条冻结隧道，如图17-5所示，专供冻结体积较大的清蒸茄子、青玉米、甜玉米、整番茄、桃瓣等果蔬产品。将处理过的物料装入托盘，放到下带滚轮的载货架车上，从隧道一端陆续送入，经一定时间（几个小时）冻结后，从另一端推出。蒸发器和冷风机装在隧道的一侧，风机使冷风从侧面通过蒸发器吹到果蔬物料，冷风吸收热量的同时将其冻结。吸热后的冷风再由风机吸入蒸发器被冷却，如此不断反复循环。所使用的风机大都是轴流式的，风速增高产品干耗也有所增大。这种装置的总耗冷量较大。优点是适用于不同形状的果蔬食品冻结。隧道式冻结装置共同的特点是：冷空气在隧道中循环，食品通过隧道时被冻结。根据食品通过隧道的方式，可分为传送带式、吊篮式、推盘式冻结隧道等几种。

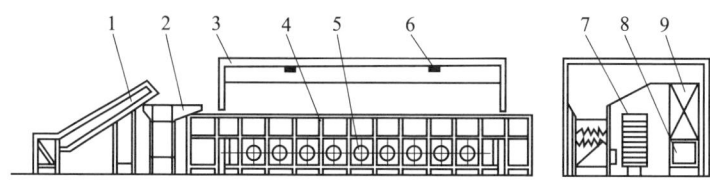

图17-5 隧道式冻结装置

1—提升机 2—振动筛 3—维护结构 4—流态床 5—风机
6—灯具 7—蒸发器支架 8—蒸发器 9—架车

(三)螺旋式连续冻结装置

为了克服传送带式隧道冻结装置占地面积大的缺点，可将传送带做成多层，由此出现了螺旋式冻结装置（spiral continuous freezer），这是一种较新型的冻结装置。结构示意图如图17-6所示。

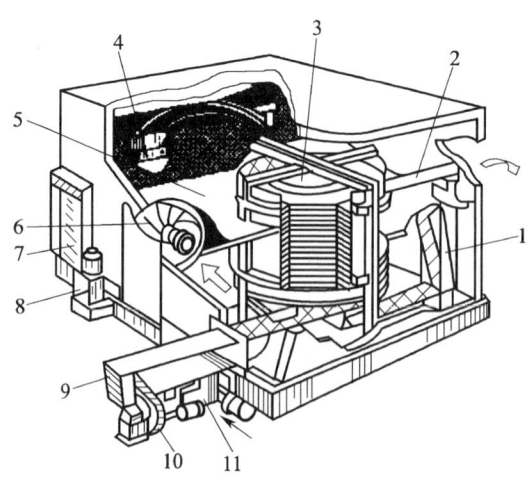

图17-6 螺旋式冻结装置

1—平带张紧装置 2—出料口 3—转筒 4—翅片蒸发器 5—分隔气流通道顶板 6—风扇
7—控制板 8—液压装置 9—进料口 10—干燥传送带风扇 11—传送带清洗系统

这种装置由转筒、蒸发器、风机、传送带及一些附属设备等组成。其主体部分为一转筒，传送带由不锈钢扣环组成，按宽度方向成对地接合，在横、竖方向上都具有挠性。当运行时，拉伸带子的一端就压缩另一边，从而形成一个围绕着转筒的曲面。借助摩擦力及传动机构的张力，传送带随着转筒一起转动，由于传送带上的张力小，故驱动功率不大，传送带的寿命也很长。传送带的螺旋升角约2°左右，转筒直径较大，所以传送带近于水平，食品不会下滑。由于传送带缠绕的圈数可以任意确定，所以，冻结时间、速度、进出料方向都可以自由选择。

被冻结食品可以直接放在传送带上，也可以用冻结盘，食品随传送带进入冻结装置后，由下盘旋而上，冷风则由上向下吹，与食品逆向对流换热，提高了冻结速度。食品在传送过程中逐渐冻结，冻好的食品从出料口排出。当初温为30℃、终温为−18℃、食品厚25mm时，40min左右的时间就可以冻结好。

螺旋式冻结装置适用于冻结单体不大的食品，如饺子、烧卖、对虾，经加工整理的果蔬等。螺旋式冻结装置的特点如下：

①紧凑性好：由于采用螺旋式传送，整个冻结装置的占地面积小，其占地面积仅为一般水平输送带面积的25%。

②在整个冻结过程中，产品与传送带相对位置保持不变，冻结易碎食品所保持的完整程度较其他形式的冻结装置好，这一特点也允许同时冻结不能混合的产品。

③食品的冻结时间可以通过调整传送带的速度来改变，这就使得该装置可以用于冻结不同种类或品质的食品。

④进料、冻结等在一条生产线上连续作业，自动化程度高。

⑤冻结速度快，干耗小，冻结质量高。

该装置的缺点是在小批量、间歇式生产时，耗电量大，成本较高。

二、间接接触冻结装置

间接接触冻结是指把食品放在由制冷剂（或载冷剂）冷却的板、盘、带或其他冷壁上直接接触，但与制冷剂（或载冷剂）间接接触。对于固态食品，可将食品加工为具有平坦表面的形状，使冷壁与食品的一个或两个平面接触；对于液态食品，则用泵送方法使食品通过冷壁热交换器，冻成半融状态。

1. 平板冻结装置

平板主要由以下几个部分组成：角铁或槽形钢制成的骨架、铝合金制成的蒸发板、液压装置、外部的隔热层等。

平板冻结装置（plate freezer）的工作原理是将食品放在各层平板中间，用液压系统移动平板，以便进出货操作和冻结时使平板与食品密切接触。该装置的主体部分平板蒸发器是内部具格栅的空心平板，制冷剂或不冻液在管内流动，平板两面均可传热，由于铝合金制的平板具有良好的导热性能，故其传热系数大、冻结时间短、占地面积小，可以放在船上或陆上车间内使用。平板冻结装置分卧式和立式两种。

2. 回转式冻结装置

回转式冻结装置（rotary freezer）是一种连续直接接触式冻结装置。该装置的主体为一回转筒，由两层不锈钢筒壁组成，外壁为转筒的冷表面，与内壁之间的空间可供制冷剂或载冷剂直接蒸发进行制冷，制冷剂或载冷剂由空心轴一端输入筒内，从另一端排出。冻品呈散开状由入口被送到回转筒的表面，由于转筒表面温度很低，食品立即黏在上面，进料传送带再给结冻品稍施加压力，使它与回转筒表面接触得更好。转筒回转一周，完成食品的冻结过程。冻结食品转到刮刀处被刮下，刮下的食品由传送带输送到包装生产线。

该装置的特点是：占地面积小，结构紧凑；冻结速度快，干耗少；连续冻结生产率高。

3. 钢带式冻结装置

钢带式冻结装置（strip-type freezer）是一种连续流动式冻结装置，其主体是钢带传输机。传送带由不锈钢制成，在传送带下侧有低温不冻液（氯化钙盐水或丙二醇溶液）喷淋，或使传送带滑过固定的冷却面（蒸发器）使食品降温，同时，食品上部装有风机，用冷风补充冷量，风的方向可与食品平行、垂直、顺向或逆向。传送带移动速度可根据冻结时间进行调节。不冻液和上部冷风温度为 $-40 \sim -35$℃。由于不锈钢传送带能完全接触被冻结的食品，因此热传导效率高。因为产品只有一边接触金属表面，食品层以较薄为宜。

该装置适于冻结调理食品、未包装的鱼片、小虾等食品。

该装置的主要优点是：①冻结速度快，实践表明，冻结 20～25mm 厚的食品约需 30min，而 15mm 厚的食品只需 12mm；②可以连续流动运行；③干耗较少；④能在几种不同的温度区域操作；⑤同平板式、回转式相比，该装置结构简单、操作方便。改变带长和带速，可以大幅度地调节产量。缺点是占地面积大。

三、直接接触冻结装置（direct contact freezer）

直接接触冻结是指食品与不冻液直接接触，食品在与不冻液换热后，温度迅速降低而冻结。食品与不冻液接触的方法有喷淋、浸渍法，或两种方法同时使用。该法和间接接触冻结法的区别在于食品或其包装是否直接与不冻液接触。直接接触法要求食品与不冻液直接接触，因此，对不冻液有一定限制，特别是与未包装的食品接触时尤其如此。这些限制包括要求不冻液无毒、纯洁、无异味和异样气体、无外来色泽或漂白剂、不易燃、不易爆等。此外，不冻液与食品接触后，不应改变食品原有的成分和性质。

直接接触冻结装置主要有盐水浸渍冻结装置和低温液体冻结装置。以下主要介绍低温液体冻结装置。

同一般的冻结装置相比，低温液体冻结装置的冻结温度更低，所以常称为低温冻结装置或深冷冻结装置。其共同特点是没有制冷循环系统，在低温液体（常用的低温液体有液态氮、液态二氧化碳等）与食品接触的过程中实现冻结。下面主要介绍液氮冻结装置。

液氮的汽化潜热为 198.9kJ/kg，常压氮气的比定压热容为 1.034kJ/（kg·K），沸点为 -195.8℃。从液氮饱和液到 -20℃食品冻结终点所吸收的总热量为 383kJ/kg，其中，-195.8℃的氮气升温到 -20℃时吸收的热量为 182kJ/kg，几乎与汽化潜热相等，这是液氮的一个特点，在实际应用时，应注意不要浪费这部分冷量。液氮冻结装置大致有浸渍式、喷淋式和冷气循环式三种。

1. 液氮喷淋冻结装置

液氮冻结装置由隔热隧道式箱体、喷淋装置、不锈钢丝网格传送带、传动装置、风机等组成。其装置如图 17-7 所示。

食品置于带上，随带移动，传送带在隧道内依次经过预冷区、喷淋冻结区、均温区后，从另一端送出。风机将冻结区内温度较低的氮气输送到预冷区，并吹到传送带送入的食品表面，经充分换热，食品预冷。进入冻结区后，食品受到雾化管喷出的雾化液氮的冷却而被冻结。冻结温度和冻结时间,根据食品的种类、形状,可调整贮液罐压力以改变液氮喷射量,以及通过调节传送带速度来加以控制,以满足不同食品的工艺要求。由于食品表面和中心的温度相差很大,所以完成冻结过程的食品需在均温区停留一段时间,使其内外温度趋于均匀。

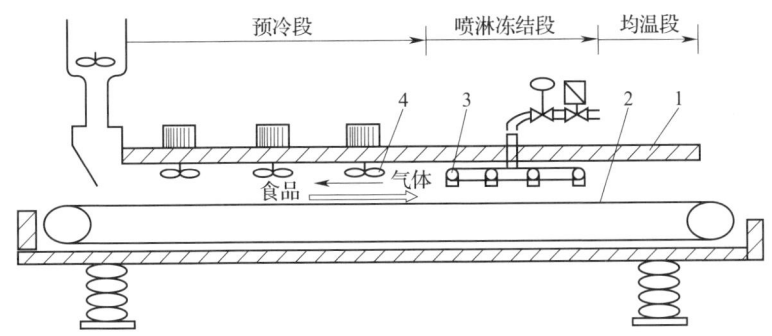

图 17-7　液氮喷淋冻结装置示意图

1—壳体　2—传送带　3—喷嘴　4—风扇

液氮喷淋冻结装置主要适用于块状肉和蔬菜的冻结。

2. 液氮浸渍冻结装置

液氮浸渍冻结装置主要由隔热的箱体和食品传送带组成,其装置如图17-8所示。

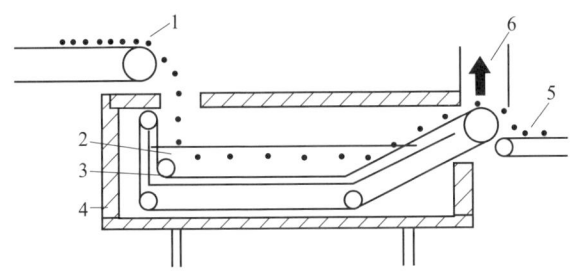

图 17-8　液氮浸渍冻结装置示意图

1—进料口　2—液氮　3—传送带　4—隔热箱体　5—出料口　6—氮气出口

食品从进料口直接进入液氮中,表面立即冻结。由于换热,液氮强烈沸腾,有利于单个食品的分离。食品在液氮中只完成部分冻结,然后由传送带送出出料口,再到另一个温度稍高的冻结间作进一步的冻结。该装置几乎适于冻结一切体积小的食品。

液氮冻结装置具有以下特点:

(1) **冻结速度快**　由于液氮与食品间存在200℃以上的温度差,使得两者之间产生强烈的热交换,所以冻结速度极快,比平板冻结装置快5~6倍,比空气冻结装置快20多倍。

(2) **冻结质量高**　由于冻结速度快,食品中结冰速度大于水分移动速度,细胞内外同时产生细小、分布均匀的冰结晶,对细胞无损伤,故解冻时汁液流失少,可逆性大,解冻后能恢复到冻前的新鲜状态和营养成分。

(3) **冻结干耗小**　用一般冻结装置冻结的食品,其干耗率在3%,而用液氮冻结装置冻结,干耗率仅为0.6%~1%。所以,适于冻结一些含水量较高的食品,如杨梅、番茄等。

(4) **冻结食品抗氧化**　用液氮冻结食品时,由于液氮无毒,且对食品成分呈惰性,另外,由于替代了从食品中出来的空气,所以可在冻结和带包装贮藏过程中使氧化变化降低到最小限度。

(5) 占地面积小,初投资低,装量效率高。

由于以上特点,液氮冻结在工业发达的国家中被广泛应用。但也存在以下问题:

①由于冻结速度极快,食品表面与中心产生极大的瞬间温差,易导致食品表面开裂,因此,冻结时食品厚度应小于10cm;

②液氮冻结的成本较高,冻结每1kg食品的液氮耗用量为1.1~1.2kg,因此价格较贵。基于以上原因,液氮应用受到一定限制。

第三节　果蔬速冻加工技术

一、工艺流程

1. 速冻蔬菜工艺流程

原料→分级→清洗→去皮或切分等整理→烫漂→预冷却→速冻→包装→冻藏

2. 速冻水果工艺流程

原料→分级→清洗→去皮或切分等整理→烫漂或糖液浸渍→预冷却→速冻→包装→冻藏

二、操作要点

1. 预处理

果蔬速冻前相关原料预处理方法(分级、清洗、去皮或切分、烫漂)已在第九章述及,在此从略。

2. 糖液浸渍

有些水果需要在速冻前进行加糖浸渍处理。水果加糖渍液可以降低水果的冻结点,并在渗透压作用下可除去水果的部分水分,可以减少冻结时形成的冰晶对水果组织的破坏。同时,由于糖水也一定程度上隔绝了空气的氧化,削弱了氧化酶活力,有助于保持水果的色、香、味和维生素C含量。一般糖水糖含量为30%~50%,用量配比是(2~3):1,糖液过浓会造成果肉收缩,影响品质。水果中加入糖水后,应先在0℃库房中存放8~10h,使糖分渗入水果中,然后再送去速冻。糖浸渍处理时应淹没水果。

另外,有些水果,如桃、苹果等,即使经过糖液浸泡,冻藏期间仍会变色,因此可在糖液中同时加入1~5g/L的维生素C,或者在糖液中添加5g/L柠檬酸来降低溶液的pH,控制氧化酶活力,防止褐变。

3. 预冷却

经过前处理的物料,可预冷至0℃,这样有利于加快冻结,许多速冻装置设有预冷段的设施,或者在进入速冻前先在其他冷库预冷,等候陆续进入冻结。

4. 速冻

冻结速度往往由于果蔬的品种不同、块形大小、堆料厚度、进入速冻设备时品温、冻结温度等因素而有差异，必须在工艺条件上及工序安排上考虑紧凑配合。

果蔬产品的速冻温度在$-35 \sim -30℃$，风速应在$3 \sim 5m/s$，这样才能保证冻结以最短的时间通过最大冰晶生成区，使冻品中心温度尽快达到$-18 \sim -15℃$，能够达到这样的标准要求，才能称为"速冻果蔬"，从而获得具有新鲜品质，且营养和色泽保存良好的速冻果蔬。

果蔬速冻生产以采用半机械化或机械化连续作业生产方式为理想，速冻装置以螺旋式或链带式连续速冻器或流态床速冻器为好。

5. 包装

通过对速冻果蔬进行包装，可以有效控制速冻果蔬在长期贮藏过程中发生冰晶升华，即水分由固体状态蒸发而形成干燥状态；防止产品长期贮藏接触空气而氧化变色，便于运输、销售和食用；防止污染，保持产品卫生。

包装材料的选择，最重要的是尽量降低水蒸气和气体的透过性，以减少冻结蔬菜中的水分逸散而产生干耗和与空气接触而发生氧化。其次是在低温时，包装材料的物理耐冲击性要强。在低温时，包装材料变脆，易受物理冲击而破损，失去包装效果。另外，包装袋内部的空隙越大，果蔬的干耗就越高，氧化就越严重。所以，最好采用真空包装，使包装材料紧贴产品。如果是冻结前包装，则应留适量空隙，以防果蔬冻结后产品体积膨胀而胀破包装袋。目前内包装多采用聚乙烯薄膜袋。外包装用瓦楞纸箱，内衬清洁蜡纸防潮，外用胶带纸封口。所有包装材料在包装前须在$-10℃$以下低温间预冷。

包装必须保证在$-5℃$以下低温环境中进行，温度在$-4℃$以上时速冻水果会发生重结晶现象，造成品质降低。由于速冻水果是解冻后直接食用的即食食品，卫生要求严格，包装间在包装前1h必须开紫外线灯灭菌，所有包装用工器具，工作人员的工作服、帽、鞋、手均要定时消毒。工作场地及工作人员必须严格执行食品卫生标准，非操作人员不得随意进入，以防止污染，确保卫生。

6. 冻藏

完成包装的冻品，要贮藏在$-18℃$以下的冷库内，温度波动范围应尽可能小，一般控制在$1℃$以内，相对湿度在95%以上。最好采用专用冷库贮存，不应与其他有异味的食品混藏。速冻果蔬产品的冻藏期一般可达$10 \sim 12$个月，条件好的可达2年。

7. 运输销售

在运输时，要应用有制冷及保温装置的车、船及集装箱专用设施，运输时间长的要控制在$-18℃$以下，一般可控制在$-18℃$。销售时也应有低温货架或货柜。整个产品供应程序采用冷链系统，使冻藏、运输、销售及家庭贮存始终处于$-18℃$以下，才能保证速冻果蔬的品质。

第四节 解冻

1. 解冻及快速解冻概念

解冻（thawing）就是使冻结品在食用前融化恢复到冻前新鲜状态的工艺过程。解冻是速冻果蔬在食用前或进一步加工前必经的步骤。对于小包装的速冻果蔬，家庭中常用自然放置下融化的解冻方式。但对于食品工业大量处理，为了保证用高质量的原料，使之在解冻时仍保持良好的品质，就必须重视解冻方法及了解解冻方式对解冻果蔬食品质量的影响。

解冻是指冻结时果蔬组织中形成的冰结晶还原融化成水，可视为冻结的逆过程。解冻时冻结晶处在温度比其高的介质中，冻品表层的冰先融化成水，随着解冻过程的进行，冰层融化逐渐向内延伸。由于水的热导率为 0.58W/（m·K），冰的热导率为 2.33W/（m·K），冻品已解冻的部分的热导率比冻结部分小 3/4 倍，因此解冻速度随着解冻过程的进行而逐渐减慢，这恰好与冻结过程相反。即使是快速解冻，所需时间也比速冻时长得多。通常解冻食品在 -1~5℃ 温度区中停留的时间长，会使食品变色，产生异味。所以解冻时希望能快速通过此温度区。过去曾有快速冻结，缓慢解冻的见解，其理由是细胞间隙中冰融化的水需要一定时间才被细胞吸收，但显微镜观察发现，细胞吸收过程是极快的。而且缓慢解冻常常出现汁液流失、质地和色泽变化等质量问题，所以目前一致观点是快速解冻有利于质量。

解冻终温由解冻食品的用途所决定。用作加工原料的冻品，半解冻即其中心温度达到 -5℃ 就可以了，以能用刀切断为准。此时体液流失也少。一般解冻介质的温度不宜过高，以不超过 15℃ 为宜。使用外部加热法解冻时，应采用热传导性能好的介质（如水等）。用同种解冻介质，一般流动的介质比静止的热传导性要好。

2. 解冻方法及装置

解冻方法主要有：①由温度较高的介质向冻结品表面传递热量，热量由表面逐渐向中心传递，即所谓外部加热法；②在高频或微波场中使冻结品各部位同时受热，即所谓的内部加热法。常用的外部加热解冻方法有：①空气解冻法，一般采用 25~40℃ 空气和蒸汽混合介质解冻；②水（或盐水）解冻法，一般采用 15~20℃ 的水介质浸渍解冻；③水蒸气凝结解冻法；④热金属面接触解冻法。常用的内部加热解冻方法有欧姆加热、高频或微波加热、超声波、远红外辐射等。一般来讲，解冻时低温缓慢解冻比高温快速解冻流失液少。但蔬菜在热水中快速解冻比自然缓慢解冻流失液少。

速冻蔬菜在解冻食用时，一般可直接烹饪。烹饪时火力要猛，加热要均匀，蒸煮时间要短，不可解冻后在室温下放置过夜再烹饪。速冻水果都是供鲜食用，因此不宜采用加热法解冻，宜采用低温全解冻方法。零售包装的冻结水果可在 2~5℃ 的解冻间内经 6~12h 解冻。据报道，在 0~10℃ 的温度范围内解冻可以获得最好的外观、质地和风味。如果将冻水果缓慢解冻并达到室温，则存在溃烂的危险，顶层会变色和失去原有的风味。产量 1t/h 的单体快速冻结水果或块状冻结水果使用连续的流动解冻器，解冻时间不超过 1h。在真空蒸汽冻结装置中，解冻 12kg 的水果块大约只需要 30min。

冻结水果解冻时，可以撒上糖或浸渍在糖浆中，能缩短解冻时间，并增进水果风味。容易发生褐变的水果可以再添加 0.1%~0.3%（质量分数）的抗坏血酸溶液。

思考题

1. 为什么选择速冻的方式进行果蔬冻结，有什么优势？
2. 简述果蔬冷藏和冻藏期间的不良变化。

第十八章
轻度加工果蔬

本章目标与重点

学习目标：
1. 掌握轻度加工果蔬的有关概念；
2. 了解轻度加工果蔬的变化；
3. 掌握轻度加工果蔬的加工技术和保护技术。

学习重点：
轻度加工果蔬的加工技术和保护技术。

近年来，人民生活水平快速提高，生活节奏加快，通过购买成品或半成品减少就餐准备时间的趋势日益显著，营养、方便、新鲜的食品日益受到消费者的青睐。在大中城市，越来越多的人，特别是年轻一代，更希望直接从超市购买经轻度加工的果蔬，以减少家务劳动时间。轻度加工果蔬可直接供应餐馆和大中型超市。随着旅游业的快速发展，轻度加工果蔬还可作为旅游休闲食品或餐后甜点提供给消费者。这些为我国轻度加工果蔬发展提供了好的机遇。

轻度加工果蔬（minimally processed fruits and vegetables，MP）是新鲜果蔬经清洗、修整、去皮去核、切分、包装等步骤处理后，供消费者立即食用或餐饮业使用的一种新式果蔬加工产品，其可食率接近100%。国外称为即食果蔬（ready-to-eat，RTE）、即烹果蔬（ready-to-cook，RTC 或 ready-to-use，RTU），国内常称作半加工果蔬、最少加工果蔬、鲜切果蔬、调理果蔬及生鲜袋装果蔬等。经过轻度加工的蔬菜，常被称为净菜（clean vegetable）。轻度加工果蔬包括非切割果蔬和切割果蔬。非切割果蔬是经过修整后仍保持原有形态的各种果蔬产品；切割果蔬是在修整后，又通过简易加工形成的块、条、丝、片等形状的新鲜果蔬产品。

轻度加工果蔬具有新鲜、营养、方便、安全、可食率100%的特点。其加工与传统的果蔬加工如罐藏、速冻、干制、腌制等不同。新鲜果蔬经过一系列处理后仍为活体，具有呼吸作用及其他的生理代谢活动，但轻度加工果蔬与其完整状态的产品有所不同。在它的加工过程中，切割等环节破坏了果蔬的组织结构和保护系统等，刺激了产品代谢，如呼吸速率增强，产生大量的伤乙烯，发生酶促褐变和营养损失等，而且在切口部位容易受微生物侵入，这些变化的加快会导致产品变色和变味，并促进果蔬组织的衰老腐败，从而缩短货架期。

第一节　轻度加工果蔬的变化

与完整果蔬组织相比，轻度加工果蔬因受到机械伤害，保护组织丧失，其生理、代谢以及对微生物的抵抗力都发生了很大改变，具体变化如下。

1. 呼吸速率加快

轻度加工果蔬与其他加工果蔬不同，其本身仍是具有生命的活体，具有呼吸作用。由于切割造成组织的机械伤害而刺激呼吸作用加快，呼吸速率（respiratory rate）的提高又容易使产品发热，使其组织老化速度比新鲜和洗净的果蔬快得多。

切割可使组织呼吸速率增高 3~5 倍。随着组织的老化，呼吸速率还会再增加 2~3 倍。这取决于蛋白质和 RNA 的合成。目前对这种呼吸增加的具体机制尚不明确。但是，切割马铃薯在衰老过程中，使用呼吸抑制剂能抑制许多生物化学过程，如软木脂形成和酚类物质的合成。

2. 乙烯合成增加

乙烯是刺激果实成熟衰老的一种植物激素，环境中微量的乙烯就会刺激果实和蔬菜的呼吸作用，并导致绿叶菜退绿和菜叶脱落。植物在遇到逆境和伤害时会产生乙烯。切割使果蔬产品的组织产生伤乙烯，乙烯合成的增加将会进一步加强呼吸作用，使产品寿命缩短。伤乙烯还会加速绿色蔬菜丧失叶绿素，使产品很快黄化。因此，切割果蔬的贮藏期或货架期比完整果蔬大大缩短。

3. 失水程度增大

完整果蔬具有保护组织，表皮完整的保护组织使得产品内部的水分得以较好的保持。果蔬切割后，保护组织不完整，体积变小而蒸散面积增大，水分容易从切口蒸散出来，而且切分的体积越小，表面水分蒸散就越快，失水就越严重。同时，由于切割加快了呼吸速率，也使水分更加容易散失。因此，与完整果蔬相比，切割产品就更易出现萎蔫，不易保持新鲜挺拔的状态。

4. 发生酶促褐变

果蔬发生的褐变主要是酶促褐变。在植物的细胞中，这些生化反应的酶与底物在正常的状态下处于细胞的不同部位，由于细胞膜系统的区域分割作用，使它们不能发生反应；同时，这些反应需要氧气的参与。轻度加工果蔬（如马铃薯、香蕉、苹果等）最显著的劣变是当其放置在空气中后，切口会很快褐变。这是由于细胞受到机械伤后，有关的酶类和底物之间的区域化结构被破坏，酶和底物直接接触，在氧气的参与下，酚类物质经酶的作用生成复杂聚合物褐色素，酶促褐变迅速进行，导致产品褐变，影响外观品质，降低甚至失去商品价值和食用价值，其中多酚氧化酶起着关键性的作用。

5. 代谢异常造成异味

切割产品经常出现风味的变化，一般是造成异味。其原因主要是：①产品受到伤害时，细胞结构破坏，一些形成风味的前体物质将与酶发生反应，引起与风味物质代谢有关的化学反应，出现风味的变化。一般情况下，在切割初期产生的挥发性物质与果蔬特有的风味有关，随着时间的推移，这些物质挥发散失，或在组织细胞内被分解，风味丧失或出现不良气味。②切割所引起的伤害、加工过程中的水洗使果蔬内的一些化学物质流失，在包装不当时可能出现供氧的不足，都将导致切割产品代谢异常，使产品变味，甚至产生一些异味。例如，切割甘蓝在供氧不足时出现的臭味就是无氧呼吸造成的乙醇发酵引起的。

6. 微生物引起的腐败

微生物的感染是轻度加工果蔬败坏的重要原因。完整果蔬表皮的保护组织是防止微生物感染的天然屏障。切割时，造成大量的机械伤，不但使微生物的侵染有机可乘，而且伤口积累大量的营养物质更促进了微生物的繁殖。大部分蔬菜属于低酸性食品，加上高湿和较大的切割面积，都为微生物生长提供了有利的条件。轻度加工果蔬中的微生物主要是细菌，同时有少量霉菌和酵母菌。不同蔬菜上的细菌群落差别很大，新鲜叶菜类蔬菜上的主要微生物是假单胞菌属和欧文氏菌属，新鲜番茄上的微生物主要为黄杆菌属和假单胞菌属。大多数蔬菜上含有胡萝卜软腐欧文氏菌和荧光假单胞菌。这些细菌不仅能分解果胶，而且在低温下仍能繁殖存活。切割也提供了多种微生物共同侵染的机会，如果几种果蔬切割后混合包装，则微生物的种类会更复杂，数量也会更大。另外，果蔬自身从田间带来的寄生菌或病原菌则利用伤口的营养物质快速繁殖，也是重要的污染途径。

第二节　轻度加工果蔬工艺技术

一、轻度加工果蔬加工技术

1. 原料选择要求

作为轻度加工果蔬的原料必须是品质优良、鲜嫩、大小均匀、成熟度适宜、易于清洗去皮的原料，不得使用腐烂、病虫、有斑疤的不合格原料。

2. 原料采收及采后处理

原料采收及预冷处理详见第四章。

3. 分级、清洗、去皮、切割

原料挑选、分级、清洗、去皮、切割及相关护色措施详见第九章。需要强调的是切割后的果蔬在清洗后包装前，一定要进行脱水处理，否则比不洗的更容易变坏或老化。通常脱水使用离心机即可，脱水后还可添加抗氧化剂加强保护。

4. 包装、预冷

经脱水后的果蔬，立即用塑料薄膜袋进行真空包装或普通包装。包装后尽快送至冷却装置冷却到规定的温度，即 3~5℃。

5. 冷藏、运销

预冷后的果蔬产品装箱后，送至 5~6℃ 的冷库贮存或在 5~6℃ 的环境下进行销售。

二、轻度加工果蔬的保护技术

轻度加工果蔬是不完整的、受到伤害的植物组织，需要专门的保护技术，以延长货架期和防止腐烂变质。

1. 冷藏保护（cold-storage protection）

低温是保持果蔬品质最重要的一个方面，对轻度加工果蔬的生产更显突出。为了能使轻度加工果蔬在色泽、质地、风味、营养价值等方面获得最大限度的保持，需要从采摘后到销售期间全过程的低温，即采摘后立即在低温下运输或预冷（在2h内使原料的温度降至7℃以下），清洗用水需10℃以下，分级切割包装等的环境温度也在7℃以下，运输和货架需要0~3℃。轻度加工果蔬在贮存、流通和零售期间的冷藏，既可减慢大多数微生物生长，又可有效降低酶活力。不同果蔬的最适冷藏温度因产品的不同而有差别。轻度加工果蔬的主要问题是在产品保护和包装后的配送、运输、贮藏、零售期间的温度大幅度变化。一般认为，-2.2~4.4℃的冷藏温度能够控制微生物的生长，但对轻度加工果蔬还不够，需要配合一定的保护措施。

2. 化学保护（chemical protection）

轻度加工果蔬在去皮切割后，最易发生的外观变化就是褐变，也是影响其产品货架期品质的主要因素，因此在果蔬去皮切割后常常用一些化学保护剂进行处理，以防止或抑制果蔬褐变的发生。化学保护剂主要包括食品添加剂中的酸度调节剂、抗氧化剂和防腐剂。酸度调节剂主要有柠檬酸、乙酸等。它能抑制褐变，减轻腐烂变质。抗氧化剂主要有抗坏血酸、异抗坏血酸钠等。其作用主要是防止产品的褐变。防腐剂主要有苯甲酸（盐）、山梨酸（盐）、对羟基苯甲酸（酯）、丙酸（盐）等。在化学保护处理时，所采用的保护物质必须是国家允许使用的食品添加剂，其用法和用量必须符合GB 2760—2024《食品安全国家标准　食品添加剂使用标准》的规定。

3. 辐射保护（radiation protection）

红外线的穿透力差，可在食物表面迅速加热，导致产品表面封闭与褐变。因此，除非谨慎地加以控制，否则红外线不能应用于轻度加工果蔬产品；但如果应用得当，表面封闭作用将有助于保持产品的水分和风味物质。微波加热会对产品造成深度加热，使其在轻度加工果蔬产品中的使用上受到很大限制。紫外光的穿透力相当差，仅能对食物表面起作用，只适宜包装前的杀菌。离子辐射在1kGy以下一般认为是安全的，也允许使用；但要抑制多数酶的活力，处理剂量就要在110~1000kGy。若对轻度加工果蔬产品应用辐照处理，须与其他处理相配合。不同种类产品对离子辐射的耐受力不同，大多数果实比蔬菜的耐受力要强。此外，其他因素也会影响辐射果蔬产品的品质，如产地、品种、季节或气候、采收成熟度、处理时的成熟度或品质、处理方式、贮藏等。

4. 超高压保护（ultra-high pressure preservation）

超高压保护技术是在常温或较低温条件下对鲜切果蔬进行100MPa以上的高压处理，是一个纯物理过程，具有作用均匀、操作安全、温度升高幅度小、耗能低、污染少、利于环保、保持果蔬营养成分等优点。超高压技术的基本原理是压力对微生物的致死作用。高压导致细胞的形态结构、细胞的生物化学反应、细胞的酶的活动以及细胞膜的变化、细胞壁的变化，从而影响微生物原有的生理活动机能，甚至使原有功能被破坏或发生不可逆的变化，导致微生物死亡。对马铃薯鲜切块的研究表明，维生素C的保存率高于90%。另有研究表明，600MPa超高压处理可通过抑制多聚半乳糖醛酸酶活力而维持鲜切猕猴桃果片的硬度，同时可有效地抑制维生素C含量的损失。

5. 包装保护（package protection）

轻度加工果蔬产品仍是活的组织，还在进行包括呼吸在内的分解代谢。切割加工增加了呼吸速率、水分损失速率、微生物利用和生长所需要的细胞营养物质的渗漏，这些都加剧了产品品质的损失；同时，随着组织的成熟或后熟，组织开始衰老，对植物病原菌的感染或侵染的抵抗力逐渐下降。因此，必须进行合理包装。

（1）渗透性聚合膜包装　利用渗透性聚合膜可修饰包装内的气体浓度，对延长产品的货架期有巨大潜力。当轻度加工果蔬放入气体透过性相对较低的塑料膜包装内，组织的呼吸作用导致 O_2 含量下降，CO_2 含量升高，最后 O_2 含量减少到组织产生厌氧呼吸的水平，伴随 CO_2 的增加，又强化了包装内的厌氧环境，这就引起产品的厌氧呼吸、组织降解、乙醇和乙醛积累、异味产生，从而导致产品质量的迅速下降。在厌氧呼吸过程中，葡萄糖经过糖酵解途径（EMP）转化为丙酮酸，然后进一步代谢为乙醇和乙醛。使用透气性好的聚合膜可逆转这一变化，可使包装内 O_2 含量达 8% 以上，CO_2 含量低于 1%~2%，对抑制呼吸和延长货架期有一定的作用，但要找到适于所有产品的、能在封闭包装内达到理想 O_2 和 CO_2 含量的塑料包装材料还不大可能。也就是说，要通过试验研究，对不同产品选用不同的包装膜。

（2）调节气体包装　这种包装是仅次于降低温度的最有效的延长轻度加工果蔬产品货架期的方法，但仍不能替代温度调节的作用，温度才是控制呼吸的最重要因素。MAP 是轻度加工产品加工和保护中的综合措施之一。在 MAP 内，存在着气体动态变化过程，即气体组成逐步趋于平衡，使产品的呼吸减弱、对乙烯的敏感性降低、水分蒸发减少以及延长微生物生长的对数期、增加微生物菌群繁殖时间。

MAP 的两类模式：即被动调节式和人工调节式。被动的 MAP 是将产品放入气体可透气的包装内并密封，产品呼吸降低了包装内的 O_2 含量，增加了 CO_2 含量，直至达到一个所需要的稳态平衡。人工调节 MAP 是将产品放入气体可透气的包装内，排出包装内气体，用预先调配好的 O_2、CO_2、N_2 的混合气体清洗并填充，立即密封。所充入的替代气体通常含有最适浓度的 O_2、CO_2，能立即减弱产品的有氧呼吸速率。人工 MAP 还可以利用气体吸收剂，清除包装环境内的 O_2、CO_2、C_2H_4 和水蒸气，还可使用国家允许使用的抗菌剂。

6. 涂膜保护

涂膜保护就是将可食性膜涂于果蔬表面而形成涂层，达到改善产品质量的目的。因为涂膜包装处理后可以使食品不受外界氧气、水分及微生物的影响，因而可以提高产品的质量和稳定性，用于轻度加工果蔬的涂膜包装材料主要有多聚糖、蛋白质及纤维素衍生物。由于其方便、卫生且可食用等特点，已得到广泛应用。不同的涂膜材料有不同的特点，如多聚糖有良好的阻气性，能附在切面；蛋白质成膜性好，能附在亲水性切面上，但不能阻止水的扩散。根据不同的涂层物质的特点，在配置涂膜配方时，通常进行复配，在涂膜中有时加入防腐剂，如山梨酸钾、以及抗氧化剂，如叔丁基对羟基茴香醚等。

7. 臭氧

臭氧作为一种抗菌剂，在食品工业中已被广泛使用。在空气中臭氧可以快速分解为氧气，不会产生任何残留，不会对鲜切果蔬造成污染。臭氧分解后渗透至组织内部逐步氧化分解细胞内的酶等物质，使得菌体灭活死亡，从而抑制微生物生长。空气湿度升高时微生物细胞膜会变薄，当环境相对湿度达到 45% 以上时臭氧才能达到有效杀菌的目的。因臭氧的氧化性极强，使用不当反而会加速果蔬品质的劣变，对其风味、营养成分及色泽产生负面影响。

8. 低温等离子体

等离子体（plasma）通常被认为是以除固、液、气三态之外的第四种形态存在，可由任意一种中性气体电离得到，整体是呈中性状态的气体。据其热力学平衡状态可分为高温等离子体（high temperature plasma）和低温等离子体（cold plasma）。低温等离子体的发生装置结构简单、易操作，气体通过电离会产生大量活性物质，如活性氧、自由基和活性氮等，该类物质可与果蔬表面微生物相互作用，达到广谱杀菌的目的。因其具有良好杀菌效果，并且无害无残留等特点，现逐渐被用于鲜切果蔬保鲜。

9. 脉冲强光

非热加工技术在加工贮藏中的概论

脉冲强光（pulsed light，PL）又称脉冲白光、脉冲紫外光，被认为是一种安全、节能且环保的冷杀菌技术。PL 技术利用氙气灯产生高强度、短时光谱脉冲，可有效对细菌、真菌等微生物进行杀灭，其致使微生物失活的机制主要与光化学和光热作用对遗传物质的破坏有关。美国 FDA 批准的 PL 处理最大使用剂量为 $12J/cm^2$。但过高剂量会促进酶促褐变的过程，也有研究表明高 PL 下发生的热损伤是导致失水和质构劣变的重要原因。

思考题

1. 与完整果蔬相比，轻度加工果蔬会发生哪些生理生化变化？
2. 对轻度加工果蔬的保鲜常用哪些保护技术？其中最有效的是什么？
3. 简述轻度加工果蔬的加工工艺。

第十九章
其他制品加工保藏

本章目标与重点

学习目标：
1. 了解园艺产品（残次品、下脚料、副产品）综合利用的意义；
2. 掌握多糖、蛋白质、酶类、风味物质、香料、天然色素、有机酸等的提取工艺。

学习重点：
园艺产品综合利用的途径与方法。

我国疆域辽阔，地跨寒、温、热带，自然条件优越，各地区的气候、土壤和地形差异很大，果品、蔬菜、花卉资源极其丰富。另外，在园艺产品生产过程中有 15%~20% 的残次、落果以及加工过程中剔除的副产品和下脚料，如皮、渣、种子、壳、叶、茎、根、花（见表19-1）等都可加以利用，变废为宝，充分提高经济效益。利用上述丰富的资源和不同于前述章节的加工工艺，可以生产许多制品，有些还是医药、日用化工等行业的重要产品。这些制品的生产工艺繁杂，难以归类，一并在本章予以阐述。

表 19-1　　一些下脚料可制作的产品

果蔬原料	下脚料	综合加工产品
柑橘类、枇杷	果皮、皮渣	香精油、果胶、柠檬酸
柑橘类、枇杷、葡萄	种子	种子油、蛋白质
葡萄	种子、果梗、皮渣	酒石酸、单宁、葡萄色素
核果类	果核（核壳和核仁）	活性炭、种子油、香精油
柑橘类	橘络	维生素 A
苹果、梨、菠萝、柑橘等	残次品削余品	果汁、果酱、果冻、果酒、果胶、有机酸、饲料
番茄	残次品削余品、种子	番茄制品、番茄红素、种子油
胡萝卜		色素、类胡萝卜素
马铃薯	残次品及削余品	淀粉及其他制品
各种蔬菜	残次品及削余品　菜叶	叶蛋白、饲料
食用菌	菇柄及碎菇	调味料、饮料、酒、菇松多糖等
生姜、无花果、木瓜等	皮渣等	中草药、蛋白酶、化妆品等
大枣、萝卜等	皮渣等	色素等

第一节 多糖类物质制取

一、淀粉的制取

马铃薯、甘薯、木薯、魔芋等根茎中,含有丰富的淀粉。常用这些原料提取淀粉并生产酒精、饴糖、葡萄糖、淀粉糖浆及改性淀粉等,作为食品、医药及其他工业的原料或辅料。还用淀粉生产粉皮、粉丝等副食品满足社会需要。

淀粉是以淀粉粒形态存在于各种植物根、茎、种子的薄壁细胞的细胞液中。淀粉粒不溶于水,相对密度 1.4~1.5,易于沉淀,因而可利用该特性达到分离淀粉的目的。先将原料磨碎,使组织遭到破坏,用水将其中的淀粉粒洗出,经精制除杂,即得精制淀粉。

马铃薯淀粉含量为 15%~20%,制取淀粉的出粉率为 11%~13%。其制取方法主要有两种,即沉淀法和流槽法。

1. 沉淀法

这是我国传统方法,也称自然沉淀法。欲分离的淀粉乳在沉淀槽(缸或池)中静置沉淀。其工艺操作要点如下:

(1) 选料 原料宜选高产抗病、薯大、淀粉含量高、皮薄、蛋白质和纤维少的品种,如东北男爵、山西黄山药、山东城阳红皮、四川红窝眠以及西北白发财等。

(2) 清洗 用手动或电动的转筒式洗涤机(鼓式或笼式均可)清洗,除尽泥沙和杂质。

(3) 磨砂及筛滤 磨碎机械有磨盘、磨辊或齿轮式磨碎机(也称破碎机)。为尽可能磨碎,提高出粉率,需磨 2~3 次,每磨 1 次用筛子筛滤 1 次,除去纤维、杂质和磨碎组织。磨碎和筛滤时,需喷水淋洗,用水量为原料的 2 倍,筛滤时用水为原料的 4 倍,所得筛下物即淀粉乳。筛下物入下一道磨碎机,筛滤的筛子有筒筛和振动平筛两种。第一道用筒筛和平筛,筛面积为 50~60W 号钢丝布,第二、三道为平筛,筛面为 70~100W 号钢丝布或 43~55W 号绢布。

(4) 沉淀与分离 过筛分离出来的淀粉乳含有淀粉粒、粗纤维、蛋白质以及糖酸等物质。当淀粉乳入槽静置 8~12h,淀粉粒便沉淀下来,在淀粉层之上积存的黄褐色黏稠液(浆水),可用槽侧的出料管或槽内的浮管吸出。然后将中层的粗淀粉挖出,加水搅拌后移入沉淀槽中,放置 30~50h,使之沉淀。将形成的湿淀粉(一级粉)层,切块取出。浆水和下层的垢淀粉(含泥沙)经多次沉淀回收,即得二级湿淀粉。

(5) 脱水干燥 上述所得的湿淀粉(生淀粉)含水量约 45%。将湿淀粉分割成小块进行干燥脱水。自然干燥(日晒)需 4~6d,人工干燥的温度不宜超过 60℃。干燥后的淀粉含水量为 18%~20%。

(6) 粉碎与包装 干燥后取出摊晾,用粉碎机粉碎,再通过孔径为 0.11mm 的绢筛过筛。除去小粉块,再进行包装。

2. 流槽法

该法是令淀粉乳以一定流速流入倾斜槽中,由于淀粉粒大小,相对密度不同,粒子流动的速度有异,从而达到淀粉粒与杂质分离的目的。

斜槽是木制并涂上水泥而成,其宽度 0.6~0.5m,长度 30~60m,倾斜度为 (1/200) ~ (1/500)。当淀粉乳流经斜槽时,相对密度最大的泥沙、碎石及大淀粉首先沉积于斜槽前段,其次在中段沉积的中等大小的淀粉粒,是最优质的淀粉,最后沉积下来是细小的淀粉粒和纤维、蛋白质等混合物即垢淀粉,相对密度最小的纤维、糊精等微粒则随浆流出斜槽而入浆液池中。

淀粉经斜槽沉淀后,定时刮取淀粉和垢淀粉,分别送往洗涤工段,加水搅拌、沉淀、分离出湿淀粉。由斜槽流出的浆水(相对密度不超过1),可用来提取其他产品。

流槽法的最大优点是缩短沉淀时间,并可连续地除去废液,提高劳动生产率,降低成本。

此外,采用现代化机械可以提高生产淀粉的效率。例如,用离心力代替振动筛,用离心分离机代替静置沉淀和流槽分离淀粉,并用高效率的热风干燥机进行干燥,使生产连续化。

二、果胶制取

果胶是食品工业的重要添加剂,又是制药、纺织等工业中被广泛应用的辅料。果胶是无色、无味、不溶于水的白色胶体。溶液状态时遇酒精或某些金属盐类(钙、铝盐类),则生成凝胶体沉淀,使之从溶液中分离出来,这就是果胶提取的基本原理。

(1) 原料处理 柑橘类果实的果胶含量为 1.5%~3%,其中以柚皮含量最高(6%左右),其次为柠檬(4%~5%)和橙(3%~4%),用压榨法提取过香精油的果皮,在罐头与果汁加工中清除出来的果皮和残渣,果园里的落果和残、次果等,都是良好的原料。有些柑橘种子(如柚子)的外种皮中也含有果胶,只要用温水浸渍一定时间即可析出。苹果果皮的果胶含量为 1.24%~2%,果心则为 0.43%,榨汁后的苹果渣果胶含量是 1.5%~2.5%,梨为 0.5%~1.4%,李为 0.2%~1.5%,杏为 0.5%~1.2%,桃为 0.25%,山楂则高达 6%左右,都可以作原料。

提取果胶的原料要新鲜,积存时间过长会使果胶分解而导致损失。因此,如果不能及时进入浸提工序,原料应迅速进行热处理,目的是钝化果胶酶以免果胶分解,通常是将原料加热至 95℃以上,保持 5~7min 可达到要求,还可以将原料干制后保存。在干制前也应及时进行热处理,干制保存的原料,其果胶提取率一般会低些。

在浸提果胶前,要将原料洗涤,目的是除去其中的糖类及杂质,以提高果胶的质量,通常是将原料破碎成 0.3~0.5cm 的小块,然后加入水进行热处理(条件同上),接着用清水洗几次,为了提高淘洗效率,可以用 50~60℃ 的温水进行,最后压干备用。上述洗涤方法会造成原料中有的可溶性果胶流失,因而也有用酒精来洗涤的。

(2) 浸提 按原料的重量,加入 4~5 倍的 0.15% 盐酸溶液,以原料全被浸渍为度,并将 pH 调至 2~3,加热至 85~95℃,保持 1~1.5h。随时搅拌,后期温度宜降低。在保温浸提的过程中,控制好浸提的条件,即酸度、温度和时间。

幼果及未成熟的果实,其原果胶含量较多,可适当增加盐酸用量,延长浸提时间,但以增加浸提次数为宜,并应分次及时将浸提液加以处理。

(3) 过滤和脱色 以上所得的浸提液约含果胶1%,先用压滤机过滤,除去其中的杂质碎屑。再加入活性炭 1.5%~2%,80℃保温约 20min,然后压滤,目的是脱色,改善果胶的商品外观。

(4) 浓缩 将浸提液浓缩至 3%~4%,浓缩的温度宜低,时间宜短,以免果胶分解。最好减压真空浓缩,以 45~50℃ 进行,将浓度提高至 6% 以上,这种果胶浓缩液可以在食品工业上直接应用。但应注意果胶浓缩液的含水量大,容易变质,不宜长期贮存,如需保存,可用氨或碳酸钠将其 pH 调整至 3.5,然后装瓶、密封、杀菌(70℃,保持 30min)。

浓缩或杀菌后的果胶液要注意迅速冷却,以免果胶分解。如用喷雾干燥装置,可将 7%~9% 含量的果胶浓缩液喷雾干燥成粉状,果胶粉可以长期保存。

没有喷雾干燥设备的可用沉淀法。沉淀法的优点是除果胶物质外,其他水溶性及醇溶性的杂质可分离出来,所得的果胶制品较纯洁,缺点是须用沉淀剂,成本较高。

(5)沉淀和洗涤 沉淀法最简易的做法是以 95% 酒精加入抽提液中,使液内的酒精含量达到 60% 以上,即见果胶浸提液中成团的絮状凝结析出,过滤得团块状的湿果胶,然后将其中的溶液压出。再用 60% 酒精洗涤 1~3 次,并用清水洗涤几次,最后经压榨除去过多的水分。

酒精可以重新蒸馏回收,提高浓度后再行应用。沉析的方法耗费酒精很多,应该和上述浓缩措施结合,用较浓的果胶液进行沉淀,则可节省酒精用量,降低成本。

或者应用明矾[$KAl(SO_4)_2 \cdot 12H_2O$]与酒精结合的沉淀法,先用氨水将浸提液的 pH 调整至 4~5,随即加入适量饱和明矾溶液,然后重新用氨水调整 pH,保持 pH 4~5,即见果胶沉淀析出,可以加热至 70℃,以促使其沉淀。此时可取少量上层清液,以少量明矾液检验果胶是否已完全沉淀。沉淀完全后即滤出果胶,用清水冲洗数次以除去其中的明矾。压干后用少量 0.1%~0.3% 稀盐酸将果胶溶解,再按上述步骤用酒精重新将果胶沉析出来,并再加以洗涤。这样,酒精的用量可以减少很多。

(6)成品 压榨除去水分的果胶,在 60℃ 以下的温度(最好用真空干燥)烘干,要求含水量在 16% 以下,然后用球磨机将其粉碎,过筛(40~120 目)即为果胶粗制成品。果胶干粉的贮存,要注意密封防潮。

三、果胶提取实例

柑橘皮中果胶提取方法如下。

(1)工艺流程

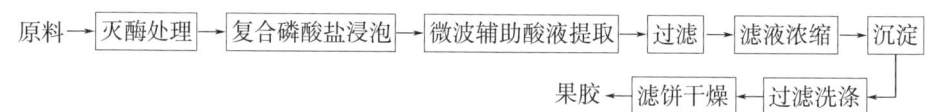

(2)操作方法

①原料处理:取橘皮粉碎成直径 2~5mm 的碎片,加入适量去离子水,加热到 90℃,保持 5~10min;倒去水液,用 <40℃ 的水漂洗 2~3 次,挤干水分。干燥后粉碎,过 40 目筛备用。

②浸提:向已灭酶的原料中加入复合磷酸盐(3% Na_3PO_4、0.9% NaH_2PO_4、0.5% 焦磷酸钠、0.6% 六偏磷酸钠)和 10 倍去离子水浸泡 24h 后,90℃ 水浴处理 3min,混合液离心 1min 除去复合磷酸盐。

③微波辅助提取:按每克原料 10mL 的比例加入盐酸溶液,pH 1.5,在 800W 微波处理,输出功率 27%,微波加热时间 6min 下提取果胶。

④过滤、浓缩:趁热抽滤,并将滤渣洗涤至不黏稠。用旋转蒸发器浓缩果胶溶液,浓缩比约为 4:1。

⑤沉淀:在果胶提取浓缩液中呈柱状注入一定体积的 60% 酒精,静置 60min 以上至果胶完全析出。

⑥过滤洗涤、滤饼干燥：果胶获得减压抽滤，滤渣用95%酒精漂洗过滤，再用无水酒精洗涤脱水，滤液减压蒸馏回收酒精。所得果胶滤饼置于干燥箱内，调节至55℃温度干燥，得到果胶产品。

第二节 蛋白质与酶类提取

一、菠萝蛋白酶提取

提取方法分为吸附法和单宁（tannide）法两种。

1. 吸附法操作要点

（1）压榨 把加工后的菠萝皮洗净，用压榨机压出汁液，然后按汁液体积加入0.5g/L的苯甲酸钠（防腐剂），置4℃冰箱或冷库中保存备用。

（2）吸附 将汁液移入搪瓷缸中，搅拌下加入40g/L白陶土（又称高岭土），在10℃左右吸附30min，然后静置过夜。次日吸去上层清液，收集下层白陶土吸附物。

（3）洗脱 在上述白陶土吸附物中加入70g/L氢氧化钠溶液，调节pH至7.0左右，再加入吸附物质量50%的硫酸铵粉末，搅拌40min进行洗脱，然后压滤，弃去杂物，收集滤液。

（4）盐析 将压滤液收集到搪瓷桶中，用1:3的盐酸（即1份浓盐酸加3份水），调节pH至5.0左右，搅拌下加入压滤液质量25%的硫酸铵粉末，待硫酸铵完全溶解后，置4℃过夜，于离心机上分出上层清液，收集下层盐析物，得粗品。

（5）溶解 将粗品放入另一搪瓷桶中，加入10倍量的自来水，用160g/L氢氧化钠溶液调节pH至7.0~7.5，搅拌使其溶解，然后过滤，除去杂质，收集滤液。

（6）沉淀、干燥 在搅拌下用1:3的盐酸调节上述滤液的pH至4.0，然后静置使酶析出，于离心机上分出沉淀物，弃去离心液，沉淀冷冻干燥即得菠萝蛋白酶（proteinase）精品。

2. 单宁法操作要点

（1）压榨 取菠萝去皮，收集菠萝茎，切成小块用压榨机压出汁液。

（2）去杂质 将汁液移入搪瓷缸中，搅拌下加入汁液质量10%的固体氯化钠，然后于10℃放置13h左右，过滤分出滤液。残渣加入等量水后，用柠檬酸调节pH至4.5左右（先加10%固体氯化钠），搅拌均匀，浸泡40min，过滤分离出滤液（合并两次滤液）。

（3）沉淀 将澄清液移入搪瓷桶中，在搅拌条件下，按澄清液体积加入0.5g/L EDTA-2Na、0.6g/L 二氧化硫、0.2g/L的维生素C（作稳定剂）及6g/L左右的鞣酸，放置于4℃条件下静置，于离心机上分出沉淀物，弃去上清液。

（4）洗脱、干燥 将沉淀物放入搪瓷桶中，加入2~3倍量的pH 4.5的抗坏血酸溶液，搅拌洗脱40min，然后过滤，收集滤液，减压干燥，即得菠萝蛋白酶精品。

二、辣根过氧化物酶提取

（1）处理 选取洗干净的鲜辣根或辣根皮，用刀切成小块，在粉碎机中粉碎成渣浆，将渣浆移入搪瓷缸中。

（2）浸提 在搪瓷缸中，加入1倍于渣浆体积的清水，在10℃左右搅拌提取8~10h，然后以3000r/min的速度离心20min，弃去残渣，收集上清液备用。

（3）盐析　将离心后的上清液移入另一搪瓷桶中，在搅拌条件下，缓慢加入硫酸铵粉（按每1L离心液加226g硫酸铵计算），然后置室温下过夜，次日吸取上清液，再按每1L上清液加258g硫酸铵粉末，随加随搅拌，待硫酸铵完全溶解后，置10℃处过夜，次日吸取上清液，收集沉淀在冷冻离心机中（13000r/min）离心30min（也可吊滤至干），弃去上清液，收集盐析物。

（4）透析　把盐析物先用少量去离子水溶解，装入透析袋中，在流动的水中透析2d左右，直至透出的水中加入氯化钡溶液无白色沉淀为止。然后再用无离子水透析10h，收集透析液，在4000r/min下离心20min，除去杂质，收集上清液。

（5）丙酮分级分离　将以上离心清液移入搪瓷桶中并置于冷处或冰浴中，在搅拌下，用滴管沿桶壁加入等体积-15℃的丙酮，在4000r/min下离心20min，收集上清液。在上清液中再加原上清液体积0.8倍的-15℃丙酮，按同样条件离心，弃去上清液，收集沉淀。将沉淀用蒸馏水溶解，装入透析袋中对蒸馏水透析除去丙酮，收集透析液即为粗HRP。

（6）精制、透析、干燥　将透析液倒入玻璃烧杯中，加入1mol/L的硫酸锌溶液（每1L透析液加1mL），搅拌均匀，以6000r/min离心20min，弃去杂物，收集上清液分装于透析袋中，于流水中透析24h左右，最后在蒸馏水中透析8~9h。将冷冻液干燥即得精制辣根过氧化物酶。

第三节　风味物质提取

风味是一种感觉，包括味感、嗅感等。风味物质的种类及比例决定原料的风味品质。风味物质成分种类繁多、结构复杂，其化学成分有些已被研究清楚，有些正在探索和研究之中，有些则完全不了解。如生姜中仅香味物质成分已检测出240余种，但研究清楚的却极少。但这并不影响人们提取及利用它们。

根据风味物质提取方法的不同，一般将其分为精油（又称挥发油、芳香油、香精油等）、油树脂等。精油是指采用蒸馏方法所获得的挥发性芳香物质，而精油树脂除含有挥发油外，还含有一些非挥发性的风味物质。风味物质的提取方法包括蒸馏法、萃取法、压榨法、吸附法等，以下进行介绍。

（一）蒸馏法

精油是由多种有机物质构成的混合物，在常压下，沸点一般在150~300℃之间，它存在于果蔬的果、茎、叶等不同组织器官中，因为具有挥发性和不溶于水的特性，经适当破碎之后，一般可采用水蒸气蒸馏法（distillation）提出。该法设备和操作比较简单，投资少，产品基本符合天然香料的提取要求。

（1）蒸馏原理　将原料切碎放在水中进行水蒸气蒸馏，实质上等于不相混溶的两相混合液，即水和精油的两相混合液的水蒸气蒸馏。两相液体是处于不断搅拌混合之中，在液面的任何地方，精油的分散是完全均等的，精油和水分子受热后都会不断汽化产生蒸汽，汽化产生的蒸汽和单独受热时情况一样，彼此各不妨碍。但在某一温度下，受热汽化达到液气平衡时混合液的蒸汽总压力与两者各自蒸汽压力的总和相等。这与混合液中它们彼此数量的多少并无关系。一般的蒸馏是在常压下进行的，蒸馏与大气相通。如果水和精油的混合物继续进行加热，当混合液的蒸汽压力等于外界的大气压时，整个混合液就开始沸腾，此时的温度就是该混合液的沸点。因此，混合液的沸点比精油和水原有各自的沸点均低。即在低于100℃的温度下，精油就能与水蒸气一起被蒸馏出来，这就是蒸馏法提制精油的基本原理，也是蒸馏法能在比较低的温度下提制精油的优点。

（2）蒸馏方法与设备　可将蒸馏方法分为水中蒸馏法、水上蒸馏法、水蒸气蒸馏法、加压水蒸气蒸馏法、减压水蒸气蒸馏法、发酵蒸馏法等。图19-1表示水中蒸馏法设备。这种蒸馏设备由锅身、鹅颈（曲颈，以与锅盖连接）、锅盖三部分构成。锅身多为圆桶形，高与直径比为1.2~1.5:1，锅身上缘有一个水封圈。水封接口高25~38cm、宽5~7cm，直接火加热设备可采用水封式。如果不用直接火加热，也可采用夹套或盘管式间接蒸汽加热。但如果设备中设有开孔的盘管能产生直接蒸汽，那么，蒸锅与锅盖的连接就可采用水封式密封。

在圆锥形锅盖中央有一个蒸汽出口，形状像弯曲的鹅颈。这样上升的蒸汽由曲颈再经一个与冷凝器连接的导管进入冷凝器，导管与锅盖连接端口大，与冷凝器连接端口小，而且有一个向下的坡度，使途中冷却的精油和冷凝液不致回流于锅中。

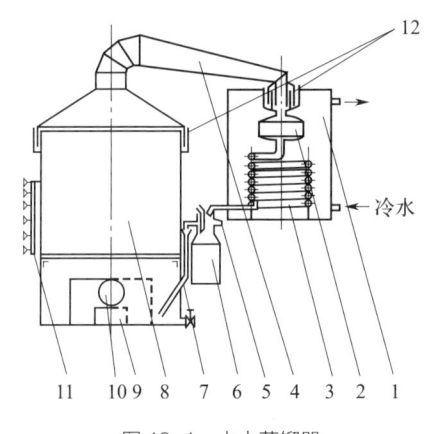

图19-1　水中蒸馏器

1—冷凝桶　2—分配器　3—冷凝蛇管　4—鹅颈　5—出油管　6—油水分离器　7—回水管　8—蒸馏釜罐　9—炉灶　10—火口　11—出料口门　12—水封口

除蒸锅之外，还有冷凝器和油水分离器。冷凝器的上端以水封式接口与导管的小口曲管相连接。水封口的下端有一个膨大的气室，从气室下端中央处与蛇形盘管相接，盘管有一定的坡度，使冷凝水和精油能顺流向下，最后从冷凝器的流出口流入油水分离器之中。冷凝器的冷凝管是安放在从下面流入冷水，从上面溢流流出变热的热水的冷凝桶中。

油水分离器，既是接受馏出液的圆桶受器，又是能使馏出液在其内停留半小时以上，借油水相对密度差异达到分离的一个容器。为了不使馏出液分出的油层打乱，馏出液从油水分离器的一端进水漏斗处进入油水分离器之后，再由进水漏斗下部弯管出口处进入油水分离器的水层，最后油滴上升进入分离的油层，从而达到油水分离的目的。

在蒸馏中，如果油水分离器上方贮油管中的油层不再显示明显增加时，蒸馏即告终止。

（二）萃取法

采用蒸馏法提取的精油，只含挥发性成分的香气成分，味觉成分未能提取出来；另外一些热敏性香气成分易受热分解，为了避免这些缺点，可采取低沸点溶剂萃取香料原料，萃取液经澄清、过滤、常压回收溶剂制成浓萃取液，再经减压浓缩脱除溶剂，制成油树脂产品。

1. 溶剂选择

在选择中要注意溶剂的挥发性、溶解力、毒性、气味、化学性质以及黏度、安全性、易燃性、成本等。常用的溶剂有丙酮、乙醇、氯化烃类、二氧化碳等。其中，以二氧化碳所获产品质量好、安全性高。

2. 影响萃取效果的因素

（1）加大浓度差　可在萃取器中进行翻动，萃取溶剂进行循环或将原料搅拌。也可以更新溶剂，增大溶剂量和增加萃取次数。比较有效的是逆流萃取的办法。

（2）增大接触面　切碎原料以增大接触面。但鲜花不宜切断或粉碎。否则，由于酶系活动会导致产品颜色、香气变劣。

（3）提高萃取温度　鲜花原料只适于常温和较低温度下萃取。较高温度的萃取对热敏性成分含量较高的植物原料不适合。

（4）延长萃取时间　延长萃取时间可增加浸提效率，但鲜花萃取时间不能无限延长，萃取时间长不仅会影响产品质量，而且对工厂经济指标也很不利。

叶、花中含有芳香的植物都宜用萃取法。其中以橙花最好，原料宜新鲜，收集后尽快进行萃取，用酒精萃取一般要 3~5h，获得率 0.13%~0.35%。

3. 超临界二氧化碳萃取（CO_2-SF）简介

（1）技术原理　超临界流体萃取分离过程的原理是利用超临界流体的溶解能力与其密度的关系，即利用压力和温度对超临界流体溶解能力的影响而进行的。在超临界状态下，将超临界流体与待分离的物质接触，使其有选择性地把极性大小、沸点高低和相对分子质量大小不同的成分依次萃取出来。当然，对应各压力范围所得到的萃取物不可能是单一的，但可以控制条件得到最佳比例的混合成分，然后借助减压、升温的方法使超临界流体变成普通气体，被萃取物质则完全或基本析出，从而达到分离提纯的目的，所以在超临界流体萃取过程中由萃取和分离组合而成。

（2）工艺流程　超临界流体萃取的工艺流程如图 19-2 所示。

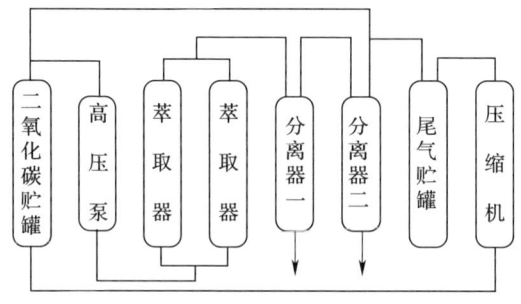

图 19-2　超临界流体萃取工艺流程

（3）萃取装置　超临界萃取装置从功能上大体可分为八部分：萃取剂供应系统、低温系统、高压系统、萃取系统、分离系统、改性剂供应系统、循环系统和计算机控制系统。具体包括二氧化碳注入泵、萃取器、分离器、压缩机、二氧化碳贮罐、冷水机等设备。由于萃取过程在高压下进行,所以对设备以及整个管路系统的耐压性能要求较高,生产过程实现微机自动监控,可以大大提高系统的安全可靠性,并降低运行成本。

(4) 超临界流体萃取的特点　超临界流体萃取与化学法萃取相比有以下突出的优点:

① 可以在接近室温 (35~40℃) 及二氧化碳气体笼罩下进行提取,有效地防止了热敏性风味物质的氧化和逸散。因此,在萃取物中保持着风味物质的全部成分,而且能把高沸点,低挥发物、易热解的物质在其沸点温度以下萃取出来。

② 使用 CO_2-SF 是极其卫生的提取方法,由于全过程不用有机溶剂,因此萃取物无残留溶媒,同时也防止了提取过程对人体的毒害和对环境的污染,符合安全、卫生、环保的要求。

③ 萃取和分离合二为一,当饱含溶解物的 CO_2-SF 流经分离器时,由于压力下降使得 CO_2 与萃取物迅速成为两相(气液分离)而立即分开,不仅萃取效率高而且能耗较少,节约成本。

④ 二氧化碳是一种不活泼的气体,萃取过程不发生化学反应,且属于不燃性气体,无味、无臭、无毒,故安全性好。

⑤ 二氧化碳价格便宜,纯度高,容易取得,且在生产过程中循环使用,从而降低成本。

⑥ 压力和温度都可以成为调节萃取过程的参数。通过改变温度或压力达到萃取目的。压力固定,改变温度可将物质分离;反之温度固定,降低压力可使萃取物分离,因此工艺简单易掌握,而且萃取速度快。

(三) 压榨法

压榨法 (expression) 是提取芳香油的传统方法,主要用于柑橘类精油的提取。现以柑橘为例:柑橘类精油的化学成分都为热敏性物质,如甜橙油,除含有大量易于变化的萜烯类成分外,其主要成分醛类(癸醛、柠檬醛)受热也容易氧化、变质,因此柑橘的提油适宜用冷压和冷磨法。

柑橘类果皮中精油位于外果皮的表层,油囊直径一般可达 0.4~0.6mm,较大,无管腺,周围无包壁,是由退化的细胞堆积包围而成。如果不经破碎,无论减压或常压油囊都不易破坏,精油不易蒸出。但橘皮在水中浸泡一定时间后,取出用手压挤,会有一股橘油喷射而出。这是因为水能渗入油囊中,使油囊内压增加,施加外压时,油囊破裂,精油从而射出。因此,无论手工的海绵法、锉榨法,还是机械的整果冷磨法、碎散果皮的螺旋压榨法,其原理基本相同,都是利用尖刺的突起物刺伤橘皮外果皮,使油囊破裂,精油释放出来,连同喷淋水,经澄清、分离、过滤,除去部分胶体杂质,最后高速离心,利用油水相对密度的不同将油分出。

(四) 吸附法

在香料的加工中,吸附法 (adsorption method) 的应用远较蒸馏法、浸提法为少。在水蒸气蒸馏时,分去精油的馏出水常常溶解一部分精油,这部分精油的回收可以用活性炭吸附法。处于气体状态香气成分的回收也可采用吸附法。常用的吸附剂有硅胶和活性炭。活性吸附剂吸附的精油达饱和以后,再用溶剂浸提脱附,蒸去溶剂,即得吸附精油。

经上述四种方法所得粗油,均须进行澄清、脱水,必要时还可以适当加温、澄清、分水和放出杂质,也可以加入少量脱水剂进行脱水。一般黏度少、杂质少、易过滤的粗油常采用常压过滤的方法而得到精制。对于较难过滤的油要减压过滤。精制时,加入脱色剂(酒石酸、柠檬酸、活性炭等)以除去重金属离子和植物色素等。

精油应选择温度较低和阴暗、通风而且干燥的地方贮存,以避潮、光和热的作用,加强对酶的抑制作用,使成品保持较长时间不变或变得较少。

第四节　天然色素提取

天然色素色调自然、安全,有一定保健功能,近年来从植物中提取天然色素用于食品加工业越来越受到重视,用天然色素逐渐取代人工合成色素,以减少人工合成色素对人体的危害已是大势所趋。

果蔬色素是果蔬颜色的主要来源,在果蔬体内合成,在植物光合作用途径中起重要作用。同时,果蔬色素具有吸引传粉媒介、保护果蔬免受掠食者和太阳侵害的作用。常见的果蔬的色素包括花色苷类、类胡萝卜素类（番茄红素、辣椒红素、胡萝卜素、玉米黄素、辣椒黄素等）、卟啉类（叶绿素）、甜菜碱类、姜黄素等。

一、果蔬色素提取和纯化

1. 果蔬色素提取工艺

为了保持果蔬色素（coloring matter）固有的优点和产品的安全性、稳定性,一般提取工艺大多采用物理方法,较少使用化学方法。提取色素的工艺主要有浸提法、浓缩法和超临界流体萃取法等。

（1）浸提法　原料→清洗→浸提→过滤→浓缩→干燥成粉或添溶媒制成浸膏→产品。

（2）浓缩法　原料→清洗→压榨果汁→浓缩→干燥→成品。

（3）超临界流体萃取法　是现代高新技术用于果蔬色素提取的先进方法,其工艺流程为:原料→清洗→萃取器萃取→分离→干燥→成品。

2. 果蔬色素的精制纯化

用果蔬提取的色素,由于果蔬本身成分十分复杂,使得所提色素往往还含有果胶、淀粉、多糖、脂肪、有机酸、无机盐、蛋白质、重金属离子等非色素物质。经过以上的提取工艺得到的仅仅是粗制果蔬色素,这些产品色价低、杂质多,有的还含有特殊的臭味、异味,直接影响着产品的稳定性、染色性,限制了它们的使用范围。所以必须对粗制品进行精制纯化（purification）。精制纯化的方法主要有以下几种:

（1）酶法（enzymic method）纯化　利用酶的催化作用使得色素粗制品中的杂质通过酶的反应而被除去,达到纯化的目的。如由沙蚕中提取的叶绿素粗制品,在 pH 7 的缓冲液中加入脂肪酶,30℃下搅拌 30min,以使酶活化,然后将活化后的酶液加入 37℃的叶绿素粗制品中,搅拌反应 1h,就可除去令人不愉快的刺激性气味,得到优质的叶绿素。

（2）膜分离（membrane separation）纯化技术　膜分离技术特别是超滤膜和反渗透膜的产生,给色素粗制品的纯化提供了一个简便又快速的纯化方法。孔径在 0.5nm 以下的膜可阻留无机离子和有机低分子物质;孔径在 1~10nm,可阻留各种不溶性分子,如多糖、蛋白质、果胶等。让色素粗制品通过一特定孔径的膜,就可阻止这些杂质成分的通过,从而达到纯化的目的。黄酮类色素中的可可色素就是在 50℃、pH 9、入口压力 490kPa 的工艺条件下，通过管式聚矾超滤膜分离而得到的纯化产品，同时也达到浓缩的目的。

（3）离子交换树脂（ion-exchange resin）纯化　利用阴阳离子交换树脂的选择吸附作用，可以进行色素的纯化精制。葡萄果汁和果皮中的花色素就可以用磺酸型阳离子交换树脂进行纯化，除去其粗制品浓缩液中所含的多糖、有机酸等杂质，得到稳定性高的产品。

（4）吸附、解吸纯化　选择特定的吸附剂，用吸附、解吸法可以有效地对色素粗制品进行精制纯化处理。意大利对葡萄汁色素的纯化，我国萝卜红色素的纯化都应用此法，取得了满意的效果。

二、几种果蔬色素提取工艺

1. 葡萄皮红色素的提取工艺流程

   葡萄皮→浸提→粗滤→分离→沉淀→浓缩→干燥→成品

2. 类胡萝卜素色素的提取工艺流程

   胡萝卜→洗涤→切分→软化→浸提→浓缩→干燥→成品

3. 苋菜红色素的提取工艺流程

   苋菜→清洗→切分→热浸提→粗滤→真空浓缩→沉淀→过滤→真空浓缩→干燥→成品

4. 番茄红色素的提取工艺流程

   番茄→破碎→浸提→过滤→浓缩→干燥→成品

思考题

1. 简述天然色素的提取与纯化方法。
2. 查阅相关资料，简述葡萄的综合利用途径。
3. 简述风味物质的提取方法。

第二十章

园艺产品贮藏加工安全控制

> **本章目标与重点**
>
> **学习目标：**
> 1. 了解园艺产品安全技术支撑体系、监管体系和社会化管理保障体系；
> 2. 掌握良好农业规范（GAP）、良好操作规范（GMP）、卫生标准操作程序（SSOP）、危害分析与关键点控制点（HACCP）体系、ISO 9000、ISO 22000 等标准的主要内容及体系；
> 3. 掌握危害分析和关键点控制体系 HACCP 的七大原理。
>
> **学习重点：**
> 园艺产品安全标准体系的内容及意义。

园艺产品作为我国出口创汇的重要农产品和人民日常生活的必需品，其安全性直接关系到企业的兴衰和人民的生命健康，也关系到我国和谐社会的建设。解决食品安全问题，保护人民身体健康，已成为我国政府的一项重要战略举措。

环境污染以及生产过程中不合理使用农药、化肥等生产资料，容易导致园艺产品发生农药、硝酸盐、重金属污染，收获后不合理的保鲜、贮藏、加工而遭受二次污染现象有不同程度的存在。园艺产品中的硝酸盐在不适宜的贮藏加工环境下及进入人体后可被还原为亚硝酸盐，而亚硝酸盐进一步与体内的仲胺反应形成亚硝胺。亚硝胺是当前国内外医学界公认的强致癌物质之一，而且在遗传上它可以导致突变或致畸。因此，如何减轻园艺产品硝酸盐污染已成为我国许多地区园艺产品生产中亟待解决的热点问题。

在影响园艺产品质量安全的诸多因素中，标准是质量的依据，园艺产品安全标准对园艺产品的质量安全起着重要的基础作用。园艺产品安全标准的水平决定了园艺产品质量安全水平。园艺产品标准是从事园艺产品加工、贮藏和运销、园艺产品资源开发与利用、园艺产品监督监测以及园艺产品质量管理体系与合格评估认证必须遵守的行为准则，是规范市场经济秩序、实现园艺产品安全监督管理的重要依据，是设置和打破国际技术性贸易壁垒的基准，是园艺产品行业持续健康发展的根本保证。因此，加强园艺产品安全标准化，建立和完善园艺产品安全标准体系是有效实施这一战略举措的重要手段，可以为园艺产品安全的各项控制措施提供强有力的技术支撑和保障。

当今，园艺产品供应链具有日益复杂化、国际化和多元化的特点，在园艺产品生产、贮藏、加工、流通、消费的任何一个环节均有可能存在园艺产品质量安全风险，作为与园艺产品安全和动物健康有关的风险管理工具，溯源系统可以用来识别疾病暴发和危害因子的源头，收回或召回受污染的或危险园艺产品。溯源体系能够为监管部门提供基础的数据参考和技术支持，帮助执法者追踪污染的源头，从市场上消除污染园艺产品。实施园艺产品质量溯源是国家安全的需要，也是园艺产品贮藏加工、流通消费安全风险管理的重要工具。通过溯源可向消费者提供真实可靠信息，保证消费者知情权，提高农业数字化和信息化水平，有利于扩大园艺产品经营规模、提高企业标准化程度和劳动生产率，最终为社会提供更多安全可靠的园艺产品，同时可以大大提高企业国际竞争力。

第一节　园艺产品安全体系

一、园艺产品安全技术支撑体系

①开展园艺产品种植土壤、水质的生物毒素、重金属的化学污染、有害生物污染的调查，进行科学的农药残留危害物的风险分析。

掌握生产中农药田间降解规律，建立预测模型，农药残留预测模型的建立需要结合农药的本底调查数据和农药的降解变动方程，需要数据量大，数据采集难度较高。通过建立重要农药在种植区的土壤和不同蔬菜中的预测模型，可为园艺产品中农药残留的风险分析提供理论支持。风险评估报告可为园艺产品的安全生产、加工及运输提供依据和保障。在此基础上，建立园艺贮藏加工的产品标准和标准化生产体系。

②园艺产品生产、加工与流通过程中的快速检测技术及设备应用。研究、引进农药残留、重金属和硝酸盐及亚硝酸盐快速检测技术与设备，建立和完善种植、贮藏、加工与流通环境园艺产品中农药残留、重金属和硝酸盐与亚硝酸盐等成套检测技术、快速检测试剂盒、快速检测设备。

③园艺产品生产、贮藏加工、流通过程中化学性污染和表面有害微生物控制技术。化学性污染是影响果蔬安全的关键，果蔬化学性污染受种植、贮运、加工、包装、流通过程等众多因素的影响，搞好果蔬化学污染安全性控制，是保证果蔬消费安全的主要途径之一。开展安全无残留臭氧、二氧化氯表面杀菌技术、气调保鲜技术、低温+减压组合加工技术、非油炸膨化技术、膜技术、无公害微生物控制技术、生物源抑菌剂灭菌剂、生物拮抗菌剂等技术。

④科学制定或修订园艺产品的生产、加工、贮藏、包装、分等定级、运输、交易等系列的标准，建立主要园艺产品生产、加工、储藏、包装、分等定级、流通交易等良好操作规范及相关检测标准规范。

强化"基地生产、贮藏加工、市场流通"三个层面一个链条全过程系统的检测监控体系。注意三个层面的侧重点的不同：①基地生产：综合技术示范为核心，标准化生产认证和产品可追溯为重点；②贮藏加工：以提高安全运行能力为核心，自我管理规范建立和产品可追溯为重点；③市场流通：市场准入制为核心，提高检测能力和水平为重点。

二、园艺产品安全监控体系

1. **实施园艺产品安全认证管理**

强化"从农田到餐桌"的过程检测监控，实施园艺产品基地生产、贮藏加工、市场流通的 GAP、GVP、GMP 和 HACCP 等的认证与管理，完善园艺产品安全生产监控管理网络体系。

2. 建立推广园艺产品安全追溯技术

园艺产品安全追溯技术系统可以准确为消费者提供园艺产品生产的基地、种植人员、田间技术人员、施肥施药、加工、贮运、销售等从"田间"到"餐桌"的全过程监控信息，加强基地、企业内部质量控制，积极开展园艺产品产地追溯系统、贮藏加工追溯系统、市场流通追溯系统和市场终端追溯系统，构建园艺产品安全数据平台，推行批发市场、超市等销售端终端查询系统建设应用，构建园艺产品安全追溯系统和追溯平台，保障园艺产品安全，提升园艺产品在国内外的竞争力。

3. 实施园艺产品的市场准入制和召回制

按照《食品生产许可管理办法》，实施园艺产品的 SC 食品生产许可认证。此外，还要重视和实施农业生产资料投入产品、贮藏加工添加剂、包装物流材料与设备、市场销售的设施与环境的准入制。

三、园艺产品安全社会化管理保障体系

园艺产品安全社会化管理保障体系的核心是认真学习和严格执行《中华人民共和国农产品质量安全法》和《中华人民共和国食品安全法》（简称《食品安全法》）。

突出政府的主导作用，通过政府推动、企业发动、行业促动、社会互动、监管联动的全方位食品安全治理模式，依照《食品安全法》，在国务院食品安全管理委员会的领导下，整合各种资源，发挥各有关职能部门作用，协调一致，科学管理。园艺产品产业的行业协会、企业要积极主动地学习、宣传和实践《食品安全法》。制定和严格执行相关园艺产品安全标准化生产规章、规程。对从事园艺产品生产、贮藏加工、市场流通的管理人员进行培训。对消费者进行宣传，提升消费者的园艺产品安全生产意识和安全消费意识。

第二节 园艺产品贮藏加工安全控制

以下仅就食用性的园艺产品贮藏加工过程的相关安全控制知识内容进行阐述。

一、园艺产品贮藏加工安全控制原则与技术

园艺产品贮藏加工安全控制是一种由国家或地方当局从事的强制性规范行为，为消费者提供保护，并确保所有园艺产品在生产、加工、贮存、运输及发售过程中，是安全、营养和宜于人类消费的。

要达到园艺产品贮藏加工安全控制的目标，就需要对园艺产品贮藏加工中存在的潜在危害因素进行分析，并在此基础上建立一个统一、连贯、高效和有活力的园艺贮藏加工产品控制体系。

园艺产品贮藏加工安全控制体系是指为确保园艺产品安全卫生而建立的包括园艺贮藏加工产品安全法规体系、管理体系和科技体系为一体的监管控制系统。

园艺产品贮藏加工安全控制体系覆盖所有园艺产品的生产、制造过程和市场行为，并包括进口的园艺贮藏加工产品。这样的系统必须是建立在法制基础上，并是强制实行的。如我国的

《中华人民共和国农产品质量安全法》和《食品安全法》。

1. 园艺产品贮藏加工安全控制原则

园艺产品安全控制技术体系的核心是园艺产品贮藏加工生产过程中采取的预防性手段与卫生措施以及消费者食用园艺贮藏加工产品时采取的卫生措施。

当需升级、强化或改变园艺产品贮藏加工控制体系时，必须对支撑园艺产品贮藏加工控制行动的原理和价值取向给予考虑，包括：

①在食物链中尽可能充分地应用预防原则，以最大幅度地降低园艺产品贮藏加工风险；

②对"从农田到餐桌"链条的定位；

③建立应急机制以应对特殊的风险（如产品的召回制度）；

④发展基于科学原理的园艺产品贮藏加工控制策略；

⑤确定实施风险分析的优先权和确定风险管理的效果；

⑥建立以经济利益为目标、全面的统一行为；

⑦园艺产品贮藏加工控制是一种多环节具有广泛责任的工作，需利益各方的积极互动。

2. 园艺产品贮藏加工安全控制技术

园艺产品贮藏加工的安全风险和品质的丧失可能发生在园艺产品贮藏加工链上很多不同的点，将它们逐一找出来是相当困难且耗资巨大的。一种很好组织起来的，对生产流程中多环节进行控制的预防性的方法，可以有效地增进园艺产品的质量与安全。在食物链上一些潜在的风险可以通过应用一些良好的操作规范加以控制。

园艺产品贮藏加工安全控制技术体系的最佳模式认为是：从"农田到餐桌（farm-to-table）"的全过程控制，在良好农业规范（good agricultural practices，GAP）、良好操作规范（good manufacturing practices，GMP）和/或良好卫生规范（good hygienic practices，GHP）或卫生标准操作程序（sanitation standard operating procedure，SSOP）实施的基础上，推行危害分析与关键控制点（hazard analysis and critical control point，HACCP）。

根据这些技术既可以明显节省园艺贮藏加工产品安全管理中的人力和经费开支，又能最大限度地保证园艺贮藏加工产品的卫生安全。在这些控制技术实施的基础上又产生了 ISO 22000 园艺贮藏加工产品控制体系标准。

二、园艺产品原料生产过程中的安全控制

进入 21 世纪，国际上对农产品质量安全要求从要求最终产品合格转向要求种植养殖环节规范、安全、可靠，积极推崇和推行农产品质量安全的"从农田到餐桌"全过程控制，随之在农产品生产过程中相继出现了如良好农业规范、良好操作规范、危害分析和关键点控制体系、园艺贮藏加工产品质量安全体系（SQF）、田间园艺产品安全体系（On-Farm）等生产管理和控制体系及相应的体系认证。

GAP 代表了一般公认、基础广泛的农业指南，推行 GAP 是国际通行的从生产源头加强农产品、园艺贮藏加工产品质量安全控制的有效措施，是确保农产品和园艺产品质量安全工作的前提保障。

1. 良好农业规范的概念

良好农业规范，根据联合国粮农组织的定义，是应用现有的知识来处理农业生产和产后的环境、经济和社会可持续性，从而获得安全而健康的食物和非食用农产品。

GAP 是一套针对农产品生产（包括作物种植和动物养殖等）的操作标准，是提高农产品生产基地质量安全管理水平的有效手段和工具。它关注农产品种植、养殖、采收、清洗包装、贮藏和运输过程中有害物质和有害生物的控制及其保障能力，保障农产品质量安全，同时还关注生态环境、动物福利、职业健康等方面的保障能力。

GAP 的核心和实质是农产品规范化管理、标准化生产，以 Eurep GAP 为典型代表。Eurep GAP 于 1997 年创立，其体系包括标准体系和认证体系两个部分。Eurep GAP 对农产品产地、生产控制、质量安全、环境保护等方面都有明确的规定和要求。Eurep GAP 的会员包括零售商、农产品供应商和生产者，还包括与农业相关的企业。

2. 良好农业规范的基本原理

1998 年 10 月 26 日，美国 FDA 和美国农业部（USDA）联合发布了《关于降低新鲜水果与蔬菜微生物危害的企业指南》。在该指南中，首次提出良好农业操作规范概念。GAP 主要针对未加工或最简单加工（生的）出售给消费者或加工企业的大多数果蔬的种植、采收、清洗、摆放、包装和运输过程中常见的微生物危害的控制，其关注的是新鲜果蔬的生产和包装，但不限于农场，包含从农场到餐桌的整个园艺产品贮藏加工链的所有步骤。GAP 是以科学为基础，其采用是自愿的，但 FDA 和 USDA 强烈建议鲜果蔬生产者采用。

GAP 的建立是基于某些基本原理和实践的基础上，贯穿于减少新鲜果蔬从田地到销售全过程的生物危害。现将八个原理简要介绍如下。

原理 1：对新鲜农产品的微生物污染，其预防措施优于污染发生后采取的纠偏措施（即防范优于纠偏）；

原理 2：为降低新鲜农产品的微生物危害，种植者、包装者或运输者应在他们各自控制范围内采用良好农业操作规范；

原理 3：新鲜农产品在沿着农场到餐桌园艺产品贮藏加工链中的任何一点，都有可能受到生物污染，主要的生物污染源是人类活动或动物粪便；

原理 4：无论任何时候与农产品接触的水，其来源和质量规定了潜在的污染，应减少来自水的微生物污染；

原理 5：生产中使用的农家肥应认真处理以降低对新鲜农产品的潜在污染；

原理 6：在生产、采收、包装和运输中，工人的个人卫生和操作卫生在降低微生物潜在污染方面起着极为重要的作用；

原理 7：良好农业操作规范的建立应遵守所有法律法规或相应的操作标准；

原理 8：各层农业（农场、包装设备、配送中心和运输操作）的责任，对于一个成功的园艺产品贮藏加工安全计划是很重要的，必须配备有资格的人员和进行有效的监控，以确保计划的所有要素运转正常，并有助于通过销售渠道溯源到前面的生产者。

3. 良好农业规范的重要性

①统一了标准，建立了完善的质量管理体系：较长一段时间，我国对农产品的生产只重视产品质量标准，缺乏全面的质量控制。GAP 系列标准的制定，完善并发展了我国农业标准体系，该标准进一步规范了我国农业生产经营活动，对提高农产品质量安全、农业生产力水平，促进我国农业持续健康发展，增加农民收入起到积极的作用。

②从源头确保农产品质量：为了确保农产品的质量，许多国家都提出了从控制生产源头和种植、养殖生产各环节来提高产品质量的理念，为此，近年来各国纷纷建立了良好种植、养殖

规范的概念和标准。GAP 标准重点控制的就是植物保护产品的使用、肥料的使用、饲料的使用和兽药的使用，通过规定限量、品种、记录、检测、检查等，尽可能保证农产品的安全。另一方面，农业良好规范也对动物福利予以了关注。动物在传统宰杀方式下，由于极度恐惧，分泌大量肾上腺激素形成毒素，可严重影响肉质。根据 GAP 的要求，在屠宰动物时采取人道的方式进行宰杀，这既可提高肉类品质，又符合动物福利的要求。

③提高产品出口的竞争力：农产品贸易的技术壁垒除了技术法规差别、技术标准差异和繁杂的安检程序外，绿色环境标志也成为其一个重要手段。拥有绿色环境标志，表明该农产品不但质量符合标准，而且在生产、加工、运输、消费等过程都符合环保要求，对生态环境和人类健康无损害。国家认监委已经同 Eurep GAP 组织签署了技术合作备忘录，积极推动我国 GAP 认证结果的国际互认，获得 ChinaGAP 一级认证证书可与 EurepGAP 直接进行互认，对促进我国农产品扩大出口具有积极作用。

④提高管理水平，打造农产品出口生产基地：我国出口农产品的生产企业大多数采取"公司+基地+农户"的生产模式，在这种模式下，对农户的质量管理存在较大的难度，难以做到种植养殖全过程的质量控制，或者虽然做到了但成本会相应地提高。要以较低的成本实现生产全过程的质量控制，"公司+基地"的模式是最合适的，这样才能把企业做大做强，最终实现规模效应，增强企业竞争力。

⑤可推动农业的可持续发展：我国农业及其可持续发展面临诸多困境，如农业用地资源占有量低、农用资源质量下降、农业用水资源匮乏、污染日益加重等，这些问题给我国农业的可持续发展造成了严重的障碍。GAP 系列标准的大量条款都关注了农业的可持续发展，因此，GAP 体系的建立应用和认证是支持农业可持续发展强有力的措施，也是我们体现社会责任的最好选择。

⑥建立公共卫生安全体系的有力补充：GAP 系列标准除关注园艺贮藏加工产品安全外，还关注从业人员的职业健康安全和人畜共患病的防控。同时，随着社会的发展，社会对员工职业健康安全和福利愈加关注，具有前瞻性的 GAP 标准也充分考虑了这一要求。

总之，GAP 体系的建立和实施，进一步提高了出口农产品质量安全水平，进一步完善农业标准和加强农业体系方面的认证，推动农业的可持续发展。

4. 良好农业规范认证的意义

由于良好农业操作规范受到寻求满足园艺贮藏加工产品保障、园艺贮藏加工产品安全、质量、生产效率和中长期环境受益等相关方，包括政府、园艺产品加工业、园艺产品零售业、种植和养殖业以及消费者的关注，越来越受到各国的重视，并以政府和行业规范的形式得到建立和发展。

为改善我国农产品生产现状，增强消费者信心，提高农产品安全质量水平，促进农产品出口，填补我国在控制园艺贮藏加工产品生产源头的农作物生产领域中 GAP 的空白，国家认证认可监督管理委员会会同有关部委研究制定了《中国良好农业规范系列国家标准》和《中国良好农业规范认证实施规则》，作为 China GAP 认证试点和建立良好农业规范认证示范基地的依据，并通过第二方认证的方式来推广实施 China GAP。

根据 2005 年 5 月，国家认监委与 Eurep GAP 签署的《中国国家认证认可监督管理委员会与 Eurep GAP/Food plus 技术合作备忘录》的有关规定，China GAP 与 Eurep GAP 经过基准性比较后，China GAP 认证结果将得到国际组织和国际零售商的承认。我国农产品生产者获得

China GAP 认证后，可以把其农产品供应的信誉转化为得到 China GAP 认可的资源，因为 China GAP 认证是对农产品安全生产的一种商业保证，这样有更多机会进入国际市场。

《良好农业规范认证实施规则》由国家认证认可监督管理委员会于 2015 年 6 月 9 日公布并于 2015 年 8 月 1 日起正式实施。

良好农业规范按种类（作物、果蔬、肉牛、肉羊、生猪、奶牛、家禽）和基础（农场基础、作物基础和禽畜基础）划分为种类模块和基础模块。认证机构在开展作物、水果、蔬菜、肉牛、肉羊、奶牛、生猪和家禽生产的良好农业规范认证活动中都将依据新规则。用于认证的良好农业规范系列国家标准（GB/T 20014.1 至 GB/T 20014.25）已经发布，其中对水产和畜禽养殖标准、茶叶、农场基础、作物基础、大田作物以及水果和蔬菜等的控制点与符合性都作出了规定。

三、园艺产品贮藏加工企业的良好操作规范

1. 企业良好操作规范简介

GMP 即"良好操作规范"或"优良制造标准"，是一种特别注重制造过程中产品质量与卫生安全的自主性管理制度。是一套适用于制药、食品加工等行业的强制性标准，要求企业从原料、人员、设施设备、生产过程、包装运输、质量控制等方面按国家有关法规达到卫生质量要求，形成一套可操作的作业规范，帮助企业改善企业卫生环境，及时发现生产过程中存在的问题，加以改善。实施 GMP，不仅仅通过最终产品的检验来证明达到质量要求，而是在产品生产的全过程中实施科学的全面管理和严密的监控来获得预期质量。

FAO 和 WHO 的国际食品法典委员会（CAC）现已制定有《食品卫生通则》等卫生规范，其中包括水果、蔬菜、鲜鱼、冻鱼、贝类、蟹类、龙虾、蛋类、鲜肉、低酸罐头食品、禽肉、饮料、食用油脂等食品生产的卫生规范，作为解决国际贸易争端的重要参考依据。

GMP 是"动态"的，它随着社会的发展、科技的进步，在执行过程中不断地进行修改和完善，于是各国制定了执行 GMP 过程中的细则和各种指导原则，如美国 1985 年已经出版第 4 版 GMP 指导，对 GMP 的实施作出了具体规定。目前，已有 100 多个国家实行了 GMP 制度，日本、英国、新加坡等国家也都引用园艺贮藏加工产品 GMP。中国、美国、日本、欧盟等已立法强制实施 GMP。

GMP 要求生产企业应具有良好的生产设备、合理的生产过程、完善的质量管理和严格的检测系统。其主要内容包括：

（1）先决条件 合适的加工环境、工厂建筑、道路、行程、地表水供水系统、废物处理等。

（2）设施 制作空间、贮藏空间、冷藏空间、冷冻空间的供给，排风、供水、排水、排污、照明等设施，合适的人员组成等。

（3）加工、贮藏、分配操作 物质购买和贮藏，机器、机器配件、配料、包装材料、添加剂、加工辅助品的使用及合理性，成品外观、包装、标签和成品保存，成品仓库、运输和分配，成品的再加工、成品申请、抽检和试验，良好的实验室操作等。

（4）卫生和食品安全检测 特殊的贮藏条件，热处理、冷藏、冷冻、脱水、化学保藏；清洗计划、清洗操作、污水管理、害虫控制；个人卫生和操作；外来物控制、残存金属检测、碎玻璃检测以及化学物质检测等。

（5）管理职责　提供资源、管理和监督、质量保证和技术人员；人员培训；提供卫生监督管理程序；调查质量满意程度；负责不合格产品撤销等。

2. 企业良好操作规范分类

从适用范围来看，现行的 GMP 可分为三类：

（1）具有国际性质的 GMP　如 WHO 的 GMP，北欧七国自由贸易联盟制定的 GMP（或 PIC，Pharmaceutical Inspection Convention），东南亚国家联盟的 GMP 等。

（2）国家权力机构颁布的 GMP　如我国原国家食品药品监督管理局、美国 FDA、英国卫生和社会保险部、日本厚生省等政府机关制定的 GMP。

（3）工业组织制定的 GMP　如美国制药工业联合会制定的，标准不低于美国政府制定的 GMP，中国医药工业公司制定的 GMP，甚至还包括药厂或公司自己制定的 GMP。

从制度的性质来看，GMP 可分为两类：

（1）GMP 作为法典规定　如美国、日本、中国的 GMP。

（2）将 GMP 作为建议性的规定　有些 GMP 起到对药品生产和质量管理的指导作用，如 WHO 的 GMP。

总的来讲，按 GMP 要求进行食品的生产管理和质量管理已是大势所趋。各国的 GMP 内容基本上是一致的，但也各有特点，按照不同产品特点制定独立的 GMP 是必要的。实践证明 GMP 是行之有效的科学化、系统化的管理制度，这对于保证园艺贮藏加工产品质量起到了积极作用。

3. 企业良好操作规范基本原则

具体的 GMP 基本原则有下列 16 点：

①生产企业必须有足够的资历合格的与生产的产品相适应的技术人员承担产品生产和质量管理，并清楚地了解自己的职责；

②操作者应进行培训，以便正确地按照规程操作；

③应保证产品采用批准的质量标准进行生产和控制；

④应按每批生产任务下达书面的生产指令，不能以生产计划安排来替代批生产指令；

⑤所有生产加工应按批准的工艺规程进行，根据经验进行系统的检查，并证明能够按照质量要求和其规格标准生产；

⑥确保生产厂房、环境、生产设备、卫生符合要求；

⑦符合规定要求的物料、包装容器和标签；

⑧合适的贮存和运输设备；

⑨全生产过程严密有效的控制和管理；

⑩应对生产加工的关键步骤和加工产生的重要变化进行验证；

⑪合格的质量检验人员、设备和实验室；

⑫生产中使用手工或记录仪进行生产记录，以证明已完成的所有生产步骤是按确定的规程和指令要求进行的，产品达到预期的数量和质量，任何出现的偏差都应记录和调查；

⑬对产品的贮存和销售中影响质量的危险应降至最低限度；

⑭建立由销售和供应渠道收回任何一批产品的有效系统；

⑮了解市售产品的用户意见，调查质量问题的原因，提出处理措施和防止再发生的预防措施；

⑯对一个新的生产过程、生产工艺及设备和物料进行验证,通过系统的验证以证明是否可以达到预期的结果。

4. 实施企业良好操作规范的意义

(1) 有利于产品质量的提高　GMP 对产品生产、加工、包装、贮存,企业的厂房、建筑物与设施,加工设备用具,人员的卫生要求、培训,仓储与分销,以及环境与设备的卫生管理,加工过程的控制管理都作了详细的规定,这样使园艺贮藏加工产品生产企业对原料、辅料、包装材料的要求更为严格,有力地保证了园艺贮藏加工产品生产的过程。

(2) 有利于提高企业和产品的声誉,提高竞争力　因为凡通过 GMP 认证的企业或车间,都发有 GMP 证书,而且也在有关报纸上刊登公告,通过 GMP 认证的有关内容也可在企业和产品宣传推广上应用。这样必然会进一步提高企业的形象和声誉,提高其市场的竞争力。

(3) 有利于产品的出口,便于园艺贮藏加工产品的国际贸易　GMP 作为国际通用的生产及质量管理所必须遵循的原则,也是通向国际市场的通行证。企业获得 GMP 证书,有利于产品走出国门,面向世界,扩大出口,争取更多的外汇。

(4) 有利于提高科学的管理水平,促进企业人员素质提高和增强质量意识　过去的管理是一种传统的管理方法,只重视结果,不注意过程,而 GMP 管理是一种科学先进的管理方法,它最大的特点是不但重视结果,而且还重视过程。GMP 所制定的内容,主要是力求消灭产品生产中的污染、混淆和差错等隐患,这种隐患,仅靠对成品结果的检验是无法完全把关的。

(5) 有利于为企业提供生产和质量所遵循的基本原则和必需的标准组合　促进企业强化征税管理和质量管理,有助于企业管理现代化,采用新技术、新设备。

(6) 为卫生行政部门、食品卫生监督员提供监督检查的依据,为建立园艺贮藏加工产品标准提供基础。

四、园艺产品贮藏加工企业的卫生标准操作程序

(一) 卫生标准操作程序概念

SSOP 对园艺产品贮藏加工企业而言,是指企业为了达到 GMP 所规定的要求,保证所加工的园艺贮藏加工产品符合卫生要求,而制定的指导园艺产品生产加工过程中如何实施清洗、消毒和卫生保持的作业指导文件,是实施 HACCP 的前提条件。

20 世纪 90 年代美国的食源性疾病频繁暴发,造成每年大约 700 万人次感染,7000 人死亡。这促使美国农业部决心建立一套包括生产、加工、运输、销售所有环节在内的农畜产品生产安全措施,从而保障公众的健康。1995 年 2 月颁布的《美国肉、禽类产品 HACCP 法规》中第一次提出了要求建立一种书面的常规可行的程序——卫生标准操作程序,确保生产出安全的食品。同年 12 月,美国 FDA 颁布的《美国水产品 HACCP 法规》中进一步明确了 SSOP 必须包括的八个方面及验证等相关程序,从而建立了 SSOP 的完整体系。此后,SSOP 一直作为 GMP 或 HACCP 的基础程序加以实施,成为完成 HACCP 体系的重要前提条件。

(二) 卫生标准操作程序的主要内容

为确保园艺贮藏加工产品在卫生状态下加工,充分保证达到 GMP 的要求,加工厂应针对产品或生产场所制定并且实施一个书面的 SSOP 或类似的文件。SSOP 最重要的是具有八个卫生

方面的内容，加工者根据这八个主要卫生控制方面加以实施，以消除与卫生有关的危害。SSOP 内容主要如下：

1. 与园艺贮藏加工产品接触或与园艺贮藏加工产品接触物表面接触的水（冰）的安全

生产用水（冰）的卫生质量是影响园艺贮藏加工产品卫生的关键因素。对于任何园艺贮藏加工产品的加工，首要的一点就是要保证水（冰）的安全。园艺贮藏加工产品加工企业一个完整的 SSOP 计划，首先要考虑与园艺贮藏加工产品接触或与园艺贮藏加工产品接触物表面接触的水（冰）的来源与处理应符合有关规定，并要考虑非生产用水及污水处理的交叉污染问题。

①园艺贮藏加工产品加工者必须提供在适宜的温度下足够的饮用水（符合国家饮用水标准）。对于自备水井，通常要认可水井周围环境、深度，井口必须适度倾斜以利于排水，而且密封以禁止污水的进入。对贮水设备（水塔、储水池、蓄水罐等）要定期进行清洗和消毒。无论是城市供水还是自备水源都必须有效地加以控制，有合格的证明后方可使用。

②对于公共供水系统必须提供供水网络图，并清楚标明出水口编号和管道区分标记。合理地设计供水、废水和污水管道，防止饮用水与污水的交叉污染及虹吸倒流造成的交叉污染。在检查期间内，水和下水道应追踪至交叉污染区和管道死水区域。

③当冰与园艺贮藏加工产品或园艺贮藏加工产品接触物表面相接触时，它必须以一种卫生的方式生产和贮藏。因而，制冰用水必须符合饮用水标准，制冰设备卫生、无毒、不生锈，贮存、运输和存放的容器卫生、无毒、不生锈。园艺贮藏加工产品与不卫生的物品不能同存于冰中。冰必须防止由于人员在其上走动引起的污染，制冰机内部应检验以确保清洁并不存在交叉污染。

2. 与园艺贮藏加工产品接触的表面（包括设备、手套、工作服）的清洁度

保持与园艺贮藏加工产品接触的表面清洁是为了防止污染园艺贮藏加工产品。与园艺贮藏加工产品接触的表面一般包括：直接（加工设备、工器具和台案，加工人员的手或手套、工作服等）和间接（未经清洗消毒的冷库、卫生间的门把手、垃圾箱等）两种。

①园艺贮藏加工产品接触表面在加工前和加工后都应彻底清洁，并在必要时消毒。加工设备和器具的清洗消毒，首先必须进行彻底清洗（除去微生物赖以生长的营养物质，确保消毒效果），再进行冲洗，然后进行消毒。

②检验者需要判断是否达到了适度的清洁，因而，需要检查和监测难清洗的区域和产品残渣可能出现的地方。

③设备的设计和安装应易于清洁，并对经试用后不符合要求的设备及时修理或替换。设计和安装应无粗糙焊缝、破裂和凹陷，表里如一，以防止或避开清洁和消毒化合物。在不同表面接触处应具有平滑的过渡。

④手套和工作服也是园艺贮藏加工产品接触表面，如使用手套的话，应提供适当的清洁和消毒程序。不得使用线手套，且不易破损。工作服应集中清洗和消毒，应有专用的洗衣房，洗衣设备、能力要与实际相适应，不同区域的工作服要分开，并每天清洗消毒。不使用时它们必须贮藏于不被污染的地方。

3. 防止发生交叉污染

交叉污染是通过生的园艺贮藏加工产品、园艺贮藏加工产品加工者或园艺贮藏加工产品加工环境把生物或化学的污染物转移到园艺贮藏加工产品的过程。此方面涉及预防污染的人员要求、原材料和熟食产品的隔离和工厂预防污染的设计。

①人员要求：对手进行清洗和消毒，以去除有机物质和暂存细菌；个人物品需要远离生产区存放；在加工区内禁止吃、喝或抽烟等。

②隔离：防止交叉污染的一种方式是工厂的合理选址和车间的合理设计布局。园艺贮藏加工产品原材料和成品必须在生产和贮藏中分开，以防止交叉污染。另外注意人流、物流、水流和气流的走向，要从高清洁区到低清洁区，要求人走门、物走传递口。

③人员操作：人员处理非园艺贮藏加工产品的表面后清洗和消毒手，以防接触产品时发生污染。

4. 手的清洗与消毒、厕所设施的维护与卫生保持

手的清洗和消毒的目的是防止交叉污染。一般的清洗方法和步骤为：清水洗手，擦洗皂液，用水冲净洗手液，将手浸入消毒液中进行消毒，用清水冲洗，擦干手。

卫生间需要进入方便、卫生和良好维护，具有自动关闭、不能开向加工区的门。这关系到空中或飘浮的病原体和寄生虫进入。卫生间的设施要求一般情况下要达到三星级酒店的水平。

5. 防止园艺贮藏加工产品被污染物污染

园艺贮藏加工产品加工企业经常要使用一些化学物质，如润滑剂、燃料、杀虫剂、清洁剂、消毒剂等，生产过程中还会产生一些污物和废弃物，如冷凝物和地板污物等。下脚料在生产中要加以控制，防止污染园艺贮藏加工产品及包装。关键卫生条件是保证园艺贮藏加工产品、园艺贮藏加工产品包装材料和园艺贮藏加工产品接触面不被生物的、化学的和物理的污染物污染。

加工者需要了解可能导致园艺贮藏加工产品被间接或不被预见的污染，而导致食用不安全的所有途径，如被润滑剂、燃料、杀虫剂、冷凝物和有毒清洁剂中的残留物或烟雾剂污染。工厂的员工必须经过培训，达到防止和认清这些可能造成污染的间接途径。可能产生外部污染的原因有：①有毒化合物的污染；②因不卫生的冷凝物和死水产生的污染。

6. 有毒化学物质的标记、储存和使用

园艺贮藏加工产品加工需要特定的有毒物质，这些有害有毒化合物主要包括：洗涤剂、消毒剂、杀虫剂（如1605）、润滑剂、实验室用药品、园艺贮藏加工产品添加剂、护色剂等。没有它们，工厂设施无法运转，但使用时必须小心谨慎，按照产品说明书使用，做到正确标记、贮存安全，否则会导致企业加工的园艺贮藏加工产品被污染的风险。

所有这些物品需要适宜的标记并远离加工区域，应有主管部门批准生产、销售、使用的证明，另外要有主要成分、毒性、使用剂量和注意事项，带锁的柜子，清楚的标识、有效期，严格的使用登记记录，自己单独的贮藏区域。如果可能，清洗剂和其他毒素及腐蚀性成分应贮藏于密闭贮存区内。要有经过培训的人员进行管理。

7. 雇员的健康与卫生控制

园艺贮藏加工产品加工者（包括检验人员）是直接接触园艺贮藏加工产品的人，其身体健康及卫生状况直接影响园艺贮藏加工产品的卫生质量。对员工的健康要求一般包括：

①不得患有妨碍园艺贮藏加工产品卫生的传染病（如肝炎、结核等）；不能有外伤、化妆、佩戴首饰和带入个人物品；必须具备工作服、帽、口罩、鞋等，并及时洗手消毒。

②应持有效的健康证，制订体检计划并设有体验档案，包括所有和加工有关的人员及管理人员，应具备良好的个人卫生习惯和卫生操作习惯。

③有疾病、伤口或其他可能成为污染源的人员要及时隔离。

④园艺贮藏加工产品生产企业应制定卫生培训计划，定期对加工人员进行培训，并记录存档。

8. 虫害的防治

通过害虫传播的食源性疾病的数量巨大，因此虫害的防治对园艺产品贮藏加工企业是至关重要的。害虫的灭除和控制包括加工厂（主要是生区）全范围，甚至包括加工厂周围，重点是厕所、下脚料出口、垃圾箱周围、食堂、贮藏室等。园艺贮藏加工产品和其加工区域内保持卫生对控制这种危害至关重要。

（三）卫生标准操作程序的卫生监控与记录

在建立 SSOP 之后，企业还必须设定监控程序，实施检查、记录和纠正措施。企业要在设定监控程序时描述如何对 SSOP 的卫生操作实施监控。它们必须指定何人、何时及如何完成监控。对监控结果要检查，检查结果不合格的还必须要采取措施加以纠正。对以上所有的监控行动、检查结果和纠正措施都要记录，通过这些记录说明企业不仅制定并实行了 SSOP，而且行之有效。

园艺产品加工企业日常的卫生监控记录是工厂重要的质量记录和管理资料，应使用统一的表格，并归档保存，一般记录审核后存档，保留两年。

卫生监控记录表格基本要素为：

①被监控的某项具体卫生状况或操作；

②以预先确定的监测频率来记录监控状况；

③记录必要的纠正措施。

监控的主要内容包括：水的监控记录；清洗消毒记录；园艺产品接触表面的检测记录；雇员的健康与卫生检查记录；卫生监控与检查纠正记录；化学药品购置、贮存和使用记录。

五、园艺产品贮藏加工企业的危害分析与关键控制点体系

（一）HACCP 体系

HACCP 是一种科学、简便、专业性强的预防性园艺产品贮藏加工产品质量安全控制体系。该体系通过系统性地确定生产过程中的具体危害及其控制措施，从而保证园艺产品的质量安全性。

HACCP 体系于 20 世纪 60 年代由美国率先提出。FDA 将 HACCP 作为修订美国食品安全计划的基础，并于 1995 年起对国内的食品工业全面推行 HACCP 体系。近年来，HACCP 体系在实践中取得了明显的效果，引起国际上愈来愈广泛的关注与认可，一些国家乃至国际组织相继制定或着手制定与 HACCP 体系管理相关的技术法规或文件，作为对食品企业的强制性管理措施或实施指南。HACCP 是以预防园艺贮藏加工产品安全问题为基础的防止园艺贮藏加工产品引起疾病的最有效的方法。1993 年，CAC 推荐 HACCP 体系为目前保障食品安全最经济有效的途径。因而，可以说 HACCP 体系的推行已成为当今国际园艺产品贮藏加工行业安全质量管理不可逆转的发展趋向与必然要求。

需要特别指出的是 HACCP 作为一个完整的预防性园艺产品贮藏加工安全质量控制体系，如同金字塔的结构一样，仅有顶端的 HACCP 计划的执行文件是不够的，企业还需建立 GMP 和

SSOP。其次，HACCP 有充分的灵活性和高度的技术性。其灵活性体现在对具体产品具体分析，没有统一的蓝本可以套用；其灵活性还体现在鼓励采用新的方法和新的发明，不断改进工艺和设备。如 HACCP 要求认识现在还没有认识到的危害并加以控制；始终警惕可能出现的新的危害，一旦出现，要求立即控制。这种灵活性也表明了 HACCP 的高度技术性。危害的分析、关键限值的制定、监控方法的采用等，都需要科学的检测、分析、验证或论证。这一点，企业在建立并实施 HACCP 体系时应予以注意。

下面介绍几个与 HACCP 有关的概念：

（1）关键控制点（CCP） 园艺产品贮藏加工安全危害能被控制的、能预防、消除或降低到可以接受的水平的一个点、步骤或过程。

（2）控制点（CP） 能控制生物的、物理的或化学的因素的任何点、步骤或过程。

（3）关键限值（CL） 与关键控制点相联系的预防性措施必须符合的标准。

（4）操作限值（OL） 比关键限值更严格的、由操作者使用来减少偏离的风险标准。

（5）纠偏行动（CA） 当关键控制点从一个关键限值发生偏离时采取的行动。

（6）监控（M） 进行一个有计划的连续的观察或测量来评价 CCP 是否在控制之下，并为将来验证时使用作出准确记录。

（7）验证（V） 除监控的那些方法之外，用来确定 HACCP 体系是否按 HACCP 计划运作或计划是否需要修改及再被确认生效所使用的方法、程序或检测及审核手段。

（二）HACCP 原理

CAC 在 1997 年发布了关于食品安全卫生的管理规则——《危害分析和关键控制点体系和应用指南》（Hazard Analysis Critical Control Point System and Guidelines for its Application）。在这个指南中提出了以下七个原理：

1. 进行危害分析（HA）

首先要找出与品种有关和与加工过程有关的可能危及产品安全的潜在危害，然后确定这些潜在危害中可能发生的显著危害，并对每种显著危害制定预防措施。

危害分析是很重要的，只有通过危害分析，找出可能发生的潜在危害，才能在随后的步骤中加以控制。危害分析划分为自由讨论和危害评估两种活动。

自由讨论应对从原料接收到成品的加工过程（工艺流程图）的每一个操作步骤危害发生的可能性进行讨论。通常根据工作经验、流行病的数据及技术资料的信息来评估其发生的可能性。危害评估是对每一个危害的风险及其严重程度进行分析，以决定园艺贮藏加工产品安全危害的显著性。

2. 确定关键控制点（CCP）

对加工中的每个显著危害确定适当的关键控制点。关键控制点是 HACCP 控制活动将要发生过程中的点。对危害分析期间确定的每一个显著的危害，必须有一个或多个关键控制点来控制危害。只有这些点作为显著的园艺贮藏加工产品安全危害而被控制时才认为是关键控制点。

①当危害能被预防时，这些点可以被认为是关键控制点；
②能将危害消除的点可以确定为是关键控制点；
③能将危害降低到可接受水平的点可以确定为是关键控制点。

一个关键控制点能用于控制一种以上的危害，同样，一个以上的关键控制点可以用来控制一个危害。在一条加工线上确立的某一产品的关键控制点，可以与另一条加工线上的同样的产品的关键控制点不同，这是因为危害及其控制的最佳点可以随下列因素而变化：厂区、产品配方、加工工艺、设备、配料选择、卫生和支持程序。

3. 确定关键限值（CL）

对确定的关键控制点的每一个预防措施确定关键限值。关键限值是与一个 CCP 相联系的每个预防措施所必须满足的标准。一个关键限值用来保证一个操作生产出安全产品的界限，每个 CCP 必须有一个或多个关键限值用于显著危害，当加工偏离了关键限值，则可能导致产品的不安全，此时必须采取纠偏行动保证园艺贮藏加工产品的安全。合适的关键限值可以从科学刊物、法规性指标、专家及实验室研究等渠道收集信息，也可以通过实验和经验的结合来确定。建立 CL 应做到合理、适宜、适用和可操作性强。

4. 建立 HACCP 监控程序

监控是操作人员赖以保持对一个 CCP 控制而进行的工作，精确的监控说明一个 CCP 什么时候失控，当一个关键限值受影响时，就要采取一个纠偏行动，来确定问题需要纠正的范围。可以通过查看监控记录符合关键限值的最后的记录确定。还可以提供产品按 HACCP 计划进行生产的记录，这些记录对于在原理 7 中讨论的 HACCP 计划的验证是很有用处的。

监控要明确监控的目的，制订监控的计划。一个好的监控计划包括四个部分，即监控什么、如何监控、监控频率和谁来监控等，以确保关键限值得以完全符合。精确的监控说明一个 CCP 什么时候失控，并且为将来验证或纠偏时作出准确记录。

5. 纠偏行动

确定当发生关键限值偏离时，必须采取纠偏行动并做好记录，以确保恢复对加工的控制，并确保没有不安全的产品销售出去。如果可能的话，这些行动必须在制订 HACCP 计划时预先制订纠偏行动计划，便于现场纠正偏离。也可以没有预先制订的纠偏行动计划，因为有时会有一些预料不到的情况发生。

负责实施纠偏行动的人员应该对生产过程、产品和 HACCP 计划有全面理解。纠偏行动的组成应包括两个部分：

①纠正和消除偏离的起因，重新对加工进行控制；
②确定在加工出现偏差时所生产的产品，并确定这些产品的处理方法。

6. 建立有效的记录保持程序

准确的记录保持是一个成功的 HACCP 计划的重要部分。记录提供关键限值得到满足或当偏离关键限值时采取的适宜的纠偏行动。同样地，也提供一个监控手段，这样可以调整加工，防止失去控制。

HACCP 体系的记录有四种：

①HACCP 计划和用于制订计划的支持性文件；
②关键控制点监控的记录；
③纠偏行动的记录；
④验证活动的记录。

7. 建立验证程序

验证是指除监控方法之外，用来确定 HACCP 体系是否按 HACCP 计划运作或计划是否需要修改及再确认、生效所使用的方法、程序或检测的审核手段，从而证明 HACCP 体系是否正常运转。

验证是 HACCP 最复杂的原理之一，同时验证程序的正确制订和执行也是 HACCP 计划成功实施的基础。由此产生了关于 HACCP 的一条谚语——"验证才足以置信"，这就是验证原理的核心。HACCP 计划的宗旨是防止园艺贮藏加工产品安全的危害，验证的目的是提高置信水平，即为了确定：①计划是建立在严谨、科学的原则基础之上，它足以控制产品和工艺过程中出现的危害；②这种控制措施正被贯彻执行着。

这 7 个原理从 1 至 5 实际上是一步接一步的，6 和 7 哪一步在先都可以，因此 HACCP 计划的这 7 个原理也可称为 7 个步骤。

从以上 7 个原理（步骤）可以看出：

①HACCP 是一种分析工具，能够使管理部门引进和保持一个具有良好经济效益的、不断发展的园艺贮藏加工产品安全生产计划。HACCP 包括对园艺贮藏加工产品安全起关键作用的那些步骤使管理部门能将技术力量集中于那些对产品安全起关键作用的步骤上，但 HACCP 并不代表零风险。

②HACCP 是保证园艺贮藏加工产品从原材料供应、发售、成品贮存直到消费终点所有阶段商品安全的一种强有力的体系。它强调企业本身的作用，而不是依靠对最终产品的检测或政府部门取样分析来确定产品的质量。

③HACCP 体系是预防性的，而不是反映性的，具有鉴别出还未发生过失误问题的领域内潜在危害的能力。

④HACCP 与其他的质量管理体系相比，是将主要关注点放在影响产品安全的关键加工点上，而不是对每一个步骤都予以关注，因此在预防方面显得更为有效。

⑤HACCP 体系能适应设备设计的革新、加工工艺或技术的发展变化，因此是一个适用于各类园艺贮藏加工产品企业的简便、易行、合理、有效的控制体系。

（三）制订 HACCP 体系计划的步骤

HACCP 计划在不同的国家有不同的模式，即使在同一国家，不同的管理部门对不同的园艺产品贮藏加工生产推行的 HACCP 计划也不尽相同。美国 FDA 推荐的制订 HACCP 计划步骤符合 CAC 的"HACCP 体系及其应用准则"，便于学习，在此介绍。

HACCP 不是一个独立的程序，而是一个更大的控制程序体系的一部分。设计 HACCP 体系是用来预防和控制与园艺产品贮藏加工相关的安全危害。HACCP 体系必须建立在牢固地遵守现行的 GMP 和可接受的 SSOP 基础上。

制订 HACCP 计划包括 5 个预先步骤：①组成 HACCP 小组；②描述园艺贮藏加工产品和销售；③确定预期用途和园艺贮藏加工产品的消费者；④建立流程图；⑤验证流程图。如果没有适当地建立 5 个预先步骤，可能会导致 HACCP 计划的设计、实施和管理失效。

1. 组成 HACCP 小组

组成 HACCP 小组是建立本企业 HACCP 计划的重要步骤。该小组应由不同专业的人员组成，例如有生产管理、质量控制、卫生控制、设备维修和化验人员等。实施 HACCP 计划应是全员参加的，因此 HACCP 小组还应有生产操作人员参加。

HACCP 小组的职责是制订 HACCP 计划，修改、验证 HACCP 计划，监督实施 HACCP 计划，书写 SSOP 文本和对全体人员的培训等。

教育和培训是制订和贯彻一个 HACCP 计划的重要因素。因此，作为 HACCP 小组的成员首先自己要接受全面培训。培训内容包括 HACCP 原理，所从事生产的园艺贮藏加工产品安全风险的危害与预防，GMP 和 SSOP 等。HACCP 小组成员应有较强的责任心和认真、实事求是的态度。

2. 描述园艺贮藏加工产品和销售

当一个 HACCP 小组建立之后，成员们首先应进行产品的全面描述，这包括相关的影响安全的信息，如成分、物理/化学结构、加工方式（如：热处理、冷冻、盐渍、烟熏等）、包装、保质期、贮存条件和销售方法，还包括预期消费者（例如一般公众、婴儿、老年人还是病患者）和消费者如何使用该产品（例如即食还是加热后食用）。

因为不同的产品、不同的生产方式，其存在的危害及预防措施也不同，对产品进行描述，便于进行危害分析，确定关键控制点。

描述产品可以用园艺贮藏加工产品中主要成分的商品名称或拉丁名称，也可以用最终产品名称或包装形式等。

描述销售和贮存的方法是为了确定产品是如何销售、如何贮存（例如冷冻、冷藏或干燥等）的，以防止错误的处理造成的危害，而这种危害不属于 HACCP 计划控制范围内的。

3. 确定预期用途和消费者

对于不同用途和不同消费者，园艺贮藏加工产品的安全保证程度不同。对即食园艺贮藏加工产品，在消费者食用后，某些病原体的存在可能是显著危害；而对食用前需要加热的园艺产品，这种病原体就不是显著危害。同样，对不同消费者，对园艺贮藏加工产品的安全要求也不一样。

4. 建立流程图

产品流程图是对加工过程一个清楚、简明和全面的说明，在制订 HACCP 计划时，按流程图的步骤进行危害分析。

流程图包括所有原（辅）料的接收、加工直到贮存步骤，应该是足够清楚和完全，覆盖加工过程的所有步骤。

流程图的准确性对进行危害分析是关键，因此在流程图中列出的步骤必须在工厂被验证，如步骤被疏忽，显著的安全问题可能不被记录，所以建立的流程图应和实际加工流程完全吻合。

5. 验证流程图

在各个操作阶段、操作时间内，HACCP 小组应确定操作过程是否与流程一致，并对流程图作适当修改。

（四）国内外实施 HACCP 体系的意义

随着全世界人民对食品安全卫生的日益关注，园艺贮藏加工产品的生产过程中，潜在危害的先期觉察决定了 HACCP 的重要性。HACCP 体系的最大优点就在于它是一种系统性强、结构严谨、理性化、有多项约束、适用性强而效益显著的以预防为主的质量保证方法。在园艺贮藏加工产品生产中恰当运用 HACCP 可以使园艺贮藏加工产品生产由最终产品的检验转化为控制生产环节中潜在的危害，从而提供任何方法或体系所无法提供的安全性和质量保证。

1. 对园艺产品贮藏加工企业

(1) 增加市场机会　良好的产品质量将不断增强消费者信心，特别是在政府的不断抽查中，总是保持良好的企业，将受到消费者的青睐，形成良好的市场机会。

(2) 降低生产成本（减少回收/园艺贮藏加工产品废弃）　例如，美国300家的肉和禽肉生产厂在实施HACCP体系后，沙门氏菌在牛肉上降低了40%，在猪肉上降低了25%，在鸡肉上降低了50%，所带来的经济效益不言而喻。

(3) 提高产品质量的一致性　HACCP的实施使生产过程更规范，在提高产品安全性的同时，也大大提高了产品质量的均匀性。

(4) 提高员工对园艺贮藏加工产品安全的参与性　HACCP的实施使生产操作更规范，并促进员工对产品质量的全面参与。

(5) 降低商业风险　日本雪印公司金黄色葡萄球菌中毒事件使全球牛奶巨头——日本雪印公司一蹶不振的事例告诫我们：安全是园艺贮藏加工产品生产企业的生存保证。

2. 对消费者

(1) 减少食源性疾病的危害　良好的园艺贮藏加工产品质量，可显著提高园艺贮藏加工产品安全的水平，更充分地保障公众健康。

(2) 增强卫生意识　HACCP的实施和推广，可提高公众对园艺贮藏加工产品安全体系的认识，并增强自我卫生和自我保护的意识。

(3) 增强对园艺贮藏加工产品供应的信心　HACCP的实施，使公众更加了解企业所建立的园艺贮藏加工产品安全体系，对社会的园艺贮藏加工产品供应和保障更有信心。

(4) 提高生活质量（健康和社会经济）　良好的公众健康对提高大众生活质量、促进社会经济的良性发展具有重要意义。

3. 对政府

(1) 改善公众健康　HACCP的实施将使政府在提高和改善公众健康方面，能发挥更积极的影响。

(2) 更有效和有目的的园艺贮藏加工产品监控　HACCP的实施将改变传统的园艺贮藏加工产品监管方式，使政府从被动的市场抽检，变为主动地参与企业园艺贮藏加工产品安全体系的建立，促进企业更积极地实施安全控制的手段。并将政府对园艺贮藏加工产品安全的监管，从市场转向企业。

(3) 减少公众健康支出　公众良好的健康，将减少政府在公众健康上的支出，使资金能流向更需要的地方。

(4) 确保贸易畅通　非关税壁垒已成为国际贸易中重要的手段。为保障贸易的畅通，对国际上其他国家已强制性实施的管理规范，须学习和掌握，并灵活地加以应用，减少其成为国际贸易的障碍。

(5) 提高公众对园艺贮藏加工产品供应的信心　政府的参与将更能提高公众对园艺贮藏加工产品供应的信心，增强国内企业竞争力。

六、质量管理和质量保证体系

（一）ISO 9000 简介

ISO 9000族标准是国际标准化组织（International Organization for Standardization，ISO）制

定和通过的指导各类组织建立质量管理和质量保证体系的系列标准的统称。

ISO 成立于 1947 年 2 月 23 日，是世界上最大的非政府性国际标准化组织。ISO 通过它的技术机构开展技术活动。其中技术委员会（简称 TC）共 255 个，分技术委员会（简称 SC）共 611 个，工作组（WG）2022 个。ISO/TC176 成立于 1980 年，是 ISO 中第 176 个技术委员会，全称"质量保证技术委员会"，1987 年又更名为"质量管理和质量保证技术委员会"。TC176 专门负责制定质量管理和质量保证技术的标准。

TC176 最早制定的一个标准是 ISO 8402：1986，名为《质量—术语》，于 1986 年 6 月 15 日正式发布。1987 年 3 月，ISO 又正式发布了 ISO 9000：1987（质量管理和质量保证标准——选择和使用指南）、ISO 9001：1987（质量体系——设计/开发、生产、安装和服务质量保证模式）、ISO 9002：1987（质量体系——生产和安装质量保证模式）、ISO 9003：1987（质量体系——终检验和试验的质量保证模式）、ISO 9004：1987（质量管理和质量体系要素——指南）共 5 个国际标准，与 ISO 8402：1986 一起统称为"ISO 9000 系列标准"。

1990—1993 年，TC176 又补充发布了 9 个新标准，此外还于 1994 年对前述"ISO 9000 系列标准"统一做了修改，分别改为 ISO 8402：1994、ISO 9000—1：1994、ISO 9001：1994、ISO 9002：1994、ISO 9003：1994 和 ISO 9004—1：1994，并把 TC176 制定的标准定义为"ISO 9000 族"。此后，TC176 又陆续制定发布了一系列标准用以完善"ISO 9000 族"。至 1999 年，ISO 9000 族系标准已多达 27 个。

1999 年 9 月中旬，ISO/TC 第 17 届年会决定对 ISO 9000 族标准的总体结构进行较大调整，将 1994 版 ISO 9000 族的 27 项标准进行重新安排。2000 版的 ISO 9000 族仅有 5 项标准，原有标准或并入新标准，或以技术报告、技术规范的形式发布，或以小册子的形式出版发行，或转入其他技术委员会。2000 版 ISO 9000 族标准包括 ISO 9000：2000（质量管理体系基础和术语）、ISO 9001：2000（质量管理体系要求）、ISO 9004：2000（质量管理体系业绩改进指南）、ISO 19011：2000（质量和环境审核指南）和 ISO 10012：2000（测量控制系统）五项，其中前四项标准是 ISO 9000 族标准的核心。

ISO 9000 质量管理体系标准，从 ISO 9001（1994 版）到 ISO 9001（2015 版），已有 21 年的历史，又经历全球范围、不同规模和类别的组织实践，已经被公认为具有权威性的质量管理标准，是目前唯一的一套关于质量管理的国际标准，它凝聚了各国质量管理专家和众多成功企业的经验，蕴涵了质量管理的精华。

ISO 9000 族标准蕴涵的科学质量管理内涵几乎对每一家企业的经营管理都具有重要影响及意义，农业、食品、医药、航天、教育、建设等多个行业均适于推行 ISO 9000。我国于 1988 年发布了等效采用 ISO。在 ISO 9000 族标准 1994 版发布后，我国于当年发布了等同采用 GB/T 19000 系列标准。2001 年 6 月 1 日起等同采用了 2000 版 ISO 9000 族标准。2017 年发布了等同采用的 GB/T 19000—2016 系列标准。

（二）ISO 22000 简介

随着经济全球化的快速发展，国际食品贸易的数额也在急剧增加，全球年食品贸易额已经达到 3000 亿~4000 亿美元。为了保护本国消费者的安全，各食品进口国政府纷纷制定强制性的法律、法规或标准来消除或降低威胁，但是，各国的法规特别是标准繁多且不统一，使食品企业难以应付，妨碍了食品国际贸易的顺利进行。不仅如此，这种各自为政的标准很有可能成为隐藏的贸易壁垒。为了满足各方面的要求，在丹麦标准协会（DS）的倡导下，2001年，ISO开发出一套合适的食品安全管理体系标准，即《ISO 22000——食品安全管理体系要求》，简称ISO 22000。

ISO 22000 标准的开发要达到的主要目标是：符合 CAC 的 HACCP 原理；协调自愿性的国际标准；提供一个用于审核（内审、第二方审核、第三方审核）的标准；构架与 ISO 9001：2000 和 ISO 14001：1996 相一致；提供一个关于 HACCP 概念的国际交流平台。

ISO 22000 是按照 ISO 9001：2000 的框架构筑的，同时，它也覆盖了 CAC 关于 HACCP 指南的全部要求，并为 HACCP 提出了"先决条件"概念，制定了"支持性安全措施"（SSM）的定义。它在标准中更关注对食品生产全过程的安全风险分析、识别、控制和措施，具有很强的专业技术要求，非常具体地关注在食品安全上。该标准对全球必需的方法提供了一个国际上统一的框架。

ISO 22000：2005《食品安全管理体系——食品链中各类组织的要求》是 ISO 22000 族标准中第一个标准，于 2005 年 9 月 1 日发布实施。我国等同采用的 GB/T 22000：2006 也于 2006 年 3 月 1 日发布，并于同年 7 月 1 日实施。

ISO 22000：2005《食物安全管理系统——对整个食品供应链中组织的要求》的出台，可以作为技术性标准对园艺产品加工企业建立有效的安全管理体系进行指导。这一标准可以单独用于认证、内审或合同评审，也可与其他管理体系，如 ISO 9001：2000 组合实施。

ISO 22000：2018《食品安全管理体系——食品链中各类组织的要求》是自 2005 年以来该标准的第一次修订，标准的发布意味着全部修订的完成。ISO 22000：2018 现已更新为 ISO 高阶结构（HLS）并进行了修订，以满足当今食品安全的挑战。获得认证的组织必须在 2021 年 6 月 19 日之前过渡到 2018 版的标准。在此日期之后，2005 版标准撤销。

（三）ISO 9000 与 ISO 22000 的关系

从 ISO 22000 整个标准的框架和标准的条款章节看，除了第 7 章外，其与 ISO 9001 基本是一样的，只是具体的条款更针对的是产品安全方面。第 7 章的"安全产品的策划和实现"中，是利用 HACCP 原理中风险分析的方法，制订出符合企业本身适应的 HACCP 计划。从标准认证的角度看，ISO 22000 完全可以脱离 ISO 9000 独立获得认证。

在 ISO 9001 中，对质量管理的所有活动和最基本的程序要求都进行了规定。但是在 ISO 22000 中就没有对如合同评审、采购、产品设计等予以规定。在 ISO 9001 中，没有对产品卫生和危害分析进行规定。因此，在企业建立产品安全管理体系过程中，最好是先按照 ISO 9001 标准的框架，按照质量管理体系的基本要求构建质量管理平台，然后将产品卫生的要求纳入到具体操作中去，最后按照 HACCP 原理进行风险分析和识别，制订出 HACCP 计划增加到 ISO 9001 的 7.1 条款"产品实现的策划"中。这样建立的体系与 ISO 22000 标准就是一个非常有机的结合，不会将质量、卫生和产品安全管理的不同层次混淆，可以建立起非常简练有效的体系。

（四）ISO 22000 与 HACCP 体系的区别

（1）标准适用范围更广　ISO 22000 标准突出了体系管理理念，将组织、资源、过程和程序融合到体系之中，使体系结构与 ISO 9001 标准结构完全一致，强调标准既可单独使用，也可以和 ISO 9001 质量管理体系标准整合使用，充分考虑了两者的兼容性。ISO 22000 标准适用范围为产品链中所有类型的组织,比原有的 HACCP 体系范围要广。

(2) 强调了沟通的作用 顾客要求、产品监督管理机构要求、法律法规要求以及一些新的危害产生的信息,须通过外部沟通获得,以获得充分的产品安全相关信息。通过内部沟通可以获得体系是否需要更新和改进的信息。

(3) 体现了对遵守产品法律法规的要求 ISO 22000 标准不仅在引言中指出"它要求组织通过食品安全管理体系,满足与食品安全相关的适用的法律法规要求",而且标准的多个条款都要求与食品法律法规相结合,充分体现了遵守法律法规是建立食品安全管理体系前提之一。修订的《食品安全法》2015 年 10 月 1 日起正式施行。不容置疑,严格遵守《食品安全法》等有关法律法规是建立食品安全管理体系的前提和依据。

(4) 提出了前提方案、操作性前提方案和 HACCP 计划的重要性 "前提方案"是整个产品供应链中为保持卫生环境所必需的基本条件和活动,它等同于企业良好操作规范。操作性前提方案是为减少产品安全危害在产品或产品加工环境中引入、污染或扩散的可能性,通过危害分析确定的基本前提方案。HACCP 也是通过危害分析确定的,只不过它是运用关键控制点通过关键限值来控制危害的控制措施。两者区别在于控制方式、方法或控制的侧重点不同,但目的都是为防止、消除产品安全危害或将产品安全危害降低到可接受水平的行动或活动。

(5) 强调了"确认"和"验证"的重要性 "确认"是获取证据以证实由 HACCP 计划和操作性前提方案安排的控制措施有效。ISO 22000 标准在多处明示和隐含了"确认"要求或理念。"验证"是通过提供客观证据对规定要求已得到满足的认定。目的是证实体系和控制措施的有效性。ISO 22000 标准要求对前提方案、操作性前提方案、HACCP 计划及控制措施组合、潜在不安全产品处置、应急准备和响应、撤回等都要进行验证。

(6) 增加了"应急准备和响应"规定 ISO 22000 标准要求最高管理者应关注有关影响产品安全的潜在紧急情况和事故,要求组织应识别潜在事故(件)和紧急情况,组织应策划应急准备和响应措施,并保证实施这些措施所需要的资源和程序。

(7) 建立可追溯性系统和对不安全产品实施撤回机制 ISO 22000 标准提出了对不安全产品采取撤回要求,充分体现了现代食品安全的管理理念。要求组织建立从原料供方到直接分销商的可追溯性系统,确保交付后的不安全终产品,利用可追溯性系统,能够及时、完全地撤回,尽可能降低和消除不安全产品对消费者的伤害。

(五) 推行 ISO 9000 族标准的一般步骤

ISO 9000 族标准规范了企业内从原材料采购到成品交付的所有过程,牵涉到企业内从最高管理层到最基层的全体员工,是非常全面而复杂的一套质量管理体系。因此,全面推行 ISO 9000 族标准是有一定难度的,需要遵循一定的原则和步骤。

推行 ISO 9000 一般有如下 5 个必不可少的过程:知识准备—立法—宣贯—执行—监督、改进。申请人可以根据公司的具体情况,对上述 5 个过程进行规划,按照一定的推行步骤,引导公司逐步迈入 ISO 9000 族标准的世界。

以下为企业推行 ISO 9000 的典型步骤,从中可以看出,这些步骤完整地包含了上述 5 个过程:

① 企业原有质量体系识别、诊断;

② 任命管理者代表,组建 ISO 9000 族标准推行组织;

③制定目标及激励措施；
④各级人员接受必要的管理意识和质量意识训练；
⑤所选 ISO 9000 标准知识培训；
⑥质量体系文件编写（立法）；
⑦质量体系文件大面积宣传、培训、发布、试运行；
⑧内审员接受训练；
⑨若干次内部质量体系审核；
⑩在内审基础上的管理者评审；
⑪质量管理体系完善和改进；
⑫申请认证。

企业在推行 ISO 9000 族标准之前，应结合本企业实际情况，对上述各推行步骤进行周密的策划，并给出时间上和活动内容上的具体安排，以确保得到更有效的实施效果。企业经过若干次内审并逐步纠正后，若认为所建立的质量管理体系已符合所选标准的要求（具体体现为内审所发现的不符合项较少时），便可申请外部认证。

（六）推行 ISO 9000 族标准的意义

1. 强化质量管理，提高企业效益；增强客户信心，扩大市场份额

一方面，ISO 9000 使得企业内部可按照经过严格审核的国际标准化的质量体系进行质量管理，真正达到法治化、科学化的要求，从而极大地提高工作效率和产品合格率，迅速提高企业的经济效益和社会效益。另一方面，对企业外部而言，当顾客得知供方按照国际标准实行管理，拿到了 ISO 9000 质量体系认证证书，并且有认证机构的严格审核和定期监督，就可以确信该企业是能够稳定地生产合格产品乃至优秀产品的信得过的企业，从而放心地与企业订立供销合同，扩大了企业的市场占有率。

2. 获得了国际贸易"通行证"，有利于消除国际贸易壁垒

在国际贸易日益繁荣的今天，许多国家为了保护自身的利益，设置了种种贸易壁垒，包括关税壁垒和非关税壁垒，其中非关税壁垒主要是技术壁垒。技术壁垒中，又主要是产品质量认证和 ISO 9000 质量体系认证的壁垒。因此，获得 ISO 9000 质量体系认证成为消除贸易壁垒的主要途径。

3. 有利于节省第二方审核的精力和费用

第二方审核在现代贸易实践中已经成为惯例，但它具有一定的局限性：一方面，一个供方通常要为许多需方供货，第二方审核无疑会给供方带来沉重的负担；另一方面，需方也需支付相当的人力、物力及精力；而 ISO 9000 质量认证可以排除这样的弊端。因为一旦作为第一方的生产企业申请了第三方的 ISO 9000 质量认证并获得了认证证书以后，众多第二方就不必要再对第一方进行审核。另外，企业在获得 ISO 9000 认证后可以免除再申请美国国家安全标准认证标志（UL）、进入欧盟国家产品强制性标准符合标志（CE）等产品质量认证时认证机构对企业质量保证体系进行重复认证的开支。

4. 有利于企业在产品质量竞争中立于不败之地

国际贸易竞争的手段主要是价格竞争和质量竞争。由于低价销售的方法不仅使利润锐减，如果构成倾销，还会受到贸易制裁，所以价格竞争的手段越来越不可取。实行 ISO 9000 国际标准化的质量管理，可以稳定地提高产品质量，使企业在产品质量竞争中立于不败之地。

5. 有利于有效避免产品质量责任

近年来关于产品质量的投诉越来越频繁，事故原因越来越复杂，追究责任也越来越严格。特别是很多国家都把原有的"过失责任"转变为"严格责任"处理，对制造商的安全要求提高很多。一旦厂方受到"严格责任"处理，必然要承担责任受到重罚。而 ISO 9000 族标准可以督促企业完善自身管理状况，有效预防和避免事故发生。另外，按照各国产品责任法，如果厂方能够提供 ISO 9000 质量体系认证证书，便可免赔（这实际上从另一角度说明了 ISO 9000 族系标准的严格性与可信度）。因此企业界有必要对"产品质量责任"问题高度重视，尽早防范。

6. 有利于国际间的经济合作和技术交流

按照国际间经济合作和技术交流的惯例，合作双方必须在产品（包括服务）质量方面有共同的语言、统一的认识和共守的规范，方能进行合作与交流。ISO 9000 质量体系认证正好提供了这样的信任，有利于双方迅速达成协议。

思考题

1. 简述 ISO 9000 和 ISO 22000 的异同。
2. 简述 HACCP 制定的步骤。
3. 简述如何在园艺产品贮藏安全控制过程中运用 HACCP 原理。

主要参考文献

[1] 孙崇德. 园艺产品品质与营养健康[M]. 杭州：浙江大学出版社，2021.

[2] 肖俏梅. 园艺产品营养与功能学[M]. 北京：化学工业出版社，2021.

[3] 崔坤. 园艺产品营销[M]. 2版. 北京：中国农业出版社，2021.

[4] 饶景萍，毕阳. 园艺产品贮运学[M]. 北京：科学出版社，2021.

[5] 祝战斌，唐丽丽. 园艺产品贮藏与加工[M]. 北京：中国农业出版社，2019.

[6] 张清丽. 园艺产品贮藏与加工[M]. 北京：机械工业出版，2018.

[7] 罗云波，蒲彪. 园艺产品贮藏加工学[M]. 2版. 北京：中国农业大学出版社，2011.

[8] 秦文，王明力. 园艺产品贮藏运销学[M]. 北京：科学出版社，2012.

[9] 祝战斌. 果蔬贮藏与加工技术[M]. 3版. 北京：科学出版社，2020.

[10] 双全. 食品冷链加工与包装[M]. 北京：清华大学出版社，2022.

[11] 田甲春，张洁，葛霞，等. 气调贮藏对马铃薯保鲜效果的影响[J]. 保鲜与加工，2022，22（08）：1-7.

[12] 丁捷，刘春燕，黄彭，等. 果蔬可食性保鲜涂膜技术应用及机制最新研究进展[J]. 食品与发酵工业，2023，49（04）：318-327.

[13] 王佳欣，魏雯雯，李庆鹏，等. 果蔬采后纳米复合涂膜保鲜研究进展[J]. 食品安全质量检测学报，2023，14（17）：269-275.

[14] 张超凡，赵亚楠，王诗瑶，等. 基于纳米银负载的SERS拭纸制备与果蔬表面农残无损检测应用：以福美铁为例[J/OL]. 食品科学：1-11[2024-04-11].

[15] 赵星，郝祺，倪振华，等. 单分子表面增强拉曼散射的光谱特性及分析方法[J]. 物理学报，2021，70（13）：148-162.

[16] 李翠，侯柄竹. 脱落酸调控果实成熟的分子及信号转导机制研究进展[J]. 果树学报，2023，40（05）：988-999.

[17] 彭凯轩，章薇，朱晓仙，等. 细胞分裂素延缓叶片衰老的机制研究进展[J]. 植物生理学报，2021，57（01）：12-18.

[18] 林志荣. 果蔬保鲜包装技术的应用研究[J]. 中国果菜，2024，44（03）：10-16.

[19] 黎施欣，范小平. 图像处理与识别在果蔬成熟度监测中的研究及应用[J]. 包装工程，2024，45（03）：153-164.

[20] 杜璇. 球形果蔬的抓取与硬度无损感知柔性机械爪研制[D]. 武汉：华中农业大学，2023.

[21] 张放. 2022年我国水果生产变化简析[J]. 中国果业信息，2024，41（02）：35-43.

[22] Payasi A, Mishra N N, Chaves A L, et al. Biochemistry of fruit softening: an overview [J]. *Physiology and molecular biology of plants: An international journal of functional plant biology*, 2009, 15（2），103-113.

[23] Wang D, Yeats T H, Uluisik S, et al. Fruit softening: Revisiting the role of pectin [J]. *Trends in Plant Science*, 2018, 23（4）：302-310.

[24] Wang H, Zhou X, Hu W, et al. Mechanism of the abnormal softening of banana pulp induced by high temperature and high humidity during postharvest storage [J]. *Food Bioprocess Technol*, 2024.

[25] Hu S, Liu L, Li S, et al. Regulation of fruit ripening by the brassinosteroid biosynthetic gene *SlCYP90B3* via an ethylene-dependent pathway in tomato [J]. *Hortic Res*, 2020, 7: 163.

[26] Li T, Xu Y, Zhang L, et al. The jasmonate-activated transcription factor MdMYC2 regulates *ETHYLENE RESPONSE FACTOR* and ethylene biosynthetic genes to promote ethylene biosynthesis during apple fruit ripening [J]. *The Plant cell*, 2017, 29 (6): 1316-1334.

[27] Gao J, Lunn D, Wallis JG, et al. Phosphatidylglycerol composition is central to chilling damage in the arabidopsis fab1 mutant [J]. *Plant Physiol*, 2020, 184 (4): 1717-30.

[28] Mauch-Mani B, Baccelli I, Luna E, et al. Defense priming: An adaptive part of induced resistance [J]. *Annu Rev Plant Biol*, 2017, 68: 485-512.

[29] Iida H, Mähönen AP. Growth-mediated sensing of long-term cold in plants [J]. *Nature*, 2020, 583 (7818): 690-1.

[30] Zemlyanskaya E V, Omelyanchuk N A, Ubogoeva E V, et al. Deciphering auxin-ethylene crosstalk at a systems level [J]. *International Journal of Molecular Sciences*, 2018, 19 (12): 4060.

[31] Ge W, Kong X, Zhao Y, et al. Insights into the metabolism of membrane lipid fatty acids associated with chilling injury in post-harvest bell peppers [J]. *Food Chemistry*, 2019, 295: 26-35.

[32] Gapper NE, Bowen J K, Brummell D A. Biotechnological approaches for predicting and controlling apple storage disorders [J]. *Current Opinion in Biotechnology*, 2023, 79: 102851

[33] Adriano Arriel Saquet. Storage of pears [J]. *Scientia Horticulturae*, 2019, 246: 1009-1016,

[34] Zacarias L, Cronje PJR, Palou L. Chapter 21-Postharvest technology of citrus fruits [M] // Talon M, Caruso M, Gmitter FG. *The Genus Citrus*. Woodhead Publishing, 2020: 421-446.

[35] Zsivanovits, G, Iliev, A. Quality changes of fresh grapes and blueberries during cold storage [J]. *AIP Conference Proceedings*, 2019, 139436456.

[36] Herppich WB, Zsom T. Comprehensive assessment of the dynamics of banana chilling injury by advanced optical techniques [J]. *Applied Sciences*. 2021, 11 (23): 11433.

[37] Khan AS, Singh Z, Ali S. Postharvest Biology and Technology of Plum [M] //Mir SA, Shah MA, Mir MM. *Postharvest Biology and Technology of Temperate Fruits*. Cham: Springer International Publishing, 2018.

[38] 贾晓昱, 邵丽梅, 李金金, 等. 桃贮藏技术的研究进展 [J]. 包装工程, 2022, 43 (03): 96-104.

[39] 杨碧敏, 林育钊, 吴一晶, 等. 采后荔枝果实安全保鲜技术研究进展 [J]. 包装与食品机械, 2017, 35 (02): 56-60.